神話學辭典

Knaurs Lexikon der Mythologie

作者：葛哈德・貝林格
(Gerhard Bellinger)
譯者：林宏濤

　　我們現代的許多觀念，如果不從它們的神話學（Mythologie）背景去看，是無法理解的。要了解我們的文化，甚至是人類本身，神話學的探討是不可或缺的預設。例如說，佛洛伊德認為神話是個人潛抑願望的表現；對於榮格而言，神話是集體潛意識的開顯，表現各種基本的人性經驗。神話的觀念如何塑造我們的日常語言，也顯示在「德語日常用語裡的神話（Mythōs）日常用語」這個關鍵詞有關的800個辭彙（動詞、名詞、形容詞）。

　　和「埃爾貢」（Érgon）（【希】「作品、行為」）相反，Mȳthos（【希】「話語、談話」）是一種**故事**。有別於道德取向比較強的**宗教**，神話的特性是敘事的。宗教和神話相互獨立存在。因此，有在一個宗教誕生之前的神話（例如希臘宗教的許多神話），也有在宗教結束以後的神話（例如二十世紀的神話）。

　　神話是**所有**過去或現在的**民族**的民間故事。它反映一個民族和部落的社會結構（母系或父系社會、貴族或專制政體、神權或民主政治、漁獵採集或農牧的生活型態），其個殊的生活態度和行為，都有涇渭分明的獨特表現，雖然某些神話形象如救世主，或是神話事件如世界末日，是跨越許多民族的。神話是民族的表現、思維和生活的形式。我們在這部辭典中就會談到230個民族和社群的神話。其中會探討古老相傳的神話，也會提到在二十世紀誕生的神話（例如超人和幽浮）。

　　神話敘說人類為了生命、存活和生命的延續的恆久奮鬥。神話解釋每天或每年都可以經驗到的歷程和世界圖像裡的特殊現象，以及自然裡有韻律的生滅消長。神話也敘說每個人都要遭遇到的人類生活條件和臨界狀態（出生和死亡），以及以神鬼的形象出現在面前超越人類的力量。神話也敘說作為救世主的中保形象如何拯救人類免於危難和奴役，作為文化的創造者，如何教導人類打獵、耕地、手工藝和格言。

　　此後便區分了各種神話的**主題區：世界起源**（protologisch）**和末世論**（eschatologisch）的神話敘述太初和世界末日，時間和永恆；宇宙論（kosmologisch）神話敘說此岸和彼岸世界，天堂和地獄；神學的、惡魔的、人類學的，神話敘述自然和超自然、生命和死亡、肉體和靈魂、善與惡、諸神與人、天使與魔鬼、巨人和侏

儒；而**救世論**（soteriologisch）的神話敘說神人與中保、聖人與罪人、幸福與災難、至福和神譴。

神話的**敘事方式**反映了某種兩極分裂或即兩極性，那是兩種彼此限制、補充或排斥的時空原理或是在時空裡的存有者。神話也是在世界舞台（例如在世界圖像的各個空間和層次）編劇上演的事件、自然力量的擬人化和具體化（例如諸神和魔鬼）、以及潛意識驅力歷程的心理狀態和體驗（例如鬼魂、惡魔、怪物）的台詞和劇本。所有的人物、時間、空間，都不被視為絕對分立的，而是彼此恆常往來的。所以諸神會變成人（化身、降生為人），人也會變成神（神化、成聖），或是在一個位格身上神人合一。人從俗世的世界踏上天國的空間（升天），或是諸神從天國踏進地底世界（下地獄）。世界末日的事件和太初的事件互相對照，兩者都臨在於當下的時間裡。

與論述、抽象定義、有邏輯根據、可以合理證明的邏各斯（Lógos，【希】「話語、理性」）語詞相反，神話的敘事具體、直觀、淺顯易懂、形象鮮明，而且語氣肯定。在神話的敘述裡，沒有像譬喻那樣從形象事物過渡到意指的事物（沒有「中間對比項」〔tertium comparationis〕）。所有形象事物都保留原狀。蓋婭（Gaía，【希】「大地」）並不是象徵大地，而**是**（人格化的）大地。神話的語言不會把形象和思想、體驗和反省割裂開來。相反的，兩者構成不可分的整體。

神話的**意圖**是要解釋世界的起源和本質，人類在世界裡的地位，與個人存在有關的社會關係（倫理、儀式、階級區別、財產）的產生和歷史（民族的誕生、文化的產物）。特別是用來回答關於存在的兩極分裂關係的問題：善和惡是什麼時候、如何開始衝突的？而現在結果如何？這衝突什麼時候又如何結束？兩者會在一個全體裡被揚棄？它們會永遠彼此分離？或是惡會被消滅？神話會取悅且滿足好奇心和求知欲，詮釋事物的意義，並且把事物納入體系。神話消除不確定和恐懼，建立且加強信心和信賴，幫助人們掌握生命，創造行為的典範（聖人、英雄），並且安定社會關係。神話傳遞對於存有者的所有現象根基（Aitia【希】，原因）的洞見，具有某種病因學的功能。

不同於**傳說**，神話會要求存在的關連性，它要的是對於現實的可信解釋，而不是不實在的「杜撰的東西」。即使從「物理」的角度去看，神話是從事實性的意義去解釋非現實的東西，但是從「形上學」（物理之後）的角度去看，卻是從實在界的深層和真理去闡釋實在。神話是人類闡釋現實的基本形式，透過敘事的方式，現實變得歷歷在目，栩栩如生。經由神話的敘事，人類直接體驗到現實，沒有距離，而且感到很親切。儘管神話的世界可能看起來很危險，但是人類卻不會感到陌生。

基本上**跨時間**或**無時間性**的神話，在太初和末日的歷程裡建立了如現在一般的真實性（時間）。因此過去和未來闖進現在裡面，面臨現在。在過去（太初）曾經發生的事擁有持存的意義，影響歷史裡的現在，賦予基本的定義（如初罪和原罪）。那在未來不得不發生的事，在現在有其警示的意義，對現在也會有所影響（例如末日審判的報復）。基於這個跨時間的意義，人們在**節慶**和**祭典**裡以儀式的方式去回憶神話事件。**表演藝術**，像是戲劇、電影、歌劇、音樂劇、舞蹈、芭蕾，會不斷把神話的跨時間意義搬上舞台，而**造形藝術**，如：雕塑、繪畫、版畫，也會把神話的角色和事件當作描摹的藍本和象徵。在**文學**和**日常用語**（抒情詩、史詩和劇作）裡頭，更可以看到神話在當代的意義。幾乎所有學術領域都會使用到神話的概念：在**人文科學**裡，不只是神學和宗教學，連心理學也會用到（如伊底帕斯情結）；在藝術學裡，有藝術史；像是地圖集，源自阿特拉斯（Altas）；音樂學，如排簫，源自潘神簫（Syrinx）；戲劇學，如歌劇首席女主角，源自「女神」（Diva）；還有語言學、文學、文化科學，乃至運動學，如奧林匹克運動會。在**自然科學**方面，有天文學，如星座名稱；化學，如磷（Phosphor）源自法斯佛、釷（Thorium）源自托爾；地理學，如歐洲（Europa）源自歐蘿芭、海拉海峽（Hellespont）源自海拉的神話故事。在**生命科學**裡，則有醫學，如醫生（Aeskulap, Aesculapius）源自羅馬醫神、陰阜（維納斯丘）；藥理學，如嗎啡（Morphium）源自希臘夢神摩非斯（Morpheus）；生物學，如風信子（Hyazinthe, hyacinth）源自希臘神話裡的美少年海辛托斯（Hyacinthus）、蟒蛇（Python）是阿波羅在德斐殺死的巨蟒的名

字。在**工程學裡**，則有建築學，如羅馬式建築（nymphaeum）源自希臘仙女寧芙（Nymph）、巨石牆（Zyklopenmauer）是源自希臘神話的獨眼巨人（Zyklop, Cyclops）。

如何使用本書

　　這本辭典以**字母順序排列**，從各個大陸和時代的民族和社會的神話主題裡，選出 3115 個**詞條解說**，詳盡介紹且解釋各種概念、名字和故事。

　　所有詞條盡可能以相同的**結構**去敘述：首先就各**詞條**在括號裡做**字義解釋**。其次做**實物解釋**，說明屬於哪個民族、部分或社會。在人物、位格化或是神的化身，則會編入「座標系統」的譜系（母親、父親、兒子、女兒），說明其地位和依賴關係，例如：【希】女神**特密斯**（Thémis），**哀勒尼**（Eiréne）的母親，這是說，「正義」是「和平」的先決條件。接著會說明**功能和意義**，並且提示參閱其他文化圈的**類似**詞條。最後則解釋神話題材和動機的**後續作用**，無論是節慶和祭典、表演和造形藝術，或是在日常用語。詞條盡可能以原文改寫的方式呈現。例如：Kéntauroi（Zentauren, Centauri），再加上對應的高、低音。

　　這本神話學的案頭書，既有辭典的優點，也做了有系統的敘述。如果讀者想要知道**某個民族**的所有神話，例如希臘神話，可以在「希臘」（Griechen）詞條裡查到這本辭典所有相關的神話詞條，從河神阿赫洛厄斯（Achelóos）到宙斯（Zeús）。

　　如果讀者想要綜觀**多個民族共同的神話想像和主題**，例如：「天堂」和「地獄」、「復活的神」和「神人」，「太初」和「世界末日」，可以直接查閱這些詞條。

　　讀者想查閱當代產生的神話，請見「二十世紀」裡收錄的詞條。

編按：詞條中→為「見」之意；△為陽性；▽為陰性；◇為雌雄同體；⊙為中性。詞條中粗體的名詞表示有獨立詞條可查詢。

這部神話學辭典於 1989 年出版，現在是第三版，在國際間頗受好評。在新的版本裡改寫若干詞條，也增加新的詞條。特別新增13條概述性的詞目，包括：佛教、基督教、希臘、印度教、猶太教和穆斯林的神話，以及若干神話主題，例如「此岸與彼岸」、「中保的救世主」、「對立與兩極性」、「巨人和侏儒」、「動物神和怪物」、「女性神和男性神」以及「時間與永恆」。

德國多特蒙，1999 年 6 月

A

Aa→Aja

Äakus→Aiakós

Aarón→Aharōn

Aatxe 小牛、Aatxegorri：（西班牙巴斯克地區）洞穴邪靈，其形象為公牛或人類。在暴風雨的夜晚裡，他會從撒拉（Sara）附近的地底洞穴（Leze）跑出來作祟，人們只好躲在家裡。

Aatxegorri→Aatxe

Abaddōn 亞巴頓△（【希伯來】ābad＝毀滅）、【希臘】Apoleía（滅亡）、Apollýon：1.（猶太教）冥府，腐敗、毀滅、沒落的地方，死神利乏音（Refā'im）的居所。亞巴頓在**地面**（Eres）以下，後來成為四層地獄之一，其中還包括**示阿勒**（She'ōl）和**欣嫩子谷**（Gē-Hinnōm）。2.（基督宗教）墮落天使，冥府和無底坑的人格化，從無底坑裡召來大群蝗蟲。

Abāthur 亞巴圖△（持天秤者）：（伊朗）曼德恩教派（Man-daean）的造物神和光明神，是「第三生命」的人格化。他是**尤許阿敏**（Jōshamin）的兒子，**塔希爾**（Ptahil）的父親。他要塔希爾創造黑暗世界**底庇勒**（Tibil），**馬納拉巴**（Mānā rurbē）因而厭棄亞巴圖。現在他是冥王，度量死者靈魂及其行為的重量，以判定他們是否能夠上升到光界，或是必須下地獄。亞巴圖自身則會在世界末日時被**希比爾**（Hibil）救出來。亞巴圖作為冥王，相當於**拉什努**（Rashnu）。

Abdiu→Ōbadjāhū

Abe Kamui 阿貝神▽：（日本阿伊奴族）女火神，陰間的女冥王，是**稻生大神**（Chisei koro inao）的妻子，她的神殿就在爐灶底下，給人類帶來溫暖與和平，也把人類的禱告帶給**帕謝神**（Pase Kamui）。

Ábel→Hebel

Abgal 阿布葛：1.（蘇美）七智者，是恩奇（Enki）的臣子，來自於**阿布蘇**（Abzu）。其形態為半人半獸，有些是人魚，相當於後來阿卡德的**阿普卡魯**（Apkallu）。2.（敘利亞帕密拉地區）騎者神，有**馬安**（Ma'an）或**阿夏爾**（Ashar）隨侍。其形象為騎馬者。

Abhirati 妙喜國（【梵】）：（佛教）東方淨土世界，有阿閦佛

難陀龍王

**KNAURS
LEXIKON
DER
MYTHOLOGIE**

9

（Akshobhya）住世。

Ābhiyogya 阿毘瑜伽（【梵】加行、相應、勤修）：（耆那教）侍從神，輔助主神，職司降雨和暗夜。**跋婆那婆娑**（Bhavana-vāsin）、**婆那多羅**（Vyantara）、**豎底沙**（Jyotisha）、**毘摩尼柯**（Vaimānika）組成四個神族，在每個神族裡，阿毘瑜伽皆位列倒數第二。

Abraám→Abrām

Ābrāhām→Abrām

Abrām 亞伯蘭△（【希伯來】崇高的父、高大的宗祖）、Abrāhām（亞伯拉罕）（眾民的父、多國的宗祖）、【希臘】Abraám（亞巴郎）、【阿拉伯】Ibrāhim（易卜拉欣）：1.（猶太教）以色列民族的先祖，第一位族長，他拉（Tērach）的兒子，哈蘭（Charan）的哥哥，妻子叫撒拉（Sarah），和她生了**以撒**（Jizhāk），又和使女**夏甲**（Hagar）生了**以實瑪利**（Jishmā'ēl）。他的姪子是**羅得**（Lot）。被稱為「上帝的朋友」的亞伯拉罕，蒙耶和華之召，離開家鄉吾珥（Ur），越過哈蘭（Haran）到迦南地（Kanaan）。神賜他土地為業，並應許他後裔多如天上眾星。耶和華和亞伯拉罕立約後，以割禮為立約的象徵。亞伯拉罕受撒拉唆使，驅逐夏甲和以實瑪利，上帝要試驗亞伯拉罕，要他獻子以撒為燔祭，**天使**（Mala'āk Jahwe）在最後一刻出現阻止他。亞伯拉罕享年 175歲，葬在以弗崙（Ephron）田裡的麥比拉洞（Machpela）裡。2.（基督宗教）**耶穌**（Iesûs）譜系裡的第21代先祖，也是信德和順從的典型。「亞伯拉罕的懷裡」（路16:23）則是樂園的象徵。3.（伊斯蘭教）**安拉**（Allāh）的**先知**（Nabi）易卜拉欣，和妻子撒拉生**易司哈格**（Ishāk），和海哲爾（Hadjar）生**易司馬儀**（Ismā'il）。他和易司馬儀在麥加重建克爾白（Kā'ba）。在米納（Mi'nā）用石頭砸死**撒但**（Shaitān）。巴比倫王**寧錄**（Namrūd）下令燒死易卜拉欣，被天使**吉卜利里**（Djabrā'il）救出來。易卜拉欣活到175歲。在**復活日**（Al-Kiyāma）到來的那天，他會穿著白衣，坐在安拉左側，並且把義人接引到**天園**（Djanna）。**穆罕默德**在登霄（Mi'rādj）時，於七重天遇到易卜拉欣。《古蘭經》第14章即以易卜拉欣為名。雕塑：H. Kirchner（1957）；繪畫：J. Zick（ca.

1760/70）。

Abrasax→Abraxas

Abraxas　阿布拉克薩斯、Abrasax：（諾斯替教派）離言絕慮的至高存有者的人格化，是 365 個靈體的始源，那些靈體是阿布拉克薩斯的形象化。Abraxas 這七個希臘字母，代表數字 365，正如一年 365 天。阿布拉克薩斯有人類的軀體和手臂，有雞（Phrónesis）的頭，雙腳是兩條蛇，分別是邏各斯（Lógos）和**努斯**（Nús），左手持鞭，象徵潛能（Dýnamis），右手持盾，象徵**智慧**（Sophía）。芭蕾舞劇：Egk (1948)。

阿布拉克薩斯
諾斯替教派神祇，有人類的軀體和手臂，雞頭蛇腳。手持鞭子和盾牌。

Abu　阿布△：（蘇美）植物神，生自恩奇（Enki）的頭頂，就像植物從濕潤的土裡長出來。

Ábyssos　無底坑▽（【希臘】深淵、地獄）：（基督宗教）陰間裡的監獄，鑰匙在天使手裡。世界末日到來時，天使會打開無底坑，惡魔般的蝗蟲蜂擁而出。接著無底坑又會再開啟一次，把被綑綁的**撒但**（Sātān）和**魔鬼**（Diábolos）丟在裡頭關 1,000 年。

Abzu　阿布蘇△：（蘇美）淡水海，伏流在地底下，是恩奇（Enki）的住所，他在那裡掌管所有**教諭**（Me），他指示**娜姆**（Nammu）以「阿布蘇上面的泥土」創造第一個人類。後來被同化為阿卡德的**阿普蘇**（Apsū）。

Acala　不動明王、不動佛、阿遮羅△（【梵】）：（佛教）護法神，他會降伏瘟疫和熱病。他是亡者在**閻魔**（Yama）面前的代言者，是**忿怒神**（Krodhadevatā）之一。其形象為三眼六臂，法器有劍、金剛杵、輪、斧和絹索（pāsha）。

Ācāriya→Āchārya

Ācārya→Āchārya

Acca Larentia　阿卡拉倫蒂亞▽（【拉丁】家神之母）：（羅馬）母神和守護神，即**拉爾**（Lar）之一。她是牧人法斯圖路斯（Faustulus）的妻子，**羅穆路斯**（Romulus）和**列姆斯**（Remus）的褓姆。她有12個兒子，即「祭司兄弟會」（fratres arvales）。

Ach　阿赫△（【埃及】照亮、發光）、【複數】Achu：1.（埃及）超自然的存有者，屬於四個存有階級之一（神、阿赫、人類、死者）。在亡靈祭裡，祭司把「聖化的」祭典和供物獻給死者，使他

阿赫洛厄斯
希臘河神，和赫拉克列斯打鬥。

們也成為阿赫。每個「聖化」的死者後面都有他們的「阿赫」緊隨其後。阿赫的象形文字是有冠羽的鳥。2.（科普特）惡魔或妖怪。

Achamoth 阿哈莫特▽：（諾斯替教派）靈性存有者，即所謂「下面的智慧」，阿哈莫特讓造物神**雅他巴沃**（Jaldabaoth）自靈體裡誕生。「苦惱」的智慧被逐出永世（Aiónes）的「豐滿」（Pleroma）以後，只得遠離天上的家，後來才獲准回去。救主（Sotér）的天使讓她受孕，生下和天使一樣多的靈性存有者。

Āchārya 阿闍梨（【梵】教授、應供）、Ācārya、【巴利】Ācāriya：（佛教）導師或上師，指通達佛教經論、甚至建立道場或宗派者。著名的阿闍梨有**龍樹**（Nāgārjuna）、**蓮華生大士**（Padmasambhava）、**宗喀巴**（Tson-kha-pa）和**密勒日巴**（Mi-la-ra-pa），他們在聖像裡都戴著印度教授師的尖帽。

Achelóos 阿赫洛厄斯△、【拉丁】Achelous：（希臘）水神和河神，也是希臘中部同名的最大河流的人格化。他是泰坦族的**河神**（Okeanídes），**歐開諾斯**（Okeanós）和特條斯（Tethys）的兒子。他先後化身為蛇和牛，為了爭奪美女黛雅妮拉（Deianeira）而和**赫拉克列斯**（Heraklés）打鬥。後來他以豐饒之角——**阿瑪提亞**（Amáltheia）的角，換回在打鬥中折斷的犄角。

Achéron 阿赫隆河△：（希臘）冥府之河，水流湍急，必須坐船伕哈隆（Cháron）的小舟渡河，才能到冥府哈得斯（Hádes）。支流有科庫特斯河（Kokytós）、**培里弗列格頓河**（Pyriphle-géthon）。

Achilleús 阿奇里斯△、【拉丁】Achilleus、Achilles：（希臘）特洛伊戰爭中最著名的英雄，在羅馬皇帝哈得里安（Hadrian, 117-138）的時代被神化，稱為「彭塔赫斯」（Pontarchos），意為海的統治者。他是培里烏斯（Peleús）和海神**泰蒂斯**（Thétis）之子，黛達美亞（Deidameia）的丈夫，尼奧普托勒莫斯（Neoptolemos）的父親。阿奇里斯由巧匠黑隆（Cheíron）撫養長大，他母親為了使他刀槍不入且不死，把他泡在**斯提克斯河**（Stýx）裡，但是當時她抓著他的腳踝，使得那個地方沒有浸泡到。在特洛伊戰爭裡，因為**阿波羅**（Apóllon）的設計，被帕利斯（Páris）王子以箭射中「阿奇里斯的腳踝」而亡。繪畫：A. van Dyck (1618)；歌劇：Händel

(1739)；史詩：Homer, Ilias。

Achiyalatopa　阿奇亞拉托帕：（印第安）普埃布羅族和蘇尼族（Pueblo-Zuni）的怪鳥，羽毛利如刀劍。

Acrisius→Akrísios

Actaeon→Aktaíon

Adad　阿達德△、Adda、Addu、【亞拉美】Haddad：（阿卡德）暴風雨神，在巴比倫北部的傳說裡，他會帶來豐沛甘霖和祝福；在南部則比較負面，會帶來暴風雨、冰雹和洪水，破壞農地，造成饑荒。在巴比倫的三聯神，欣（Sin）、夏馬西（Shamash）、伊西塔（Ishtar）三個「被動的」天體（astralen）力量之外，阿達德是「第四者」，象徵「能動的」自然力。他的妻子是夏拉（Shala）。在亞述北部，阿達德和他父親安努（Anu）並祀，其聖獸是公牛，以閃電為符號，神聖數字是六。

Adadmilki→Adrammelek

Ādām　亞當◇△（【希伯來】泥土造的人）、【希臘】Adám、【阿拉伯】Ādam（阿丹）：1.（猶太教）人類的總稱，後來為第一個男人以及人類的始祖的專名。亞當是夏娃（Chawwāh）的丈夫，生了該隱（Kajin）、亞伯（Hebel）和塞特（Shēth）。耶和華（Jahwe-Elōhim）用塵土（adamah）造亞當，將生氣吹到他鼻子裡。他受蛇的誘惑，違背主命，吃了知識的果子，因而被逐出樂園（Gan Ēden），後來活到930歲。2.（基督宗教）人類的原型和始祖。他在樂園犯了初罪，其後裔因而必須帶著原罪，而且難免一死。亞當是耶穌（Iesûs）譜系裡的第一個先祖。3.（伊斯蘭教）人類的原型和始祖「阿丹」，安拉（Allāh）的第一個先知（Nabi）。他的妻子是好娃（Hawwā），生了哈比爾（Hābil）、卡比爾（Kābil）和西特（Shith）。阿丹又稱為「人類之父」（Abu'l Bashar）以及「被安拉揀選者」（Safi Allāh）。安拉以塵土和髒泥巴造阿丹時，祂命令眾天使（Malā'ika）尊他為王，向他叩頭。眾天使都照作，除了易卜劣廝（Iblis），後來也因此使他自己以及阿丹被逐出樂園。在犯罪之後，吉卜利里（Djabrā'il）曾安慰阿丹。阿丹活到（1000-40＝）960歲，因為他把40年的壽命送給達五德（Dāwūd）。穆罕默德在登霄（Mi'rādj）時於第一重天曾遇到阿丹。繪畫：H. und J.

阿達德
阿卡德神話的暴風雨神，其符號是閃電。

內在的亞當
伊朗宗教傳說的人類靈魂，由人類和幾何圖形混合的形象。

van Eyck (1426/32)、Masaccio (ca. 1427)、Tintoretto (vor 1594)、Michelangelo (1508/12)、M. Beckmann (1917)、J. A. Ramboux (1818)；銅版畫：A. Dürer (1504)。

Adam kasia　內在的（隱藏的）亞當：（伊朗）曼德恩教派神話裡的原人的光明靈魂，他在俗世的對應者是**肉體的亞當**（Adam pagria），後來發展成「阿達卡斯」（Adakas），類似猶太教的「最初的人」（Adam Kadmon）。

Adam pagria　肉體的亞當：（伊朗）曼德恩教派神話裡的原人以及黑暗肉體，是由**塔希爾**（Ptahil）以及他的助手做的，七大行星以及 12 星座，即以黃土和其他物質創造出來的。除了由塔希爾賜給亞當的氣息（ruha）以外，還需要由**曼達**（Mandā d-Haijē）或**希比爾**（Hibil）灌注光明的靈魂，即**內在的亞當**（Adam kasia）。

ben Ādam　人子（【希伯來】人類）、【希臘】Hyós tū Anthrópu：1.（猶太教）**耶和華**（Jahwe-Elōhim）的末世**先知**（Nābi'），其名字正好突顯差遣的神和被差遣的人類之間的距離。他又叫作「駕著天雲而來的人子」。後來「人子」也成為**彌賽亞**（Māshiāch）的頭銜。2.（基督宗教）指稱**耶穌基督**（Iesûs Christós），既是對其蒙難的侮辱，也是對其復活的舉揚，在**基督再來**（Parusía）時，也用來表示審判者以及末世教會的核心人物。

Adapa　阿達帕△：（阿卡德）英雄，傳說阿達帕在**南風魔**（Zū）的大海裡捕魚，巨浪傾覆他的船，阿達帕為了報復南風魔，就詛咒祂，使祂折翼。從此南風不再往海岸吹，忿怒的天神**安努**（Anu）要他為此負責。**坦木茲**（Tamūzu）替他說情，安努改變心意，要把阿達帕接引到永生之列，賜給他生命之餅和水，阿達帕狡猾的父親**伊亞**（Ea）卻告誡他說那是致命的食物，於是阿達帕拒絕領受，因而失去了使自己和所有人類獲得永生的機會。安努差他到人間，成為厄里杜城（Eridu）的英雄和國王。阿達帕是**阿普卡魯**（Apkallu）七智者之一，也是醫神，幫助人們對抗**拉馬什杜**（Lamashtu）。

Adaro　阿達羅：（美拉尼西亞）所羅門島的海妖和精靈。他們會在大雨初晴時，以彩虹為橋出現，也會造訪人類的夢境，教人們

新的舞蹈和歌曲。他們的首領是恩果里（Ngoriern）。阿達羅的形象是半人半魚。

Adda→Adad

Addu→Adad

Adi-Buddha　本初佛：（佛教）最原初根本的佛，從虛空生，西元十世紀以後，成為法性的化身。在三身（Trikāya）裡，他代表「空體」，也就是佛與萬物一如的法身。**毘廬遮那佛**（Vairochana）、**金剛薩埵**（Vajrasattva）或**普賢菩薩**（Sāmantabhadra），都是本初佛。他依五次禪定從自身開展出**五禪定佛**（Dhyāni Buddha）。

Āditi　阿提緻（【梵】無限無縛）▽：1.（吠陀宗教）母神、自由的人格化，保護眾生免於疾病災厄的守護女神。她被認為是**毘濕奴**（Vishnu）的母親或妻子。她的子宮是世界之臍，她是無限虛空的女神、大地之母，以母牛為其象徵。2.（婆羅門教和印度教）大仙**大克夏**（Daksha）的女兒，仙人**迦葉波**（Kāshyapa）的妻子，**阿迭多**（Ādityas）們的母親。

Ādityas　阿迭多（【梵】阿提緻眷屬）：（吠陀宗教和婆羅門教）由於共同的母親**阿提緻**（Āditi）而得名的神族，是宇宙和道德秩序的守護神和執行者。據說有七個或八個，後來也包含12個太陽神。其中最著名的有：**密特羅**（Mitra）、**婆樓那**（Varuna）、**因陀羅**（Indra）、**毘婆斯伐特**（Vivasvat）、**雅利安門**（Aryaman）和**布咸**（Pūshan）。阿迭多都是**天神**（Devas）。

Adonis　阿多尼斯△（【閃語】’adōn(i)＝我的主人）、【希臘】Ádonis：（敘利亞、腓尼基、希臘和羅馬）植物神，象徵植物每年經過夏天酷日曝曬枯萎，在春天復甦，是死而復活的神。他被認為是**阿什塔特**（Astarte）的兄弟、兒子和愛人。根據希臘神話，國王奇紐拉斯（Kinyras）和女兒繆拉（Smyrna, Myrrha）私通，生下阿多尼斯，他就是從沒藥樹裡長大的。**阿芙羅狄特**（Aphrodíte）對這個美少年一見鍾情。阿多尼斯在阿法卡（Afqa）狩獵時，阿芙羅狄特善妒的丈夫**阿利斯**（Áres）化身為野豬撞死他，阿多尼斯的血流入阿多尼斯河（即 Nahr Ibrahim）的源頭，河水在每年春天都會變紅。阿芙羅狄特為阿多尼斯的死悲傷不已，尋尋覓覓到了冥

阿多尼斯
希臘羅馬植物神和復活神，右側
為女神阿芙羅狄特。

府，要把她的愛人帶回來，但是爭風吃醋的冥府女神**波賽芬妮**（Persephóne）從中阻撓，只能讓阿多尼斯每半年回到人間。他是每年仲夏收成後死亡，到春天復活的神，阿多尼斯祕教便是以他為崇拜對象。婦女們會在春天的阿多尼亞節（Adonia）裡穿著喪服開始阿多尼斯追悼儀式，第二天則慶祝阿多尼斯的復活。「阿多尼斯的花園」是指在容器裡盛少量土，種植迅速生長且凋謝的植物，通常擺在屋頂上（比較《以西結書》17:10）。他主要的聖地是在畢布羅斯（Byblos）和阿法克（Aphake）。阿多尼斯是個美少年。金星附近一顆非常亮的小行星也以阿多尼斯為名。敘利亞和腓尼基的阿多尼斯相當於**坦木茲**（Tamūzu）。雕塑：Canova（1794）、Thorwaldsen（1832）、Rodin（1893）；繪畫：Tizian（1554）、P. Veronese（1570/75）、Carracci（1595）、Rubens（1609/10）、J. Ribera（1637）；詩作：Theokritos（270 B.C.）；歌劇：Monteverdi（1639）。「阿多尼斯格韻律」是由揚抑抑格和揚抑格組成的希臘詩律，以希臘阿多尼斯追悼儀式的終場詩最有名。

Adrammelek　亞得米勒△、Adadmilki（【阿卡德】阿達德為王）、Adrammelech：（腓尼基）太陽神，從西法瓦音（Sefarwajim）遷到撒瑪利亞（Samaria）的亞述人，用火焚燒兒女獻祭給亞得米勒和月神**亞拿米勒**（Anammelek）（《列王紀下》17:31）。

Adrastos　阿德拉斯托斯△、【拉丁】Adrastus：（希臘）阿哥斯城（Argos）的英雄和國王。他和女婿波呂內克斯（Polyneikes）率軍攻打底比斯，即《七雄圍攻底比斯》的故事，該役只有他倖存。10 年後，他帶領戰死的勇士的兒子們，即**埃庇哥諾伊**（Epígonoi），一舉摧毀底比斯，但是他也失去其子埃基琉斯（Aigileus），為此他悲痛欲絕。

Aeacus→Aiakós

Aegina→Aígina

Aegir　艾吉爾△【古北歐】海）：（北日耳曼）屬於**約頓族**（Jötunn）的海怪，綽號為「海的主宰」、「殘忍者」。他的妻子是女海神**蘭恩**（Rán），生了九個女兒，稱為「艾吉爾之女」。他在樂園裡宴請諸神決定遠征魔界，取出璀璨奪目的黃金，霎時整個神殿彷若映照熊熊烈火。有時候艾吉爾也等同於**居密爾**（Gymir）。

Aeneas→Aineías

Aenen　艾能：（西伯利亞）楚科塔族（Chukotka）的天神和至高神，他住在不可及的天界。

Aeolus→Aíolos

Aesculapius　埃斯庫拉庇烏斯△【拉丁】：（羅馬）醫神，其神殿稱為「醫神之殿」（Aesculapium）。蛇是他的聖物。奧里略皇帝（161-180）也曾裝扮成手持蛇杖為權杖的埃斯庫拉庇烏斯。有兩條蛇纏繞的蛇杖是醫學的象徵和醫師的標誌。埃斯庫拉庇烏斯相當於希臘的**阿斯克勒庇俄斯**（Asklepiós）。

Aēshma　艾什瑪△（【祆語】忿怒、狂暴）：（伊朗）代表貪欲和忿怒的**惡魔**（Daēva），脾氣像群牛一樣容易暴怒。當**服從神**（Sraosha）和**巴拉姆**（Bahrām）接引死者的靈魂升天時，艾什瑪和**阿斯托維達茶**（Astōvidātu）會追蹤劫掠他們。艾什瑪是服從神的死對頭。在世界末日時，即**變容**（Frashō-kereti），服從神會打敗艾什瑪。後來艾什瑪演變為猶太教的**阿斯摩太**（Ashmodai）。

Aether→Aithír

Agamémnon　阿加曼農△：（希臘）邁錫尼（Mykene）的國王，希臘攻打特洛伊時的聯軍統帥。他是阿特留斯（Atreus）和埃洛琵（Aerope）的兒子，**美內勞斯**（Menélaos）的兄弟，他的妻子是**克呂苔美斯卓**（Klytaiméstra），生了三個女兒，克里索提米斯（Chrysothemis）、**伊菲格內亞**（Iphigéneia）和**伊蕾克特拉**（Eléktra），以及兒子**歐瑞斯特斯**（Oréstes）。他的嫂子受**帕利斯**（Páris）誘拐，他率軍攻打特洛伊。在船艦出發前，他把伊菲格內亞獻祭給**阿提密斯**（Ártemis）。攻破特洛伊後，他和**卡珊德拉**（Kassándra）一起回到家鄉，他的妻子唆使情夫艾格斯托斯（Aigisthos）謀殺他。後來其子歐瑞斯特斯為他報了仇。戲劇：Aischylos (458 B.C.)、L. A. Seneca (65)、G. Hauptmann (1944)。

Aganyu　阿甘尤△、Aganju：（奈及利亞）約魯巴族（Yoruba）的穹蒼神和曠野神。他是兄妹夫婦**歐都鐸**（Odudua）和**歐巴塔拉**（Obatala）的兒子，妻子是他的妹妹**耶曼雅**（Yemanja），生了兒子**歐倫甘**（Orungan）。

Ágar→Hāgār

阿耆尼
吠陀宗教的火神和使者神，兩頭
七臂三足的仙人，騎著公羊。

Agash 阿革什▽（【祆語】邪惡的眼神）、Agas：（伊朗）疾病和邪惡目光的魔女**德魯格**（Drugs），看到她的邪惡眼睛，或是被她瞪一眼，都會招致毀滅。

Agdistis 阿格底斯提◇、Agditis：1.（弗里吉亞）（Phrygian）雌雄同體的兇殘怪物，因阿格多斯山（Agdos）得名，**帕帕思**（Papas）讓岩石懷孕，生下阿格底斯提。他被諸神灌醉，把他的陽具綁在樹上，阿格底斯提酒醒後自宮脫逃。從流出的血泊裡長出杏樹，果實使女神**娜娜**（Nana）懷孕，生下**阿提斯**（Attis），**西芭莉**（Kybéle）後來愛上阿提斯。2.在培西努斯（Pessinus）的母神西芭莉的別名。

Ägina→Aígina

'Aglibōl 阿格里波爾△（波爾的小牛）、'Aglibōn：（敘利亞帕密拉地區）月神，他和**波爾**（Bōl）以及**亞希波爾**（Yarhibōl）組成三聯神，有時候也會與**巴力撒美**（Ba'alsamay）以及**瑪拉克貝**（Malakbēl）並稱。他是個手持長矛的青年戰士，額頭上有蛾眉月。

Agni 阿耆尼△（【梵】火）：1.（吠陀宗教）主司爐灶和祭火的火神和信使神，負責把火壇祭的供物獻給諸神。他是天神**特尤斯**（Dyaus）和地母**比里底毘**（Prithivi）的兒子，和他的兄弟們**因陀羅**（Indra）以及**蘇利耶**（Sūrya）組成早期的三聯神。2.（婆羅門教）祭司階級的家主，是**祈禱主**（Brihaspati）的兒子。3.（印度教）東南天界的**護世者**（Lokapāla），是薩婆訶（Svāhā）（成就）的丈夫，**私建陀**（Skanda）的父親。他有兩頭四臂（或說七臂）三腿，身體是紅色的，手持三角印、念珠、澡瓶、仙杖，以公羊為坐騎。

Ägräs→Äkräs

Agwe 阿格威△：（非裔美洲）巫毒教的海神，魚類和海草的主宰，漁民和船夫的守護神。他是穿著海軍軍服的綠眼怪物，其標誌為螺號、模型船和舵柄。

Aharōn 亞倫△（【希伯來】）、【希臘】Aarón、【阿拉伯】Hārūn（哈倫）：1.（猶太教）行神蹟者，第一位被**耶和華**（Jahwe-Elōhim）任命的大祭司，也是後來亞倫家（Aaroniten）的

先祖。亞倫是暗蘭（Amram）和約基別（Jochebed）的兒子，姐姐米利暗（Mirjām）、弟弟摩西（Mōsheh）。亞倫娶了以利沙巴（Eliseba），生了四個兒子。亞倫讓他的杏樹杖吞了埃及術士的杖。他用杖給埃及帶來三次災難。亞倫的杖藉著神蹟發芽，和法版（Asseret ha-Diwrot）以及盛滿嗎哪（Mān）的罐子，一起放在會幕內的法櫃前。瓦倫和他弟弟摩西一起上西乃山，看到神在火中降臨的莊嚴景象。亞倫活了123歲，在活烈山（Horeb）去世。2.（基督宗教）耶穌基督（Iesũs Christós）象徵新約完美而永恆的大祭司類型，相反的，亞倫象徵舊約不完美的、過去的大祭司類型，3.伊斯蘭教的安拉（Allāh）的先知（Nabi）哈倫，儀姆蘭（'Imrān）的兒子，《古蘭經》第3章便是以儀姆蘭為名。他的兄弟是穆薩（Mūsā）。穆罕默德（Muhammad）在登霄（Mi'rādj）時，於第五重天遇到哈倫。

Ahayuta Achi 阿哈尤塔阿契△：（印第安）蘇尼族的孿生英雄和戰神，他們是賭徒和滋事者的守護神，也是騙子和怪物的仇敵。

Ah Puh→Hunahau

Ahriman 阿里曼（【中世和近世波斯】惡靈）：（伊朗）邪惡的神靈，會帶來疾病和死亡，主宰 9999 種疾病，也是黑暗之神。他是惡魔（Daēvas）和德魯格（Drugs）的首領。在世界最後的9,000年，他是奧瑪茲（Ōhrmazd）的死敵，他創造邪惡的怪物對抗奧瑪茲的善良受造者。他的象徵物是蛇。他也等同於惡神安格拉·曼紐（Angra Mainyu）。

Ahti 阿提△：（芬蘭）水神，「魚群的主宰」，把各地悠游的魚聚在一起，讓漁夫捕撈。魚類豐富的水域稱為「阿提的陷阱」。世界沉陷時，阿提會在海裡凍死。

Ahura 阿胡拉△（【古波斯】智慧主宰）：（伊朗）諸神的頭銜，以及諸神靈的某個階級，有別於惡魔（Daēva）階級。查拉圖斯特拉（Zarathushtra）把阿胡拉·瑪茲達（Ahura Mazdā）舉揚為至高神，相反的，在後來的《阿維斯陀經》（Awesta）裡，「惡魔」（Daēva）被貶抑為魔鬼。阿胡拉相當於吠陀宗教的阿修羅（Asuras）。

Ahura Mazdā 阿胡拉・瑪茲達△：（伊朗）智慧之神，能分辨善與惡、真實與虛妄，因而與**安格拉・曼紐**（Angra Mainyu）對立。太初的時候，他統治著他的兩個攣生兒子，善神**斯班塔・曼紐**（Spenta Mainyu）和惡神安格拉・曼紐。後來他與前者同化。他的女兒成為他的妻子**阿胡拉妮**（Ahurāni）。他創造光明的世界，太陽和月亮是他的眼睛。他通常藉著**聖神**（Amesha Spentas）行其大能。有一天他會重新整頓世界。他是從**查拉圖斯特拉**（Zara-thushtra）到阿契美尼德王朝（Achämeniden）時代的最高神。西元三到七世紀，他發展為**奧瑪茲**（Ōhrmazd）。在阿契美尼德王朝，他的形象為有頭飾、指環和權杖的國王，還有太陽神的翅膀，在薩珊王朝（Sassaniden）時代，也會以騎士形象出現。阿胡拉・瑪茲達相當於吠陀宗教的**婆樓那**（Varuna）。

Ahurāni 阿胡拉妮▽【古波斯】阿胡拉眷屬：伊朗的水神。主司生長和繁衍，並且化育萬物。她是阿胡拉・瑪茲達的女兒和妻子。她會在天海**縛魯咯夏**（Vouru-kasha）以及世間的所有水域顯現。

Ai→Aja

Aiakós 埃阿科斯△、【拉丁】Aeacus：（希臘）英雄，愛琴納城（Aegina）國王，埃阿奇德族（Aeacides）的先祖。他是**宙斯**（Zeús）和仙女**愛琴納**（Aígina）的兒子，和恩黛斯（Endeis）生了培里烏斯（Peleús）和特拉蒙（Telamon），和普薩瑪忒（Psamathe）生了佛咯斯（Phokos）。由於他的忠實和正直，死後和**米諾斯**（Mínos）以及**拉達曼迪斯**（Rhadámanthys）同為冥府的判官。

Aígina 愛琴納▽（山羊島）、【拉】Aegina：（希臘）仙女，埃阿奇德族（Aeacides）的祖先。她是河神阿索波斯（Asopos）和梅托珮（Metope）女兒，和**宙斯**（Zeús）生了**埃阿科斯**（Aiakós）。她被宙斯誘拐到伊諾妮島（Oinone）（或說是雅典）且懷孕，後來該島就稱為愛琴納島。**薛西弗斯**（Sísyphos）偷偷告訴其父是誰誘拐他的女兒。

Aiharra-haio 哎哈啦嗨唷：（西班牙巴斯克地區）家神和小精靈，在聖約翰節（6 月 23/24 日）前夕，會把針線盒綁在黑莓樹

阿胡拉・瑪茲達
伊朗智慧之神，以張翅的日輪形象飛翔在國王阿爾塔薛西斯（Artaxerxes）之上。

上，讓四個小精靈鑽進去。他相當於**埃克薩霍納克**（Etxajaunak）。

Aindri→Indrāni

Aineías 伊尼亞斯△、【拉丁】Aeneas：（希臘羅馬）特洛伊戰爭的英雄，統治特洛伊城民，羅馬的**庇厄塔斯**（Pietas）（德行）的人格化，羅馬王室的祖先。他是安喀西斯（Anchíses）國王和**阿芙羅狄特**（Aphrodíte）（維納斯）的兒子，先後娶克留莎（Krëusa）和拉薇妮雅（Lavinia）為妻，後者生了**亞斯卡尼烏斯**（Ascanius）。他接受母親的勸告，帶著被雷擊癱瘓的父親和幼子，逃離被焚毀的特洛伊（途中失去了克留莎），救出家鄉的家神**伯拿德士**（Penates），迷航到了迦太基，在那裡和女王**第多**（Didó）談戀愛，接著取道西西里到了拉丁姆（Latium），娶拉薇妮雅，成為羅馬民族的祖先。他曾與女巫**西碧拉**（Sibylla）同遊黃泉國，看到父親和第多。繪畫：Tintoretto（1550/60）、N. Poussin；史詩：Vergil, Aeneis（29－19 B.C.）。

Aíolos 埃俄洛斯△、【拉丁】Aeolus：（希臘）1. 帖撒里亞（Thessalien）國王，艾歐里亞族（Aioler）的祖先。他有七個兒子和五個女兒，其中包括**薛西弗斯**（Sísyphos）。2. 主宰風的風神，長年關在洞穴裡，為了幫助**奧德修斯**（Odysseús）回家，把「吹遍世界的風」裝到袋子裡送給奧德修斯，然而快到伊薩卡島（Ithaka）時，他的同伴打開風袋，呼嘯而出的風把他們船吹回大海。埃俄洛斯是**波塞頓**（Poseidón）和美拉妮蓓（Melanippe）的兒子。清唱劇：J. S. Bach（1725）。

Aión 埃昂、永世◇、【希臘】時代、年齡、永恆）、【拉丁】Aeon：1.（伊朗）密特拉祕教裡雌雄同體的始祖神和智慧的人格化。2.（摩尼教）最高神，主宰四大元素。他又稱為「四面者」（Tetraprósopos），因為他統攝神性、光明、權力和智慧。其形象為獅面人身，經常還有翅膀，被蛇纏繞。埃昂相當於**佐爾文**（Zurvan）和希臘的**克倫諾斯**（Chrónos）。

Aiónes 移湧、永世、【希臘複數】時代精神、世界）、五明身：1.（諾斯替）移湧、永世，由30個靈體組成神性流出者，構成「豐滿」（Pleroma，音譯「普累若麻」），即天上完美的國度。其護法者是**霍洛斯**（Hóros），他們分成三個階層，分別是8個、10個、12

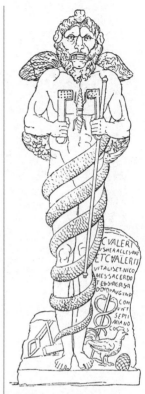

埃昂
伊朗的時間神，獅面人身，有翅膀，被巨蛇纏繞。

個一組。第一個階層又分成四對，分別是**比托斯**（Bythos）、**恩諾亞**（Énnoia）、**努斯**（Nús）、和**邏各斯**（Lógos）。第二層是由邏各斯和佐伊（Zoē）生出的10個靈。第三層有 12 個靈，其中包括**智慧**（Sophía）。2.（摩尼教）五明身，光明粒子，環繞著「善神」、「大慈父」、「大明尊」，在祂於北方天國的五座神殿裡。他們和祂一起對抗眾暗魔（Archóntes）及其「黑暗之王」。

Airāvata 埃拉瓦塔△【梵】從海裡顯現者）：（印度教）巨象，**毘濕奴**（Vishnu）**權化**（Avatāra）為**巨龜**（Kūrma），攪動乳海，從海漚裡生出埃拉瓦塔。他是東方天界的護法，**因陀羅**（Indra）的坐騎。他有白色的身體，四根象鼻。

Airyaman 埃利安門【祆語】好客）：（伊朗）主司友誼的守護神、婚禮神、祭司種姓神。在世界**變容**（Frashō-kereti）時，他會用網羅住受詛咒者，把他們從地獄帶回人間。埃利安門有時候被同化為**服從神**（Sraosha）。他相當於吠陀宗教的**雅利安門**（Aryaman）。

Aita 埃塔△：（伊特拉斯坎）冥府神，他相當於希臘的**哈得斯**（Hádes）和羅馬的**普魯托**（Pluto）。

Aithír 以太△、【拉丁】Aether：（希臘）天空神和大氣神，也是天界和上層大氣的人格化，星宿高掛其間，諸神也住在那裡。以太是**埃瑞波斯**（Érebos）和**妮克絲**（Nýx）的兒子，**赫美拉**（Heméra）（白晝之神）的兄弟。

Ai Tojon 埃托湧：（西伯利亞）雅庫特族（Yakut）神話裡的雙頭鷹，光的創造者，盤踞於宇宙樹的樹梢。

Aitu 埃圖（神、疾病、厄運）、Atua：（波里尼西亞）薩摩亞和馬貴斯島（Marquesas）的次級神族、家庭和村落的守護神。此外還有**希娜**（Hina）和**雅忒阿**（Atea）。

Aitvaras 埃特伐拉斯（雞龍）：（立陶宛）家神，會招財的龍，只要把靈魂轉讓給他，他會從別人那裡偷來黃金財寶送給那個人。人們可以在里加（Riga）、梅梅爾（Memel）或肯尼斯堡（Königsberg）的商人裡買到，或是自己孵育。如果有人怠慢他，他會燒掉他家。他會化身為黑雞或黑貓的形象。

Aius Locutius 埃烏斯・羅庫提烏斯【拉丁】說話者）△：

（羅馬）斥候神和聲音的人格化。有一天晚上，羅馬人聽到一個聲音警告他們高盧人來襲（391 B.C.），但是沒有人理會，後來高盧人長驅直入。戰後羅馬人建神殿奉祀這個報訊的聲音。

Aiyanār 阿耶那△（主人、師傅）、Aiyappan：（古印度）塔米爾族（Tamil）的**村落神**（Grāmadevatā），抵禦疾病的守護神。他是富蘭那（Pūrana，意譯為「滿」）和補特迦拉（Putkala）的丈夫。他和侍衛毘蘭（Viran）夜裡騎馬到村莊，驅走惡魔，治療疾病。他全身紅色，手持刀杖。他相當於錫蘭的**阿伊亞那亞喀**（Ayi-yanāyaka）。

Aiyūb→Ijjōb

Aja 阿亞▽、Ai、Aa：（阿卡德）**夏馬西**（Shamash）的妻子，其子是喀圖（Kettu）（真理）和梅夏魯（Mesharu）（正義）。她是美索不達米亞可徵史料裡最古老的閃族神。

Aka Manah 惡念神△【祆語】惡念、惡神）、Akaman：（伊朗）**惡魔**（Daēva），會使人心生惡念和詭詐。**阿里曼**（Ahriman）派他去誘惑**查拉圖斯特拉**（Zarathushtra）。他是善念神（Vohu Manah）的死敵，在世界變容（Frashō-kereti）**時會被打敗**。

Akar→Aker

Ākāshagarbha 虛空藏△（【梵】源於虛空）、Khagarbha（虛空孕）：（佛教）**菩薩**（Bodhisattva），八位**摩訶菩薩**（Mahābo-dhisattvas）之一，結施願印，持如意珠（Cintāmani）以及日輪蓮花，綠色的身體。

Akatash 阿卡塔什△【祆語】造惡者）：（伊朗）會帶來邪惡的**惡魔**（Daēva），他和其他惡魔一起要消滅**查拉圖斯特拉**（Zarathushtra）。

Aker 阿喀爾△、Akar（大地）、【複數】Akeru（眾地靈）：（埃及）大地的人格化，也是死神。作為地神，他看守著蛇，保護太陽神**雷**（Re）免於受蛇怪**阿波非斯**（Apophis）的侵擾。早上太陽上山稱為「自阿喀爾昇起」，而夜裡太陽則穿過他的身體。他的形象是狹長的土地，有時候是太陽船的底座，上面有兩個人頭，面朝相反的方向望去。後來阿喀爾也同化為**蓋布**（Geb）。

Akerbeltz 阿喀貝茲（黑山羊）：（西班牙巴斯克地區）黑山

阿閦佛

有頂髻（ushnisha），右手結觸
地印，左手持缽，象座有金剛
杵，以象為坐騎。

羊形象的洞穴精靈，野獸們的守護者，保護他們免於瘟疫，也是醫
病的精靈。

Ako Mainyu→Angra Mainyu

Äkräs　埃克拉斯△、Ägräs、Egres：（芬蘭和卡累利亞）植物
神、豐收神、穀物神和蘿蔔神。他為人類帶來豌豆、青豆、亞麻和
大麻。埃克拉斯是雙胞胎的人格化，他的象徵是雙生蘿蔔，稱為
「聖埃克拉斯」。許多家庭和地方都以他為名。

Akrísios　阿克利修斯△、【拉丁】Acrisius：（希臘）阿哥斯
的國王，**達娜哀**（Danáë）的父親。他聽到神諭說他第五個外孫有
一天會殺死他，於是把待字閨中的女兒關在銅做的塔裡，**宙斯**
（Zéus）變成黃金雨潛入。達娜哀生下**帕修斯**（Perseús）後，阿克
利修斯把他們母子倆裝在大箱子裡拋到海上漂流。然而他們都獲
救，後來帕修斯還是擲鐵餅誤殺了阿克利修斯。

Akshobhya　阿閦佛△【梵】不動者）：（佛教）東方世界的
現在佛，住**妙喜國**（Abhirati）。作為**五禪定佛**（Dhyāni-Buddhas）
之一，他是**人間佛**（Manusi-Buddha）**拘那含佛**（Kanakamuni）
的佛父，結觸地印，手持金剛杵，身藍黑色，以大象為坐騎。在密
乘裡，代表般若（Prajña）的佛眼尊（Locanā）佛母為其眷屬。

Aktaíon　阿克泰溫△、【拉丁】Actaeon：（希臘）底比斯有名
的獵人，打獵時窺見**阿提密斯**（Ártemis）和其他仙女在洗澡，阿
提密斯很生氣，把阿克泰溫變成一隻鹿，被自己的獵犬咬死。繪
畫：Tizian (1559)、Rembrandt (1635)、Tiepolo。

Ala　阿勒▽Ale、Ana、Ani：（奈及利亞）伊布族（Igbo）母神
和地母，象徵多產和死亡。她是人間和冥府的女王，是初谷
（Chuku）的妻子。她是道德的守護者，禁止殺人、通姦、搶劫和
偷竊。棉花樹是她的聖樹。她的形象為帶著孩子們的母親。

Alad　阿拉得：（蘇美）善良的守護神，原本是中性的魔鬼形
象，後來等同於阿卡德的**謝杜**（Shēdu）。

Alako　阿洛可△（【芬蘭】Alakuu＝月缺）：（吉卜賽）最高
神，月宮的統治者。當敵人把他趕走時，就會月缺。當阿洛可擊敗
敵人時，又會回到月圓。他的主要敵人是**班恩**（Beng）。

Alalu　阿拉路△、Hypsistos（【希臘】至高者）：（胡里安人）

（Hurrian）第一位諸神之王，統治天國九年後，被他的兒子即阿卡德的**安努**（Anu）推翻。

Alarabi　阿拉瑞比：（西班牙巴斯克地區）馬基尼亞（Marquinia）的山神和獨眼巨人，只有一條腿，有圓形的腳掌。阿拉瑞比相當於**托爾多**（Torto）。

A'lat　阿哈拉特：（西伯利亞）凱特人（Ket）和葉尼塞人（Yenisei）的家神，形象為人形布偶。

Alatala　阿拉塔拉△：（印尼）托拉查人（Toradja）的天神。

Alb→Alfr

Alcestis→Álkestis

Alcmena→Alkméne

Ale→Ala

Alfr　阿爾法（【古北歐】）、【古德語】Alb、【複數】Alben：（日耳曼）半神半魔的小精靈，後來被視為夢魘，坐在睡夢者胸口，使他們做惡夢。光明阿爾法住在精靈之家（Álfheimr），黑暗阿爾法則住在地底。華格納（R. Wagner）把侏儒王阿爾貝里希（Alberich）融入他的指環侏儒族裡的角色。阿爾法類似於**愛瑟神族**（Asen）和**侏儒**（Dvergr）。

Alignak　阿里格納克△：（愛斯基摩）月神和天氣神，主宰海洋生物、潮汐、月亮、日蝕、地震和降雪。

Alk'　阿爾喀▽（【複數】深谷、地底）：（亞美尼亞）惡**靈**（Devs），會傷害不服從她們的人以及新生嬰兒。

Álkestis　阿爾喀斯提斯▽、【拉丁】Alcestis：（希臘）女英雄，自願代她的丈夫阿德梅托斯（Admetos）就死，**赫拉克列斯**（Heraklés）感其堅貞，到死神**塔那托斯**（Thánatos）把她救出來，交給她家人。戲劇：Euripides（438 B.C.）、Wieland（1722）、Hofmannsthal（1898）、Th. Wilder（1957）；神劇：Händel（1749）；歌劇：Gluck（1767）。

Alkméne　阿爾克梅尼▽、【拉丁】Alcmena：（希臘）女英雄，**赫拉克列斯**（Heraklés）的母親。她是埃勒庫特倫（Elektryon）和安娜克索（Anaxo）的女兒，**安菲特利翁**（Amphitrýon）的妻子，為他生了伊菲克力斯（Iphiklés），和**宙斯**（Zeús）生了赫拉克

安拉
伊斯蘭造物主和審判神，因為他
禁止以物配主，於是人們以書法
藝術表現他。

列斯。宙斯趁安菲特利翁出征，化身成他的模樣誘惑阿爾克梅尼。
當他歸來時，阿爾克梅尼大惑不解，因為前晚才和他雲雨過。九個
月後，她生了雙胞胎，其中赫拉克列斯是宙斯的兒子，而伊菲克力
斯是安菲特利翁的兒子。

Allāh 安拉△（【阿拉伯】al-ilāh＝神）、Lāh、'Ilāh：1. 阿拉伯
中部及北部各民族稱呼神為「拉」（Lāh），是女神**拉特**（al-Lāt）的
男性對耦神。2.（阿拉伯）至高神「以拉」（'Ilāh），別名是「天地
的創造者」。在阿拉伯中部民族，以拉有三個女兒，**拉特**（al-
Lāt）、**默那特**（Manāt）、**烏扎**（al-'Uzza）。以拉相當於閃族的厄勒
（Ēl）。3.（伊斯蘭）獨一真主、造物和審判的神，會給予順從者
（islām）他們應得的。安拉是崇高且仁慈的。《古蘭經》說安拉有
99個名字，但是其中第100個，最偉大的名字，凡人卻不知道。他
的**天使**（Malā'ika）是從光造出來的。他用火造**精靈**（Djinn）、**易
卜劣廝**（Iblis）、**撒但**（Shaitān），用泥造**阿丹**（Ādam）。為了幫助
受撒但誘惑的人類，他差遣了 124,000 個**先知**（Nabi），最後一位
則是**穆罕默德**（Muhammad）。**復活日**（al-Kiyāma）到來的時候，
安拉會審判人類。由於禁止以物配主，只能以書法去表現他。《古
蘭經》第55、87章以「至仁主」和「至尊」的安拉為名。

Allāt→al-Lāt

Allatu 阿拉圖▽（大能者）：（阿卡德）冥府女神，統治冥府
阿拉魯（Aralu）的女王。她是**匿甲**（Nergal）的妻子，相當於蘇
美的**厄里什基迦勒**（Ereshkigal）。

'Almaqahū 阿爾瑪卡△、'Ilmaqahū、'Ilmuqah、'Ilmuquh：
（阿拉伯）示巴人（Sabaean）的月神和王國神，他和**阿塔爾**
（'Attar）以及**夏姆斯**（Shams）組成三聯神而居其次。他是國家的
真正統治者，在俗世的代理人則是**穆卡里布**（Mukarrib）。示巴人
自稱是「阿爾瑪卡的子嗣」，他的聖物是公牛和公羊，他的象徵是
電束和短棍。阿爾瑪卡相當於**旺德**（Wadd）、**哈姆**（'Amm）和**欣**
（Sīn）。

Álmos 阿爾莫斯△（夢）：（匈牙利）第一個國王，馬戈兒
（Magor）的後裔。他的母親**埃梅蘇**（Emesu）在他出生前做了個
夢，因而叫他阿爾莫斯。夢裡說神要他成為開國之王。阿爾莫斯和

他的兒子**阿爾帕德**（Árpád）帶領族人到了現在的匈牙利。他在慶典儀式裡被殺死，好把他的力量和智慧傳給繼承者。

Alow　阿羅味△：（古印度）喀哈里族（Kachari）造物神。

Alpan　阿爾潘▽、Alpanu、Alpnu：（伊特拉斯坎）愛神和冥王，是侍從神**拉撒**（Lasa）之一。

Alū　阿魯：（蘇美）天界的公牛**瓜納**（Guanna）的阿卡德語名字，也是惡魔的名字，他會壓住人類胸口。

Aluluei　阿魯魯伊△：（麥克羅尼西亞）加羅林群島傳說的英雄，航海術的守護神，是**佩旅洛普**（Pälülop）的兒子。他有兩個兒子，朗格拉普（Langolap）和朗格里克（Langorik），他把航海術傳授給兄弟倆，不過只有弟弟朗格里克得其真傳。

Amaethon　亞梅森△：（克爾特）威爾斯人的農作神、「偉大的農夫」，**多恩**（Dôn）的兒子。

Amahrspand　五明子、五明佛、光明粒子△、Amahraspand：（摩尼教）五個光明元素的人格化：空氣、風、光、水、火（清淨風、妙風、明力、妙水、妙火）。「初人」創造這五個兒子，作為他的盔甲或靈魂，去驅逐黑暗。但是他們和父親被邪惡的黑暗力量（五類魔）打敗且吞噬，直到「善神」的光明使**納里撒夫**（Narisaf）和**密里雅茲**（Mihryazd）解救他們。

Amáltheia　阿瑪提亞▽、【拉丁】Amalthea：（希臘）仙女和山羊，在克里特島上給**宙斯**（Zeús）餵奶。宙斯為了感謝她，把她變成天上的星星，即御夫座的「五車二」（Capella）（山羊）。並用她折斷的角盛滿水果飾以鮮花，成為「羊饒角」（cornu copiae）（豐饒角），是諸神賜福的標誌。

Ama-no-hohi-no-mikoto　天穗日命△：（神道教）天神，出雲國貴族的祖神。他是**天照大神**（Amaterasu）的兒子。眾神在**高天原**（Takama-ga-hara）的河灘集會後，天照大神和**高御產巢日神**（Taka-mi-musubi）派**天忍穗耳尊**（Ama-no-oshiho-mimi）和天穗日命，到日本葦原中國撥平妖魔，以立**邇邇藝命**（Ninigi）為王。

Ama-no-iwato　天之岩戶、天石窟、天石屋戶：（神道教）**高天原**（Takama-ga-hara）裡的黑暗石洞，生氣的天照大神躲到洞裡不肯出來，使世界一片漆黑，舞神**天宇姬命**（Ama-no-uzume）以

歌舞引誘天照大神出來。

Ama-no-minaka-nushi-no-kami 天之御中主神△：（神道教）最初的天神，坐在九重雲上，是五柱**別天津神**（Koto-amatsu-kami）之一。實行教（Jikkō-Kyō）和扶桑教（Fūsō-Kyō）的富士信仰系認為，天之御中主神是宇宙的中心、生命的起始。

Ama-no-oshiho-mimi-no-mikoto 天忍穗耳尊△：（神道教）天神，日本天皇家的祖神，**天照大神**（Amaterasu）的兒子，**邇邇藝命**（Ninigi）的父親。他母親原本要他到葦原中國取代堂兄弟**大國主神**（Okuni-nushi）為王。他從天而降，從**天之浮橋**（Ama-no-uki-hashi）看到人間騷亂，立即回到天上，建議由他剛出生的兒子邇邇藝命去治理，天照大神馬上同意。

Ama-no-tokotachi-no-kami 天之常立神△：（神道教）最初的天神，五柱**別天津神**（Koto-amatsu-kami）之一，在天地形成後出現。

Ama-no-uki-hashi 天之浮橋：（神道教）連結天界**高天原**（Takama-ga-hara）和地界的橋樑。**伊邪那歧**（Izanagi）和**伊邪那美**（Izanami）站在橋上，以**天瓊戈**（Ama-no-nuboko）向下攪動滄溟，矛端滴下的海水積鹽成島，即淤能碁呂島（磐馭慮島）。

Ama-no-uzume 天宇姬命、天宇受賣命、天鈿女命▽：（神道教）歡樂和舞蹈之神。當天照大神（Amaterasu）隱遁到**天之岩戶**（Ama-no-iwato）而使得大地一片黑暗時，天宇姬命站在倒過來的空桶上出神跳舞，若神靈附體，露其雙乳，衣裳垂至下體，諸神齊聲大笑，引起天照大神的好奇，於是打開岩穴的門，使得世界恢復光明，大地重現生機。至今她的舞蹈還存在於**神樂**（Kagura）裡。

Amaterasu-o-mi-kami 天照大神、天照大御神▽：（神道教）太陽神，天界的統治者，最高神，日本天皇家的祖神。天照大神是**伊邪那歧**（Izanagi）的女兒，**月讀命**（Tsuki-yomi）和**須佐之男**（Susa-no-o）的姐姐。她的父親從**黃泉國**（Yomi-no-kuni）回來後，用海水洗左眼，生下天照大神。有一次，天照大神因為其弟須佐之男的惡行忿而遁入**天之岩戶**（Ama-no-iwato），使天上人間陷入長夜，後來諸神以八咫之鏡誘天照大神出岩戶。八咫之鏡現在成

天照大神
神道教太陽神和天神，日本天皇家的祖神。

為三神器之一，保存在天照大神的神社內區（Naiku）。天照大神命令她的孫子統治日本。

Ama-tsu　天津、天津日高日子波限建鵜葺草葺不合命△：（神道教）日本天皇家祖神。他是獵戶**山幸彥**（Yamasachi）和海神女**豐玉姬**（Toyo-tama）的兒子，娶他的姨媽**玉依姬**（Tama-yori-hime）為妻，生下**神武天皇**（Jimmu-tennō）。天津的母親生下他以後就回到海裡，由她的妹妹玉依姬扶養他，他們後來成為夫妻，生了許多孩子。

Amaunet　安夢妮特▽：（埃及）母神，北風的人格化。在赫莫波利斯（Hermopolis）的**八聯神**（Götterachtheit）裡，她和她的男性對耦神**安夢**（Amun）是第四對始祖神。因為她是太初諸神之母，不需要丈夫，於是她又被稱為「也是父親的母親」。她的造形為巨蛇，或戴著下埃及的王冠的蛇頭。後來她和**奈特**（Neith）融合成奈特安夢妮特（Neith-Amaunet）。希臘人把她等同於**雅典娜**（Athéne）。

Amazónes　亞馬遜族▽（amazos＝被割掉的乳房）：（希臘）來自卡帕多奇亞（Kappadokien）的女戰士部落，由女王統治。她們是**阿利斯**（Áres）的女兒。在她們的女兒國裡，男人只是傳宗接代的工具，因此她們一年只需交媾一次。新生的男孩會被拋棄，只扶養女孩，教育成未來的女戰士。為了不妨礙彎弓射箭，她們會割掉右乳房或是燒掉它。在女王**潘特西莉亞**（Penthesíleia）的率領下，她們參與特洛伊戰役，和**赫拉克列斯**（Heraklés）、**貝勒羅封**（Bellerophóntes）、**阿奇里斯**（Achilleús）和**提修斯**（Theseús）交戰。「亞馬遜戰役」是很受歡迎的藝術主題。

亞馬遜族
希臘女戰士部落，攻打特洛伊。

安瑪

非洲太初神和造物神,四根鎖骨表現四葉狀的世界圖像:北方的葉子包含男性諾莫,南方是女性的諾莫,西方有白狐和一個胎盤,東方則是作為供物的諾莫以及獻祭者諾莫。

Ambat 安巴特:(美拉尼西亞)英雄和文明始祖,發明陶工旋盤和許多社會習俗,例如為死者立紀念像,稱為「蘭巴蘭布」(rambaramb)。安巴特是五兄弟的老大,他們都分別以手指命名。他征服了食人魔女尼溫賓保(Nevinbimbaau)。

Ambrosia 神饌▽(不死者):(希臘)諸神的美食和油膏,憑著神饌和**神酒**(Néktar),諸神得以不死,也是他們的馬的飼料。

Amentet 阿曼提特▽(西方):(埃及)西方的人格化,是太陽下山的地方。她是西方世界的女神,也就是西方的史前墳場,她是冥府女神,接納來到陰間**杜瓦特**(Duat)的死者。從新王國時期開始,在棺底可以看到她的肖像。

Ameretāt 不朽神▽(【祆語】不死、生命):(伊朗)聖神,象徵**阿胡拉・瑪茲達**(Ahura Mazdā)的不死身,植物界的守護神,其可食用的植物使人得以不死。她是七位**聖神**(Amesha Spentas)之一,其宿敵是惡魔**扎里希**(Zārich)。人們會在每年的第5個月奉祀她。她和**完璧神**(Haurvatāt)演變成後來伊斯蘭教的**哈魯特**(Hārūt)和**馬魯特**(Mārūt)。

Amesha Spentas 聖神(【祆語】神聖的不死者):(伊朗)由五位或六位或七位天神組成的天使,是主神屬性的人格化,也是六大元素(火、金、土、水、植物、動物)的守護神,**阿胡拉・瑪茲達**(Ahura Mazdā)的化身,作為「大天使」環繞在他周圍,男左女右。每個聖神都分別和一個**惡魔**(Daēva)對抗。他們是**正義神**(Asha Vahishta)、**王國神**(Chshathra vairya)、**隨心神**(Armaiti)、**完璧神**(Haurvatāt)、**不朽神**(Ameretāt)、**善念神**(Vohu Manah)和**服從神**(Sraosha)。他們的名字沿用在伊斯蘭的國曆。

Amida→Amitābha

Amilamia 阿米拉米亞▽:(西班牙巴斯克地區)薩瓦提拉(Salvatierra)的慈善女神,窮人的守護神,教他們用篩子篩麵粉。她住在勒扎歐(Lezao)的洞穴裡。有時候她會坐在河畔,以淺塘為鏡梳頭髮。

Amitābha 阿彌陀佛△(【梵】無量光):(佛教)西方**極樂世**

界（Sukhāvati），有阿彌陀佛住世。他是**五禪定佛**（Dhyāni Buddha）之一，是**人間佛**（Manushi-Buddha）**釋迦牟尼佛**（Shākyāmuni）的佛父，結禪定印，坐蓮花座，身紅色，以孔雀為坐騎。在密乘裡，有作為**般若**（Prajña）的白衣觀音（Pāndarāvāsini）為其部母。

'Amm 安姆△（叔叔）：（阿拉伯）卡達班（Qataban）的月神、國家神和氣候神。在三聯神裡，他在**阿塔爾**（'Attar）之後，**夏姆斯**（Shams）之前，他是國家真正的統治者，在俗世的代理人是**穆卡里布**（Mukarrib）。卡達班人認為他們是「安姆的子嗣」。他又稱為「滿月」、「繞行的滿月」。他的象徵是雷束和蛾眉月，安姆相當於**阿爾瑪卡**（'Almaqah）、**旺德**（Wadd）和**欣**（Sīn）。

Amma 安瑪△：（西非上伏特和馬利）達貢族（Dagon）的天神和造物神，以兩個胎盤的世界蛋創造世界屋，在每個胎盤裡都有一對雙胞胎，其中叫**諾莫**（Nommo）的是雌雄同體。安瑪的聖壇是巨石柱，他的象徵是豎立的蛋（Oval）。

Ammavaru 阿摩筏羅▽（我們的女王）：（印度）塔米爾族（Tamil）始祖神和母神。她在乳海裡產下三個蛋（梵卵），孵化出印度教的三位主神**梵天**（Brahmā）、**毘濕奴**（Vishnu）和**濕婆**（Shiva）。梵卵的下半部變成大地，上半部化為穹蒼。她的坐騎是胡狼。

Ammit 安密特▽（吞食死者）：（埃及）冥府的魔女，她潛伏在冥府神**奧賽利斯**（Osiris）的天秤旁邊，依據審判的結果，把惡人吃掉。她有鱷魚的頭，山貓的軀體，河馬的尾巴。

Ammon→Amun

Ammoniter→Milkom

Amoghasiddhi 不空成就如來：（佛教）北方佛，屬於**五禪定佛**（Dhyāni-Buddhas），是**人間佛**（Manusi-Buddha）**彌勒菩薩**（Maitreya）的佛父，結施願印，座下有十字金剛杵，身體是綠色的，以**迦樓羅**（Garuda）為

不空成就如來
右手結施願印，左手端缽，座下是十字金剛杵和迦樓羅鳥。

坐騎。在密乘裡，代表般若（Prajña）的**綠度母**（Tāra）為其眷屬。

Amon→Amun

Amor 阿摩爾、邱比特△（【拉丁】愛情）、Cupido（【拉丁】cupiditas＝要求、感情）：（羅馬）愛神，愛的人格化，指心裡生起的喜愛和激情。他是個帶翼的小男孩，手持弓箭和火炬。邱比特相當於希臘的**愛洛斯**（Éros）。

Amoretten→Érotes

Amōs 阿摩司、亞毛斯△（【希伯來】āmāsāh＝負重擔者）：（猶太教）提哥亞（Tekoa）的牧人，異象得見者，猶大國（760-750 B.C.）耶和華的**先知**（Nābi'）。他看到五個異象——蝗災、火災、鉛垂線、無花果籃，以及站在祭壇上的耶和華。阿摩司預言說：「（審判的）日子將到，耶和華會降飢荒在地上，將以色列分散在各國，作為懲罰。」他在提哥亞過世，《阿摩司書》是十二小先知書的第三卷。

Amphíon und Zéthos 安菲翁和齊策斯△△：（希臘）兩位英雄，底比斯城的建立者。他們是**宙斯**（Zeús）和**安提娥培**（Antiópe）的雙生子，在建城的時候，安菲翁的琴聲使岩石感動，滾滾而來。他是**繆思**（Músai）的學生，歌曲和弦樂的大師。他失去妻子**妮歐貝**（Nióbe）和所有孩子以後，跟著也自殺。齊策斯是個牧人和獵戶，提比（Thebe）的丈夫。

Amphitríte 安菲特里特▽：（希臘）海裡的仙女，洶湧大海的人格化。她屬於海神**涅留斯族**（Nereídes），是**涅留斯**（Nereús）和多麗絲（Doris）的女兒，和**波塞頓**（Poseidón）生了**特里頓**（Tríton）。在與波塞頓的婚禮前，她本來想逃婚，但是海豚說服她回去。這隻海豚後來變成天上星座。大海的女王安菲特里特，駕著由涅留斯族以及海神的眾隨從護衛的海螺戰車乘風破浪。她因為妒嫉而用魔草把**史奇拉**（Skýlla）變成怪物。繪畫：Rubens（1620）、Tiepolo（1740）。

Amphitrýon 安菲特利翁△：（希臘）底比斯城的將領，梯林斯（Tiryns）國王與阿斯提達美亞（Astydameia）的兒子。他和妻子**阿爾克梅尼**（Alkméne）生下兒子伊菲克力斯（Iphiklés）。在他

安菲特里特
希臘海裡的仙女，旁邊是波塞頓，由兩個愛神簇擁著，乘坐四匹馬的婚禮馬車。

打仗回家的前一天，**宙斯**（Zeús）變成他的模樣誘姦他妻子，生
了**赫拉克列斯**（Heraklés）。伊菲克力斯和赫拉克列斯是雙胞胎。
喜劇：T. M. Plautus（184 B.C.）、Molière（1668）、Kleist（1807）、J.
Giraudoux（1929）；歌劇：H. Purcell（1690）。

Amrita　甘露（【梵】不死）：1.（吠陀宗教）諸神之酒，飲之
不死，和**蘇摩**（Soma）一樣。2.印度教的神酒，當**毘濕奴**
（Vishnu）**權化**（Avatāra）為**巨龜**（Kūrma）的形象時，從海漚裡
浮現甘露。

Amset→Imset

Amun　安夢△（隱藏者）、Amon、Ammon：（埃及）太初的造
物神和風神，是不可見的生命氣息的化身，把運動和生命灌注到死
寂的混沌裡。他的祖先是**克馬特夫**（Kematef）。在**八聯神**
（Götterachtheit）裡，安夢和他的女性對耦神**安夢妮特**（Amaunet）
是第四對原始神族。在第十一王朝時，他是底比斯的地方神，當該
城在第十八王朝成為首都，他也成為國家神。安夢和他的妻子**姆特**
（Mut）以及兒子**孔斯**（Chons），是底比斯人的家族三聯神。他被
稱為「兩國之王」。他和**雷**（Re）以及以前的國家神**普塔**（Ptah）
也組成三聯神，同樣是國家主神。作為「眾神之王安夢雷」，他位
居赫莫波利斯（Hermopolis）的**九聯神**（Götterneunheit）之首。
第十八王朝的國王以他為名，稱為「安夢和泰普」（Amenhotep，
「安夢很滿意」的意思）。安夢和泰普四世自己改名為「易肯阿頓」
（Echnaton, Akhenaton），才以**阿頓**（Aton）取代安夢。在現在的
卡納克神廟建立了數代的法老王室。他的節日是在埃及曆 2 月 19
日。他的形象為戴著高羽冠的人形或是彎角公羊。公羊座是12星座

之首，也是埃及曆的歲初。後來他被等同為希臘的**宙斯**（Zeús）和羅馬的**朱庇特**（Jupiter）。

Amurru 亞摩魯△：（阿卡德）天氣神和游牧族之神，亞摩利族（Amoriter）西部的守護神和化身。亞摩魯的妻子是**貝勒朵莉**（Bēletsēri）。他的象徵動物是公牛。亞摩魯相當於蘇美的**馬爾杜**（Martu）。

An 安△：（蘇美）烏魯克（Uruk）的城市神及天神，和**恩奇**（Enki）及其子**恩利勒**（Enlil）構成「宇宙」三巨神。他先後娶了**烏拉什**（Urash）、**奇**（Ki）以及他的女兒**伊南那**（Inanna）為妻。他是眾神之父，其後代包括**馬爾杜**（Martu）、**嘉頓杜**（Gatumdu）、**芭芭**（Baba）。他的名字的楔形文字，八角星形，同時也是字母以及諸神名字前面的限定詞。他相當於阿卡德的**安努**（Anu）。

Ana→Ala

Ana→Dan

Anāgāmin 阿那含（【梵】不還、不來）：（佛教）聖者，有別於**斯陀含**（Sakridāgāmin），死後不再生欲界，進而趨向**涅槃**（Nirvāna）。

Anahit 阿娜希特▽（無染無玷）：（亞美尼亞）月神，人類和動物的多產女神。她施予化育生命的水，是大地的守護神。她和**阿斯特利克**（Astlik）以及**瓦哈根**（Vahagn）組成三星神。每月的第19日便是以她為名。她頭戴著星冠，類似於希臘的**阿提密斯**（Ártemis）。

Analap→Anulap

Anammelek 亞拿米勒△、Anammelech：（腓尼基）月神，從西法瓦音（Sefarwajim）遷到撒瑪利亞（Samaria）的亞述人，用火焚燒兒女獻給太陽神**亞得米勒**（Adrammelek）和亞拿米勒（《列王紀下》17:31）。

Ānanda 阿難△（【梵】慶喜）：（佛教）比丘，**釋迦牟尼佛**（Shākyāmuni）十大弟子之一，也是佛陀的堂弟。他阻止了**提婆達多**（Devadatta）的破僧計謀，後來成為**阿羅漢**（Arhat）。在禪宗裡，他被列為二祖。他善記憶，而能記誦佛陀教義。他經常被拿來

和基督教的**彼得**（Pétros）
作比較。

Ananku 阿南庫▽（神
力）：（古印度）1. 塔米
爾族（Tamil）神話裡危險
的神力，蘊藏在可怕的地
方（瀑布、山隘、山
頂）、動物（蛇、老虎）、
身體（少女的乳房），或
是諸神、魔鬼和神殿。2.
美麗的魔鬼，會殺害年輕
男子；她也是次級的家神。

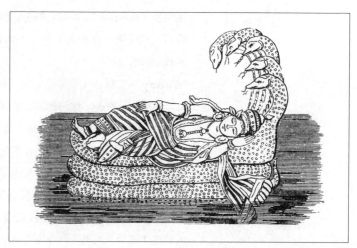

阿南達
印度教五頭龍，毘濕奴（那羅延）
在造物的空檔會躺在他身上休
息。

Ananta 阿南達、難陀龍王△（【梵】無限、無量）、Shesha
（維持）、Adishesha：（婆羅門教和印度教）龍王，無限和永恆的
化身。他是宇宙的巨龍，既馱負又纏繞著大地。而**毘濕奴**（Vishnu）
會在兩次**波羅**（Para）中間躺在他身上休息，因而稱為「維持神」
（Sheshashayi）。在一劫（Kalpa）末了，阿南達會吐火毀滅世界。
他是**迦葉波**（Kāshyapa）和歌頭（Kadrū）的兒子，**和修吉龍王**
（Vāsuki）以及**摩那斯龍王**（Manasa）的兄弟。他有四臂千頭，其
標誌為蓮花、杵、犁頭和螺殼。

'Anath 亞拿▽（神旨）：（敘利亞和腓尼基）多產神、愛神和
戰神。她是**厄勒**（Ēl）和**亞舍拉**（Ashera）的女兒，**巴力**（Ba'al）
的妹妹和情婦。她被稱為「童貞女」、「天國女王和諸神主宰」以
及「萬物的歸依」。她為巴力之死痛哭不已，把他葬在薩潘山
（Sapan），殺掉死神和乾旱神**莫特**（Mōt）為她哥哥報仇，忿怒地
浸泡在血泊裡，這可能是乾旱期結束時的重生儀式，祈求湧出新的
生命力。在尼羅河象島的猶太殖民地把亞拿和**耶和華**（Jahwe-
Elōhim）並立。其形象特徵為頭盔、盾牌、戰斧、長矛和雙翼。

亞拿
敘利亞和腓尼基的戰神，戴著頭
盔，手持盾牌、戰斧和長矛。

Anatum 亞拿突▽：（阿卡德）大地女神，**安夏爾**（Anshar）
和**奇夏爾**（Kishar）的女兒，天神**安努**（Anu）的妹妹和妻子，後
來安努以他們的女兒**伊西塔**（Ishtar）取代亞拿突。

Anaya 阿那亞：（印第安）阿撒巴斯卡族（Athapasken）和納

瓦侯族（Navajos）的異族神和人類的毀滅者。他們是童貞女所生的巨人和怪物，有的缺了頭、手或腳，有的具有**蛇怪**（Basilisk）的致命眼睛。

'Anbay 安貝△（宣布者）：（阿拉伯）卡達班族（Qatabān）的審判神和預言神，他的神諭就是判決，別名「律法主宰」或「正義主宰」，經常和吳親（Haukim）相提並論。

Anchíses 安略西斯△：（希臘）特洛伊國王，他是卡皮斯（Kapys）和提密斯（Themis）的兒子，和**阿芙羅狄特**（Aphrodíte）生了**伊尼亞斯**（Aineías），他沒有聽女神的告誡而洩漏了她的名字，被**宙斯**（Zeús）的雷電打成殘廢。他的兒子背負他從被焚毀的特洛伊逃到西西里，他在那裡過世。

Andhakā 闇陀伽△（【梵】瞎眼）：（印度教）魔神，黑暗、無知、遲鈍的人格化，屬於**阿修羅**（Asuras）。他想要強奪**濕婆**（Shiva）的妻子**雪山神女**（Pārvati），意圖以三叉戟殺死濕婆，因此又稱「闇伽陀修羅」（Andhakāsura）。由於闇陀伽傷口流出的每一滴血都會產生新的惡魔，諸神便創造**七母天**（Saptamātara）喝掉他的血。闇陀伽有千頭千臂。

Androgyn 雌雄同體◇（【希臘】andrógynos）：指某個存有者同時具有兩個性徵，或是自然的生殖和創造力量及其和諧的象徵，相對於區分兩性（陽性和陰性）的存有者。在許多民族裡，**太初**（Urzeit）的人類、諸神和其他生命，還沒有性別的區分，像是始祖神或造物神，他們以自力創造和孕育萬物，而不依賴另一半。埃及的**阿圖**（Atum）從自身創造出**舒**（Schu）和**特芙努**（Tefnut），自此才有兩性之別。印度教的**生主**（Prajāpati）也從自己生出萬有。印第安的**阿溫那維羅納**（Awonawilona「他和她」的意思）用自己皮膚的兩個球體形成天父和地母。月神、大地之神、多產神和愛神，希臘的**赫美芙羅狄特**（Hermaphróditos），也經常是雌雄同體。其中也包括最高神，例如：非洲的**瑪烏利撒**（Mawu-Lisa）、中國的**天**、猶太教的**耶和華**（Jahwe-Elōhim）。雌雄同體的不只是神族，還包括原始存有者，從他的身體創造出世界或兩性的人類，例如吠陀宗教的**原人**（Purusha），也包括猶太教的**亞當**（Ādam），神從他的肋骨造出夏娃。至於雌雄同體的動物，則有中

國的**麒麟**。除了純粹的雌雄同體以外，也有女性神祇具有於雌雄同體的面向，例如：神道教的**稻荷神**（Inari）、希臘的**蓋婭**（Gaía）、日耳曼的**約得**（Jörd）；或是男性神祇具有雌雄同體的面向，例如：埃及的**雷**（Re）、中國的**盤古**。雌雄同體是不假外求的、整體的、完美和絕對的意義形象，是男性和女性的綜合與統一，在本辭典裡以「◇」的符號表示。

安卓梅姐
希臘公主，被綁在海邊岩石上，她後來的丈夫帕修斯救了她，殺死躺在地上的海怪開托斯。

Androméda **安卓梅姐**▽：（希臘）衣索匹亞國王開佛斯（Kepheus）和**卡席耶琵亞**（Kassiépeia）的女兒，**帕修斯**（Perseús）的妻子。她為了替母親贖罪，遵守**波塞頓**（Poseidón）的命令，被綁在海邊的岩石上，讓海怪**開托斯**（Kétos）吃她。這時候帕修斯解救了她，並娶她為妻。帕修斯歷險過程中的所有人，都被接到天上成為星座：開佛斯（Cepheus，仙王座）、卡席耶琵亞（Cassiopeia，仙后座）、帕修斯（英仙座）、安卓梅姐（仙女座）和開托斯（鯨魚座）。

Äneas→Aineías

Angaraka→Mangala

Ángelos→Mala'āk

Angiras **鴦耆羅、阿詣羅、鴦竭羅私**△（【梵】ang＝宣說）：（婆羅門教和印度教）古代智者和**仙人**（Rishi），是十位**大仙**（Maharishi）之一。他是**梵天**（Brahmā）自汗液生下的兒子，**祈禱主**（Brihaspati）的父親。

Angra Mainyu **安格拉·曼紐**（【祆語】忿怒的靈）、Ako Mainyu：（伊朗）主司苦惱和折磨的惡神，是邪惡、黑暗、欺騙和混亂的人格化。他是阿胡拉·瑪茲達（Ahura Mazdā）的兒子，是善神**斯班塔·曼紐**（Spenta Mainyu）的孿生兄弟，兩者爭戰了9,000 年，直到世界**變容**（Frashō-kereti），安格拉·曼紐才被打敗。他是「眾魔之魔」，是所有**惡魔**（Daēvas）之首，後來發展成**阿里曼**（Ahriman）。安格拉·曼紐相當於猶太教和基督宗教的**撒但**（Sātān）和伊斯蘭的**撒但**（Shaitān）。

Angus→Oengus

Anhuret→Onuris

Ani **雅尼**△：（伊特拉斯坎）天神，住在最高天。他相當於羅馬

的**雅努斯**（Ianus）。

Ani→Ala

Aniruddha 阿那律△（【梵】如意、無障、隨順有無）：1.
（佛教）釋迦牟尼佛（Shākyāmuni）十大弟子之一。2.（印度教）
國王，**巴端拿**（Pradyumna）和迦拘末提（Kakumati）的兒子，**黑
天**（Krishna）和**茹蜜妮**（Rukmini）的孫子，**烏夏**（Ushā）的丈
夫，**伐折羅**（Vajra）的父親。

Ankallammā 菴喀羅摩▽、Ankaramma：（古印度）塔米爾
族（Tamil）的地母和家主神，她會吞噬所有擋在前方的東西，其
形象為盛滿海螺的盆。

Anky-Kele 安奇克勒：（西伯利亞）楚科塔族（Chukotka）的
海神，海洋生物的主宰，主司生命和死亡。

Anna Perenna 安娜・培列娜▽（【拉丁】perennis＝永
恆）：（羅馬）大地女神和諸神之母，也是歲時和春天女神。在貴
族與庶民的階級戰爭時代，老百姓遷徙到聖山上，她化身為老婦
人，每天烤餅賣給老百姓，免得他們餓死。為了紀念她，族人每年
3 月 15 日會在練兵場舉行慶典。

Annikki 安妮奇▽：（芬蘭）森林神，林中動物的守護女神。
獵人會祈求她把動物從她父親**塔皮歐**（Tapio）的「穀倉」裡釋放
出來。

Annwn 阿努恩（【威爾斯】非世界）、【愛爾蘭】Emain ablach
（女人島）：（克爾特）彼岸世界，沒有死亡和冬天，是真福的島
嶼，以光明、彩色、音樂、輪舞、饗宴和性愛歡迎死者。

Anōsh 阿諾許：（伊朗）曼德恩教派的靈體、光體和光明使
者，為**烏特拉**（Uthra）之一，稱為「獲救的拯救者」。在彼拉多
（Pilatus, 26－36）的時代，他和基督宗教的**耶穌**（Iesûs）一起出
現在耶路撒冷，「指控」耶穌是偽先知並且和他作對。

Anshar 安夏爾△（天際）：（阿卡德）天神，他的妹妹或即
妻子**奇夏爾**（Kishar）和他構成第三代的對耦神。他是**拉赫穆**
（Lachmu）和**拉哈穆**（Lachamu）的兒子，**安努**（Anu）和**亞拿突**
（Anatum）、**伊亞**（Ea）和**伊利勒**（Ellil）的父親。在新亞述王朝，
安夏爾等同於國家神**亞述爾**（Assur）。

Antaíos 安泰歐斯△（對手、敵人）、Antaeus：（希臘）利比亞的巨人和摔角高手，只要他接觸大地，就會擁有巨大的力量。他和每個遇到他的人角力，然後殺死他們，直到**赫拉克列斯**（Heraklés）把他舉到空中，然後掐死他。安泰歐斯是**波塞頓**（Poseidón）和大地女神**蓋婭**（Gaía）的兒子。繪畫：H. Baldung Grien、Tintoretto、Tiepolo。

Antíchristos 敵基督者△：（基督宗教）基督在救贖工作上的敵人，在末日到來以及**彌賽亞**（Messia）**再來**（Parusia）時，會跟著出現。敵基督和**撒但**（Sātān）以及假先知，構成地獄的三惡魔，他會引誘信徒墮落，但是憑著基督，會使敵基督的力量消失。有許多歷史人物被稱為敵基督，如：尼祿（Nero）、**穆罕默德**（Muhammad）、**教宗**（Papa）和拿破崙一世（Napoleon I）。

Antigóne 安提歌妮▽：希臘悲劇裡的國王**伊底帕斯**（Oidípus）和約卡斯特（Iokaste）的女兒，埃提歐克勒斯（Eteokles）、波利內克斯（Polyneikes）和伊斯曼妮（Ismene）的妹妹。底比斯王克利昂（Kreon）下令不准埋葬她的哥哥波利內克斯，安提歌妮觸犯了國王的法律，因而要被活埋在岩洞裡。她的表哥和未婚夫，也就是克利昂的兒子哈蒙（Haimon）趕來救她，發現她已經自縊而死，也跟著殉情。戲劇：Sophokles（441 B.C.）、Anouilh（1942）；歌劇：Orff（1949）。

Antiópe 安提娥培▽、【拉丁】Antiopa：（希臘）**宙斯**（Zeús）的情人，她是國王尼克提歐斯（Nykteos）和帕利索（Palyxo）的女兒。宙斯化身為樹神**薩提羅斯**（Sátyros）誘姦她，生下雙胞胎**安菲翁和齊策斯**（Amphíon und Zéthos），安提娥培害怕她的父親會懲罰她，於是逃到西奇昂國（Sikyon），嫁給國王埃坡庇烏斯（Epopeus）。繪畫：Correggio（1521/22）、Tizian（1560）、A. Watteau。

Anu 安努△、Anum：（阿卡德）天神，和**伊利勒**（Ellil）以及**伊亞**（Ea）構成三巨神。他是諸神之父，**安夏爾**（Anshar）和**奇夏爾**（Kishar）的兒子，**亞拿突**（Anatum）的丈夫，後來娶了他們的女兒**伊西塔**（Ishtar）。他的神殿在烏魯克（Uruk）。他的標誌是「角冠」，公牛是他的聖獸。他的神聖數字是60。安努相當於蘇

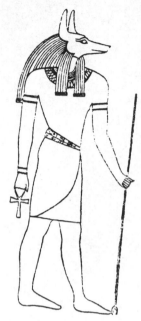

安努畢斯
埃及狗頭人身的死神，右手持生
命符。

美的**安**（An）。

Anu→Dan

Anubis 安努畢斯△：（埃及）死者之神，他是「神殿之主」，會「神化」死者，也就是對屍體的儀式準備（製成木乃伊）。他也是「開啟洞穴的主人」，會守護墓穴。他陪伴死者到陰間法庭，把死者的心放在**瑪特**（Ma'at）的天秤去稱重。安努畢斯是**雷**（Re）的四個兒子之一，後來被認為是**奧賽利斯**（Osiris）和他的妹妹**妮芙提絲**（Nephtys）的兒子。他的節日是在埃及曆的 1 月 22 日，他的聖殿在狼城（Lykopolis）和犬城（Kynopolis）。他多半被描繪為匍匐在箱子上的黑狗（Schakal），或是狗頭人身者。後來他等同為希臘的**赫美斯**（Hermés）。

Anuket 安努克特▽、【希臘】Anukis：（埃及）象島急流區的地方神，賜予人們「源自象島的冷泉」。她和**薩提斯**（Satis）以及**赫努**（Chnum）組成急流區的三聯神。後來被尊為「努比亞（Nubien）的女王」。為了紀念她，人們會在尼羅河汛期遊行。她戴著花環狀的羽冠，其象徵動物是羚羊。希臘人把她同化為**希拉**（Héra）。

Anulap 阿努拉普△、Analap、Onolap：（麥克羅尼西亞）楚客島（Truk）的天神，莉古布法努（Ligoububfanu）的丈夫，她塑造了人類、植物、動物和島嶼。阿努拉普是**歐里法特**（Olifat）的祖父，**路克**（Luk）的父親。

Anunitu 安努妮特▽：（阿卡德）戰神和多產女神。她也是晨星女神，是**伊西塔**（Ishtar）的化身之一。她被認為是**安努**（Anu）或伊利勒（Ellil）的女兒，**夏馬西**（Shamash）的妻子。她的神廟在阿卡德（Akkad）和西帕爾（Sippar）。

Anunna 安努那（貴族的後裔）：（蘇美）天界和地界的神族統稱，也指稱某一群地方神，例如：「拉加什（Lagash）的安努那」或「厄里杜（Eridu）的安努那」。他們相當於阿卡德的**安努那庫**（Anunnaku）。

Anunnaku 安努那庫：（阿卡德）冥府諸神，相對於天上的**伊吉谷**（Igigū）。他們是冥府的判官，生命之水的守護者，住在地下的艾卡吉納宮（Ekalgina）。《埃努瑪·埃立什》（Enūma elish）說

馬爾杜克（Marduk）在冥府設置 300 位神祇。他們相當於蘇美的**安努那**（Anunna）。

Anuttara　阿耨多羅：（耆那教）神族，他們屬於**劫波提陀**（Kalpātita），因而也屬於**毘摩尼柯**（Vaimānika）。他們住在世界屋脊，也就是**宇宙原人**（Loka-Purusha）的五分頭冠，在那裡修定。

Anzu→Zū

Apām napāt　水之子：（印度和伊朗）水神和戰神，弭平國家叛亂。他是**縛魯喀夏**（Vouru-kasha）的兒子，屬於**阿修羅**（Ahuras）。**阿里曼**（Ahriman）派**阿日達哈卡**（Aži Dahāka）毀滅聖火，於是**奧瑪茲**（Ōhrmazd）把聖火交水之子保護。

Apaosha　阿帕歐夏△、Apa-urta：（伊朗）主司乾旱的惡魔（Daēva），水神**阿列德維・蘇拉・阿納希塔**（Aredvi Sūrā Anāhitā）的死敵。他騎著很醜陋的黑馬，後來被雨神**提什崔亞**（Tishtrya）收服。阿帕歐夏相當於吠陀宗教的**烏里特那**（Vritra）。

Apasmara　阿波悉魔羅△（【梵】盲眼）：（印度教）矮魔，愚昧和迷惑的人格化。他會阻礙眾生解脫**輪迴**（Samsāra）。頭戴象徵解脫的火燄冠的**舞王**（Natarāya）**濕婆**（Shiva），在跳舞時腳下踩著阿波悉魔羅。

阿波悉魔羅
印度教惡魔，舞王濕婆在跳舞時把他踩在腳下。

Apa-urta→Apaosha

Aphrodíte　阿芙羅狄特▽（aphros＝海漚）：（希臘）愛神、美神、花園女神、豐收女神、情婦的守護神、**奧林帕斯十二主神**（Olýmpioi）之一。她是**黑腓斯塔斯**（Héphaistos）的妻子，**阿利斯**（Áres）的情婦，和阿利斯生了**愛洛斯**（Éros），和凡間的國王**安喀西斯**（Anchíses）生下**伊尼亞斯**（Aineías）。不滿足的她又愛上美男子**阿多尼斯**（Ádonis）。她的別名是烏拉妮雅（Urania）和安娜狄奧梅妮（Anadyomene，從海裡浮現者）。赫希奧德（Hesiod）說，**克羅諾斯**（Krónos）砍掉**烏拉諾斯**（Uranós）的陽具，漂流到塞浦勒斯（Zypern）附近的海裡形成泡沫，阿芙羅狄特便從泡沫裡誕生。荷馬說她是**宙斯**（Zeús）和狄俄涅（Dione）的女兒。她和雅典娜（Athéne）以及**希拉**（Héra）爭奪「最美麗的美女」頭銜，**帕利斯**（Páris）把蘋果裁定給阿芙羅狄特。鴿子是她的標誌。阿芙羅狄特相當於羅馬的**維納斯**（Venus）。雕塑：

阿芙羅狄特
希臘愛神和美神，旁邊是她的兒子愛洛斯，以及醜怪潘（Pán）。

「阿芙羅狄特的誕生」（西元前五世紀）、「克尼多斯的阿芙羅狄特」（西元前五世紀）、「米羅的阿芙羅狄特」（西元前二世紀）；繪畫：N. Poussin（1625）；歌劇：C. Orff（1951）。

Apia 阿琵亞▽：（西西亞）（scythian）地母和所有人類的母親。她是天神**帕庇烏斯**（Papeus）的妻子。

Apideme 阿琵狄美▽、Apydeme：（立陶宛）女家神，主司家計，在基督宗教傳入後，被貶為基督宗教的**撒但**（Sātān）。

Apis 阿庇斯△【埃及】Hapi（趕路者）：（埃及）豐收神、繁殖神，即有名的聖牛或公牛神。阿庇斯有黑色的毛皮，額頭上有白色的三角形，右股有半月形的斑紋。在古王國時代，他是孟斐斯（Memphis）城市神**普塔**（Ptah）的「傳令官」和化身。他的神廟也在孟斐斯。他的聖物阿庇耶翁（Apieion）就在普塔神殿的旁邊，那是一座牛欄，裡頭會供奉著活的聖牛。「阿庇斯的出奔」的儀式會在東門舉行，是為田地和牧場祈福的豐年祭。死去的阿庇斯會從西門抬出去，到**奧賽利斯**（Osiris）那裡成為「奧賽利斯阿庇斯」，後來希臘化為**塞拉庇斯**（Serapis）。自從新王國時代，死去的阿庇斯會被傅膏，並且葬在塞拉庇斯神殿（Serapeum），這個葬禮是最隆重的阿庇斯祭典。阿庇斯也和太陽神**阿圖**（Atum）融合成阿庇斯阿圖，其符號是一個日輪，牛角之間有一條名為**烏賴烏斯**（Uräus）的蛇。

Apkallu 阿普卡魯（智者）：（阿卡德）1.七位智者和仙人，被分派到巴比倫各城市，相當於蘇美的**阿布葛**（Abgal）。2.諸神的別稱，特別是指稱**伊利勒**（Ellil）、**馬爾杜克**（Marduk）和**納布**（Nabū）。

Aplu 阿普魯△、Apulu：（伊特拉斯坎）光明神和雷電神，頭上戴著月桂冠，手持拐杖。他在義大利北部的「維依城（Veji）雕像」（ca. 500 B.C.），是伊特拉斯坎文化的藝術經典。阿普魯相當於羅馬的**阿波羅**（Apóllon）。

Apoleía→Abaddōn

Apóllon 阿波羅△、【拉丁】Apollo、Phoibos、【拉丁】Phoebus：（希臘）主司光明、死亡、合法、秩序、正義、和平的青年神，他是藝術的守護神，**繆思**（Músai）的主宰，也是預言

羅馬皇帝安東尼（Antoninus）
和法斯提納（Faustina）的神
化，皇帝和皇后坐在年輕人的雙
翼，載他們升天，女神羅馬
（Roma）在旁邊觀看。

神，在德爾斐（Delphi）和德洛斯（Delos）都有他的神廟。阿波
羅是**奧林帕斯十二主神**（Olýmpioi）之一。**宙斯**（Zeús）和**麗托**
（Letó）生了雙胞胎阿波羅和月神**阿提密斯**（Ártemis）。他娶科羅
妮絲（Koronís）為妻，生了**阿斯克勒庇俄斯**（Asklepiós）。他賜予
卡珊德拉（Kassándra）預言的能力。年輕的時候，他就在德爾斐
殺死巨蟒**皮同**（Pýthon）。為了紀念阿波羅屠龍的故事，人們會唱
「派提安凱歌」。他為報仇而殺死**妮歐貝**（Nióbe）和**提條斯**
（Tityós）。他手持弓箭和七弦琴。雕塑：Apollo von Phidias（450
B.C.）、Apollo von Belvedere（340 B.C.）、Thorwaldsen、Rodin
（1900）；歌劇：Lully（1698）、Mozart（1767）；芭蕾舞劇：Strawinsky
（1928）。

Apollýon→Abaddōn

Apophis 阿波非斯△（【科普特】巨怪）、Apopis：（埃及）蛇
怪，以巨蟒的形象躲在黑暗裡，象徵與光明天神對立的黑暗力量。
太陽每天都要與阿波非斯作戰。傍晚太陽下山，要回到地下世界，
阿波非斯會攔截太陽船，被立於船首的**塞特**（Seth）擊退，使得阿
波非斯的血染紅天空。清晨太陽從黑暗的地下世界出來時，也要血
戰一場。神殿會以儀式慶祝戰勝阿波非斯。後來阿波非斯有時也等
同於塞特。

Apotheose 神化（【希臘】尊為神明）：泛指如**中保**（Mittler）
之類的凡間存有者的神化，或指某個人類，或許是英雄、統治者、

阿波非斯
埃及巨蛇怪，塞特每天都得站在
太陽船頭和他作戰。

阿布沙羅斯
天界仙女和凡間的苦行者。

行善者、城市或國家的拯救者，後來被擢升成神。希臘和羅馬的神化習俗，可能是在他在世時或死後進行。羅馬皇帝及其臣子尊奉為神，始於**凱撒**（Caesar）。「世界救主」**奧古斯都**（Augustus）在生前已經在羅馬的外邦被尊為神。到了被部將擁立稱帝的戴克里先（Diokletian, 284－305）時代，羅馬皇帝在世時被奉為神（divus），已經是很平常的事；人們向他們的**守護神**（Genius）祈禱並在神像前獻祭。他們在焚化「聖王」（divus imperator）時，會讓**朱庇特**（Iupiter）的鳥（老鷹）飛到天空裡，以此象徵皇帝生天界。神化可以和**耶穌升天**（Himmelfahrt）作比較。

Apoyan Tachu　阿波岩・塔丘△、Apoyan Tachi：（印第安）普埃布羅族和蘇尼族（Pueblo-Zuni）神話裡的天父，從**阿溫那維羅納**（Awonawilona）的海漚裡出生。他和妻子**雅維德琳・齊塔**（Awitelin Tsita）一起創造地上的生命。

Apratishthita-Nirvāna　無住處涅槃：（佛教）大乘佛教主張的**涅槃**（Nirvāna），指不住生死及涅槃的涅槃，菩薩以慈悲憐憫有情，故不住涅槃；又以般若濟渡有情，故不住生死。

Apsarās　阿布沙羅斯▽（【梵】自水中化現者）：（吠陀宗教和婆羅門教）自然精靈、博弈遊戲的守護神、仙子，她們也是天界舞妓，會誘惑人間的苦行者。她們在**因陀羅**（Indra）的天界唱歌跳舞。阿布沙羅斯是在乳海攪動時從海裡浮現的，但無論是**天神**（Deva）或**阿修羅**（Asura）都不想娶她們，雖然她們美豔不可方物。自此她們人盡可夫，因此被稱為「歡樂女」，其首領是愛神**迦摩**（Kāma）。其中包括烏伐絲（Urvashi），她是普爾瓦斯（Purūravas）的妻子。卡里達沙（Kālidāsa）曾敘述他們的愛情故事。

Apsū　阿普蘇△：（阿卡德）地下淡水海的人格化，其伏流會從泉源處涌出。根據《埃努瑪・埃立什》（Enūma elish），在創世之初，環繞大地的女性鹹水海**提阿瑪特**（Tiāmat），和男性的淡水海阿普蘇，混合他們的海水。阿普蘇是**拉赫穆**（Lachmu）和**拉哈穆**（Lachmu）的父親，他後來被伊亞（Ea）的魔咒打敗，而伊亞要求他未來的神殿要以阿普蘇為名。阿卡德的阿普蘇相當於蘇美的**阿布蘇**（Abzu）。

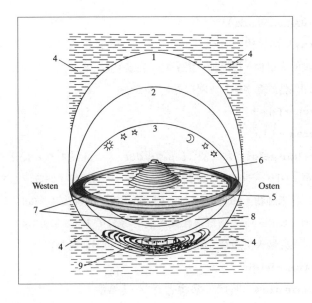

阿卡德的世界圖像：
1. 安努所居天界；
2. 伊吉古（Igigū）和馬爾杜克所居天界；
3. 日月星辰的穹幕；
4. 天海；
5. 天界的地基和堤堰；
6. 共有七層的世界山，伊利勒和人類的居所；
7. 地界的鹹水海；
8. 阿普蘇，地下淡水海神伊亞的國度；
9. 冥府阿拉魯，有七重圍牆的宮殿，由匿甲（Nergal）和阿拉圖統治，是 600 位冥神安努那庫的居所，死者的國度。

Apulu→Aplu

Apydeme→Apideme

Ara→Aray

Aráchne　阿拉庫尼▽（蜘蛛）：（希臘）里底亞（Lydia）的織女，很狂妄地向**雅典娜**（Athéne）挑戰織布。因為阿拉庫尼在所織的布上揭發諸神敗德之行，雅典娜憤而把她變成蜘蛛。繪畫：P. Veronese, Rubens (1636/38), Velázquez (1657)。

Aradat-lilī→Lilītu

Arahanta→Arhat

Aralēz　阿拉列茲（yaralez＝不停地舔）、Arlēz：（亞美尼亞）善靈，他們化身為狗，在戰役裡不停舔舐受傷的戰士，因而治癒他們，甚至使死者復活。

Aralu　阿拉魯、Arallu：（阿卡德）冥府，**匿甲**（Nergal）和他的妻子阿拉圖（Allatu）統治那裡。阿拉魯是死者的棲所，那裡是個地底黑坑，四周有七層牆。阿拉魯相當於蘇美的**苦爾努吉阿**（Kurnugia）。

Aramazd　阿拉瑪茲△：（亞美尼亞）造物神和土地的守護神。他是**密爾**（Mihr）和**娜娜**（Nana）的父親。新年時會舉行他的慶典，每月的15日則以他為名。阿拉瑪茲相當於伊朗的**阿胡拉‧瑪茲**

達（Ahura Mazdā）。

Aray 阿拉伊△、Ara：（亞美尼亞）戰神和植物神、春天自然
復甦的人格化、復活神，後來變成英雄。他的象徵動物是仙鶴。六
月即以他的名字稱為「阿拉克」（Arac）。

Arca→Tēbāh

Arcas→Arkás

Archángeloi 大天使（【希臘複數】）：1.（猶太教）天使、**耶
和華**（Jahwe-Elōhim）的使者。數目不一，有三位、四位或七位。
他們是**米迦勒**（Mikā'ēl）、**加百列**（Gabri'ēl）、**辣法耳**（Refā'ēl）、
烏列（Ūri'ēl）。2.基督宗教裡天使的等級，**上主**（Kýrios）的使
者。在九個天使團裡，是倒數第二級，卻也是最重要的。

Arche→Tēbāh

Archóntes 暗魔、掌權者△▽（【希臘】君王、主宰）：1.
（伊朗）摩尼教神話的暗魔，他們圍繞著「黑暗之王」，在南方深處
的五層地獄（五坑），對抗**五明身**（Aiónes）和「光明使」，最後他
們被**密里雅茲**（Mihryazd）打敗。他們的皮被剝下來，變成天空
（十天），排泄物變成大地（八地），骨頭變成高山，部分未被染汙
的光明粒子則形成日月星辰。**納里撒**（Narisah）化現為12個童
女，對男性的暗魔（雄魔類）現童女身，對女性暗魔（雌魔類）現
童男身，使他們產生性欲，彼此交合，先前被暗魔吞噬的部分光明
粒子，混合他們的精液以及受精卵，都被吐出來。2.掌權者，諾斯
替教派的七個惡魔，統治七大行星。他們的首領是造物神**雅他巴沃**
（Jaldabaoth），他們想盡辦法陷人類於無知，使他們無法得到「靈
知」（Gnosis），以致於無法獲救。

Arduinna 阿爾兌娜▽：（克爾特）高盧人的森林女神和狩獵
女神，阿爾丁族（Ardennen）的女神，該族即以她為名。她的聖
獸是公豬。阿爾兌娜相當於羅馬的**戴安娜**（Diana）。

Arebati 阿列巴提△：（薩伊）俾格米族（Pygmy）的天神和
月神，他們尊他為父（afa）。他是月亮的主宰，以黏土創造人類，
覆以皮膚，並灌注血液。他和**穆迦薩**（Mugasa）很類似。

Aredvi Sūrā Anāhitā 阿列德維・蘇拉・阿納希塔▽（【祆
語】濕潤、女英雄、無染）：（伊朗）水神和多產神。她讓河水和

湖水上漲，好灌溉世界。她把精液置入男人體內，把生命的胚胎置入女性的子宮，並且讓她們到時候有充沛的乳汁。每月第 8 日以及八月，是她的祭典。她戴著高冠，胸前以石榴葉遮蔽。她的聖物是鴿子和孔雀。她相當於敘利亞和腓尼基的**亞拿**（'Anath），類似亞美尼亞的**阿娜希特**（Anahit）。

Areg → Arev

Áres　阿利斯△（墮落者、復仇者）：（希臘）戰神，**奧林帕斯十二主神**（Olýmpioi）之一。他是**宙斯**（Zeús）和**希拉**（Héra）的兒子，**黑腓斯塔斯**（Héphaistos）、**赫貝**（Hébe）和艾莉西雅（Eileíthyia）的兄弟。他和**阿芙羅狄特**（Aphrodíte）通姦生了**愛洛斯**（Éros）。他的孩子還包括**亞馬遜族**（Amazónes）、**弗伯斯**（Phóbos）、狄摩斯（Deimos，恐懼）和**伊莉絲**（Éris，紛爭）。黑腓斯塔斯發覺阿利斯和阿芙羅狄特的姦情，用隱形的鐵網把他們抓起來。許多造形藝術都以這個故事為主題。阿利斯相當於羅馬的**馬斯**（Mars）。雕塑：Thorwaldsen（1809/11）、Canova（1866）；繪畫：Botticelli（1476/78）、Tintoretto（1578）、Rubens（1625）、Rembrandt（1655）、Velázquez（1640/58）、L. Corinth（1910）。

Aréthusa　阿瑞圖薩▽：（希臘）艾利斯（Elis）的皮薩（Pisa）的泉水仙女，屬於**奈雅杜**（Naides）。愛慕她的河神阿耳法斯（Alphaios）緊追不捨，於是她請求**阿提密斯**（Ártemis）把她變成泉水，從海裡流到西西里島，直到西拉庫斯（Syrakus）才湧現。於是阿耳法斯變成一條河（伯羅奔尼撒島同名的河流的人格化），追到海裡去。西拉庫斯的錢幣上經常有阿瑞圖薩的頭像。

Aretia　阿瑞提雅▽：（亞美尼亞）大地之母，也是所有生物的母親。她是大洪水的英雄諾伊（Noy）的妻子，諾伊類似於猶太教的**挪亞**（Nōach）。

Arev　阿列夫△、Areg（太陽、生命）：（亞美尼亞）太陽神和誓約之神，人們會以馬祭供奉他。每年的八月以及每月 1 日皆名為「阿列格」（Areg）。

Argó　阿哥艦▽：（希臘）**阿哥勇士**（Argonaútai）的戰艦，由**雅典娜**（Athéne）指導建造而成，是第一艘渡海的船。它速度很快，而且會說話，因為諸神用多多那（Dodona）一塊會說話的橡

達磨多羅尊者（Arhat Dharmatala），佛教聖者和幻師，仰望現於空中的阿彌陀佛，把經箭卸下來。腳邊趴著他幻化出的老虎，以防諸獸侵害。

木嵌在船頭，有危險時會出聲警告。後來阿哥艦成為天上的星座。

Argonaútai 阿哥勇士（【希臘】阿哥艦船員）、【拉丁】Argonautae：（希臘）在**伊亞森**（Iáson）領導下建造**阿哥艦**（Argó），在**雅典娜**（Athéne）的保護下，從悠路卡斯（Iolkos）航向科爾奇斯（Kolkis），只為了找尋「金羊毛」，途中有公主**美蒂雅**（Médeia）相助。阿哥勇士包括：**涅斯托**（Néstor）、**梅勒阿格羅**（Meléagros）、**赫拉克列斯**（Heraklés）、**奧斐斯**（Orpheús）、**提修斯**（Theseús）和**狄俄斯庫里兄弟**（Dióskuroi）。雕塑：德斐神廟壁畫（560 B.C.）；戲劇：Grillparzer（1820）；歌劇：G. Mahler（1879）。

Árgos 阿哥斯△、Argus：（希臘）百眼巨人和牧羊人，**希拉**（Héra）命令他看守變成母牛的**伊瑤**（Ió），後來**宙斯**（Zeús）派**赫美斯**（Hermés）把阿哥斯弄睡著然後殺死。他的一百隻眼睛被希拉挖出來嵌在她的孔雀羽毛上面。

Argui 阿古伊（光明）：（西班牙巴斯克地區）俄尼歐山（Ernio）的夜精和死神。

Argus→Árgos

Arhat 阿羅漢（【梵】應供）、【巴利】Arahant：（佛教）出家或在家的聖者，於此生中得解脫智，不再**輪迴**（Samsāra），仍受前業，但斷諸後業。阿羅漢果是在圓寂時即**般涅槃**（Parinirvāna）。不同於**佛陀**（Buddha）的自證智，阿羅漢的解脫智是經由教法習得的。後來大乘的**菩薩**（Bodhisattva）理想取代了小乘的阿羅漢理想。佛陀的時代有 16 或 18 位阿羅漢，中國和日本也有所謂五百羅漢，相當於第一次的五百結集。

Ariádne 阿麗雅德妮▽、【克里特】Aridela（光照者）、【拉丁】Ariadna：（希臘）米諾文明（minoan）的植物神。她是**米諾斯**（Mínos）和月神**帕希菲**（Pasipháë）的女兒，**斐杜拉**（Phaídra）的姐姐，**戴奧尼索斯**（Diónysos）的妻子，生了四個兒子：托俄斯（Thoas）、斯塔斐洛斯（Staphylos）、歐諾皮溫（Oinopion）和培帕瑞托斯（Peparethos）。她愛上**提修斯**（Theseús），便給他一捲軸線，讓他在殺死**米諾托**（Minótauros）以後，可以從**迷宮**（Labýrinthos）找到回家的路。阿麗雅德妮和答應要娶她的提修斯一起離開克里特島，但是在那克索斯島（Naxos）上被提修斯遺

棄。阿麗雅德妮絕望地哭泣，路過的戴奧尼索斯救了她並娶她為
妻，在她死後，戴奧尼索斯將她從**冥府**（Hádes）接到**奧林帕斯山**
（Ólympos），就像他的母親**西蜜莉**（Seméle）一樣。**黑腓斯塔斯**
（Héphaistos）送她的新娘禮物黃金冠，成為天上的星座「北冕座」
（Corona borealis）。雕塑：J. H. Dannecker（1814）；繪畫：Tizian
（1523）、Tintoretto（1578）、A. Kauffmann（1782）、L. Corinth（1913）；
戲劇：Corneille（1672）；歌劇：Monteverdi（1608）、Händel（1733）、
Haydn（1791）、R. Strauss（1912）；芭蕾舞劇：Balanchine（1948）。

Arianrhod 阿莉恩若德▽（銀輪）：（克爾特）威爾斯神話的
女神。她是**多恩**（Dôn）和**貝里**（Beli）的女兒，**桂狄恩**
（Gwydyon）的妻子。北冕座（Caer Arianrhod）即以她為名。

Aridela→Ariádne

Arinna 阿林娜▽、Ariniddu、Arinitti：（西台）太陽女神，與
其神廟同名。她的名字的楔形文字符號就是太陽的意思。她的丈夫
是**伊什庫**（Ishkur），她是次於伊什庫的最高國家神，是統治者的
守護神。國家的典章文物都保存在她的神殿裡。西台人唯一的神歌
就是用來歌頌她：「赫地（Chatti）國家的女王，天和地的女王，
夏提諸王的主宰。」她的象徵是「日輪」（shitar），她相當於原始
赫地的**烏倫謝姆**（Wurunshemu）和胡里安的**赫巴**（Chebat）。

Arishthanemi 阿利濕達內彌△、Nemi：（耆那教）聖者，現
在世第22位**渡津者**（Tirthankara）。他是婆母達羅微誓耶
（Samudravijaya）和濕婆提毘（Shivādevi）的兒子，和**婆藪天族**
（Vāsudeva）的**黑天**（Krishna）以及**力天族**（Baladeva）的**大力羅
摩**（Balārama）是堂兄弟。他在參加黑天和拉吉瑪提（Rajimati）
的婚禮途中，看到籠子裡關著婚宴要屠宰的動物，決定到吉爾那爾
山（Girnār）苦行，經過一千年始證得**涅槃**（Nirvāna）。他的標記
是蝸牛殼，身體是黑色。

Aristaíos 亞里斯泰俄斯△、【拉丁】Aristaeus：（希臘）英
雄和文明始祖，農業和狩獵的半神，牧人的守護神，發明蔬菜種植
和養蜂。他是**阿波羅**（Apóllon）和一個仙女的兒子，妻子是奧托
諾伊（Autonoe），兒子是**阿克泰溫**（Aktaíon）。亞里斯泰俄斯偷窺
且意圖非禮**攸里狄克**（Eurydíke），她驚慌逃跑，不幸踩到毒蛇，

阿麗雅德妮
希臘半人半神，她幫助提修斯殺
死米諾托。

被蛇咬死。

Aritimi→Artumes

Arjuna 阿周那、阿爾諸那△（【梵】白色、光明）：（印度教）英雄，般度五子（Pāndavas）的老三。他被認為是因陀羅（Indra）之子，或謂般度（Pāndu）和均提（Kunti）的兒子，他的妻子是朵帕娣（Draupadi），他的四個兄弟也都一起占有她。阿周那有個情婦須跋陀羅（Subhadra），她是黑天（Krishna）的妹妹。阿周那有神弓。在和俱盧族（Kauruvas）的關鍵戰役之前，他的御者黑天為他宣講《薄伽梵歌》。

Arkás 阿爾克斯△、【拉丁】Arcas：（希臘）英雄，阿爾卡斯族的始祖。他是宙斯（Zeús）和嘉麗斯特（Kallistó）的兒子。他死後和母親一起成為天上的小熊座，即「阿爾卡斯族的守護者」（Arctophylax）。

Arlēz→Aralēz

Arma 阿爾瑪△：（西台）月神，戴著有角的神帽，帽子上面有蛾眉月。他的文字記號就是「蛾眉月」（Lunula），他的神聖數字是 30，即指每個月的 30 天。他相當於原始赫地的卡什庫（Kashku）和胡里安的庫須赫（Kushuch）。

Armaiti 隨心神▽（【祆語】順服的思考）、Spenta Armaiti（神聖的謙卑、忠實）：（伊朗）1.大地女神，阿胡拉・瑪茲達（Ahura Mazdā）的女兒或妻子，她是原人伽約馬特（Gaya-maretān）的母親，因而是人類的祖神。2.順服和忠實的人格化，大地的守護神。她是七位聖神（Amesha Spentas）之一，其宿敵是惡魔難海斯揚（Nanghaithya）。在每年十二月以及每月 5 日，族人會祭祀他。

Arnaquáshāq→Sedna

Árpád 阿爾帕德△：匈牙利親王，阿爾莫斯（Álmos）的兒子，阿爾莫斯和他帶領族人到了現在的匈牙利。他是匈奴王阿提拉（Attila）的後裔，曾以一匹白色的母馬換回保加利亞的佐洛地區（Zálan）。

Arsj 阿爾賽▽（屬大地者）、Arsai：（腓尼基）烏加里特城的大地女神，她和庇德萊（Pidrai）以及塔萊（Tlj）都是巴力（Ba'al）

的女兒或妻子。她的外號是「曠野女孩」，象徵廣闊的大地，如受孕般接受巴力的雨水。

Arsnuphis 阿爾斯努非斯△、Harensnuphis：（東北非）努比亞人（Nubia）的風神，別名「努比亞第一人」、「龐特之王、美麗的獵人」或稱為「獅子」。他和埃及的**舒**（Schu）很類似。

Arsū 阿爾蘇△：（敘利亞帕密拉地區）昏星神，他和孿生兄弟晨星神**阿齊索斯**（Azizos）被描繪為沙漠騎士。

Ártemis 阿提密斯▽：（希臘）童貞女神、狩獵神，主司人類和動物的繁殖。她是**奧林帕斯十二主神**（Olýmpioi）之一，**宙斯**（Zeús）和**麗托**（Letó）的女兒。她有眾多**仙女**（Nýmphe）隨從。阿提密斯把失去貞操的**嘉麗斯特**（Kallistó）變成熊，把**阿克泰溫**（Aktaíon）變成一隻鹿，使他被自己的獵犬咬死。她用弓箭殺死**妮歐貝**（Nióbe）的女兒們和**提條斯**（Tityós）。她的追求者是**奧利安**（Oríon），女祭司是**伊菲格內亞**（Iphigéneia）。阿提密斯手持弓箭，在以弗所（Ephesus）的神殿裡，有她的多乳房神像，是世界七大奇蹟之一。阿提密斯相當於羅馬的**戴安娜**（Diana）。雕塑：凡爾賽的阿提密斯（320 B.C.）。

Artimpaasa 阿爾婷帕薩▽：（西西亞）（Scythia）月神。

Artio 阿爾提歐▽：（克爾特）東北高盧人和赫爾維特人（Helvetian）的熊神，狩獵和森林女神。她的聖物是熊。

Artumes 阿圖美▽、Aritimi：（伊特拉斯坎）夜神和死神，她也是主司生長的女神，相當於希臘的**阿提密斯**（Ártemis）和羅馬的**戴安娜**（Diana）。

Aruna 阿盧那△（【梵】紅色的）：（婆羅門教和印度教）晨曦神，太陽神蘇利耶（Sūrya）的御者之一。他走在太陽前面，保護大地免於熾熱。阿盧那是**迦樓羅**（Garuda）同父異母的兄弟。

Aruna 阿魯納△（海）：（西台）海神，**卡姆魯謝巴**（Kamrushepa）的兒子。他時而忿怒，時而悲傷，祖護胡里安的**庫馬比**（Kumarbi）。他的隨從叫作印帕魯里（Impaluri）。

Aruru 阿璐璐▽：（阿卡德）大地女神，也是創造人類的神，她用黏土創造恩奇杜（Enkidu）。她是**恩利勒**（Enlil）的妹妹，聖殿在西巴爾（Sippar）。她的象徵是弓箭和烏鴉。

阿提密斯
希臘多乳房的多產女神。

Aryaman 雅利安門△（【梵】同伴、密友）：1.（吠陀宗教）主司待客、持家和婚禮的神祇，和**婆樓那**（Varuna）以及**密特羅**（Mitra）構成吠陀宗教最古老的三聯神。2.（婆羅門教和印度教）太陽神，渴望且努力靈性提昇的神，他屬於**阿迭多**（Ādityas），是**祖先**（Pīta）們的領袖。

Asag 阿撒格（致病的惡魔）：（蘇美）惡魔，他會使泉水乾涸，招致疾病。他相當於阿卡德的**阿撒庫**（Asakku）。

Asakku 阿撒庫：（阿卡德）熱病惡魔，泛指所有引起人類病痛的鬼神。阿撒庫相當於蘇美的**阿撒格**（Asag）。

Asalluchi 阿薩魯希△（驅魔儀式的祭司）、Asariluchi、Asalluhi：（蘇美）驅魔儀式的輔神。他對父親**恩奇**（Enki）描述惡魔的行徑後，恩奇便指示他要行祓除祭祀。

Asase Afua und Asase Yaa 阿薩色·阿弗亞和阿薩色·亞▽▽（asa＝下面，Afua＝誕生於禮拜五，Yaa＝誕生於禮拜四）：（西非）迦納的阿坎族（Akan）的大地女神和死神，前者象徵肥沃的土地，後者則是貧瘠的地。她們既是一個人的兩個面向，也可以視為兩個神。她是天空神**巫爾巴里**（Wulbari）的妻子，既孕育生命，也把亡者接到身邊來。阿薩色·阿弗亞的神聖數字是八，金星是她的象徵星體，山羊是她的聖物。阿薩色·亞的神聖數字是六，木星是她的象徵星體，蠍子是她的聖物。

Ascanius 亞斯卡尼烏斯△、Iulus：（希臘羅馬）英雄，羅馬人稱他為「儒祿士」（Iulus），是拉威尼翁（Lavinium）的統治者，也是儒祿斯家族的遠祖，後代有**凱撒**（Caesar）和**奧古斯都**（Augustus）。他是**伊尼亞斯**（Aeneas）和克莉烏撒（Crëusa）的兒子，他和父親從特洛伊逃到義大利，建了阿爾巴隆加城（Alba Longa），是羅馬最早的城市。

Asch 艾什△、Ash：（埃及）沙漠神，看守王室葡萄園，被尊為「利比亞人的王」，其頭部為動物形象的**塞特**（Seth），或是老鷹或人類。

Asen 愛瑟神族（【古北歐】ass＝柱、樑）、As、Ass：（北日耳曼）比**瓦尼爾族**（Vanen）更年輕且巨大的神族，大部分是戰神。其中包括**歐丁**（Odin）、**托爾**（Thor）、**巴爾德**（Balder）、**芙麗格**

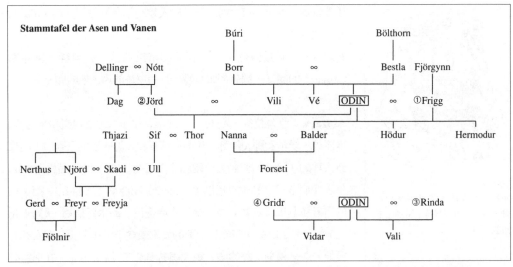

Stammtafel der Asen und Vanen

愛瑟神族和瓦尼爾族系譜。

（Frigg）、**芙拉**（Fulla）和**南娜**（Nanna）。他們住在**愛瑟樂園**（Asgard）裡，和人類一樣都會死，依賴**伊頓**（Idun）的蘋果保持青春。他們在和瓦尼爾族大戰後媾和，把**霍尼爾**（Hoenir）和**密密爾**（Mimir）送給瓦尼爾族作為人質。他們最古老的造形是砍斷的柱子。

Asgard　愛瑟樂園（【古北歐】愛瑟的世界）、Ásgardr：（日耳曼）天堂，**愛瑟神族**（Asen）的住所，有城堡、宮殿、大廳（神族之域和英雄殿）和皇宮（伊達之域）。在諸神自己建造的愛瑟樂園中央有個大殿，供作聚會、慶典和審判使用，大殿裡有12個主神的寶座。愛瑟樂園位於**中土**（Midgard）和**外域**（Utgard）的上方，有**彩虹橋**（Bifröst）連接中土，和**約頓國**（Jötunnheim）以界河**伊芬**（Ífing）區隔。

Asha　正義神（【祆語】律法、正義、真理）、Asha vahishta（至高真理、正義）：（伊朗）善神，**阿胡拉·瑪茲達**（Ahura Mazdā）神性裡的真理和正義的人格化，也是聖火的守護神。他是七位**聖神**（Amesha Spentas）裡最重要的神，其宿敵是**德魯格**（Drugs）。他在陰間執掌地獄的刑罰。每年二月是祭祀他的節期。

Ashāb al-Kahf→Siebenschläfer

Ashaqlūn　路傷△、Saklas：（伊朗）摩尼教的惡魔，和他的妻

亞舍拉
敘利亞和腓尼基的多產神和母
神，手裡持兩束麥穗，兩頭山羊
直立其後。

子業羅決（Namrael）創造第一對人類，稱為葛穆德（Gēhmurd）
和穆迪雅娜（Murdiyānag）。

Ashar 阿夏爾△：（敘利亞帕密拉地區）騎者神，**阿布葛**
（Abgal）的隨從，騎著額頭有蛾眉月和白斑的馬，他的頭上有一條
蛇。

Ashera 亞舍拉▽、Ashirat、Athirat、Elat：（敘利亞和腓尼基）
多產神、愛情女神和母神，相對於穹蒼和太陽的生殖原動力，她代
表大地的、受孕的原動力。她和丈夫**厄勒**（Ēl）（她因而稱為Elat）
生了70個孩子，其中包括**巴力**（Ba'al）和**亞拿**（'Anath）。亞舍拉
的造形多為裸體，其象徵為稱為「亞舍拉」的木偶祭物（《列王紀
上》14:23, 15:13），可能是斫斷的樹木或柱子，在上面刻有女神的
頭像，或是鏤刻女神的臉。猶大國的瑪拿西（Manasse）在耶路撒
冷的聖殿裡築壇並雕刻亞舍拉像（《列王紀下》21:7）作為**耶和華**
（Jahwe-Elōhim）的「配偶」，直到西元前 621 年約西亞（Josia）
改革祭禮，才把神像移出去（《列王紀下》25:6）。在希臘本的聖經
裡，亞舍拉的名字經常被**阿什塔特**（Astarte）（《列王紀上》18:19）
或**亞斯他錄**（'Ashtōret）取代。

Asherdush 亞舍杜什▽、Aserdus：（西台）星宿女神，她想
要誘惑天氣神，因而被她的丈夫**厄勒庫尼夏**（El-kunirsha）處罰。
她相當於閃族西部的**亞舍圖**（Ashertu）和**阿提拉特**（Atirat）。

Ashertu 亞舍圖▽、Ashirtu：（閃族西部）星宿女神，西台人
的厄勒庫尼夏（El-kunirsha）的妻子，她同化為腓尼基和烏加里特
的阿提拉特（Atirat）。

Ashirat →Ashera

Ashi Vanuhi 阿什・瓦努希▽：（伊朗）主司幸運、財富、多
產的女神，適婚青年的守護神。她是**天神**（Yazata）之一，老人和
小孩被禁止參加她的祭典。阿什・瓦努希相當於希臘的**提赫**
（Týche）。

Ashmodai 阿斯摩太【希伯來】腐敗者）、【希臘】Asmodaĩos、
【拉丁】Asmodaeus、Asmodeus：（猶太教）貪欲和忿怒的惡魔，
眾**魔鬼**（Daimónia）的首領，婚姻的敵人。撒辣（Sara）嫁過七個
丈夫，他卻在新婚夜洞房之前殺死他們。天使**辣法耳**（Refā'ēl）要

多俾亞（Tōbijjāhū）捉住河裡躍起的魚，剖開魚腹，取出膽、心和肝焚化成煙，用以驅魔，使阿斯摩太倉皇逃到埃及去，被辣法耳綑在那裡。在喀巴拉（Kabala）教義裡，阿斯摩太是個好心的魔鬼，人類的朋友，人們會憑著他發誓。他相當於伊朗神話的**艾什瑪**（Aēshma）。

Ashnan　阿什南▽：（蘇美）穀神，**恩奇**（Enki）的女兒，她和**拉哈爾**（Lachar）各以其收穫和畜產供養諸神和人類。

Ashshur→Assur

Ashshuritu→Assuritu

'Ashtart　艾西塔▽：（摩押人）（Moabite）女神，在米沙王（Mesha）的石碑銘文裡，她和**基抹**（Kamosh）並提，相當於敘利亞和腓尼基的**阿什塔特**（Astarte）、烏加里特的**阿塔特**（'Attart）和阿拉伯的**阿塔爾**（Attar）。

'Ashtōret　亞斯他錄▽（【複數】'Ashotārōt）：（敘利亞和腓尼基）**阿什塔特**（Astarte）的希伯來語名字，字尾加上bōshet（【希伯來】羞恥）裡的母音，是用來罵人的字眼。人們也用複數的'Ashotārōt 和複數的**巴力**（Ba'al）並列，泛指非以色列（異教）的諸神（《士師記》2:13; 10:6；《撒母耳記上》7:3f.; 12:10）。**所羅門**（Shelōmō）為她築邱壇（《列王紀上》11:5；《列王紀下》23:13），而眾先知們（《耶利米書》7:18; 44:17f.）則批評以色列人對她的祭祀。她的造形大多是裸體，名字有時候會和**亞舍拉**（Ashera）（《列王紀下》23:13）混淆。

Ashvins　阿須雲、阿濕婆、雙馬童（【梵】有馬者）、Aswins、Nāsatyas（牽馬鼻者）：（吠陀宗教和婆羅門教）耦生神，分別稱為那沙提耶（Nasatya）和達什拉（Dasra），為金色馬車的御者，在晨曦中出現。他們是農業和畜牧的守護神，**毘婆斯伐特**（Vivasvat）和娑郎尤（Saranyū）的孿生子，**摩奴**（Manu）和**耶摩**（Yama）的兄弟。他們的馬頭造形和希臘的**狄俄斯庫里兄弟**（Dióskuroi）很類似。

Ask→Askr

Asklepiós　阿斯克勒庇俄斯△、【拉】Aesculapius：1.（希臘）帖撒里亞（Thessalien）國王，為著名的醫生，帕達里律奧斯

阿斯庇斯
猶太教蛇形怪物，他用尾巴塞住
一隻耳朵，用泥土塞住另一隻。

（Podaleirios）和馬哈翁（Machaon）的父親。2.希臘神話的醫神，行了許多神蹟。他是**阿波羅**（Apóllon）和**科羅妮絲**（Koronís）的兒子，**希姬雅**（Hygíeia）的父親。阿斯克勒庇俄斯以其醫術令死人復活，**宙斯**（Zeús）應冥王**哈得斯**（Hádes）的要求，用雷箭把他擊死。一心要復仇的阿波羅，消滅了為宙斯打造雷箭的**獨眼神族**（Kýklopes）。後來，阿斯克勒庇俄斯成為天上的蛇夫座（Ophiuchus）。人們也以他的名字稱醫生為 Asklepiaden。他的標誌是一根蛇杖，其後成為醫學的象徵。阿斯克勒庇俄斯相當於羅馬的**埃斯庫拉庇烏斯**（Aesculapius）。

Askr und Embla 艾斯克與恩布拉△▽（【古北歐】梣樹和榆樹）：（日耳曼）原人，第一對人類夫婦，所有人類的始祖。**歐丁**（Odin）、**維利**（Vili）（或霍尼爾）、**維**（Vé）（或洛杜）眾兄弟，以漂到海邊的兩根樹枝創造出艾斯克和恩布拉。歐丁給他們氣息、生命和靈魂，維利（或霍尼爾）給他們理智、感情和運動，維（或洛杜）給他們外貌、視覺、聽覺和語言。諸神要他們到**中土**（Midgard）居住。

Äskulap→Aesculapius

Asmodaĩos→Ashmodai

Aspis 阿斯庇斯：（猶太教）蛇形怪物，邪惡和固執的象徵。為了堅持他的固執，他用尾巴塞住一隻耳朵，用泥土塞住另一隻。

Asseret ha-Diwrot 十誡（【希伯來】十句話）、【希臘】Dekálogos：（猶太教和基督宗教）**耶和華**（Jahwe-Elōhim）的誡命，是他命令**摩西**（Mōsheh）（或是祂自己用指頭）在石版上寫成的，據此祂和以色列民族立約。十誡是神在西乃山啟示的律法的核心。前兩條（或三條）禁止多神崇拜、為自己的神雕刻偶像、妄稱耶和華的名。第三條（或第四條）是遵守**安息日**（Shabbāt）。信義會和天主教對於十誡的編號，不同於猶太教、改革教會和東正教。

Assur 亞述爾△、Ashshur：（阿卡德）亞述城的城市神，後來成為亞述的國家神，吸收了諸神的屬性，他也是戰神和審判神。他的妻子是**亞述麗杜**（Assuritu），即亞述的**伊西塔**（Ishtar）。他的聖殿是在亞述的艾胡撒加庫庫拉（Ehursaggalkurkurra）。其形象為彎弓射箭狀，背後有帶翼的日輪。許多亞述國王皆以他為名，如：亞

十誡,耶和華的誡命,摩西從西
乃山下來,對以色列人民宣告。
(G. Dore)

述爾烏巴里(Assur-uballit)、薩滿亞撒(Salmanassar)、亞述爾納
西巴(Assurnasirpal)、亞述爾丹(Assurdan)、亞述爾巴尼巴
(Assurbanipal)。

Assuritu 亞述麗杜▽、Ashshuritu:(阿卡德)女神,亞述國
家神**亞述爾**(Assur)的妻子。

'Astar 阿什塔△(天空):(衣索匹亞)穹蒼神,在三聯神
裡,位於**貝海爾**(Behēr)和**梅德**(Medr)之上。他類似於阿拉伯
南部的**阿塔爾**('Attar)後來被同化為希臘的**宙斯**(Zeús)。

Astarte 阿什塔特▽(華麗的、豐饒的):(敘利亞和腓尼基)
植物神、金星神和母神。她多半被認為是**阿多尼斯**(Adonis)的妹
妹、母親和妻子,或是配屬某個主神。她是豐饒大地的人格化,因

亞述爾
阿卡德的戰爭和審判神,背後有
帶翼的日輪。

57

阿什塔特
敘利亞和腓尼基的植物神和母
神。頭上有母牛角，中間有日
盤，左手持蛇，腳下踏著獅子。

而是動物、植物和人類的生命誕生的原型。她是「聖子」的母親，
手裡抱著一個孩子。她的聖物是鴿子。在《聖經》裡，她被稱為亞
斯他錄（'Ashtōret）。敘利亞和腓尼基的阿什塔特相當於烏加里特
的**阿塔特**（'Attart）、摩押的**艾西塔**（'Ashtart）、阿拉伯的**阿塔爾**
（'Attar）、阿卡德的**伊西塔**（Ishtar）。在希臘化時代，她相當於**阿**
芙羅狄特（Aphrodíte）。

Astlik　阿斯特利克▽（小星星）：（亞美尼亞）金星女神、多
產和愛情女神，和**阿娜希特**（Anahit）以及**瓦哈根**（Vahagn）組成
星體三聯神。由於阿斯特利克習慣夜間沐浴，愛慕她的青年們便在
山上生火，想藉著火光欣賞女神的丰采。阿斯特利克要懲罰那些登
徒子，於是將周遭覆以濃霧。她的祭火稱為瓦達瓦（Vardavar）。
玫瑰是她的聖物。每月的第七日以她為名。基督宗教傳入後，她被
貶為仙女和英雄的母親。阿斯特利克類似於希臘的**阿芙羅狄特**
（Aphrodíte）。

Astōvidātu　阿斯托維達荼△（【祆語】瓦解肉體者）、Astovidet：
（伊朗）死魔，當**服從神**（Sraosha）和**巴拉姆**（Bahrām）要把死
者的靈魂接到天界時，他和艾什瑪（Aēshma）會追捕這些靈魂，
用繩索套住他們。

Astraea→Díke

Astraía→Díke

Astvat-ereta　阿茲瓦特厄勒塔△（【祆語】正義的化身、受讚
美者）：（伊朗）末世的英雄和救主，是第三個和最後一個**拯救者**
（Saoshyant）（11970－12000），他會結束這個為期12,000年的時
代。他是**查拉圖斯特拉**（Zarathushtra）最後的遺腹子，母親是童
貞女亞爾德巴德（Ard-bad），或謂維斯巴陶維利（Vispa-tauvairi）
（勝一切者），在最後一個千禧年結束的 30 年前，她在**迦撒亞湖**
（Kasaoya）沐浴，因查拉圖斯特拉的精子而受孕，生下阿茲瓦特
厄勒塔，他會帶來世界最後一次**變容**（Frashō-kereti）。他有六隻
眼睛，眺望四面八方，眼睛看到的一切生命都能得到永生。

Asura　阿修羅（【梵】asu＝生命力）：1.（吠陀宗教）源自印度
伊朗的神族，支配有創造性的幻力（Māyā），尤其是具有倫理和社
會的功能。有時候**婆羅那**（Varuna）、**密特羅**（Mitra）、**阿耆尼**

（Agni）和烏舍（Ushas）也稱為阿修羅。2.（婆羅門教和印度教）
諸神的等次，是不受祭祀的神，後來被婆羅門教貶為惡魔，在語義
上轉為「非天」（A-Suras），和依賴祭祀的**天神**（Devas）和蘇羅
（Suras）對立。阿修羅可以化現任何形象，包括**蒂緹諸子**（Daityas）
和**檀那婆**（Dānavas）。著名的殺阿修羅者則有**濕婆**（Shiva）、**昆濕
奴**（Vishnu）和**難近母**（Durgā）。他們住在**魔界**（Pātāla）裡，是
天神的敵人，身軀龐大，頭部似動物。3.（佛教）在**六道**（Gati）
裡比較低等的善神，有時候則是和天神作對的邪惡「巨怪」。他們
的宮殿在**須彌山**（Meru）東邊。行星神**羅睺**（Rāhu）是他們的領
袖。

Atargatis　阿塔加提▽【希臘】、【敘利亞】'Atar-'ata：（敘
利亞）豐收神和母神。她是地底湧泉的女神，帶來豐收、生命和幸
運，也是守護神，其名字是由阿塔爾（Atar）和**亞拿**（'Anath）組
成的。她和丈夫**哈達**（Hadad）以及席繆斯（Simios）構成三聯
神。在腓尼基，她的隨從（輔神）是牧羊人安喀西斯（Anchíses）。
在塞浦勒斯島（Zypern）則以皮格馬利溫（Pygmalion）為隨從。
每年新年會有火節的慶典，她的祭司高盧（Galli）要去勢並且著女
裝。《聖經》提過「阿塔加提廟」（Atergateion）（《瑪加伯下》
12:26）。她的聖城在敘利亞的班比凱（Bambyke）。其標誌是麥穗
和王冠狀的頂帽。在希臘化時期，在羅馬她被稱為敘利亞女神
（Dea Syria）。

Atarrabi　亞塔拉比△、Atarrabio、Ondarrabio：（西班牙巴斯
克地區）好天氣神，他是**伊采**（Etsai）的好門徒，伊采則奪走他的
影子。亞塔拉比是**瑪莉**（Mari）的好兒子，他有個壞兄弟叫**米克拉
茲**（Mikelats），他想辦法要阻止米克拉茲危害人類。

Atea　雅忒阿（天際、光）、Vatea：（波里尼西亞）1.天神，第
一個從**伊奧**（Io）產生的神，他又分裂為天神**蘭吉**（Rangi）和地
母**帕帕**（Papa）。2.虛空女神，由**塔羅阿**（Ta'aroa）所造，屬於**埃
圖**（Aitu）神族。

Athéne　雅典娜▽、【拉丁】Athena：（希臘）年輕的女神和雅
典城的守護神，衛城（Akropolis）的市民神，和平與戰爭女神，
諸英雄的守護神，藝術和智慧女神，字母的發明者。她教導人們犁

阿特拉斯
希臘神話裡的巨人，肩負著穹蒼。

田，教婦女使用織布機。雅典娜是**奧林帕斯十二主神**（Olýmpioi）之一，**宙斯**（Zeús）讓**密提斯**（Metis）懷孕後，把雅典娜吞到肚子裡去，胎兒卻移到宙斯額頭，只好找黑腓斯塔斯（Héphaistos）打破宙斯的額頭，於是雅典娜身著黃金盔甲從宙斯的前額躍出。她又叫作「帕特諾斯」（Parthenos）（即處女）。她從**赫拉克列斯**（Heraklés）那裡得到**黑絲柏麗提絲**（Hesperídes）的金蘋果，從**提修斯**（Theseús）那裡得到梅杜莎（Médusa）的頭。古希臘會舉行「汎雅典大會」（Panathenäen）來紀念她。她的特徵是頭盔、戰袍（Aigis）、盾牌和長矛。雕塑：Myron（450 B.C.）、Phidias（440 B.C.）；繪畫：Botticelli（1485）、Rubens（1636/38）。

Äther→Aithír

Athirat→Ashera

'Athtar→'Attar

Athyr→Hathor

Atira　亞提拉▽：（印第安）波尼族（Pawnee）的地母，天神**提拉瓦**（Tirawa）的妻子。

Atirat　亞提拉特▽（【烏加里特】）、【阿拉伯】'Atirat（光輝、明亮）：1.（腓尼基和烏加里特）西頓（Sidon）的最高神和城市神。她的丈夫是阿卡德的**亞摩魯**（Amuru）或即蘇美的**馬爾杜**（Martu）。她被稱為「女神」（ilt），也就是和**厄勒**（Ēl）配對的女神。在烏加里特，她是女王和諸神之母，而諸神則稱為「亞提拉特七十子」。她的別名為「大海女王亞提拉特」，據說她曾經脫掉衣服跳到海裡去。2.（阿拉伯）卡達班族（Qatabān）的星神，和月神**安姆**（'Amm）一起出現。

Átlas　阿特拉斯△（馱負者）：（希臘）大地極西之處的巨人，在**黑絲柏麗提絲**（Hesperídes）的花園附近，用肩膀扛著穹蒼。阿特拉斯是泰坦族夫婦**亞佩特斯**（Iapetós）和克里梅妮（Klymene）的兒子，他的兄弟有：**普羅米修斯**（Prometheús）、**埃皮米修斯**（Epimetheús）和美諾伊提歐斯（Menoitios），他的女兒有**卡呂普索**（Kalypsó）和**七女神**（Pleiádes）。他在泰坦族與宙斯族的戰爭裡對抗諸神，而被罰永遠肩負著穹蒼。阿特拉斯曾替**赫拉克列斯**（Heraklés）摘取黑絲柏麗提絲的金蘋果。

Atlaua　亞特勞厄△（atl＝「水」，atlatl＝「箭」）：（印第安）阿茲提克族的大力水神，又稱為「水的主人」。像麗鵑鳥（Quetzalvogel）（復活的象徵）振翅高飛一樣，他能夠超越生死的對立。

Aton　阿頓△（日輪）、Aten：（埃及）太陽神。在中王國時期，「阿頓」起初是指太陽的光盤，後來成為**阿圖**（Atum），亦即雷（Re）的化身，大約在西元前 1350 年，安夢和泰普四世以他取代阿圖，奉為太陽神，並且摧毀其他諸神的神像，廢除他們的稱呼。安夢和泰普四世自己也改名為易肯阿頓（Akhenaton），後來訛誤為埃赫阿頓（Echnaton）。其神廟在新都阿瑪那（Amarna）。阿頓的形象為日輪，向下射的光臂末端有賜福的手，伸向生命之符（Ankh）。

Atrachasis　阿特拉哈西斯（出眾的智者）、Atramchashi：（阿卡德）1.阿特拉哈西斯（Atrahasis）神話裡的英雄。母神**瑪瑪**（Mama）創造人類以後，人類的喧囂惹火了**伊利勒**（Ellil），於是他降下瘟疫和連續七年的乾旱。阿特拉哈西斯每次都藉著**伊亞**（Ea）之助消弭災禍，拯救人類。後來伊利勒為了消滅人類，引來大洪水，只有阿特拉哈西斯倖免於難，因為他依照伊亞的指示，建造了稱為「生命守護者」的方舟。阿特拉哈西斯類似**烏塔納皮斯提**

阿頓
埃及的太陽神（日盤），有許多向下照射的光臂。易肯阿頓和他的家族正向阿頓獻祭。

（Utanapishti）和蘇美的**祖蘇特拉**（Ziusudra）。2.阿特拉哈西斯也是**阿達帕**（Adapa）、**艾塔納**（Etana）以及烏塔納皮斯提的別稱。

Atramchashi 阿特拉姆哈西△（出眾的智者）、【阿卡德】Atrachasis：（西台）英雄，他的父親哈姆沙（Chamsha）要他提防胡里安的天神**庫馬比**（Kumarbi）。

Atri 阿底利△（【梵】吞噬者）：（婆羅門教和印度教）古仙人（Rishi），是十位**大仙**（Maharishi）之一，他是**梵天**（Brahmā）由「心生」的兒子，**旃陀羅**（Chandra）的父親。

'Attar 阿塔爾△、'Athtar：1.（腓尼基和烏加里特）男性晨星神，守護神、戰神以及人工灌溉神，他的女性形式**阿塔特**（'Attart）則象徵昏星。在他的祭典裡，人們會以活人獻祭。2.（阿拉伯）示巴（Sabäer）、密內安（Minäer）、卡達班（Qatabān）和哈德拉毛（Hadramaut）地區男性或雙性的金星神和水神。在三聯神裡，他的地位高於月神和日神。他又被稱為「善戰者」、「息靜者」，他的象徵是矛頭、大門和女陰。他的聖物是羚羊。

'Attart 阿塔特▽：（腓尼基和烏加里特）豐收神和戰神，被尊為「戰爭女王」。阿塔特是**阿塔爾**（'Attar）的女性形式。後來她和**亞拿**（'Anath）融合為**阿塔加提**（Atargatis）。她相當於阿卡德的**伊西塔**（Ishtar）、摩押人的**艾西塔**（'Ashtart）、希伯來人的**亞斯他錄**（'Ashtōret）、敘利亞和腓尼基的**阿什塔特**（Astarte）以及阿拉伯的**阿塔爾**（'Attar）。在希臘化時代，她被等同於阿芙羅狄特（Aphrodíte）。

Attis 阿提斯△：1.（弗里吉亞）春天和少年之神，他既是新生的自然力量之神，也是復活神。阿提斯是個美貌的少年，他是**娜娜**（Nana）的兒子，在捕獵公豬時喪生。根據另一則神話，他是**西芭莉**（Kybéle）的兒子和情人，因為對她不忠，西芭莉便讓他發瘋，在五針松下自己去勢，從他的血泊裡長出花朵和樹木。他的聖地是在培西努斯（Pessinus）。2.（希臘羅馬）植物神和太陽神，別名「潘神」（Pantheos），在羅馬，每年的 3 月 22 日是他的慶典，人們會砍下一株杉樹（他的象徵物），以表示對他的追悼，到了 3 月 25 日則慶祝他的重生。他的造形特徵為閃閃發光的王冠和上升的月亮。有時候阿提斯等同於**帕帕思**（Papas）或**曼恩**（Men）。

Atua→Aitu

Atum　阿圖△（非有者）：（埃及）最早的冥府神，太初混沌的人格化，從阿圖生出萬物。而他則是「自生者」，從太初的深淵裡浮現。在九聯神裡，他是創造世界的神、「造萬物者」、「諸神之父」、「唯一的王」，經由自慰吞下精液而自口中吐出第一對神族夫婦，於是成為**舒**（Schu）和**特芙努**（Tefnut）的父親。他的神廟主要是在太陽城（Heliopolis）。自從古王國時代太陽神國家崇拜的興起，他的地位就被雷（Re）取代，而只是象徵著日落的太陽神。阿圖有人類的形象，戴著法老的雙王冠，手持權杖和生命之符。他的象徵動物是金龜子和蛇。

Atunis　阿圖尼斯△：（伊特拉斯坎）植物神，通常和**菟蘭**（Turan）一起出現。阿圖尼斯相當於敘利亞和希臘的**阿多尼斯**（Adonis）。

Auchthon→Epigeus

Audhumbla　奧頓芭拉▽、【古北歐】Audumla（乳汁豐富的）：（日耳曼）太初的母牛，是自然哺育能力的化身。她是繼原始巨魔**伊米爾**（Ymir）（後來她用乳汁哺養伊米爾長大）之後，第二個從**無底深淵**（Ginnungagap）的冰火交會凝結的霧氣裡誕生的生命，當她以溫暖的舌頭舔著含鹽的冰塊時，便從鹽塊裡冒出**布里**（Búri）。

Auferstehungsgottheiten　復活的神△▽：諸神規律性的（每年或每月）的死而復生，或是某一次或多次死於神或人類之手而復活。包括日耳曼的**巴爾德**（Balder）、印度的迦摩（Kāma）、神道教的**大國主神**（O-kuni-nushi）、祕魯的阿亞爾‧喀奇（Ayar Cachi）、奧斐斯祕教的**扎格列烏斯**（Zagreús）、基督宗教的**耶穌**（Iesùs）。除了諸神以外，也有英雄的死而復活，如：波里尼西亞的**歐諾**（Ono）、希臘的**赫拉克列斯**（Heraklés）。有規律性的死而復活的神，多半是植物神。多產神的死亡象徵著植物的消失和乾旱的來臨，表現在儀式裡的哀悼。而復活神從冥府的再臨，則意味著雨季的到來和植物的復甦，人們會以慶典歡迎。在祕教儀式裡，則會以模仿和戲劇性的慶典和復活神合一。祕教教徒認為神的復活預示了人們自己的復活。此外，芬蘭的**森普薩**（Sämpsä）也屬於這

耶穌基督死後復活，看守他的屍體的衛兵卻睡著了（A. Dürer, 1510）。

種植物神。他們通常和另一個神族關係密切，這個神族會經由冥府之旅（下地獄）把他們救回來。例如：阿卡德的**伊西塔**（Ishtar）拯救**坦木茲**（Tamūzu）、埃及的**依西斯**（Isis）救回**奧賽利斯**（Osiris）、敘利亞和腓尼基的**阿多尼斯**（Adonis）被**阿芙羅狄特**（Aphrodíte）帶回人間，弗里吉亞的**西芭莉**（Kybéle）救回**阿提斯**（Attis），其中也包括**狄美特**（Deméter）救出**波賽芬妮**（Persephóne）。有些月神也是復活神，月圓月缺意味著死亡和復活，在月缺時，月神死去，而在三天後的新月復活。繪畫：P. Klee（1938）、A. Kiefer（1974）。

Augustus 奧古斯都△（【拉丁】崇高者、尊貴者）：羅馬皇帝的頭銜，被神化的皇帝屋大維（Octavianus, 27 B.C.－14 A.D.）的稱號，他是**凱撒**（Caesar）的養子，死後被元老院封為「神」（Divus），躋身國家神之列。屋大維死於八月，每年八月便以他的名字（August）命名。在奧古斯都的時代，藝術和科學都非常昌盛。

Aumakua 祖靈：（波里尼西亞）夏威夷的守護精靈。他們是「夜遊者」，護送死者的靈魂平安到達**夏威基**（Hawaiki）。旅程所搭的船稱為「彩虹」或「椰子殼」。

Aurboda 奧爾波妲▽（【古北歐】獻黃金者）：（日耳曼）**約頓族**（Jötunn）的女巨人，**居密爾**（Gymir）的妻子，**葛德**（Gerd）和**貝里**（Beli）的母親。

Aurgelmir 奧爾格米爾△（【古北歐】aurr＝溼沙）：（日耳曼）**約頓族**（Jötunn）的海怪，又叫作「從海裡出生的喧鬧者」。奧爾格米爾死後，從被肢解的雙腳生出**特魯斯格米爾**（Thrúdgelmir）。奧爾格米爾等同於**伊米爾**（Ymir）。

Aurora　**奧羅拉**▽（【拉丁】朝霞）：（羅馬）女神，朝霞的人格化。她是**梭爾**（Sol）和**露娜**（Luna）的姐妹，**路西法**（Lucifer）的母親。後來她被同化為希臘的**伊奧斯**（Eós）。繪畫：P. N. Guérin（ca. 1820）。

Auseklis　**奧賽克利斯**△▽（【拉脫維亞語陽性】晨星）、【立陶宛語陰性】Aushrine（奧斯莉妮）：（拉脫維亞和立陶宛）晨星神，臣屬於月神**梅尼斯**（Mēness）。月神每天晚上數星星的時候，總是發現少了奧賽克利斯，因為太陽女神**莎勒**（Sáule）派他出去。拉脫維亞神話裡的奧賽克利斯是梅尼斯的情敵，**太陽女**（Saules meitas）的追求者。在天國的婚禮裡，他是太陽女的求婚者之一，負責天國浴室蒸氣所需的水。

Avalokiteshvara　**觀世音、觀自在**△▽（【梵】觀世間眾生的聲音）、Avalokita、Lokeshvara（世自在）：（印度佛教）**菩薩**（Bodhisattva），慈怙諸趣（Gati）和智慧的化身。他是最重要的菩薩，屬於**五禪定菩薩**（Dhyāni-Bodhisattvas）和**摩訶菩薩**（Mahābodhisattvas）。他是**阿彌陀佛**（Amitābha）由心生出的。他有 130 種形象，其中最特別的是有 11 面和千臂，手結施願印，顏色有白色或紅色，手持蓮花和念珠。其坐騎為獅子或孔雀。他相當於藏傳佛教的**見烈喜**（Chenresi），**達賴喇嘛**（Dalai Lama）是他的化身。

Avatāra　**權化、化現**（【梵】下降）：（印度教）超越輪迴（Samsāra）的神的化身，尤其是指「維持神」**毘濕奴**（Vishnu）以動物或人類的形象降世，打敗惡魔，重建諸神和人類的秩序。他有10個重要權化，分別在四時（Yugas）。一為圓滿時（Kritayuga）：1.**魚**（Matsya）、2.**巨龜**（Kūrma）、3.**野豬**（Varāha）、4.**獅面人**（Narasimha）；其次為三分時（Tretāyuga）：5.**侏儒**（Vāmana）、6.**持斧羅摩**（Parashurāma）、7.**羅摩**（Rāma）；還有二分時（Dvāparayuga）：8.**黑天**（Krishna）；最後是爭鬥時（Kaliyuga）：9.**佛陀**（Buddha）、10.卡爾奎（Kalki）。只有第十種權化尚未實現。

Avidyā　**無明**（【梵】無知、迷惑）：（佛教）指對於整個解脫道的無知，是所有**生死輪**（Bhava-Chakra）的根源。

觀世音
佛教裡無限慈悲的菩薩，有11
面，千手千眼。

Avullushe 阿夫魯舍（avull-i＝水氣）：（阿爾巴尼亞）眾惡靈，吹一口氣就可以使人窒息而死。

Awitelin Tsita 雅維德琳・齊塔▽：（印第安）普埃布羅族和蘇尼族（Pueblo-Zuni）的地母，什瓦諾基亞（Shiwanokia）或阿溫那維羅納（Awonawilona）以唾液創造了她。她和丈夫阿波岩・塔丘（Apoyan Tachu）一起創造地上的生命。

Awonawilona 阿溫那維羅納◇：（印第安）普埃布羅族和蘇尼族（Pueblo-Zuni）雌雄同體的始祖神和造物神，他的綽號是「他和她」。太初時，他創造自己。他把自己皮膚的兩個球體投到混沌裡，使大海懷孕。他又以黏液創造天父阿波岩・塔丘（Apoyan Tachu）和地母雅維德琳・齊塔（Awitelin Tsita）。然後用氣息創造了雲。

Ayar Aucca 阿亞爾・奧咯△（【蓋楚瓦】仇敵）、Colla：（印第安）印加族南方天空的守護神。他是太陽神印提（Inti）的兒子，他的兄弟有阿亞爾・喀奇（Ayar Cachi）、阿亞爾・曼柯（Ayar Manco）和阿亞爾・巫楚（Ayar Uchu）。

Ayar Cachi 阿亞爾・喀奇△、Tokay：（印第安）印加族東方天空的守護神，是死而復活的神，太陽神印提（Inti）的兒子，他的兄弟有阿亞爾・奧咯（Ayar Aucca）、阿亞爾・曼柯（Ayar Manco）和阿亞爾・巫楚（Ayar Uchu）。他的兄弟把他埋葬，他卻以華麗的鳥的形象復活。阿亞爾・喀奇是造物神維拉科查（Viracocha）的一個面向。

Ayar Manco 阿亞爾・曼柯△：（印第安）印加族北方天空的守護神，他是太陽神印提（Inti）最小的兒子，他的哥哥有阿亞

爾・喀奇（Ayar Cachi）、阿亞爾・奧喀（Ayar Aucca）和阿亞爾・巫楚（Ayar Uchu）。阿亞爾・曼柯娶了他的四個姐姐，建立了印加族。有時候他等同於**曼柯・卡帕克**（Manco Capac）。

Ayar Uchu **阿亞爾・巫楚**△：（印第安）印加族西方天空的守護神，他是太陽神**印提**（Inti）的兒子，兄弟有**阿亞爾・喀奇**（Ayar Cachi）、**阿亞爾・奧喀**（Ayar Aucca）和**阿亞爾・曼柯**（Ayar Manco）。

Ayida-Weddo **阿伊達維多**▽：（巫毒教）**洛亞**（Loa）族的彩虹女神，**丹巴拉**（Damballah）的妻子。她有個綽號叫作「天國蝮蛇的主宰」。

Ayiyanāyaka **阿伊亞那亞喀**△、Ayiyan：（古印度）錫蘭的農場守衛神，也是收成、村莊的守護神，幫助人們抵擋瘟疫。他的坐騎是馬或象。他相當於塔米爾族（Tamil）的**阿耶那**（Aiyanār）。

Ayōhshust **熱河**：（伊朗）未來際的熾熱金屬熔漿，在世界末日即**變容**（Frashō-kereti）時，會淹沒世界。熔漿會燒盡一切不義的人，而義人則毫髮無傷。而**阿胡拉・瑪茲達**（Ahura Mazdā）和**服從神**（Sraosha）會把阿里曼（Ahriman）和**阿日達哈卡**（Aži Dahāka）推到熱河裡。

Ays **艾斯**（風）：（亞美尼亞）邪惡的暴風惡靈，他侵入人體時，會使人狂亂，甚至變成惡魔。

Az **貪魔、阿姿**：（伊朗）惡魔，邪惡欲望的人格化。他和善神作對，也要自己來創造世界。後來他為此受到「善神」的大明使懲罰。

Azaka-Tonnerre **阿扎卡托尼爾**△（【法】雷電阿札卡）：（巫毒教）雷雨神、電神和雷神，農夫的守護神。籃子是他的象徵物。

al-'Āzar→Lázaros

Azā'zēl **阿撒瀉勒**（【希伯來】）、【拉丁文聖經】Azazel：（猶太教）形象似公羊的曠野惡魔，墮落的**天使**（Mala' āk）的首腦。在贖罪日（Jom Kippur）時，人們會把一頭公羊趕到曠野去，然後大祭司以按手禮為族人悔罪，接著象徵性的把族人的罪轉移到「替罪羊」身上。木刻畫：M. C. Escher (1921)。

阿撒瀉勒
猶太教的替罪羊，形似公羊的惡
魔，他也是善神的陰影或是光明
神性的黑暗面（M. C. Escher,
1921）。

Azele Yaba 阿齊勒・雅巴▽：（西非）迦納的阿坎族（Akan）的大地女神，也是主司刑罰的審判神，和她的丈夫尼亞門勒（Nyamenle）以及**伊甸克瑪**（Edenkema）組成三聯神。她的造形是個老婦人，乳房沉甸下垂，拄著拐杖，身邊圍繞著許多小孩子。

Aži Dahāka 阿日達哈卡△：（伊朗）暴風雨惡魔，是三頭六眼的巨龍，他會劫掠家畜，造成人類的損失。他也象徵巴比倫人對伊朗一千多年的壓迫。阿日達哈卡是**阿里曼**（Ahriman）的黨羽，在末世**變容**（Frashō-kereti）時，被**特雷丹納**（Thraētaona）打敗，綁在德馬凡山（Demavand），後來又被**凱勒薩斯帕**（Keresāspa）打敗，掉到**熱河**（Ayō-hshust）裡。阿日達哈卡相當於日耳曼的**芬力爾**（Fenrir）。

Azizos 阿吉佐斯、ʼAzizū：（敘利亞）晨星神，和**摩尼莫斯**（Monimos）組成耦生神，其造形為兩個年輕人，肩膀各有一隻老鷹。

Azrā'il→ʼIzrāil

B

Ba 巴、身魂△：（埃及）1.起初是靈性的力量（Psyche），繼而是各種巨怪的化身。某個神的「巴」是有形體的權威代表，例如**法老**（Pharao）是雷（Re）的「巴」。再者，每個人都有一個身魂（【複數】Bau），死者的肉體經由喪禮「神化」以後，身魂便會遠離肉體。白天在地平線追逐太陽，夜晚則又和在陰間的肉體合一。「巴」的形象是人頭鳥（老鷹），還有諸神的鬍鬚。2.孟德斯（Mendes）（下埃及）的公羊神和多產神，賜予萬物繁殖力，是國王之父。起初被描繪為公羊，後來變成公山羊。

Ba'al 巴力△（【閃語】ba'l＝所有者、主人、丈夫）：1.（閃族西部）神的泛稱，女性名詞為**巴拉**（Ba'alath）。2.（敘利亞和腓尼基）多產神、雨神、雷雨神和暴風雨神。他是**厄勒**（Ēl）和**亞舍拉**（Ashera）的兒子，或謂是**大袞**（Dagān）之子，**亞拿**（'Anath）的哥哥和情人。他的敵人為海神**亞姆**（Jamm）和死神**莫特**（Mōt）。雖然亞姆是「厄勒的最愛」，巴力還是打敗了他。巴力和年輕母牛交媾了 77 或 78 次，生下後代，然後倒在牧場裡死去。厄勒悲痛逾恆，亞拿把他安葬在撒潘山（Sapān）的神殿裡。幾個月後，亞拿要莫特讓巴力從陰間回來，莫特不但不答應，還嘲笑她，忿怒的亞拿把莫特碎屍萬段，撒在田野裡，讓鳥啄食。於是厄勒夢見大地將再度豐饒，巴力復活且回到他的神殿。七個月後，莫特也活過來。巴力和莫特自此每七年輪流統治，生與死、雨季和乾旱、成長和凋萎也依次交替。「巴力之死」始自夏初，植物紛紛枯萎以哀悼他，而雨季再度來臨時，則會慶祝「巴力重生」。他的象徵物是和母牛交媾的公牛。黎巴嫩的巴貝克（Baalbek）便是以他為名。閃族西部的巴力相當於阿卡德的**貝勒**（Bēl）。

Ba'al-addir 巴拉迪爾（大能的巴力）：（腓尼基）多產神和冥府神，畢布羅斯（Byblos）的城市神，也是迦太基（Karthago）的守護神，駐紮在北非的羅馬軍隊稱他為「大能者朱庇特」（Iupiter valens）。

Ba'alath 巴拉▽（【閃語】ba'lat＝女物主、女主人、妻子）：（閃族西部）城市神和國家神的泛稱，而不是專有名詞。男性名詞為**巴力**（Ba'al）。在西元前 3000 年，「畢布羅斯的巴拉」就很重要，在亞瑪拿（Amarna）書簡泥版（ca. 1375 B.C.）裡叫作「畢布

蛇怪

KNAURS LEXIKON DER MYTHOLOGIE

巴
埃及靈魂之鳥，揚手祈禱，乞求
在冥府審判時得到有利的判決，
有老鷹的身體、女人的頭和手。

巴力
閃族西部的豐收神和暴風雨神，
頭戴尖帽，穿著纏腰布，右手揮
杵，左手執電戟。

羅斯的貝利（Belit）」。閃族西部的巴拉相當阿卡德的貝雷特
（Bēlet）。

Ba'al-Berith　巴力比利士△（盟約之王）：（閃族西部）示劍
（Sichem）的城市神（《士師記》8:33, 9:4），也稱為厄勒比利士
（El-Berith，盟約之神）（《士師記》9:46），是契約的守護神，以儀
式宰殺驢子作為印記。他幫助亞比米勒（Abimelech）作以色列的
王。

Ba'al-Biq'āh　巴力比喀△（平原之王）：（閃族西部）多產神
和天氣神，後來成為天神和太陽神，可能就是聖經裡（《約書亞記》
11:17, 12:7, 13:5）提到的巴力迦得（Ba'al-Gad），他在兩頭山羊中
間，站在基座上，頭上頂著飾以麥穗的簍子（Kalathos），手持電
戟和麥穗。在希臘化時代，他等同於**宙斯**（Zeús）。在羅馬時代，
他被尊為「太陽城之王朱庇特」（Iupiter O. M. Heliopolitanus）。
以他為名的巴貝克（Baalbek）又稱為「太陽城」（Heliopolis）。

Ba'al-Chammōn　巴力哈們△、Ba'al Hammōn（燔祭壇之
王）：迦太基（Karthago）的主神和多產神，別名「結果實者」和
「果實之神」。他的名字近似西瓦綠洲（Oase Siwa）的安夢
（Amon），於是人們也視他為預言神。在非洲和西西里島，他的祭
典裡有獻子祭，把孩子放到他的雕像的手裡，然後拋到火坑。他相
當於希臘的**克羅諾斯**（Krónos），羅馬的**薩圖努斯**（Saturnus）。

Ba'al-Hadad　巴力哈得△（雷王）：（敘利亞和腓尼基）暴風
雨神和天氣神，住在撒潘山（Sāpōn）上，因而被稱為巴力撒潘
（Ba'al-Sāpōn）。他的綽號是「駕雲者」、「大地之王」。他的聖物
是公牛，手持木杵和電戟。他相當於阿卡德的**阿達德**（Adad）。

Ba'al-Hammōn→Ba'al Chammōn

Ba'al-Hermon　巴力黑們△（黑們山之王）：（敘利亞和腓尼
基）山神，以他的祭典所在的黑們山（Hermon）為名，聖經裡
（《士師記》3:3；《歷代志上》5:23）也曾提到他。

Ba'al-Karmelos　巴力迦密△（迦密山之王）：（敘利亞）預
言神和山神，以他的祭典所在的迦密山（Karmelos）為名，聖經
（《列王紀上》18:17-40）說，耶和華的先知**以利亞**（Ēlijjāhū）曾和
450個事奉巴力的先知鬥法。

Ba'al-Marqōd　巴力瑪寇△、Ba'al Markod（舞蹈之王）：（敘利亞）醫神，其祭典有酒神崇拜的性質。他等同於羅馬的**朱庇特**（Iupiter）。

Ba'al-Pegor　巴力毘珥◇（毘珥之王）、Peor：摩押人的神，他的祭壇在約旦河左岸毘珥山（Peor），因而以該山為名。許多以色列人崇拜他（《民數記》25:3-5）。這個雌雄同體的神，其男性形象表現為太陽神，女性形象則是月神。

Ba'al-Qarnaim　巴力喀南△（雙角之王）：（迦太基）山神，以突尼斯（Tunis）海灣的兩座山峰為名，那兩座山現在仍叫作「喀南的山」（Dschebel bu Qurnein）。

Ba'alsamay　巴力撒美△、Ba'alsamim：（敘利亞帕密拉地區）天神，主宰眾星。他也是天氣神，主司降雨和豐收。他的右側是月神**阿格里波爾**（'Aglibōl），左側是**瑪拉克貝**（Malakbēl），共同組成三聯神。他的象徵是電戟和公牛。

Ba'al-Sāpōn　巴力撒潘△（撒潘山的巴力）：（敘利亞和腓尼基）水手們的守護神，以巴勒斯坦北部的撒潘山（Sāpōn）為名，在聖經裡，撒潘山被稱為「巴力的山」（《耶利米書》14:13 f），並且等同於錫安山（Zion）（《詩篇》48:2 f.）。

Ba'al-Sebul　巴力西卜△、Ba'al-Zibul（領主、國王）：非利士人（Philistine）的預言神，以革倫（Ekron）的城市神。他原本被尊為「諸神之王」，在聖經裡（《馬太福音》10:25）卻被扭曲為「蒼蠅王」（Ba'al-Sebub），甚至被貶為**別西卜**（Beëlzebúl）（惡魔之王）。

Ba'al-Shamēm　巴力沙門△、Ba'al-Shammin（天空之王）：（腓尼基）天神，主宰星辰、雷電和降雨。在亞述國王亞薩哈頓（Asarhaddon, 680－669 B.C.）的和約裡，他和提洛斯城（Tyrus）的巴力合稱「誓約之神」。在塞流西亞（Seleucia）的錢幣上，他手持七道光芒的太陽，額頭上繪有半月。和太陽神以及月神組成三聯神，他的聖物是老鷹。

Ba'al-Zebul→Ba'al-Sebul

Baba　芭芭▽、Ba'u：（蘇美）拉加什（Lagash）的城市神、大地女神和醫神。古地亞國王（Gudea）禮讚「母親芭芭」，稱她為

巴別
猶太教裡與神為敵的世俗力量的
象徵城市,其居民建了一座「巴
別塔」,塔頂通天(Merian-
Bibel, 1630)。

「豐盈的女王」。她是**安**(An)和**嘉頓杜**(Gatumdug)女兒,**寧格蘇**(Ningirsu)的妻子,生了七個女兒。她等同於**古拉**(Gula)。

Bába 波波▽:(匈牙利)善良的仙女,後來被貶為巫婆。波波也指有巫術力量的助產士。

Baba Tomor→Tomor

Bābēl 巴別(【希伯來】babal＝混亂的)、【阿卡德】bāb-ili(神之塔)、【希臘】Babylón:1.(猶太教)與神為敵的世界力量的象徵城市,在巴別的通天塔(Ziqqurat Etemenaki),有 91 公尺高,占地 8,281 平方公尺,傳說中使人們的語言混亂的巴別塔即是指涉它。因為巴別塔直達天際,**耶和華**(Jahwe)為了懲罰人類的傲慢,於是變亂他們的言語,使得人們彼此不懂對方的語言,而分散世界各地。2.(基督宗教)象徵敵基督的俗世力量的城市,是世俗之城羅馬的假名,和上主之城耶路撒冷成對比。

Babi 巴比△、Bebon:(埃及)黑暗惡魔。根據《死者之書》的說法,他是個可怕的怪獸,會吃掉在冥府無法通過審判的死者。

Babylón→Bābēl

Bacabs 巴卡布△(【複數】兒子們)、Bacabab:(印第安)馬雅族由四位巨人守護神組成的神族,他們把穹蒼扛在肩上。他們是**伊扎姆納**(Itzamná)和**伊希切爾**(Ixchel)的兒子。世界每個方向和源頭的風,都各有一個巴卡布,他們各自職掌65天(一年260天),或是每四年輪流職掌一次,也有各自的顏色。其中南方的坎(Kan)代表黃色,東方的**恰克**(Chac)代表紅色,北方的扎克(Zac)代表白色,西方的埃克(Ec)則是黑色。每個季節都有一個巴卡布死去,有另一個巴卡布復活。

Baccha→Bakche

Bacchantin→Bakche

Bacchus→Bákchos

Bachúe 巴丘▽:(印第安)奇布恰族(Chibcha)的造物神和人類的始祖,為了膜拜她,瓜塔維塔(Guatavita)的酋長(Kazike)全身塗滿很黏的樹脂,灑上細金粉。然後他獨自划舟到聖湖,在那裡沐浴,藉此把金粉獻給巴丘。西班牙人稱他為「鍍金者」(el dorado)。許多歐洲人為了尋求傳說中的黃金國(Eldorado)而喪

命，也殺死無數的原住民。

Badb 芭德芙▽、Bodb（戰鬥）：（克爾特）愛爾蘭人的女戰神，他們稱戰場為「芭德芙之地」。在**馬格杜雷**（Mag Tured）的戰役裡，她變身烏鴉製造混亂，使得**達努神族**（Tuatha Dê Danann）戰勝**弗摩爾族**（Fomore）。

Baga 巴加（【古波斯】分配者、神）：（伊朗）1.**雅扎塔**（Yazata）的異名，泛指諸神。2.賜予人們福祉的幸運神，安息時代（Parthia）的王朝神。巴加相當於吠陀宗教的**跋伽**（Bhaga）。

Bahrām 巴拉姆：（伊朗）行星神（火星）和勝利神，幫助**服從神**（Sraosha）把死者的靈魂接到天上，因為魔鬼**阿斯托維達荼**（Astōvidātu）和**艾什瑪**（Aēshma）會獵捕死者的靈魂。有時候巴拉姆等同於**韋勒特拉格納**（Verethragna）。

Bāhubalin 巴胡巴利△、Gommata：（耆那教）苦行者，終年靜坐，以致於藤蔓和蛇纏繞著他，螞蟻也在他的腳邊築窩，最後得一切智而入**涅槃**（Nirvāna）。他是第一位**渡津者**（Tirthankara）**勒沙婆**（Rishabha）和蘇南妲（Sunandā）的兒子，和**婆羅多**（Bhārata）是同父異母兄弟，他的妻子是同父異母的妹妹婆羅密（Brāhmi）。在天衣派（Digambara）中，他的聖像經常為巨形裸體雕像。其中最有名的是在邁索爾（Mysore）21公尺高的岩刻（980 B.C.）。

Baiame 巴亞姆△（造物者、大能者）：（澳洲）維拉杜里族（Wiradyuri）和喀米拉羅伊族（Kamilaroi）的天神和造物神，賦予大地現有的樣貌，被稱為「我們的父」。他是**達拉姆倫**（Daramulun）的父親。在他創造自己以後，接著創造萬物，又以黏土創造兩個男人，而他的兄弟則以水造出女人。巴亞姆賜予人類工具和武器，並為生命制訂規則。他相當於**班吉爾**（Bunjil）。

Bainača 白納恰△：（西伯利亞）鄂溫克族（Ewenki）和通古斯族（Tungus）的狩獵神，他是萬獸之王，把動物趕來給獵人。白納恰的形象為白髮老人，騎著白色的母馬穿越西伯利亞森林。

Bakche 巴卡▽（【希臘】）、【拉丁】Baccha：（希臘羅馬）**戴奧尼索斯**（Diónysos）的女祭司，以酒神**巴庫斯**（Bákchos）為名，她們飲酒狂歡，是酒神的信徒。巴卡相當於希臘的**麥娜絲**

巴庫斯
希臘羅馬神話的酒神和狂喜之
神，周圍是西倫諾斯（西元前五
世紀的瓶畫）。

（Mainás）。

Bákchos 巴庫斯△（回聲、叫聲）、【拉丁】Bacchus：（希臘羅馬）多產神、狂喜神、酒神和葡萄園神。他是**宙斯**（Zeús）和**西蜜莉**（Seméle）的兒子，善妒的**希拉**（Héra）在他長大以後讓他發狂且放逐他。於是巴庫斯到處流浪，頭上戴著常春藤和月桂，他的隨從有眾多**仙女**（Nýmphe）、**麥娜絲**（Mainás）、**薩提羅斯**（Sátyros）和**西倫諾斯**（Silenós），一直流浪到弗里吉亞，**西芭莉**（Kybéle）才讓他恢復清醒。他被等同於**戴奧尼索斯**（Diónysos）。繪畫：Caravaggio (ca. 1585)、J. Jordaens (ca. 1640/50)。

Baladeva 力天、巴拉戴瓦△：（耆那教）勇士族，於現在世共有九位。第一位是阿卡拉（Acala）或即無勝（Vijaya），最後一位是**大力羅摩**（Balarāma），是**黑天**（Krishna）的同父異母兄弟。力天和婆藪天（Vāsudeva）以及婆羅墮跋闍天（Prativāsudeva）是三個勇士族。未來的力天的母親，在懷孕時夢見四個瑞兆。

Bālakrishna 大力黑天△：（印度教）**黑天**（Krishna）小時候的綽號，他受到**亢撒**（Kansa）的迫害，只得由牧人南達（Nanda）和其妻雅首達（Yashodā）撫養，他吸吮巨魔普坦娜（Pūtanā）的乳汁，使她喪命。他先後以水牛、驢子和馬的形象，將牧人們從魔鬼**卡利亞**（Kāliya）手裡救出來。

Balarāma 大力羅摩△：（印度教）農作神、勇力神。他也是個戰士，全身白色，是**婆藪天**（Vāsudeva）和**提婆吉**（Devaki）或即羅希尼（Rohini）的兒子。他也是**黑天**（Krishna）的哥哥。為了躲避**亢撒**（Kansa）的迫害，睡神尼德拉（Nidrā）在他出生前，從提婆吉的母胎移到婆藪提婆的另一個妻子羅希尼懷裡。他有白色的身體，藍色的眼睛，手持犁和木棒。

Balder 巴爾德△、Baldr（【古北歐】主宰）、Baldur：（北日耳曼）光明神，主司純潔、美和正義，他也是春神、死而復活的神。他是**歐丁**（Odin）和**芙麗格**（Frigg）的兒子，**霍德**（Hödur）和**赫摩德**（Hermodur）的兄弟，**南娜**（Nanna）的丈夫，**弗西提**（Forseti）的父親。在**愛瑟神族**（Asen）的會議裡，**羅奇**（Loki）使計讓不明就裡的霍德，用槲寄生的嫩枝打死巴爾德。只要巴爾德無法脫離冥府女神**黑爾**（Hel），世界就沒有正義，直到**諸神黃昏**

（Ragnarök），巴爾德才會與霍德和好歸來，統治新世界。

Bali 巴利△、Mahābali：（婆羅門教和印度教）《羅摩衍那》（Ramayana）裡的惡魔和猴王，屬於**蒂緹諸子**（Daityas）和**阿修羅**（Asuras）。他是**毘盧遮那**（Vairochana）的兒子，頻闍耶伐利（Vindhyavali）的丈夫，**普坦娜**（Pūtanā）和**巴納**（Bāna）的父親。在**毘濕奴**（Vishnu）權化為**巨龜**（Kūrma）和**侏儒**（Vāmana）時，他曾經出現。當毘濕奴權化為侏儒時，再度奪走巴利的天和地，只把冥府留給他，讓他統治第六層**魔界**（Pātāla），該魔界叫作蘇塔拉（Sutala）。他被迫要選擇走過一百道門到天界去，或是直通地獄的路，他選擇了地獄，並且說：「如果只要走一條路，我可以把地獄變成天堂，但是要走一百道門，天堂本身就變成地獄了。」

Balor 巴洛△：（克爾特）愛爾蘭傳說的獨眼巨怪，被他邪惡的眼睛看一眼就會死掉，因此他經常閉著眼睛。在**馬格杜雷**（Mag Tured）的戰役裡，他是**弗爾摩族**（Fomore）的首領，殺死**奴**艾達（Nuada）。他想殺死**路格**（Lug）時，便要他的侍從把他的眼皮撐開，這時候路格用石頭砸中他的眼睛。巴洛當場斃命，弗爾摩族也見狀潰散。

Baltis 巴爾的斯▽：（阿拉伯）哈蘭人（Harran）崇拜的金星女神。

Bāna 巴納△、Tripura、Vairochi：（婆羅門教和印度教）惡魔，**濕婆**（Shiva）的朋友，**毘濕奴**（Vishnu）的敵人。他是巴利（Bali）之子，**普坦娜**（Pūtanā）的兄弟，屬於**蒂緹諸子**（Daityas）和**阿修羅**（Asura）。濕婆和**私建陀**（Skanda）要他幫他妹妹**烏夏**（Ushā）誘拐黑天的孫子**阿那律**（Aniruddha）（後來成為她的丈夫）。他後來被黑天、**大力羅摩**（Balarāma）和**巴端拿**（Pradyumna）打敗。

巴爾德

日耳曼光明之神和復活之神，他被殺害後，在冥府等待復活，直到赫摩德騎著八眼馬斯雷普尼爾（Sleipnir）來救他。

Banaidja 巴奈加△：（澳洲）祖靈，他把圖騰的圖案傳授給耶利加（Jiridja）族人，教導他們如何進行儀式。他是**蘭仲**（Laindjung）的兒子，後來被人打死。在成年禮儀式時，人們會揭開他的肖像。

Bangpūtỹs 班普提斯△（吹起波浪者）：（立陶宛）海神和海浪神。

Barbelo 芭碧蘿▽：（諾斯替教派）聖靈，她是父神**比托斯**（Bythos）的女性面向以及思想的具象化。有時候芭碧蘿等同於**恩諾亞**（Énnoia）。

Bardhat 芭爾妲▽（白色者）：（阿爾巴尼亞）女精靈，亦稱為「白皙少女」，住在地底下。當騎士墜馬時，人們會說：「他的馬踩到芭爾妲了。」

Barzakh 屏障（【阿拉伯】限制、阻礙、分離）：（伊斯蘭）**火獄**（Djahannam）和**天園**（Djanna）的分隔牆，也是區隔陰陽兩界的墳墓和「火刑」。所有死者，除了殉教者**舍希德**（Shahid）以外，都必須通過屏障，相當於基督宗教的**煉獄**（Purgatorium）。

Basajaun 巴撒虹（森林王）：（西班牙巴斯克地區）森林精靈，牲畜的守護天使，住在森林深處或高處的洞穴。在他們逗留的地方，狼群不敢騷擾牲畜。有暴風雨來襲時，他們會大喊通知牧人。巴撒虹也會教導人們種植穀物和打鐵。

Bashāmum 巴夏姆△（bashām＝藥樹）：（阿拉伯）示巴人（Sabaean）和卡達班人（Qatabān）的醫神，人們會獻祭感謝他拯救病人。

Basileía tŭ Theŭ 神的國、天國▽（【希臘】神的統治）：（基督宗教）天國，神的國度，人與神的新關係是**耶穌**（Iesûs）傳道的主題。「神的國」意味著健康、生命、自由、平等與和平。與「神的國」相反的，是疾病、死亡、貧窮和壓迫。「神的國」是神的恩賜，而不是人類的功蹟。它既在當下也在未來，由耶穌的降生開始，在末日時完滿。

Basilisk 蛇怪△（【希臘】basiliskos＝小國王）：（猶太教和基督宗教）怪物，雞首蛇身，是邪惡和死亡的化身。他有致人於死的邪惡眼神，是從沒有母親的雞蛋生出的，住在水井和地窖裡。

蛇怪
猶太教和基督宗教傳說的怪物，有雞的頭，三叉蛇尾（紐倫堡木雕，1510）。

Bastmoti Ma 芭斯摩提瑪▽（大地之母）：（古印度）噶達巴族（Gadaba）的大地女神。

Bastet 貝斯蒂▽：（埃及）尼羅三角洲東部布巴實提（Bubastis）的地方女神。和危險的女獅神**薩赫美特**（Sachmet）不同，她是溫和的女神，象徵歡樂和愛。她也是膏油女神，她的超自然力量表現在藥膏裡。她的聖地在布巴實提（意為「貝絲蒂之家」），附近有很開闊的貓的墓園。希羅多德（Herodot, II, 60）說她的慶典是在埃及曆的 10 月 16 日。貝絲蒂為貓首人身，提著籃子，手持叉鈴，她的象徵動物是貓。

貝絲蒂
埃及主司歡樂和愛的貓首女神，右手提著籃子，左手拿著叉鈴。

Bata 貝塔△：（埃及）薩科（Sako）的地方神，是**安努畢斯**（Anubis）的弟弟，其形象為公牛。

Bathon 巴珊：（印第安）達科塔族（Dakota）傳說中的神奇生命力量。巴珊住在藥草叢裡，巫醫認為草藥的療效是來自她。

Batman 蝙蝠俠△：（美國）超人英雄，是名為布魯斯·韋恩（Bruce Wayne）的億萬富翁。他是北美白人傳統價值的典型，例如：守法、熱愛秩序、重視財產、壓抑性愛。他是個中產階級，也是科幻文學的主角。他父母被人謀殺後，他便致力於剷奸除惡，在對抗世界裡所有的壞蛋時，他充分表現特技的功夫和偵探的智慧，穿著蝙蝠斗篷，戴著蝙蝠面具。每次接到警察或美國總統的求助電話時，他便和助手羅賓出動。漫畫：B. Finger und B. Kane (1939 ff.)；電影：Batman and Robin (1943, 1948, 1966, 1989)。

Ba'u→Baba

Baubo 包玻▽（肚子、洞穴、子宮）：（希臘和小亞細亞）女神，女性生殖力的人格化。沮喪的**狄美特**（Deméter）找尋她被奪走的女兒**波賽芬妮**（Persephóne），老婦包玻收容了她，露出陰戶（那是抵抗死亡和陰間的防衛姿勢），讓悲傷的狄美特再展笑顏。包玻的形象特徵是沒有頭，或她的頭在肚子上。

Bebellahamon 巴貝勒哈們△（哈們村之王）：（敘利亞帕密拉地區）哈們（Hamon）的守護神，他和**瑪拉克貝**（Malakbēl）以及**瑪納夫**（Manāf）合稱為「父神」（dii patrii）。巴貝勒哈們等同於迦太基的**巴力哈們**（Ba'al-Chammōn）。

Bebon→Babi

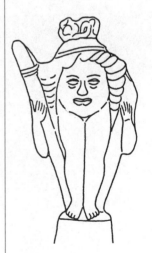

包玻
希臘的主司女性生殖的女神，無頭的怪物，或她的頭就在肚子上。

Beëlzebúl 別西卜△【拉丁文聖經】Beelzebub：（基督宗教）
惡靈和大惡魔，耶穌基督的對手認為他是靠別西卜驅逐**魔鬼**
（Daimónia）的。有時候別西卜被認為是非利士人的**巴力西卜**
（Ba'al-Sebul）。

Beg-tse 別則△（隱藏的頭盔）、Beg-ce、Cam-srin：1.（西藏苯
教）（Bon-po）戰神；2.（藏傳佛教）**護法**（Dharmapāla），身佩
胸鎧，額頭有眼睛。他的標誌是劍。

Behedti 貝赫提△：（埃及）貝提（Behdet）的地方神和太陽
神。作為「善神、兩地之王」，他是上、下埃及與他們國王的守護
神。他是高踞的老鷹，以日盤為其符號。他和**霍魯斯**（Horus）融
合為「霍魯斯貝赫提」。

Behēmōt 河馬△（【希伯來】）：（猶太教）陸上巨獸，耶和華
「所造的物中為首」，象徵野蠻的力量，只有耶和華才能制得住他。
相對於母的海怪**鱷魚**（Liwjātān），河馬是公的，他們都在末日到
來時被打敗，讓義人們大快朵頤。

Behēr 貝海爾△（bachr.＝海）：（衣索匹亞）海神，在三聯
神裡，位於**阿什塔**（'Astar）和**馬倫**（Mahrem）或**梅德**（Medr）
之間。

Bēl 貝勒△（主宰）：（阿卡德）1.風神，統治天地之間的萬
物，「眾土之王」，是世界和人類的創造者，他的妻子是**貝雷特**
（Bēlet）。後來他被**馬爾杜克**（Marduk）取代，於是「貝勒」就經
常指稱馬爾杜克。他的神廟是在尼普爾（Nippur）的艾庫爾神殿
（Ekur）。阿卡德的貝勒相當於敘利亞人的**巴力**（Ba'al）。2.諸神名
字裡的字根，經常和城市名字組合，如貝勒哈蘭（Bēl-Harrān，哈
蘭之王），相當於蘇美的恩（En）。

Bēl→Bōl

Belenos 貝倫諾斯△（光照者）：（克爾特）高盧人的光明之
神，他是**貝莉莎瑪**（Belisama）的伴侶，相當於羅馬的**阿波羅**
（Apóllon）。

Bēlet 貝雷特▽（女王）、Bēlit：1.（阿卡德）女神名字裡的字
根，經常和城市名字組合，例如貝雷特尼普爾（Bēlet-Nippur，尼
普爾的女王），相當於蘇美的寧（Nin）。2.阿卡德的諸神之母，**貝勒**

（Bēl）的妻子。阿卡德的貝雷特相當於敘利亞的**巴拉**（Ba'alath）。

Bēlet-ilī **貝勒提莉**▽（諸神的女王）：（阿卡德）女主神的別名，例如：**寧利勒**（Ninlil）和**伊西塔**（Ishtar）。

Bēletsēri **貝勒采莉**▽（草原女王）、Bēlitshēri：（阿卡德）沙漠女神。她是冥府的書記官，站在**厄里什基迦勒**（Ereshkigal）旁邊。貝勒采莉是**坦木茲**（Tamūzu）的妹妹，游牧族神**亞摩魯**（Amurru）的妻子。貝勒采莉相當於蘇美的**葛什提南那**（Geshtinanna）。

Beli **貝里**△（【古北歐】喧鬧者）：1.（日耳曼）**約頓族**（Jötunn）的巨怪，在**諸神黃昏**（Ragnarök）時，和手無寸鐵的神**弗瑞**（Freyr）爭鬥，最後被他以鹿角殺死。貝里是**居密爾**（Gymir）和**奧爾波妲**（Aurboda）的兒子，**葛德**（Gerd）的兄弟。2.（克爾特）威爾斯傳說裡諸神的英雄，他在戰場衝鋒陷陣而功勳彪炳。貝里是**多恩**（Dôn）的丈夫，**阿莉恩若德**（Arianrhod）的父親。

Belija'al **彼列**（【希伯來】惡、虛無）、【希臘】Beliár：1.（猶太教）黑暗、無用和卑劣的惡靈，象徵和神作對的力量，在末日的戰爭裡，會被**耶和華**（Jahwe）打敗。2.（基督宗教）魔鬼，**耶穌**（Iesũs）的敵人。

Belili **貝莉莉**▽：（蘇美）陰間女神，**杜木茲**（Dumuzi）的妹妹。

Belisama **貝莉莎瑪**▽（bel＝光明、sama＝相似）：（克爾特）高盧傳說主司光明和火的女神，是**貝倫諾斯**（Belenos）的伴侶，相當於羅馬的**密內瓦**（Minerva）。

Bēlit→Bēlet

Bēlitshēri→Bēletsēri

Bellerophóntes **貝勒羅封**△（在光輝裡出現者）、Bellerophón：（希臘）科林斯的英雄，**格勞科斯**（Glaúkos）和尤里美得（Eurymede）之子。他因為殺了人而從科林斯逃到國王普羅伊特斯（Proitos）的王宮，王后愛上了他，卻被他拒絕，不甘受辱的王后向國王進讒言，要他殺死貝勒羅封。但是他得到飛馬**培格索斯**（Pégasos）之助，打敗所有敵人。他殺死**奇麥拉**（Chímaira），征服**亞馬遜族**（Amazónes），趾高氣昂的他想要騎著飛馬上**奧林帕斯**

貝勒羅封
希臘英雄，讓帶著翅膀的飛馬培格索斯喝水。

山（Ólympos），卻摔斷了腿又弄瞎眼睛，最後客死異鄉。

Bellona 貝羅納▽（【拉丁】bellum＝戰爭）：（羅馬）女戰神，馬斯（Mars）的妹妹和伴侶，在羅馬的馬斯廣場外有她的神殿，締約神官（Fetialen）在那裡經常會舉行象徵性的宣戰典禮。她的標誌是寶劍。繪畫：Rembrandt（1633）。

Bemba→Pemba

Beng 班恩（【複數】Benga）：（吉普賽）魔鬼，卻也是神的同伴，和神一樣都是從大地誕生的。他在森林裡出沒，在夜裡為非作歹。他在和神的一場競賽裡落敗。班恩是**阿洛可**（Alako）的死敵。

Benu→Phönix

Bergelmir 貝爾格米爾△（【古北歐】山裡喧囂者）：（日耳曼）**約頓族**（Jötunn）的水怪。他是**特魯斯格米爾**（Thrúdgelmir）的兒子，**伊米爾**（Ymir）的孫子。伊米爾被殺後血流成河，所有其他的**霜怪**（Hrímthursar）都淹死了，貝爾格米爾和他的妻子躲到船上，才逃過一劫。

Berit 聖約、盟約▽（【希伯來】盟約、契約）、【希臘】Dia-théke：1.（猶太教）**耶和華**（Jahwe-Elōhim）和他的選民立的約，而每次都是由神提出的。神在**洪水**（Mabul）過後，和**挪亞**（Nōach）立約。祂也與**亞伯拉罕**（Abrāhām）、**雅各**（Ja'akōb）立約，在西乃山（Sinai）則與以色列民族立約。聖經多次提到神如何堅定盟約，而相反的，人類老是背棄他們和神立的約。割禮和**安息日**（Shabbāt）是立約的記號。2.（基督宗教）**上主**（Kýrios）和祂新的選民（教會），以**耶穌**（Iesũs）的血肉立的約，不同於第一次的舊約，那是永恆的新約。

Berlingr 柏林格△（【古北歐】短杆）：（日耳曼）**侏儒**（Dvergr），負責打造芙蕾葉（Freyja）的**女神項鍊**（Brísingamen），她為了要得到那條珍貴的項鍊，只好和他一度春宵。

Berserker 熊皮武士△（【古北歐】懶漢）、【複數】Berserkir：（日耳曼）「披著熊皮」的戰士，驍勇善戰且狂野不羈，是**歐丁**（Odin）的信徒，他們有野獸的力量和動作，作戰時會出神，直到精疲力盡。

Beruth 貝魯特▽：（腓尼基）母神，屬於第一代神，是**至高者**（'Eljōn）的妻子，**埃庇格烏斯**（Epigeus）的母親。

Bes 貝斯△：（埃及）對抗蛇和邪惡的守護神，特別是保護家庭主婦和嬰兒。人們會把早產的孩子託他照顧，把貝斯的木頭雕像擺在孩子身邊。他被尊為預言神，身形短小，頭大滑稽，有動物的耳朵，獅子的尾巴，手持刀子和喇叭。

Bestla 貝絲特拉△（嫩皮、樹皮）：（日耳曼）古代女巨人、紫杉女神以及諸神之母。她是巨人波特洪（Bölthorn）的女兒，**波爾**（Borr）的妻子，**歐丁**（Odin）、**維利**（Vili）和**維**（Vé）的母親。

Bet-El 伯特利△（厄勒的家）：（敘利亞）地方神，以奉祀他的聖殿所在的伯特利（Bethel）為名。在亞述國王亞薩哈頓（Asarhaddon, 680－669 B.C.）的和約裡，他和提洛斯城（Tyrus）的巴力並稱。在尼羅河象島的猶太殖民地也崇拜他，因為他們原本可能住在以色列北部的伯特利聖殿附近（《阿摩司書》5:4-6），《耶利米書》也把猶太殖民地的神伯特利和摩押人的**基抹**（Kamosh）並提。

Bhaga 跋伽、婆伽△（【梵】施者、分者）：（吠陀宗教）財神。他也是婚姻的守護神，一月是他的節期。

Bhagavān→Bhagvān

Bhagavantara 跋伽梵陀羅△：（古印度）琴楚族（Chenchu）的天神、雨神和雷神。

Bhagvān 巴噶凡△：（古印度）俾爾族（Bhil）的造物神。他是全知而嫉惡如仇的神，並且審判人類，善良的人被他接到天界，過著幸福的日子。

Bhagvān 跋伽梵△、Bhagavān（聖者、至尊）：（古印度）貢德族（Gond）、阿加利亞族（Agaria）、拜加族（Baiga）和俾爾族（Bhil）的最高神的尊稱，其他的氏族神、地方神和人類，都會求助於他。

Bhairava 陪臚、陪羅縛△（【梵】可怕的）：（印度教）天界門神，有八種或 12 種形象，或為**濕婆**（Shiva）自眉間流出的忿怒化身，以巨犬為坐騎。

貝斯
埃及的侏儒預言神，半人半獸，舌頭外吐，有動物的耳朵，獅子的尾巴。

Bhaishajya-guru 藥師佛、藥師琉璃光如來△：（佛教）誓願傳授醫術的八佛之一，他在前世發十二願，其中第八願為：「願我來世得菩提時，若有女人為女百惡之所逼惱，極生厭離，願捨女身；聞我名已，一切皆得轉女成男，具丈夫相，乃至證得無上菩提。」其造形為手握「藥師樹」櫻桃李（Myrobalane），全身藍色。

Bhārata 婆羅多、頗羅墮△（【梵】應被受持）：1.（印度教）國王和聖者，印度人便是據此被稱為**婆羅多伐婆**（Bhārata-varsha）。他是十車王（Dasharatha）和凱寇姨（Kaikeyi）的兒子，和羅摩（Rama）以及羅什曼那（Lakshmana）是同父異母的兄弟。婆羅多是俱盧族（Kauruvas）和般度五子（Pāndavas）的先祖，《摩訶婆羅多》便是描寫他們的戰爭。2.（耆那教）現在世第一位**轉輪聖王**（Chakravartin），他建立婆羅門種姓，也預見其沒落。他是第一位**渡津者**（Tirthan-kara）**勒沙婆**（Rishabha）100個兒子其中之一，母親是蘇曼伽羅（Sumangalā），和**巴胡巴利**（Bāhubalin）是同父異母的兄弟。他的妻子是同父異母的妹妹孫陀利（Sundari），生了**摩哩質**（Marici）。摩哩質是筏馱摩那（Vardhamāna）的前世。

Bhārata-varsha 婆羅多伐婆△（【梵】婆羅多的國土）：（印度教）閻浮提（Jambūdvipa）國土，依第一位國王**婆羅多**（Bhārata）而得名。印度屬於人類最熟悉的**地界**（Bhūrloka）。只在地界才有四時（Yugas）輪替，在該處才有業力，牽引人類到天界或地獄，決定他們往生為天神或畜生。也只有在該處才能夠斷除諸業，也就是解脫**輪迴**（Samsāra）。

Bhārgava→Shukra

Bhauma→Mangala

Bhava-Chakra 生死輪：（藏傳佛教）描繪六道（Gati）輪迴（Samsāra）的圖像。六道的上半部為三善道：**天神**（Deva）、**阿修**

生死輪
藏傳佛教描繪六道輪迴的世界圖像。

羅（Asura）和人類。下半部是惡趣（apāya）：畜生、**餓鬼**（Preta）和**地獄**（Naraka）。在輪臍的中央以動物象徵轉動輪迴的惡行（akushala）：有貪（雞、鴿子）、瞋（蛇）、癡（豬）。外部的輪輻則是彼此「相待而生」的十二因緣（nidāna），始自**無明**（Avidyā），終於老死（Jarā）。以爪子抓住巨輪的**閻魔**（Yama），則象徵老死。

Bhavanavāsin　跋筏那婆娑：（耆那教）神族，住在下界的最高層，即寶光地（Ratnaprabhā），在和**婆那多羅**（Vyantara）、**豎底沙**（Jyotisha）、**昆摩尼柯**（Vaimānika）組成的四個神族裡居最末位。他們又分為十個神族：1.阿修羅童子（Asura-Kumāra）；2.蛇童子（Nāga-Kumāra）；3.金翅鳥童子（Suparna-Kumāra）；4.電光童子（Vidyut-Kumāra）；5.火童子（Agni-Kumāra）；6.洲童子（Dvipa-Kumāra）；7.海童子（Udadhi-Kumāra）；8.方位童子（Dik-Kumāra）；9.風童子（Vāyu-Kumāra）；10.雷童子（Stanita-Kumāra）。他們的形象以不同的身體顏色以及冠飾為判別。

Bhavatshakra→Bhava-Chakra

Bhima　怖軍、彼摩（【梵】可怖者）：1.（古印度）科雅族（Koyas）和迦達巴族（Gadabas）的天神和雨神。2.（印度教）英雄，**般度五子**（Pāndavas）的老二，他是**窟尤**（Vāyu）的兒子，或謂是**般度**（Pāndu）和**均提**（Kunti）的兒子，和其他兄弟共同以**朵帕娣**（Draupadi）為妻。

Bhrigu　波利怙△（【梵】灼熱、發光）：（婆羅門教和印度教）仙人（Rishi），是第十位**大仙**（Maharishi），他被認為是**梵天**（Brahmā）「心生」的兒子，**燄摩大火仙**（Jamadagni）的父親。

Bhūdevi　婆提毘▽、Bhumidevi：（印度教）大地女神，在南印度，和**吉祥天女**（Lakshimi）同為**昆濕奴**（Vishnu）的妻子。

Bhūrloka　地界：（印度教）人類居住的世界，**三界**（Triloka）裡的中界，在空界之下，陰間之上。地界有七座環形洲島以及七大海。在中間的是**閻浮提**（Jambūdvipa），有大海勒筏挪多（Lavanoda）圍繞，其上有**須彌山**（Meru）隆起。

Bhūtas　波輪（【梵】變化）：（印度教）惡靈，人類的敵人，幻化多種形象（馬、巨人、豬），在夜裡化為掠食者和吸血鬼出

沒。**濕婆**（Shiva）被稱為「獸主」波輪鉢提（Bhūtapati），他的**沙克提**（Shakti）叫作伽梨波輪摩陀（Kali Bhūtamāta）。波輪住在**空界**（Bhuvarloka），被等同為**餓鬼**（Preta）。

Bhuvarloka　空界：（印度教）三界（Triloka）裡的上界，介於**地界**（Bhūrloka）和**天界**（Svarloka）之間，風起雲湧，成群的**波輪**（Bhūtas）、**畢舍遮**（Pishācha）、**餓鬼**（Preta）、**羅刹**（Rākshas）和**夜叉**（Yaksha）在其中活動。在空界之上，住著悉達族（Siddha）、迦拉納族（Cārana）、韋第雅達拉族（Vidhyādhara）和牟尼（Muni）。

Biegg-Olmai　畢格歐麥△（風人）：（拉普蘭）（Lapland）風神、海神和魚神。

Bifröst　彩虹橋、【古北歐】Bilröst（搖晃的天國道路）：（日耳曼）通往天國的巨大彩虹橋，連接天國**愛瑟樂園**（Asgard）和**中土**（Midgard）。**愛瑟神族**（Asen）每天沿著彩虹橋到命運之泉旁邊的宮庭，在橋的那端有**海姆達爾**（Heimdall）護衛著。在**諸神黃昏**（Ragnarök）時，彩虹橋被**蘇爾特**（Surtr）和穆斯佩諸子踐踏過而崩塌。

Bildurraize　比爾杜萊茲（可怕的空氣）：（西班牙巴斯克地區）邪惡的大氣神，會使人做惡夢。

Bile　拜爾△：（克爾特）冥府之神，愛爾蘭人的先祖。拜爾是米爾（Mîl）的父親，5 月 1 日登陸愛爾蘭，為了死去的女神依絲（Ich）復仇，打敗**達努神族**（Tuanna Dê Danann）。

Bilika　庇里迦△、Buluga、Puluga：（古印度）安達曼人（Andamanesen）神話裡全知的造物神和最高神，他的氣息會變成風，聲音則變成雷。

Bilröst→Bifröst

Blasius　聖樂修、聖布拉修斯△：（基督宗教）塞巴斯城（Sebaste）的主教（† ca. 316），聖人、殉教者、行神蹟者、對抗咽喉疾病的守護者。他是14個救苦救難的聖人之一。因為他救了一個被魚刺哽喉的孩子，2 月 3 日是他的節日，人們會以兩根蠟燭作成十字架而行「聖樂修的祝福」，以對抗咽喉的疾病。

Bochica　波齊卡△：（印第安）奇布查族（Chibcha）的文明始

祖和太陽神。他從東方來，漫遊哥倫比亞，教導族人律法和手工藝。他用權杖在山上開了一條通道，讓洪水流到山谷。他在制訂曆法以後就消失無蹤。

Bodb→Badb

Bodhisattva　菩薩（【梵】覺有情）：（大乘佛教）菩薩分為十地（bhumi），發願求自己和眾生的菩提與解脫。七地以上的菩薩稱為「摩訶薩埵」（Mahāsattva），已解脫**輪迴**（Samsāra），但是為了救度眾生而**不入滅**（Parinirvāna），直到一切有情皆得解脫。菩薩行以慈悲（Karuna）和智慧（Prajña）為特徵。著名的菩薩有**觀世音**（Avalokiteshvara）、**金剛手**（Vajrapāni）和**文殊**（Mañjushri）三菩薩。此外有五位**禪定菩薩**（Dhyāni-Bodhisattva），以及八位摩訶菩薩（Mahābodhisattva）。最著名的女性形象的菩薩有觀音菩薩、**度母**（Tārā）和**般若波羅蜜菩薩**（Prajñāpāramitā）。大乘的菩薩理想後來取代了小乘的**阿羅漢**（Arhat）理想。因為菩薩可以在多處同時出現，形象經常為千手千首。他們頭戴統治自然力量的五方冠。

金剛手菩薩
結施願印。

Boga→Buga

Boginki　波辛基▽：（【波蘭語複數】）、【烏克蘭】Bohyni：（斯拉夫）森林女惡魔，仇視人類，會奪走新生兒，以畸形兒替換。

Bōl　波爾△：（敘利亞帕密拉地區）天神和高位神，他的右側是月神**阿格里波爾**（'Aglibōl），左側是太陽神**亞希波爾**（Yarhibōl），他們組成三聯神。在西元 32 年 4 月 6 日落成的神殿是帕密拉地區最雄偉且重要的聖地。他的標誌是電戟。

Boldogasszony　波多加索妮▽（幸運的女王）、Kis(boldog)asszony（小女王）、Nagy(boldog)asszony（大女王）：（匈牙利）童貞母神，大地和產婦的守護神。她是「富足而偉大的女王」，其王座在「白山」的「白堡」裡。人們以她為名，把嬰兒床稱為「波多加索妮阿加」（Boldogasszony-ágya），在每個禮拜二祭祀她。自從基督教化以後，她被融入基督宗教裡童貞生子的**馬利亞**（María）。

Bolla　波拉▽（怪獸）、Bullar：（阿爾巴尼亞）惡龍，總是閣上

85

眼睛，因為她一睜眼就要吃人。波拉出生12年後，就會變成**庫希多拉**（Kulshedra）。

Bōlos 地獄、波羅斯：（摩尼教）冥府和無底坑，到了世界末日，惡人、惡魔、物質和**貪魔**（Az）會被禁錮在地獄，然後以巨石壓住。

Bon Dieu→Damballah

Boréas 波瑞阿斯△（來自山中者）：（希臘）風神，凜冽刺骨的北風（或東北風）的人格化，在希波戰爭時使波斯戰艦蒙受巨大損失。波瑞阿斯是星座神阿斯特賴俄斯（Astraios）和**伊奧斯**（Eós）的兒子，他的兄弟有**歐羅斯**（Eúros）、諾托斯（Nótos）、**塞菲羅斯**（Zéphyros）。他把雅典國王的女兒俄瑞提亞（Oreíthyia）誘拐到色雷斯，而且娶了她。傳說中的地方「北方樂土」（Hyperborea）便以他為名。

Borowiec→Laskowiec

Borr 波爾△、Burr（【古北歐】兒子、新生兒）：（日耳曼）原始巨人，諸神的先祖。他是**布里**（Búri）的兒子，妻子是女巨人**貝絲特拉**（Bestla），她是巨人波特洪（Bölthorn）的女兒，他們生了最早的諸神**歐丁**（Odin）、**維利**（Vili）和**維**（Vé）。

Boszorkány 波索坎尼△▽（祭司）：（匈牙利）巫師（原本是男巫，後來也有女巫），他會用韁繩勒住人類的脖子，把他們變成馬。波索坎尼是**薩坎尼**（Sárkány）的母親。波索坎尼必須把他（她）的知識傳給繼承者才能夠死去。

Bragi 布拉吉△（【北歐】bragr＝至尊者）：（日耳曼）1.詩神，而詩便稱為 bragr。布拉吉是**伊頓**（Idun）的丈夫。當**英靈戰士**（Einherier）齊聚在**英雄殿**（Walhall）時，他和**赫莫德**（Hermódr）一起招待他們。2.在九世紀被神化的吟遊詩人布拉吉‧波達松（Bragi Boddason），發展一種詩節類型，並成為吟遊詩人的守護神。

Brahmā 梵天△：1.（婆羅門教）祭祀神，四吠陀的守護神，絕對的**梵**（Brahman）的男性人格化。梵天是十位**大仙**（Mahārishi）的父神，也是所有婆羅門種姓的始祖。2.（印度教）造物神，某個世界時期的宇宙領導者。他的妻子是**沙維德利**

（Sāvitri, Gāyatri），他娶自己的女兒
薩羅婆縛底（Sarasvati）為妾。梵天
是**三相神**（Trimūrti）之一，經常是
毘濕奴（Vishnu）的敵人以及**阿修
羅**（Asura）等魔軍的祖先。他從**梵
卵**（Brahmānda）裡誕生，又以卵
殼創造天地，壽命有一**波羅**
（Para），四頭四手，戴著辮狀王
冠，四隻手分別持唸珠、水瓶、匙
子和吠陀經典，全身紅色或金色，
著白袍，其坐騎為野鵝（Hamsa）
或蓮花座。

梵天
印度教四頭四臂的造物神，旁邊
是他的妻子薩羅婆縛底。

Brahmājahr　梵年：（印度教）世界循環周期。一梵年等於梵
天的 365 個白天和 365 個黑夜，相當於 720 **劫**（Kalpa）（72萬**大
時**〔Mahāyuga〕），即人間的 3,1104 億年（天界的86.4億年）。100
梵年是一波羅（Para）。

Brahmakāyika　梵眾天、Brahmaloka：（佛教）神族，住在
第七重天。

Brahmāloka→Satyaloka

Brahman　梵⊙：1.（吠陀宗教）獻祭時的咒語、巫術的原動
力、聖語。2.（婆羅門教）永恆且超越的絕對者，所有存有者的根
柢，「如由絲生線，由火生火花」，沒有形相或名字，不生不滅，
常住不變，也沒有性質或性別，因而是中性名詞。梵是不可分的整
體，一切即一，獨立於現象世界之外，只在現象界裡才有分別、性
質、形式、名字、生滅、變易、感覺和性別。梵入於無間，瀰漫整
個世界，「如鹽使水為鹹」。從永恆的梵生出個別的世界周期，例
如**波羅**（Para），以及有時間侷限的造物神**梵天**（Brahmā）。

Brahmanaspati→Brihaspati

Brahmānda　梵卵、金胎：（印度教）蛋狀的世界圖象，分為
42層，其中有七層屬於中界和上界，在冰層之上，有35層在下界，
構成世界的下半部，見**三世界**（Triloka）。

Brahmani　梵天女▽、Brahmi：（印度教）女神，造物神**梵天**

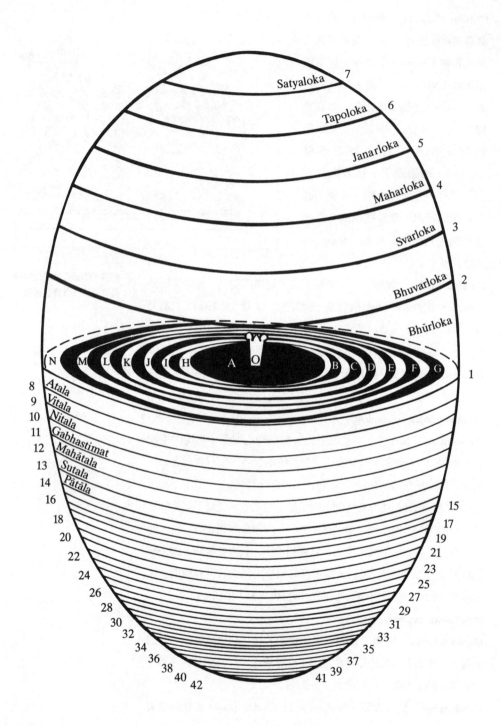

Satyaloka 7
Tapoloka 6
Janarloka 5
Maharloka 4
Svarloka 3
Bhuvarloka 2
Bhūrloka

N M L K J I H A O B C D E F G 1

8 Atala
9 Vitala
10 Nitala
11 Gabhastimat
12 Mahātala
13 Sutala
14 Pātāla
16 15
18 17
20 19
22 21
24 23
26 25
28 27
30 29
32 31
34 33
36 35
38 37
40 39
42 41

（Brahmā）的女性本質和他的妻子，一說是**薩羅婆縛底**（Sarasvati）的別名。她是**七母天**（Saptamātara）之一，四頭四臂，右手結拳印，左手持蓮花。

Brahmanirvāna 梵滅：（印度教）指稱自我（Atman）在**梵**（Brahman）裡的生滅。

Brahmi→Brahmani

Brân 布蘭△：（克爾特）威爾斯神話的主神，宮廷詩人的守護者，他是**里爾**（Llyr）的兒子，兄弟有**馬諾南**（Manawyddon）和**布隆溫**（Brânwen）。人們把死者丟到他的鍋子，死者會在白天復活站起來。他的頭顱被葬在倫敦，面向南方，只要不被挖出來，就會一直保護不列顛不受侵犯。

Brânwen 布隆溫▽：（克爾特）威爾斯傳說的愛情和多產女神，是**布蘭**（Brân）的妹妹。

Bress 布雷斯△：（克爾特）愛爾蘭傳說的英雄和國王，後來成為豐收神，教導人們農耕。他是**伊莉娥**（Eriu）和弗摩爾人（Fomore）的國王伊拉塔（Elatha）的兒子，被**達努神族**（Tua-tha Dê Danann）收養，後來娶了**布麗姬特**（Brigit），他篡奪奴**艾達**（Nuada）的王位，成為愛爾蘭的國王。在位七年期間，農作歉收，母牛也不產奶。他唆使弗摩爾人對抗達努諸神，在**馬格杜雷**（Mag Tured）打了七年的仗，最後是達努神族獲勝。於是他向**路格**（Lug）求饒，並保證人們未來農作豐收，乳產豐富。

Brigit 布麗姬特▽（崇高的、璀璨的、莊嚴的）：（克爾特）愛爾蘭傳說裡的母神，鐵匠、詩人和醫生的守護神，屬於**達努神族**（Tuatha Dê Danann），是**戴亞**（Dagda）的女兒，**安格斯**（Oengus）同父異母的妹妹，**布雷斯**（Bress）的妻子。人們會在女巫安息日（imbolc）裡崇拜她。後來她被融合到基督宗教的聖布里姬（Brigitta von Kildare）。

Brihaspati 祈禱主、木曜、歲星、Brahmanaspati：1.（吠陀宗教）聖語的力量，祈禱的人格化，會把人類的禱告轉告給諸神。2.（印度教）歲星、木曜神，婆羅門和聖牛的守護神，**蒂緹諸子**（Daityas）的老師。他是**大仙**（Mahārishi）**鶖耆羅**（Angiras）的兒子，**水曜**（Budha）把多羅（Tārā）搶來獻給他作妻子。他乘坐八

梵卵
印度教蛋狀的世界圖像，分為42層，人類住在中界，也就是地界，有七塊環狀大陸（洲）和大海的圓盤。諸神住在天界（2－7），阿修羅、蒂緹諸子、檀那婆、龍、羅剎和夜叉，則住在下界的洞穴裡（8－14），而在地獄裡（15－14），閻魔對惡人施以酷刑。

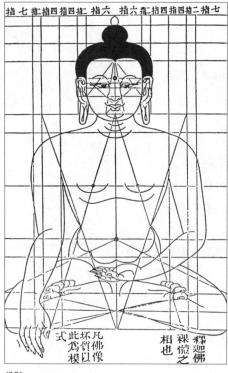

佛陀
佛教的創主者，於蓮花座上結觸
地印。他有頂髻，眉間有白毫，
耳垂甚長。

駕黃金馬車，手持吠陀經書或拐杖、唸珠和水瓶。

Brísingamen　女神項鍊⊙、Brisinga（【古北
歐】）：（日耳曼）芙蕾葉（Freyja）的珍貴項鍊，
由四個侏儒（Dvergr）打造而成，即阿爾弗瑞格
（Alfrig）、特瓦林（Dvalinn）、格瑞爾（Grerr）和柏
林格（Berlingr）。女神為了得到項鍊，必須和他們
睡覺。後來歐丁（Odin）派羅奇（Loki）搶走了芙
蕾葉的項鍊。

Buchis　布希斯△：（埃及）公牛神，他的母牛
是聖物，因為她們「生了雷（Re）」，而他自己則是
「雷的傳令官」。他的神殿在底比斯附近的赫門提斯
（Hermonthis），他的墓園稱為「布赫溫」
（Bucheum）。他的身體是白色的，頭則是黑色的，
因此也稱為「白牛」。他被同化為赫門提斯的地方
神**門圖**（Month），稱為「門圖的化身」。

Buddha　佛、佛陀△（【梵】覺者）：（佛教）
1.證得菩提（bodhi）者的尊稱，得到生命最高的成
就，解脫輪迴（Samsāra），入於涅槃（Nirvāna）。
佛陀的前世是**菩薩**（Bodhisattva），住在**兜率天**（Tushita）。佛有
32 相，80 種好。他有頂髻（ushnisha），眉間有白毫（ūrnā）。他
的主要象徵都和最後一世有關：菩提樹，證得正覺；輪，傳法；佛
塔（Stūpa），涅槃。2.最著名的**人間佛**（Manushi-Buddha）是**悉達
多・喬答摩**（Siddhārtha Gautama），他是佛教的創教者。他入滅
的時間（483 或 543 B.C.）是佛曆紀元。大乘佛教認為佛有**三身**
（Trikāya），由人間佛、**五禪定佛**（Dhyāni-Buddha）和**本初佛**
（Adi-Buddha）構成。3.（印度教）**毘濕奴**（Vishnu）第九個**權化**
（Avatāra），在現在的爭鬥世（Kaliyuga）裡創立佛教，以誘騙人類
放棄吠陀宗教，使得被誘惑的惡人遠離虔誠的善人。

Budha　水曜、辰星△（【梵】智者）：（印度教）**九曜**（Nava-
graha）中的金星神，剎帝利（Kshatriya）種姓的智者守護神。他
是**旃陀羅**（Chandra）和多羅（Tārā）的私生子，多羅是**歲星**
（Brihaspati）的妻子。他穿著金袍，乘著八駕馬車，手持寶劍、盾

和杵。

Budongfo→Acala

Buga　布加、Boga：（西伯利亞）鄂溫克族（Ewenki）和通古斯族（Tungus）的天神、最高神、創世神和世間主，統治諸神和鬼魂、人類和動物。布加也意指世界整體。

Bugady musun　布加蒂・穆森▽（世界主）：（西伯利亞）鄂溫克族和通古斯族的狩獵女神。

Būiti　浮提▽（【祆語】富足、繁榮、權力）：（伊朗）魔女德魯格（Drugs），女性歡樂的人格化，有礙解脫道。**安格拉・曼紐**（Angra Mainyu）派她殺死**查拉圖斯特拉**（Zarathushtra）。浮提類似佛教裡的**魔羅**（Māra）。

Bukura e dheut　布庫拉伊豆▽（大地的美女）：（阿爾巴尼亞）法力高強又樂於助人的仙女。白天她和姐姐布庫拉伊德緹（Bukura e detit）（海裡的美女）在一起，晚上則被風吹到她的愛人**托摩爾**（Tomorr）的床邊。

Bullar→Bolla

Buluga→Bilika

Bumba　班巴△：（薩伊）布松果族（Bushongo）的造物神和祖神。在太初的時候，只有水和黑暗，他從嘴裡吐出太陽和月亮，接著創造生物，最後創造人類，並且為他們制訂圖騰。

Bunjil　班吉爾△：（澳洲）庫林族（Kulin）和庫乃族（Kurnai）的天神和造物神，稱為「天父」，也是彩虹神賓比亞（Binbeal）的父親。班吉爾相當於**巴亞姆**（Baiame）。

Burāk　布拉哥、天馬（【阿拉伯】bark＝閃電）：（伊斯蘭）坐騎和怪獸，載著**穆罕默德**（Muhammad）在夜裡從麥加飛到耶路撒冷，即**夜行**（Isrāʾ），又於**登霄**（Miʾrādj）時自該處飛到七重天。他也是**易卜拉欣**（Ibrāhim）的坐騎，載他到麥加去找他的兒子**易司馬儀**（Ismāʾil）。布拉哥外形像一匹牡馬，有女人的頭和孔雀尾。

Búri　布里△（【古北歐】生產者、父親）：（日耳曼）原始巨人，諸神的祖先。太初的母牛**奧頓芭拉**（Audhumbla）舐著含鹽的冰塊時，布里便從鹽塊裡冒出來。布里是**波爾**（Borr）的「父

佛教神話

Buddhistische Mythologie 佛教神話：

　　佛教的神話要回溯到悉達多‧喬答摩和以「佛陀」為名的世界宗教，主題在於佛陀的生平，以及關於世界周期、世界體系、輪迴、魔鬼和救世者的教法。佛陀的生平被許多美化的神話圍繞。經過無數的前世，直到成為在兜率天的菩薩，才有現在的佛陀。

　　童貞母親摩耶夫人夢見白象以白色蓮花觸摸她而受胎。後來佛陀神蹟般的自其右脅生出。而他半夜偷偷離開宮殿的故事，也充滿了神蹟。天人們用手托住馬蹄，好使達達蹄聲不致於在靜夜裡吵醒宮中眾人，阻礙他的求道。而他的求道過程也一樣有許多神蹟，直到他在畢缽羅樹（Pippala）（現在叫作菩提樹）下證道，他在菩提道上的敵人是魔羅，即慾樂、邪惡和死亡的化身，多次阻撓佛陀的證道以及後來的傳法。佛陀也有來自世間的敵人，例如他的堂弟和弟子提婆達多（Devadatta），曾經讓白象發狂，去傷害佛陀，但是白象一見到慈悲的佛陀就跪了下來。在 77 個神蹟的故事裡，有個故事說七個外道摧毀了菴羅樹（芒果樹），佛陀吃了一顆菴羅果，把種子撒在地上，菴羅樹就重新長出來。就像佛陀的出生一樣，他的死亡也充滿了神蹟，尤其是佛陀在大地震動，天人擂鼓之中，坐在娑羅雙樹間入滅。

　　佛教徒的理想是解脫輪迴，那是無止盡的生死循環。正如世界諸劫的周期循環，個體的生命也會生死流轉，直到他涅槃解脫，不受後有。個體的輪迴依業決定，也就是前世善行和惡行的總和。對應於世界的周期，也有諸神住世，有六位或 24 位過去世佛，有現在世佛釋迦牟尼佛，還有未來世佛彌勒（Maitreya）。

　　正如時間有過去、現在、未來，世界圖像也分為三層，有地界的鐵圍山（Chakravāda）、下界的地獄（Naraka）、上界的天界（Devaloka），稱為三界（Triloka）。其中只有在地界才能求得究竟解脫，天界和地獄都不是輪迴的終站。在佛教神話的天界裡，眾天神住在莊嚴的宮殿，直到他們受生地界。在大乘佛教的觀念裡，涅槃的入口有個極樂世界（Sukhavati），在光明遍滿的西方淨土裡，有阿彌陀佛（Amitabha，無量光）住世，接引念佛人往生淨土。淨土裡有寶樹、花、水果、寶池、香和伎樂。在那裡，眾神與人無別，同享平等妙樂。相反的，在地獄裡有閻魔統治，還有八大將

軍、八萬名獄卒，有七-八個大地獄，16-128個眷屬地獄。在熱地獄和寒地獄裡，惡人得受各種酷刑，直到他們投胎轉世。生死輪（Bhava-Chakra）的世界圖像描繪眾生依業報決定的六道（Gati）。最後的解脫即是涅槃（Nirvana）。

在解脫道上會有眾魔阻礙，包括夜叉（Yaksha）會在行者禪定時大聲喧鬧，還有餓鬼（Preta），肚子很大而嘴巴卻如針孔那麼小。除此之外，還有誓願救度諸有情（動物和植物）的菩薩（Bodhisattva），不度盡眾生，誓不入滅。

三個搗蛋鬼試著擾亂靜坐的佛陀，不讓他成佛（西藏木雕）。

親」。

Burijash 布里雅什△、Buriyash：（巴比倫）喀西特人（Kassite）的天氣神，「眾土之王」，相當於阿卡德的**阿達德**（Adad）。

Burr→Borr

Būshyāstā 布夏斯塔△：（伊朗）主司懶惰和懈怠的長髮惡魔，專門和勤奮工作的人類作對。清晨雞鳴喚起人類去工作時，他會慫恿他們賴床晏起。

Butyakengo 布提亞肯各（很多眼睛的）：（吉普賽）祖靈和守護精靈，附在後代子孫的身體裡。布提亞肯各是死去的祖先的部分靈魂，由父親傳給長子，由母親傳給長女。被保護者生病的時候，他會從右耳出去，病癒後又從左耳回到他的身體。

Bythos 比托斯△：（諾斯替教派）始祖神和父神，別名「萬有之父」。他是恩諾亞（Énnoia）的父親和丈夫，和恩諾亞生了**努斯**（Nús），只有努斯才能完全理解且認識比托斯。

布拉哥，如閃電一般快的坐騎，有駿馬的身體，婦女的臉和孔雀的尾巴。穆罕默德騎著他登天，速度之快，在出發前打翻一只水瓶，回來時還來得及接住。

C

Cabiri→Kábeiroi

Cabracá 卡布拉坎△、Kabrakan（兩腳獸）：（印第安）馬雅傳說的巨人、地震魔。他是**巫庫布卡奇**（Vucub-Caquix）的兒子，**齊帕克納**（Zipacná）的弟弟。不同於他的哥哥，他是「山的破壞者」。卡布拉坎被雙胞胎兄弟**胡那普**（Hunapú）和**伊薩巴蘭奎**（Ixbalanqué）誘騙殺害。

Cacus 喀庫斯△（【希臘】kakós＝壞的）：（羅馬）吞煙吐火的壞巨人，住在亞文廷丘（Aventinus），殺害所有經過的人。他偷了**赫丘力士**（Hercules）的牛，赫丘力士尋聲追來殺死他。喀庫斯是火山神**伏坎努斯**（Vulcanus）的兒子，喀卡（Caca）的哥哥。

Cadmus→Kádmus

Caeneus→Kaineús

Caesar 凱撒△、Divus Iulius：（羅馬）被神化的政治家、將領、獨裁者、大祭司、演說家和作家（100－44 B.C.）。元老院封他為「祖國之父」（Pater patriae）。他在 3 月 15 日遇刺身亡後，被尊為「儒略神」（Divus Iulius）。他收養的姪子屋大維（Octavianus）為了紀念他，在他被火葬的羅馬廣場（Forum

奇麥拉

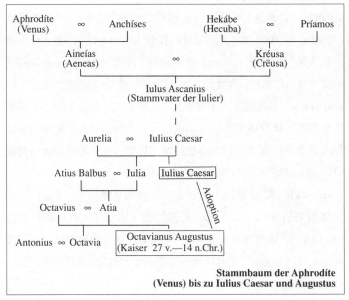

Aphrodíte (Venus) ∞ Anchíses　　Hekábe (Hecuba) ∞ Príamos

Aineías (Aeneas) ∞ Kréusa (Crëusa)

Iulus Ascanius (Stammvater der Iulier)

Aurelia ∞ Iulius Caesar

Atius Balbus ∞ Iulia　Iulius Caesar

Adoption

Octavius ∞ Atia

Antonius ∞ Octavia　Octavianus Augustus (Kaiser 27 v.—14 n.Chr.)

Stammbaum der Aphrodíte (Venus) bis zu Iulius Caesar und Augustus

從阿芙羅狄特到凱撒和奧古斯都的譜系。

KNAURS LEXIKON DER MYTHOLOGIE

Romanum）附近建了儒略神殿。曆法裡的七月也以他為名（July）。後來「凱撒」成為所有羅馬皇帝的稱號。戲劇：W. Shakespeare (1600)；歌劇：Händel (1724)。

Cagn　卡恩△：（波扎那）（Botswana）布希曼族的造物神，他以命令創造了萬物，並且創造動物為人類所用。他也是以**惡作劇鬼**（Trickster）的形象顯現的救世主。有時候也會變成螳螂或毛毛蟲。

Cakkavāla→Chakravāda

Calliope→Kalliópe

Callisto→Kallistó

Calypso→Kalypsó

Camaxtli　喀馬斯提利△：1.（印第安）奇奇梅克人（Chichimec）的星宿神和部落神。2.阿茲提克人的狩獵神和命運神，他會把獻祭的活人和沙場上死去的戰士帶到天上，把他們的靈魂化為東方天空的星星。他的臉上有星星的圖案。

Camazotz　喀馬佐茨△：（印第安）馬雅族嗜血的蝙蝠神，以尖牙長爪和敏銳的鼻子，三兩下就把人類撕成碎片，就像**胡胡那普**（Hun-Hunapú）的遭遇一樣。

Came　卡美△：（印第安）馬雅族的文明始祖，冥府**西保巴**（Xibalbá）的統治者。他是死神**胡那豪**（Hunahau）的敵人。卡美的族人邀請**胡那普**（Hunapú）和**伊薩巴蘭奎**（Ixbalanqué）到冥府去，要在球戲裡打敗他們，然後把他們肢解，獻祭給大地。

Camena　卡梅娜▽、【複數】Camenae：（羅馬）預言女神和山泉仙女，**威斯塔**（Vesta）的女祭司每天要到她的神殿去汲取聖泉。後來卡梅娜諸女神也成為詩神。其中一位卡梅娜是**依格莉雅**（Egeria）。她們相當於希臘的**繆思**（Músai）。

Camrōsh　喀姆羅什、Camros：（伊朗）怪鳥，它撿起自生命樹**迦喀列納**（Gao-kerena）掉落的數千顆種子，獻給**提什崔亞**（Tishtrya），他便以雨水滋潤種子。定期的獵捕喀姆羅什，可以使伊朗人民延年益壽，並且給那些想要消滅伊朗人的外族帶來災難。

Cam-Srin→Beg-tse

bCan→bTsan

Candra→Chandra

Carman　卡曼▽：（克爾特）愛爾蘭傳說的節慶女神，自然和土地力量的人格化，她也是法力強大的女巫，**達努神族**（Tuatha Dê Danann）抓到她以後，奪走了她的法術。

Carmenta　卡門塔▽：（羅馬）女預言家，她預言了**赫拉克列斯**（Heraklés）的命運。她是伊凡德王（Evander）的母親和妻子。為了紀念她，婦女們會在每年 1 月 11 日和 15 日慶祝卡門塔節（Carmentalia）。

Cassandra→Kassándra

Cassiope→Kassiépeia

Castor→Kástor

Castur und Pultuce　喀斯圖和波利圖斯△：（伊特拉斯坎）被神化的兩兄弟。他們相當於希臘的**喀斯特和波里丟克斯**（Kástor und Polydeúkes）以及羅馬的**喀斯特和波魯克斯**（Castor und Pollux）。

Cath→Usil

Cāturmahārāja→Devarāja

Cautes und Cautapathes　喀特斯和喀塔帕特斯：（伊朗）在牲祭時隨侍**密特拉**（Mithra）的執炬者，象徵白晝與黑夜、日出與日落、初春與初秋、生命與死亡，分別被描繪為揚起的和低垂的火炬。他們相當於希臘的**喀斯特和波里丟克斯**（Kástor und Polydeúkes）。

Cautha→Usil

Centauri→Kéntauroi

Centeotl→Cinteotl

Centzon Huitznauna　森仲維茲納華（四百顆南方星辰）、Centzon Huiznahua：（印第安）阿茲提克族傳說中南方天空的400位星神，被太陽神**維齊洛波齊特利**（Huitzilopochtli）征服，意味著太陽升起時的眾星黯淡。

Centzon Totochtin　森仲托托齊廷△（四百隻兔子）：（印第安）阿茲提克族傳說的400隻月獸。他們是龍舌蘭酒的守護神**瑪瑤爾**（Mayahuel）和**帕提卡特**（Patecatl）的 400 個兒子，象徵不

刻瑞斯
羅馬的諸神之母和豐收神，坐在寶座上。

塞努諾斯
克爾特的豐收神和萬獸之王，手
裡有一條蛇，頭上有鹿角。

同的醉酒程度。

Cerberus→Kérberos

Ceres　刻瑞斯▽：（羅馬）大地女神、母神、豐收女神和穀
神，律法和文明的創始者。她是**里伯**（Liber）和**里伯拉**（Libera）
的母親，人們為他們在亞文廷丘（Aventinus）建神殿，是羅馬庶
民的祭典中心。從她懷裡誕生的一切生命，死後都回到她那裡。四
月 12 至 19 日的穀神節（Cerealia）是她的節日。刻瑞斯和**特魯斯**
（Tellus）很接近，後來等同於希臘的**狄美特**（Deméter）。繪畫：
Rubens (1612/15)、Böcklin (1874)；詼諧劇：H. Sachs (1541)。等同
於

Cernunnos　塞努諾斯△（長角者）：（克爾特）高盧傳說的
多產神、萬獸之王、國家神和冥府神。盤腿而坐，頭上有鹿角，手
裡抓著一條有著公羊頭的蛇。

Ceroklis　塞羅克里斯△（cerot＝長成灌木）：（拉脫維亞）農
作神、豐收神、好客之神，人們在用餐時，會把第一口飯倒在地上
祭祀他。基督教傳入以後，他被同化為立陶宛的**維尼俄斯**
（Vélnias）。

Cetus→Kétos

Cēyyōn　錫勇△（發光的、紅色的）：（印度）塔米爾族
（Tamil）的狩獵神、愛神、繁殖力之神、青春永駐之神、戰神、部
落神和文明始祖。後來錫勇被同化為**摩羅坎**（Murukan）。

Chaabu　克布▽（小石塊）：（阿拉伯）納巴泰族（Nabataean）
的母神，她的名字意思是「聖石」，相當於阿拉伯的克爾白
（Ka'ba，天房）。她是最高神**杜夏拉**（Dūsharā）的童貞母親。

Chabakkūk　哈巴谷△【希伯來】羅勒）、【希臘】Hambakum、
Habakkuk：（猶太教）異象得見者和猶大國的**先知**（Nabi'）（625
－600 B.C.），他和神有兩次對話，並得見敵人滅亡的異象。聖經
十二小先知書的第八卷便以他為名。

Chac　恰克△（打雷）：（印第安）馬雅族的雨神、雷雨神、豐
收神和農作神，屬於**巴卡布**（Bacab）神族，長鼻犬齒，手裡執著
火炬（雷電）。他相當於阿茲提克族的**特拉洛克**（Tlaloc）、托托納
克族（Totonac）的**塔金**（Tajin）、薩波特克族（Zapotec）的**科奇**

就（Cocijo）。

Chagan ebügen　哈甘伊比瓦△（白髮老者）：（蒙古）牧神和多產神，其形象為穿著白袍的白髮老人。

Chaggaj　哈該△（【希伯來】節日誕生者）、【希臘】Haggaíos、Haggai：（猶太教）後被擄時期（520 B.C.）的**先知**（Nabi'）。他參與神殿的重建工作，並且預言說，從建造神殿的那天開始，神就賜福他們民族，並且審判列邦勢力。神會震動天地，傾覆列國。哈該後來死於汲倫（Kidron）溪邊。聖經十二小先知書的第十卷即以他為名。

Chagrin　艾格林△：（吉普賽）惡魔，會在動物睡覺時糾纏他們。他是惡魔烏爾曼（Urmen）的情人，是 50 公分長、一掌寬左右的黃色豪豬。

Chakrasamvara　勝樂輪、歡喜佛△、Samvara、Sambara：（佛教和坦特羅教）守護神和祕傳神，同名坦特羅經典的人格化，屬於**本尊**（Ishtadevatā）。其造形為四頭十二臂，和他的「瑜珈女」金剛亥母（Vajravārāhi）組成**雙身**（Yab-Yum）相，交叉持金剛杵和鈴。身體為藍黑色。

Chakravāda　鐵圍山（【梵】）、【巴利】Cakkavāla：（佛教）**三界**（Triloka）裡的地界，以**須彌山**（Meru）為中心，外圍有鐵圍山，其外還有海圍繞。地界在**天界**（Devaloka）以下，**地獄**（Naraka）之上。只有在地界才有解脫**輪迴**（Samsāra）的可能。

Chakravartin　轉輪聖王：1.（耆那教）世界主，其「車輪無礙周行」。轉輪聖王在誕生前，其母在受胎後會夢見 14 或 16 個瑞兆。現在世有12個轉輪聖王：**婆羅多**（Bhārata）；娑竭羅（Sagara）；磨祛梵（Maghavan）；**善納古瑪拉**（Sanat-kumāra）；扇底（Shānti）（第16位渡津者）；貢突（Kunthu）（第17位渡津者）；阿羅（Ara）（第18位渡津者）；須菩摩（Subhūma）；摩訶缽特摩（Mahāpadma）；訶梨先那（Harishena）；勝軍（Jayasena）；梵授王（Brahmadatta）。人們區分四種轉輪聖王，分別以金輪、銀輪、銅輪、鐵輪為象徵。2.（佛教）理想君王，受持佛法的國王在他的國家轉法輪。轉輪聖王只在沒有佛住世時才會出現。

Chala　哈拉▽、Hala：（巴比倫）喀西特人（Kassite）的醫
神，相當於蘇美的**古拉**（Gula）。

Chalchihuitlicue　恰齊維特利古（繫著珠寶圍巾者）▽：
（印第安）阿茲提克族的水神、雨神、玉米神和曆法神，主司每月
第五日、白天第三個時辰，以及夜裡第六個時辰。她是**特拉洛克**
（Tlaloc）的姐姐，**休特庫特里**（Xuihtecutli）的妻子，綽號為「藍
石」（Matlalcueye）。在創世期後，她降下傾盆大雨，人類只好變
成魚才能活命。她手裡拿著搖鼓，相當於馬雅族的**伊希切爾**
（Ixchel）。

Chaldi　哈爾第△、Haldi：（烏拉圖）（Urartian）戰神、國家神
和部落神，和**施維尼**（Shiwini）、**德謝巴**（Tesheba）組成三聯
神，被認為是女神芭格芭蒂（Bagbarti）的丈夫。

Chalmecatecutli　莫美卡特庫特里△：（印第安）阿茲提克族
的祭典神和曆法神，主司白天的第11個時辰。

Cham→Ham

Chamos→Kamosh

Chāmundā　左悶拏▽：（印度）邁索爾族（Mysore）的母神和
守護神，也是**難近母**（Durgā）的別名。左悶拏是**七母天**
（Saptamātara）之一。眾**阿修羅**（Asura）中的孫婆（Sumbha）和
尼孫婆（Nisumbha），以及其侍從闡陀（Chanda）和門陀
（Munda）在挑戰**天神**（Deva）時，左悶拏打敗所有惡魔，從此也
接收了兩個侍從的名字。她收服那兩個侍從的所在地，就是現在瓦
拉納西（Varanasi）的難近母神廟。她形似骷髏，身體是紅色或黑
色，其聖物是貓頭鷹。

Chandra　旃陀羅△（【梵】閃耀者）、Candra、Shasin：（印度
教）**九曜**（Navagraha）當中的月神。他是**阿底利**（Atri）的兒
子，**大克夏**（Daksha）的27個女兒是月亮的各個停駐點，也都是
旃陀羅的妻子。他誘拐祈禱主（Brihaspati）的妻子多羅（Tārā），
和她生了**水曜**（Budha）。後來他被同化為吠陀宗教裡的**蘇摩**
（Soma）。

Chang Hsien　張仙△：（中國）神仙，孩童的守護神。民間有
「張仙送子」傳說，有時候和送子娘娘一起出現。其形象為一老翁

持竹弓鐵彈射向天空。

Chang Kuo-lao　張果老△：（中國道教）八仙（Pa-hsien）之一，為一老者，每日倒騎驢子，日行數萬里。不騎驢子的時候，就把驢子「重疊之，其厚如紙」，死後弟子發棺，只見空棺而已，即**尸解**（Shih-chieh）。他的形象為手持小鼓和兩隻鼓槌。

Ch'ang-sheng pu-ssu　長生不死：（中國）肉體或靈魂不死，服**靈芝**（Ling-chih）而成仙。肉體不死者會**飛升**（Fei-sheng）或**尸解**（Shih-chieh）。**長壽**（Shou）是不死的預備階段。仙鶴或壽桃是長生不死的象徵，而**壽星**（Shou-hsing）則是不死之神。

Chang Tao-ling　張道陵△、張陵：（中國道教）**天師**（T'ien-shih），五斗米道的始祖。他治癒許多病人，並經過多年的丹藥實驗，煉成長生不死藥，他的醫術和丹術都得自**老子**（Lao-tzu）。他以123歲於雲台峰白日**飛升**（Fei-sheng）。

Channachanna　哈那哈那▽（祖母祖母）：（西台）（Hittite）諸神之母、生育女神，她的使者是一隻蜜蜂。在尋找消失的諸神時，如原始赫地（Proto-Hattite）的**伊娜拉**（Inara）和**德利庇努**（Telipinu），她扮演重要的角色。

Chantico　闡提柯▽（居家者）：（印第安）阿茲提克族的灶神和火山神，主司每月19日的曆法神，紅椒的女王。她不顧齋戒日不可吃香辛的禁忌，吃了辣椒醬調味的煎魚，還拿來獻祭。**托納卡特庫德里**（Tonacatecutli）為了懲戒她，把她變成一隻狗。她的顏色是紅黃相間。

Chanwashuit　罕娃蘇伊▽、Hanwasuit：（西台）王座女神，國王從她那裡接受王權。

Cháos　混沌☉（cheinein＝裂開）：（希臘）太初時浩瀚無垠且深不可測的黑暗深淵，所有存有者的基始，世界混亂的原始狀態的人格化，有別於後來井然有序的**宇宙**（Kósmos）。從混沌生**埃瑞波斯**（Érebos）和**妮克絲**（Nýx）。混沌相當於埃及的**深淵**（Abydos）、希伯來的**空虛混沌**（Tōhū wābōhū）、日耳曼的**無底深淵**（Ginnungagap）。

Charana　恰拉那：（吉普賽）巨鳥，他會散播恐懼，是**烏爾曼**（Urmen）女王瑪圖雅（Matuya）的侍從，每天晚上女王都會吸她

闡提柯
印第安的火神和曆神。

哈隆
希臘神話的船伕，在陰間的入口
（有怪獸克貝羅斯看守），以小船
載死者渡過界河到冥府去。

的奶，因而活到 999 歲。恰拉那也會影響月亮的圓缺。

Charbe 哈爾碧△、Harbe：（巴比倫）喀西特人的暴風雨神，相當於蘇美的**恩利勒**（Enlil）。

Chárites 優美三女神▽（charis＝優美、高貴）：（希臘）象徵優雅、可愛、美麗和歡樂的三位女神。她們是**宙斯**（Zeús）和**尤莉諾梅**（Eurynóme）的女兒，分別是阿格萊雅（Aglaia）（光輝）、優芙羅絲妮（Euphrosýne）（歡樂）和**塔麗亞**（Tháleia）（花開）。她們是**阿芙羅狄特**（Aphrodíte）、**阿波羅**（Apóllon）和**赫美斯**（Hermés）的侍從，喜歡與**繆思**（Músai）和**荷萊三女神**（Hórai）為伍。優美三女神相當於羅馬的**優雅三女神**（Gratiae）。雕塑：Canova（1811）、Thorwaldsen（1821）；繪畫：Tintoretto（1578）、Rubens（1613）。

Cháron 哈隆△：（希臘）1. 百變死神；2. 老船伕，用小船載著死者渡過三條界河，**阿赫隆河**（Achéron）、**科庫特斯河**（Kokytós）和**斯提克斯河**（Stýx），才能到達冥府大門。**赫美斯**（Hermés）把死者交給他以後，他會接收他們的影子，前提是他們在陽世要被埋葬。人們會在死者舌頭下放一塊錢幣（Obolos），作為渡河的船資。繪畫：Böcklin（1880）（死者之島）。

Charun 哈倫△：（伊特拉斯坎）陰間死魔、鬼差和墓園入口的守衛，在冥府裡折磨死者。他帶有翅膀，有兀鷹般的嘴和尖耳，手持榔頭，相當於希臘的**哈隆**（Cháron）。

Chárybdis 哈里布狄絲▽：（希臘）海怪，是海裡危險的漩渦的化身，與**史奇拉**（Skýla）對望。

Chasca Coyllur 查絲卡夸魯▽：（印第安）印加族的晨曦女神、花神、處女們的守護神。雲朵是她的使者，從雲裡會降下露水。

Chashammeli 哈珊墨利△、Hasameli：（西台）鐵匠神。

Chātummahārājika 四大天王、Chāturmahārājika：（佛教）天神，住在天界的第一層「四王天」，壽命有 500 年，在那裡的一天相當於人間 50 年。**乾闥婆**（Gandharva）也住在那裡。

Chatur-Yoni 四生、【梵】catasro-yonaya、【巴利】catasso yoniyo：（佛教）三界六道有情的四種出生方式：1.胎生

（Jarāyuga），如哺乳類動物和人類；2.卵生（Andaja），如鳥類和爬蟲類；3.濕生（Samsvedaja），如魚類和蟲類；4.化生（Aupa-pāduka），非由母胎，而是依業而生，如**天神**（Deva）、**餓鬼**（Preta）和**地獄**（Nararka）裡的眾生。

Chawwāh　夏娃、好娃▽（【希伯來】chajim＝生命）、【希臘】Eúa、【阿拉伯】Hawwā'（Haiwa，好娃）、【德】Eva、【英】Eve：1.（猶太教）第一位女性、人類的始祖。她是**亞當**（Ādām）的妻子。亞當為她取名為夏娃，因為她是眾生之母。他們生了**該隱**（Kajin）、**亞伯**（Hebel）和**塞特**（Shēt）。**耶和華**（Jahwe-Elōhim）用亞當的肋骨造了夏娃。夏娃被**蛇**（Nāchāsh）引誘，而她引誘她的丈夫。2.（基督宗教）第一個女人，被狡猾的蛇欺騙。因為先造的是亞當，後造的是夏娃，也由於她被欺騙和引誘，於是提摩太（Timotheus）說，女人要順從男人，不可以講道（《提摩太前書》2:11-15）。3.（伊斯蘭）第一位女性好娃，**阿丹**（Ādam）的妻子，他們生了**哈比爾**（Hābil）、**卡比爾**（Kābil）和西特（Shith）。好娃

夏娃
猶太教的始祖，和亞當在伊甸園犯罪。

是**安拉**（Allāh）在阿丹睡覺時用他的左肋骨創造的。在最初的罪裡，她要承擔主要的過失，因為她被**易卜劣廝**（Iblis）引誘，先後給她丈夫喝酒和吃禁果。他們被逐出樂園後，流浪到麥加，好娃的第一次月經來了。阿丹踤地，地上涌出滲滲泉（zamzam），讓好娃用泉水潔淨沐浴。好娃所有的女兒，都必須忍受十種懲罰，其中包括月經、懷孕以及分娩的劇痛，好讓她們想起始祖的原罪。「因為阿丹是用泥土造的，好娃是用肋骨造的，男人越老就越好看，女人則越來越醜。」

Chāyā　車野▽（【梵】影子）：（印度教）晚霞女神，太陽神**蘇利耶**（Sūrya）的情人和妻子。

Chazzi　哈齊△、Hazzi：（西台和胡里安）山神，和另一個山神**南姆尼**（Namni）一樣都是天氣神的衛兵，在西台族的盟約裡，他是誓約之神。

Chebat　赫巴▽、Hepat、Hepatu、Hapatu：（胡里安）太陽女神和主神。她是「穹蒼女王」，是**德蘇卜**（Teshub）的妻子，**沙魯馬**（Sharruma）的母親。她經常站在獅子或花豹上，或是戴著女王的帽子坐在寶座上。她相當於原始赫地的**烏倫謝姆**（Wuru-shemu）以及西台的**阿林娜**（Arrina）。

Chedammu　赫達姆△：（胡里安）傳說的惡魔，是住在海裡的巨龍，因為他貪吃不饜，毀滅了許多國家和城市，直到**伊西塔**（Ishtar）從尼尼微城（Nineveh）開始以樂伎引誘他，並且對著從海裡冒出來的赫達姆寬衣解帶。心醉神迷的巨龍只顧著和她聊天，忘了吃東西。

Cheíron　黑隆△（cheir＝手）、【拉丁】Chiron：（希臘）樂師、卜者和醫生，他能夠著手回春，後來變成睿智、善心、公正的**半人馬族**（Kentaur），他在培利翁山（Pelion）的山洞裡，把**阿奇里斯**（Achilleús）、**阿斯克勒庇俄斯**（Asklepiós）和**雅西昂**（Iasion）扶養長大並教育他們，後來和**赫拉克列斯**（Heraklés）打鬥，被他以毒箭射死。黑隆為了**普羅米修斯**（Prometheús）放棄不朽，之後變成天上的射手座（sagittarius）。

Chendursanga　堅度善加△：（蘇美）審判神，正義的守護者，傾聽人們的祈求。古地亞王（Gudea）稱他為「蘇美的傳令

官」，他相當於阿卡德的**以舜**（Ishum）。

Ch'eng-huang　城隍：（中國）地方神，維護某個地區的正義和秩序。他是城市的守護神，使人們免於災禍。他也是管理亡魂的神。城隍之下是**土地神**（T'u-ti）。

Chen-jen　眞人：1.（中國）人類理想形象，實現真理且得道者。真人和**至人**（Chih-jen）、**神人**（Shen-jen）、**聖人**（Sheng-jen）同義。莊子說，真人「登高不慄，入水不濡，入火不熱」。在道教裡，真人高於**仙**（Hsien）而在**神**（Shen）之下。2.道教（自唐朝以後）重要人物的尊稱。例如：唐玄宗封莊子為「南華真人」。

Chenresi　見烈喜、Chenrezi、sPyan-ras-gzigs（【西藏】以明目視者）：（藏傳佛教）象徵慈悲的菩薩，「雪國」的守護神，藏族的始祖，相當於印度的**觀世音菩薩**（Avalokiteshvara）。**達賴喇嘛**（Dalai Lama）和**噶瑪巴**（Karmapa）被認為是他的化身，他的六字大明咒是：唵嘛呢吧咪吽（【梵】OM MANI PADME HUM、【藏】OM MANI PEME HUNG）。

Chensit　韓西特▽：（埃及）下埃及第20區的地方神，化身為蛇神**烏賴烏斯**（Uräus），戴著王冠或羽毛。

Chentechtai　韓塔希泰△：（埃及）阿提里比斯（Athribis）（下埃及第十區）的地方神。其形象最初是鱷魚，後來則為老鷹，相當於阿提里比斯的**肯威爾**（Kemwer）（大黑牛）。

Chepre　赫普里△（自生者）、Khepri：（埃及）始祖神，埃及人認為他以金龜子的形象從地底冒出來，而非由他者生，他也是太陽神，代表清晨上升的太陽，陪著太陽船從冥府升起。他的聖地在太陽城（Heliopolis）。他的頭是金龜子。他等同於**阿圖**（Atum），後者象徵沉落的夕陽，以及**雷**（Re），象徵中午的太陽。

Cherti　赫爾提△：（埃及）麗托波利斯（Letopolis）的地方神，被尊稱為「在麗托波利斯的巔峰上」。在金字塔文獻裡，被稱為死神、冥府的船伕。赫爾提的造形為公羊。

Cherubím→Kerubim

Chi→Chuku

Chia　綺雅▽（月亮）：（印第安）奇布恰族（Chibcha）的月神和始祖。她有一次發脾氣，以洪水淹沒大地。

赫普里
埃及有金龜子頭的太陽神和原始神，左手拿著生命之符。

奇麥拉
希臘神話的怪物，荷馬說他有三個頭，分別是獅子、山羊和蛇。

Chibiados 奇俾亞多斯△：（印第安）亞爾岡京族（Algonkin）傳說裡的吃人山貓神或狼神，以及靈界的主宰。

Chibirias→Ix Chebel Yax

Chicomecoatl 希科美克亞托▽（七條蛇）：（印第安）阿茲提克族的玉米神和豐收神，一年18個月節裡的第11個月節，就是為她舉辦的玉米節。她手持玉米穗和搖鼓，相當於**克亞特利古**（Coatlicue）。

Chignomanush 拇指矮人△▽（小矮人）：（吉普賽）像拇指那麼大的侏儒，有男有女。他們住在地洞裡看守寶藏。冬天他們會跑到牛棚裡吸母牛的奶。

Chih-jen 至人：（中國）人類理想典型，與道合一而無己，和**眞人**（Chen-jen）、神人（Shen-jen）、聖人（Sheng-jen）同義。莊子說至人「乘雲氣，騎日月，而游乎四海之外，死生無變於己」。

Chih-nü 織女▽：（中國）紡織女神，在天河之東，以纖雲織成穹蒼。但是後來她嫁給牧人牽牛，而荒廢了織布的工作，她的父親天帝大怒而放逐她，只有在每年的 7 月 7 日才能和她的丈夫相見，她要跨過天河時，喜鵲搭起鵲橋，以作為堅貞的象徵。

Chihucoatl→Cihuacoatl

Ch'ih-Yu 蚩尤△：（中國）九黎族驍勇善戰的首領，是**黃帝**（Huang-ti）的敵人，他會製造各種武器，在大地挑引擾亂和爭端。

Chilan 希蘭△（傳聲筒、說話者）：（印第安）馬雅族的卜者和祭司，是陽世和陰間，**密特拿**（Mitnal）和**西伯巴**（Xibalbá）的媒介，幫助死者重生。

Chímaira 奇麥拉▽（山羊）、【拉丁】Chimaera：（希臘）冥府的噴火怪獸，有三個頭，前面是獅子、中間是山羊、後面是蛇，是利西亞（Lycia）地方的火山象徵。奇麥拉是**艾希德娜**（Échidna）和**塔塔羅斯**（Tártaros）的女兒，**克貝羅斯**（Kérberos）、**斯芬克斯**（Sphínx）和**希德拉**（Hýdra）的姊妹。她守在**冥府**（Hádes）的入口，後來被**貝勒羅封**（Bellerophóntes）殺死。

Chimalman 綺瑪曼▽（站在圓盾上者、平躺的圓盾）：（印第安）托爾鐵克族（Toltec）傳說中從地底誕生的童貞女，**奎茲克**

揀擇之橋
伊朗神話的天橋，在陰間的死者
必須過橋，惡人會掉到深淵去，
而義人則會上天堂。

亞托（Quetzalcoatl）的母親，在阿茲提克族的傳說裡，則是**特拉維查潘特庫特里**（Tlahuizcalpantecutli）的母親，她吞了綠寶石而懷孕。

Chimäre→Chímaira

Chineke→Chuku

Ching-T'u→Jōdo

Chinnamastā 舜拏摩思陀▽（【梵】頭顱被摧碎者）：（印度坦特羅教）母神和護法，幻相世界和無常生命的人格化，也是**難近母**（Durgā）的別名。她沒有頭，裸露著紅色和藍色的身體，腳下踩著尼蘇姆婆（Nisumbha）、奄奄一息的**濕婆**（Shiva）或是一對交歡的**密荼那**（Mithuna），即**迦摩**（Kāma）和羅提（Rati）。

Chinvat-peretu 揀擇之橋【祆語】：（伊朗）亡者之橋，從世界中心的查卡特答提山（Chakat-i-Dāitik）延伸到天邊的艾布爾茲山（Elburz）。在橋的起點，審判官**密特拉**（Mithra）、**拉什努**

赫努
埃及公羊形象的豐收神和生產
神，在陶盤上塑造安夢諾菲斯三
世（Amenophis III）和他的靈
魂，而女神赫克特則手執生命之
符。

孔斯
埃及鷹首人身的月神，頭上有月
輪，蛾眉月上托著滿月。

（Rashnu）和**服從神**（Sraosha）會審問靈魂，然後讓他們過橋，義
人走過去的時候，橋有九矛寬，引領他們到天堂去，而罪人要過橋
時，卻窄如刀鋒，於是他們都掉到橋下的地獄去。

Chiron →Cheiron

Chisei koro inao　稻生大神△（家主神）、Inao：（日本）阿
伊奴族的家神和守護神。他是**阿貝神**（Abe Kamui）的丈夫。人們
在屋子的東北角落祭拜他。

Chival　錫瓦、Chual：（亞美尼亞）惡靈，夜裡出現夢裡嚇人。

Chnum　赫努△（公羊）、【希臘】Chnumis、Chnubis：（埃及）
植物神，亞斯文城（Assuan）的「沙洲的王」，他使尼羅河氾濫，
主司豐收和生產，是「王室之子的創造者」、「賦予生命的塑造
者」。他以陶土創造人類（人們便以陶盤獻祭），把他們安置於母親
的子宮裡，並且和生產女神**荷克特**（Heket）一起幫助母親分娩。
一切經由有性生殖誕生的諸神、人類和動物，都是他塑造出來的。
他是太初的造物神，稱之為「眾父之父，眾母之母，眾褓姆之褓
姆」。他和妻子**薩提斯**（Satis）以及**安努克特**（Anuket）組成象島
沙洲地區的三聯神。在尼羅河的象島上有他的神廟。對赫努的崇拜
引起他的祭司和猶太軍事殖民地的衝突，最後是耶和華的神殿被破
壞。赫努有公羊的頭和角，曾經被同化為**雷**（Re）、**Schu**（舒）、
奧賽利斯（Osiris）和**蓋布**（Geb）。

Chochano　侯哈諾（巫師、巫婆）：（吉普賽）吸血鬼和回到
身體的鬼魂，晚上會出來作祟。侯哈諾類似於**穆羅**（Mulo）。

Chons　孔斯△、Chonsu（【埃及】漫遊天堂者）：（埃及）月
神，他是太陽神**安夢**（Amun）和天神**姆特**（Mut）的兒子，並且
和他們組成底比斯的三聯神。他是「時間之主」，把歲月和「神諭」
賜予國王和人類，被奉為醫神和救難者。他是埃及曆裡九月（以他
為名）的守護神。他的神像在卡納克（Karnak）的神廟保存得很
完整，鷹首人身，手執權杖，頭上有蛾眉月，其上托著滿月。他等
同於希臘的**赫拉克列斯**（Heraklés）。

Chontiamentiu　孔提曼德△（在極西者）：（埃及）死神，
「西方世界」的守護神，在太陽沉沒的西方，有死者之國。他在阿
拜多斯（Abydos）受崇拜，通常被描繪成趴著的黑狗（Schakal），

和**阿努比斯**（Anubis）合稱為「阿努比斯孔提曼德」，和**奧賽利斯**
（Osiris）合稱為「奧賽利斯孔提曼德」。

Chors 霍爾斯△、Khors（離開者）：（東斯拉夫）太陽神、狩
獵神和疾病神。

Chorum→Kmvoum

Christophorus 聖基多福△（揹基督者）：天主教聖人，被
羅馬皇帝德西烏斯（Decius, 249－251）迫害的殉道者，守護人們
免於瘟疫、猝死和車禍。他是 14 個救苦救難的聖人之一。傳說他

聖基多福
天主教聖人，原本是巨人「奧弗
路斯」，撐著樹樁，揹著聖嬰基
督（手裡拿著世界球），正要渡
河（木刻畫，1423）。

109

基督宗教神話

Christliche Mythologie　基督宗教神話：

　　基督宗教是世界最大的宗教，以耶穌為創教者，他被稱為基督（受膏立者）。基督宗教神話承繼了猶太教神話的主題並且獨立開展，尤其是圍繞在耶穌作為彌賽亞和神人的生平故事，天使和魔鬼、天堂和地獄，以及啟示錄裡的世界末日事件。耶穌行許多神蹟，例如治療重病者，讓三個死去的人甦醒過來，在眾人面前多次證明他是神差遣來的先知和彌賽亞。他在約但河受洗時，「天忽然為他開了，他就看見神的靈，彷彿鴿子降下，落在他身上。從天上有聲音說：『這是我的愛子，我所喜悅的。』」接著他被聖靈引領到曠野，禁食了40天，接受魔鬼（Diábolos）三次的試探，然後有天使來伺候他。如此，耶穌的一生總是有天使和魔鬼在他身邊。天使是天國的代表，神差遣這些使者給人類帶來神的旨意，他們總在光輝裡或是「衣服放光」的情況下出現，完成任務後，就回到天上去。

　　加百列跟耶穌的母親馬利亞報佳音，說她會受聖靈感動而懷孕。後來天使也給伯利恆野地的牧羊人報喜信。耶穌的父親約瑟也夢見天使，告訴他說他的未婚妻懷的孕是從聖靈來的，又有天使在夢裡告訴他逃到埃及去，後來又要他回來。在客西馬尼時，耶穌害怕即將到來的死亡，「有一位天使從天上顯現，加添他的力量」。耶穌被埋葬後，有天使「從天上下來，把石頭輥開，坐在上面」，告訴守墓的三個婦女說，墳墓是空的，耶穌已經復活了。抹大拉的馬利亞看到兩位天使坐在耶穌的空墳裡，對她說耶穌從死裡復活。

　　到了世界末日，作為人子的耶穌，也和天使們一起顯現，並差遣他們「把惡人分別出來」。與服事耶穌的天使們相反的是魔鬼，耶穌在講道和譬喻裡提到，他們會侵襲人類，使他們生病，因此治療的行為經常看起來像是在驅鬼。於是別西卜在耶穌醫病人時出現。有一次耶穌基督在醫治被鬼附身的人，鬼從病人身體裡跑出來，進到在山上吃草的豬群裡，闖下山崖，跳到海裡淹死。

　　天堂和地獄在神話裡也有顯著的意義。地獄（Geenna）是個無底坑，裡頭有不滅的火，可以聽到「哀哭切齒」。地獄是對於魔鬼、與其使者和不敬神者的審判後的末日受刑所，他們必須永遠忍受酷刑。天堂（Shamajim）和神是同義詞，是耶穌的「天國」和

「神的國」的教義的核心主題。那裡是神的住所和寶座,「天上的父」所在的地方。而聖靈「天上的使者」,也住在天堂裡。得到天國的賞報,將他們的名「記錄在天上」,甚至「到天國裡去」,是所有得救者的目標。保羅曾神遊第三重天,也提到「天上永存的房屋」。耶穌經由馬利亞無染始胎從天國來到人間,同樣的,他也經由昇天回到天國,在末日時又要回到地上。世界末日和基督再來(Parusia)的神話很有戲劇性。在末日之初,基督尚未復臨時,會有敵基督者、撒但和假先知結盟出現,為基督的敵人。「地大震動」是那個時代的徵兆。到處是戰爭、饑荒和瘟疫,大地和其上的物都要燒盡。天就挪移,好像書卷被捲起來,天上的星辰墜落於地。

末日的時候,天使把撒但捆綁,扔在無底坑,裡頭有煙冒出來(十六世紀的銅版畫)。

在天上,大紅龍(Tannin)和他的使者住的地方,有了爭戰。這條火紅的龍,有七頭十角,七頭上戴著七個冠冕,他的尾巴拖拉著天上星辰的三分之一,摔在地上。他站在將要生下彌賽亞的婦女,等她生產以後,要吞喫她的孩子。米迦勒(Mikael)和紅龍爭戰並打敗紅龍,紅龍和他的使者被摔在地上。龍見自己被摔在地上,就逼迫那生男孩子的婦人。從口中吐出水來像河一樣,要把婦人淹死。然後他把權柄給了「獸」,他有十角七頭。在千年王國開始時,天使把龍關在無底坑(Abyssos)裡,那是很恐怖的地方,有煙從坑裡往上冒。一千年過後,龍重新被釋放,後來總算被打敗,扔到火湖裡。在基督再來時,人子要駕雲降臨,賜給七位天使響亮的號角。那時候會有新天新地誕生,不再有死亡,也不再有悲哀、哭號、疼痛。

原本是吃人的狗頭怪獸「列普羅布斯」（Reprobus），經由神蹟而信入，成為基督宗教的傳道士。或說他是身長 12 呎、力大無窮的巨人「奧弗路斯」（Offerus），服事撒但，後來成為國王。有一次他揹著聖嬰（基督）要渡河，但是小孩太重，把他壓在水裡頭，因此給他行浸禮，於是奧弗路斯變成聖基多福。7 月 24 日是他的節日，其形象為拄著拐杖的巨人，肩膀揹著聖嬰（基督），聖嬰手裡拿著象徵世界的蘋果。雕塑：Kölner Ch. (ca. 1470)；繪畫：D. Bouts、K. Witz (ca. 1435/40)。

Christós→Māshiāch

Chrónos　克倫諾斯△（時間）：（希臘奧斐斯祕教）太始的神、造物神，生命周期的人格化。他是「不老者」，從黑暗中誕生的世界創造者，用**以太**（Aithír）造出銀質的世界蛋，從蛋中誕生了法內斯（Phanes），是第一個**戴奧尼索斯**（Diónysos），主司愛和光的雙性原始神。第二個戴奧尼索斯叫作**扎格列烏斯**（Zagreús），第三個是呂西烏斯（Lyseus），是個滿臉鬍子的老頭，手持鐮刀和沙漏。

Chshathra vairya　王國神（【祆語】理想的王、理想的國家）：（伊朗）善神，**阿胡拉·瑪茲達**（Ahura Mazdā）未來王國的人格化，金屬的守護神。他是七位**聖神**（Amesha Spentas）之一。在末日時，他要打敗死敵**混亂魔**（Saurva）。他的節日在六月，全身盔甲，手執長矛。

Chual→Chival

Chuan Hsü　顓頊：（中國）古代的帝王和始祖，**五帝**（Wu-ti）之一。他也是天神，**黃帝**（Huang-Ti）的曾孫。顓頊是三個瘟鬼的父親，其中一個是**魍魎**（Wang-liang）。

Chuban→Chumban

Chu Jung　祝融△、重黎、黎：（中國）火神、南海之神，是共工（Kung Kung）的父親。他幫助顓頊把天地分開，以老虎為坐騎。

Chuku　初谷△（巨靈）、Chineke（創造者）、Chi、Ci：（奈及利亞）伊布族（Igbo）的天神和造物神。他的妻子是**阿勒**（Ala）。他降下雨水，而且為了讓人類賴以維生的作物豐收。初谷命令國王

把他的一個兒子、一個女兒、一個男奴和一個女奴斬首，把獻祭的頭埋在土裡，長出甘藷、椰子樹、穀類和其他各式各樣的樹。太陽是他的象徵。

Chūldāh 戶勒大▽（【希伯來】鼬鼠）、Huldah、【希臘】Holdan：（猶太教）耶和華（Jahwe-Elōhim）在猶大國的女先知（ca. 639－609 B.C.），西元前 621 年，律法書在耶路撒冷聖殿被發現時，約西亞王（Joshija）差人去請教戶勒大，她對猶大民眾預言說，因為他們崇拜其他神，使得耶路撒冷將要毀滅，但是國王可以平平安安的歸到墳墓。

Chumbaba 渾巴巴△、Humbaba：（阿卡德）山魔，相當於蘇美的**胡瓦瓦**（Chuwawa）。

Chumban 渾班△、Chuban、Humban：（以攔）（Elamite）地神，王權的神，**庇嫩克**（Pinenkir）的丈夫，胡特蘭（Hutram）的父親，他們一起構成三聯神。

Chung Kuei 鍾馗△：（中國）捉鬼的神，文學的守護神。他因為應試不第，觸階而死。鍾馗插笏執劍，四周有五個小鬼圍繞。

Chung Li-ch'üan 鍾離權△：（中國道教）八仙（Pa-hsien）之一。他是個長鬍鬚的胖子，手執羽扇，能喚醒死者。

Ch'ung Ming 崇明島：（中國）位於東海長江口的仙島，包括**蓬萊**（P'eng-Lai）、**方丈**（Fang-Chang）和**瀛洲**（Ying-Chou）。西元前四世紀，中國皇帝即派人尋訪仙島，但是每次不是颶風使船無法靠岸，或把船吹翻，就是整個島在船員面前沉到海裡。

Churri 胡里△（黑夜）、Tella：（胡里安）公牛神，和**謝里**（Sheri）都是**德蘇卜**（Teshub）的隨從。

Chutena und Chutellura 胡提娜和胡提露拉▽▽：（胡里安）命運女神，她們總是一起出現，相當於西台的**古謝什**（Gulshesh）。

Chuwawa 胡瓦瓦△：（蘇美）山魔，**恩利勒**（Enlil）派他去看守黎巴嫩的「雪松山地」，被吉加美士（Gilgamesh）和恩奇杜（Enkidu）打死。

Ci→Chuku

Cihuacoatl 奇瓦克亞托▽（蛇女）、Chihucoatl：（印第安）

鍾馗
中國神話裡捉鬼的神，手持寶劍（中國拓印畫）。

阿茲提克族庫瓦坎山脈（Culhuacan）的地母神，產婦以及難產嬰兒的守護神，她在第五個世代幫助**奎茲克亞托**（Quetzalcoatl）創造人類，把他從地獄偷來的「寶石骨頭」磨成粉。她給了人類各種工具（鋤頭和皮吊帶），手裡經常抱著嬰孩。

Cinteotl 辛提奧托△（玉米神）：（印第安）托托納克族（Totonac）和阿茲提克族的玉米神和曆法神，主司夜晚第四個鐘頭。他是**特拉佐提奧托**（Tlazolteotl）的兒子，相當於馬雅族的宇姆卡赫（Yum Kaax）。

Cipactli 席帕克德里：（印第安）阿茲提克傳說如鱷魚般的怪物，住在深淵裡，諸神便是以深淵創造大地。

Cipaktonal 西帕克托納△：（印第安）阿茲提克傳說的原人，人類的祖先，**奎茲克亞托**（Quetzalcoatl）與**帖茲卡特里波卡**（Tezcatlipoca）創造了他和他的妻子**歐荷姆克**（Oxomuco），讓他們繁衍子孫且發展文明。

Circe→Kírke

Citlalinicue 西特拉里妮克▽（眾星是她的裙子）：（印第安）阿茲提克族的天神和母神、銀河之神、曆法神，主司白天第三個鐘頭。她是**西特拉托納克**（Citlaltonac）的妻子，**齊齊蜜美**（Tzitzimime）的母親。西特拉里妮克相當於**奧美奇瓦托**（Omecihuatl）和**托納卡奇瓦托**（Tonacacihuatl）。

Citlaltonac 西特拉托納克△：（印第安）阿茲提克族的晨星神，**西特拉里妮克**（Citlalinicue）的丈夫，**齊齊蜜美**（Tzitzimime）的父親。西特拉托納克相當於**奧美提奧托**（Ometeotl）和**托納卡特庫德里**（Tonacatecutli）。

Clio→Kleió

Clytaemestra→Klytaiméstra

Coatlicue 克亞特利古▽（穿蛇裙者）：（印第安）阿茲提克族的地母、多產神、春神和火神，她也是醫生、助產士和護士的守護神。克亞特利古是太陽神**維齊洛波齊特利**（Huitzilopochtli）的母親，她因為從天而降的鵝毛球而童貞生子。維齊洛波齊特利全身盔甲從母胎裡跳出來。**奎茲克亞托**（Quetzalcoatl）也是她的兒子。她穿著蛇裙，頸上的項鍊串著人類的手和頭顱。

克亞特利古
印第安大地女神、多產女神，戴著頭冠，頸上的項鍊串著人類的手和頭顱。

Cocijo　科奇就△：（印第安）薩波特克族（Zapotec）的雨神和雷神。他相當於馬雅族的**恰克**（Chac）、阿茲提克的**特拉洛克**（Tlaloc）、托托納克族的**塔金**（Tajin）。

Cocytus→Kokytós

Colla→Ayar Aucca

Con　孔恩△：（【蓋楚瓦】我給與、我是給與者）、Kon：（印第安）印加族（Inka）雨神和南風神。他是**印提**（Inti）的兒子，**帕查卡馬克**（Pachacamac）的弟弟，孔恩來自北方，後來被帕查卡馬克趕回去，於是他也把雨水帶走，使祕魯長年乾旱。

Concordia　康科狄亞▽【拉丁】和諧、一致）：（羅馬）女神，象徵公民和諧相處。西元前 337 年的階級戰爭結束後，她成為貴族階級和平民階級的和解象徵。其特徵為豐饒角和祭盤。

Consus　康蘇斯△（【拉丁】conder＝埋藏）：（羅馬）於收成後幸運「誕生」的穀物的神，也是死神。人們為了祭祀他，於每年 8 月 21 日和 12 月 15 日的康蘇斯節（Consualia）舉行賽跑活動。

Coronis→Koronís

Cotys→Kótys

Coyolxauhqui　科約筱姬▽（畫有鐘的圖案）：（印第安）阿茲提克族的月亮女神，**森仲維茲納華**（Centzon Huitznauna）的領袖，地母以及邪惡的巫師。她的兄弟有太陽神**維齊洛波齊特利**（Huitzilopochtli）以及四百星神。太陽神一出生後，就把她給斬首了。

Coyote→Koyote

Cratti　克拉提、Kratti：（芬蘭）精靈，他會帶給人們幸福和財富。克拉提類似於**帕拉**（Para）。

Csodafiuszarvas　索妲芙扎伐斯▽：（匈牙利）怪獸，是一頭有羽毛和翅膀，並且會發光的雌鹿，頭上頂著太陽，肩膀上扛著月亮和星星。她帶領**胡諾和馬戈兒**（Hunor und Magor）到豐饒之地。

Cûchulainn　庫丘林△（庫蘭的狗）：（克爾特）愛爾蘭傳說的始祖神。他是**路格**（Lug）和**黛綺提爾**（Dechtire）的兒子，柯納爾（Conall）的兄弟，艾梅（Emer）的丈夫。他為了占有艾梅，

殺死她的父親，即巫師「邪惡的佛格爾」（Forgall Manach）。他的每一隻眼睛裡都有七顆眼球，每一隻手有七根手指，每一隻腳有七根腳趾。三個女巫化身為烏鴉，誘騙他打破禁忌而吃了狗肉，使他失去了力量，被敵人殺死。

Cueravaperi　奎拉瓦貝里▽：（印第安）塔拉斯克族（Tarasken）的大地女神和多產女神，降雨和收成的女神，也是諸神之母。奎拉瓦貝里是太陽神庫里卡貝里斯（Curicaberis）的妻子。

Culsu　庫爾蘇▽：（伊特拉斯坎）冥府惡魔，墳墓的守護者，手持火炬和剪刀。

Cupido→Amor

Cūr　庫爾△（恐懼、害怕）、Cūran：（印度）塔米爾族傳說的邪惡力量，使人害怕且苦惱，尤其會侵襲婦女，甚至致人於死。她住在森林山澗旁的岩洞裡，她是諸魔的領袖，專門和**摩羅坎**（Murukan）作對。

Curche　庫爾赫△、Kurke：（普魯士）1.農地神、多產神、穀神和豐收神，賜予人們食物和酒。人們以最後一捆莊稼作成他的神像祭拜。2.害蟲的名字。

Curicaberis　庫里卡貝里斯△（巨爐）、Curicáveri：（印第安）塔拉斯克族（Tarasken）傳說的文明始祖，他也是天神和太陽神，是奎拉瓦貝里（Cueravaperi）的丈夫，庫里卡貝里斯使他的族人脫離野蠻狀態，制訂律法和曆法。他總是在日出的時候給人們訓諭。

Cybele→Kybéle

Cyclopes→Kýklopes

D

Dabog 達博各△（請賜予財富！）、Dazbog：（斯拉夫）太陽神和火神，他把「天上的火」帶給人類。在《伊果詩歌》（Igorlied）裡，俄羅斯民族被稱為「達博各的子孫」。達博各後來放逐他的父親斯伐洛各（Svarog），自從基督教化以後，被貶為基督宗教的**撒但**（Sātān）。

al-Dadjdjāl 韃渣△：（伊斯蘭）偽先知，在**復活日**（al-Kiyāma）時出現，幾乎惑亂所有的人。他會征服麥加和麥地那的整個世界，統治 40 天或一整年。他的信徒是那些不信真主者、婦女和猶太人。接著他會被復臨的**爾薩**（'Isā）給殺死。韃渣有紅色捲髮，體型肥胖，只有一隻眼睛，以驢子為坐騎。韃渣相當於基督宗教的**敵基督者**（Antichristos）。

Daedalus→Daídalos

Daēnā 黛娜、良知女神▽（【古祆語】律法、宗教）：（伊朗）女神，為「宗教」的人格化，也是人類行為、思想、語言以及祭祀行動的化身。黛娜是**阿胡拉・瑪茲達**（Ahura Mazdā）的女兒，**密特拉**（Mithra）和**拉什努**（Rashnu）的妹妹。

Daēvas 惡魔△（【祆語】）、【古波斯】Daivas、【近世波斯語】Dēven、【單數】Dēv：（伊朗）次於**阿胡拉**（Ahuras）神族的神祇。在後來的《阿維斯陀經》裡被貶為惡魔，帶來所有的惡行和災難，例如：疾病和死亡、寒冬和饑荒、酗酒和縱欲、嫉妒和傲慢。在**安格拉・曼紐**（Angra Mainyu）的率領下，眾惡魔和**阿胡拉・瑪茲達**（Ahura Mazdā）以及眾**聖神**（Amesha Spentas）對抗。其中最重要的有七惡魔：**因陀羅**（Indra）、**混亂魔**（Saurva）、**難海斯揚**（Nanghaithya）、**扎里希**（Zairik）和**陶維**（Taurvi）、**惡念神**（Aka Manah）和**艾什瑪**（Aēshma），一說七惡魔是：**阿卡塔什**（Akatash）、**阿帕歐夏**（Apaosha）、**阿斯托維達荼**（Astōvidātu）、**阿日達哈卡**（Aži Dahāka）、**布夏斯塔**（Būshyāstā）、**乾闥列瓦**（Gandareva）、**馬夏梵**（Marshavan）、**密托赫特**（Mithōcht）和**伐亞**（Vaya）。伊朗宗教的惡魔相當於婆羅門教和印度教的**天神**（Devas）。

Dag 達格△、Dagr（【古北歐】白天）：（日耳曼）白晝的人格化的神。他是**德林格**（Dellingr）和**諾特**（Nótt）的兒子，托拉

惡魔

KNAURS
LEXIKON
DER
MYTHOLOGIE

伊朗宗教的獸形魔鬼，有銳利的
尖牙、雙角和尾巴。

（Thora）的丈夫。**歐丁**（Odin）送他和他母親一輛車和兩匹馬，她駕車每兩天繞行大地一圈，而達格每天騎著鬃毛燦爛耀眼的駿馬史金法克西（Skinfaxi，閃亮的鬃毛）緊隨在後。

Dagān 大袞、達貢△（【腓尼基】穀物）、Dāgōn（【希伯來】dag＝魚）：1.（亞摩利）（Amorite）馬利城（Mari）的城市神。2.（敘利亞和腓尼基）天氣神、穀神和冥府神，以麥穗為其象徵。3. 根據聖經記載，他是非利士人的戰神和國家神，在迦特（Gaza）和亞實突（Aschdod）有他的神廟（《撒母耳記上》5:1-5）。亞實突（阿左托）的神廟後來被瑪加伯的約納堂（Jonatan）焚毀（《瑪加伯上》10:83f.; 11:4）。在希伯來文裡的大袞，則訛傳為魚尾怪物。

Dagda 戴亞△（善神）：（克爾特）愛爾蘭傳說的地神和盟約神、占卜者的神以及死神。他是**達努神族**（Tuatha Dê Danann）的最高神，**達努**（Dan）的兒子，**布麗姬特**（Brigit）和**安格斯**（Oengus）的父親，有個情婦叫作**莫莉根**（Morrîgan）。戴亞的綽號叫作「萬物之父」（Ollathir）和「全知之主」（Ruad Rofhessa）。他手持棍棒、豎琴和桶子。戴亞相當於高盧的**蘇瑟羅**（Sucellos）以及威爾斯的**桂狄恩**（Gwydyon）。

Dāgōn→Dagān

Dagr→Dag

Daídalos 達得羅斯△（daidallein＝巧藝）、【拉丁】Daedalus：（希臘）藝術家，雅典城的偉大建築師，藝術作品的「發明者」。他是梅提昂（Metion）和伊菲諾伊（Iphinoe）的兒子，**伊卡羅斯**（Íkaros）的父親，他為帕希菲（Pasipháë）製造木牛，後來又受**米諾斯**（Mínos）所託，為了誘捕**米諾托**（Minótauros）而建造迷宮（Labýrinthos）。他要**阿麗雅德妮**（Ariádne）拿一軸棉線給**提修斯**（Theseús），憤怒的米諾斯把他和伊卡羅斯關在迷宮裡。但是達得羅斯以羽毛和蠟油做成翅膀，父子倆便乘著翅膀飛出迷宮，伊卡羅斯半途墜落身亡，達得羅斯則飛到西西里島去。

Daikoku 大黑△：（神道教）財神，是**七福神**（Shichi-Fukjin）之一。他站在兩隻米袋上面，手執如意槌，身背財寶囊。他也等同於**大國主神**（O-kuni-nushi）。

Daímon 代蒙△▽（神、命運）：（希臘）1.定義不很明確的

大袞
閃族西部，魚尾，天氣神和冥府神。

神。2.個人的守護神和內在的聲音。3.英雄和半神,介於神人之間的生命,或是死者的靈魂,從墳墓裡出來作祟。自從基督教化以後,代蒙就被貶為惡靈或魔鬼,而神人之間的中介角色則由天使取代。

Daimónia 魔鬼⊙、【希臘單數】Daimónion:1.(希伯來)各種惡靈的希臘文總稱(在聖經《七十士譯本》裡)。其中包括**鬼魔**(Shēdim)、**長毛怪**(She'írim)和**旱地魔**(Sijjim)、**莉莉絲**(Lilit)、**撒末爾**(Samael)、**阿撒瀉勒**(Azā'zēl)和**阿斯摩太**(Ashmodai)也屬於其中。他們會招致各種瘟疫和災害,引誘靈魂犯罪且墮落,帶來疾病且傷害身體,奪去財物而帶來貧窮,差遣鬼怪到屋子裡、田地、曠野和廢墟、污泥裡和水源處、樹林和草叢。他們出沒橫行的時間是在黃昏和黑夜,必須以咒語和祭獻才能袚除他們。2.(基督宗教)不淨且邪惡的魔鬼,會附身且致病,**耶穌**(Iesûs)曾為**抹大拉的馬利亞**(María Magdalené)驅鬼。耶穌也曾經因為靠著**別西卜**(Beëlzebúl)驅逐魔鬼而受指摘,他的門徒也被授與驅魔的力量,到了世界末日,魔鬼會被扔到永遠的火湖裡。

Daimónion 神⊙(有神性者):1.(希臘)神性存有者;2.人格化的守護神;3.為人類帶來福禍的神旨或命運。在希臘哲學裡(蘇格拉底),亦指靈魂最崇高的神性部分,相當於人類應該遵循的良知和內在聲音。

Daityas 蒂緹諸子、岱提亞【梵】蒂緹的後裔:(婆羅門教和印度教)魔鬼和巨怪,他們共同的女祖先是**蒂緹**(Diti),她是**迦葉波**(Kāshyapa)的妻子。蒂緹諸子和**檀那婆**(Dānavas)都是**阿修羅**(Asuras),與**天神**(Devas)為敵,阻撓祭獻活動。蒂緹諸子包括**嘿然亞喀夏**(Hiranyaksha)、**嘿然亞卡西普**(Hiranyaka-shipu)、**帕拉達**(Prahlāda)、**毘盧遮那**(Vairochana)、**巴利**(Bali)、**巴納**(Bāna)。他們住在**魔界**(Pātāla)裡。

Daivas→Daēvas

Dākini 空行母、荼吉尼▽【梵】:(藏傳佛教)教法的本尊和守護尊,她們也是使者女神,會把**五禪定佛**(Dhyāni-Buddha)的解脫智慧傳給俗世求道的瑜祇。為了欺騙惡魔,她們會顯現夜叉

119

空行母
西藏佛教的護法，顯現夜叉相，
以裸形象徵無礙智。

相，戴著許多怪獸的頭或面具。每個禪定佛都有「出世」的空行母為其眷屬。其中最有名的是**金剛亥母**（Vajravārāhi）。空行母對瑜祇現裸形女瑜祇相，因此經常的形象為裸體女人，其中裸體則象徵著無礙智。

Daksha 大克夏、達刹△（【梵】有能力的）：（婆羅門教和印度教）古代**仙人**（Rishi），是十位**大仙**（Mahārishi）之一。他是**梵天**（Brahmā）「心生」的兒子，**阿提緻**（Āditi）的父親。

Dalai Lama 達賴喇嘛（【西藏】智慧如海的導師）：（藏傳佛教）西元 1578 年由蒙古俺答汗（Altan Khan）首次授與格魯巴第三代弟子瑣朗嘉穆錯這個尊號。到了第五代的達賴喇嘛（1617－1682），格魯巴的每個首長都被視為菩薩的化身。每個達賴喇嘛都被認為是前世活佛的**轉世**（Tulku）。現在第十四世達賴喇嘛（生於1935年）自從1959年便流亡到印度。

Damavik→Domovoj

Damballah 丹巴拉△、Dambala、Bon Dieu：（非裔美洲）巫毒教的蛇形豐收神，統治**洛亞**（Loa）諸神。丹巴拉是**阿伊達維多**（Ayida-Weddo）的丈夫，別名為「善神」（Bon Dieu）。他也是蛇神，住在河邊的樹上。被降神的信徒會在地上伏行，或爬到樹上吐信吹口哨。丹巴拉後來轉變為基督宗教的聖徒，等同於使徒約翰。

Damgalnunna 丹伽努娜▽（恩奇的偉大妻子）：（蘇美）母神，**恩奇**（Enki）的妻子，經常等同於**寧珠桑嘉**（Ninchursanga），相當於阿卡德的**丹奇娜**（Damkina）。

Damkina 丹奇娜▽：（阿卡德）母神，**伊亞**（Ea）的妻子，**馬爾杜克**（Marduk）的母親。她相當於蘇美的**丹伽努娜**（Damgalnunna）。

Damona 達姆娜▽（大母牛）：（克爾特）高盧神話裡以動物

為形象的健康女神。

Dämonen und Dämoninnen　魔鬼和魔女△▽：低等的超自然存有者的統稱，不同於善靈和天使，他們會危害人類，帶來惡、疾病和災害，其首領為**惡魔**（Teufel），根據其作用和居所，區分為病魔、地魔、死魔、冥界魔和幻魔。其中比較有名的是：印度教的**阿波悉魔羅**（Apasmāra）、**畢舍遮**（Pishāchas）、**羅刹**（Rākshas）；伊朗宗教的**惡魔**（Daēvas）和**德魯格**（Drugs）；伊斯蘭的**精靈**（Djinn）；阿卡德的**謝貝杜**（Sebettu）；蘇美的**巫杜格**（Udug）；斯拉夫的**吸血鬼**（Vampir）。把從病人或附魔者身上驅除魔鬼，則需要驅魔者。其中最有名的驅魔者是**耶穌**（Iesûs）。繪畫：M.A. Wrubel (1890)、J. Tovar(1970)。

Damu　達慕△：（蘇美）醫神，有時候被認為是雌雄同體的。他的母親**寧伊辛娜**（Nin'insina）授與他**教諭**（Me），即「神醫術」。他的聖地在伊辛（Isin）。

Dan　達努、安娜▽、Danu、Ana、Anu：（克爾特）愛爾蘭神話的大地女神和多產女神，她是**達努神族**（Tuatha Dê Danann）的母親，她的兒子們有**戴亞**（Dagda）、**奴艾達**（Nuada）、**歐格瑪**（Ogma）、**迪昂謝**（Dian-Cêcht）、**戈布紐**（Goibniu）、**路格**（Lug）、**里爾**（Lir）和**密迪爾**（Midir）。閔斯特（Munster）的基拉尼（Killarney）附近的兩座山丘被稱為「安娜的兩個乳房」（Da Chîch Anann）。

Danáë　達娜哀▽：（希臘）阿哥斯城（Argos）的公主，國王**阿克利修斯**（Akrísios）和**攸里狄克**（Eurydíke）的女兒。她和**宙斯**（Zeús）生了**帕修斯**（Perseús）。神諭說阿克利修斯會死在未來的孫子手裡，於是他把達娜哀關在青銅做的高塔裡，而宙斯化身為黃金雨使她懷孕。達娜哀生下帕修斯後，她父親把她和嬰兒裝在木箱裡推到大海。繪畫：Correggio (1539)、Tizian (1545/46)、Tintoretto (1555)、A. van Dyck、Rembrandt (1636)、Tiepolo (1740)、G. Klimt (1907/08)。歌劇：R. Strauss (1944)。

Danaídes　達瑙斯諸女▽：（希臘）達瑙斯（Danaos）的 50 個女兒，她們被迫和艾基普特斯（Aigyptos）的 50 個兒子結婚，於是她們的父親要她們在洞房之夜毒死丈夫們。其中只有希培梅斯

美拉尼西亞（新幾內亞）的魔鬼面具。

達瑙斯諸女
希臘婦女，因謀害親夫而被罰以
濾網汲水到無底的桶子裡。

特拉（Hyperméstra）沒有照著做。後來那 49 個女兒被罰在**地底深淵**（Tártaros）用濾網把水汲到無底的桶子裡。雕塑：A. Rodin（1885）。

Dānavas　檀那婆（【梵】惡魔的）：（婆羅門教和印度教）半神半魔的怪物，他們和**蒂緹諸子**（Daityas）並同組成**阿修羅**（Asuras），與**天神**（Devas）為敵。檀那婆被**因陀羅**（Indra）趕到海裡去，住在**魔界**（Pātāla）。他們被認為是**迦葉波**（Kāshyapa）和姐奴（Dānu）的兒子，**烏里特那**（Vritra）是其中之一。

Danda und Pingala　檀陀和冰揭羅△：（印度教）宇宙和倫理秩序以及死亡（夕陽）的化身，太陽神蘇利耶（Sūrya）的侍從。他們奉**耶摩**（Yama）之命，以筆墨記錄人類的行為，手持寶劍和盾牌。

Daniél→Dānijj'ēl

Dānijj'ēl　但以理△（【希伯來】神是審判者）、Daniél：1.（猶太教）猶大國的異象得見者和**耶和華**（Jahwe-Elōhim）的**先知**（Nābi'im），被擄到巴比倫以後，受到尼布甲尼撒王（Nebukadnezar II, 605－562 B.C.）的尊崇，但以理奉耶和華之名為國王解夢，國王夢見一個半泥半鐵腳的怪物以及巨樹，他為國王解釋王宮壁上的手指書文**彌尼‧提克勒**（Mene tekel）。但以理被投入獅坑，神護但以理不為獅傷。但以理得見神要審判世界的異象，他看到四巨獸和人子。他又看見有雙角的公山羊，天使**加百列**（Gabri'ēl）為他解釋該異象。聖經《但以理書》即以他為名。2.（基督宗教）先知，他預言耶路撒冷將荒蕪，**耶穌**（Iesũs）以此預言末日。

Danu→Dan

Daōzos→Dumuzi

Dáphne　達芙妮▽（月桂樹）：（希臘）美麗的仙女，她是河神培紐斯（Peneios）的女兒。**阿波羅**（Apóllon）糾纏著她不放，她請求**宙斯**（Zeús）把她變成月桂樹，自此月桂樹成為阿波羅的聖樹。雕塑：Bernini（1623/25）；繪畫：Giorgone；戲劇：H. Sachs（1558）；歌劇：R. Strauss（1938）；芭蕾舞劇：Ravel（1912）。

Daramulun　達拉姆倫△（獨腳者）：（澳洲）天神、月神、造物神、人類的始祖，也是人類和達拉姆倫的父親**巴亞姆**

（Baiame）之間的中保。只有他的信徒才能看到他的肖像，但是在牛吼器的嗡嗡聲裡同時可以聽到他的聲音。達拉姆倫相當於**班吉爾**（Bunjil）。

Darni Pinnu　**妮毘奴**▽：（古印度）孔德族（Kond）的大地女神。她是布拉毘奴（Bura Pinnu）的妻子。有時候她等同於造物女神**妮蘭塔里**（Nirantali）。

Dat→Duat

Datin　**達亭**△（突襲者）：（阿拉伯）主司審判和神諭的神。他相當於**豪巴斯**（Haubas）。

Dauid→Dāwid

Daũsos　**樂園**（【複數】）：（立陶宛）樂土。在那裡死者的靈魂會跟隨著銀河而復活，或是為了贖罪而轉生為樹木。

Dāwid　**大衛**△（【希伯來】蒙愛者）、【希臘】Dauid、【阿拉伯】Dāwūd（達五德）：1.（猶太教）來自伯利恆的牧羊人、琴手和戰士，以色列國（1012－972 B.C.）的建立者和國王。大衛是耶西（Isai）的兒子，**撒母耳**（Shemū'ēl）奉**耶和華**（Jahwe-Elōhim）之命，膏立他為王。他以甩石殺死巨人歌利亞（Goliath），娶了九個妻子，生了十個兒子。大衛謀殺了他的將軍烏利亞，和烏利亞的妻子拔示巴（Bath-Seba）通姦生了**所羅門**（Shelōmō）。人們期望大衛王朝的後代有末世的王**彌賽亞**（Māshiāch）誕生，他將是以色列的救主和復國者。大衛建立的城堡耶路撒冷也稱為「大衛城」。有 73（或 83）詩篇的標題稱大衛為其作者。2.（基督宗教）**耶穌**（Jesũs）的第 35 代先祖。在伯利恆（大衛誕生的城市）出生的耶穌，叫作「大衛之子」。3.（伊斯蘭教）**安拉**（Allāh）的**先知**（Nabi）和聖王「達五德」。他是**素萊曼**（Sulaimān）的父親。經由天使**吉卜利里**（Djabrā'il）的顯靈，達五德發明了鎖子甲，取代當時的鎧甲。天使吉卜利里也給了他十個謎題，後來被素萊曼解開。安拉賜給他《宰逋爾》（Zabūr），也就是詩篇。達五德是個很有天賦的歌手，可以把山籟和鳥鳴融入他的歌曲裡。他以甩石擊斃巨人**查魯特**（Djālut），他把在安息日逾越法度的人變成猿猴。雕塑：A. del Verrocchio（ca. 1473/75）、Donatello（1656）；清唱劇：A. Honegger（1921）、芭蕾舞劇：Rieti（1936）。

Dāwūd→Dāwid

Dazbog→Dabog

Debata 底巴塔：（印尼）蘇門答臘的神祇總稱，或指個別的神或一般的神性力量。

Debōrāh 底波拉▽（【希伯來】蜜蜂）、【希臘】Debbora：（猶太教）耶和華（Jahwe-Elōhim）的士師和女先知（Nābi'），住在以法蓮山（Efraim）（ca. 1120 B.C.）。她的別名叫作「以色列裡的母親」。她以耶和華為名，要巴拉（Barak）出兵對抗迦南的將軍西西拉（Sisera）。她的勇氣使北方的以色列重獲自由。「底波拉之歌」（《士師記》5:2-31）便是紀念和歌頌在基順河（Kison）的勝仗，也是聖經最古老的文獻。清唱劇：Händel (1733)。

Dedun 德頓△、Dedwen：（努比亞）地方神，原本可能是鳥神。他把熏香賜予國王，並且帶給他南部諸國的寶藏和人民。

Deivas→Dievs

Deivẽ 黛芙▽（神性）：（立陶宛）1.神祇總稱，也指稱仙女或女神。2.聖石的通稱（deyves），也指早夭的年輕女孩（maro deives）。

Dekálogos→Asseret

Del→devel

Dellingr 德林格△（【古北歐】光耀者、有名者）：（日耳曼）侏儒（Dvergr），光的人格化。德林格是諾特（Nótt）的第三任丈夫，和她生下達格（Dag）。

Deméter 狄美特▽：（希臘和埃勒烏西亞）諸神之母、豐收神和植物神，她在每年秋天死去，在春天復臨。她也是「穀物之母」、農業女神。她是奧林帕斯十二主神（Olýmpioi）之一。狄美特是泰坦族的克羅諾斯（Krónos）和麗娥（Rheía）的女兒。她的兄弟姊妹們包括黑斯提亞（Hestía）、波塞頓（Poseidón）、宙斯（Zeús）、希拉（Héra）和哈得斯（Hádes）。她和宙斯生下波賽芬妮（Persephóne），和凡人雅西昂（Iásion）生下普魯托斯（Plútos），狄美特為了尋找被冥王哈得斯搶走的女兒波賽芬妮而悲傷絕望，波賽芬妮就是穀物少女高萊（Kóre）。狄美特為了感謝阿提加（Attika）的公主收留她，而致贈第一束麥穗給其弟特利普托

雷摩斯（Triptólemos）。她和女兒是埃勒烏西亞祕教的主神，其主要祭典是「播種祭」（Thesmophorien）。狄美特頭戴穀穗帽，蜜蜂是她的聖物。狄美特相當於羅馬神話的**刻瑞斯**（Ceres）。雕塑：D. von Knidos (340 B.C.)。

Deng-dit 鄧狄△（大雨）：（蘇丹）丁卡族（Dinka）的造物神和雨神。他用木棒招來雷雨，為人類帶來豐收。

Derceto→Derketo

Derketo 德略多▽、Derceto：（非利士人）母神，是**大袞**（Dagān）的女性對耦神。在亞實基倫（Aschkelon），她被尊為敘利亞的**阿塔加提**（Atargatis）的化身。

Deukalíon und Pyrrha 鳩凱倫和皮拉△▽：（希臘）英雄，新的希臘民族的始祖。鳩凱倫是**普羅米修斯**（Prometheús）的兒子，她的妻子皮拉是**埃皮米修斯**（Epimetheús）和**潘朵拉**（Pandóra）的女兒。忿怒的**宙斯**（Zeús）要毀滅人類而製造「大洪水」，普羅米修斯要鳩凱倫和皮拉躲到木製方舟裡。洪水經過九天九夜才退去。方舟在**巴納塞斯山**（Parnassós）附近登陸。宙斯經由**特密斯**（Thémis）要鳩凱倫和皮拉把石頭（即石頭人的骨頭）往身後扔，以創造新的人類。從鳩凱倫的骨頭裡誕生了男人，從皮拉的骨頭裡誕生了女人。鳩凱倫類似於猶太教的**挪亞**（Nōach）。

Deur 德吾爾△：（古印度南部）科雅族（Koya）的主神。

Deva 天神、提婆（【梵】發光的、在天上的）：1.（吠陀宗教）神祇的通稱。根據《黎俱吠陀》（Rigveda），有 33 位天神，每 11 位分別住在三界中之一。其中**阿迭多**（Ādityas）居天界、**魯特羅**（Rudra）居空界、**瓦蘇**（Vasus）在地界。2.（婆羅門教和印度教）神族，和**阿修羅**（Asuras）為敵，具有自然的功能。《摩訶婆羅多》說世界共有 3,333 個天神。3.（佛教）天神，大乘和金剛乘裡的神祇，他們固然居於善道（Gati），卻還是要墮入**輪迴**（Samsāra），因此他們不同於**菩薩**（Bodhisattva），是無法救度眾生的，只能滿足世俗的需要和請求，例如：趨吉避凶，祈求健康、財富和豐收。有現寂靜相（Shānta）者如**天王**（Devarāja），有現**忿怒相**（Krodhadevatās）者，例如八位**護法**（Dharmapālas）。七重天界裡住有七個神族：1.四大王天（Chātummahārājika）；2.忉利天

狄美特
希臘和埃勒烏西亞宗教的諸神之母和豐收神，右為其女高萊，把麥穗送給特利普托雷摩斯（中間）。

（Trayastrimsha）；3.焰摩天（Yāma）；4.兜率天（Tushita）；5.
化自在天（Nirmānarati）；6.他化自在天（Paranirmitavashavar-tin）；7.
梵世天（Brahmāyika, Brahmaloka）。各級神族的壽命依序遞增兩
倍，相當於七重**地獄**（Naraka）的壽命。他們的造形差不多都是
頭戴五葉冠或是飾有五個頭顱，代表超越了人類的屬性。

Devadatta　提婆達多△（【梵】天授）：（佛教）比丘，**釋迦
牟尼**（Shākyāmuni）的堂弟，他經三次謀害佛陀，其中有一次被
阿難（Anānda）破壞。後來他率五百比丘脫離僧團，破和合僧，
命終墮入**地獄**（Naraka）。有人拿他和基督宗教的**猶大**（Iúdas）作
比較。

Devaki　提婆吉▽：（印度教）諸神之母，**阿提緻**（Aditi）的化
身。她也是**亢撒**（Kansa）的表妹，**婆藪天**（Vāsudeva）的妻子，
黑天（Krishna）和**大力羅摩**（Balarāma）的母親。

Devaloka　天界：（佛教）**三界**（Triloka）之一，位在**鐵圍山**
（Chakravāda）上方，有七重或八重（或至24重）天界，諸**天神**
（Deva）居於莊嚴宮殿裡，直到報盡墮入**輪迴**（Samsāra）而生於
其他諸道（Gati）。七重天以居於該處的天神為名。

Devarāja　天王（【梵】）、Cāturmahārāja（四大王）：（佛教）
護持佛陀抵禦世間威脅的護世神，觀察世間，對天神們報告人類諸
行為。他們的宮殿在**須彌山**（Meru）半腹四方，以對抗入侵的惡
魔。四大天王為**持國天王**（Dhritarāshtra）、**增長天王**（Virūdha-
ka）、**廣目天王**（Virūpāksha）和**多聞天王**（Vaishravana）。他們各
統治諸天眾，並且有 91 個兒子。中國及日本的寺廟處處可見他們
的塑像。他們在造形上以顏色區分，類似於印度教的**護世者**
（Lokapāla）。

devel　神（【梵】deva＝天神）、del：吉普賽人最高神的名稱，
綽號有「大神」（baro devel）或「老神」（phuro devel）。

Dēven→Daēvas

Devi　女神、黛維▽：（吠陀宗教和印度教）女神通稱，在母系
社會結構裡則特別稱為大女神（Mahadevi），其別名有：阿摩
（Ambā）、菴毘伽（Ambikā）、安納普娜（Annapūrnā）、耶伽旃婆
（Jagadamba）、婆伽婆提（Bhagavati）。在人們把她和男性天神並

祀的時代裡，她變成**毘濕奴**（Vishnu）或**濕婆**（Shiva）的**沙克提**（Shakti）和妻子。在濕婆崇拜裡，她的慈悲相稱為**烏摩妃**（Umā）、**高麗**（Gauri）、**婆婆諦**（Pārvati），忿怒相則稱為**難近母**（Durgā）和**伽梨**（Kāli）。

Devs　**靈**：（亞美尼亞）以動物或怪獸的形象出沒的鬼魂。他們住在城市或鄉村的廢墟裡。經由巫術，靈可以附身人類或被祓除。有惡靈例如：**阿爾咯**（Alk'）、**維夏普**（Vishap）、**錫瓦**（Chival），也有善靈例如：**阿拉列茲**（Aralēz）、**烏瑞坎**（Uruakan），以及不善不惡的靈，如**凱克**（K'ajk'）。基督教傳入後，亞美尼亞的諸神及其祭司都稱為靈。

Dharam　**達蘭**△：（古印度）壯族（Juang）的太陽神和主神。

Dharam-Raja　**達蘭羅闍**△：（古印度）阿蘇爾族（Asur）的主神。

Dhārani　**陀羅尼**▽（【梵】地）：（印度教）地母神，她是**毘濕奴**（Vishnu）的第六個**權化**（Avatāra）**持斧羅摩**（Parashu-Rāma）的妻子。

Dharmapāla　**護法**（【梵】）：（藏傳佛教）八大明王，護持佛法及教團，免於世俗力量和化身的危害，屬於**忿怒神**（Krodha-devāta）。他們大部分是過去苯教的神祇，昇華為佛教的護法。其中包括：**降燄摩尊**（Yamāntaka）、**吉祥天女**（Shri Devi）、**私陀梵**（Sitabrahman）、**別則**（Beg-tse）、**閻魔**（Yama）、**俱毘羅**（Kubera）、**大黑天**（Mahākāla）和**馬頭明王**（Hayagriva）。（經說為：不動、降三世、軍荼利、無能勝、大威德、馬頭、步擲、大輪明王。）他們的造形有九舞相、三目、五骷髏冠等。

Dharti Mata　**達提摩陀**▽（大地之母）：（古印度）拜加族的大地女神。

Dhritarāshtra　**持國天王**△：（佛教）東方國土的護世神，為**四大天王**（Devarāja）之一，統治**乾闥婆**（Gandharva），自己也手持琵琶，其樂音可以清淨人心，其身為白色。

Dhyāni-Bhodhisattva　**五禪定菩薩**：（佛教）五位菩薩（Bodhisattva），包括**觀世音**（Avalokiteshvara）、**金剛手**（Vajrapāni）、**普賢**（Sāmantabhadra）、**寶手**（Ratnapāni）和一切

禪定佛阿彌陀佛
手結入定印，缽裡盛著水果，底
座為蓮花，坐騎為孔雀。

手（Vishvapāni），為**五禪定佛**（Dhyāni-Buddha）的隨侍和佛子。

Dhyāni-Buddha **五禪定佛、五尊佛、五智佛（【梵】）、**Tathāgatha（如來）：（佛教）「金剛界」五佛，名為**如來**（Tathāgatha），象徵五種智。不生不滅而又化現人間。其中包括：**昆廬遮那佛**（Vairochana）、**阿閦佛**（Akshobhya）、**寶生佛**（Ratnasambhava）、**阿彌陀佛**（Amitābha）、**不空成就佛**（Amoghasiddhi）。在大乘佛教裡，他們是**人間佛**（Manushi-Buddhas）的法父，在**三身**（Trikāya）中則為報身（Sambhogakāya）。五禪定佛居於金剛界的五個方位，因此也稱「五方佛」。他們結不同的**印**（Mudrā）、有不同的身體顏色和坐騎。在金剛乘裡，每個禪定佛都會心生一個**禪定菩薩**（Dhyāni-Bhodhisattva），並且有一位**般若**（Prajña）為其**雙身法**（Yab-Yum）的明妃。

Diábolos **造謠者、魔鬼△（【希臘】）：**1.（猶太教）在**耶和華**（Jahwe）的審判時控告人類罪行的惡魔，與忠實的子民為敵，想盡辦法引誘他們，因此被罰在地上爬行。在聖經七十士譯本裡，造謠者等同於**撒但**（Sātān）。2.（基督宗教）惡靈和魔鬼，他曾經和大天使**米迦勒**（Michaél）爭戰，和他的使者一起從天上被摔到地上，在**耶穌**（Iesûs）開始傳道以前，他曾經三次試探耶穌。後來魔鬼入了加略人**猶大**（Iúdas）的心，使他出賣了耶穌。魔鬼是所有義人們的仇敵，「如同吼叫的獅子，遍地游行，尋找可吞喫的人」（《彼得前書》5:8）。在末日時，他會在**無底坑**（Abyssos）裡被關1,000 年，然後暫時被釋放，最後被扔到火湖裡。魔鬼有時候等同於撒但。

Diana **黛安娜▽（【拉丁】diviana＝光照者）：**（羅馬）主司光明（尤其是月光）的處女神，她也是庇護森林、野獸和狩獵的女神，婦女和分娩的守護神，拉丁民族的國家神。她的祭典在每年 8月 13 日，也是奴隸的節日。在尼米亞（Nemi）有一座火山湖名為「黛安娜之鏡」。她相當於希臘的**阿提密斯**（Ártemis）。

Dian-Cêcht **迪昂謝△：**（克爾特）愛爾蘭神話裡的醫神，**達努**（Dan）的兒子，屬於**達努神族**（Tuatha Dê Danann）。他的哥哥**奴**

艾達（Nuada）在戰爭中失去右臂，迪昂謝為他做了銀製的義肢。他也為他的哥哥**密迪爾**（Midir）做了義眼。他把沙場戰死的勇士泡在泉水裡，好使他們復活。

三個魔鬼以音樂和舞蹈誘惑一個婦女（Augsburg, 1486）。

Diathéke→Berit

Didó　第多▽、Elissa：（希臘）女英雄，迦太基王國（888 B.C.）的建立者和女王。她是提洛斯（Tyros）的國王貝洛斯（Belos）的女兒，**皮格馬立溫**（Pygmalíon）的妹妹，嫁給西凱俄斯（Sychaios），後來愛上**伊尼亞斯**（Aineias）。她的哥哥殺死她的丈夫，第多為了守貞，拒絕了伊阿巴斯（Iarbas）國王的求婚。但是國王苦苦相逼，最後她跳到柴火堆裡自殺。繪畫：Rubens（1635/38）；歌劇：H. Purcell（1688）。

Diesseits　此岸☉：1.俗世的生活空間世界，相對於**彼岸**（Jenseits）。在塵世裡，此岸是一個人從出生到死亡所居住的地方，也是土地神和地靈的棲所。此岸和彼岸經常只有隔著一條河、一座湖或大海，如希臘的**阿赫隆河**（Achéron）、**斯提克斯河**（Stýx）、日耳曼的**糾河**（Gjöll），或是由一座橋連接兩岸，如伊朗的**揀擇之橋**（Chinvat-peretu）、日耳曼的**彩虹橋**（Bifröst）。2.俗世的人類從生到死的生命時間世界，以及世界末日、最後的審判、世界的沉沒或世界大火。

Dieva dēli　神子△：（拉脫維亞）**天神**（Dievs）的兒子，他們有兩個或三個，瘋狂追求**太陽女**（Saules meitas）。他們在父親天國的田地割草，而太陽女則把乾草耙在一起。他們在天國的浴室裡把水澆在熾熱的石頭上，使水變成蒸汽。他們騎著馬，戴著貂皮帽，手持軍刀。

Dievas→Dievs

Dievini　家神：（拉脫維亞）家主神和家庭守護神的總稱。

Dievs　天神△、【立陶宛】Dievas、【普魯士】Deivas：（拉脫維亞、立陶宛和普魯士）天神和多產神。他是**神子**（Dieva dēli）們的父親，也是**太陽女**（Saules meitas）的追求者。他在天國有遼闊的田地和森林，要他的兒子們和奴隸去耕作。在播種和收成的季節，他會騎馬下凡到人間，監督人們的農作。在豐年祭時，他會到農家作客，接受酒饌的款待。他騎著馬立於天國的高山，戴著帽

此岸與彼岸

Diesseits und Jenseits　此岸與彼岸：

　　神話故事除了反映生命和世界的時間以外，也反映此岸和彼岸的空間，時間和空間兩者都和死亡的界線有關。此岸意指人類經驗和探究可及的、空間性的生活世界，也指涉時間性的世界，以個人從生到死或世界從太初到末日為其界限。相反的，彼岸指的是在人間以外、上面或下面的世界，為神、鬼或死者的住所。因此彼岸也指死後的生命或者永生，與此岸以河流、湖、海相隔，如：希臘的阿赫隆河和斯提克斯河，或日耳曼的糾河；或是以橋和彼岸相連，如：日耳曼的彩虹橋、神道教的天之浮橋，或伊朗的揀擇之橋，作惡的人們命終即墮入地獄。

　　要到達彼岸，死者經常需要某種工具，如：冥船、死者之書或鬼差。冥府會審判死者決定到天堂或地獄，而各依其線性或周期性的時間觀念，決定暫時或永久居於彼岸。此岸和彼岸的世界圖像形形色色。有時候被描繪為廣幢、圓球或半球，如希臘神話的「世界」；或如佛教的「生死輪」；或如日耳曼的「宇宙樹」；印度教的「梵卵」；埃及形如母牛的「哈托爾」；或如耆那教的「宇宙原人」。世界圖像一般有三個部分，世間、地下世界、天上世界。世間在世界圖像的中間部位，是人類從生到死的居所，經常被描繪成方形或圓盤狀（地表），其中心或為希臘的「大地之臍」（Omphalos），或為佛教和印度教的須彌山，或為日耳曼的宇宙樹。日耳曼神話裡的世間稱為「中土」。

　　在世界圖像的下半部的地下世界，是陰間諸神和死者的居所。經常有重重高牆和鐵柵門圍起來，位於日落處，也就是西方。入口經常是一個洞穴或一口井。沒有任何死者可以從那個「不歸國」回來。在眾多的地下世界裡，有阿茲提克神話的北方冥府「米克特蘭」；埃及神話裡尼羅河西方的陰間「杜瓦特」，太陽神「雷」駕駛黃金船在夜裡飛行12個鐘頭；或如日耳曼的冥府「黑爾」，死神黑爾統治冥府，即使是如巴爾德的諸神，也必須踏上陰間路。有些神祇或英雄曾經有過「冥府之旅」，而後回到天界或人間，例如：阿卡德女神伊西塔、希臘英雄赫拉克列斯、奧德修斯和奧斐斯。在陰間或有懲罰惡人的地方，也就是後來的地獄。那裡住著惡魔、惡鬼，是為惡者、無法獲得救恩、被詛咒的罪人的終點站。那裡通常

有高牆、黑暗或烈火環繞，墮地獄者必須忍受永遠的苦刑。

　　世界圖像的上方，是天上世界，經常等同於天國或彼岸，也有各式各樣的想像。那裡住著天神、聖靈，還有為善的、被拯救和賜福的人們和聖徒，處處都有永恆的喜樂和幸福。在埃及神話裡，女神努特的身體被群星環繞，高舉到天空，而形成天堂。天堂也被描繪為屋頂或有若干層的圓頂，如巴比倫的七重穹頂的天堂。正如地獄之旅，也有昇天而後回到人間的故事，例如蘇美神話的艾塔納；或是昇天後長住於斯的故事，如：波里尼西亞神話的塔弗基、羅馬神話的羅穆路斯、印度教的孫陀羅穆提。靈魂出竅是另一種昇天的方式，如阿卡德的烏塔納皮斯提，他不必忍受死亡的痛苦，就被神接到天上去。天國也叫作樂園，即花團錦簇的庭園，沒有困厄或痛苦，並且在神的左右。

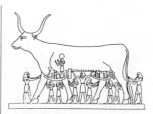

埃及形如母牛的哈托爾的世界圖像，下腹為穹蒼，太陽神雷於日間駕黃金船經過（塞提一世陵墓繪畫）。

　　天堂和樂園的彼岸，在許多民族裡，是烏托邦的理想。在埃及神話的死後世界「伊亞路」裡，死者在接受審判時，以前的所作所為都被寬恕。在日耳曼神話的愛瑟樂園裡，愛瑟神族的城堡是「神族之地」，「英雄殿」則是接引戰死的英雄。在阿茲提克神話裡，殉難者、戰死沙場者、難產死去的孕婦，乃至於國王或客死異鄉的商人，都可以到托納提烏的天國「托納提烏坎」。那死於意外的，則可以到彩虹神特拉洛克的花草扶疏的天國「特拉洛坎」，四年後回到人間。中國神話裡的不死仙境是在崑崙山，那裡種植仙桃，吃了可以長生不死，傳說老子曾騎牛到崑崙，後來不知去向。此岸和彼岸的空間的世界圖像，或者是永恆存在的，或者是太初創造，直到世界末日的。

子，佩帶軍刀。十三世紀基督教傳入後，天神便成為基督宗教裡的
上主（Kýrios）。他類似印度教的**特尤斯**（Dyaus）和希臘的**宙斯**
（Zeús）。

Díke　狄克▽（法、正義）、Astraía、【拉丁】Astraea：（希臘）
處女神，正義的人格化。她是**荷萊三女神**（Hórai）之一，**宙斯**
（Zeús）和**特密斯**（Thémis）的女兒，依諾米雅（Eunomía）和哀
勒尼（Eiréne）的姐妹。她會向父親舉發每個犯罪的人，讓他們受
到應有的懲罰。在黑鐵時代開始時，正義蕩然無存，她卻沒有拋棄
人間，後來成為天上的處女座（virgo）。

Dikpāla→Lokapāla

Dimistipatis　狄米斯提帕提△（農舍主人）：（立陶宛）家主
神，爐灶和炊煙的守護神。人們會把獻祭的雞分而食之，把骨頭丟
到祭火裡。狄米斯提帕提相當於羅馬的家神**拉爾**（Lar）。

Dimme　第默▽：（蘇美）惡魔，會招來產褥熱和嬰兒疾病，相
當於阿卡德的**拉馬什杜**（Lamashtu）。

Dingir　丁格爾（神）：（蘇美）神祇的限定詞，相當於阿卡德
的伊路（Ilu）、閃族西部的**厄勒**（Ēl）。

Dingirmach→Ninmach

Diónysos　戴奧尼索斯△、【拉丁】Dionysus：（希臘和羅馬）
植物神，後來成為酒神和狂喜神，是死後復活的神，戲劇的守護
神。他是**奧林帕斯十二主神**（Olýmpioi）之一，**宙斯**（Zeús）和
西蜜莉（Seméle）的兒子，**阿麗雅德妮**（Ariádne）的丈夫，**普利
亞波斯**（Príapos）和**希門**（Hymén）。西密莉在懷著他的時候死
去，宙斯把他放到自己的大腿裡繼續撫育，後來才生下他來。每年
三月有大酒神祭，十二月有小酒神祭，紀念他死而復活。在大酒神
祭的慶典裡，會演出悲劇和喜劇。酒神祭歌（Dithyrambos）後來
發展成戲劇。作為狂歡神，戴奧尼索斯和節制之神**阿波羅**
（Apóllon）屬性相反。戴奧尼索斯的墳墓在德爾斐（Delphi），每
兩年慶祝他的復活。他的主要造形是手持神杖、葡萄藤或酒杯。戴
奧尼索斯也就是**巴庫斯**（Bákchos），他相當於奧斐斯祕教的**扎格
列烏斯**（Zagreús）。雕塑：Michelangelo（1497）、Thorwaldsen；繪
畫：Altdorfer、Tizian（1518/19）、Rubens（1611/12）、Velázquez

戴奧尼索斯，希臘羅馬神話的酒
神和狂喜神，乘船航行，四周有
葡萄藤和海豚（540 B.C.）。

(1628)、Feuerbach（1849）；戲劇：Euripides（406 B.C.）、J. Cocteau
（1953）；歌劇：Debussy（1904）、Massenet（1909）。

Dióskuroi　狄俄斯庫里兄弟△（宙斯諸子）、【拉丁】Dioscuri：
（希臘）兩兄弟**喀斯特**（Kástor）和**波里丟克斯**（Polydeúkes），他
們是守護神，會在戰爭和危難時幫助人類。他們是**宙斯**（Zeús）
和**麗妲**（Léda）的兒子，也是**海倫**（Heléne）和**克呂苔美斯卓**
（Klytaiméstra）的表兄弟。他們從**提修斯**（Theseús）手中把妹妹
海倫救出來，並且加入**阿哥勇士**（Argonaútai），在羅馬，他們的
慶典是在 7 月 28 日，這對焦不離孟的兄弟後來成為雙子星座
（Gemini）。

Dipamkara　然燈佛△（【梵】點燈者）、【巴利】Dipankara：
（佛教）過去世佛，在**釋迦牟尼**（Shākyamuni）前的24位**人間佛**
（Manushi-Buddhas）的第一位，當時梵志儒童（即釋尊）曾以蓮
花供佛，得到然燈佛的成道授記。然燈佛也是所有過去世佛的代
表，在尼泊爾特別受崇拜。

Disen　蒂絲神族▽、【古北歐複數】disir：（北日耳曼）豐收
女神和命運女神的統稱，她們也是助產女神，其中包括**沃居爾**
（Walküren）、**娜恩**（Nornen）、**芙蕾葉**（Freyja），她們也被稱為
「瓦尼爾族的蒂絲」。

Dis Pater　閻王△（【拉丁】dives pater＝富足的父親）：（羅
馬）冥神和財神，每 100 年會舉行「塔倫頓遊藝會」（ludi Tarenti）
紀念他。

**Diti　蒂緹　**▽：1.（吠陀宗教）大地女神、母神以及施一切者。
2.（婆羅門教和印度教）巨怪和魔鬼**蒂緹諸子**（Daityas）的始祖。
她是**大仙**（Mahārishi）**大克夏**（Daksha）的女兒，**仙人**（Rishi）
迦葉波（Kāshyapa）的妻子，**嘿然亞喀夏**（Hiranyaksha）和**嘿然
亞卡西普**（Hiranyakashipu）的母親。

Diva→Theía

Divus Iulius→Caesar

Djabrā'il→Gabri'el

Djahannam　火獄、加漢拿姆（【阿拉伯】深井）：（伊斯蘭）
地獄、壞人在**復活日**（Al-Kiyāma）審判後的居所，根據犯行的程

度和種類，而有不同的刑罰。地獄和**天園**（Djanna）中間有**屏障**
（Barzakh）相隔。火獄裡有：噴火巨怪，會吞噬受詛咒者。他的四
肢各套有七萬只指環，各有**精靈**（Djinn）盤踞其上，每個精靈都
能夠力拔山河。其次是七層同心圓的大坑，上面有一座「天橋」
（al-Sirat）；最後一層有洋夾竹桃樹，上面掛著惡魔的頭顱，以及
盛著滾燙且惡臭的鍋子。火獄相當猶太教的**欣
嫩子谷**（Gē-Hinnōm）。

Djanggawul 降加巫▽▽：（澳洲）神話
（安恆地區）裡的一對姐妹神，是多產的化
身，人類的始祖。她們是太陽和晨星的女兒，
她們的弟弟不斷讓她們懷孕；黎明時分，她們
和弟弟隨著晨星從東方乘船而來，在澳洲海岸
登陸。她們所到之處，總會遍地新綠，形成美
麗的自然風光，也孕育出人類的祖先，並且為
萬物命名。她們會在某些地方留下聖物，例
如：降加凡（Djangawan）、蘭加（Ranga）、丘
林加（Tschuringa），保存在用樹皮編的地利袋
（Dilly bag）裡，象徵降加巫的子宮。有一天，
她們的弟弟偷走了這些法力強大的聖物，於是
主持儀式的權力就從女性轉移到男性。降加巫
後來被**加勒魯**（Galeru）吞掉，於是這個「吞
噬」便成為青年的成年禮中最後的儀式，象徵
重生為智慧的狀態。

Djanna 天園、樂園（【阿拉伯】花園）：
（伊斯蘭）信道和行善者在**復活日**（al-Kiyāma）
審判後的居所。只有在聖戰裡殉教的**舍希德**
（Shahid）才能夠在死後不經審判而直接到天

天園
伊斯蘭的樂園和天國，穆罕默德
登霄時曾到其中的七重天。

園。樂園裡有**清快泉**（Salsabil），有水河、乳河、酒河和蜜河，有
坐褥和花毯，有純潔的**伴侶**（Hūri），有年輕的男孩以水果服事他
們。天園和**火獄**（Djahannam）中間有**屏障**（Barzakh）相隔。天
園是一座有八層樓和八個門的金字塔或圓柱。天園最上層有蓮花，
其枝葉遮蔭一切。

Djata→Tambon

Djebauti　吉堡地△：（埃及）吉布地（Djibouti）的地方神，以鷺鷥為造形，等同於**霍魯斯**（Horus）。

Djehuti→Thot

Djibril→Gabri'ēl

Djinn　精靈、鎮尼△▽：1.（阿拉伯）荒原自然精靈，自然危害人類的面向的人格化。他們是半人半魔的怪物，會死亡也會繁殖。其中包括一種精靈**古爾**（Ghūl）。精靈是阿拉伯傳說裡的**安拉**（Allāh）的同伴。2.（伊斯蘭）安拉以無煙的火創造的靈體，他們也會飲食，有善有惡，或信道或不信道。每個人都有善靈和惡靈，有的靈會到天園，有的靈會到火獄。惡靈和他們的首領**易卜劣廝**（Iblis）都是**天使**（Malā'ika）的死敵。眾多的精靈皆供**素萊曼**（Sulaimān）役使。《古蘭經》的第 72 章即以「精靈」為名。

Djirdis→Georgius

Djyotishka→Jyotisha

Dogai　豆該△▽：（美拉尼西亞）惡魔，在西部的島嶼被認為是女性，在東部則是男性。他們會使椰子樹枯萎，帶來海嘯，使魚群滅跡。每年九月、十月間會舉行豆該祭，以祈求豐收或特別的目的，人們在祭典裡會戴上同名的面具。

Doh　多赫：（西伯利亞）凱特人（Ket）和葉尼塞人（Yenisei）的古代薩滿，他乘著水鳥飛越原始海洋，從海底的泥土裡撈起一隻歐鴴，並以牠創造陸地。

Dolichenus　多利切努斯△：1.（敘利亞）天氣神和戰神，為蓄鬍且全付武裝的男子，站在公羊背上。他手持雙刃斧和電戟。2.（希臘）**宙斯**（Zeús）在敘利亞北部的多利切（Doliche）城的別

阿拉伯精靈
半人半獸，背上有翅膀。

135

七頭怪龍
（Burgkmaier, Augsburg,
1523）。

名。

Dölma→Tārā

Domovoj　多莫渥克（【俄】dom＝房屋）、【白俄】Damavik、【烏克蘭】Domovyk：（斯拉夫）家神，祖先的靈魂寓居其中，他也是灶神和廏神，守候在爐灶旁邊或屋頂上，示現為類似家主的形象。新家入厝必須先祈禱他降臨。

Dôn　多恩▽：（克爾特）威爾斯神話裡的母神，**貝里**（Beli）的妻子，**桂狄恩**（Gwydyon）、**亞梅森**（Amaethon）、**阿莉恩若德**（Arianrhod）的母親。多恩相當於愛爾蘭神話裡的**達努**（Dan）。

Donar→Thor

Donn　寶恩△：（克爾特）愛爾蘭神話裡的死神，他在愛爾蘭西南方的提克頓島（Tech Duinn，意為寶恩之家）跳海自殺，那裡也是所有死者的歸宿。寶恩是米爾（Mîl）的兒子。

Doóto　德歐托：（西伯利亞）黑龍江的通古斯族的熊神，泰加（Taiga）地區的統治者。

Do-rje→Vajra

Drache　龍：超自然的**怪物**（Mischwesen）的統稱，由蛇、蜥蜴、鱷魚、鳥類或獅子組成其形象。在歐洲、近東和西亞，龍是惡的化身，諸神和人類的仇敵，在屠龍戰役裡被消滅。他有不同的名字：西台族的**伊魯揚卡**（Illujanka）、猶太教的**鱷魚**（Liwjātān）和**大紅龍**（Tannin）、阿卡德的**提阿瑪特**（Tiāmat）、吠陀宗教的**烏里特那**（Vritra）、希臘神話的**提封**（Typhón）。在東亞正好相反，龍是善和好運的化身，例如中國的**龍**（Lung）。

Draco→Tannin

Drákon→Tannin

Draugas→Drugs

Draupadi　朵帕娣▽：（印度教）般庶國（Pañchāla）的國王珠帕達（Draupada）的女兒。**般度五子**（Pāndavas）共同以她為妻，因此她也象徵一妻多夫的制度。

’Dre　則雷：（西藏）苯教的惡魔和鬼差。在日常用語裡，「則雷」意指一切有害的東西。

Dreiheiten　三聯神▽、【希臘】Triaden：由三位神祇構成的

特殊關係。他們既不同於男性和女性組成的對耦神，也不是雌雄同體的唯一的神。就其性別而言，可以區分為：1.由男性神組成的三聯神，例如：阿卡德的宇宙神（天神、水神、地神或冥府神）**安努**（Anu）、**伊亞**（Ea）和**伊利勒**（Ellil）；希臘的**宙斯**（Zeús）、**波塞頓**（Poseidón）和**哈得斯**（Hádes）；印度教的**三相神**（Trimūrti）；以及羅馬的**朱庇特**（Iupiter）、**馬斯**（Mars）和**基林努斯**（Quirinus）；**佛陀**（Buddha）、**老子**（Lao-tzu）和**孔子**（K'ung-tzu）也構成中國奇特的三聯神。2.由女性神組成的三聯神，例如阿拉伯的**拉特**（al-Lāt）、**默那特**（Manāt）和**烏扎**（al-'Uzzā）；克爾特的**瑪托娜**（Matrona）；拉普蘭的阿卡（Akkas）（祖母、母親和女兒）；希臘的**命運三女神**（Moírai）；羅馬的**帕爾卡**（Parca）；日耳曼的**娜恩**（Nornen）。3.由男性和女性組成的三聯神，例如：阿卡德的天體神（月亮、太陽和金星）**欣**（Sin）、**夏馬西**（Shamash）和**伊西塔**（Ishtar）；埃及的擬人神（母親、父親和孩子）**依西斯**（Isis）、**奧賽利斯**（Osiris）和**霍魯斯**（Horus）。基督宗教的**三位一體**（Trinitas）也屬於這種關係。

中國的三聯神
佛陀、老子和孔子。

Drugs **德魯格**▽（【祆語】欺騙、謊言）、Druchs、Drujs、【古波斯】Draugas：（伊朗）1.「說謊」的魔女，她們把惡說成善，而且自己也如此認為。她們是**阿里曼**（Ahriman）的隨侍，其中包括**阿革什**（Agash）、**浮提**（Būiti）和**納蘇**（Nasu）。2.謊言的大魔

女，她和不潔淨的男子一起創造所有的惡。其中主要有四個情夫：拒絕施捨信道者的男子、以自己的體液玷污自己的腳的男子、遺精的男子，以及不繫聖帶的男子。她是**正義神**（Asha vahishta）的死敵。

Drvāspā 朵瓦斯帕▽（【袄語】擁有健康的馬）：（伊朗）牲畜、朋友和兒童的守護女神。她駕著馬車巡行。每月14日是她的節日。

Dryádes 德里亞德斯、樹精▽（drys＝櫟樹）：（希臘）仙女，以樹木和森林為家。其中包括**攸里狄克**（Eurydíke）。當一棵德里亞斯（【單數】Dryás）居住的樹枯死了，她也會跟著死去，除非她事先找到另一棵棲身的樹。德里亞德斯類似於**哈瑪德里亞德斯**（Hamadryádes）。

Dua 杜瓦△（晨間）：（埃及）衛浴神，他為國王洗臉刮鬍子。他有時候被稱為「偉大的杜瓦」或「神聖的杜瓦」，其形象為麋鹿。

Duamutef 杜米特夫△（歌頌其母親者）：（埃及）屍體的守護神，**霍魯斯諸子**（Horuskinder）其中之一，他有胡狼的頭，是卡諾卜罐神，負責照顧死者的胃。他被指派守在東方。

Duat 杜瓦特、陰間▽、Dat：（埃及）尼羅河西方黑暗的冥府，和光明的**伊亞路**（Earu）相對立，是蜷藏在大地裡的黑暗王國，在夜裡舒展於穹蒼。在東方和西方的地平線，地下的杜瓦特和天上的杜瓦特彼此交會。在地下的杜瓦特裡，陰間法庭會度量靈魂的重量。通過者可以升到伊亞路，不合格的就得待在陰間忍受飢渴。從新王國時期開始，陰間也成為世界結構的一部分，世界的基本元素稱為「天、地、陰間、水、山」。夜裡太陽會下沉到杜瓦特，從西方回到東方。杜瓦特的象形符號是星星。

bDud 都、魔：1.（西藏）苯教的精靈，以穹蒼為家。2.在藏傳佛教裡則被貶為魔鬼。

Dumuzi 杜木茲△（【蘇美】右邊的兒子）、【希臘】Daōzos：大洪水時期以後蘇美烏魯克王朝第四位國王，他也是草原群獸和植物的守護神。他是**葛什提南那**（Geshtinanna）和**貝莉莉**（Belili）的兄弟，**伊南那**（Inanna）的情夫。伊南那象徵女性的自然本質，

而杜木茲則代表男性自然本質。根據「伊南那地獄之旅」的神話，杜木茲成為伊南那的替死鬼。杜木茲的墮入地獄和回到人間，象徵著草原植物在酷暑裡的枯萎以及在春天裡的復甦。蘇美的杜木茲相當於阿卡德的**坦木茲**（Tamūzu）。

Dumuziabzu　**杜木茲阿布蘇**▽（阿布蘇右邊的孩子）：（蘇美）基尼夏（Kinirsha）的城市神。

Dur　**杜爾**△：（巴比倫）喀西特族傳說的冥府神，等同於阿卡德的**匿甲**（Nergal）。

Durgā　**難近母**、**杜爾嘉**▽（【梵】深不可測的）：（印度教）母神、戰神和守護神。她是**濕婆**（Shiva）的**沙克提**（Shakti）和妻子。在毘濕奴崇拜裡，難近母是**黑天**（Krishna）和**大力羅摩**（Balarāma）的妹妹，即須跋陀羅（Subhadra）。她降服**天神**（Deva）的仇敵以及諸魔，打敗魔王**馬希沙**（Mahisha）。她別名為馬希沙馬提尼（Mahishamardini）、**左悶拏**（Chāmundā）、**舜拏摩思陀**（Chinnamastā）。**俱摩利**（Kumāri）是她的化身。每年秋天會舉行至少為期五天的難近母祭（Durgapuja）。她有十隻手，執各種神祇的兵器。她的坐騎是獅子或老虎。

Dūsharā　**杜夏拉**△、Dū-sh-Sharā（【阿拉伯】夏拉山的神）、【拉丁】Dusares：（阿拉伯）納巴泰族的太陽神、多產神和最高神。每年 12 月 25 日是「杜夏拉節」，他們會慶祝他的母親**克布**（Chaabu）的童貞生子。約旦的佩特拉城（Petra）神殿裡有他的神像，是一塊黑色方形石頭，置於黃金座上。豹是他的聖獸，葡萄是他的象徵。在希臘化時期，他被誤認為**戴奧尼索斯**（Dióny-sos）。死海和紅海之間的山區，至今仍稱為夏拉山（esh-Sharā）。

Dvergr　**侏儒**（【古北歐】）、【古德語】Zwerc：（日耳曼）侏儒、地靈和冶鐵匠，寶藏的守護者，是由**伊米爾**（Ymir）屍體裡的蛆化成的。他們住在地底，躲避陽光，包括**柏林格**（Berlingr）、**德林格**（Dellingr）、**伊瓦地**（Ívaldi）、**喀瓦西**（Kvasir）。他們為諸神鑄造法器：**托爾**（Thor）的雷神鎚（Mjöllnir）、**歐丁**（Odin）的神矛（Gungnir）、芙蕾葉（Freyja）的**女神項鍊**（Brísingamen）以及**綁魔索**（Gleipnir）。他們的造形為醜陋的小矮人。

Dyaus　**特尤斯**△（【梵】天空）、Dyaus Pitar（天父）：（吠陀

宗教）天神和父神，他和妻子**比里底毘**（Prithivi）是諸神的始
祖。他的兒子們包括**阿耆尼**（Agni）、**因陀羅**（Indra）、**蘇利耶**
（Sūrya）和**烏舍**（Ushas）。他以公牛為象徵，類似於希臘的**烏拉諾
斯**（Uranós）。

Dyok→Jok

E

Ea 伊亞△（水屋）：（阿卡德）淡水海的神，也就是地底或天上的水。他吩咐**烏塔納皮斯提**（Utanapishti）造一艘方舟，帶著家人、動物和黃金白銀乘船躲過大洪水。他也根據**馬爾杜克**（Marduk）的指示，以雙手創造人類。他是智慧和盟誓的神，綽號為「醫者伊亞」，顯示他是醫生的祖師。他是**安夏爾**（Anshar）和**奇夏爾**（Kishar）的兒子，他的兄弟有**安努**（Anu）和**亞拿突**（Anatum）。他是**丹奇娜**（Damkina）的丈夫，馬爾杜克、**坦木茲**（Tamūzu）和**阿達帕**（Adapa）的父親。他和**安努**（Anu）、**伊利勒**（Ellil）組成三聯神，象徵靜止的力量。他的聖城是幼發拉底河和底格里斯河河口處的厄里杜城（Eridu）。滾印銘文描繪他坐在洪水氾濫的聖殿裡的寶座上，從他肩上流出河水。他的聖獸是「山羊魚」，神聖數字是 40。阿卡德的伊亞相當於蘇美的**恩奇**（Enki）。

Earu 伊亞路（草原）：（埃及）位於東方天空的光明冥府，和**杜瓦特**（Duat）相對立。通過陰間法庭的人們可以在那裡延續在人間的行為，但是為了讓他們在那裡「無需勞役」，於是到了新王國時期，就有烏謝布提斯（Uschebtis）（回答者）陪葬去服侍他們。

Eate 伊亞特△、Egata：（西班牙巴斯克地區）火神和天氣神，在降冰雹或火災的時候，人們可以聽到他低沉的聲音。

Ebisu 惠比壽：（神道教）財神和守護神，他庇佑城市裡的商人、海邊的漁夫和田裡的農夫。他手持釣竿，是**七福神**（Shichi-Fukijin）之一。

Échidna 艾奇德娜▽（毒蛇、水蛇）：（希臘）冥府裡的怪物，半為女人半為蟒蛇，會從洞裡鑽出攻擊路過的人。艾奇德娜是**蓋婭**（Gaía）和**塔塔羅斯**（Tártaros）的女兒，或說是**弗基斯**（Phórkys）和**開托斯**（Kétos）所生。她是**提封**（Typhón）的妹妹和妻子，生下許多怪物，例如：**克貝羅斯**（Kérberos）、**奇麥拉**（Chímaira）、**斯芬克斯**（Sphínx）、**希德拉**（Hýdra）和拉頓（Ládon）。

Echó 哀可▽（回聲、傳言）：（希臘）仙女，屬於**歐麗雅杜**（Oreiádes）神族，山岩間的回聲的人格化。哀可沒辦法先說話，當別人說話時，她卻無法靜默。她愛上**納奇索斯**（Nárkis-sos），卻

獨角獸

伊亞
阿卡德的淡水海神，從他肩上流
出河水，有魚群溯游。

得不到回報。她悲傷得形銷骨立，四肢都變成石頭，只剩下聲音存在。或謂**潘神**（Pán）愛上她卻未獲青睞，他怒而毆打牧者。於是他們把哀可碎屍萬段，只留下一點回聲。

Ēden→Gan Ēden

Edenkema　伊甸克瑪△：（西非）迦納（Ghana）的阿坎族（Akan）的造物神和天神，他造了世界、諸神、精靈和人類。他和**尼亞門勒**（Nyamenle）以及**阿齊勒・雅巴**（Azele Yaba）組成三聯神。

Egata→Eate

Egeria　依格莉亞▽：（羅馬）屬於**卡梅娜**（Camena）的山泉仙女、預言神和助產神。她是羅馬第二位國王努瑪・龐皮利烏斯（Numa Ponpilius）的妻子，在夜裡相會時告訴他諸神的意旨，並且教他如何治國。國王死後，她淚流不止，最後化身為山泉。

Egres→Ägräs

Eguzki→Ekhi

Ehecatl　埃喀托△（風）：（印第安）阿茲提克族的風神，他是**奎茲克亞托**（Quetzalcoatl）的化身，把生命的氣息吹到無生命者裡頭。他愛上了**瑪瑤爾**（Mayahuel）以後，也使人類有了愛。當愛落到地上時，從那裡長出一棵樹。

Ehi→Jhi

Eileíthyia　艾莉西雅▽（援助者）、【拉丁】Ilithyia：（希臘）生產女神，幫助婦女順利分娩。她是**宙斯**（Zeús）和**希拉**（Hera）的女兒，**阿利斯**（Áres）、**赫貝**（Hébe）以及**黑腓斯塔斯**（Héphaistos）的姐妹。她曾幫助希拉阻礙**麗托**（Letó）的分娩以及**赫拉克列斯**（Heraklés）的出生。艾莉西雅相當於羅馬的**盧奇娜**（Lucina）。

Einherier　英靈戰士△、Einheri（【古北歐】孤軍奮戰者）：（日耳曼）在古戰場裡戰死的英雄，被**沃居爾**（Walküren）帶到**歐丁**（Odin）的英雄殿（Walhall）。歐丁每天教他們如何作戰，好在**諸神黃昏**（Ragnarök）時保衛諸神。晚上他們在歡宴裡喝山羊海德倫（Heidrun）長生不死的羊奶，吃山豬**塞利尼爾**（Saehrímnir）的肉，聽**布拉吉**（Bragi）的歌。

Einhorn 獨角獸⊙：一種外形像馬的怪物，額頭有一隻長角。獨角獸可以用牠的角使毒蛇污染的泉水恢復潔淨。潔白且膽怯的獨角獸只有在處女懷裡才能平安睡著。在中國則稱為**麒麟**（K'i-lin）。獨角獸是德行的象徵，特別是指貞節，也是基督宗教的**馬利亞**（María）的象徵。蘇格蘭以獨角獸為紋獸，而英格蘭則是以獅子為紋獸。芭蕾舞劇：Chailley（1953）。

外型像馬的膽怯的獨角獸，只有在處女懷裡才覺得平安。

Eiréne 哀勒尼▽（和平）：（希臘）倫理女神，**荷萊三女神**（Hórai）之一，後來成為和平女神。她是**宙斯**（Zeús）和法律女神**特密斯**（Thémis）的女兒，攸諾米雅（Eunomía）和**狄克**（Díke）的姐妹。她的母親象徵著法律，是創造和維繫和平的先決條件。哀勒尼手持沒有矛頭的長矛，旁邊有嬰孩形象的**普魯托**（Plútos），另外還拿著一只豐饒角。哀勒尼相當於羅馬的**帕克斯**（Pax）。雕塑：Kephisodot（4 B.C.）。

Ek Chuah 艾克·曲瓦（黑神）：（印第安）商旅和可可樹的守護神，他有肥厚低垂的下嘴唇以及蠍子尾巴，手持長矛，背負重物。

Ekhi 埃奇▽（太陽）、Eguzki（陽光）：（西班牙巴斯克地區）太陽女神，太陽的人格化。她在日落時回到母親魯爾（Lur）（大地）的懷抱，她是月神**伊拉圭**（Illargui）的姐姐。埃奇的一道陽光就足夠讓晚上出來作祟的夜魔聞風喪膽。

Ēl 厄勒△（大能者）：1.（閃族西部）對神的稱呼。2.（敘利亞和腓尼基）多產神。他被認為是**阿提拉特**（Atirat）和**亞舍拉**（Ashera）的丈夫，「亞舍拉七十子」的父親，他的兒女包括**巴力**（Ba'al）、**莫特**（Mōt）和**亞拿**（'Anath）。他也是**大袞**（Dagān）的兄弟。厄勒是「大地的創造者」、「人類之父」。他是萬神之王，主持諸神會議，所有重要的事務都必須經過他的首肯。他是理想的王，寬容、仁慈且睿智。他會表現歡悅和悲傷，但是絕不會生氣。厄勒的綽號是「公牛」，讓兩個婦女懷孕，生下 **沙哈**（Shahar）和

艾克·曲瓦
印第安神話的「黑神」，可可樹的守護神，下唇肥厚低垂，有蠍子尾巴。

厄勒

敘利亞和腓尼基的多產神，萬神之王，戴著王冠，坐在寶座，腳下有矮凳，右手把一只瓶子交給站在旁邊的崇拜者，左手舉起來賜福。上方有一顆帶著雙翼的八角星。

沙琳（Shalim）。他在祭壇失去了生殖力以後，只得向年輕的巴力神屈服。表現為耄耋的國王的厄勒，相當於烏加里特的**厄爾**（’L）、阿拉伯的**以拉**（’Ilāh）、阿拉伯南部的**以勒**（’Il）、阿卡德的**以路**（Ilu）。

Elagabal 厄勒加巴△（山上的厄勒）、【希臘】Heliogabalos：（敘利亞）艾米沙城（Emesa）的城市神，人們以一顆自天而降的石柱奉祀他，城裡的所有祭司都以神為名，其中一個以他為名的祭司成為羅馬皇帝（218－222），就把那顆如蜂箱般的黑色聖石帶到羅馬去，並且把厄勒加巴舉揚為「太陽神厄勒加巴」（Deus Sol Elagabalus）或「至高的太陽神厄勒加巴」（invictus Sol Elagabalus），成為羅馬至高的國家神。接著皇帝在神族婚禮裡讓厄勒加巴和**雅典娜**（Athena）以及迦太基的**提妮特**（Tinnit）結婚。皇帝死後，該聖石就被迎回艾米沙。

Elat→Ashera

Eléktra 伊蕾克特拉▽、【拉丁】Electra：1.（希臘）河神，屬於**女河神族**（Okeanínes），是泰坦族的**歐開諾斯**（Okeanós）和特條斯（Tethys）的女兒，陶馬斯（Thaumas）的妻子，生了**伊莉絲**（Íris）和哈皮亞（Hárpyia）姐妹。2.仙女，**七女神**（Pleiádes）之一，**阿特拉斯**（Átlas）和普蕾昂妮（Pleione）的女兒。她和**宙斯**（Zeús）生下達達諾斯（Dardanos）和**雅西昂**（Iasíon）。3.女英雄，**阿加曼農**（Agamémnon）和**克呂苔美斯卓**（Klytaiméstra）的女兒，克里索提米斯（Chrysothemis）、**伊菲格內亞**（Iphigéneia）以及**歐瑞斯特斯**（Oréstes）的姐妹，皮拉德斯（Pylades）的妻子。她在邁錫尼受到母親及其情人艾格斯托斯（Aigisthos）（後來殺死她父親）的百般羞辱。她要她的哥哥歐瑞斯特斯去報仇。戲劇：Sophokles（415 B.C.）、Euripides（413 B.C.）、Hofmannsthal（1904）、O'Neill（1931）、J. Giraudoux（1937）；歌劇：R. Strauss（1909）；電影：Kakojannis（1962）。

Elias→Ēlijjāhū

Ēlijjāhū 以利亞△（【希伯來】耶和華是神）、【希臘】Elias、【阿拉伯】Ilyās（伊利阿斯）：1.（猶太教）**耶和華**（Jahweh-Elōhim）的**先知**（Nābi’），在以色列的提斯比城（Tisbi）的行神蹟

者（871－851 B.C.）。他曾在迦密山和**巴力迦密**（Ba'al-Karmelos）的先知評判誰的神是真神，而讓天上降下火來。他預言旱災，然後又讓天降甘霖。他在撒勒法（Sarepta）的寡婦那裡使麵罈和油瓶裡的麵和油不短缺，又讓寡婦的兒子死裡復活。在出現火車火馬以後，他就乘旋風由天使護送昇天。直到末日，他都待在天國裡，一直是他的民族的救難者。他在末日前會復臨。他在每次的割禮都會臨到（以利亞之椅），而在逾越節家宴也會來作客

以利亞
猶太教先知，駕著火車火馬乘旋風昇天（Biblia Germanica, 1545）。

（以利亞之杯）。人們每年都會到他在迦密山的山洞朝聖。2.（基督宗教）先知，**耶穌**（Iesûs）變容時，他和**摩西**（Moysēs）一起顯現。3.（伊斯蘭）先知「伊利阿斯」，他和**伊迪雷斯**（Idris）一樣昇天。清唱劇：F. Mendelssohn Bartholdy (1838)。

Elioun→'Eljōn

Elishā　以利沙△（【希伯來】神助）、【希臘】Elisaíos：（猶太教）以色列的先知（850－800 B.C.）和行神蹟者。他承繼**以利亞**（Ēlijjāhū）作先知，其神蹟的行使次數和規模勝過他的師傅。以利沙是沙法（Saphat）的兒子，他治好惡劣的水，增多寡婦的麵包和油，治好亞蘭王的元帥乃縵（Naaman）的痲瘋病，讓寡婦書念（Shunemitin）的兒子死裡復活，甚至是被拋到以利沙的墳墓裡的死人，一碰到以利沙的骸骨就復活站起來。

Elissa→Didó

Eliun→'Eljōn

Élivágar　埃利瓦加（【古北歐複數】）：（日耳曼）11 條河的總稱，源自**霧鄉**（Niflheim）永不枯竭的**滾鍋泉**（Hvergelmir），洪水在太初形成冰川以及覆蓋著冰霜的**無底深淵**（Ginnungagap）。

'Eljōn　至高者△（'alaj＝升高）、Elioun、Eliun：（敘利亞和腓尼基）天神，屬於第一代神，是**貝魯特**（Beruth）的丈夫，**埃庇格烏斯**（Epigeus）的父親。斐羅（Philon von Byblos）稱他為至高者（Hypsistos），因為他住在天上。在聖經裡經常提到至高者以及

「至高者的兒子」（《詩篇》9:3、82:6；《以賽亞書》14:14）。在撒冷王麥基洗德（Melchisedek）的時代，他和**厄勒**（Ēl）結合為「至高神」（Ēl-Eljōn），和耶和華（Jahwe）結合為「至高的神耶和華」（Jahwe 'ēl 'eljōn）（《創世記》14:22）。原本這三個名字指稱三位完全不同的神。「至高者」這個名字也和**埃洛希姆**（Elōhim）結合為「至高的神」（《詩篇》57:3、78:35）。如此一來，他和耶和華以及埃洛希姆完全同一。

El-kunirsha　厄勒庫尼夏△（創造大地的神）：（西台）造物神，**亞舍杜什**（Asherdush）的丈夫。

Ellel　厄勒爾△、Ellilush：（西台）天神和誓約之神，在訂定國家盟約時會以他為名，他相當於胡里安的**庫馬比**（Kumarbi）。

Elli　伊莉▽（【古北歐】老者）：（日耳曼）**約頓族**（Jötunn）的女巨怪，是**外域羅奇**（Útgardaloki）的褓姆，她象徵著年華漸老。即使是**托爾**（Thor）在和她摔角時也落敗，因為終究沒有人能夠抗拒衰老。

Ellil　伊利勒△：（阿卡德）天空和大地的神，他又稱為「諸地之王」，是大陸的象徵。他是**安夏爾**（Anshar）和**奇夏爾**（Kishar）的兒子，**安努**（Anu）和**阿璐璐**（Aruru）的兄弟，**欣**（Sīn）的父親。他和安努以及**伊亞**（Ea）組成男性三聯神。

Ellilush→Ellel

Elōhim　神、埃洛希姆△（【希伯來複數】大能者）、Ēl（【單數】強者、領袖、施與者）：（猶太教）對神的稱呼，原本是宇宙神的統稱，後來成為先祖們**亞伯拉罕**（Abrāhām）、**以撒**（Jizhāk）和**雅各**（Ja'akōb）的神，以各種方式顯聖，例如夜晚的夢裡給與他們應許。他有許多**天使**（Mala'āk）為其使者。**以利亞**（Ēlijjāhū）和**以利沙**（Elishā）得神召成為最初的先知，奉他的名預言拯救或災害。「厄勒」（Ēl）經常和其他名字結合，例如：「至高神」（Ēl-Eljōn）、「全能的神」（Ēl Shaddaj）、「永生神」（Ēl Ōlām）、「伯特利的神」（Ēl Bētēl），有時候也成為許多人名的字根，如：**米迦勒**（Mikā'ēl）、**辣法耳**（Refā'ēl）、**烏列**（Ūri'ēl）。複數的埃洛希姆是統稱一個神的所有神性力量。後來埃洛希姆成為**耶和華**（Jahwe）的稱呼。

Elýsion **極西樂土**⊙（未來的樂園）、Elysium：（希臘）在極西之地的樂園，四季如春，其中還有「至福者之島」。在**歐開諾斯**（Okeanós）海岸邊，由**忘川**（Léthe）環繞四周。那裡住著諸神賜予永生的至福者，特別是英雄們，例如迪奧米德斯（Diomedes）、**阿奇里斯**（Achilleús）、**卡德馬斯**（Kádmos）和美內勞斯（Menélaos）。極西樂土和**地底深淵**（Tártaros）相對，相當於埃及的**伊亞路**（Earu）。

Emain ablach→Annwn

Embla→Askr

Emesu **埃梅蘇**▽、Emese（emse＝豬）：（匈牙利）先祖，她在分娩前夢到老鷹**圖魯爾**（Turul）使她懷孕，從她身體湧出「暴流」（Attila），因此把新生兒取名為**阿爾莫斯**（Álmos）（夢境）。

Emma-ten→Yama

Empung Luminuut **恩朋魯米奴**▽：（印尼）米納哈薩地區（Minahasa）的大地女神，諸神和人類的先祖，太陽神**多雅路**（Toar）的母親和妻子。她是從石頭裡流出來的。她和西風交媾生下多雅路，後來在不知情的狀況下和他結婚，從而繁衍諸神和人類。

En **恩**△：（蘇美）諸神名字的組成部分，意為「上主」或「神」，例如：**恩奇**（Enki）、**恩利勒**（Enlil），或是國王的名字，例如恩莫卡（Enmerkar），和女性的**寧**（Nin）相對。政教分離以後，「恩」成為大祭司的頭銜。

En **厄恩**△（魔鬼、陰影、神）、Hen：（阿爾巴尼亞）諸神的統稱，或意指天神，星期四（enjëtë, enjë）即以他為名。基督教傳入後，厄恩就泛指太初的惡魔。

Enbilulu **恩比路魯**△：1.（蘇美）灌漑神和農神。2.在阿卡德王朝，他被認為是**伊亞**（Ea）的兒子，後來成為巴比倫的**馬爾杜克**（Marduk）50 個名字之一。

Enduri **恩都里**：（西伯利亞）黃金時期的天神。

Endzeit **末日**：線性或周期性的**世界時期**（Weltzeitalter）的終點。周期性的時間歷史認為，世界全體或個體生命都會經歷重複的終點，如**輪迴**（Samsāra）；而在線性的歷史發展裡，個體和世界

世界時期的終點，神持著象徵收成的鐮刀作審判，天使和魔鬼展開最後決戰（A. Dürer, 1497／98）。

都只有一個終點。無論如何，每個末日都有個**太初**（Urzeit）相對應。在末日裡也都有個末日的神話。到了個體生命的終點，多半必須接受神的審判，決定死後生命或是上天堂或是下地獄。而世界的終點則會有地震、洪水、天塌、星墜、大火或冰霜，以及諸神、天使和惡魔的決戰。異象得見者和受啟示者會描繪世界末日的歷程。

繪畫：Rubens（ca. 1615/16）；木刻畫：A. Dürer（1498）；清唱劇：F. Schmidt（1937）。

Enee 伊內▽（ünö＝雌鹿）：（匈牙利）先祖，她是巨人**曼洛特**（Ménróth）的妻子，**胡諾**（Hunor）和馬戈兒（Magor）的母親。

Engel 天使△：隨侍諸神的靈體的統稱，他們經常是諸神的侍從或信差。作為人神之間的**中保**（Mittler），他們的力量也介於兩者之間。他們大部分住在天堂，和惡魔相對立，代表天國與善。有時候他們也被稱為守護天使，保護著人類。其中著名的天使有：伊朗的**聖神**（Amesha Spentas）和**弗拉法希**（Fravashi）；阿卡德的**安努那庫**（Anunnaku）和**伊吉谷**（Igigū）；日耳曼的芙格葉（Fylgjen）；阿茲提克的**納瓜爾**（Nagual）；猶太教的**天使**（Mala'āk）；伊斯蘭的**天使**（Malā'ika）。天使都有翅膀。繪畫：V. v. Gogh（1888）、G. Moreau（ca. 1890）、M. K. Ciurlionis（1909）；膠彩畫：G. Rouault。

En-kai→N'gai

Enki 恩奇△（大地之王）：（蘇美）**阿布蘇**（Abzu）的神、泉水神、智慧神、藝術神。他的主要別名「努地姆德」（Nudimmud）（創造者和孕育者）顯示他也是造物神。因為他掌握了**教諭**（Me），因而也是大地的統治者。他的使者叫作**伊西姆**（Isimu）。恩奇和**安**（An）以及**恩利勒**（Enlil）組成三聯神。他是**娜姆**（Nammu）的兒子，**丹伽努娜**（Damgalnunna）或即**寧珠桑嘉**（Ninchursanga）的丈夫，**阿薩魯希**（Asalluchi）、**阿什南**（Ashnan）和**南施**（Nanshe）的父親。他的聖地位於厄里杜城（Eridu），被認為是文明的發源地，其中有神殿伊亞卜蘇（Eabzu）或恩谷拉（E'engura）。他的聖獸是山羊。恩奇相當於阿卡德的**伊亞**（Ea）。

Enkidu 恩奇杜△：（蘇美和阿卡德）原始人，和開化的「統

治者」**吉加美士**（Gilgemesh）相對，是他的「奴隸」和臣民。根據阿卡德版本的《吉加美士史詩》，他則是吉加美士的朋友、親信和戰友，和他平起平坐。恩奇杜是**阿璐璐**（Aruru）所造，在他死後，吉加美士到陰間去找他，在那裡給嚇壞了，因而開始尋求長生不死的藥草。

Enkimdu **恩奇姆杜**△：（蘇美）灌溉神、「堤堰和渠道的主宰」。農作神恩奇姆杜和牧神**杜木茲**（Dumuzi）都喜歡**伊南那**（Inanna）而成了情敵，後來伊南那選擇了杜木茲。

Enlil **恩利勒**△（風的主宰）：（蘇美）主司自然力量和暴風雨的神，穹蒼的主宰，他使天空和大地分開。他是**安**（An）和**奇**（Ki）的兒子，**寧利勒**（Ninlil）的丈夫，**寧烏塔**（Ninurta）、**寧格蘇**（Ningirsu）、**南那**（Nanna）、**涅里加**（Nerigal）、**寧娜**（Nina）、**妮撒巴**（Nisaba）和**路加班答**（Lugalbanba）的父親。**努斯庫**（Nusku）是他的隨從。他和恩（An）以及恩奇（Enki）組成三聯神。他是「命運版的主人」，後來卻把它弄丟了。他也發明了對於農耕而言非常重要的鋤頭，以及搭建磚屋的工具。他在尼普爾（Nippur）的聖地叫作「埃庫爾」（Ekur）神殿，意指象徵神的寶座的世界山。他相當於阿卡德的**伊利勒**（Ellil）。

Enmesharra **恩美夏拉**△（所有教諭的主宰）：（蘇美）冥府神，主司律法和權力，是「一百個教諭的主宰」。他和妻子寧美夏拉（Ninmeshara）是恩（An）和恩利勒（Enlil）的祖先，並且把統治權交給他們。他共有七個孩子。

Énnoia **恩諾亞**▽【希臘】審慮、思想）：（諾斯替教派）諸神之母，象徵靈魂在肉體裡的痛苦和屈辱。她是**比托斯**（Bythos）的流出（即女兒），和他生了**努斯**（Nús）。她的別名為「萬有之母」和「靜默」（Sigé）。她的兒子——即諸天使和權力們，把她禁錮在世界裡，她只好在不同的女性身體裡流浪。當她被關到海倫的身體裡，降生到提洛斯城（Tyrus）的一家妓院裡時，她的痛苦和屈辱無以復加，而她的父親比托斯現身拯救她。有時候恩諾亞等同於**芭碧蘿**（Barbelo）。

Enóch→Hanōk

Enōsh **以挪士**【希伯來】人類）、【希臘】Enós：1.（猶太教）

149

近代世界試圖破除中世紀受神話
限制的世界圖像（十六世紀木刻
匣）。

遠祖，他是**塞特**（Shēth）的兒子，**該南**（Kenan）的父親，活到 905 歲。2.（基督宗教）**耶穌**（Jesùs）的第三位先祖。

Entmythologisierung 破除神話：泛指以科學的方法解決傳統觀念裡的神話主題，以探究其歷史內容和背景。1941 年，布特曼（Rudolf Bultmann, 1884－1976）則以「破除神話」指稱，把聖經裡的神話世界圖像和主題，理解為受時代限制的思維和論述方式並且拋棄它，轉而以當代存在主義式的「存在性」詮釋去翻譯它。而以非科學的方式剌除傳統權威的世界觀裡的神話外衣，則稱為「破除神祕」（除魅）（Entmythisierung），如附圖十六世紀的木刻畫所表現。

Eós 伊奧斯▽（晨曦）：（希臘）晨曦女神，有時候稱為**赫美拉**（Heméra）（白晝）。她是**希培利溫**（Hyperíon）和**帖亞**（Theía）的女兒，**赫利奧斯**（Hélios）和**色麗妮**（Seléne）的姐妹。她和星神阿斯特賴俄斯（Astraios）生了風神**波瑞阿斯**（Boréas）、**歐羅斯**（Eúros）、**諾托斯**（Nótos）和**塞菲羅斯**（Zéphyros）。清晨她會乘著馬車從深海裡浮出，飛越天際，由其子**弗斯弗洛斯**（Phosphóros）前導，其他眾星則紛紛走避。伊奧斯曾經誘拐其丈夫提托諾斯（Tithonos）、獵人**奧利安**（Oríon）以及喀法羅斯（Kephalos）。她哀悼在特洛伊戰死的兒子曼農（Memnon），流的眼淚掉在地上變成露珠。伊奧斯相當於羅馬的**奧羅拉**（Aurora）。

Epigeus 埃庇格烏斯△、Auchthon：（腓尼基）第二代的天神，是**至高者**（'Eljōn）和**貝魯特**（Beruth）的兒子，其後他被同化為希臘的**烏拉諾斯**（Uranós）。

Epígonoi 埃庇哥諾伊（後裔）、【拉丁】Epigoni：（希臘）「遠征底比斯的七英雄」的後代。他們的父親遠征戰死的十年後，他們再度率軍摧毀**阿德拉斯托斯**（Adrastos）統治的底比斯。

Epimetheús 埃皮米修斯△（後知後覺者）：（希臘）駑鈍的英雄，他是泰坦族夫婦**亞佩特斯**（Iapetós）和克里梅妮（Klymene）

的兒子，他的兄弟有**普羅米修斯**（Prometheús）和**阿特拉斯**（Átlas）。他是**潘朵拉**（Pandóra）的丈夫，皮拉（Pyrrha）的父親。普羅米修斯勸告他不要接受**宙斯**（Zeús）的禮物，但是他還是忘記，娶潘朵拉為妻，帶給人類帶來許多災難。

Epona 艾波娜▽（巨牝）：（克爾特）高盧神話的馬神、騎士的守護神以及多產神。她坐在寶座上，有若干馬圍繞著她，或是站在馬背上。豐饒角是她的標誌。

Erató 哀拉托▽：（希臘）抒情詩的繆思，她是**宙斯**（Zeús）和**尼莫西妮**（Mnemosýne）的女兒，手裡持著弦樂器。繪畫：F. Lippi (ca. 1500)。

Érebos 埃瑞波斯△：（希臘）象徵陰間黑暗的神。他是**混沌**（Cháos）的兒子，**妮克絲**（Nýx）的哥哥。他和妮克絲生了**以太**（Aithír）和赫美拉（Heméra）。

Eres 地面▽【希伯來】、【希臘】Gẽ：1.（猶太教）圓盤狀的地表，由孕育生命的紅土、灰白的石灰層和荒原構成。它是由鹹水海沖刷形成的，地底有淡水，湧而為泉，地表在深淵（Tehōm）上

艾波娜
克爾特神話的馬神，正在給幼馬
餵食。

伊莉尼絲，希臘復仇女神，手臂上有一條蛇，追殺弒母的歐瑞斯特斯。

面，底下是冥府。在二分法的世界圖像裡，地面是在下半部，上面覆蓋著天（Shāmajim）。起初，地是**空虛混沌**（Tohū wābōhū），**耶和華**（Jahwe-Elōhim）在六天的創世裡使地面形態俱備。在第三天裡，神讓地上長出植物。在第五天裡，祂創造了天上、水裡和地上的動物。在第六天裡，神造了男人和女人。神也在地上立了**樂園**（Gan Ēden）。後來的**洪水**（Mabul）和**巴別塔**（Bābēl）的故事也在地面演出。2.（基督宗教）**上主**（Kýrios）的受造物。如果天堂是神的寶座，那麼地面就是他的腳凳，是不完美的而且倏忽即逝。世上的萬事萬物，如果沒有天國的認可，都是沒有價值的。到了末日，神會創造新天新地，在那裡沒有痛苦、衰老及不義。

Ereshkigal　**厄里什基迦勒**▽（大地或冥府的主宰）：（蘇美和阿卡德）冥府女神，**伊西塔**（Ishtar）的姐妹。她是谷加拉那（Gugalanna）的妻子，或說是**匿甲**（Nergal）的妻子。她也是**寧納蘇**（Ninazu）的母親和妻子，其使者為**納姆塔**（Namtar）。冥府「不歸國」，是厄里什基迦勒在太初得到的「禮物」。她有「地獄七法官」隨侍，以「死亡的眼」注視每個下地獄者。

Erichthónios　**埃里赫頓尼俄斯**△（chthon＝大地）、【拉丁】Ericthonius：（希臘）國王，他發明了農耕和四駕馬車。**黑腓斯塔斯**（Héphaistos）追求貞節的**雅典娜**（Athéne）被拒，精子滴在大地**蓋婭**（Gaía）上面，就生下了埃里赫頓尼俄斯，由雅典娜把他扶養長大。他後來成為天上的御夫座（Bootes）。

Erinýs　**復仇三女神、伊莉尼絲**▽、【複數】Erinýes（憤怒者）：（希臘）1.懲罰女神。2.**冥府**（Hádes）的復仇三女神，倫理秩序的守護神，對於觸犯神的律法的惡行，尤其是殺人和亂倫，她們會嚴懲無赦。**烏拉諾斯**（Uranós）被**克羅諾斯**（Krónos）去勢，血滴流到大地**蓋婭**（Gaía）而生下她們。她們也有其他婉轉的別名：**莊嚴女神**（Sémnai theaí）、**慈惠女神**（Eumenídes）。三女神分別是：阿蕾克托（Allekto，不間斷者）、美蓋拉（Mégaira）和提西福涅（Teisiphone，報死仇者），手持火炬和短劍。她們相當於羅馬神話的**憤怒三女神**（Furiae）。

Éris　**伊莉絲**▽（紛爭）：（希臘）鬥爭和衝突的女神，她也會製造仇恨、困境以及人類的戰爭。她是**妮克絲**（Nýx）的女兒，**克**

兒（Kér）、塔那托斯（Thánatos）、希普諾斯（Hýpnos）、莫姆斯（Mómos）和尼美西斯（Némesis）的姐妹。荷馬說她是阿利斯（Áres）的妹妹和妻子。因為伊莉絲沒有獲邀參加培里烏斯（Peleús）和泰蒂斯（Thétis）的婚禮，為了報復，她就把一顆刻有「獻給最美麗的人」的金蘋果丟在宴席間，引起希拉（Héra）、阿芙羅狄特（Aphrodíte）和雅典娜（Athéne）的爭奪戰，而由帕利斯（Páris）作裁判。

Eriu　伊莉娥：（克爾特）愛爾蘭神話的女神，愛爾蘭島（Eire）的人格化。她屬於弗摩爾族（Fomore），是德爾巴特（Delbaeth）的女兒，**布雷斯**（Bress）的母親。

Erlik　埃爾利克：（西伯利亞）阿爾泰族神話的魔神，人類的誘惑者。他殺死了天神**宇爾坎**（Ülgän）差來的救主麥德列（Maidere），因此埃爾利克的天國被毀，他自己也被扔到地獄去。

Éros　愛洛斯△（愛欲）：（希臘）愛神。他點燃了神族和人類的兩性的愛，也包括男童戀。他是**阿利斯**（Áres）和**阿芙羅狄特**（Aphrodíte）的兒子，曾經愛上**普緒咯**（Psyché）。愛洛斯有推動世界的力量，因此奧斐斯祕教把他視為造物神，從**混沌**（Cháos）創造出**宇宙**（Kósmos）。他背上有翅膀，手持弓箭。愛洛斯相當於羅馬的**阿摩爾**（Amor）（**邱比特**）。雕塑：Lysippos（ca. 400 B.C.）、Canova（1793）、Thorwaldsen（1806）、Rodin（1893）；繪畫：Correggio（1525）、Tizian（1545）、G. Reni、Rubens（1614）、O. Kokoschka（1955）；芭蕾舞劇：P. Hindemith（1944）。

Érotes　愛神、【拉丁】Amoretten：（希臘）隨侍著**阿芙羅狄特**（Aphrodíte）的眾愛神，處理日常事務、畋獵、騎射、馬車比賽和惡作劇。在文藝復興、巴洛克和羅可可時期，愛神們則變成小天使的模樣。他們是長著翅膀的裸體小男孩，手持弓箭。

Erra　埃拉△：（阿卡德）戰神和瘟神，時而會由**馬爾杜克**（Marduk）授與世界統治權。他的傳令官和軍師是**以舜**（Ishum）。他是**安努**（Anu）的兒子，**瑪密特**（Māmit）的丈夫，和**匿甲**（Nergal）並祀於古他（Kutha）的埃美斯蘭神殿（Emeslam）。

Erysíchthon　伊里西赫頓△：（希臘）色雷斯的王子，國王崔俄帕斯（Triopas）的兒子。他惡意侵入**狄美特**（Deméter）的森

153

Erlöser und Heilbringer als Vermittler　中保的救世主：

作為不平凡的中保，救世主建立了此岸和彼岸的聯繫，並且以其力量調和自然與超自然、人類與神的對立狀態。他們為族人甚或整個人類帶來世間的福祉，例如：農作物、火，或是傳授打獵、捕魚和手工藝，以及智慧、倫理價值和規範。他們是希望所繫，並解除人們的痛苦和疾病、貧窮和奴役、恐懼和愚昧、過錯和罪惡。而他們為此必須和邪惡力量搏鬥。救贖的中保是神的使者和先知、神人和聖王，也會是英雄。諸神時而會派遣使者到人間傳遞訊息，有時候他們會陪著諸神或死者的靈魂從此岸到彼岸。

他們經常像使者一樣手持使節，以作為傳訊的象徵。而有翅膀的鞋子或帽子，或是翅膀本身，則象徵著他們天上地下神通無礙。神的使者有：埃及的托特；蘇美的伊西姆；阿卡德的以舜、納姆塔、努斯庫；或是日耳曼神話裡騎著八眼馬斯雷普尼爾的赫摩德。先知也扮演中保的角色，即使他們是人類，而不像神的使者那樣擁有神性。他們以特異的天賦代表神，啟示關於過去、現在或未來的神祕知識，並且預言得救或災難。他們多半先是有神召、異象或聲音。在猶太人的著名先知裡，摩西和以利亞是行動的先知，以賽亞和耶利米則是經文的先知，米利暗、底波拉、戶勒大則是女先知。

許多中保是神人，也就是擁有神和人的血統，例如：蘇美的吉加美士，希臘羅馬神話裡的伊尼亞斯，羅馬神話的羅穆路斯和列姆斯孿生兄弟，以及韓國神話的檀君。聖王也被認為是救世的中保。他們多半是男性，其君權為神授，也就是神在俗世的代理人，他們的統治即是神的統治，因此其命令是不可違抗且無謬的。聖王不是有神的血統，就是被神立為王。屬於前者的有：埃及的法老、羅馬的凱撒、祕魯的印加、神道教的天皇、阿拉伯的穆卡里布。屬於後者的有：印度教的俱摩利、佛教的達賴和班禪、伊斯蘭的伊瑪目。

英雄的力量介於神與人之間，他們經常是出自神與人的結合。他們有許多英雄事蹟，為世界帶來文明和秩序，並且與混沌的力量搏鬥，後者以巨龍、怪獸、巨人或魔鬼為其象徵。其中著名的英雄有：蘇美的吉加美士；希臘的阿奇里斯、赫拉克列斯、奧德修斯、提修斯；或是印度教的阿周那。許多救世主以超自然的方式誕生和去世。例如由女神或婦女童貞生子，而不同於兩性交媾的自然生

產，或是由一個雌雄同體的存有者生出或流出的。如此異於自然的
誕生也暗指著他們是諸神與人類的中保。埃及的每個法老被認為是
由太陽神雷和國王妻子交媾而生的神子，因而皆名為「太陽神雷之
子」。除了聖王以外，許多英雄的母親也是處女，例如：希臘神話
的帕修斯、羅馬神話的羅穆路斯、阿茲提克的奎茲克亞托，以及宗
教的開創者佛陀、老子和耶穌。

　　同樣的，無論是救世主、統治者或英雄，他們命終時也會以出
神或昇天的方式神化或成聖（Apotheose）。例如希臘神話裡的宙
斯和人間的女子阿爾克梅尼生了赫拉克列斯，宙斯後來把赫拉克列
斯的靈魂接到奧林帕斯山上去，使他成為神。

身披斗篷、戴著面具的蝙蝠俠。

　　救世主並不只在過去世行其大能，他們也會於未來降世。屬於
前者的有：波里尼西亞傳說的茂伊、非洲的諾莫、蘇美的俄安內、
希臘的普羅米修斯、阿茲提克的奎茲克亞托、印度教的黑天，以及
宗教的開創者大雄、釋迦牟尼佛、查拉圖斯特拉、孔子和老子、摩
西、耶穌和穆罕默德。未來的救世主則有：印度教的卡爾奎、佛教
的彌勒、伊朗的拯救者（Saoshyant）、猶太教的彌賽亞、伊斯蘭的
馬哈迪。現代也有許多救世主的形象，例如來自遙遠星球的超人，
以其超能力為人類社會維護正義和秩序。蝙蝠俠也是個打擊犯罪的
神話英雄。此外還有幽浮，來自外太空的太空船。他們扮演介於外
星人和人類之間的現代中保角色。

林，儘管女神化身為女祭司勸阻他，仍然砍下一株聖樹以建造自己的餐廳。為此他必須受罰，忍受永遠無法飽足的飢餓，而淪為乞丐。

Erzulie　埃爾祖莉▽、Ezili：（非裔美洲）巫毒教的愛神、多產神和財神。她的形象為安地列斯人的混血兒。

Es　埃斯△（天）、Esdrum：（西伯利亞）凱特人（Ket）和葉尼塞人（Yenisei）的天神和最高神，也是世界的統治者。每年春天白晝最長的時候，大地和群星會來到他的住所，埃斯會祝福他們旅途平安。有時候他也會指示他們在一年裡該做的事。埃斯也是造物神。他用右手把一塊泥土扔到左側而造了男人，用左手把一塊泥扔到右側而造了女人。任何瞧見埃斯的人都難逃一死。埃斯是**霍莎丹**（Hosadam）的丈夫。

Esaías→Jesha'jāhū

Eschara→Ishchara

Eshmun　埃什門△：（敘利亞和腓尼基）植物神，死裡復活而成為醫神，因為他給病人帶來新生命。他以前是西頓（Sidon）的城市神，後來則成為迦太基的衛城（Akropolis）的守護神和城市神，市民於危難時會在他的聖所聚會。他的標誌是蛇。他等同於希臘的**阿斯克勒庇俄斯**（Asklepiós）。

Eshtan　艾什坦△（太陽、白晝）：（原始赫地）（Proto-Hattite）太陽神，相當於西台的**伊什塔努**（Ishtanu）。

Eshu→Exu

Estanatlehi　哀絲塔娜特里▽：（印第安）阿撒巴斯卡族（Athapasken）和納瓦侯族（Navajos）的造物神，她也是西方冥府的善神。她以玉米粉創造了第一對人類祖先。

Estēr　以斯帖▽【希伯來】星星）、【希臘】Esther：（猶太教）以色列的王后，敬畏神的女英雄，聖經的《以斯帖記》即以她為名。她是亞比孩（Abihail）的女兒，波斯國王薛西斯（Xerxes I, 485－460 B.C.）的王后。她被召到薛西斯的書珊城，其後被立為后。她和養父末底改（Mordechai）阻止了大臣哈曼（Haman）意圖誅滅流亡波斯的猶太族人的陰謀，哈曼得到准奏於 12 月 13 日全然剪除猶太人。後來族人為紀念以斯帖拯救他們免於集體屠殺，

而把亞達月（Adar）14 日和 15 日訂為普珥日（Purim）。由於以斯帖在晉見國王前要求族人禁食三天三夜，因此在每年的普珥日前都要禁食。繪畫：Rembrandt、Poussin、Rubens、Lorrain；戲劇：H. Sachs（1536）、Racine（1689）、Grillparzer（1848）；清唱劇：Händel（1728）。

歐蘿芭，希臘和腓尼基的公主，宙斯化身為白色公牛把她誘騙到克里特島（法國木刻，1558）。

Esu→Exu

Esus　埃索斯△（主人、師傅）：（克爾特）高盧神話的商業神、天神和火神。他的綽號是「好主人」。他是**蘿絲梅塔**（Rosmerta）的丈夫，其形象為手持斧頭的「伐木匠」。他類似於羅馬的**墨丘利**（Mercurius）。

Etana　艾塔納△：（蘇美）洪水後第一王朝的第十二位基什（Kish）國王，即「昇天的牧者」。滾印銘文記載他坐在高飛的老鷹背上，有兩隻牧羊犬在地上望著他。他要為膝下猶虛的妻子從天上摘回「懷孕草」，但是快到天上的時候，卻和他的老鷹一起掉到深淵裡。

Etemmu　袁特姆△：（阿卡德）惡魔，相當於蘇美的**基第姆**（Gidim）。

Etsai　伊朵：（西班牙巴斯克地區）家神，晚上從地洞雷茲（Leze）跑出來，化身為動物形象，例如：公牛、馬、豬或山羊。他是藝術和科學的大師，也是**亞塔拉比**（Atarrabi）的師傅。

Etügen　愛土艮▽：（蒙古）大地女神，有時候代表 77 位大地之母，她們則和**騰格里**（Tengri）的 99 位天父相對。

Etxajaunak　埃克薩霍納克（家主）：（西班牙巴斯克地區）慈善的家神，他相當於**哎哈啦嗨唷**（Aiharra-haio）。

Eúa→Chawwāh

Eumenídes　慈惠女神▽：（希臘）慈善女神，**復仇三女神**（Erinýs）的別名。她們從復仇女神轉變為祝福女神，帶來豐收並且阻止災厄。

Európe　歐蘿芭▽（【閃語】ereb＝歐洲）、【拉丁】Europa：（希臘和腓尼基）夜神。她是提洛斯（Tyros）國王阿格諾（Agenor）和提里法撒（Telephassa）的女兒，**卡德馬斯**（Kádmos）、奇利科斯（Kilix）和費妮克絲（Phönix）的姐妹。她和**宙斯**（Zeús）生

攸里狄克
希臘神話裡的樹精，右側是奧斐斯，左側是赫美斯。

了**米諾斯**（Mínos）、**拉達曼迪斯**（Rhadamanthys）和薩培敦（Sarpedón）。她在西頓（Sidon）海邊遊玩，宙斯化身為白色公牛馱著她渡海到克里特島，而和她結婚。後來公牛（Taurus）成為天上的星座。歐洲大陸便是以歐蘿芭為名。繪畫：Tizian（1560）、P. Veronese（1580）、Rembrandt（1632）、Tiepolo。

Eurós **歐羅斯**、【拉丁】Eurus：（希臘）風神，東南風的人格化，他會帶來降雨和風暴。他是星神阿斯特賴俄斯（Astraios）和**伊奧斯**（Eós）的兒子，他的兄弟有**波瑞阿斯**（Boréas）、**諾托斯**（Nótos）和**塞菲羅斯**（Zéphyros）。

Eurydíke **攸里狄克**▽、【拉丁】Eurydice：希臘奧斐斯祕教的**樹精**（Dryádes），歌者奧斐斯（Orpheús）的妻子。亞里斯泰俄斯（Aristaíos）偷窺且意圖非禮攸里狄克，她驚慌逃跑，不幸踩到毒蛇，被蛇咬死而下地獄。她的丈夫要把她救出地獄，但是在快要回到人間的時候，他忘了告誡，回頭看他妻子，因而功敗垂成。戲劇：Anouilh（1942）。

Eurynóme　尤莉諾梅▽：（希臘）海神和河神。她是泰坦族**歐開諾斯**（Okeanós）和**特條斯**（Tethys）的女兒，和**宙斯**（Zeús）生了**優美三女神**（Chárites）。

Eutérpe　攸特爾普▽（散播歡樂者）：（希臘）音樂（特別是抒情歌）的繆思，象徵笛子伴奏的抒情詩歌。她被認為是笛子的發明者。她是**宙斯**（Zeús）和**尼莫西妮**（Mnemosýne）的女兒，手持低音笛。繪畫：A. Böcklin (1872)。

Eva→Chawwāh

Evan　伊凡▽△：（伊特拉斯坎）象徵人身不死（多半是女性）的諸神。她們屬於**拉撒**（Lasa）神族，經常被描繪為身上有翅膀。

Ewigkeit　永恆：泛指無時間性或是**時間**（Zeit）的無窮延伸，有時候是周期的循環，同樣的事態在不同時代的永恆回歸。咬尾蛇是永恆的象徵。

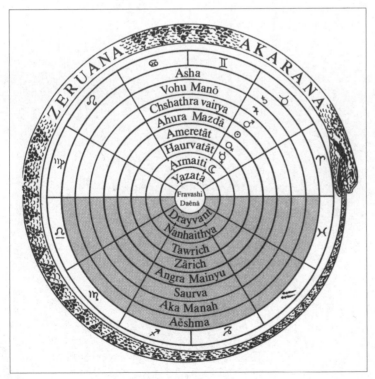

伊朗的世界圖像
外圈有咬尾蛇，圍繞著宇宙、12星座、七大行星以及善惡諸神。

埃蘇
非洲主司神諭的神，惡作劇鬼。

Exu 埃蘇△、Eshu、Esu：1.（奈及利亞）約魯巴族（Yoruba）的預言神以及**惡作劇鬼**（Trickster），代表自然的動力和反覆無常。埃蘇是「搗蛋神」，有 200 個名字和對立的屬性。他既巨大又微小，既蒼老又年輕，既遙遠又接近。「他今天扔了石頭，昨天擊中目標。」他是惡鬼，和善神**奧利夏**（Orisha）相對，手持象徵陽具的煙斗，而煙袋鍋則是睪丸，其象徵顏色是黑與白，類似於埃維族（Ewe）的**勒格巴**（Legba）以及希臘的**赫美斯**（Hermés）。2.（非裔美洲）恩邦教派（Umbandist）的惡神和惡靈，和善神**奧利夏**（Orisha）相對立，他們的首領是**埃蘇王**（Exú-Rei）。

Exú-Rei 埃蘇王△：（非裔美洲）恩邦教派（Umbandist）的惡神，他的主要對手是**奧洛倫**（Olorun）。埃蘇王等同於基督宗教的**撒但**（Sātān）。

Ezechiel→Jehezk'ēl

Ezili→Erzulie

F

伏羲

Fama 法瑪▽（【拉丁】謠言、輿論）：（羅馬）**朱庇特**（Iupiter）的使者神，象徵不脛而走的傳言。她是個有四隻眼睛、耳朵和舌頭的惡魔。

Fames 法默絲▽（【拉丁】飢餓）：（羅馬）魔女，饑荒的人格化。

Fang-chang 方丈島、方壺島：（中國）位於東海的仙島，上面住著十萬個仙人以及使人長生不死的靈芝。方丈島是崇明三島之一。

Faro 法洛◇：（非洲馬利）班巴拉族（Bambara）的天神和水神，法洛是**曼加拉**（Mangala）所造，因為宇宙震動而懷孕，生了八個孿生姐妹，成為人類的始祖。她是文明的創始者，賜予人類農耕和補魚的工具，是科諾族（Kono）祕教的守護神，入教者必須行割禮。法洛類似於多貢族（Dogon）的**諾莫**（Nommo）。

Fati 法提▽、【複數】Fatit：（阿爾巴尼亞）命運女神和助產仙子，在嬰兒出生三天後會有三個法提來到搖籃旁為他註定命運。法提類似於希臘的**命運三女神**（Moírai）。

Fat-i 法特伊△：（阿爾巴尼亞）命運神，他會化身為長工，日夜為勤勞者工作。而懶惰蟲的法特伊則終日與無所事事者為伍。

Fātima 法蒂瑪▽：（伊斯蘭）法蒂瑪王朝（Fatimiden）的祖先，**馬哈迪**（al-Mahdi）即是其後裔。她是**穆罕默德**（Muhammad）和赫徹蒂（Khadidja）的女兒，阿里（'Ali）的妻子，哈桑（al-Hasan）和**侯賽因**（al-Husain）的母親，她有「聖女」的稱號，和她的母親、**麥爾彥**（Maryam）以及阿西婭（Āsiya）同為最純潔的婦女。在**復活日**（al-Kiyāma）的時候，法蒂瑪會和她的父親並列，天使會在她升天時對她說：「凡人啊，閉上眼睛。」

Fatum 命數☉（【拉丁】神諭、命運）、【複數】Fata：（羅馬）1.由諸神決定的命數，尤其是指自然死亡。2.指帶來災厄的惡魔。

Fauna 法烏娜▽：（羅馬）田野和森林女神、農牧多產女神、醫神和預言神。她是**法伍努斯**（Faunus）的妹妹和妻子，眾獸魔（Fauni）的母親，別名為「慈善女神」（Bona Dea）。在 12 月的夜間慶典裡，不可以有男人或雄性動物。

Faunus 法伍努斯△、【複數】Fauni：1.羅馬的曠野神、森林

KNAURS
LEXIKON
DER
MYTHOLOGIE

神、田野神、農神、牧神以及預言神。他是**庇庫斯**（Picus）的兒子，仙女瑪莉卡（Marica）的丈夫，拉提努斯（Latinus）的父親，**法烏娜**（Fauna）的哥哥和丈夫，生了眾獸魔。他的別名為伊努烏斯（Inuus）（牧者）。法伍努斯相當於希臘的**潘神**（Pán）。2.眾獸魔（Fauni），指森林獸魔，是法伍努斯和**法烏娜**（Fauna）的兒子們。他們有鷹鉤鼻、尖耳朵、尾巴和羊蹄。雕塑：Rodin（1892）、Picasso；繪畫：Rubens（1612）；交響詩：C. Debussy。

Februa　贖罪禮⊙【複數】：（羅馬）滌罪和潔淨祭典，在每年羅馬曆的二月舉行，並且行贖罪祭。二月（Februar, February）

法伍努斯
羅馬的曠野神、森林神和田野神。

即是以該祭典為名。

Fee　仙子▽（fatum＝命運）：指和人類命運有關的慈善精靈，多半是女性的。

Fei-Sheng　飛昇：（中國）羽化登仙，駕鶴昇天。

Fene　匪內：（匈牙利）凶惡且野蠻的魔鬼，代表世界的黑暗面，和光明的**伊斯頓**（Isten）作對。有時候「匪內」也指惡魔的居所。

Feng　鳳、鳳凰：（中國）不死鳥，象徵天界生生不息的力量，是四靈（Ling）之一。

鳳
中國神話裡的不死鳥，有雞冠和孔雀羽。

Feng Po　風伯、飛廉：（中國）風神，「飛廉神禽，能致風氣，身似鹿，頭似爵，有角，尾似蛇，大如豹，風伯之神也。」

Fenrir　芬力爾△、【古北歐】Fenrisúlfr（芬力狼）：（日耳曼）狼魔，是**羅奇**（Loki）和女巨人安格波塔（Angrboda）的兒子，**密得噶索默**（Midgardsomr）和**黑爾**（Hel）的兄弟。諸神用**綑魔索**（Gleipnir）縛住芬力爾，為此**提爾**（Týr）失去一條手臂。芬力爾在末日大戰**諸神黃昏**（Ragnarök）時脫逃，把太陽神**索爾**（Sól）吞掉，甚至在混戰中把**歐丁**（Odin）吞到肚子裡，而芬力爾也為此被威達（Vidar）一刀割斷喉嚨。

Feridūn→Thraētaona

Feronia　菲柔妮亞▽：（羅馬）豐收神和春神，獲釋的奴隸們的守護神。她是國王埃魯羅斯（Erulus）的母親，曾賜給他三個靈魂，但是最後他還是被伊凡德（Evander）殺死。

Fides　菲狄斯▽（【拉丁】信仰、信賴）：（羅馬）誓約女神，象徵著忠實和信賴，她也是臣民的守護神，被稱為「羅馬民族的菲狄斯」（Fedes populi Romani）或「民眾的菲狄斯」（Fides publica）。

Fimbulvetr　寒冬【古北歐】：（日耳曼）連續三年的寒冬，沒有太陽，長年冰霜風暴，是末日大戰**諸神黃昏**（Ragnarök）的前兆。

Finn　芬恩△（白色、金色）：（克爾特）愛爾蘭傳說裡具有神性的英雄人物。他是昆哈爾（Cunhall）的兒子，雌鹿撒兒（Saar）的丈夫，歐辛（Oisîn, Ossian）的父親。他只要轉動帽子，就可以

芬力爾
日耳曼傳說形似狼的惡魔，在諸
神黃昏時，威達割斷他的喉嚨。

任意變成公鹿、狗或是人類。

Fjörgyn→Jörd

Fjörgynn 菲爾根△：（北日耳曼）雷神和暴風雨神，**芙麗格**（Frigg）的父親。

Fljamë 芙列梅▽（癲癇、流行性感冒）：（阿爾巴尼亞）惡魔，會招致癲癇和流行性感冒。

Flora 芙羅拉▽：（羅馬）花神和春神。每年 4 月 28 日到 5 月 3 日有「花之祭」（Floralia）紀念她。繪畫：Tizian (ca. 1515／16)、N. Poussin (ca. 1636－39)。

Folkwang 神族之域、【古北歐】Fólkvangr（民族之地）：（日耳曼）芙蕾葉（Freyja）在**愛瑟樂園**（Asgard）裡的居所。她會收留部分戰死沙場的**英靈戰士**（Einherier），其他部分則會到規模比較小的**英雄殿**（Walhall）。

Fomore 弗摩爾族：（克爾特）愛爾蘭神話的地底惡魔，原始巨怪，與**達努神族**（Tuatha Dê Danann）為敵。他們在**馬格杜雷**（Mag Tured）戰役裡被達努神族打敗。弗爾摩族的領袖有國王伊拉塔（Elatha）和**伊莉娥**（Eriu），他們是**布雷斯**（Bress）的父母，另外還有巨人**巴洛**（Balor）。

Fornjotr 馮紐特△【古北歐】古代朱特人、原始巨人）：（日耳曼）遠古巨人和**霜怪**（Hrímthursar），他有三個兒子：列爾（Hlér，海）、洛基（Logi，火）和喀里（Kari，風）。喀里的兒子是約庫爾（Jökull，冰河）或弗洛斯提（Frosti），他的孫子則是雪奈爾（Snaer，雪）。

Forseti 弗西提△【古北歐】諸神會議主席）：（北日耳曼）風神、漁神和正義之神，坐在金碧輝煌的格里特尼宮殿（Glitnir）裡，審理調解諸神和人間的糾紛。他被稱為「公正的法官」，是巴

爾德（Balder）和南娜（Nanna）的兒子。

Fortuna 福爾圖娜▽（【拉丁】好運）：（羅馬）主司好運、偶然和命運的女神，她也是個人或社會的守護神。她站在滾動的圓球上，其標誌為船舵、豐饒角和輪子。繪畫：Mantegna、Rubens（1635）、Tiepolo（1757）。福爾圖娜類似於希臘的提赫（Týche）。

Frashō-kereti 變容（【祆語】現前、顯榮）：（伊朗）由三位拯救者（Saoshyants）帶來的未來世界終局。世界的重建意味著死者的復活，第一個原人是伽約馬特（Gaya-maretān），而後誕生了第一對人類瑪西伊和瑪西安妮（Māshya und Māshyāi）以及人類子孫。從此才有好人與壞人、白羊與黑羊的分別，前者上天堂，而後者下地獄。聖神（Amesha Spentas）和惡魔對抗且擊潰他們。阿胡拉‧瑪茲達（Ahura Mazdā）和服從神（Sraosha）也打敗阿里曼（Ahriman）以及阿日達哈卡（Aži Dahāka），把他們扔到熱河（Ayōhshust）裡去。然後世界就會一片純潔光明。

Fravashi 弗拉法希▽（【祆語】悔罪）、【近世波斯語】Fra-vardin：（伊朗）聖靈，守護人類抵抗惡魔（Daēvas）和德魯格（Drugs）。每個弗拉法希都有其氏族和領地，並且為該地帶來水源。人類死後，弗拉法希會引導他的靈魂。她們也幫助阿胡拉‧瑪茲達（Ahura Mazdā）創造世界。99,999個弗拉法希守護查拉圖斯特拉（Zarathushtra）留在迦薩亞湖（Kasaoya）的精液，拯救者（Saoshyants）便由此誕生。每年的 1 月 19 日是弗拉法希的節日。弗拉法希相當於羅馬的守護神（Genius）。

Freki und Geri 弗列奇和蓋利（【古北歐】饕餮和貪婪）：（日耳曼）隨侍在歐丁（Odin）身邊的兩隻野狼，另外還有兩隻烏鴉胡金和莫寧（Huginn und Muninn）。他們會吃光歐丁在英雄殿（Walhall）陳設的所有美饌，而神只顧著喝酒。

Freyja 芙蕾葉▽（【古北歐】女主人）：（北日耳曼）主司豐收、春天、幸運和愛的女神。她住在愛瑟樂園（Asgard）裡的神族之域（Folkwang）。她是斯卡地（Skadi）和尼約德（Njörd）的女兒，弗瑞（Freyr）的妹妹和妻子，屬於瓦尼爾族（Vanen），別名為「瓦娜迪斯」（Vanadis）。在愛瑟族和瓦尼爾族的戰爭裡，她和父兄淪為愛瑟神族的人質，傳授他們賽德（Seidr）魔法，成為歐

丁（Odin）的妻子。她和歐丁每天都會收容半數的**英靈戰士**（Einherier）。她的坐騎是公豬赫德斯凡（Hildeswin），戴著**女神項鍊**（Brísingamen），身穿鷹袍。許多瑞典和挪威的地方都以她為名。有時候她的形象和芙麗格（Frigg）結合在一起。

Freyr　弗瑞△（【古北歐】主人）：（北日耳曼）多產神和植物神，主司豐收和財富，**瓦尼爾族**（Vanen）的最高神，瑞典英林格王朝（Ynglinge）的先祖。弗瑞是**斯卡地**（Skadi）和**尼約德**（Njörd）的兒子，芙蕾葉（Freyja）的哥哥和丈夫。後來又與女巨人葛德（Gerd）結褵，生了弗約尼爾（Fjölnir）。他有一艘神舟**斯奇布拉尼**（Skidbladnir）以及金毛公豬古靈波斯提（Gullin-

伏羲
中國的遠祖和文明英雄，和妻子
女媧發明圓規，他們倆都是人首
蛇身。

166

borsti）。在**諸神黃昏**（Ragnarök）的末日大戰時，他是第一個被**蘇爾特**（Surtr）殺死的神。

Frigg　芙麗格▽（【古北歐】妻子、情人）、【南德】Frîja、【古北德】Fria：（日耳曼）多產女神、愛神和母神，生命和婚姻的守護神，天國的王后，**愛瑟神族**（Asen）的最高神，她是**菲爾根**（Fjörgynn）的女兒，**芙拉**（Fulla）的姐姐。她和丈夫**歐丁**（Odin）巡視人間，為每個家庭帶來好運。她是**巴爾德**（Balder）、**霍德**（Hödur）和**赫摩德**（Hermodur）的母親。星期五（frijetag, frîatag, Friday）便是以她為名，因為她等同於羅馬的**維納斯**（Venus）。鷹袍是她的標誌。

Fufluns　弗法蘭△：（伊特拉斯坎）植物神，住在穹蒼南方。他是**閃姆拉**（Semla）的兒子，**亞拉塔**（Aratha）的丈夫。**席姆**（Seme）和**伊西亞**（Esia）是他的隨從。鏡子上面經常有他的肖像，其形象為裸體的青年，有時候以常春藤和月桂葉蔽體。弗法蘭相當於希臘的**戴奧尼索斯**（Diónysos）和羅馬的**巴庫斯**（Bacchus）。

Fu-Hsi　伏羲△：（中國）狩獵神和文明英雄，他教導人民養蠶和結網捕魚，創設音樂和八卦。他也是中國第一個皇帝（2852－2737 B.C. 或 2952－2836 B.C.），為**三皇**（San-Huang）之一。他是**女媧**（Nü-Kua）的哥哥和丈夫，人首蛇身，手持圓規，是天的象徵。

Fujin　風神△：（神道教）風神，他的風袋開口大小，決定吹起微風或是颶風。他的身體是藍色的。

Fukurokuju　福祿壽△：（神道教）主司好運、財富和長壽的神，為**七福神**（Shich-Fukjin）之一。他的顴骨特別高，坐騎是仙鶴和靈龜。

Fulla　芙拉▽（【古北歐】富足）、Volla：（日耳曼）富足女神，賜予人類幸福和財富。她是**芙麗格**（Frigg）的侍女，負責看守她的藏寶箱。**梅澤堡**（Merseburger）另一個版本的神話說，芙拉是芙麗格的妹妹。

Furia　憤怒三女神▽（【拉丁】）、【複數】Furiae：（羅馬）象徵憤怒的三位女神。她們維護倫常，懲罰弒親罪行。她們相當於希

臟的**復仇三女神**（Erinýs）。

Fu Shen　福神△：（中國）掌管福氣的神，和**壽星**（Shou-
hsing）、**財神**（Ts'ai Shen）併列三官。他身著紅色官袍，手裡抱
著嬰孩。

Futotama-no-mikoto　布刀玉命、天太玉命△：（神道教）
主司獻祭的神，出雲國（Izumo）齋部（Imube）的祖神。他是天
神**高御產巢日神**（Taka-mi-musubi）的兒子，他和其他神一起設計
讓**天照大神**（Amaterasu）從**天之岩戶**（Ama-no-iwato）裡出來。

Futsu-nushi-no-kami　經津主神、天鳥船神△：（神道教）
火神和雷神，磐筒男和磐筒女的兒子，是當時**伊邪那歧**（Izanagi）
揮劍斬**迦具土神**（Kagutsuchi-no-kami）而生的後代。後來他成為
天照大神（Amaterasu）的兩位大將，和**建御雷之男神**（Take-
mika-zuchi）平定葦原中國，以立**邇邇藝命**（Ninigi）為王。

Fylgjen　芙格葉、【古北歐複數】Fylgjur（隨從）、**【單數】**
Fylgja：（北日耳曼）1.脫離人體的靈魂，只有在夢裡才會被知覺
到，而且以婦女或動物的形象出現。2.個人或種族的守護神，賞善
罰惡，為靈魂的人格化。

Gabijà　嘉比亞▽、Gabietà、Gabetà：（立陶宛）火神和灶神。在鹽祭時，會誦唸禱詞「聖嘉比亞，請享用」，以祭獻聖火女神。

Gabjáuja　嘉保亞▽：（立陶宛）賜予人類幸福和財富的穀神。基督教傳入後，她被貶為惡魔。

Gabjáujis　嘉保伊斯△：（立陶宛）守護倉庫的家神。打穀以後，人們會在盆子下面放一隻雞獻給他，然後把盆子打破，讓雞跑掉。

Gabri'ēl　加百列△（【希伯來】厄勒的英雄）、【希臘】Ga-briél、【阿拉伯】Djabrā'il（吉卜利里）、Djibril：1.（猶太教）**耶和華**（Jahwe-Elōhim）的天使，看守**樂園**（Gan Ēden）。他和**米迦勒**（Mikā'ēl）（以色列民族的代禱者和主保）卻也是懲罰和死亡天使。他是**大天使**（Archángeloi），完全由火構成。他對**但以理**（Danijj'ēl）解釋公綿羊和公山羊的異象，預言猶太教的坦拿（Tannaiten）和大祭司以實馬利‧本‧以利沙（Ishmael ben Elisha）的誕生。2.（基督宗教）**上主**（Kýrios）的使者，有時候等同於**耶和華的天使**（Mala'āk Jahwe）。他在聖殿裡對**撒迦利亞**（Zacharias）宣告**約翰**（Ioánnes）的誕生，在拿撒勒（Nazareth）對**馬利亞**（Maria）宣告**耶穌**（Iesûs）誕生。9 月 29 日是加百列的慶日。在

迦樓羅

吉卜利里
伊斯蘭教的天使，對穆罕默德顯現，教導他古蘭經文。

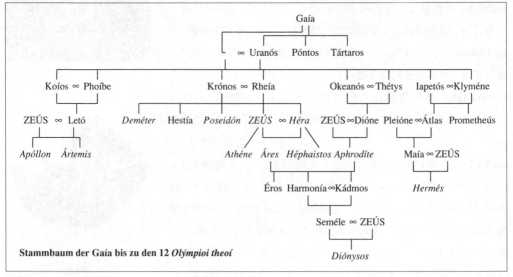

Stammbaum der Gaía bis zu den 12 *Olýmpioi theoí*

從蓋婭到十二主神的譜系。

東正教裡，他和米迦勒立於耶穌或馬利亞兩側。他的標誌是手杖與百合，或是地球儀和權杖。3.（伊斯蘭）**安拉**（Allāh）的使者吉卜利里，和**米卡里**（Mikāl）、**阿茲拉伊來**（'Izrā'il）和伊斯拉非來（Isrāfil）並列四大天使。他是「啟示天使」，**阿丹**（Ādam）被逐出樂園後，吉卜利里曾安慰他，並且教導他耕作和文字。他也教導**努哈**（Nūh）如何造方舟，拯救**易卜拉欣**（Ibrāhim）免於火刑，幫助**穆撒**（Mūsā）對抗埃及巫師，也傳授**達五德**（Dāwūd）製作鎖子甲的技術。吉卜利里奉派對**麥爾彥**（Maryam）報訊，對**穆罕默德**（Muhammad）啟示《古蘭經》，又陪他**夜行**（Isrā'）和**登霄**（Mi'rādj）。

Gad　迦得（幸運之神）：1.（阿拉伯）指稱守護且賜福個人或地方的男性或女性神，其後被同化為希臘的**提赫**（Týche）。2.（敘利亞帕密拉地區）「賜福之泉」、庭園和油的守護神。3.**大衛**（Dāwid）時代的猶太教先知（《撒母耳記下》24:11ff）。

Gaía　蓋婭▽、Géa（土地）、Gē：（希臘）大地女神和母神。她是諸神和所有生命的先祖。從她的子宮自體孕育出**烏拉諾斯**（Uranós）、**龐托斯**（Póntos）和**塔塔羅斯**（Tártaros）。她與烏拉諾斯生下**泰坦神族**（Titánes）、**獨眼神族**（Kýklopes）、**百手神族**

（Hekatoncheíres）、**巨人神族**（Gígantes）以及**復仇三女神**（Erinýes）。她和龐托斯交媾生了**涅留斯**（Nereús）、**弗基斯**（Phórkys）和**開托斯**（Kétos）。她也和塔塔羅斯生了**艾奇德娜**（Échidna）和**提封**（Typhón）。她唆使她的兒子**克羅諾斯**（Krónos）把烏拉諾斯去勢。她的標誌是豐饒角、水果和嬰孩。蓋婭相當於羅馬的大地之母（Terra Mater），也就是**提露絲**（Tellus）。繪畫：Feuerbach (1875)。

Gaizkiñ 蓋斯肯：（西班牙巴斯克地區）病魔，潛伏在病床枕頭的羽毛裡，形狀像雞頭。只有把羽毛燒化掉，才能夠痊癒。

Gajavrishabha 象牛：（印度教）由象和牛構成的怪物，兩隻動物雖然對立，卻共有一顆頭。象牛是生死對立的象徵。

Gaki→Preta

Gala→Yala

Gala→Mangala

Galaru→Galeru

Galáteia 葛拉提雅▽、【拉丁】Galatea：（希臘）海洋仙女，50位**涅留斯族**（Nereídes）裡最漂亮的仙女。她是**涅留斯**（Nereús）和女河神多麗絲（Doris）的女兒。獨眼神族的**波呂菲摩斯**（Polýphemos）曾經瘋狂追求她，但被她拒絕，他心生妒嫉，打死她的愛人阿奇斯（Akis）。繪畫：Raffael (1514)、Lorain (1657)；歌劇：Händel (1720)、Haydn (1763)。

Galaxías 銀河△（gala＝牛奶）：（希臘）諸神的天堂道路，也是靈魂的小徑，可以從地上到天堂。因為只有在襁褓的時候喝**希拉**（Héra）的奶的孩子，日後才能夠被接到天堂去，於是**宙斯**（Zeús）派**林美斯**（Hermés）把**赫拉克列斯**（Heraklés）悄悄放在沉睡的希拉懷裡。希拉醒來以後勃然大怒，把吸奶的嬰孩扯開，神的乳汁四濺，在天堂形成一條乳汁的道路，銀河便由此得名。繪畫：Tintoretto (1570)。

Galdr 噶爾德△（【古北歐】巫術）：（日耳曼）**愛瑟神族**（Asen）的魔法，和**瓦尼爾族**（Vanen）的**賽德**（Seidr）魔法對峙。噶爾德是**歐丁**（Odin）發明的。藉由咒語會產生魔法制敵，而咒語就叫作「噶爾卓拉格」（galdralag）。

Galeru 加勒魯、Galaru：（澳洲）安恆地區神話的彩虹巨蛇，身體舒展而變成天上的彩虹，象徵生命的更新和維持。加勒魯曾吞掉姐妹神**降加巫**（Djanggawul），於是「吞噬」便成為成年禮的儀式。在儀式的想像裡，祭堂是他的身體，牛吼器的聲響是他的聲音。他相當於**沃倫加**（Wollunqua）和**尤倫格**（Yurlunggur）。

Galla 伽拉：（蘇美）陰間鬼差，**伊南那**（Inanna）從地獄回到人間，伽拉就拿**杜木茲**（Dumuzi）抵數，把他抓到地獄去。伽拉相當於阿卡德的**伽盧**（Gallū）。

Gallū 伽盧：（阿卡德）把人們抓到地獄去的惡魔。他們相當於蘇美的**伽拉**（Galla）。

Galtxagorri 加撒格里：（西班牙巴斯克地區）善良的家靈和地神，其形象似人類或昆蟲，一只針盒可以容納四個加撒格里。他們相當於**埃克薩霍納克**（Etxajaunak）。

Gamab 蓋馬布△：（那米比亞）伯格達馬族（Bergdama）的造物神和命運神，生死都在他手裡，被他以弓箭射中的人類必死無疑。漁獵的收穫也都在他手裡，只要他點頭，獵人和漁夫都可以滿載而歸。

Ganapati→Ganesha

Gandareva 乾闥列瓦△、Kundran：（伊朗）水魔，總是張大嘴巴吞噬善良的生物。他住在大海**縛魯喀夏**（Vouru-kasha）裡，是深淵的統治者。在世界**變容**（Frashō-kereti）時，乾闥列瓦會在決戰九天九夜以後被**凱勒薩斯帕**（Keresāspa）殺死。乾闥列瓦和婆羅門教以及印度教的**乾闥婆**（Gandhava）語源相同。

Gandharva 乾闥婆：1.（吠陀宗教）天界真理之神，是光和太陽的人格化。他也為諸神準備**蘇摩**（Soma）美酒。2.（婆羅門教和印度教）次級神（【陽性】Gandharvas、【陰性】Gandharvi）和多產神，為人類帶來幸福。他們也是樂神，在諸神飲宴時唱歌跳舞。吠陀裡的音樂便稱為「乾闥婆吠陀」（Gandharvaveda）。他們的父母親是仙人**迦葉波**（Kāshyapa）和阿利須陀（Arishtā）。乾闥婆的妻子是**阿布沙羅斯**（Apsarās），住在**因陀羅**（Indra）的天界。他們的領袖是智者**那羅陀**（Nārada）。其形象為半鳥半人，手持維那琴（Vina）。3.（佛教）八部眾，為天界樂師，住在四王

乾闥婆
印度的多產神，在諸神宴會裡載歌載舞，其形半鳥半人，手持維那琴。

天，侍候**持國天王**（Dhritarāshtra）。

Gan Éden 樂園、伊甸園（【希伯來】）、Éden、【希臘】Pará-
deisos：1.（猶太教）結實纍纍、水源充足的**地面**（Eres）樂園，
耶和華（Jahwe-Elōhim）立伊甸園以安置**亞當**（Ādām）和**夏娃**
（Chawwāh）。園裡有生命之樹（Ez ha-Chajim），以及分別善惡樹
（Ez ha-Daat Tow wa Ra），其生命之樹的果實可使人長生不死。他
們不聽神的告誡，吃了分別善惡樹的果子，眼睛就明亮了，知道自
己是赤身裸體的。他們犯了罪以後，被神逐出伊甸園，自此由**基路**
伯（Kerubim）看守樂園。2.（猶太教）義人的居所，他們以膏油
沐浴，吃**鱷魚**（Liwjātān）和野牛的肉。3.（基督宗教）指死去的
義人暫時的居所，**保羅**（Paũlos）曾經「被提到樂園裡，聽見隱祕
的言語，是人不可說的」。小說：J. Steinbeck (1952)。

Ganesha 迦尼薩、象頭神、群主△（【梵】濕婆的軍隊統
帥）、Ganapati：（印度教）主司知識、智慧和文學的神，他會在
戰爭中除一切障礙，因此人們會向他祈求事業成功。迦尼薩是**濕婆**
（Shiva）和**婆婆諦**（Pārvati）的長子，**私建陀**（Skanda）的哥哥，
悉地（Siddhi）（成就）和如意（Riddhi）（神通）的丈夫，人身象
頭四臂，只有一根長牙，手裡分別持蓮花、象牙、杵和鉢，肚子肥
大，全身紅色，常在背上馱著一隻老鼠。

Gangā 恆伽▽：（印度）女河神，為源自喜馬拉雅山的恆河的
人格化。恆伽生自**毘濕奴**（Vishnu）的腳趾，在**須彌山**（Meru）
分支出若干手臂，沿山麓而下，流到月亮和星空。恆伽是雪山王
（Himavat）和茉那（Mena）的女兒，**婆婆諦**（Pārvati）的姐妹。
每個印度教徒都許願死後能把骨灰撒在波羅奈城（Benares）的恆
河裡。恆伽經常的形象為神殿的守門，腳下有**摩竭魚**（Makara），
旁邊有以烏龜為坐騎的**閻牟那**（Yamunā）。她的標誌是水盆和蓮
花。

Ganymédes 加尼美德斯△（燦爛歡笑者）：（希臘）王子，
最美麗的凡人，他是伊里昂（Ilion）國王特洛斯（Tros）和卡麗蘿
伊（Kalirrhoe）的兒子。他的美麗使**宙斯**（Zeús）驚豔，化身為
老鷹把他從伊達山（Ida）**擄到奧林帕斯山**（Ólympos），為諸神倒
酒，並且納為男寵。其後加尼美德斯成為天上的水瓶座。雕塑：

迦尼薩
印度的智慧神，能除一切障，人
身象頭四臂，肚子肥大，有一根
長牙。

Leochares、Thorwaldsen (1817)；繪畫：Correggio (1531)、Rubens (1611)、Rembrandt (1635)、v. Marées (1887)。

Gao-kerena 迦喀列納（【祆語】牛角）、Gōkarn：（伊斯蘭）長生不死樹，吃了果子可以駐顏不老，起死回生。樹根延伸到**縛魯喀夏**（Vouru-kasha）的海水裡，樹枝上棲息著怪鳥**喀姆羅什**（Camrōsh）。

Gapn 蓋朋△（葡萄）：（敘利亞和腓尼基）酒神，和**烏加爾**（Ugar）同為**巴力**（Ba'al）的使者神。

Garabonciás 蓋拉本夏△：（匈牙利）巫師，騎著**薩坎尼**（Sárkány）在雷雨雲裡奔馳。

Garbo, Greta 葛麗泰‧嘉寶（1905－1990）▽：瑞典女演員，本名為 G. Lovisa Gustafsson。悲劇女英雄的典型，她的不倫戀情多半以悲劇收場。她也是永恆美麗的象徵，人們稱她為「女王」。嘉寶是充滿神祕的世界巨星，1941年息影時，以她在《大飯店》（1932）裡的名言表明心跡：「我要獨自靜一靜。」（I want to be alone）她於 1954 年獲得奧斯卡終身成就獎。

Garelamaisama 加勒拉美撒瑪▽：（古印度）琴楚族（Chen-chu）的森林神和至高神，她也是狩獵神，規定人們只能捕獵雄性動物。

Garm 加默、Garmr：（日耳曼）冥王**黑爾**（Hel）的巨犬。他在**糾河**（Gjöll）看守通往地獄的入口，狂吠撲向每個下地獄者。他有四隻眼睛和血紅色的胸部。在**諸神黃昏**（Ragnarök）初時，他和**提爾**（Týr）惡鬥，雙雙傷重而死。加默類似於**芬力爾**（Fenrir）和希臘的**克貝羅斯**（Kérberos）。

Garshasp→Keresāspa

Garuda 迦樓羅、金翅鳥△（【梵】garut＝羽翼）、Garumat：（婆羅門教和印度教）神鳥，象徵光明本質，與**龍王**（Nāgas）為敵。他是**迦葉波**（Kāshyapa）和毘那多（Vinatā）的兒子，鷹王佳塔尤（Jatayu）的父親，和**阿盧那**（Aruna）是同父異母兄弟。他有老鷹的頭、嘴和尾巴，人類的軀體和四肢，時而有四臂，面白翼赤，身體則是金色。

Gati 六道、六趣（【梵】生存方式）：（佛教）六種存在的方

式，眾生各依其業而趣往的世界，構成**輪迴**（Samsāra）。其中有三
善道和三惡道：前者為**天**（Devas）、**阿修羅**（Asuras）和人，後者
為畜生、**餓鬼**（Preta）和**地獄**（Naraka）。眾生以四種方式流轉於
六道，稱為**四生**（Chatur-Yoni），並且以**三界**（Triloka）為居所。

Gatumdug　嘉頓杜▽：（蘇美）拉加什城（Lagash）的母神，
古地亞國王（Gudea）稱她為「拉加什之母」，她是**安**（An）的女
兒，和他交媾生了**芭芭**（Baba）。

Gaueko　高厄科（屬於夜的）：（西班牙巴斯克地區）夜神，
他不准人們在夜裡出門。陣風吹過時，總會聽到他說：「黑夜屬於
高厄科，白晝屬於人類。」

Gauna　高納：（波扎那）（Botswana）布希曼族傳說的惡魔，

愛斯基摩的精靈
從黑暗裡現身，環繞在北極光
裡。

會招致災禍，他類似於何騰托族（Hottentot）的**高納布**（Gau-
nab）。

Gaunab　高納布：（南非）何騰托族（Hottentot）的惡靈，象
徵昏暗的月缺以及邪惡。他與**崔高布**（Tsui-Goab）為敵，在打鬥
中傷了後者的膝蓋。他類似於布希曼族的**高納**（Gauna）。

Gauri　高麗▽（【梵】白色的、金色的、璀璨的）：1.（婆羅門
教）酒神，她是**婆樓那**（Varuna）的妻子，也稱為婆樓尼（Varu-
ni，Varunani）。她的聖獸是**摩竭魚**（Makara）。2.（印度教）母
神，是**濕婆**（Shiva）的**沙克提**（Shakti）和妻子，手持飯碗和湯
匙。

Gautama　喬答摩（【梵】、【巴利】Gotama：（佛教）悉達多
（Siddhārtha Gautama）的姓。他是淨飯王（Suddhodana）和**摩耶**
（Māyā）的兒子，耶輸陀羅（Yashodhāra）的丈夫，**羅睺羅**
（Rāhula）的父親。

Gauteóvan　高提歐梵▽：（印第安）卡加巴族（Kagaba）的先
祖和造物女神。她創造了太陽和世界。

Gaya-maretān　伽約馬特◇（【祆語】會死的生命）、【中世波
斯語】Gayōmart：（伊朗）雌雄同體的原人，為所有人類的始
源。伽約馬特是大地女神**隨心神**（Armaiti）的兒子。在他死後，
精液灑在地面，使大地受孕而生出**瑪西伊和瑪西安妮**（Māshya
und Māshyāi）。他的身體則分解成七種金屬。在世界**變容**
（Frashō-kereti）時，伽約馬特會率先復活。他相當於吠陀宗教的
原人（Purusha）以及日耳曼的**伊米爾**（Ymir）。

Gāyatri→Sāvitri

Gẽ→Eres

Gẽ→Gaía

Géa→Gaía

Geb　蓋布△（大地）、【希臘】Keb：（埃及）地神，象徵作為
宇宙元素之一的土地，以及蘊含其中的寶藏。在**九聯神**（Götter-
neunheit）裡，他是**舒**（Schu）和**特芙努**（Tefnut）的兒子，**努特**
（Nut）的攣生兄弟和丈夫，**依西斯**（Isis）、**奧賽利斯**（Osiris）、**妮**
芙提絲（Nephthys）和**塞特**（Seth）的父親。他是回歸塵土的死者

的守護神，派依西斯和那芙提斯去保護他們，正如以前保護奧賽利斯一樣。他讓奧賽利斯以及**霍魯斯**（Horus）得到合理的權利，同樣的，他也賜予死者們應得的報償。蓋布也是國王之神，正如奧賽利斯埋葬其父蓋布，國王也坐在「蓋布的寶座」上面，並且以「蓋布的繼承人」的名義獲得王權。國王以繼承的關係登基，就像蓋布的孫子霍魯斯一樣。他的聖地在太陽城（Heliopolis），稱為「蓋布的宮殿」。和宇宙諸神一樣，蓋布也有人類的形象，戴著下埃及的王冠，其聖物是鵝，也是他的象形符號。

Gedeón→Gid'ōn

Géenna→Gē-Hinnōm

Gefjon　格芙昂▽（【古北歐】給與）：（北日耳曼）巨人，幸運、多產和賜福女神。她也是貞潔女神，庇佑死去的處女。格芙昂是史糾德（Skjöldr）的妻子。**愛瑟神族**（Asen）向北遷移時，**歐丁**（Odin）派格芙昂去找尋土地。芙蕾葉（Freyja）的別名也叫格芙昂。

Gē-Hinnōm　欣嫩子谷、幾欣嫩▽（【希伯來】）、【希臘】Géenna：1.（猶太教）欣嫩子谷在耶路撒冷西南方，通到汲倫溪（Kidrontal），以色列人曾經在那裡焚燒自己的兒女獻給腓尼基和普匿的**摩洛**（Moloch），**先知**（Nābi'）們詛咒該地，後來演變為懲罰墮落天使和惡人的火坑。欣嫩子谷在地底下，後來和**亞巴頓**（Abaddōn）和**示阿勒**（She'ōl）一樣，成為地獄的一部分。其標誌為永不熄滅的火和黑暗，惡人在那裡受酷刑。**以諾**（Hanōk）在被主接去時曾到該地。2.（基督宗教）末日審判惡人、**魔鬼**（Diábolos）及其黨羽的地方。欣嫩子谷被稱為「火湖」、「永不熄滅的火」。欣嫩子谷相當於伊斯蘭教的**火獄**（Djahannam）。

Geirrödr　蓋勒德△（【古北歐】長矛不入）：（日耳曼）**約頓族**（Jötunn）的巨怪，**托爾**（Thor）在遠征魔界（Geirödargard）時把他制服。

Geister　靈△：指稱超自然且無形體的存有者，不同於諸神，他們的力量比較有限。就其與人類的關係，區分為善靈和惡靈，天使屬於前者，惡魔屬於後者。其中包括：地靈、**仙子**（Fee）；吠陀宗教的**阿布沙羅斯**（Apsarās）；佛教的**空行母**（Dākini）；澳洲

西非的死神
祖先遺骨的守護者，即所謂「頭足者」。

177

羅馬神話裡象徵男性生殖力的守
護神。

神話的**密米**（Mimi）；非洲神話的**諾莫**（Nommo）；斯拉夫神話的**薇拉**（Vila）；佛教和印度教的**夜叉**（Yaksha）。而根據其來歷、作用或居所，則有：死靈、祖靈、守護靈、家靈、瓶靈、自然中的靈（森林、叢林、穀物）以及元素的靈。經由咒術，可以被除靈的作用，其中最有名的是藏傳佛教的上師──**蓮華生大士**（Padmasambhava）。靈可能有人類、動物或怪物的造形。

Genius 守護神、精靈△（【拉丁】gignere＝產生）、【複數】Genii：（羅馬）象徵男性生殖力的守護神，和象徵女性生殖力的**朱諾**（Iuno）相對，他也是個人、家庭、地方（Genius loci）、民族或國家的守護神，在凱撒時代，則是皇帝的守護神（Genius Augusti）。被保護者的生日就是守護神的慶日。守護神都有雙翼。後來守護神被同化為希臘的**代蒙**（Daímon）。

Georgius 聖喬治△（【拉丁】）、【阿拉伯】Djirdjis（吉爾吉斯）：1.（天主教）西元三世紀，於戴克里先皇帝（284－305）時代，來自加帕多加（Kappadokien）的基督宗教聖人和殉教者，兵匠、士兵、童子軍，以及英格蘭民族的主保。聖喬治曾殺死吞食女孩的惡龍。他的慶日是 4 月 23 日，是個全身盔甲、騎著白馬、年輕英俊的騎士，手持長矛。他相當於希臘的**貝勒羅封**（Bellero-phóntes）。2.（伊斯蘭）聖徒和殉教者吉爾吉斯，為重生和更新的象徵，其慶典意味春天的復臨。摩蘇爾（Mosul）的國王把他處死，但是他連續三次復活。雕塑：Donatello（1417）、B. Notke（1489）、J. M. Guggenbichler（1682/84）；繪畫：A. Pisano、A. Mantegna、W. Kandinsky（1911）。

Gerd 葛德▽、【冰島】Gerdr：（日耳曼）女巨人，她也是大

聖喬治
基督宗教的騎士聖人，以長矛殺
死吞食女孩的惡龍（A. Dürer,
1502／3）。

地女神，太陽神**弗瑞**（Freyr）把他的駿馬和寶劍借給史基尼爾
（Skirnir），派他去向葛德求婚。葛德是**居密爾**（Gymir）和**奧爾波
妲**（Aurboda）的女兒，**貝里**（Beli）的妹妹，弗瑞的妻子，和他
生了國王弗約尼爾（Fjölnir）。

Geri→Freki

Gerovit→Jarovit

Geshtinanna　葛什提南那▽（天國的葡萄）：（蘇美）冥府
女神，**杜木茲**（Dumuzi）的妹妹，**寧格齊塔**（Ningizzida）的妻
子。她相當於阿卡德的**貝勒朵莉**（Bēletsēri）。

Gēush Urvan 格什烏梵◇（【祆語】牛的靈魂）、【中世波斯語】Gōshurwan、Gōshurun：（伊朗）1.牛的靈魂，他到**阿胡拉·瑪茲達**（Ahura Mazdā）、**正義神**（Asha）和**善念神**（Vohu Manah）那裡哭訴士兵虐待他。於是諸神派**查拉圖斯特拉**（Zarathushtra）去保護他，給他水和植物，並且要牧人看守他。他活了 3,000 歲，被**安格拉·曼紐**（Angra Mainyu）（或說是密特拉）殺死，靈魂昇天。2.所有牛的守護神。

Ghanan→Yum Kaax

Ghede→Guede

Ghūl 古爾▽、【複數】Ghilān：（阿拉伯）為害人類的魔女，她能夠幻化為任何形象，使沙漠商旅迷失方向，然後把他們吃掉。

Gibil 吉庇爾△：（蘇美）火神和光明神，火災或蘆葦地的大火的製造者，巫師會以巫術向他祈求平安。他是**努斯庫**（Nusku）的兒子，**恩利勒**（Enlil）的隨從，相當於阿卡德的**吉拉**（Girra）。

Gidar 基答爾△：（巴比倫）喀西特人（Kassite）的狩獵神和戰神，相當於蘇美的**寧烏塔**（Ninurta）。

Gideon→Gid'ōn

Gidim 基第姆（亡魂）：（蘇美）未被安葬或祭祀的死者的靈魂，他們在人間游蕩且危害活人，必須以巫術幫助他們到冥府去。基第姆相當於阿卡德的**哀特姆**（Etemmu）。

Gid'ōn 基甸△（【希伯來】勇士、陣亡者）、【希臘】Gedeón：（猶太教）以色列族的英雄和士師（1100 B.C.），他是約阿施（Joas）的兒子，天使要他去打敗米甸人（Midianiter），耶和華命令他毀掉敘利亞和腓尼基的**巴力**（Ba'al）和**亞舍拉**（Ashera）的祭壇。敬拜耶和華的基甸，於是以 300 個勇士戰勝 15,000 個米甸的士兵，而得到 40 年的和平。戲劇：P. Chayefsky (1961)。

Gígas 巨人神族△、【複數】Gígantes：（希臘）混濁未開化的太初時期的原始巨人，和諸神為敵。天神**烏拉諾斯**（Uranós）被閹割後，血液滴到大地女神**蓋婭**（Gaía）上面，而生下巨人神族。不同於**泰坦神族**（Titánes），他們是會死的。蓋婭派他們去對抗**宙斯**（Zeús）以及諸神，但是被諸神打敗，並且被壓在島嶼和山岩底下。雕塑：貝加蒙神殿雕飾；歌劇：Gluck (1746)。

Gilgamesh 吉加美士△（【蘇美】Bilga-mes＝那老者仍是個年
輕人）：（蘇美）烏魯克王朝（Uruk）第五代國王，《吉加美士
史詩》（1900 B.C.）裡的主角，他是被神化的**路加班答**（Luga-
banda）和女神**寧蘇娜**（Ninsuna）的兒子，打死山魔**胡瓦瓦**
（Chuwawa）和神牛**瓜納**（Guanna）。他的戰友**恩奇杜**（Enkidu）
被諸神奪去生命以後，吉加美士籠罩在死亡的恐懼裡，於是到世界
各地尋找長生不死藥。在幸福島上面，**祖蘇特拉**（Ziusudra）給了
他指引。他到海底採得長生草，卻被蛇偷走。他終於明白，只有諸
神才能擁有永恆的生命，而凡人皆有死。他活到 126 歲才去世。

Giltine 格提内▽（gelti＝刺痛）：（立陶宛）死神和女巫。當
她穿著白衣到病患家裡，她就會招死或壓死病患。因此墳墓到村落
中間最好有河流阻隔，因為她不敢涉水。

Ginnungagap 無底深淵（【古北歐】充滿力量的空間）：（日
耳曼）風平浪靜的空間，在太初創世以前的「空虛裂隙的深淵」。
無底深淵位在南方的**火國**（Muspelheim）和北方的**霧鄉**（Niflheim）
之間。在那裡，北方的冰川會被南方的薰風融化，在消融的過程裡
誕生了**伊米爾**（Ymir）。

Girra 吉拉△、Girru：（阿卡德）火神和光明神，冶煉術的守
護神，**馬爾杜克**（Marduk）把他被染汙的王冠交給吉拉潔淨。火
炬是他的象徵。他是**夏拉什**（Shalash）的兒子，相當於蘇美的**吉
庇爾**（Gibil）。

Girtablulu 格塔布路魯：（蘇美和阿卡德）怪物，上半身是
人，下半身有蠍子的刺，作彎弓射箭狀，看守馬蘇山（Mashu）的
隘口，太陽神每天早晚都要經過那裡。阿卡德神話說，**提阿瑪特**
（Tiāmat）為了對抗諸神而創造了格塔布路魯。

Giselemukaong 吉賽爾穆肯、Gishelemukaong：（印第安）
亞爾岡京族（Algonkin）和德拉瓦族（Delawaren）傳說裡的最高
神，他在世界之柱的頂端操縱人間事。

Gjallarbrú 糾河橋（【古北歐】）：（日耳曼）彼岸之橋，在通
往北方的冥府之路（Helvegr）上面，**赫莫德**（Hermódr）將會騎
馬過橋到**冥府**（Hel）去。橋上有怪物**魔居德**（Módgudr）看守。

Gjöll 糾河、糾爾（【古北歐】喧囂）：（日耳曼）1.位於**冥府**

吉加美士
蘇美神話的英雄，左手抱著獅
子，右手抓著一條蛇。

（Hel）外面的地獄河，**加默**（Garm）會在那裡等候死者。金色的
糾河橋（Gjallarbrú）橫跨其上，有怪物**魔居德**（Módgudr）看
守。2.大圓石「糾爾」，諸神把**芬力爾**（Fenrir）縛在圓石上面。

Glaúkos　格勞科斯△（藍光）、【拉丁】Glaucus：（希臘）漁
民、船員、潛水夫的海神和守護神，他四處游蕩且能預言未來。格
勞科斯本來也是漁夫，嘗了神奇的草以後，躍入海裡戲水而成為
神。他是**梅洛比**（Merópe）和**薛西弗斯**（Sísyphos）的兒子，和
尤里美得（Eurymede）生了**貝勒羅封**（Bellerophóntes）。他的別
名為「海裡的老者」（Halios Geron）。

Gleipnir　綑魔索▽【古北歐】：（日耳曼）諸神用以綑綁**芬
力爾**（Fenrir）的繩索。原先用以縛住芬力爾的鐵鍊都被扯斷，諸
神只好祭出綑魔索，雖然細如絲線，卻怎麼也弄不斷，綑魔索是兩
個侏儒用貓的腳步聲、女人的鬍鬚、山的根、熊的體力、魚的呼吸
和鳥的唾液製成的。

Gluskap　古魯斯卡普、Kluskave：（印第安）亞爾岡京族
（Algonkin）傳說的文明英雄和**惡作劇鬼**（Trickster）。他和邪惡的
孿生兄弟**馬爾孫**（Malsum）以及危害人間的**馬尼圖**（Manitu）是
死對頭。在大洪水過後，他以泥塊（或謂童貞的母親的唾液）創造
新的大地、動物、月亮和太陽。有時候古魯斯卡普被描繪為兔子。
他相當於**尼那布裘**（Nenabojoo）和**維薩克絰**（Wisakedjak）。

Gobannon→Goibniu

Gofannon→Goibniu

Gōg　歌革【希伯來】：1.（猶太教）統治北方**瑪各**（Magog）
的末世國王，他是與**耶和華**（Jahwe-Elōhim）以及以色列族為敵的
代表人物。他在末世時將會擄掠聖地，最後卻被消滅。他的末日預
示了**彌賽亞**（Māshiāch）的王國的來臨。2.（基督宗教）外邦的代
表人物，在末日時與神的民族為敵。他也是瑪各地的人格化。他是
撒但（Sātān）大軍的首領，在基督作王 1,000 年後，他們「上來
遍滿了全地，圍住聖徒的營，與蒙愛的城。就有火從天降下，燒滅
了他們」。

Goibniu　戈布紐△【愛爾蘭】goban＝冶煉）、【威爾斯】
Govannon、Gofannon、Gobannon：（克爾特）愛爾蘭和威爾斯

神話的冶煉神，他是**達努**（Dan）的兒子，屬於**達努神族**（Tuatha Dê Danann），他有永恆生命的蜜釀，在**馬格杜雷**（Mag Tured）的戰役裡受傷，浸泡了健康之泉以後即痊癒。

Gōkarn→Gao-Kerena

Goloka 牛界（【梵】）：（印度教）中世神話裡在三界（Triloka）的七重天上面增加的第八重天和最高天，是**毘濕奴**（Vishnu）的永恆居所，在該天界裡，**黑天**（Krishna）和**羅達**（Rādhā）永遠合而為一。

Gommata→Bāhubalin

Gopāla 瞿波羅△（【梵】牧牛、地護）：（印度教）年輕時的**黑天**（Krishna）的別名，為牧人和牲畜的守護神。他在幼時於溫達萬（Vrindāvan）當過牧童，他和 84,000 個**瞿夷**（Gopis）狎近，尤其是**羅達**（Rādhā）。

Gōpat-Shāh 哥帕夏：（伊朗）半人半牛的怪物。他把神牛哈達約什（Hadayaosh）藏在苑圃裡，以防**阿里曼**（Ahriman）的侵害。

Gopis 瞿夷▽（【梵】牛護）、Gopinis：（印度教）溫達萬

哥爾根
希臘神話裡的怪物，他的臉象徵死亡，後來帕修斯把他的頭砍下來。

183

（Vrindāvan）的牧女，**瞿波羅**（Gopāla）的 84,000 個玩伴和情婦，其中包括**羅達**（Rādhā）。他會在瞿夷們沐浴時偷走衣服，她們衣不蔽體地走到他跟前時，才把衣服還給她們。瞿波羅也會吹笛子讓她們忘情地跳舞。她們是諸神拈花惹草的典型故事。

Gorgón　哥爾根▽（【希臘】瞪眼）：1.（希臘）面目猙獰的怪物，只要被他看一眼，就會變成石頭。2.住在極西之地的三姐妹，分別是：絲蒂諾（Stheno）、尤里亞莉（Euryale）和**梅杜莎**（Médusa）。只有梅杜莎才是會死的。她們是**弗基斯**（Phórkys）和**開托斯**（Kétos）的女兒，**格萊埃**（Graía）和**黑絲柏麗提絲**（Hesperídes）的姐妹。她們有翅膀、蛇髮和尖牙。在神殿和墳墓刻的哥爾根頭像可用來辟邪。

Gotama→Gautama

Götter und Göttinnen　神和女神△▽：指位階更高、力量更大（相對於靈）的超自然存有者，不同於**魔鬼**（Dämonen）和**惡魔**（Teufel），他們大部分對人類懷有善意。在人神之間有**中保**（Mittler）維持其和好關係，特別是**神人**（Gottmenschen）。有男性和女性的神，也有雌雄同體的。前二者經常組成對耦神。根據他們在神譜的角色，分為**母神**（Muttergöttinnen）和**父神**（Vater-göt-ter）。根據其壽命，則分為：原始神、永生的神、會死的神，以及死而復活的神。根據其居所，則分為：天神、地神和冥府神。根據其功能，則分為：宇宙神和地方神，例如造物神和審判神。天體神則有太陽神、月神、晨星神、行星神、季節神和月份神。就元素而言，則分為：火神、風神、地神（山神和火山神）和水神。水神又分為泉神、河神、湖神、海神和雨神。雨神也和雷神、電神、風神屬於天氣神或暴風雨神。至於動物神，則有狩獵神、漁神和牧神。植物神有樹神、灌木叢神、森林神以及農作神（穀神、玉米神、葡萄園神）。與人類有關的神，則有家神、灶神、生育神、愛神、婚姻神、命運神、預言神、福神、財神、守護神、瘟神、醫神、救世神和死神。其他還有：祖神、氏族神、民族神、國家神、城市神、國王神、正義神、復仇神、誓約神、戰神、勝利神、和平神。文明神則有手工藝神、智慧神、知識神、藝術神（音樂、舞蹈、文學）、商業神、交通神。前述所有的神性，在一神教裡則被涵攝在

阿圖和九聯神的譜系。

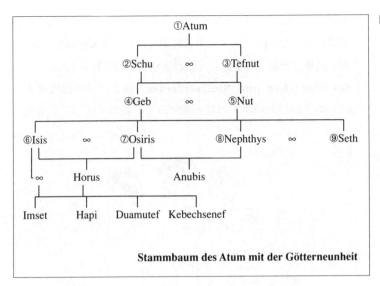

①Atum

②Schu ∞ ③Tefnut

④Geb ∞ ⑤Nut

⑥Isis ∞ ⑦Osiris ⑧Nephthys ∞ ⑨Seth

∞ Horus Anubis

Imset Hapi Duamutef Kebechsenef

Stammbaum des Atum mit der Götterneunheit

唯一的神裡。有時候則是統攝為三聯神。神學或神譜的神話則是在
敘說諸神及其誕生。神的形象或為人類（擬人神）、動物（獸神）、
怪物、自然事物或事件或符號。

	男神	女神	象徵
1.	Nun	Naunet	原始海
2.	Huh	Hauhet	空間的無限
3.	Kuk	Kauket	黑暗
4.	Amun	Amaunet	隱密、空氣
4a.	Niau	Niaut	否定、虛無

Götterachtheit **八聯神、【埃及】**Schmun（八）：（埃及）
原始神，赫莫波利斯（Hermopolis）八個神的統稱，象徵太初時
代的現象和力量，原始地塊隆起，光明神誕生。他們的父母親是分
為四組的八聯神。他們的名字都指涉了某個否定的意義，巨大的空
虛。其中男神有蛙頭，女神則是蛇頭，他們都是從泥塊誕生的。

Götterneunheit **九聯神：**（埃及）原始神，在太陽城（On,
Heliopolis）組成四代神族系譜。他們代表宇宙的基本元素，如：
大氣層、水、地和天空，也包括人類的生命歷程，如：生死、愛
恨。自生的**阿圖**（Atum）位於諸神之首。他從自身創造了孿生神
舒（Schu）（空氣神）和**特芙努**（Tefnut）（水氣神）。他們則生了

地神蓋布（Geb）和天神**努特**（Nut）。其後則有帶來沃土的氾濫神**奧賽利斯**（Osiris）、王座女神**依西斯**（Isis）、沙漠神**塞特**（Seth）和家神**妮芙提絲**（Nephtys）。他們都有人類的形象。

Gottherscher und Stellvertreter　聖王以及神的代理人：泛指君權神授的統治。因為君權同時也是神權，所以經常是無謬

羅馬神話的優雅三女神，經常是裸體造型。

的。神權的授與是經由儀式行為，或者是基於統治者的神族血統，或者是藉由神召。前者包括：埃及的**法老**（Pharao）、阿拉伯的**穆卡里布**（Mukarrib）、中國的**天子**（Tien-tzu）、神道教的**天皇**（Tennō）、羅馬的**凱撒**（Caesar）和奧古斯都（Augustus）、祕魯的**印加**（Inka）。後者包括：佛教的**達賴喇嘛**（Dalai Lama）、伊斯蘭的**伊瑪目**（Imām）、基督宗教的**教宗**（Papa）。至於神權的象徵，則如：天皇有**天照大神**（Amaterasu）的八尺鏡；教宗有天國的鑰匙。

Gottmensch　神人：泛指半人半神的超自然存有者。或者他們的父親是神，母親是人類，或者反之，例如：希臘神話的**阿麗雅德**

妮（Ariádne）和斐杜拉（Phaídra）；蘇美的**吉加美士**（Gilgamesh）。而他們誕生（例如童貞生子）和死去（例如昇天）的方式也經常是超自然的。神的降生為人（道成肉身）可能是偶發性的，例如印度教的**權化**（Avatāra）或是基督宗教的**耶穌**（Iesûs），也可能是持續性的轉世，例如：佛教的**達賴喇嘛**（Dalai Lama）和**班禪喇嘛**（Panchen Lama），以及印度教的**俱摩利**（Kumāri）。

Govannon→Goibniu

Graía　格萊埃▽（【希臘】老婦人）、【複數】Graiai：（希臘）三個老海怪，她們合起來只有一隻眼睛和一顆牙，被**帕修斯**（Perseús）偷走，她們告訴他去找梅杜莎的路，他才還給她們。三個格萊埃分別是：彭芙雷杜（Pemphredo）、哀紐（Enyo）和迪娜（Deino）。她們是**弗基斯**（Phórkys）和**開托斯**（Kétos）的女兒，**哥爾根**（Gorgón）和**史奇拉**（Skýlla）的姐妹。

Graiveyaka　耆吠耶柯△（【梵】頸飾）：（耆那教）**昆摩尼柯**（Vaimānika）天界的次神，屬於**劫波提陀**（Kalpātita）神族，他們的居所是在**宇宙原人**（Loka-Purusha）的喉間（Griva）。

Grāmadevatā　村落神△▽：（印度）塔米爾族（Tamil）神話裡村莊的守護神，大部分是女性神。她的脾氣任性乖張，陰晴不定，坐在紅色的大石頭上。

Grannos　格拉諾斯△（ghrena＝溫熱）：（克爾特）高盧神話的醫神和溫泉神。他在阿亨（Aachen）的聖地稱為「格拉諾斯之水」（Aquae Granni），和妻子**西蘿娜**（Sirona）組成對耦神。

Gratia　優雅三女神▽（【拉丁】優雅）、【複數】Gratiae：（羅馬）三個年輕美麗的女神，詩和造形藝術的人格化。她們多半的形象為裸體，頭戴花冠。優雅三女神相當於希臘的**優美三女神**（Chárites）。

Greif　獅鷲△（【希臘】grýps）：（希臘）怪物，鷹首獅身，有雙翼。獅鷲是聖火和生命之水（或生命樹）的守護者。鷹首象徵天空的統治，而獅身則象徵地上的威權。

Gridr　葛莉德▽（【古北歐】貪婪、忿怒）：（日耳曼）**約頓族**（Jötunn）裡友善的巨怪，**托爾**（Thor）遠征魔界時，葛莉德曾經

希臘神話

Griechische Mythologie 希臘神話：

　　希臘神話以人類的關係去建立諸神以及宇宙的想像世界，令人嘆為觀止。諸神擁有且具現許多人性、德行和缺陷。他們就像凡人的鏡像，儘管是不死的，卻不是全能的，因為他們也受永恆命運的宰制。對於宇宙的生成和秩序，諸神的系譜和人類世界很類似。最早是自然神祇，接著和他們的後裔展開世代交替的激戰，最後文明諸神接管世界和人類，甚至混跡其間。太初的時候，只有原始女神和諸神之母蓋婭（Gaía）（大地）。她不假借男伴而創造了宇宙，也就是烏拉諾斯（Uranós）（天空），接著生下塔塔羅斯（Tártaros）和龐托斯（Póntos）（大海）。後來她和其子烏拉諾斯生了12個泰坦族神祇，其中包括克羅諾斯（Krónos）和麗娥（Rheía）。烏拉諾斯被其子克羅諾斯推翻，他以鐮刀將父親去勢，血液滴到大地女神蓋婭懷裡，生出巨人神族和專司懲罰破壞倫理和秩序者的復仇女神。取得世界統治權的克羅諾斯和妹妹麗娥生了許多孩子，但是都被他吞掉，因為他害怕重蹈父親的覆轍。但是幼子宙斯（Zeús）要他把哥哥姐姐都吐出來，接著把他推到地底深淵裡去。

　　宙斯成為十二主神的最高神，而他們則代表12個月份和12星座。宙斯家族的六對神是：宙斯和他的妻子，大地女神和母神希拉（Héra），海神波塞頓（Poseidón）和他的妹妹穀神狄美特（Deméter），光明神和死神阿波羅（Apóllon）和他的孿生妹妹豐收女神阿提密斯（Ártemis），戰神阿利斯（Áres）和愛神阿芙羅狄特（Aphrodíte），使者神赫美斯（Hermés）與和平女神雅典娜（Athéne），火神黑腓斯塔斯（Héphaistos）和國家神暨女火神黑斯提亞（Hestía）。

　　奧林匹亞諸神象徵對耦甚至對立的元素，例如：天與地、水與豐收，或是二元原理，如生與死、爭鬥與和解的愛、戰爭與和平。人類及其命運則與諸神的相處和對立息息相關。柏拉圖在其《饗宴篇》裡有生動的描繪，他說人類原本是個圓球，有四隻手四隻腳，一顆頭有兩張臉，四隻耳朵。因為他是圓球狀，所以跑得很快，力氣也很大，甚至威脅到諸神，於是諸神之父宙斯就把他剖成兩半。自此以後，那兩個兩隻腳的人類就在尋覓他們的另一半。「由二合而為一，在於我們曾經是個沒有分隔的整體。」

使者神是人神的中保。使者女神伊莉絲（Iris）從彩虹下凡，勝利女神耐奇（Nîke）總出現在戰場和競技場。手持節杖、穿著帶翼的鞋子、戴著便帽的使者神赫美斯則是引靈者，把死者從此岸帶到彼岸。由於戰爭頻仍，生靈塗炭，因此對於各個時代的想像很悲觀。赫西奧德把歷史分為五個時期，其中人類不斷地墮落。第一個時期是「黃金時期」，在克羅諾斯的統治下，人類生活在樂園裡，像諸神一樣沒有老死。其次是「白銀時期」，接著是「紅銅時期」，在宙斯領導下的戰爭時代。第四個時期是屬於「英雄和半神」的。最後則是「黑鐵時期」，是道德淪喪的末世。

希臘神話裡的圓球人，被宙斯剖為兩半。

在世界圖像裡，對於冥府的想像有很重要的意義。冥府（Hádes）是地底的黑暗王國，由死神哈得斯統治。使者神赫美斯引導死者的靈魂穿過紅銅門。接著頭部像狗的老船夫哈隆（Cháron）載他們渡過冥河阿赫隆河（Achéron）或斯提克斯（Stýx）沼澤，多頭的怪犬克貝羅斯（Kérberos）看守入口，不讓任何人再走出去。希臘歌手奧斐斯（Orpheús）以音樂的魔力要把他死去的妻子攸里狄克（Eurydíke）從冥府裡救回人間，最後也功敗垂成。在地獄更深處則是有火河培里弗列格頓（Pyriphlegéthon）環繞的「地底深淵」，惡人在那裡受苦刑，尤其是那些挑戰諸神權威而犯罪者，更要受到永罰。宙斯曾把泰坦神族關在那裡，薛西弗斯（Sísyphos）必須不停地把滾下山的巨石再推到山頂，而坦塔羅斯（Tantalos）必須忍受飢渴，面前擺著佳餚美酒，他卻始終搆不著。

相反的，對於天堂的想像則是圍繞著奧林匹亞山。在雲深不知處的山巔，是十二主神的居所和聚會處。他們享用神酒（Nektar）和神饌（Ambrosia）以長生不老。死後被諸神揀選而且賜予不死生命的英雄會被接引到四季常春的極西樂土（Elysion），例如：阿奇里斯（Achilleús）。另一種昇天的方式，則是加尼美德斯（Ganymédes）「活著」被諸神帶到天界去。源泉不竭的神話對藝術創造的影響甚廣，不只是在各種文類裡，例如史詩、抒情詩和戲劇，也使得希臘的造形藝術達到巔峰。

巨人神族
希臘神話人首蛇身的怪物。他們與諸神為敵，宙斯乘四駕馬車征服他們。

鷹首獅身的帶翼怪物。

留宿他，並且贈與他神力腰帶、冰手套和稱為「葛莉德之杖」
（Gridarvölr）的魔杖。她是**威達**（Vidar）的母親。

Gu 谷△：（西非達荷美）芬族（Fon）的祖神、鐵匠的守護神
和戰神。他和父親**利撒**（Lisa）是部落的建立者。他類似於約魯巴
族（Yoruba）的**歐根**（Ogun）。

Guanna 瓜納△（天界的公牛）：（蘇美）**安**（An）和**伊南那**
（Inanna）寵幸的巨牛。伊南那為報復**吉加美士**（Gilgamesh）而要
瓜納把烏魯克（Uruk）變成荒漠，瓜納卻被吉加美士和**恩奇杜**
（Enkidu）殺死。他相當於阿卡德的**阿魯**（Alū）。

Gubaba→Kubaba

Gucumatz→Kukulkan

Guede 蓋得、Ghede：（非裔美洲）巫毒教的死神和淫神，共
約 30 個神祇。其中包括：「星期六的巴倫」（Baron Samedi）、
「十字巴倫」（Baron la Croix）、「姆姆布麗姬」（Maman
Brigitte）、「墓園的巴倫」（Baron Cimetière），墓園的巴倫是其領

袖。被蓋得附身的信徒，有時候會裝扮成屍體，腰際貼著陽具的符號，跳著充滿性暗示的「班巴舞」（banda）。蓋得形似殯葬者，穿著禮帽禮服，戴著墨鏡。

Gugumatz→Kukulkan

Guhyasamāja　密集、密集金剛△（【梵】）：（藏傳佛教）守護神和**本尊**（Ishta-Devatā），為密續經典的人格化，集諸佛智慧及佛性於一身。他有三頭六臂，和三頭空行母現雙身相（Yab-Yum），其標誌有法輪、蓮花、金剛杵、鈴、瓔珞和寶劍。

Guizotso　吉索佐：（西班牙巴斯克地區）怪物，有人類的形相，獸皮獸蹄。

Gula　古拉▽（巨大者）：（蘇美）醫神，**寧烏塔**（Ninurta）的妻子。每個月的 9日和 19日是她的慶典。她的聖獸是狗。其後她被同化為**芭芭**（Baba）和**寧伊辛娜**（Nin'insina）。

Gul-ashshesh→Gul-shesh

Gullveig　古爾薇（【古北歐】金酒）：（日耳曼）女先知和巫婆，熟諳**賽德**（Seidr）魔法、看守寶藏，象徵對於黃金的貪欲。古爾薇派**瓦尼爾族**（Vanen）的一個女神到**愛瑟神族**（Asen）去，讓他們開始喜歡黃金。古爾薇不告訴愛瑟神族寶藏的來源，他們連續三次要燒死古爾薇都沒成功，卻也開啟了瓦尼爾族和愛瑟族的第一場戰爭，直到**諸神黃昏**（Ragnarök）的最後決戰。

Gul-shesh　古謝什▽（生死簿記員）、Gul-ashshesh：（西台）命運女神，通常有若干個古謝什一起出現，判定生死善惡。即便是諸神也無法身免。她們相當於胡里安的**胡提娜和胡提露拉**（Chutena und Chutellura），也類似於希臘的**命運三女神**（Moírai）、羅馬的**帕爾卡**（Parca）和日耳曼的**娜恩**（Nornen）。

Gumenik　古美尼克（gummo＝打穀場）：（斯拉夫）家神，喜歡在打穀場嬉戲，類似於**歐維尼克**（Ovinnik）。

Gung De Tien　功德天▽：（中國）財神和護法，右手結施無畏印，左手持如意珠。功德天類似於印度教的**吉祥天女**（Lakshmi）。

Gunnlöd　袞勒德▽（【古北歐】挑戰）：（日耳曼）**約頓族**（Jötunn）的女巨怪，看守她父親**蘇頓格**（Suttungr）的**詩人之酒**

（Skaldenmet）。她父親拒絕讓歐丁（Odin）喝一口酒，於是歐丁化身為蛇去誘騙她，在她那裡待了三個晚上，喝了三口酒，然後變成老鷹飛走。

Guru 尊者、上師（【梵】尊、師）：（佛教）靈性導師的稱號，有別於阿闍梨（Āchārya），特別指個別解脫道和經典的導師，以精進律己著稱。著名的尊者有**帝洛巴**（Ti-lo-pa）和**那若巴**（Na-ro-pa）。

Gut und Böse 善惡⊙：宇宙裡符合或違反自然秩序的對立的力量、勢力、價值標準和行為模式，增長生命且裨益人類者就是善的，而惡則是威脅生命者。諸神、天使、救主，是善的化身；而魔鬼、惡魔、巫婆和罪人，則是惡的化身。善惡及其化身的戰場，既在個人的心裡，也在全體人類，直到末日的救恩到臨，也是神話的對象。善通常被描繪為光明、美好的；而惡則是黑暗醜陋的。

Guta 古塔：（匈牙利）魔鬼，他會殺死獻祭的供物，代表世界的黑暗面，和代表光明的**伊斯頓**（Isten）對立。

Gwydyon 桂狄恩△：（克爾特）威爾斯神話的戰神、詩神和冥府神。他是**多恩**（Dôn）的兒子，**阿莉恩若德**（Arianrhod）的丈夫。他從**不列塔利**（Pryderi）那裡得到若干豬，帶到圭內斯（Gwynedd）。被認為是死者冥路的銀河即名為「桂狄恩堡」（Caer Gwydyon）。他相當於高盧的**蘇瑟羅**（Sucellos）和愛爾蘭的**戴亞**（Dagda）。

Gymir 居密爾△（【古北歐】海）：（日耳曼）海怪和地神，他是**奧爾波妲**（Aurboda）的丈夫，也是**葛德**（Gerd）和**貝里**（Beli）的父親。居密爾有時候被同化為**艾吉爾**（Aegir）。

H

Ha 赫△：（埃及）沙漠神，統治西部沙漠。他也是死神，被稱為「西方的王」、「利比亞之王」、「蒙福者的王」。他會被安置在棺木的西側（即右側），有人類的形象，頭上有沙漠的符號，他相當於霍魯斯（Horus）。

Habakuk→Chabakkūk

Habib al-Nadjdjār 哈比布・納買（【阿拉伯】木匠哈比布）：（伊斯蘭）安塔基亞（Antākiya）的聖人，原本以雕刻神像為業，後來得見**安拉**（Allāh）的**神蹟**（Mu'djiza）而信道。他的頭被砍下，用左手提著，右手托著，走了三天三夜，穿過城鎮的街巷和市集，他的頭沿途背誦著古蘭經文。

Hābīl→Hebel

Hābīl und Kābīl 哈比爾和卡比爾△△：（伊斯蘭）兩兄弟，是**阿丹**（Ādam）和**好娃**（Hawwā'）的兒子。卡比爾殺了他的弟弟，**安拉**（Allāh）差一隻烏鴉去教訓他，用爪子翻土，要他也那樣埋藏哈比爾的屍體。

Hachiman 八幡大神△：（神道教）原為愛好和平的日本應神天皇（270－312），後來成為日本國的戰神和守護神，約莫有25,000座寺廟奉祀他。他的聖物是鴿子。

Hadad 哈達△：（敘利亞和腓尼基）暴風雨神和天氣神，大馬士革城（Damaskus）的主神。他雖然是豐收神，卻也帶來乾旱歉收。他和妻子**阿塔加提**（Atargatis）以及兒子席繆斯（Simios）組成三聯神，其聖地在阿列坡（Aleppo）、大馬士革、辛吉爾利（Zincirli）和杜拉歐羅波（Dura-Europos）。亞拉美的國王，例如哈大底謝（Hadad-Eser）（《撒母耳記下》8:3）、便哈達（Ben-Hadad）（《列王紀上》15:18、《列王紀下》6:24），以及以東人（Edomiter）的哈達（《列王紀上》14:11, 19:21），都以他為名。他的標誌是電戟和斧頭。

Hadayaosh 哈達約什：（伊朗）神話裡的公牛，不同於**格什烏梵**（Gēush Urvan），直到世界**變容**（Frashō-kereti）時，他才會被獻祭。自從創世以來，他就被**哥帕夏**（Gōpat-Shāh）藏在苑囿裡，以防**阿里曼**（Ahriman）的侵害。後來他被**拯救者**（Saoshyant）及其隨從殺死，以他的油脂混合**豪麻**（Haoma）釀成不死酒。

哈皮亞

Haddúr→Hadúr

Hádes→She'ōl

Hádes 冥府、哈得斯△：Háides（不可見者）、Plúton（普魯東）、【拉丁】Pluto：（希臘）1.冥府，在極西之地，接近冥河歐開諾斯（Okeanós），是地下的死者國度，由哈得斯和**波賽芬妮**（Persephóne）統治。冥府的入口在伯羅奔尼撒（Peloponnés）、黑海和阿法諾湖（Averno）。**赫美斯**（Hermés）引導死者的靈魂穿過銅門，船夫**哈隆**（Cháron）載他們渡冥河：**阿赫隆河**（Achéron）、**科庫特斯河**（Kokytós）和**斯提克斯河**（Stýx）。河的彼岸有**克貝羅斯**（Kérberos）看守。**埃阿科斯**（Aiakós）、**米諾斯**（Mínos）和**拉達曼迪斯**（Rhadamanthys）為冥府的判官，通過他們，義人的靈魂就可以到**極西樂土**（Elýsion），

希臘神話的冥府
由哈得斯（在寶座上者）統治該冥府，波賽芬妮站在一旁，左側為抱著琴的奧斐斯，左下方是推著巨石的薛西弗斯，右下方是受折磨的坦塔羅斯。下方為赫拉克列斯和巨犬克貝羅斯。

而惡人則必須到**地底深淵**（Tártaros）去。**赫拉克列斯**（Heraklés）、**奧德修斯**（Odysseús）、**奧斐斯**（Orpheús）和**提修斯**（Theseús）曾經到冥府。在那裡住著：**奇麥拉**（Chímaira）、**艾奇德娜**（Échidna）、**恩普薩**（Empusa）、**復仇三女神**（Erinýs）、**哥爾根**（Gorgón）、**哈皮亞**（Hárpyia）、**黑卡蒂**（Hekáte）和**希德拉**（Hýdra）。希臘神話的冥府相當於埃及的**杜瓦特**（Duat）、羅馬的**歐庫斯**（Orcus）、日耳曼的**黑爾**（Helheim）。2.冥府神哈得斯，因為地底世界也有寶藏，故又稱為普魯東（Plúton）。他是泰坦族的**克羅諾斯**（Krónos）和**麗娥**（Rheía）的長子，**狄美特**（Deméter）、**黑斯提亞**（Hestía）、**波塞頓**（Poseidón）、**宙斯**（Zeús）和**希拉**（Héra）的哥哥。他接引死者到黑暗國度，把大門鎖上，不讓他們回到人間，因此又稱為「庇拉特斯」（Pylartes，鎖門者）。他把**波賽芬妮**（Persephóne）誘拐到冥府，娶她為妻。冥王星以普魯托為名。哈得斯相當於羅馬的普魯托斯（Plútos）。

Hadjar→Hāgār

Hadúr 哈都爾△（ur＝統治者、had＝氏族）、Haddúr：（匈牙利）戰神、氏族神和光明神，代表最高神**伊斯頓**（Isten）的世界光明面。

Hāgār 夏甲▽（【希伯來】）、【希臘】Ágar、【阿拉伯】Hadjar（海哲爾）：1.（猶太教）以色列人的先祖，**亞伯拉罕**（Abrāhām）納她為妾，生了**以實瑪利**（Jishmā'ēl）。夏甲是亞伯拉罕的元配撒拉的埃及使女，撒拉直到老年膝下猶虛，讓使女和亞伯拉罕同房。她懷孕以後，撒拉苦待她，於是她逃到曠野。**耶和華的使者**（Mala'āk Jahwe）為她解釋她兒子名字的意思。**以撒**（Jizhāk）出生後，撒拉就唆使亞伯拉罕放逐夏甲和她的兒子。在曠野中，耶和華的使者拯救她免於渴死。2.（基督宗教）夏甲是西乃山上的舊約典型，相對於撒拉代表的新約。3.（伊斯蘭）北阿拉伯民族的先祖海哲爾，她是**易卜拉辛**（Ibrāhim）的合法妻子，生了**易司馬儀**（Ismā'il）。她和其子一起被葬在麥加的天房裡。繪畫：C. Lorrain（1668）。

Haggai→Chaggaj

Haggaios→Chaggaj

Hah 哈赫△：（埃及）空氣神和時間神，象徵覆蓋著地表的大氣層的無限性，因而也成為背負穹蒼的神。他也象徵時間的無限性，諸神祝福國王萬世太平時，會以「數百萬年」稱之，因此他的圖案也指稱「百萬」數字。

Háides→Hádes

dū-l-Halasa 杜哈勒撒△（正直、忠誠）：（阿拉伯）預言神，在麥加的人們會向他求籤問卜。他的形象是一顆白色聖石，上面鑿刻有王冠。

Ham 含△（【希伯來】酷熱的）、【拉丁】Cham、【阿拉伯】Hām：1.（猶太教）南方民族、衣索匹亞、埃及、利比亞和迦南的先祖，**挪亞**（Nōach）的次子，閃（Shēm）和**雅弗**（Jāfēt）的兄弟。**洪水**（Mabul）過後，有一次挪亞喝醉了，赤著身子躺在帳棚裡，含捉弄父親，於是挪亞詛咒含及其後裔要當他的兄弟們及其後裔的奴隸。2.（伊斯蘭）黑人民族的先祖，**努哈**（Nūh）的次子，

閃（Sām）、雅弗（Yāfith）和凱南（Kan'ān）的兄弟。雖然待在方舟裡的人類和動物應該過著節欲的生活，但是含、狗以及烏鴉卻行淫而受罰。狗在交配時要被鎖起來，烏鴉會吐出精液，而含被罰為黑皮膚。

Hamadryádes 哈瑪德里雅德斯▽：（希臘）仙女（Nýmphe），她們的生命和棲息的樹木緊緊相繫。哈瑪德里雅德斯很類似德里亞德斯（Dryádes）。

Hambakum→Chabakkūk

Han 漢水神▽：（中國）女河神，漢水的人格化，綽號為「游女」。

Hananim 桓因△：（韓國）天神和最高神。他是桓雄（Ung）的父親，是宇宙的主宰，使眾星周行不息，守護人類的倫理，獎善罰惡。韓國人認為他們是其孫檀君（Tan-kun）的後裔。新興宗教東學道（Tonghak）（天道教）把桓因視為唯一的神崇拜。

Hanan Pacha 哈南帕恰（【蓋楚瓦】更高的世界）：（印第安）印加神話裡的天國，死者的靈魂必須走過一條由頭髮編成的橋，橋底下有河流經過，如果沒有墮到冥府**烏庫帕恰**（Ucu Pacha）的話，就可以到天國。

Han Hsiang-tzu 韓湘子：（中國）道教八仙之一。他在冬天讓牡丹開出各種顏色的花，並且在花瓣上題詩，手持笛子、花籃或桃子。

Hanōk 以諾△（【希伯來】開始者）、【希臘】Enóch、【阿拉伯】Idris（伊迪雷斯）：1.（猶太教）**該隱**（Kajin）的長子，該隱造了一座城，用其子的名字把那城叫作以諾。2.（猶太教）先祖，耶和華的先知，與神同行，活了365歲，被神提去就不在世，在昇天時有**烏列**（Ūri'ēl）帶路。3.（基督宗教）耶穌的先祖，上主的先知，信心的典範，為此被神提到天國去。4.（伊斯蘭）安拉的先知伊迪雷斯，也是文明的開啟者，他教人利用羽毛，是最早的天文學家，活到365歲，被安拉接去，而沒有落入死亡天使**阿茲拉伊萊**（'Izrā'il）手裡。**穆罕默德**（Muhammad）在**登霄**（Mi'rādj）時於第四重天遇到他。

Hanumān 哈努曼△（【梵】具大頜者）、Hanumat：（印度教）

猴神、博學神，村落的守護神。他是風神波婆那（Pavana）的兒子，或說是**伐由**（Vāyu）**和阿布沙羅斯**（Apsarās）當中的**安嘉娜**（Añjanā）的兒子。有一次哈努曼誤以為太陽是獵物而要吃他，**因陀羅**（Indra）以雷斧劈碎他的下頜。在《羅摩衍那》裡，他是**羅摩**（Rama）忠實的同伴，救回被**邏伐拏**（Ravana）擄走的**私多**（Sitā）。他是忠實僕人的典型，頭部是紅色的，佩戴刀杖。

Haokah　號加：（印第安）達科塔族和蘇族神話裡的雷神，頭有雙角，以風為其雷鼓的鼓槌，拋擲隕石。喜則低頭哭泣，悲則大笑，燠熱使他凍傷，冰凍則使他汗流浹背。

Haoma　豪麻（【祆語】壓榨）：（伊朗）藥草神，「榨取的酒」的人格化，豪麻和神牛**哈達約什**（Hadayaosh）混合，便成了長生不死酒，藏在天海**縛魯咯夏**（Vourukasha）。豪麻相當於印度教的**蘇摩**（Soma）。

Hapatu→Chebat

Hapi　哈庇△：1.（埃及）屍體的守護神。他也是卡諾卜罐神，負責看管死者的肺，並且指引死者到北方的天國。哈庇屬於**霍魯斯諸子**（Horuskinder），原為人類的形象，到了新王國時期則變成猴子。2.（埃及）尼羅河神，也是尼羅河的象形符號。他是尼羅河氾濫的人格化，形象為營養很好的人，向諸神以及國王獻祭。

Hapi→Apis

Harachte　哈拉赫特△（地平線上的霍魯斯）：（埃及）晨曦主宰，太陽神**霍魯斯**（Horus）的別名。當早晨的太陽神從東方兩座沙漠山中間昇起，人們會歡欣鼓勵地迎接他並獻供。他的形象為老鷹，是「強大的神，天空的主宰」，和雷（Re）融合為「雷哈拉赫特」（Re-Harachte）。

Haremachet→Harmachis

Harendotes　哈倫多特斯△（保護其父親的霍魯斯）：（埃及）守護神，環繞死者棺槨的**霍魯斯**（Horus）的別名。根據奧賽利斯

哈努曼，印度教的猴神和博學神，半人半獸的怪物，有猴子的頭和長尾巴。

神話，霍魯斯以亡靈儀式把他父親從陰間救回來。

Harensnuphis→Arsnuphis

Hargi 哈爾吉：（西伯利亞）鄂溫克族（Ewenki）和通古斯族（Tungus）的守護神。

Hari-Hara 訶梨訶羅▽△（【梵】誘惑者與掠奪者）：（印度教）由毘濕奴（Vishnu）（訶梨）和濕婆（Shiva）（訶羅）組成的雙身神，象徵空間（Hari）和時間（Hara）合而為一。訶梨訶羅有兩個頭，戴著王冠，也有一個頭的造形。有時候左首為輪型，代表女性的訶梨，右首為三叉戟狀，代表男性的訶羅。

Harinaigamaishin 訶梨奈伽彌室△：（耆那教）送子神，帝釋（Shakra）的使者神，奉命向陀濕羅（Trishāla）報訊其子渡津者（Tirthankara）筏馱摩那（Vardhamāna）的降生，接著向帝釋的諸神報喜訊。

Harmachis 哈馬希斯△（【希臘】）、【埃及】Haremachet（地平線中的霍魯斯）：（埃及）基薩（Giza）墓場的獅面人身獸，原本是象徵卡夫拉國王（Chephren），自新王國時期始，便成為晨曦主宰霍魯斯（Horus）的肖像。

Harmagedon 哈米吉多頓（【希伯來】米吉多山）、Har Magedón：（基督宗教）末日戰場，三個鬼魔叫眾王聚集在一處對抗上主，後來被消滅。

Harmerti 哈默迪（雙眼的霍魯斯）：（埃及）光明神霍魯斯（Horus），化身為天鷹，雙眼為太陽和月亮，亦為三角洲東部霍爾拜城（Horbeit）的城市神，後來成為戰神和救世神，幫助雷（Re）或奧賽利斯（Osiris）打敗阿波非斯（Apophis）。

Harmonía 哈莫妮亞▽（和諧）：（希臘）象徵均勻、比例與和諧的女神。她是阿芙羅狄特（Aphrodíte）和阿利斯（Áres）的女兒，國王卡德馬斯（Kádmos）的妻子，和他生了依諾（Inó）和西蜜莉（Seméle）。黑腓斯塔斯（Héphaistos）打了一條項鍊送給她作為結婚禮物，每個想擁有它的人，都沒有好下場。

Haroëris 哈洛里斯、Her-ur（【埃及】年長的霍魯斯）：（埃及）鷹神和天空之神霍魯斯（Horus），在康孟波（Kom Ombo）被尊為雷（Re）的兒子，而不同於哈波奎特斯（Harpokrates）（奧

賽利斯神話裡的霍魯斯）。

Harpokrates　哈波奎特斯△（【希臘】）、Hor-pe-chrod（【埃及】孩提時的霍魯斯）：（埃及）多產神，特別是豆類植物，指**依西斯**（Isis）的年輕兒子**霍魯斯**（Horus），不同於**哈洛里斯**（Haroëris）（成年的霍魯斯）。在希臘羅馬時代很普及的「孩提時的霍魯斯」其形象為坐在蓮花裡的太陽之子。

Har-p-re　哈普雷△（太陽霍魯斯）：（埃及）救世神**霍魯斯**（Horus），保護國王免於疾病和災厄。他是**門圖**（Month）和**蕾陶伊**（Rait-taui）的兒子，並且和他們合為赫門提斯（Hermonthis）的三聯神。

Hárpyia　哈皮亞▽（掠奪者）：（希臘）暴風女神，象徵奪走一切的饑荒。她們是人首鳥身的怪物，陶馬斯（Thaumas）和**伊蕾克特拉**（Eléktra）的女兒，**伊莉絲**（Íris）的姐妹。她們的數目和名字有頗多異本：艾蘿（Aello，暴風）、波達爾格（Podarge，神足）、奧奇彼德（Okypete，神翼）、克萊諾（Kelaino，黑暗）。

哈皮亞
希臘神話的暴風女神，鳥身、獅爪，婦女的胸部和頭部

Harsaphes　哈薩斐斯△（【希臘】）、【埃及】Herischef（在湖上）：（埃及）赫拉克列斯城（Herakleopolis）的守護神、豐收神和始祖神，從原始湖裡湧現，其雙眼分別為太陽和月亮，頭部似山羊，後來被同化為雷（Re）和**奧賽利斯**（Osiris）。

Harsiesis　哈西斯△、Harsiese（【希臘】依西斯的兒子霍魯斯）：（埃及）守護神**霍魯斯**（Horus），是**依西斯**（Isis）和死去的**奧賽利斯**（Osiris）交媾生的孩子，祕密撫養長大，在孩提時期保護他免於諸多危難，他的誕生（依西斯和死去的奧賽利斯的屍體交媾，為此忍受眾人指責），證明了奧賽利斯連死亡都無法抑遏的生命力。

Hārūn→Aharōn

Hārūt und Mārūt　哈魯特和馬魯特：（伊斯蘭）**安拉**（Allāh）派到人間的兩位天使，卻愛上一位美女，並且和她交媾。當他們被

哈托爾
埃及神話的諸神之母，牛首人
身，有日盤和叉鈴。

發現姦情時，便殺死告發者。於是他們被罰倒吊在巴比倫的一個洞穴裡。從此以後，他們就把魔法傳授給人類，他們相當於伊朗神話的**完璧神**（Hauvatāt）和**不朽神**（Ameretāt）。

Hathor 哈托爾▽（霍魯斯的屋子）、【希臘】Athyr：（埃及）母神，宮殿的人格化（宮殿被視為國王的母親）。她是**霍魯斯**（Horus）的母親和妻子，也是年輕國王的奶媽。後來她成為**雷**（Re）的母親、妻子和女兒。她也是愛神，歡樂、舞蹈和音樂的主宰、世界女神，以及女孩的創造者。因為國王化身為天鷹，因此她也成為天空女神，尼羅河三角洲傳說她在太初時自深淵裡使如母牛般的天空隆起，因此她以母牛為其形象。她是樹神，稱為「海棗女王」、「南方埃及無花果樹女王」。她也是死神，是底比斯城西的守護神。她是曆法神，主司埃及曆三月（Athyr），其慶典自埃及曆 2 月 19 日開始。她的丈夫霍魯斯每年會造訪她在艾德夫（Edfu）的丹德拉神廟（Dendera）。在聖地入口的馬米希（Mammisi）（誕生之屋）裡，她讓神子出生。她是牛首人身，標誌為牛角、日盤和叉鈴。「愛神卷髮」是指左右兩側垂下如牧杖般的卷髮，而「愛神柱」則是指柱頭有四個哈托爾頭像的圓柱。她和**努特**（Nut）融合為哈托爾努特（或稱努特哈托爾）。希臘人把她等同於**阿芙羅狄特**（Aphrodíte）。

Hatmehit 哈特梅希特▽（魚類中第一）：（埃及）孟德斯（Mendes）的地方神，她的頭部似海豚。在奧賽利斯神話裡，她協助尋找被肢解的**奧賽利斯**（Osiris）。

Haubas 豪巴斯△（突如其來的）、Hōbas：（阿拉伯）示巴人（Sabaean）的審判神和預言神，在三聯神裡，他位於金星神**阿塔爾**（'Attar）和月神**阿爾瑪卡**（'Almaqah）中間。他相當於卡達班族（Qatabān）的**安貝**（'Anbay）。

Hauhet 浩伊▽：（埃及）太初女神，根據八聯神系譜，她和男性對耦神**胡赫**（Huh）代表空間的無限性，是第二組對耦神。她被描繪為蛇或是有蛇的頭。

Haukim 昊親△（有智慧的、審判）：（阿拉伯）卡達班族（Qatabān）的審判神，相當於**安貝**（'Anbay）。

Hauma→Haoma

Haumea 哈梅亞▽：（波里尼西亞）夏威夷神話裡嬰兒床的守護神，她以自然分娩取代「剖腹生產」。她是野生食用植物的主宰，擁有巨大的法力，直到**惡作劇鬼**（Trickster）考盧（Kaulu）破了她的魔法並且殺死她。

Haumia 哈米亞△：（波里尼西亞）野生植物的守護神。他是**帕帕**（Papa）和**蘭吉**（Rangi）的兒子，**坦尼**（Tane）、**坦哥羅厄**（Tangaroa）、**圖**（Tu）、**倫哥**（Rongo）和**塔西里**（Tawhiri）的兄弟。

Haurvatāt 完璧神▽、【祆語】健康、痊癒）：（伊朗）善神，象徵**阿胡拉‧瑪茲達**（Ahura Mazdā）的完美，他也是神泉的守護神，是七位**聖神**（Amesha Spentas）之一，餓魔陶利希（Tawrich）是他的死敵。三月是他的節日。完璧神和**不朽神**（Ameretāt）相當於伊斯蘭教的**哈魯特和馬魯特**（Hārūt und Mārūt）。

Hawa 好娃▽：（伊朗）曼德恩教派（Mandaean）第一個女性，邪惡的**路哈**（Rūhā）的肖像。**塔希爾**（Ptahil）創造好娃當作**肉體的亞當**（Adam pagria）的妻子，成為第一對人類夫婦。她相當於猶太教的**夏娃**（Chawwāh）。

Hawaiki 夏威基、Pulotu、Kahiki：（波里尼西亞）祖靈的故鄉，如果他們沒有墮入**冥界**（Po）裡，就會來到這裡。夏威基位在天空或深海，或是一座小島。人們有時候可以看到它在海岸前面漂浮，但是每當人們指著它的時候，它就消失無蹤。夏威基的統治者是**羅馬坦尼**（Roma-Tane）。

Hawd 哈伍德：（伊斯蘭）水池，在末日（復活日）的時候，**穆罕默德**（Muhammad）和他的信眾於該地相會。該池有兩股源自**天園**（Djanna）的水渠，分別由黃金和白銀色構成的。其水白如乳而甜如蜜。

Hawwā'→Chawwāh

Hayagriva 馬頭明王、哈亞貴瓦△（【梵】）、【藏】Tamdrin：1.（藏傳佛教）**護法**（Dharmapāla），護持經藏，經常被認為是**阿彌陀佛**（Amitābha）或**阿閦佛**（Akshobhya）的化身，三頭八臂四足，環抱空行母，獠牙外露，持骷髏寶杖，身紅色。2.（印度教）

馬頭明王
佛教的護法，其手印是環抱空行母，法器為骷髏寶杖。

惡魔哈亞貴瓦，**蒂緹諸子**（Daityas）之一，偷盜吠陀經，被**毘濕奴**（Vishnu）的第一個權化（Avatāra）**魚**（Matsya）殺死。

Hayk　海克△：（亞美尼亞）父神、戰神、最高神和亞美尼亞族的先祖。他也是時間神（一年裡的諸日和諸月），他的兒女們分別以月份為名，如：**阿拉伊**（Aray）、**阿列夫**（Arev）和**諦爾**（Tir）。海克類似烏拉圖族（Urartian）的**哈爾第**（Chaldi）。

Hébe　赫貝▽（少女）：（希臘）少女神，荳蔻年華的人格化。她是**宙斯**（Zeús）和**希拉**（Héra）的女兒，兄弟姐妹包括**阿利斯**（Áres）、**黑腓斯塔斯**（Héphaistos）和**艾莉西雅**（Eileíthyia），**赫拉克列斯**（Heraklés）神化以後，她成為他在天界的妻子。她在**奧林帕斯山**（Ólympos）服事眾神飲酒，其後則由**加尼美德斯**（Ganymédes）取代。赫貝相當於羅馬的尤雯塔絲（Iuventas）。雕塑：Canova（1796）、Thorwaldsen（1816）；歌劇：Gluck（1747）。

Hebel　亞伯△（【希伯來】氣息）、【希臘】Ábel、【阿拉伯】Hābil（哈比爾）：1.（猶太教）第一個牧人，**亞當**（Ādām）和**夏娃**（Chawwāh）的次子，**該隱**（Kajin）和**塞特**（Shēt）的兄弟。由於**耶和華**（Jahwe）悅納他的供物而沒有看中該隱的供物，於是該隱在田間殺死亞伯。2.（基督宗教）殉教者和信仰的典型，其行為稱義。亞伯的形象為羔羊。

Hecate→Hekáte

Hego→Heqo

Heilbringer und Erlöser　拯救者和救世主：大部分聖人的統稱，他們可能是部落、民族甚至全人類的文明始祖，教導人們打獵、捕魚、手工藝，以及各種知識、智慧和價值觀，或是人們未來的希望，使人們免於痛苦、疾病、貧窮、奴役、恐懼、無知、過犯和罪愆。作為中保的角色，他們必須和邪惡的代言人爭戰。他們降生的方式經常充滿奇蹟（如童貞生子），而離開人間的方式也是如此，同時也意味著到了彼岸世界（如神化、昇天）。屬於過去的救世主包

兩只血罐和紅十字會的標誌，為拯救免於死亡的象徵（J. Beuys, 1962／63）。

括：非洲的**諾莫**（Nommo）、佛教的**釋迦牟尼佛**
（Shākyāmuni）、耆那教的**大雄**（Mahāvira）、印度教的
黑天（Krishna）、中國的孔子和老子、波里尼西亞的**茂
伊**（Maui）、蘇美的**俄安內**（Oannes）、伊朗的**查拉圖
斯特拉**（Zarathushtra）、猶太教的**摩西**（Mōsheh）、基
督宗教的**耶穌**（Iesûs）、伊斯蘭教的**穆罕默德**
（Muhammad）、希臘的**普羅米修斯**（Prometheús）、阿
茲提克的**奎茲克亞托**（Quetzalcoatl）。屬於現在的
有：**蝙蝠俠**（Batman）和**超人**（Superman）。屬於未
來的有：印度教的**卡爾奎**（Kalki），佛教的**彌勒佛**
（Maitreya）、伊朗的**拯救者**（Saoshyant）、猶太教的**彌賽亞**
（Māshiāch）和伊斯蘭教的**馬哈迪**（al-Mahdi）。

Heilige　聖人▽△：指完美的人，他們致力於解脫之路，成聖證
道，乃至於聖境（天國、涅槃），是未解脫者的典範，和**罪人**
（Sünder）相對。其中包括：佛教的**阿羅漢**（Arhat）和菩薩
（Bodhisattva）、印度教和耆那教的**成就師**（Siddha）、中國的**仙**、
伊斯蘭教的吾力（Wali）、基督宗教的**聖人**（Sancti）。在羅馬天主
教裡，自1234年以來，便由**教宗**（Papa）封聖。

Heimdall　海姆達爾△、Heimdallr【古北歐】照亮者）：（北
日耳曼）守護神，九個女巨怪的兒子。他是「諸神的守衛」，站在
彩虹橋（Bifröst）橋頭，吹起糾爾號角（Gjallarhorn），宣告**諸神
黃昏**（Ragnarök）的開始。在決戰裡，海姆達爾和**羅奇**（Loki）兩
敗俱傷，同時殞命。

Heitsi-Eibib　海齊艾比布△：（南非）何騰托族（Hottentot）
的民族英雄、祖神和叢林神，讓狩獵的人們滿載而歸。他也是豐收
神，曾多次死而復生。人們在象徵其墳墓的石群向他獻祭。

Hekáte　黑卡蒂▽、【拉丁】Hecate：（希臘）三面女神，在天
界、地獄和人間活動。她在天界是月神，在地獄是魔法女神以及冥
王，在人間則是狩獵女神。黑卡蒂是泰坦族的波賽斯（Perses）和
星神阿絲提莉亞（Asteria）的女兒。綽號為「偶遇者」（Antaia），
因為她在夜間狩獵時會使不期而遇者受驚嚇；她也叫作「三路」
（Trióditis），因為她的三個面向相當於三個月相。她幫助**狄美特**

黑卡蒂
希臘神話裡的三面女神，在天
界、地獄和人間活動，蛇髮蛇足
的怪物，三頭六臂。

（Deméter）找尋高萊（Kóre）。她有蛇髮、三頭、三個身體、六臂和六項法器：火炬、寶劍、匕首、繩索、鑰匙和蛇。後來她和**色麗妮**（Seléne）以及**阿提密斯**（Ártemis）融合。

Hekatoncheíres 百手神族△：（希臘）巨怪族，有 100 隻手和 50 顆頭。他們是蓋婭（Gaía）和烏拉諾斯（Uranós）的三個兒子：布列留斯（Briareos）、吉俄斯（Gyes）和科托斯（Kottos）。他們和**泰坦族**（Titánes）以及**獨眼神族**（Kýklopes）是親族。他們被父親禁錮在**地底深淵**（Tártaros）裡，**宙斯**（Zeús）把他們放出來，於是他們幫助宙斯打敗**克羅諾斯**（Krónos）和其他泰坦族。

Heket 赫克特▽：（埃及）赫威爾城（Herwer）的地方神，被稱為「赫威爾城的女王」。她也是誕生之神，和**赫努**（Chnum）一樣是「人類的塑造者」，在母胎裡塑造嬰兒，然後幫助母親分娩。她在棺槨上表現為死者的守護神。她是**雷**（Re）的女兒，其頭銜有：「神的母親」、「雷的眼睛」、「天國女王」、「諸神的主宰」。後來她被同化為**努特**（Nut）和**妮赫貝特**（Nechbet）。

Hel 黑爾▽（【古北歐】地獄）、Helheim：（日耳曼）1.冥府，所有因衰老和疾病而死的，都會到那裡去。溺死的會到**蘭恩**（Rán）那裡，戰死的會到**歐丁**（Odin）那裡去。即使是諸神，例如**巴爾德**（Balder），也得走這條「地獄路」。黑爾包括九層世界，位於陰間**霧鄉**（Nifheim）。只要過了**糾河橋**（Gjallarbrú）橋頭的柵欄，就無法回頭。看守黑爾的是**加默**（Garm），該冥府的統治者也叫作黑爾。基督宗教傳入以後，黑爾變成地獄。2.死亡女神。她是**羅奇**（Loki）和女巨人安格波塔（Angrboda）的女兒，**芬力爾**（Fenrir）和**密得噶索默**（Midgardsomr）的妹妹。

Heléne 海倫▽、【拉丁】Helena：（希臘）植物神和樹神，斯巴達的皇后，世界上最美的女人。她是**宙斯**（Zeús）和**麗姐**（Léda）的女兒，**波里丟克斯**（Polydeúkes）的妹妹，**美內勞斯**（Menélaos）的妻子，荷米諾妮（Herminone）的母親。年輕的時候，**提修斯**（Theseús）擄走了她，後來她被**狄俄斯庫里兄弟**（Dióskuroi）救出來。在爭奪伊莉絲（Éris）的蘋果時，**阿芙羅狄特**（Aphrodíte）承諾**帕利斯**（Páris）幫他把美內勞斯的妻子海倫

誘騙到特洛伊，從此掀起長達十年的特洛伊戰爭。帕利斯死後，她
成為戴弗波斯（Deíphobos）的妻子。繪畫：Tiepolo（1760）、H.v.
Marées（1881）；戲劇：Euripides（412 B.C.）；歌劇：Gluck（1770）、J.
Offenbach（1864）；R. Strauss（1928）。

赫利奧斯
希臘神話的太陽神，坐著四駕馬
車，在白天由東向西飛過天際。

Helheim→Hel

Heliogabalos→Elagabal

Hélios 赫利奧斯△（兒子、東方）：（希臘）年輕的太陽神和
盟誓神，泰坦族的**希培利溫**（Hyperíon）和**帖亞**（Theía）的兒
子，**色麗妮**（Seléne）和**伊奧斯**（Eós）的哥哥，**波絲**（Pérse）的
丈夫，生了**喀爾克**（Kírke）和**帕希菲**（Pasipháë），和女河神克里
梅妮（Klymene）生了**法伊頓**（Phaëton）。他是光明神，使盲人
重見光明，也會懲罰壞人，讓他們變成瞎子。因為他看得到一切，
所以曾經把**阿芙羅狄特**（Aphrodíte）的姦情告訴**黑腓斯塔斯**
（Héphaistos），也曾經把**波賽芬妮**（Persephóne）的下落告訴**狄美**
特（Deméter）。赫利奧斯白天坐著四駕馬車從東方的天空奔向西
方，在他前面有伊奧斯，後面有色麗妮。到了夜晚，他坐著金盤從
西方越過**歐開諾斯**（Okeanós）回到東方。他的**羅德斯島巨像**
（224 B.C.）高達31公尺，列為世界七大奇景。赫利奧斯相當於羅
馬神話的**梭爾**（Sol）。

Hélle→Phríxos

Hemen 赫門△：（埃及）鷹神，其聖地在黑斯梵（Hesfun,
Asphynis），等同於**哈洛里斯**（Haroëris）。他的女性對耦神是赫門
內（Hemenet）。

Heméra→Eós

Hemsut 赫姆蘇▽、Hemuset、Hemusut：（埃及）象徵女性生
殖力的神。她創造作為一切生命力量來源的營養。她也是生產時的
守護女神和命運女神，懷裡抱著新生的小國王，其形象為人類，頭
上戴有被矛穿刺的頭甲。她的男性對耦神是卡斯（Kas）。

Hen→En

Heng O 恆娥、嫦娥：（中國）月神，**河伯**（Ho Po）的妹
妹，她偷吃了丈夫**后羿**（Shen I）的長生不死藥，飛到月宮去。她
右手持著月盤，上面坐著三腳蟾蜍。

Henoch→Hanōk

Heosphóros→Phosphóros

Hepat→Chebat

Héphaistos 黑腓斯塔斯△、【拉丁】Hephaestus：（希臘）火神，冶金工藝的守護神，象徵從地裡冒出來的火。他是**奧林帕斯十二主神**（Olýmpioi）之一，**宙斯**（Zeús）和**希拉**（Héra）的兒子，**阿利斯**（Áres）、**赫貝**（Hébe）和**艾莉西雅**（Eileíthyia）的兄弟，**阿芙羅狄特**（Aphrodíte）是他的妻子，背著他和阿利斯私通。他生下來就是個瘸子，於是他的母親把他從奧林帕斯山扔到海裡去。他奉宙斯之命，以陶土製造出**潘朵拉**（Pandóra）。他曾劈開宙斯的前額，好讓**雅典娜**（Athéne）誕生。他在地底的打鐵舖裡，和助手**獨眼神族**（Kýklopes）打造諸神的器具：如宙斯的權杖、**愛洛斯**（Éros）的箭、**赫利奧斯**（Hélios）的戰車、**阿提密斯**（Ártemis）的弓，以及阿利斯的盔甲。在火神祭（Hephaistia）的時候，人們會舉行火炬接力賽跑。他相當於羅馬神話的**伏坎努斯**（Volcanus）。繪畫：Velásquez（1630）、A. van Dyck（1632/34）、Rubens（1636/37）、Tiepolo。

Heqo 赫闊△（魔法）、Hego：（衣索匹亞）卡法族（Kaffa）的天神和太陽神，他也是命運之神，降給人們幸福和災難。

Héra 希拉▽（強者）：（希臘）大地女神和母神，婚姻和生產的守護神，希臘的最高神。她是**奧林帕斯十二主神**（Olýmpioi）之一，泰坦族的**克羅諾斯**（Krónos）和**麗娥**（Rheía）的女兒，兄弟姊妹包括**狄美特**（Deméter）、**哈得斯**（Hádes）、**黑斯提亞**（Hestía）、**波塞頓**（Poseidón）。她是**宙斯**（Zeús）的姐姐和妻子，生了**阿利斯**（Áres）、**黑腓斯塔斯**（Héphaistos）、**赫貝**（Hébe）和**艾莉西雅**（Eileíthyia）。她生性善妒，卻經常發現丈夫的姦情，因而追殺其情婦和子嗣。人們在天后節（Heraia）時祭拜她。**銀河**（Galaxías）的命名便是由她而來。她的標誌有孔雀、蘋果、王冠和權杖。希拉相當於羅馬的朱諾（Iuno）。繪畫：Correggio（1518/19）、Tiepolo（1731）。

Heraklés 赫拉克列斯、赫丘力士△（因希拉聞名者）、【拉丁】Hercules：（希臘）最重要的英雄、救世主、消滅各種邪惡的守護

神，以及文明始祖。他是**神人**
（Gottmensch），勇敢、力量和堅強
的象徵。他是**宙斯**（Zeús）**和阿爾
克梅尼**（Alkméne）的兒子，因為**希
拉**（Héra）的善妒，使他歷經許多
艱難。在德行和惡習之間，他選擇
了前者。他曾經被罰作為里底亞
（Lydia）女王**翁法勒**（Omphále）的
奴隸。希拉有一次使他發瘋，因此
他殺死了妻子梅加拉（Megára）和
兒子們。他也殺死**普羅米修斯**
（Prometheús）的老鷹，參與**巨人神
族**（Gígantes）的戰爭。他在當攸里

赫拉克列斯
希臘神話的英雄，把克貝羅斯從
冥府誘拐出來，伊莉尼絲和赫美
斯持火炬帶路。

斯提烏斯（Eurystheus）國王的奴隸時，完成了12件苦差事以贖
罪：1.殺死尼米亞的獅子；2.殺死**希德拉**（Hýdra）；3.活捉克里尼
提亞的金角公鹿；4.捕捉艾里曼提斯山裡的大野豬；5.射殺史提法
勒斯的猛禽；6.清掃奧吉亞（Augia）國王的牛廄；7.制服野牛**米諾
托**（Minótauros）；8.奪取狄奧美德斯（Diomedes）國王的母馬。
9.帶回亞馬遜女王希波呂提（Hippolyte）的腰帶；10.奪取巨人吉
留尼烏斯（Geryoneus）的三身怪牛。11.奪取**黑絲柏麗提絲**
（Hesperídes）的金蘋果；12.闖入**冥府**（Hádes）帶回怪獸**克貝羅
斯**（Kérberos）。12個任務也象徵著黃道12宮，意味著超凡入聖的
道路。他的妻子戴雅妮拉（Deiáneira）以血作成毒藥塗在袍子上
面，毒死赫拉克列斯。他被抬到火葬堆焚化，然後被接到**奧林帕斯
山**（Ólympos），在那裡娶**赫貝**（Hébe）為妻。他的標誌是木棍和
獅毛。赫拉克列斯以跪姿和巨龍**拉頓**（Ládon）搏鬥的形象，成為
天上的星座。繪畫：Dürer (1500)、Rubens (1615/16)、Tiepolo
(1760)；戲劇：Euripides (421 B.C.)、F. Wedekind (1917)、F.
Dürrenmatt (1954)、C. Zuckmayer (1958)；神劇：Händel (1744)。

Hercle 赫爾克列△、Herchle：（伊特拉斯坎）英雄，**烏妮**
（Uni）的兒子。他相當於羅馬的**赫丘力士**（Hercules）和希臘的**赫
拉克列斯**（Heraklés）。

赫美芙羅狄特
希臘神話裡雌雄同體的神。

Hercules 赫丘力士△：（羅馬）商業神和交通神，錢幣、砝碼和商人（他們奉獻所得什一給他）的守護神，他也是殺死巨怪喀庫斯（Cacus）的英雄。他在坎佩尼亞（Kampanien）建造的赫丘力士城（Herculaneum），後來因維蘇威火山爆發而傾毀。直布羅陀海峽兩端的石柱則稱為「赫丘力士之柱」（columnae Herculis）。天上的「武仙座」以赫丘力士為名。赫丘力士相當於希臘的**赫拉克列斯**（Heraklés）。

Hére→Héra

Herensugue 黑倫蘇格（sugue＝蛇）：（西班牙巴斯克地區）洞穴惡靈，為七頭蛇，以氣息吸引動物和人類吞食之，後來被一個英雄毒死，化身為火燄飛到海裡，還以尾巴打掉山毛櫸的樹梢。

Herischef→Harsaphes

Herkules→Heraklés→Hercules

Hermaphróditos 赫美芙羅狄特△◇（赫美斯和阿芙羅狄特）：（希臘）雌雄同體的神，是**赫美斯**（Hermés）和**阿芙羅狄特**（Aphrodíte）的孩子。山泉仙女薩瑪奇斯（Salmakis）愛上男性的赫美芙羅狄特，卻得不到回報，便趁著他在泉水裡洗澡時，和他合而為一。從此在那處泉水沐浴的，都會變成雌雄同體。繪畫：C. Carrà、A. Jones（1963）。

Hermés 赫美斯△（hermaion＝石堆）：（希臘）諸神的信差，商人、旅行者、騙人和小偷的守護神，他會護佑人們一路平安，他也是引靈者（Psychopompos），帶領死者到彼岸。他是**奧林帕斯十二主神**（Olýmpioi）之一，**宙斯**（Zeús）和美雅（Maía）的兒子，**潘神**（Pán）和**赫美芙羅狄特**（Hermaphróditos）的父親。他和宙斯化身為疲倦的流浪漢，造訪誠實的老夫婦費洛蒙（Philemon）和芭綺絲（Baukis）。他也是音樂的守護神，用龜殼做了第一隻琴，後來他就成為天琴座（Lyra）。他的標誌是使節杖、帶翼的靴子，以及旅帽。他相當於羅馬的墨丘利（Mercurius）。雕塑：Praxiteles（340 B.C.）、Thorwaldsen（1818）；繪畫：Tintoretto（1578）、Rubens（1634）、C. Lorrain。

Hermod 赫摩德△、Hermódr、【古北歐】Hermodur：（北日耳曼）英雄和諸神使者。他和**布拉吉**（Bragi）接待所有到**英雄殿**

（Walhall）的**英靈戰士**（Einherier）。
他也是**芙麗格**（Frigg）的使者，騎著
斯雷普尼爾（Sleipnir）飛奔九夜到冥
府去，讓女神**黑爾**（Hel）釋放被害
死的**巴爾德**（Balder）。赫摩德是芙
麗格和**歐丁**（Odin）的兒子，巴爾德
和**霍德**（Höd）的兄弟。

**Heró und Léandros　希蘿和里
昂德羅斯**▽△（女人和男人）、【拉
丁】Hero und Leander：（希臘）著
名的愛侶。阿拜多斯（Abydos）的希
蘿愛上年輕英俊的里昂德羅斯，他是
阿芙羅狄特（Aphrodíte）在達達尼

赫美斯
希臘神話的使者神和引靈者，把
死者帶到船夫哈隆那裡去。

爾海峽的賽斯托斯島（Sestos）的祭司。儘管他的父母反對他們的
婚姻，里昂德羅斯還是每晚游過海去找她，一路上憑著燈塔微弱的
光線指引。有一次燈熄了，里昂德羅斯因而溺死，希蘿在岸邊發現
他的屍體，絕望地自燈塔跳下去自殺。繪畫：Rubens（1602/05）；戲
劇：Gillparzer, "Des Meeres und der Liebe Wellen"（1831）。

Heroen und Heroinen　英雄和女英雄（【希臘】）：泛指不平
凡的人，其力量介於諸神和人類之間，經常是神和人類的後裔。他
們在世時有偉大的英雄事蹟，成就了文明和秩序，經常對抗各種混
沌力量（惡龍、巨人、魔鬼和怪獸）。有時候英雄會成神，或是某
個神降世為英雄，例如**雅欽多**（Hyákinthos）。他們昇天後，也會
以自身的力量去幫助人類。著名的英雄包括：蘇美的**吉加美士**
（Gilgamesh）；希臘的**阿奇里斯**（Achilleús）、**赫拉克列斯**
（Heraklés）、**提修斯**（Theseús）和**奧德修斯**（Odysseús）；非洲
的**法洛**（Faro）；美拉尼西亞的**安巴特**（Ambat）；波里尼西亞的
庫普厄（Kupua）；中國的**伏羲**（Fu-hsi）、印度教的**阿周那**
（Arjuna）；印第安的**胡那普**（Hunapú）和**伊扎姆納**
（Itzamná）；猶太教的**以斯帖**（Estēr）；基督宗教的**聖女貞德**
（Jeanne la Pucelle）。

Heruka→Hevajra

Her-ur→Haroëris

Hesat 赫薩特▽（忿怒者）：（埃及）母牛神，在阿特斐（At-fih）被奉為「第一頭母牛」，其形象為白色母牛，是阿庇斯（Apis）和尼維斯（Mnevis）的母親，哺育新生的國王。

Hesperídes 黑絲柏麗提絲▽：（希臘）歌聲甜美的自然女神，她們是妮克絲（Nýx）或阿特拉斯（Átlas）的女兒，在西方大海彼岸的「金蘋果園」（Hesperidengarten），和巨龍拉頓（Ládon）一起看守金蘋果，那是蓋婭（Gaía）送給宙斯（Zeús）和希拉（Héra）的結婚禮物，後來赫拉克列斯（Heraklés）殺死巨龍，把蘋果偷走獻給攸里斯提烏斯（Eurystheus）。繪畫：Raffael、H. v. Marées (1884/87)。

Hestía 黑斯提亞▽（灶）：（希臘）女火神和灶神，家庭和諧以及一切求庇者的守護神。她是奧林帕斯十二主神（Olýmpioi）之一，泰坦族的克羅諾斯（Krónos）和麗娥（Rheía）的女兒，兄弟姊妹包括狄美特（Deméter）、哈得斯（Hádes）、波塞頓（Poseidón）、宙斯（Zeús）和希拉（Hera）。每天用餐時間，人們都會在家灶前祭拜她。她相當於羅馬的威斯塔（Vesta）。

Hetepet 赫提佩▽：太陽城（Heliopolis）聖地「赫提佩」的地方神，在該地被尊為「赫提佩女王」、「井邊的樹神」。自第十八王朝起，被同化為哈托爾（Hathor）。

Hevajra 喜金剛、吉祥喜金剛、傑巴多傑△、Heruka：（藏傳佛教）本尊（Ishta-Devatā）和守護神，同名密續經典的人格化。他有五面十六臂四足，每面有三目，和明妃金剛無我佛母（Nairātmyā）現雙身相（Yab-Yum）。

Hexen 巫婆（【古北德】hagazussa＝騎籬笆的婦女）：泛指擁有邪惡的超自然能力的神、靈魂或人類，會誘拐孩童、調製毒藥、行邪術，和魔鬼狼狽為奸，甚至和他交媾，以得到化身為動物或騎著掃帚飛行的魔力。十四至十八世紀流行「女人都可能變為女巫」（Hexenwahn）的迷信，使得許多婦女成為「獵女巫」的受害者。最有名的女巫是猶太教的隱多珥（Endor）女巫（《撒母耳記上》28:7），她替國王掃羅招魂，把死去的撒母耳從陰間招上來。另外還有猶太教的莉莉絲（Lilit）和希臘的女神黑卡蒂（Hekáte）。繪

畫：F. d. Goya (ca. 1815)；銅版畫：H. B. Grien。

Hibil 希比爾：（伊朗）曼德恩教派的光明神。他是末世大戰時的英雄，到地獄去和惡龍克倫（Krūn）搏鬥，把所有義人的靈魂從「烏珥之牆」救出來，尤其是塔希爾（Ptahil）、尤許阿敏（Jōshamin）和亞巴圖（Abāthur）。他經常被等同於曼達（Mandā d-Haijē）。

Hido→Sido

Hie 夕伊▽（陰影）：（阿爾巴尼亞）死神和夢魔，戴著鑲有寶石的金帽，被夕伊壓上身的人，只要能摸到她的金帽，就會變得很富有。

Hiisi 希席△、Hijsi：（芬蘭）森林精靈，為人類引來林間野獸。在芬蘭西部的森林聖地稱為「希席」（hiisi），後來他被貶為惡魔。

Hike 席克△：（埃及）醫神，象徵神奇的力量，醫師們皆認為自己是席克的祭司。席克是阿圖（Atum）的長子，或謂是赫努（Chnum）和妮貝圖（Nebetu）或曼希德（Menchit）的兒子。他被同化為阿圖所創造的心臟和肺臟。

Hilāl 席拉爾△（新月）：（阿拉伯）月神，人們尤其是在新月時祭拜他。

Himavat 雪山王、Himavan（【梵】雪頂）、Himālaya（雪鄉）：（印度教）喜馬拉雅山的人格化，吉羅娑山（Kailasa）就在喜馬拉雅山北部。他是茉那（Menā）的丈夫，恆伽（Gangā）和婆婆諦（Pārvati）的父親。

Himmel 天國、天界△：泛指世界圖像的上半部、上界或是彼岸世界，為天神和善靈的居所，也是行善者、解脫者、蒙福者和聖人的歸宿，和罪人的地獄（Hölle）相對。天和地原是太初的夫婦，因為某些原因（如夫妻失和或子女反抗）而離開彼此的懷抱，

擁有魔法和煉製毒藥的女巫，有御風飛行的本事（H. Baldung Grien）。

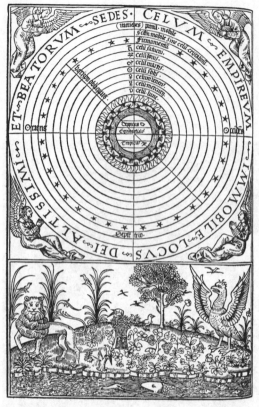

基督宗教地球中心的世界圖像
（1546）。

於是男性的天（父神、天神）就上升，女性的
地則下沉（母神、大地女神）。埃及神話是個
例外：天空女神**努特**（Nut）和地神**蓋布**
（Geb）。天界被想像為帷幕、神明鑲滿星星的
外衣、穹頂，由宇宙樹、神柱或巨人族支撐
著，或是分隔上下方海洋的圓盤或屏障，或者
是分為若干層的穹窿。有時候天國會有大門，
並且有守衛，例如基督宗教的**彼得**（Pétros）
便擁有天國之鑰。天國的存有者也會降生為人
類。猶太教的**雅各**（Ja'akōb）曾夢見連接天地
的梯子。天國是昇天的終點。天國經常等同於
樂園。在各地神話裡，天界有不同的名字：埃
及的**伊亞路**（Earu）；猶太教的**天堂**（Shā-
majim）；伊斯蘭教的**天園**（Djanna）；佛教
的**妙喜國**（Abhirati）、**淨土**（Jōdo）、**極樂世
界**（Sukhāvati）；中國的**崇明島**（Ch'ung
Ming）、**崑崙**（K'un-lun）；神道教的**高天原**
（Takama-ga-hara）；希臘的**極西樂土**
（Elýsion）和奧林帕斯山（Ólympos）；日耳
曼的**愛瑟樂園**（Asgard）和**英雄殿**（Walhall）；克爾特的**阿努恩**
（Annwn）；匈牙利的**天國之堡**（Kacsalábon）；立陶宛的**樂園**
（Daûsos）、波里尼西亞的**夏威基**（Hawaiki）；印第安的**哈南帕恰**
（Hanan Pacha）和**特拉洛坎**（Tlalocán）。繪畫：L. Signorelli
（1409/1505）。

Himmelfahrt und Himmelsreise 昇天和天國之旅：指俗
世的存有者由人間上昇到天界。昇天是以天界為終點，而天國之旅
則是一時的旅程，最後會回到人間。昇天包括：基督宗教的**耶穌**
（Iesûs）和馬利亞（María）；猶太教的**以諾**（Hanōk）和**以利亞**
（Ēlijjāhū）；印度教的**孫陀羅穆提**（Sundaramūrti）；中國的**飛昇**
（Fei-Sheng）和**張道陵**（Chang Tao-Ling）。天國之旅則有：伊斯
蘭教的**穆罕默德**（Muhammad）；蘇美的**艾塔納**（Etana）；西伯
利亞的**薩滿**（Schamane）。被帶到天上的，則有希臘的**加尼美德斯**

（Ganymédes）。

Hina 希娜▽、Hine、Ina、Sina：（波里尼西亞）毛利族傳說的月神，她在月亮上面拍打塔帕土布（Tapatuch）。她是**提奇**（Tiki）的妻子，**茂伊**（Maui）的母親。或謂**坦尼**（Tane）以**夏威基**（Hawaiki）的海灘的沙子創造希娜作為他的妻子，她的第一個孩子是**希妮努提波**（Hine-nui-te-Po）。希娜出身高貴而倍受呵護，有一次被巨鰻**圖納**（Tuna）誘拐，在池塘沐浴時被發怒的茂伊殺死。從被埋葬的巨鰻頭部長出第一顆椰子樹。

Hine-nui-te-Po 希妮努提波▽（黑暗的偉大女神）：（波里尼西亞）**冥界**（Po）女神，**坦尼**（Tane）和**希娜**（Hina）的女兒。她原本叫作「希娜提塔瑪」（Hinatitama）（晨曦少女），長大後被坦尼娶為妻，她發現他是她的父親，便逃到冥府去，成為那裡的女王。**茂伊**（Maui）為求長生不死而向她挑戰，想從睡著的希妮努提波的胯下進入她的身體，然後從她的嘴巴裡出來。他鑽到只剩下腳還在外頭時，她卻醒來，以陰道壓碎他。自此所有人類都是會死的。

Hinkon 辛肯△（獸王）：（西伯利亞）葉尼塞族和通古斯族的狩獵神，他是林獸之王，住在樹根底下，獵人們在狩獵前會祭拜他的木像，從他的跨間爬過去。

Hiranyagarbha 金胎△：1.（吠陀宗教）太初宇宙的潛在狀態，包含天與地。它也是所有生命的原動力，後來在婆羅門教稱為**生主**（Prajāpati）。2.（印度教）**梵天**（Brahmā）的別名，他在金蛋裡待了一年，以思維使蛋裂開，並以蛋殼創造天與地，即**梵卵**（Brahmānda）。

Hiranyakashipu 嘿然亞卡西普△（【梵】穿著金裝者）：（婆羅門教和印度教）魔王，象徵極端而自私的苦行。他經由苦行征服了**三界**（Triloka），使得**毘濕奴**（Vishnu）必須權化為**獅面人**（Narasimha）（第四個化身）去消滅他。他是**蒂緹諸子**（Daityas）的首領，屬於**阿修羅**（Asura），是**蒂緹**（Diti）的兒子，**嘿然亞喀**

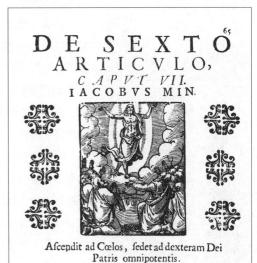

耶穌昇天圖
使徒仰望祈禱（1706）。

印度教神話

Hinduistische Mythologie 印度教神話：

　　印度教是世界第三大宗教，包括現在印度的許多信仰和生活方式，尤其是印度宗教史的第三個階段（在吠陀宗教和婆羅門教之後），著重於探索存有的起源和意義的問題，以及多樣且倏忽即逝的現象背後的一與永恆。他們有體系地呈現對於世界和時間的想像、關於歷史時期和輪迴的觀念。人類的解脫道路上也有諸神和各種善惡靈為伴。

　　《毘濕奴往世書》（Vishnu-Purana）裡的世界圖像描繪數十億個有限世界和世界體系，也就是梵卵（Brahmānda），每個世界體系都以地界（Bhūrloka）或中土為中心，其下為魔界（Pātāla）以及地獄（Naraka），其上為天界（Svarloka），合稱為三界（Triloka）。地界有七座環形洲島，各自以生長其上的樹木命名。在中間且最重要的洲（Dvipa）是閻浮提洲（Jambūdvipa）（閻浮提樹），其上有須彌山（Meru）隆起。七大洲外各自有大海圍繞，象徵豐饒，並以其海水的性質為名，例如：鹹水、酒、乳或淡水。在地底下有七重魔界，其中有華麗宮殿。魔界下的大海裡住著化身為馱負大地的巨龍**阿南達**（Ananta）（無邊）的毘濕奴。更深一層則是地獄，妄語、殺生、飲酒和偷盜者墮入其中，刑滿重新受生到地界。在地界上方有數層空界（Bhuvarloka）和天界，更高處則住有乾闥婆（Gandharva）和阿布沙羅斯（Apsarās）、天神和善人，最高處是真實永恆的世界，即梵天（Brahmā），生梵天者免墮輪迴。

　　對流轉生滅的眾生而言，周期更替時間的想像很重要，分為四個善惡「時」（Yuga），以四個骰子數字為名，分為圓滿時（Kritayuga）（神界的4,000年）；三分時（Tretāyuga）（3,000年）；二分時（Dvāparayuga）（2,000年）；爭鬥時（Kaliyuga）（1,000年）。神界的一年相當於人間 360 年。數字的減少也象徵著生命和道德的沒落至現在的爭鬥時，始於黑天之死（2/17, 3102 B.C.），至今約 5,000 年，尚需 40 萬年，隨著毘濕奴新的化身，開始另一個圓滿時。四時相當於人間 432 萬年（神界12,000年），為一大時（Mahayuga），一千大時為一劫（Kalpa），即世界周期的最小單位，歷經世界的成住壞空四個時期。最後一個時期稱為「毀劫」（Pralaya），現象界經歷水災、火災和風災，直到新世界的重現。

一劫只是「一梵日」，接著是「一梵夜」，為世界止息時期，直到新的一劫開始。梵天的日夜更替為一梵年，100 梵年為梵天的生命周期，即波羅（Para），是最高的世界輪迴單位。波羅有 7,200 萬大時，相當於人間 31,104 億年，天界 86.4 億年。

存有者的生老病死的輪迴（Samsāra）也和世界生滅的周期一樣無窮無盡，直到最後的解脫。輪迴受生由前世身語意的善惡業報決定。根據《毘濕奴往世書》，眾生依照解脫歷程而有等次之別，由最低層的植物，到昆蟲、魚、鳥、獸、凡人、聖人、諸神，乃至於解脫者。正如世界和個體都有過去、現在和未來，於是有「一體三分」（Trimurti）的思想，即世界的生成、維持和毀滅，其中梵天、毘濕奴和濕婆構成三聯神，和其他諸神對抗，如提婆和阿修羅。當惡魔勢力猖獗，使得世界正義淪喪，毘濕奴就會以其各種化現（Avastaras）降世收服他們。他的第一個化身是魚，救了人類「摩奴」（Manu）。他成為新人類的始祖，人類道德和秩序的建立者。他的第十個化身卡爾奎（Kalki，白馬）尚未到來。

印度教四臂神毘濕奴的第一個化身（摩竭魚）。

夏（Hiranyaksha）的兄弟，**帕拉達**（Prahlāda）的父親。

Hiranyaksha 嘿然亞喀夏△：（婆羅門教和印度教）巨魔，毘濕奴（Vishnu）以第三個權化**野豬**（Varāha）征服他。他是**蒂緹**（Diti）的兒子，嘿然亞卡西普（Hiranyakashipu）的兄弟。

Hitapúan→Watavinewa

Hitler, Adolf（1889－1945）**希特勒**：德國和奧地利的政治人物，納粹黨（NSDAP）首領，第三（千年）帝國的奠立者，最高政軍領袖（1942），汎日耳曼主義、種族主義和法西斯主義的代表人物。他被稱為「史上最偉大的統帥」，因為日耳曼的種族優越意識型態，挑起第二次世界大戰，其中捲入戰爭者有 72 個國家，波及世界4/5的人口，超過 5,000 萬人死亡，3,500萬人受傷。1,100萬人在集中營裡被打死、槍決、毒死或餓死。「希特勒式敬禮」為右手向前平伸，朝向太陽祈求力量，口中高呼：「希特勒萬歲！」1920年，象徵反閃族運動的納粹標誌（Hakenkreuz）出現在黨旗上面，希特勒說那是「為雅利安人的勝利而戰」的記號（《我的奮鬥》p. 557）。黑衫軍（SS）的黑色制服表示他們必死的決心，以及所有政敵的喪鐘。而褐衫軍（SA）以及希特勒青年團（Hitler-Jugend）的制服則意味著與大地結合。對於許多民族，希特勒是邪惡和魔鬼的象徵，但是對於新納粹主義以及仇外主義者而言，他卻是個戰爭英雄。

Hittavainen 席塔維南△：（芬蘭）野兔神以及獵兔者的守護神。獵人們鼓譟嚇野兔子時，他會把野兔趕出樹叢，使他們落網。基督宗教傳入後，席塔維南被同化為聖維鐸（Vitus）。

Hlódyn→Jörd

Hobal→Hubal

Hōbas→Haubas

Höd 霍德△、Hödr（【古北歐】戰士）、Höder、Hödur：（北日耳曼）盲眼神，他不以貌取人，而是依據人類的內在價值去評斷他們。霍德是**歐丁**（Odin）和**芙麗格**（Frigg）的兒子，**巴爾德**（Balder）和**赫摩德**（Hermod）的兄弟。**羅奇**（Loki）唆使不知情的霍德，以槲寄生樹枝鞭打巴爾德致死，而霍德也為此被同父異母的兄弟**瓦利**（Vali）打死。**諸神黃昏**（Ragnarök）以後，霍德和巴

爾德都復活且和好，一起統治新世界。

Hoderi→Umisachi-hiko

Hoenir 霍尼爾△：（北日耳曼）水神。他和**歐丁**（Odin）以及**羅杜爾**（Lodurr）創造了第一對人類艾斯克與恩布拉（Askr und Embla），賜予他們清晰的知性和感覺。**愛瑟神族**（Asen）和**瓦尼爾族**（Vanen）媾和以後，他和**密密爾**（Mimir）被送到瓦尼爾族作為人質。

Hohodemi→Yamasachi-hiko

Ho Hsien-ku 何仙姑▽：（中國）八仙之一，家庭主婦的守護神。幼時入山採茶，遇異人**呂洞賓**（Lü Tung-pin）贈桃謂「食盡即成仙」，於是辟穀南岩。她的標誌是桃子、湯匙或蓮葉。

Holdan→Chūldāh

Hölle 地獄▽：泛指世界圖像裡的下半部、冥府和彼岸世界，惡魔、惡靈和魔鬼的居所，罪人的煉獄。地獄是死者的國度，刑罰、苦難和折磨的處所，和蒙福者的天國相對。天上的存有者也會經由**地獄之旅**（Höllenfahrt）到那裡去。地獄經常等同於**冥府**（Unterwelt），有高牆或火湖圍繞，其中包括：猶太教的**欣嫩子谷**（Gē-Hinnōm）；伊斯蘭教的**火獄**（Djahannam）；佛教和印度教的**地獄**（Naraka）；希臘的**地底深淵**（Tártaros）；日耳曼的**黑爾**（Hel）。繪畫：L. Signorelli (1499/1505)。

基督宗教的地獄，罪人在裡頭哀號（A. Dürer）。

Höllenfahrt 地獄之旅：指諸神或英雄由天界或人間到地獄或冥府。地獄之旅是一時的羈留，接著會回到天界或人間。著名的地獄之旅有：伊朗曼德恩教派的**希比爾**（Hibil）；基督宗教的**耶穌**（Iesûs）；阿卡德的**伊西塔**（Ishtar）；希臘的**赫拉克列斯**（Heraklés）、**奧德修斯**（Odysseús）和**奧斐斯**（Orpheús）。

Honor 荷諾斯△（【拉丁】榮譽）、Honos：（羅馬）榮譽神，戰爭榮耀的人格化，和**威爾圖斯**（Virtus）關係密切，是個手持豐饒角和長矛的少年。

Ho Po 河伯、冰夷、馮夷：（中國）河神，黃河的人格化，別

伊朗神話的地獄。

名為「水官」。或謂他是**恆娥**（Heng O）的哥哥，**洛**（Lo）的丈夫，渡河溺死，天帝署為河伯，或謂他「服八石，得水仙」。直到周朝末年，都有「河伯娶婦」的習俗，即以少女投入河中祭神。

Horagalles 霍拉加列斯△：（拉普蘭）雷神和暴風雨神，衍生自**提爾美士**（Tiermes）的形象。他是**蘿德娜**（Raudna）的丈夫，手持雙槌，類似日耳曼的**托爾**（Thor）。

Hórai 荷萊三女神▽（四季）、【拉丁】Horae：（希臘）1.象徵自然季節秩序的三位女神，即春天、夏天和冬天。在雅典，她們稱為：**塔蘿**（Thallo）（開花的神）、**奧克索**（Auxo）（生長的神）以及**卡爾波**（Karpo）（結實的神）。2.主司倫理和風俗的三位女神，她們是**宙斯**（Zeús）和**特密斯**（Thémis）的女兒，分別是**攸諾米雅**（Eunomía，法治）、**狄克**（Díke，正義）和**哀勒尼**（Eiréne，和平）。

Hor-Hekenu 霍爾赫克努△（膏油的霍魯斯）：（埃及）膏油的守護神，授與國王非凡的力量。他是「庇護主」，象徵炎熱的陽光，以酷暑驅走邪惡。霍魯斯在布巴斯提（Bubastis）以膏油神

耆那教的地獄。

的形象受崇拜，鷹首人身，於新王國時期則被同化為**奈夫圖**（Ne-fertem）。

Horon　霍洛恩△：（腓尼基）烏加里特城的醫神、冥神和盟約神，許多人物和地方都以他為名。霍洛恩是拉美西斯二世（Ramses II）的守護神，被描繪為霍魯斯之鷹。第十八王朝的基薩（Giza）崇拜獅面人身的霍洛恩（哈馬希斯）。

Hóros　霍洛斯△【希臘】界限）：（諾斯替教派）聖靈，守護著由 30 個移湧（Aiónes）所構成的「**豐滿**」（Pleroma）。**智慧**（Sophía）使豐滿擾動不安，霍洛斯恢復其秩序，並且把智慧逐出豐滿。

Hor-pe-chrod→Harpokrates

Horus　霍魯斯△（在高處者、在遠方者）：（埃及）原為埃及的地方神，後來成為國家神和國王的守護神。他是**哈托爾**（Hathor）的兒子和丈夫，也是歷任國王的父親，國王在登基時領受的五個霍魯斯名字，便是象徵這層關係。他是形似老鷹（或鷹首人身）的天神，會展翼覆蓋天空。他也是光明神**哈拉赫特**（Harachte），其雙眼即為太陽和月亮，其後與雷（Re）融合為「**雷哈拉赫特**」。在太陽城的傳說裡，霍魯斯則是**依西斯**（Isis）和**奧賽利斯**（Osiris）的兒子，出生於布托（Buto）。**塞特**（Seth）謀殺了奧賽利斯，於是年輕的霍魯斯為其父報仇。霍魯斯和塞特兄弟鬩牆的神話故事，反映了居統治階層的游牧民族和臣屬其下的尼羅河谷居民（其後則是上埃及和下埃及）的對抗。霍魯斯割掉塞特的睪丸，塞特則挖了他一隻眼睛，使得各自失去了最有力量的器官。後來的神話則是反映肥沃的尼羅河谷和貧瘠的沙漠的對立，其中塞特變成他的叔叔，於是霍魯斯的形象分裂為少年的**哈西斯**（Harsiesis）和成年的**哈洛里斯**（Haroëris）。在艾德夫（Edfu）有著名的霍魯斯神廟，當地的霍魯斯節於埃及曆 8 月 28 日舉行。他在希臘則等同於**阿波羅**（Apóllon）。

Horuskinder　霍魯斯諸子▽△：（埃及）屍體的守護神和卡

耶穌復活後昇天前的地獄之旅（A. Dürer, 1510）。

219

諾卜罐神，看守死者安置於四個卡諾卜罐（Kanopen）的內臟，讓死者免於飢渴。他們是**霍魯斯**（Horus）和**依西斯**（Isis）的兒子，分別是：**伊姆塞特**（Imset）、**哈庇**（Hapi）、**杜米特夫**（Duamutef）和**蓋布什奈夫**（Kebechsenef）。他們各據一個方位，在中王國時期，他們的名字（即圖案）會刻在棺槨四角。霍魯斯諸子在天空則是「北方天空的大腿」（大熊星）後面的群星，替**奧賽利斯**（Osiris）看守**塞特**（Seth）。他們的形象分別為人類、猴子、塞特犬和老鷹。

名字	性別	形象	守護功能	方位
伊姆塞特	▽△	人類	肝	南方
哈庇	△	猴子	肺	北方
杜米特夫	△	塞特犬	胃	東方
蓋布什奈夫	△	老鷹	下體	西方

Hosadam 霍莎丹▽（母親）：（西伯利亞）凱特人（Ket）和葉尼塞人（Yenisei）的大地女神，給人類招致冰冷、黑暗、疾病和死亡。她是**埃斯**（Es）的妻子，和月神惠斯（Hys）通姦，被丈夫拋到人間，自此住在冰海的「死島」，靠近葉尼塞河口，為天河和冥河的匯流處。

Hōshēa' 何西阿△【希伯來】耶和華已拯救）、【希臘】Ho-seé：（猶太教）以色列國先知（ca. 755－725 B.C.）。他是備利（Neeri）的兒子，神要他娶淫婦為妻，「收那從淫亂所生的兒女」，於是他和歌蔑（Gomer）結婚，生了三個兒女，他們的名字意味著神對猶太民族的審判。何西阿和不貞的歌蔑的婚姻，象徵神對不忠實的民族的愛，他們經歷背棄、酷刑和悔罪的時代而歸主。聖經十二小先知書的《何西阿書》即以他為名。

Ho-surori→Umisachi-hiko

Hotei 布袋和尚△：（神道教）**七福神**（Shichi-Fukjin），老弱婦孺的守護神。布袋和尚慈顏悅色，露出大肚子，揹著一只大布袋。他相當於佛教的**彌勒佛**（Mi-lo Fo）。

霍魯斯
埃及鷹的國王守護神，展翼圍著國王赫夫隆。

Hou Tsi 后稷△：（中國）農業神和穀神，「堯遭洪水，人民氾濫」，於是后稷教民稼穡。他是始祖姜嫄的兒子。

Hou T'u 后土▽：（中國）大地女神、農業女神、田地的守護神，或稱為「句龍」。傳說她是**禹**（Yü）和**共工**（Kung Kung）的女兒。其孫為**夸父**（K'ua Fu）。「共工氏之霸九州也，子曰后土，能平九州故祀以為社。」

Howori→Yamasachi-hiko

Hrímthursar 霜怪（【古北歐】）：（日耳曼）怪獸，他們的祖先**伊米爾**（Ymir）即從冰雪裡誕生，其中包括：**馮紐特**（Fornjotr）、**瓦夫特魯德尼**（Vafthrúdnir）。他們是**突爾斯族**（Thurs），住在冰冷的北方和東北方。

Hrungnir 隆尼爾（【古北歐】喧囂者）：日耳曼神話的風魔，他誘拐了**托爾**（Thor）的女兒**特魯德**（Thrúdr），在決鬥時被托爾以雷神鎚擊斃。托爾雖然以詭計殺死隆尼爾，卻也被隆尼爾的磨刀石擊中頭部。

Hsien 仙：（中國）聖人和智者，藉由丹術、吐納、養生、採補、辟穀或打坐，而得以長生不死、尸解或飛昇。其中包括：**尹喜真人**（Yin-Hsi）、**張仙**（Chang Hsien），尤其是**八仙**（Pa Hsien）。在道教神話的品位裡，仙人次於**神**（Shen），住在東方的仙島，或是西方的崑崙山，經常騎著仙鶴。

Hsi Wang Mu 西王母▽：（中國）瘟疫女神，後來成為長生不死的化身和女神。她統治著西方樂園**崑崙**（K'un-lun），所住之處，「有城千里，玉樓十二，瓊華之闕，光碧之堂，九層元室，紫翠丹房，左帶瑤池，右環翠山」。仙眾依男女分列大殿兩翼，仙樂處處可聞。瑤池園裡有蟠桃樹，每 3,000 年結一次果實。她是**東王公**（Tung Wang Kung）的妻子，和他分別主宰陰陽仙氣。西王母有孔雀隨侍，蟠桃為其象徵。

Huaca 華卡（【蓋楚瓦】力量）：（印第安）印加神話裡的神奇力量，遍在於生命和事物，例如：高山、樹木、湖泊、河流。從一個華卡繁衍出所有的氏族。華卡相當於亞爾岡京族的**馬尼圖**（Manitu）、蘇族的**瓦坎達**（Wakanda）、易洛魁族的**歐倫達**（Orenda）。

西王母
中國主司長生不死的女神，在西方樂園，身後有兩個仙女，分別持扇子和蟠桃。左側有孔雀隨侍。

Huang-ch'üan 黃泉：（中國）冥府，無法登仙者，死後都要回到那裡。因為黃泉位於北方，於是死者皆頭朝北方，葬於城北。

Huang Fei-hu 黃飛虎：（中國）土地神，後來成為泰山之神，審判魂歸泰山的亡靈。其造形為獨眼公牛，有蛇尾。

Huang-Ti 黃帝：（中國）古聖王（2697－2597 B.C. 或 2674－2575 B.C.），為五帝之一。他開物成務，有許多發明，包括陶工旋盤、輪子、文字和指南車。他也是太陽神和天神，顓頊（Chuan Hsü）的祖父，到了周朝，被奉為最高神。他被認為是道教的始祖。黃帝的妻子是嫘祖（Lei-tsu）。

Hubal 胡巴△、Hobal：（阿拉伯）古萊氏族（Quraysh）的預言神，有重大事務時，會以七個神諭回答人們。他是麥加的天房的最高神，供奉著紅玉髓的神像。伊斯蘭教征服麥加以後，胡巴的神像便被移出天房並搗毀，而胡巴也被貶為伊斯蘭教所謂的部落神偶像。

Hūd 呼德△：（伊斯蘭教）先知，安拉的使者，他在阿德族（'Ād）教化人民，但是只有少數人相信他。《古蘭經》第 11 章以他為名。

Huehuecoyotl 韋韋科約特△（老胡狼）：（印第安）阿茲提克族的火神和欲樂神，也是主司每月第四日的曆法神。其外形為胡狼。

Huehueteotl→Xiuhtecutli

Huginn und Muninn 胡金和莫寧（【古北歐】思想和記憶）：（日耳曼）兩隻烏鴉，與野狼弗列奇和蓋利（Freki und Geri）一起隨侍歐丁（Odin）。他們到世界巡視，然後跟歐丁打小報告。華格納（R. Wagner）在其詩作裡把那兩隻烏鴉視為未來的徵兆（類似於挪亞的鴿子）。

Huh 胡赫△：（埃及）太初神，象徵無垠的空間。根據八聯神的系譜，他和浩伊（Hauhet）是對耦神。其形象為青蛙或是蛙首人身。

Huiracocha→Viracocha

Huitzilopochtli 維齊洛波齊特利△（南方的蜂鳥）、Vitzli-putzli：（印第安）阿茲提克族的氏族神、最高神、戰神和太陽

神，象徵年輕的太陽、白晝的天空、夏天和南方。他是**克亞特利古**（Coatlicue）的兒子，**科約筱姬**（Coyolxauhqui）的同父異母兄弟。每天清晨，他從母親（地母）的身體裡誕生，晚上則遁入地裡且死去。他每天都要對抗眾星神**森仲維茲納華**（Centzon Huitznauna）以及妹妹月神。他代表光明，和代表黑暗的**帖茲卡特里波卡**（Tezcatlipoca）相對立。他的身體是藍色的，臉上有黃色橫紋。

Hulda→Chūldāh

Hunabku　胡納布△（唯一存在的神）、Hunab：（印第安）馬雅族的造物神和最高神，綽號為「諸神之上的神」，是**伊扎姆納**（Itzamná）的父親。胡納布相當於阿茲提克族的**奧美提奧托**（Ometeotl）。

Hunahau　胡那豪△（酋長）、Hunhau、Ah Puch：（印第安）馬雅族的死神，象徵災難、黑暗和寒冷，統治著陰間**密特拿**（Mitnal），和**卡美**（Came）是死敵。貓頭鷹是他的信使。為了拯救人類，胡那豪以人類的形象降生並死去。在慶典的球戲裡，球代表他的頭部。他的形象為骷髏頭加上交叉的骨頭，或者只有頭蓋骨。他的聖物是狗。胡那豪相當於阿茲提克的冥王**米克特蘭提庫特利**（Mictlantecutli）。

Hunapú　胡那普△：（印第安）馬雅族的英雄，他把自己獻祭給太陽神。他是**胡胡那普**（Hun-Hunapú）和一個處女的兒子，與**伊薩巴蘭奎**（Ixbalanqué）是攣生兄弟。他和弟弟一起打敗邪惡的**巫庫布卡奇**（Vucub-Caquix）。他們到冥府**席巴爾巴**（Xibalbá）去為父親報仇，經歷了「黑暗之屋」、「寒冷之屋」、「豹屋」、「火屋」的重重阻難。在「蝙蝠屋」裡，兩兄弟在球戲中被肢解，接著昇天去。胡那普成為日神，他的弟弟成為月神。

Hun-Hunapú　胡胡那普△：（印第安）馬雅族的豐收神，女神伊絲姆坎妮（Ixmukane）的兒子，和處女生了雙胞胎**胡那普**（Hunapú）和**伊薩巴蘭奎**（Ixbalanqué）。在冥府**席巴爾巴**（Xibalbá）的球戲裡，他輸掉他的頭，被掛在始終長不出果子的加

維齊洛波齊特利
印第安阿茲提克族的氏族神、最高神和戰神。

拉巴樹（Kalebasse）上，沒多久就結實纍纍。有個處女去摘果子，胡胡那普的頭在她手掌吐了口水，便讓她懷孕生了雙胞胎兄弟，後來為他們報了父仇。

Hunor und Magor 胡諾和馬戈兒△△：（匈牙利）部落始祖。他們兩兄弟，在草原打獵時遇到雌鹿**索姐芙扎伐斯**（Csoda-fiuszarvas），她帶領他們到豐饒之地，擄走了亞蘭國王的女兒杜拉（Dula）。他們和杜拉成為匈奴族和馬扎爾族（Magyar）的先祖，因此兩個民族有血緣關係。兩兄弟的父母親是巨人**曼洛特**（Ménróth）和**伊內**（Enee）。

伴侶
伊斯蘭教天園的少女，有雙翼，被怪物奪走。

Huracán 胡拉坎△（獨腳）、Hurricán：（印第安）馬雅族的星宿神、後來成為雷電神和豐收神，象徵狂野不羈的自然力量。他的綽號為「天空之王」（uguxcah）。胡拉坎相當於阿茲提克的**帖茲卡特里波卡**（Tezcatlipoca）。

Hūri 伴侶▽（【阿拉伯複數】白皙的）：（伊斯蘭）天園（Djanna）裡的美麗少女。她們有不視非禮的漆黑美目。伴侶有人類或精靈的形象。她們是以番紅花、麝香、龍涎香和樟腦製造，身體晶瑩剔透，隔著 70 層絲袍，仍然可以看到她們的骨髓。她們的胸部分別刻有**安拉**（Allāh）以及她們的丈夫的名字。她們在天園歡迎每個有福者的到來，和他們燕好，在齋月禁食，在其他時候則努力工作。

Hurricán→Huracán

al-Husain 侯賽因△：（伊斯蘭）殉教者，他是阿里（'Ali）和**法蒂瑪**（Fātima）的次子，哈桑（Al-Hasan）（†669）的弟弟。哈桑死後，他成為什

葉派（Shi'iten）的第二任教長（伊瑪目）。他在卡爾巴拉
（Kerbelā'）聖戰裡對抗哈里發亞齊德（Yazid ben Mu'awiya），在
西元 680 年伊斯蘭曆 1 月（哈蘭月）10 日戰死殉教，從此這個紀
念日成為什葉派的哀悼日，其中以**台阿茲葉**（Ta'ziya）戲劇表現為
高潮。天使**吉卜利里**（Djabrā'il）、先知和**穆罕默德**（Muhammd）
都曾預言侯賽因的死亡。

Hushēdar→Uchshyat-ereta

Hushēdar māh→Uchshyat-nemah

Huwe　胡威△、Huwu、Khu、Xu、Xuwa：（波扎那和辛巴威）
布希曼族的造物神和狩獵神。在太初時候，他住在人類腳底下的土
地裡，由土壤構成的，並且以土維生。由於人類不聽他的話，他就
憤而回到天上去。

Hvar　赫瓦（【祆語】太陽）：（伊朗）太陽神，屬於天神**雅扎
塔**（Ya-zata），當赫瓦昇天時，諸天神便聚集，大地和海水都變清
淨。當赫瓦不再昇起，**惡魔**（Daēvas）便統治一切。

Hvergelmir　滾鍋泉（【古北歐】）：（日耳曼）在**霧鄉**（Nifl-
heim）深處的山泉和轟鳴的水池，為**宇宙樹**（Yggdrasill）的力量
來源。巨龍**尼多格**（Nidhöggr）住在那裡，為世界所有河流的發
源地。

Hyákinthos　雅欽多△、【拉丁】Hyacinthus：（前希臘時期）
植物神，象徵自然的榮枯更替，為年輕俊秀的英雄，是**阿波羅**
（Apóllon）的男寵。他和太陽神在玩擲鐵餅時，妒忌的風神**塞菲羅
斯**（Zéphyros）吹來一陣風，鐵餅砸中他的頭，從血泊裡長出風
信子（hyacinth），便以他為名。繪畫：Tiepolo；歌劇：Mozart
(1767)。

Hýdra　希德拉、九頭蛇▽（水蛇）：（希臘）勒那湖（Lerna）
的九頭蛇怪，有致命的毒氣，是**艾奇德娜**（Échidna）和**提封**
（Typhón）的女兒，**克貝羅斯**（Kérberos）、**奇麥拉**（Chímaira）
和**斯芬克斯**（Sphínx）的姐妹。她的每顆頭被砍掉以後，就會長出
兩顆頭來，直到**赫拉克列斯**（Heraklés）燒掉她的頸子。希德拉後
來成為天上的海蛇座。

Hygíeia　希姬雅▽（健康）、【拉丁】Hygia：（希臘）健康女

希姬雅，希臘神話的健康女神，
在餵她的聖物巨蛇喝水。

神，**阿斯克勒庇俄斯**（Asklepiós）的女兒，蛇是她的聖物。

Hymén　希門△、Hyménaios（婚禮歌曲）、【拉丁】（Hymenaeus）：（希臘）婚姻神，婚禮和婚姻的人格化，人們在婚禮上會向他祈禱。他是**戴奧尼索斯**（Diónysos）和**阿芙羅狄特**（Aphrodíte）的兒子，或謂是**阿波羅**（Apóllon）和繆思的兒子。他在諸神的婚禮上失去歌聲而死去，因此婚禮的歌曲便以他為名。其形象為帶翼的青年，手持婚禮的火炬，頭戴花冠。

Hymir　希米爾△：（日耳曼）水怪，他是**提爾**（Týr）的兒子，住在天界的邊緣。**托爾**（Thor）為了替**愛瑟神族**（Asen）奪取蜜酒罐（或謂啤酒桶）而殺死他。艾達詩集裡的《希米爾之歌》（Hymiskvida）即是描繪托爾對抗希米爾的冒險故事。

Hyós tũ Anthrópu→ben Ādām

Hyperíon　希培利溫△（高山之子）：（希臘）光明神和太陽神，屬於**泰坦族**（Titánes），是**蓋婭**（Gaía）和**烏拉諾斯**（Uranós）的兒子，**帖亞**（Theía）的哥哥和丈夫，和她生了**赫利奧斯**（Hélios）、**色麗妮**（Seléne）和**伊奧斯**（Eós）。

Hýpnos　希普諾斯△（沉睡）：（希臘）主司睡眠的神，他是**妮克絲**（Nýx）的兒子，**克兒**（Kér）、**塔那托斯**（Thánatos）、**莫姆斯**（Mómos）、**尼美西斯**（Némesis）和**伊莉絲**（Éris）的兄弟，**莫斐斯**（Morpheús）的父親。其形象為帶翼的青年，手持罌粟莖。

Hypsistos→Alalu

I

Íakchos 伊阿科斯△（歡呼者）、【拉丁】Iacchus：1.（希臘）埃勒烏西斯祕教儀式第六天的節慶歡呼和歌曲。2.紀念**狄美特**（Deméter）和**波賽芬妮**（Persephóne）的慶典裡的歡呼詞「伊阿科」（Iakche!）的人格化。他是狄美特的兒子（或丈夫），或謂是波賽芬妮的兒子。他和她們組成埃勒烏西斯祕教的三聯神。他被認為是復活的**扎格列烏斯**（Zagreús）。

Iakób→Ja'akōb

Ianus 雅努斯△（【拉丁】ianua＝家門）：（羅馬）門神，象徵入口和出口、開始和結束。他教導人類使用錢幣和船。羅馬的一座山丘（Janiculus）和一月（Januar, January）都以他為名。他在羅馬廣場（Forum Romanum）的神殿在戰時開門，只在和平時才關門（奧古斯都以前有兩次，在他統治時期則有三次）。羅馬幣值最小的銅板（As）上面刻有雙面的雅努斯頭像。他標誌是鑰匙和

印杜古

雅努斯
羅馬主司出入口的兩面神。

KNAURS
LEXIKON
DER
MYTHOLOGIE

守門人的手杖。

Iapetós 亞佩特斯△、【拉丁】Iapetus：（希臘）**泰坦神族**（Titánes），**蓋婭**（Gaía）和**烏拉諾斯**（Uranós）的兒子，克里梅妮（Klymene）的哥哥和丈夫，和她生了**阿特拉斯**（Átlas）、**普羅米修斯**（Prometheús）、**埃皮米修斯**（Epimetheús）和美諾伊提歐斯（Menoitios）。

Iaphet→Jãfēt

Iasíon 雅西昂△、【拉丁】Iasius：（希臘）半人半神，特洛伊城的英雄。他是**宙斯**（Zeús）和女河神**伊蕾克特拉**（Eléktra）的兒子，達達諾斯（Dardanos）的兄弟。雅西昂是女神**狄美特**（Deméter）的情人，他們在荒野交媾，生了**普魯托斯**（Plútos）。雅西昂後來被宙斯以雷劈死。

Iáson 伊亞森：（希臘）**阿哥勇士**（Argonaútai）的統帥，他是國王埃森（Aison）和阿齊美德（Alkimede）的兒子，**美狄亞**（Médeia）的丈夫。她幫助他偷得金羊皮，一起回到家鄉。後來他拋棄了美狄亞，娶了女海神克列烏薩（Krëusa）為后。

伊亞森
雅典娜以魔法讓巨蟒把他吐出來，後面樹上掛著金羊皮。

Iblis　易卜劣廝：（伊斯蘭）魔鬼，是**安拉**（Allāh）以火所造。他是邪惡的**精靈**（Djinn）的首領，和**天使**（Malā'ika）為敵，在天園裡誘騙**好娃**（Hawwa'）。安拉以陶土造了第一個人類**阿丹**（Ādam），要所有天使臣服人類為王，只有易卜劣廝太驕傲而拒絕，於是從**天園**（Djanna）被放逐到**火獄**（Djahannam）。然而由於易卜劣廝的哀求，得以寬待到**復活日**（al-Kiyāma）。現在他住在廢墟和墳地裡，享食以物配主的祭肉，喝葡萄酒，愛好音樂、舞蹈和詩。易卜劣廝經常等同於**撒但**（Shaitān）。

耶穌
神人，在曠野禁食40日，魔鬼考驗他，要他把石頭變成麵包以止飢（Merian-Bibel, 1630）。

Ibrāhim→Abrām

Icarus→Íkaros

Idisi　伊底西▽（【古薩克森】婦女）：（西日耳曼）女戰神，「第一梅澤堡咒語」（der Erste Merseburger Zauberspruch）描寫她如何在戰場中解救戰士，打開他們的枷鎖。她可能是**蒂絲神族**（Disen）的前身。

Idris→Hanōk

Idun　伊頓▽（【古北歐】回春者）：（北日耳曼）多產女神，她擁有金蘋果，可以使**愛瑟神族**（Asen）永保青春，直到**諸神黃昏**（Ragnarök）。她也屬於愛瑟神族，是侏儒**伊瓦地**（Ívaldi）的女兒，詩神**布拉吉**（Bragi）的妻子，有一次巨魔**提亞齊**（Thjazi）綁架了女神伊頓，使她開始變老，直到**羅奇**（Loki）把她救回來。

Iephtháe→Jiftah

Ieremías→Jirmejāhū

Iesûs　耶穌△（【希伯來】Jehōshūa'＝耶和華救恩）、【阿拉伯】'Isā（爾薩）、Jesus：1.（基督宗教）拿撒勒（Nazareth）的木匠（ca. 4 B.C.−30/33 A.D.）、天主的先知、行神蹟者、基督宗教的殉教者和建立者。耶穌是天主和童貞女**馬利亞**（María）的兒子。他的養父是**大衛**（Dauid）的後裔**約瑟**（Ioséph）。他是神子，也是**三位一體**（Trinitas）裡的第二個位格。他最重要的稱號是「**基督**」（Christós）。天使**加百列**（Gabriél）對他的母親馬利亞報喜說她將由聖靈懷孕生子。其後天使也報喜信給牧羊人。為紀念他的降生，人們把 12 月 25 日（時值冬至）訂為聖誕節。**約翰**（Ioánnes）為基督施洗時，聖靈降在耶穌頭上，形狀彷彿鴿子，有

聲音從天上來說：「你是我的愛子。」後來耶穌受**魔鬼**（Diábolos）試探三次。他傳道宣告**神的國**（Basileía tū Theū）臨近，並且行了33個神蹟。他為**抹大拉的馬利亞**（María Magdalené）驅鬼，讓三個死者復活，其中一個是他的朋友**拉撒路**（Lázaros）。耶穌受十字架苦刑死去，便到陰間去，因為他有冥府的鑰匙。他在三天後復活，並多次對他的門徒顯現，包括要前往以馬忤斯（Emmaus）的兩個門徒、抹大拉的馬利亞、**彼得**（Pétros）和**保羅**（Paûlos）。為紀念耶穌的復活，人們以春天第一個月圓後的禮拜天（3 月 21 日以後）開始慶祝復活節。復活節的 40 天後為耶穌升天節，升天時有**古聖所**（Limbus）諸父陪伴他。耶穌被接到天上，坐在天主的右邊，到了末日，基督將復臨，審判活人和死人，成就神的國。在天主教裡，每一位**教宗**（Papa）皆奉耶穌之名傳道和作工，是基督在世代表（Vicarius Christi）。2.（伊斯蘭）安拉的先知和**使者**（Rasūl）。他是**麥爾彥**（Maryam）的兒子，行許多**神蹟**（Mu'djiza），讓死者復活，例如**閃姆**（Sām）。因為正直的先知不可以無罪受死，於是安拉在最後一刻以另一個人的身體換掉十字架上的爾薩，使他不必死於十字架上，而將他接到天上。**登霄**（Mi'rādj）的穆罕默德（Muhammad）和**葉哈雅**（Yahyā）在第二重天曾遇到爾薩。在**復活日**（al-Kiyāma），爾薩會復臨大馬士革，擊斃敵基督者**韃渣**（al-Dadjdjāl），帶來和平幸福，然後死去並且葬於麥地那。有時候爾薩也被稱為**馬哈迪**（al-Mahdi）。雕塑：N. Pisano（1260）、G. Pisano（1302/12）、E. Barlach（1926）；繪畫：F. Lippi（1435）、H. v. d. Goes（1473/75）、M. da Forli（1477）、P. de Francesco（1478）、G. David（1503）、A. Altdorfer（ca. 1512）、M. Grünewald（ca. 1512/16）、Correggio（ca. 1530）、Michelangelo（1534/41）、Tintoretto（1561）、Theotocopuli（1595）、Rubens（ca. 1615/16）、E. Fuchs（1956）；木刻畫：A. Dürer（1510）、K. Schmidt-Rottluff（1918）；戲劇：P. Claudel（1912）；小說：Tolstoj（1899）；神劇：J. S. Bach（1734）、Händel（1742）；歌劇：G. v. Einem（1976）；音樂劇：L. Webber（1971）。

Iezekiél→Jehezk'ēl

Ifa 以法△（法律）：1.（奈及利亞）約魯巴族（Yoruba）的預

言神，在聖城伊勒伊斐（Ile-Ife）宣佈他的「以法神論」。他也是文明始祖，教導人們醫術。有時候他等同於歐倫米拉（Orunmila）。2.（非裔美洲）恩邦教派的救贖神，經由他的力量，人類可以和眾神**奧利夏**（Orisha）來往。以法被同化為基督宗教的**聖靈**（Pneúma hágion）。

Ífing 伊芬河（【古北歐】狂暴者）：（日耳曼）永不結冰的界河，分隔諸神的**愛瑟樂園**（Asgard）和巨怪們的**約頓國**（Jötunheim）。

Igigū 伊吉谷：（阿卡德）諸天神，和諸冥神**安努那庫**（Anunnaku）相對。《埃努瑪埃立什》（Enuma elish）說，**馬爾杜克**（Marduk）在天界設置 300 位天神。

Ihi 伊赫△、Ehi：（埃及）音樂神，善於叉鈴音樂，可以驅走邪惡力量。他是**哈托爾**（Hathor）和**霍魯斯**（Horus）的兒子，形象為小男孩，其標誌是叉鈴和護身符。

Ijjōb 約伯△（【希伯來】）、【希臘】Iób、【阿拉伯】Aiyūb（安優卜）：1.（猶太教）烏斯城（Us）的義人，聖經的《約伯記》即以他為名。**耶和華**（Jahwe-Elōhim）允許**撒但**（Sātān）以災害、疾病和貧窮來打擊富有、正直且忠實的約伯。儘管有命運的摧毀以及家人和朋友的煽惑，約伯的信仰始終未動搖。由於他通過了考驗，神使約伯從苦境轉回，作為賞報。2.（基督宗教）耐心和堅忍的典範，而獲主憐憫。3.（伊斯蘭）**安拉**（Allāh）的先知安優卜，妻子是拉瑪（Rahma），生了 12 個兒子和 12 個女兒，他的稱號為「安拉的僕人」。雕塑：Donatello（1423/26）；芭蕾舞劇：R. Vaughan Williams（1931）。

約伯
正義和忍耐的典範，耶和華允許撒但以災難和疾病打擊他，親友們也從旁煽惑他（Merian-Bibel, 1630）。

Ikários 伊卡里歐斯△、【拉丁】Icarius：（希臘）雅典的英雄，他的女兒是艾莉歌妮（Erigone）。由於他熱情招待**戴奧尼索斯**（Diónysos），於是酒神贈與他一皮囊的葡萄酒，並教他釀酒術。鄉人一嚐他初釀的酒就醉了，以為自己中了毒，於是憤而打死伊卡里歐斯且埋了他。巨犬麥拉（Maira）帶著艾莉歌妮到父親的墳前，她傷心欲絕，就在樹下自縊而死。父女倆後來成為天上的牧夫座（Bootes）和處女座。繪畫：R. Magritte（1960）。

Íkaros 伊卡羅斯△、【拉丁】Icarus：（希臘）英雄，**達得羅**

斯（Daídalos）的兒子，達得羅斯以羽毛和蠟油製成翅膀，父子乘
著翅膀飛出迷宮。但是他們太靠近太陽了，使得蠟油融化，伊卡羅
斯掉到伊卡羅斯海裡。

Ika-zuchi-no-kami　八柱雷神：（神道教）住在**黃泉國**
（Yomi-no-kuni）裡的八個瘟神，火山爆發和地震時可以聽見他們
的雷鳴。他們是從死去的**伊邪那美**（Izanami）腐敗的身體裡誕生
的。

Ikenga　伊肯加△（右上臂）：（奈及利亞）伊布族（Igbo）的
守護神，他知道如何連接人的上臂和下臂。他的頭上有雙角，手持
寶劍和人類的頭顱。

Iki-gami　活神、Kami-gakari（神靈附體）：（神道教）神人，
有**神**（Kami）附體，是所謂「降生」的神。若干新興宗教，如黑
住教（Kurozumi-kyo）和金光教（Konko-kyo），其教主皆有「神
靈附體」的經驗。

Iko→Sido

'Īl　以勒△（神）：（阿拉伯南部）對神的稱呼。伊勒相當於閃
族西部的**厄勒**（Ēl）。

Ilabrāt　以拉布拉特：（阿卡德）使者神，相當於蘇美的**寧什布
爾**（Ninshubur）。

'Ilāh→Allāh

'Ilāt→al-Lāt

Ilazki→Illargui

Ilia→Rhea Silvia

Ilithyia→Eileíthyia

Illapa　伊拉帕△（【蓋楚瓦】閃電）、Ilyap'a、Katoylla：（印第
安）印加族的風暴神和雨神，他以甩石砸破了妹妹的水罐而降雨。
甩石的聲響就成為雷鳴。拋擲甩石便劃成閃電。

Illargui　伊拉奎▽（死者之光）、Iretargui、Irargui、Ilazki：
（西班牙巴斯克地區）月神和光明女神，她會點亮死者的靈魂。她
是大地女神魯爾（Lur）的女兒，太陽女神埃奇（Ekhi）的妹妹。
當伊拉奎從東山升起時，人們會問她：「月亮婆婆，天上有什麼新
鮮事啊？」如果有人在新月時死去，那意味著他的靈魂有好的來

生。在墳墓上燃燒的燭光稱為「阿奎扎
奎」（arguizagui），象徵月光照亮死者。
伊拉奎的節日是在禮拜五（ostiral），而
天神**歐齊**（Ortzi）的節日則是星期四。

Illujanka　伊魯揚卡：（西台）蛇
魔，藏身在海裡或陸地的洞穴裡。他先
是打敗天氣神**伊什庫**（Ishkur），卻被他
灌醉且殺死。天氣神和巨蛇的戰爭是新
年慶典的儀式神話，類似於閃族西部的
巴力撒潘（Ba'al-Sāpōn）和**鱷魚**
（Liwjātān）的戰爭，或是**宙斯**（Zeús）
與**提封**（Typhón）的戰爭。

'Īlmaqahū→'Almaqahū

Ilmarinen　以馬里嫩（ilma＝空氣、天氣）：（芬蘭）天神、
風神、天氣神、旅行者的守護神、文明英雄，太初時代的神匠。他
創造穹蒼，把星星掛在上面；鑄造豐收偶像**山姆波**（Sampo）；教
導人類從褐鐵礦煉鐵。他創造第一個火，好讓**維內莫伊嫩**
（Väinämöinen）能夠打雷，自此以後，人類就有火了。

'Ilmuqah→'Almaqahū

'Ilmuquh→'Almaqahū

Ilyap'a→Illapa

Imām　伊瑪目△（【阿拉伯】師表、領袖）：（伊斯蘭）什葉派
整個公眾合法且代表**安拉**（Allāh）意志的領袖。他擁有**不謬性**
（'Isma），因為他是**穆罕默德**（Muhammad）的嫡系後裔。阿里
（'Ali, †661）是第一位伊瑪目，他是**法蒂瑪**（Fātima）的丈夫，生
了兩個兒子，哈桑（al-Hasan, †669）和**侯賽因**（al-Husain, †680）
分別是第二和第三位伊瑪目。其中宰德派（Zaiditen）認為共有五
位「可見的」伊瑪目，伊斯瑪儀派（Ismā'iliten）認為有七位，伊
瑪目派（Imāmiten）認為有12位。因為現在世界沒有「顯世的」
伊瑪目（最後一位伊瑪目是隱遁的，直到世界末日才會重返於
世），於是一切事務都由教士（Mulla）決定。

Imana　以馬那△（偉大的智者）：（盧安達）盧安達族（Ru-

伊瑪目派認為有共12位伊瑪
目，為整個公眾的領袖。他們的
名字寫在馬身和馬尾上。

印杜古，獅鷲怪物。

anda）以及蒲隆地的隆地族（Rundi）的造物神和始祖神。他也是命運之神，主宰生死，因而別名為：「盧倫巴」（Ruremba，只給某人而不給別人的）、「以丹吉塔」（Itangita，製造分裂者）、「印吐赫」（Intuhe，為害人們的）以及「圖米耶」（Thumye，招致噩運者）。

Imdugud 印杜古：（蘇美）獅鷲，為**寧格蘇**（Ningirsu）的聖獸。印杜古盤旋在牲畜四周或以爪子攫獲他們。他相當於阿卡德的**南風魔**（Zū）。

Imhotep 尹和泰普△、【希臘】Imuthes：（埃及）太陽城（On）的大祭司，國王卓瑟（Djoser, 2600 B.C.）的首席大臣，醫師、作家，沙卡拉（Sakkara）金字塔的建築師。他是坎諾夫（Kanofer）和克羅杜安赫（Chereduanch）的兒子，朗培諾弗列（Ronpetnofret）的丈夫。晚期帝國時被奉為醫神和書寫神，在孟斐斯和底比斯被稱為「普塔之子」。因為埃及失傳的古老智慧文學源自於他，因此他也叫作「神書的寫作者」，在新王國時期，書寫者在動筆前會以一滴墨水祭拜他。他的形象是個禿頭的祭司，手持蒲草紙卷，並且被同化為希臘的**阿斯克勒庇俄斯**（Asklepiós）。

Imiut 伊米烏特△（被捆紮者）：（埃及）守護神，國王的王冠上面有他的護身符號。他是**赫薩特**（Hesat）的兒子，被描繪為掛在竿子上的無頭牛皮。他後來被同化為**安努畢斯**（Anubis）。

Imlja→Koi

Immap ukua→Sedna

Imset　伊姆塞特▽△、Amset：（埃及）屍體守護神，卡諾卜罐神，看守死者的肝臟，屬南方天空，屬於**霍魯斯諸子**（Horus-kinder），原本是女性神，新王國時期變成男性神，具有人類的形象。在中王國時期，他的臉沒有鬍子，並繪以婦女的黃色頭髮。

Imuthes→Imhotep

Ina→Hina

Inanna　伊南那▽（Nin-anna＝天空的女王）：（蘇美）天空女王，是金星的人格化，稱為寧西雅那（Ninsianna）。她是愛神和性愛神，也是戰神，她要天神**安**（An）派瓜納（Guanna）去對付**吉加美士**（Gilgamesh）。她是**南那**（Nanna）和**寧格爾**（Ningal）的女兒，**巫杜**（Utu）的妹妹，**杜木茲**（Dumuzi）的妻子，或謂她是**夏拉**（Shara）的母親。她的女使者是**寧什布爾**（Ninshubur）。在《伊南那的地獄之旅》裡，她到妹妹**厄里什基迦勒**（Ereshkigal）統治的冥府，通過七重門，陸續被剝除她的衣飾（王冠和上衣、耳飾、項鍊、胸飾、寶石腰帶、手鐲和腳鐲、裙子）。最後她像每個死者一樣，赤裸裸地面對厄里什基迦勒以及她的「死亡的眼」。因為她被禁錮在地獄裡，使得地上萬物不再生長，於是**恩奇**（Enki）派兩個使者到地獄去，要厄里什基迦勒釋放她。於是伊南那又經過七重門，陸續穿上她的衣飾而回到人間，大地也重獲生機，而鬼差伽拉就拿**杜木茲**（Dumuzi）抵數，把他抓到地獄去。她的聖地在烏魯克（Uruk）的伊阿那神廟（Eanna，天空之屋）。伊南那的神像為「裸體女神」，她的楔形文字符號是蘆葦束，她的象徵符號是八角星。蘇美的伊南那相當於阿卡德的**伊西塔**（Ishtar）、烏加里特的**阿塔特**（'Attart）、希伯來的**亞舍拉**（Ashera）、摩押人的**艾西塔**（'Ashtar）和腓尼基的**阿什塔特**（Astarte）。

Inao→Chisei Koro inao

Inara　伊娜拉▽：（原始赫地）女神，**塔魯**（Taru）和**烏倫謝姆**（Wurunshemu）的女兒。她是隱遁的女神，西台女神**哈那哈那**（Channachanna）的蜜蜂找她幫助天氣神打敗西台的惡魔**伊魯揚卡**（Illujanka）。

Inari　稻荷神▽△：（神道教）米神和糧食神，男女形象皆有。

因陀羅
吠陀宗教的四臂戰神和諸神之
王，騎著巨象，手持飛杵和刺
戟。

每年稻荷神會從田野裡的山丘小屋下來，肩上扛著兩束稻穗，狐狸是她的使者。

Incubus 夢魘△（【拉丁】平躺者）：（基督宗教）夜魘，會壓住睡覺者的胸部，使他們做惡夢。他的女性對耦是**女夢魘**（Succubus）。他會在睡夢裡對女人性侵害，在女巫文學裡，他是女巫的情人。

Indra 因陀羅△（【梵】強者）：1.（吠陀宗教）雷雨神，因為降雨而成為豐收神，是眾**天神**（Devas）的領袖。他是**特尤斯**（Dyaus）和地母**比里底昆**（Prithivi）的兒子，**阿耆尼**（Agni）和**蘇利耶**（Sūrya）的兄弟，一起組成古老的三聯神。他大碗喝酒大口吃肉，因而有驚人的大能。他嗜飲蘇摩酒，於酣醉時殺死旱魔**烏里特那**（Vritra），故又名為「烏里特拿漢」（Vritrahan, han＝屠殺）。其後他弒父而為三界之王。2.（婆羅門教）戰神，剎帝利族的主神，其隨從為**馬爾殊**（Maruts），他屬於**阿迭多**（Āditya），是**迦葉波**（Kāshyapa）和**阿提緻**（Āditi）的兒子。3.（印度教）東方天界的守護神，住在**天界**（Svarloka）。他是**因陀羅尼**（Indrāni）的丈夫，**阿周那**（Arjuna）的父親。他被**邏伐拏**（Rāvana）打敗，而臣屬於**黑天**（Krishna）。他手持金剛杵，以馬或象為其坐騎。4.（耆那教）在四個神族裡的最高位，為諸王之神，共有 64 位因陀羅：**跋婆那婆娑**（Bhavanavāsin）的十個神階裡各有兩位；**婆那多羅**（Vyantara）的16個神階裡各有兩位；**豎底沙**（Jyotisha）有兩位；**毘摩尼柯**（Vaimānika）的**劫波跋婆**（Kalpabhava）神族裡有十位。每位因陀羅都有四位**護世者**（Lokapāla）和 17 團神兵，由七位神將統帥，每一團都有 8,128,000個神兵。5.（伊朗）惡魔，製造人類之間紛爭。

Indrāni 因陀羅尼▽、Aindri、Shaci：（印度教）母神，吹毛求疵的人格化。她是**因陀羅**（Indra）的妻子，**魯特羅**（Rudra）的母親，屬於**七母天**（Saptamātara），以象為坐騎。

Inguma 隱谷瑪：（西班牙巴斯克地區）夜魘，在夜裡侵襲人類，喉嚨被他壓住而呼吸困難，生大恐怖。

Inka 印加△（【蓋楚瓦】太陽之子）：（印第安）蓋楚瓦族（Quechua）的王朝，在西元 1100 至 1533 年間，是南美最重要的

王國，首都在庫斯科（Cuzco）。該王朝始於**曼柯‧卡帕克**（Manco Capac），終至第十三任印加亞特華爾巴（Atahualpa），於1533年被西班牙國王處死。

Inmar 因瑪（in＝天空）：（芬蘭）渥提亞克族（Wotjaken）神話的天神和雷電神。基督宗教傳入後，**馬利亞**（María）被稱為「聖母因瑪」。

Inmutef 印姆提夫△（母親的巨柱）、Junmutef：（埃及）太陽神，象徵「長子」，支撐（女性的）天空的男性神，後來被同化為**奧賽利斯**（Osiris）之子**霍魯斯**（Horus）。

Innara→Lama

Inó 依諾▽、【拉丁】Ino、Leukothea：（希臘）公主和女海神，她是國王**卡德馬斯**（Kádmos）和**哈莫妮亞**（Harmonía）的女兒，和**西蜜莉**（Seméle）是姐妹，**弗利克索斯和海莉**（Phríxos und Hélle）的繼母，國王阿塔馬斯（Athamas）的妻子，和他生了里亞赫斯（Learchos）和梅利克特斯（Melikertes）。發瘋的國王用箭射死了他的大兒子，驚動失措的依諾帶著小兒子逃出城堡，跳到海裡去，眾海神**涅留斯**（Nereídes）好心收留她，並且讓她變成女海神琉科提亞（Leukothea）。歌劇：Donizetti (1828)。

Inshushinak 印蘇席納克△、Ninshushinak（【蘇美】蘇沙王）、【阿卡德】Shushinak：（以攔）（Elamite）蘇沙城（Susa）的城市神、以攔的國家神、宣誓神、冥府的判官，他是**庇嫩克**（Pinenkir）的丈夫。

Inti 印提（【蓋楚瓦】太陽）、Intu：1.（印第安）智慧鳥，隨侍於**維拉科查**（Viracocha），能為他預言未來。第一任**印加**（Inka）把他關在籠子，其繼任者則還他自由。2.（印第安）太陽神，到了十五世紀的第九任印加王帕查庫提（Pachacutec），則成為印加王朝的國家神和始祖。他被認為是維拉科查的長子，**瑪瑪‧奎拉**（Mama Quilla）的丈夫，**曼柯‧卡帕克**（Manco Capac）和**瑪瑪‧歐洛**（Mama Oello）的父親。歷任印加都是印提在人間的代表。他的造形為人面金盤。

印加
印第安神王，坐在轎子裡。

約翰
基督宗教的先知，在約旦河為耶穌施洗，聖靈化身為鴿子降臨。右邊的天使手執長袍（deutsche Armenbibel, 1471）。

Inua 伊努亞（靈）：（愛斯基摩）超自然力量，存在於生命和自然事物當中。伊努亞相當於亞爾岡京族的**馬尼圖**（Manitu）、易洛魁族的**歐倫達**（Orenda），以及蘇族的**瓦坎達**（Wakanda）。

Io 伊奧⊙（骨髓、核心）、Kio、Kiho：1.（波里尼西亞）茂伊島神話裡非位格的主神，它是第一個存有者，在自身中包含女性的核心**伊奧瓦希妮**（Io Wahine）以及男性的**德伊奧歐拉**（Te Io Ora）。它的名字意為「永恆者」和「自生者」，人們只能悄悄稱呼它。2.第十重天，**坦尼**（Tane）登上天界求取「智慧三籃」，帶到**夏威基**（Hawaiki）給**希娜**（Hina）。

Ió 伊瑤▽、【拉丁】Io：（希臘）**希拉**（Héra）的女祭司，**宙斯**（Zeús）的情婦。她是河神（國王）伊那赫斯（Ínachos）的女兒，艾帕弗斯（Épaphos）的母親。善妒的希拉發現她和宙斯的姦情，於是把她變成白色母牛，交由守衛**阿哥斯**（Árgos）看管，宙斯派**赫美斯**（Hermés）把阿哥斯弄睡後救出伊瑤。於是希拉又派出牛虻，使牛群四處奔竄，越過博斯普魯斯（Bosporos）（意為牛津）到埃及去。伊瑤在那裡恢復人形，並且生了埃及的始祖艾帕弗斯。繪畫：Correggio（1530）、Rubens（1610）、Vélazquez（1659）。

Ioánnes 約翰△【希臘】）、【希伯來】Jōchānān（耶和華恩慈）、【阿拉伯】Yahyā（葉哈雅）：1.（基督宗教）先知，勸人悔罪的傳道者，約但河的施洗者，**耶穌**（Jesùs）的前輩和殉難者。他是**撒迦利亞**（Zacharías）和以利沙伯（Elizabeth）的兒子，撒迦利亞年老無子，天使**加百列**（Gabriél）在耶路撒冷的主殿對他預言約翰的誕生以及將來先知的使命，撒迦利亞讚美說那是**彌賽亞**（Messías）的前兆。約翰在約但河為耶穌施洗，耶穌說：「你們凡婦人所生的，沒有一個大過約翰的。」約翰的出現開啟了民族運動，使得希律王（Herodes Antipas, 4 B.C.－39A.D.）很不安，尤其是因為約翰責備他和弟媳婦希羅底（Horodias）（莎樂美的母親）通姦，於是希律王把約翰關起來，並且在西元 28 年處死。約翰的生日慶典從 6 月 24 開始，他的殉難日則是在 8 月 19 日。2.（伊斯蘭）先知，他是**宰凱里雅**（Zakāriyā'）的兒子，**穆罕默德**（Muhammad）在**登霄**（Mi'rādj）時於第二重天遇到他和**爾薩**（'Isā）。他和其父的墳墓座落於大馬士革的教院裡。雕塑：

耶穌的譜系，從亞當到第76代的約瑟。

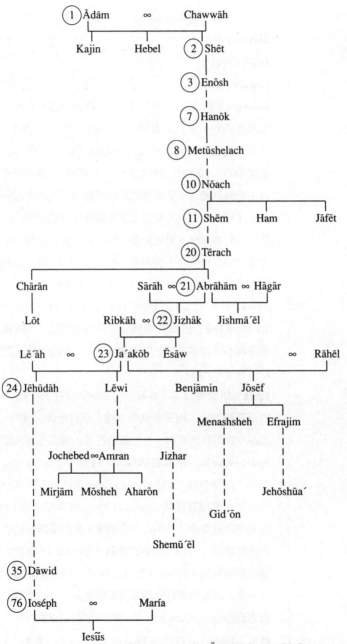

Stammbaum des Ādām bis zum 76. Stammvater Ioséph, dem Vater des Iesūs von Nazareth in dessen Ahnenreihe

Donatello (1416)；繪畫：R. van der Weyden (1445/50)、A del Sarto (1515)、Caravaggio (ca. 1608)、A. Jawlensky (1917)。

Iób→Ijjōb

Ioél→Jō'ēl

Ionãs→Jōnāh

Ioséph 約瑟△（【希臘】）：（基督宗教）義人，拿撒勒的木匠和異象得見者。他是**大衛**（Dauid）的後裔，雅各（Jakob）的兒子，**馬利亞**（María）的丈夫，**耶穌**（Jesũs）的父親。他發現未婚妻懷孕時，想暗中把她休了，但是有神的使者在夢裡向他顯現告知救主耶穌的誕生，於是他把馬利亞娶過來，卻沒有與她同房，直到她生了頭胎的兒子。希律王下令殺死所有伯利恆的新生兒，天使在他夢裡對他顯現，要他帶著妻兒逃到埃及，直到希律王死後，天使才要他回到以色列。他的慶日是在 3 月 19 日。他的形象經常是蓄鬚的老人。繪畫：M. Pacher (1481)、L. Cranach d. Ä. (1504)、J. de Patinier、Ph. O. Runge (1805/06)、G. Rouault (1935/46)。

Io Wahine 伊奧瓦希妮▽：（波里尼西亞）**伊奧**（Io）的女性生命核心，後來被同化為**希娜**（Hina）。她的男性對耦是**德伊奧歐拉**（Te Io Ora）。

Ipet 伊庇特▽：（埃及）河馬神和生產神，她是**安夢**（Amun）的母親和情婦，國王的褓姆。她「孕育諸神」，統治上、下埃及，象徵生育的自然原理，其形象為河馬，被同化為人類的始祖。

Iphigéneia 伊菲格內亞▽、【拉丁】Iphigenia：（希臘）女祭司，**阿加曼農**（Agamémnon）和**克呂苔美斯卓**（Klytaiméstra）的女兒，**歐瑞斯特斯**（Oréstes）、克里索提米斯（Chrysothemis）以及**伊蕾克特拉**（Eléktra）的姐妹。阿加曼農要把伊菲格內亞獻祭給奧利斯港（Aulis）的**阿提密斯**（Ártemis），女神以雌鹿替換她，讓她到陶利斯（Tauris）擔任女祭司，把所有異鄉客獻祭給女神。有一天，她發現哥哥歐瑞斯特斯也在其中，於是帶著女神的雕像相偕逃到雅地加（Attika），伊菲格內亞在那裡擔任女祭司直到終老。

繪畫：Tiepolo (1757)、Feuerbach (1871)；戲劇：Euripides (413 B.C.)、Goethe (1779)；歌劇：Gluck (1774/79)。

Irargui→Illargui

Irene→Eiréne

Iretargui→Illargui

Íris 伊莉絲▽（彩虹）：（希臘）年輕女神，連接天地的彩虹的人格化，她沿著彩虹降臨人間，是替人類報信的使者神，**希拉**（Héra）的侍女。她是陶馬斯（Thaumas）和**伊蕾克特拉**（Eléktra）的女兒，**哈皮亞**（Hárpyia）眾女神的妹妹，**塞菲羅斯**（Zéphyros）的妻子，身後有雙翼，手持使者節杖。

伊莉絲
彩虹女神和使者神，背後有雙翼，手持使者節杖。

Irminsul 伊爾敏柱（【古北德】神柱）：（日耳曼）神聖樹椿，以戰神伊爾敏（Irmin）為名，**宇宙樹**（Yggdrasill）的摹本。基督宗教傳入後，查里曼大帝於西元 772 年敕令毀掉。伊爾敏柱是二十世紀新德國運動的符號。

Iruwa→Ruwa

'Isā→Iesūs

Isaák→Jizhāk

Isāf und Nā'ila 艾撒夫和奈拉△▽：（阿拉伯）一對情侶，他們在麥加的天房裡交歡而被罰變成石頭，豎在天房裡以示警誡。當時的古萊氏族崇拜該偶像，以牲祭的血塗抹在聖石上面。

Ischara→Ishchara

Isdes 伊什德斯△：（埃及）死神，冥府的判官。他被稱為「西方之主」，經常等同於**托特**（Thot）和**安努畢斯**（Anubis）。

Īsha 伊舍那△、Īshāna（【梵】自在、眾生主）：（印度教）東北天的護法神，取代**蘇摩**（Soma）的地位。他是11位**魯特羅**（Rudra）之一，有五頭十臂，分別持書、杵、索、劫波杯、斧、鼓、三叉戟，以公牛為坐騎。伊舍那為**濕婆**（Shiva）五相之一。

Ishāk→Jizhāk

Ishāna 伊奢那、司配者△：（耆那教）諸神之首，最下層的天界伊奢那天（Aishana）北半部的**因陀羅**（Indra），會帶來黑暗，東北天以他為名。他以神戟（shūla）為法器，以公牛為坐騎。

Ishchara 伊什喀拉▽、Ischara、Eshchara、Eschara：（蘇美）宣誓神和戰神。她是「法庭和祭禮之主」，有七個孩子。她的記號是蠍子，相當於天蠍座。

Ishdushtaja 伊什杜什塔雅▽：（原始赫地）（Proto-Hattite）命運女神，和**帕帕雅**（Papaja）一起以紡錘與鏡子決定人類的命運。

Ishkur 伊什庫△：1.（西台）天氣神和主神，坐著牛車下凡。他是「天空之王」，是太陽女神**阿林娜**（Arinna）的丈夫。手持刀杖和電戟，以公牛為象徵動物，神聖數字是十。他相當於原始赫地的**塔魯**（Taru）、烏拉圖的**德謝巴**（Tesheba）以及胡里安的**德蘇卜**（Teshub）。2.（蘇美）天氣神，是向下俯衝的野牛，代表暴風雨、冰雹和氾濫的破壞性面向，被認為是**安**（An）的兒子，其楔形文字符號為「風」。

Ishta-Devatā 本尊、主宰神、欲天、愛神（【梵】願望神）、Sādhita、【藏】Yidam（決定心）、Yid-dam：（藏傳佛教）各種經續的人格化和守護神，行者觀修本尊求得經書裡教授的解脫智。只有上師和行者才認識他們修持的本尊。本尊有慈悲相（shāta）和忿怒相（krodha）兩種。其中包括：**密集金剛**（Guhyasamāja）、**勝樂輪金剛**（Chakrasamvara）、**喜金剛**（Hevajra）和**時輪金剛**（Kālachakra）。男性本尊會和他的空行母現**雙身相**（Yab-Yum）。

Ishtanu 伊什塔努△：（西台）太陽神，白天飛過天際，俯瞰人間事，因而也是人類和動物的審判神。在西台人的盟約裡，他是名列第一位的宣誓神，稱為「見證者」和「父親」。其聖地在首都漢梯沙（Chattusha）。他的王冠上面有帶翼的太陽，在祭禮當中代表太陽神的國王們會自稱為「我的太陽」。伊什塔努相當於原始赫地的**艾什坦**（Eshtan）、烏拉圖的**施維尼**（Shiwini）、胡里安的**施米吉**（Shimigi）。

Ishtar 伊西塔▽（呼格的「神」）：（阿卡德）金星女神，晨星和昏星女神，她同時有光明和黑暗面向：天神和冥府神、母神和愛神、多產神和肉欲神。她和**欣**（Sin）以及**夏馬西**（Shamash）組成宇宙三聯神。她是**安努**（Anu）和**亞拿突**（Anatum）的女兒，和**坦木茲**（Tamūzu）以及許多神談戀愛。她的聖地在烏魯克、尼尼微、阿卡德以及阿比拉（Arbela），在巴比倫有崇拜她的「伊西塔之門」。她的戰神造形為頭戴角盔，揹著箭袋，手持弓箭。在尼尼微有描繪其神蹟的畫像。星星是她的標誌，她的神聖數字是15。

伊西塔
阿卡德的金星神和戰神，手持弓箭，腳踏猛虎。

幾乎所有巴比倫的女神都陸續被同化為伊西塔，成為她的各種化身。她相當於蘇美的**伊南那**（Inanna）、烏加里特的**阿塔特**（'Attart）、摩押的**艾西塔**（'Ashtart）、腓尼基的**阿什塔特**（Astarte）以及希伯來的**亞舍拉**（Ashera）。聖經《以斯帖記》（Estēr）裡的王后以斯帖的名字，便是源自阿卡德的伊西塔。

Ishtaran→Sataran

Ishum 以舜△：（阿卡德）使者神，**匿甲**（Nergal）和**埃拉**（Erra）的信差和「密探」。他對人類很友善，總會想辦法平息埃拉的忿怒，在匿甲面前替人類說好話。他是病患和人類在夜裡的守護神，相當於蘇美的**堅度善加**（Chendursanga）。

Ishvara 自在天△▽（【梵】自在、主宰）、Ishvari（女主宰）：（印度教）每個宗教的最高人格神，尤其是指**濕婆**（Shiva）的**沙克提**（Shakti）和妻子。基督宗教和伊斯蘭教的神，乃至於印度教所有的神，都是自在天的不同面向。

Isimu 伊西姆△：（蘇美）**恩奇**（Enki）的使者神。其形象為兩面神，類似於阿卡德的**烏斯姆**（Usmū）。

Isis 依西斯▽、Ese（【埃及】王座）：（埃及）母神、婦女和生育的神，在九聯神裡，她是**蓋布**（Geb）和**努特**（Nut）的女兒，**妮芙提絲**（Nephtys）和**塞特**（Seth）的姐妹，**奧賽利斯**（Osiris）的妹妹和妻子，**霍魯斯**（Horus）的母親，因而也是諸國

依西斯
埃及母神，哺育嬰兒霍魯斯，頭
飾上面有母牛角和日盤。

王（擬同為霍魯斯）的母親和守護神。她是王座的人格化，頭部經
常繪有王座的符號。人們認為死去的國王是霍魯斯的化身，而與在
世的國王有關，於是依西斯也出現奧賽利斯神話裡。她是「諸神之
母」，化身為雀鷹，停在奧賽利斯的屍體上面而懷孕，為了躲避塞
特的迫害，她在尼羅河三角洲的沼澤裡獨自生下霍魯斯。後來她和
妮芙提絲一起守護奧賽利斯的屍體，使他復活，因而她也成為死者
的守護神。她在棺木上的形象為展開雙翼守護死者，並且吹著生命
氣息。因為她對奧賽利斯和霍魯斯使用魔法，因而被稱為「法力無
邊者」。她也是海神和天狼星神，庇護亞力山卓港的船隻。在依西

斯和奧賽利斯的祕教裡的女天神崇拜也遍及當時的羅馬帝國。由她的立像基座上面的銘文，可以看到女神的神祕本質和她的一萬個名字：「我是一切，是過去、現在和未來……沒有任何凡人知道面紗底下的我。」依西斯的節日是在埃及曆的 2 月 6 日，她於晚期帝國時的聖地是在菲萊島（Philae），其形象為人，懷裡有霍魯斯在吃奶。後來她和哈托爾（Hathor）融合，於是頭上戴著鑲有日盤的牛角。在希臘化時期，幾乎所有的女神都和依西斯同化。

'Isma 不謬性、免罪性：（伊斯蘭）遜尼派的先知以及什葉派的**伊瑪目**（Imām）被賦予的權力。

Ismael→Jishmā'ēl

Isrā' 夜行、伊斯拉：（伊斯蘭）先知**穆罕默德**（Muhammad）夜裡從天房飛到耶路撒冷，接著就是**登霄**（Mi'rādj）。有一晚，穆罕默德在麥加的天房裡睡著，**吉卜利里**（Djabrā'il）讓他騎著天馬**布拉哥**（Burāk）一起飛到耶路撒冷，並行經希伯倫（Hebron）和伯利恆。夜行的第一天是伊斯蘭曆 3 月 17 日，即成為節日。《古蘭經》第17章名為「伊斯拉」。

Isrāfil 伊斯拉非來（【阿拉伯】）：（伊斯蘭）**安拉**（Allāh）的使者，與**吉卜利里**（Djabrā'il）、**米卡里**（Mikāl）、**阿茲拉伊來**（'Izrā'il）同為四大天使。他綽號是「號角之主」，因為他總是把號角放在唇邊，只要安拉下令讓死者從墳裡復活，就要吹起號角。他每天日夜總要俯瞰**火獄**（Djahannam）三次，痛苦得眉頭深鎖。他體型異常巨大，兩腳站在第七層大地時，頭就頂到了安拉在**天園**（Djanna）裡的寶座柱腳。

Isten 伊斯頓△（神）：（匈牙利）造物神和最高神，世界光明面的化身，和黑暗對立。他的老鷹帶領族人越過喀爾巴阡山到新家園，因此他被稱為「馬扎爾之神」（Magyar Isten）。他的綽號是吾爾（Úr）（主人）和伊洛（élo）（永生者），他的標誌是弓箭、馬、樹木和陽具。基督宗教傳入後，他和**上主**（Kýrios）融合為一。

Iztamná 伊扎姆納△（天上的露水；露珠之屋）：（印第安）馬雅文明的建立者、太陽神和天神，主宰著白晝和黑夜、東方和西方，別名為「雅科卡姆」（Yaxcocahmut）（智慧主、綠色螢火蟲）。伊扎姆納是**胡納布**（Hunabku）和**基尼奇阿赫**（Kinich Ahau）

伊扎姆納
印第安文明英雄，手持蛇和貝殼。

的兒子，**伊希切爾**（Ixchel）的丈夫，**巴卡布**（Bacabs）的父親。他教導人類種植玉米和可可樹，傳授醫術和曆法。他的標誌是蛇和貝殼。伊扎姆納相當於庫庫坎（Kukulkan）。

Itzpapalotl 伊茲帕帕羅特▽（黑曜石蝴蝶）：（印第安）阿茲提克的大地女神、死神、火神，守護著死者化為星辰的靈魂。她是主司每月16日的曆法神，其男性對耦神是**伊茲拉科琉奎**（Itztlacoliuhqui）。她生下黑曜石刀（活力和靈魂的象徵），由此誕生了1,600個大地半神。她的形象為蝴蝶或是佩帶祭刀的婦女，裙子上有一顆心或陽具。

Itztlacoliuhqui 伊茲拉科琉奎△（黑曜石刀）：（印第安）阿茲提克神話裡冰冷、盲目和頑固的神，象徵沒有生命且不動的物質。他的女性對耦神是**伊茲帕帕羅特**（Itzpapalotl）。

Itztli 伊茲里△：（印第安）阿茲提克神話裡祭刀和銳石的神、主司下半夜的曆法神。

Iúdas 猶大△（【希臘】）、【希伯來】Jehūdāh（受讚美者）：（基督宗教）耶穌（Iesûs）的門徒，來自加略（Iskariot），他的名字的希伯來字母數值為30。**魔鬼**（Diábolos）和**撒但**（Satān）入了他的心以後，就收了祭司長 30 塊銀子，洩漏耶穌的居處，並以親嘴作暗號。後來他看到耶穌定了罪，就把銀錢丟在殿裡，出去吊死。其形象為手執錢袋，肩膀上蹲著魔鬼。

Iudith→Jehūdit

Iulus→Ascanius

Iuno 朱諾▽：（伊特拉斯坎和羅馬）母神和天神，婦女、婚姻和生產的守護神，女性的化身，和男性的**守護神**（Genius）相對。她是**薩圖努斯**（Saturnus）和**奧普斯**（Ops）的女兒，**朱庇特**（Iupiter）的姐姐和妻子，和**密內瓦**（Minerva）組成三聯神。她有許多綽號，例如：「救主朱諾」（I. Sospita）、「光照者朱諾」（I. Lucina）、「警誡者朱諾」（I. Moneta）。她在古羅馬城堡附近的羅馬廣場的神殿被列為國寶級古蹟，旁邊就是製幣廠。3 月 1 日的主婦節（Matronalia）是她的慶日。孔雀是她的標誌。西曆的六月（Juni, June）即以她為名。

Iupiter 朱庇特△（【拉丁】Diupiter, Deus Pater＝父神）：

（羅馬）光明神和天神，天氣神，法律、秩序和忠誠的守護神，羅馬的父神和最高神。朱庇特是**薩圖努斯**（Saturnus）和**奧普斯**（Ops）的兒子，**朱諾**（Iuno）的弟弟和丈夫。他和朱諾以及**密內瓦**（Minerva）組成古羅馬城堡的三聯神，後來又和**基林努斯**（Quirinus）以及**馬斯**（Mars）組成新的三聯神。他有許多稱號，例如「最好且最偉大的朱庇特」（I. Optimus Maximus）。他也是葡萄酒慶（Vinalia）的守護神，人們在每月的望日祭拜他。戰士們會從他的神殿出發且凱旋歸來。他的標誌是電戟和權杖。最大的行星木星（Jupiter）即以他為名，而五月（Mai, May）則是源自「使萬物成長的朱庇特」（Iupiter Maius）。朱庇特等同於希臘的**宙斯**（Zeús）。

Iustitia　正義女神▽（【拉丁】正義）：（羅馬）主司倫理的神，正義的象徵，她相當於希臘的**狄克**（Díke）。

Iuturna　尤圖爾娜▽：（羅馬）山泉仙女，守護大地不致乾旱。她在阿爾巴尼亞山的泉水有療癒作用。尤圖爾娜是國王圖爾努斯（Turnus）的妹妹。**朱庇特**（Iupiter）愛上她，並且賜給她永生。

Iuventas　尤雯塔絲▽（【拉丁】青年）：（羅馬）青春女神，年輕人的守護神，男子在成年禮穿上成年袍（toga virilis）時，會獻給她一枚錢幣。她是**赫丘力士**（Hercules）的妻子，穿著長袍，端著裝滿熏香的碗。她相當於希臘的**赫貝**（Hébe）。

ívaldi　伊瓦地△：（日耳曼）侏儒鐵匠，和他的兒子們一起打造**弗瑞**（Freyr）的斯奇布拉尼船（Skídbladnir），以及**歐丁**（Odin）的神矛（Gungnir）。伊瓦地是女神**伊頓**（Idun）的父親。

Ivo und Ukaipu　伊渥和烏凱普△▽：（美拉尼西亞）始祖，伊渥生自泥土，而他的妻子烏凱普則是以薑莖造的。

Iwa　伊瓦△：（波里尼西亞）夏威夷傳說的英雄、騙子和神偷，在母胎裡就會偷東西。他用魔棒敲四下，就可以從群島的一端跑到另一端。

Ixbalanqué　伊薩巴蘭奎△▽（幼豹）：（印第安）馬雅族的英雄，後來成為月亮女神，他是**胡胡那普**（Hun-Hunapú）和一個少女的兒子，和雙胞胎哥哥**胡那普**（Hunapú）一起征服了邪惡的

伊希切爾
印第安的大地女神、母神和洪水
神，以蛇為頭飾。

巫庫布卡奇（Vucub-Caquix）。他們終於戰勝了死亡和冥界，昇天
成為月亮女神和太陽神，並創造人類以供養諸神。

Ix Chebel Yax 伊希切貝雅西▽、Chibirias：（印第安）馬雅
族的月神、繪畫和象形符號神。她教導人類染印藝術。

Ixchel 伊希切爾▽（平躺的婦女）：（印第安）馬雅族的大地
女神和母神，洪水和彩虹的女神，孕婦的守護神，紡織術的發明
者。她是**伊扎姆納**（Iztamná）的妻子，**巴卡布**（Bacabs）的母
親，或謂她是**渥坦**（Votan）的妻子。產房裡總會安置她的神像。
她以蛇為頭飾，裙子有許多交錯的骨頭，她的手和腳都有獸爪。有
時候她等同於多產女神伊赫坎琉姆（Ixkanleom，紡織女）。她相
當於阿茲提克的**恰齊維特利古**（Chalchihuitlicue）。

Ixíon 伊克西翁△：（希臘）拉畢斯族（Lapíthai）的國王，弗

列基亞斯（Phlegyas）的兒子，蒂亞（Dia）的丈夫。**宙斯**（Zeús）曾賜予他永生，並和他同席宴飲。伊克西翁想要染指**希拉**（Héra），於是宙斯用雲變了個分身妮菲勒（Nephéle），伊克西翁和她生了**半人馬族**（Kéntauroi），並且為此被罰綁在地獄**塔塔羅斯**（Tártaros）裡的一顆不停滾動且熾熱的輪子上。繪畫：Rubens（1615）、J. Ribera（1632）。

Ixtab　**伊赫塔布**▽（繩索女王）：（印第安）馬雅族神話的繩索和絞刑架女神、自殺者的守護神。被絞死的人會直接到伊赫塔布的天堂去。

Iya　**易亞**：（印第安）蘇族神話裡的怪物，邪惡的化身。風暴是他的顯現形式。他的氣息會致病，他會吞食人畜。

Íz　**易茲**：（匈牙利）死者和影子的靈魂，和真正的靈魂「里列克」（Lélek）相對立。後來易茲成為邪術和疾病的化身。

Izanagi-no-kami　**伊邪那歧神**△：（神道教）始祖神、天神和諸神之父，象徵光明和賜予生命的力量。他是**伊邪那美**（Izanami）的哥哥和丈夫，**迦具土神**（Kagutsuchi）的父親。他們兩夫婦是太初的神眷，站在**天之浮橋**（Ama-no-uki-hashi）上面創造了日本諸島，並且生下了眾自然主神。伊邪那美在分娩時死去，伊邪那歧到**黃泉國**（Yomi-no-kuni）尋妻未果，回到人間洗淨污穢而生了**天照大神**（Amaterasu）、**月讀命**（Tsuki-yomi）和**須佐之男**（Susa-no-o）。伊邪那歧昇天時，命令天照大神統治高天原，月讀命統治夜之食原，須佐之男統治海原。

Izanami-no-kami　**伊邪那美神**▽：（神道教）始祖神、地神和諸神之母、**黃泉國**（Yomi-no-kuni）的統治者，象徵所有黑暗和毀滅生命的力量。她是**伊邪那歧**（Izanagi）的妻子，生了 40 個神，其中包括**迦具土神**（Kagutsuchi）。她和伊邪那歧在**天之浮橋**（Ama-no-uki-hashi）上面創造了第一座日本島，即淤能碁呂島（Onokoro），降居彼島成為夫婦。她在生迦具土神時死去而統治冥府。

'Izrā'il　**阿茲拉伊來**（【阿拉伯】）、Azrā'il：（伊斯蘭）**安拉**（Allāh）的使者，和吉卜利里（Djabrā'il）、**米卡里**（Mikāl）以及**伊斯拉非來**（Isrāfil）並列四大天使。當一個人的大限到了，安拉

大地女神伊邪那美神和天神伊邪那歧，在天之浮橋上面，擾動海水而創造了第一座日本島。

會讓他寶座下的生命樹掉落一片寫著死者名字的葉子。阿茲拉伊來
必須在 40 天後讓他的靈魂離開肉體。他體型異常巨大，即使所有
海洋和河川的水從他頭上澆下，也不會有一滴水掉到地上。他的一
隻腳站在七重天的光座上，另一隻腳卻踏在天園和火獄中間的橋
上。有時候人們想像他有四張臉，4,000 隻翅膀，70,000 隻腳。他
的節日是伊斯蘭曆 8 月 15 日的「贖罪之夜」，天園裡的生命樹的
葉子被搖落，死亡天使阿茲拉伊來把它保留一年。

雅各，猶太教先祖，以掃要殺雅
各，他在逃亡時夢見「天梯」，
梯子立在地上，有天使爬上爬
下。

J

Ja'akōb　雅各△（【希伯來】抓住腳跟；欺騙）、【希臘】Iakób、【阿拉伯】Ya'kūb（葉爾孤白）：1.（猶太教）先祖，神給他賜名為以色列，成為該民族的第三代先祖。他是**以撒**（Jizhāk）和利百加（Ribhāk）的小兒子，以掃（Ēsāw）的攣生弟弟，有四個妻子，其中包括利亞（Lē'āh）和**拉結**（Rāhēl），有 12 個兒子，分別是以色列 12 支派，其中包括猶大（Jēhūdāh）和**約瑟**（Jōsēf）。他騙取哥哥的長子名分。以掃要殺雅各，他在逃亡時夢見「天梯」，梯子立在地上，有神的使者爬上爬下，耶和華站在梯子上方，預言他會有如塵沙那麼多的土地和後裔。他在雅博（Jabbok）渡口和天始摔跤獲勝，被賜名為「以色列」（與厄勒爭鬥）。雅各活到 147 歲。2.（基督宗教）耶穌（Iesūs）的第 23 位祖先。3.（伊斯蘭）**安拉**（Allāh）的先知葉爾孤白，**易卜拉欣**（Ibrāhim）的兒子，**易司哈克**（Ishāk）的弟弟，**優素福**（Yūsuf）的父親，葉爾孤白因喪子之痛而瞎了眼睛，直到他把優素福的襯衣蒙在臉上，才恢復視力。繪畫：Rembrandt（1660）、P. Gauguin（1888）、O. Redon（1908）；神劇：A. Schönberg（1922）。

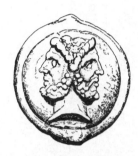

雅努斯

Jabmeaio　雅布美由：（拉普蘭）陰暗冥府，和賽維莫（Saivaimo）相反，由女神**雅布美卡**（Jabmeakka）統治。

Jabmeakka　雅布美卡▽：（拉普蘭）死神，統治陰暗冥府**雅布美由**（Jabmeaio）。

Jabru　亞布魯△：（以攔）宣誓神和冥府神，在阿卡德則被稱為「以攔的安努」。

Jāfēt　雅弗△（【希伯來】）、【希臘】Iaphet、【阿拉伯】Yāfith：1.（猶太教）北方印歐民族的先祖。他是**挪亞**（Nōach）的兒子，**閃**（Shēm）和**含**（Hām）的兄弟，有一次挪亞赤身醉臥在帳棚裡，閃和雅弗拿衣服為父親蔽體，而含卻取笑他父親。2.（伊斯蘭）諸宗族和諸王的祖先，包括**雅朱者和馬朱者**（Yādjūdj und Mādjūdj）兩族，他是**努哈**（Nūh）的兒子，**閃**（Shām）和**含**（Hām）的兄弟。

Jagannātha　札格納特、佳干納特△（【梵】世界主宰）：（印度教）**黑天**（Krishna）的別名，在奧里薩（Orissa）每年都舉行壇車節（Rathayātra）崇拜他和弟弟**大力羅摩**（Balārama）以及

妹妹須跋陀羅（Subhadra），在那天當中，所有種姓差別都被免除。

Jāgūt→Yagūt

Jahwe 耶和華、雅威◇（【希伯來】我在這裡）：1.（阿拉伯）西乃半島的基尼人（Keniten）的山神和自然神。2.（猶太教）永恆且唯一的神的專有名詞。他創造天（Shāmajim）和地（Eres）。**安息日**（Shabbāt）則是紀念他在六天裡創世。他悅納**亞伯**（Hebel）的供物而沒有接受**該隱**（Kajin）的。他降臨人間察看**巴別塔**（Bābēl），他是以色列民族的（救恩）歷史主宰，讓以色列人免於埃及的奴役，他們在曠野 40 年間，耶和華在西乃山給他們啟示並且立約。他在聖戰裡統領以色列軍隊，因而被稱為「萬軍之耶和華」（J. Zebaoth）。他 的 主 要 敵 人 是 **撒 但**（Sātān）或 即 **魔 鬼**（Diábolos）。人們因為敬畏而不敢直呼其名，故以四字母聖名（Tetragramm, JHWH）書寫，不過許多人名裡都帶有他的名字，例如：**約書亞**（Jehōshūa'）、**以賽亞**（Jesha'jāhū）、**耶利米**（Jirmejāhū）。耶和華差遣大小聖經先知對他的民族傳道。為紀念耶和華對他的民族的造就，有若干重要的慶日：逾越節（Pesach），自尼散月（Nissan）14（15）日至 21 日，因為在出埃及以前，他的天使會越過以色列人的房屋，殺死埃及人的所有長子。五旬節（Shabu'ot），西灣月（Siwan）6 日和 7 日，紀念西乃山的啟示並揀選以色列為神的民族；住棚節（Sukkot），提斯利月（Tishri）15 日至 22 日，紀念在曠野住棚以及耶和華的守護。耶和華的名字後面經常加上**埃洛希姆**（Elōhim），並且等同於後者。神劇：Haydn (1798)。

Jaldabaoth 雅他巴沃△：（諾斯替教派）靈體，物質世界的邪惡工匠神，下界的統治者。他是**智慧**（Sophía）的畸形兒。雅他巴沃以上界為摹本，創造下界以及七重天，並且在那裡稱王，接著他就創造了人類。當第一對人類夫婦被逐出樂園後，雅他巴沃強暴了女人，而且引誘人類交媾。

Jambhala→Vaishravana

Jambūdvipa 閻浮提、南瞻部洲（【梵】）：（印度教）地界（Bhūrloka）的環狀中央大陸，有六座平行山脈分割為七個區域

（Varsha），中間的陸地又被兩座山分為三個區塊，一共九個國土，合為**婆羅多伐娑**（Bhārata-varsha）。

Jam Deota　**占丟陀**△、Jamu Deota：（印度）貢德族（Gond）和壯族（Juang）的死神。

Jam　**亞姆**△（海）、Yam：（腓尼基和烏加里特）水神和海神。他是原始的海以及靜止的水（湖泊、河流）的神，和流動的水相反（雨水）。他的別名為「湖的領主」或「河的主宰」，倒行逆施，不斷要求諸神加貢，後來被**巴力**（Ba'al）打敗。他類似於猶太教的海怪鱷魚（Liwjātān）。

Jānguli　**常瞿梨、糵嚕哩**▽（【梵】識毒者）：（佛教）現童女相的菩薩，以降伏蛇毒為本誓，又稱為「大明」（Mahāvidyā），三頭六臂，結施願印。她以琵琶和蓮花為標誌，其坐騎為孔雀。有時候則被同化為綠度母（Tārā）。

Janus→Ianus

Jaret→Uräus

Jarich　**雅里赫**△、Yarikh：（腓尼基和烏加里特）月神，他是女月神**尼高**（Nikkal）的丈夫，在《尼高讚歌》裡曾被提及。

Jarovit　**賈洛維特**△（jar＝熾烈）、Gerovit：（斯拉夫）波莫瑞灣的西斯拉夫神話裡的戰神，在「莊嚴之主」神殿裡，供有一張盾牌，在出征時祈求勝利並且隨軍征戰。

Jarri　**雅里**△、Jarrai：（西台）瘟疫神，他別名為「弓箭王」，也是戰神以及國王的援軍。

Jā'ūk→Ya'ūq

Jeanne la Pucelle　**貞德**▽、Jeanne d'Arc：（天主教）來自多姆何米（Domremy）的農村少女（ca. 1412－1431）、聖女、殉教者、國家女英雄、法國民族的德行典範，別名為「奧爾良少女」。自 13 歲起的五年間，貞德不斷聽到天上的聲音要她幫助奧爾良（Orléan）掙脫英國的統治，並讓查理七世登基。在 1429 年的戰役裡，她驅走英國人並且使國王到理姆斯（Reims）即位。1430年，她自己的國人把她抓起來賣給英國，監禁在盧昂（Louen）並進行宗教審判。她受到絕罰且以異端和巫術的罪名斷頭處死。貞德死前嘴裡不斷唸著**耶穌**（Iesûs）的名字。她的骨灰被撒在塞納河

造物神和立約神
以四字母聖名（Tetragramm, JHWH）書寫其名，禁止以形像膜拜。

猶太教先知以西結

他看到異象，平原中遍滿的骸骨，骨與骨互相聯絡，骨上有筋也長了肉，又有皮遮蔽其上，接著氣息進入骨骸，骸骨便復活了。

上。1456 年該判決在盧昂被撤銷，洗清貞德的所有罪名。直到 500 年後的 1920 年，教會才對她封聖。她的慶日是在 5 月 30 日。悲劇：Schiller（1801）；戲劇：P. Claudel（1938）、G. B. Shaw（1923）；歌劇：Verdi（1845）。

Jehezk'ēl 以西結△（【希伯來】上帝堅固）、【希臘】Iezekiél：（猶太教）巴比倫被擄時期（593－571 B.C.）的異象得見者和先知，他是祭司布西（Buzi）的兒子，於西元前 597 年被擄到巴比倫，在那裡見到四輪異象以及**基路伯**（Kerubim），被神召為先知，要他警示且安慰同囚的族人。他預言耶路撒冷將受罰城陷（586 B.C.），與以色列的復興，如乾枯的骨頭從墳墓裡走出來。聖經《以西結書》即以他為名。

Jehōshūa' 約書亞△（【希伯來】耶和華拯救）：【希臘】Iesûs、【阿拉伯】Yūsha'（優薩）：1.（猶太教）民族英雄，帶領以色列佔領迦南（Kanaan）。他是**摩西**（Mōsheh）的後裔，在摩西死後，他帶領族人越過約但河，渡河時河水停住立起成壘。神要他在征服耶利哥（Jerico）前繞城六日，到了第七日，七個祭司拿著七只羊角繞城七次，並吹起號角，使得城垣傾圮。在基遍（Gibeon）之役，太陽因為約書亞的禱告而終日不落，讓以色列人和亞摩利人（Amoriten）決戰。約書亞活到 110 歲，死後葬在亭拿西拉。他的節日是尼散月（Nissan）25（26）日。聖經《約書亞記》以他為名。2.（伊斯蘭）英雄優薩，陪**穆薩**（Mūsā）到卡迪爾（Khadir）。優薩圍城耶利哥六個月後，在第七個月以號角聲使城牆塌落，在**安息日**（Shabbāt）前夕，曾讓太陽終日不落，因為太陽落下後就不能決一死戰。起初太陽不肯，因為**安拉**（Allāh）的命令才留在天上。雕塑：L. Ghiberti（1425/52）；神劇：Händel（1748）。

Jehūdit 友弟德▽（【希伯來】猶太婦女）：【希臘】Iudith：（猶太教）敬畏上帝的女英雄，抗暴的典範，聖經《友弟德傳》以她為名。巴比倫國王尼布甲尼撒二世（Nebukadnezar II）的軍隊圍困山城拜突里雅（Betulia），友弟德因為信賴**耶和華**（Jahwe-Elōhim）而拯救國人。她盛裝離開家鄉，直闖敖羅斐乃（Holo-

fernes）的軍營，佯稱前來通風報信。她在第四日
被邀赴宴，敖羅斐乃意欲染指她，但是當眾人離
去，敖羅斐乃醉臥床上時，友弟德取了他的短劍砍
下他的頭。巴比倫士兵發覺總司令遇刺時，她已經
帶著頭顱安然回城，並且設計殲敵。雕塑：C. Meit
（ca.1520）；繪畫：Botticelli（ca. 1470）、G. Klimt（ca.
1901）；戲劇：H. Sachs（1551）、Hebbel（1840）、J.
Giraudoux（1931）；歌劇：A. Honegger（1925）。

Jen　簡△：（芬蘭）塞簡人（Syrjänen）的天神
和雷電神。

以賽亞
猶太教先知，他在耶路撒冷的神
殿得到異象，看見神坐在寶座
上，有撒拉弗侍立。有個撒拉弗
手拿紅炭，潔淨以賽亞的嘴
（Merian-Bibel, 1630）。

Jenseits　彼岸⊙：1.泛指相對於**此岸**（Diesseits）的另一個生活
世界（天國或冥府），那裡住著諸神和靈，還有死去的靈魂。此岸
和彼岸的分隔可能是河流、湖泊或海港，如：希臘的**阿赫隆河**
（Achéron）和斯提克斯（Stýx）、日耳曼的**糾河**（Gjöll），或是以橋
相連，如：伊朗的**揀擇之橋**（Chinvat-peretu）、日耳曼的**彩虹橋**
（Bifröst）。2.指死後的永生。死者需要有些中介，如冥船和靈魂的
渡津者。彼岸對死者的審判會決定他該上天堂或是下地獄。

Jeremia→Jirmejāhū

Jesha'jāhū　以賽亞△（【希伯來】耶和華是救主）、【希臘】
Esaías、【阿拉伯】Sha'yā：1.（猶太教）猶大國（746－701 B.C.）
的異象得見者和先知，他是亞摩斯（Amos）的兒子，一個女先知
的丈夫，生了兩個兒子，他們的名字意味著神對民族的懲罰。他在
耶路撒冷的神殿得到異象，看見神坐在寶座上，有**撒拉弗**
（Serafim）侍立，預言神的審判將臨，以色列遺民和王室必歸主得
救。以賽亞後來被刑求致死，因為他藏身在樹洞裡，而樹幹被人刻
意鋸斷。聖經《以賽亞書》以他為名。2.（基督宗教）先知，**耶穌**
（Iesûs）在迦百農（Kapernaum）的會堂引用《以賽亞書》（61:1f;
58:6）說：「主耶和華的靈在我身上，」用以指涉自己。3.伊斯蘭
教的**安拉**（Allāh）派到以色列的先知和殉教者。他躲避國人的迫
害，來到一棵樹，樹在他面前裂開，於是他躲到裡頭，然後樹又合
攏起來。撒但抓住他露在外頭的衣角報信，於是追捕者和撒但一起
把樹鋸開。雕塑：C. Slutes（1395/1406）、Donatello（1426/28）；繪

畫：Michelangelo (1508/12)。

Jesus→Iesūs

Jiftah　耶弗他△（【希伯來】被釋放）：（猶太教）以色列民族的英雄、救主和士師，出身自基列（Gilead），**耶和華**（Jahwe-Elōhim）的靈降在他身上，他就對神許願道：如果讓他打敗亞捫人（Ammoniten），誰先從家門出來迎接他的，他就獻為燔祭。當他凱旋歸來時，他的獨生女拿著鼓跳舞出來迎接他，女兒和同伴在山上待兩個月，為她終為處女哀哭，然後順服命運，耶弗他就把她獻給耶和華。神劇：Händel (1752)。

Jimmu-tennō　神武天皇△：（神道教）日本國的建立者，王朝的先祖。他是**天津**（Ama-tsu）和女海神**玉依姬**（Tama-yori）的兒子，**邇邇藝命**（Ninigi）的曾孫，而邇邇藝命則是**天照大神**（Amaterasu）的孫子。隨著第一位天皇（660－585 B.C.）的歷史，神的時代就結束，開啟了人類時代。2 月 11 日是紀念建國的國家慶典，於 1945 年廢除，1966 年恢復。

Jina　耆那（【梵】勝者）：（耆那教）**渡津者**（Tirthankara）的尊稱，其降生充滿神蹟，後來出離世間，證絕對智（Kevala），得究竟出世涅槃（Nirvāna）。筏馱摩那（Vardhamāna）是最後一個得到耆那尊號的，耆那教便以此為名。

Jirmejāhū　耶利米△（【希伯來】耶和華升高）、【希臘】Ieremías：1.（猶太教）猶大國（626－585 B.C.）的先知，他是亞拿突（Anathoth）的祭司希勒家（Chilkia）的兒子。在耶利米出生前，神就派他作列國的先知，在他少年時再度蒙召。他預言神對猶大國的審判，並且親自見證他所預言的耶路撒冷的聖殿被毀。耶利米經歷了追捕、囚禁、拷打和苦刑，在耶路撒冷圍城的時候，被國人扔到只有淤泥的牢獄裡，幾乎快死去，卻被巴比倫人救出來。後來他的國人又押著他逃往埃及，並且用石頭砸他。聖經《耶利米書》即以他為名。2.（基督宗教）《馬太福音》說，希律王屠殺伯利恆的男孩，是應驗了先知耶利米的話：「在拉瑪聽見嚎啕大哭的聲音。」雕塑：Donatello (1423/36)；合唱曲：E. Krenek (1941)。

Jishmā'ēl　以實瑪利△（【希伯來】神聽見）、【希臘】Ieremías、【阿拉伯】Ismā'il（易司馬儀）：1.（猶太教）以實瑪

利人（Ismaeliten）的先祖，他是**亞伯拉罕**（Abrāhām）和埃及使
女**夏甲**（Hāgār）的兒子易司馬儀，和**以撒**（Jizhāk）是同父異母
兄弟。以撒出生後，亞伯拉罕受撒拉唆使，驅逐夏甲和以實瑪利，
在曠野中，耶和華的使者拯救她免於渴死。**耶和華**（Jahwe-Elōhim）
應許讓他的後裔成為大國。他活到137歲。2.（伊斯蘭）**安拉**
（Allāh）的先知，阿拉伯北部民族的祖先，**易卜拉欣**（Ibrāhim）
和**海哲爾**（Hadjar）的兒子，和**易司哈克**（Ishāk）是同父異母兄
弟。易卜拉欣要到麥加去找他，便以天馬**布拉哥**（Burāk）為坐
騎。父子倆在麥加重建天房（Ka'ba），他和母親死後葬於其中。

**Jivanmukta 吉凡穆塔（【梵】生
解脫者）：**（印度教）在世得解脫的
聖者，泯除身心的執持，乃至於梵我
合一。

**Jizhāk 以撒△（【希伯來】他喜
笑）、【希臘】Isaák、【阿拉伯】
Ishāk（易司哈克）：**1.（猶太教）以
色列先祖，第二位族長。以撒是**亞伯
拉罕**（Abrāhām）和撒拉（Sārāh）的
兒子，**和以實瑪利**（Jishmā'ēl）是同
父異母兄弟，娶利百加（Ribhāh）為

以實瑪利
以實瑪利人的先祖，以撒出生
後，亞伯拉罕受撒拉唆使，驅逐
夏甲和以實瑪利，在曠野中，耶
和華的使者拯救他們免於渴死
（Merian-Bibel, 1630）。

妻，生了以掃（Ēsāw）和**雅各**（Ja'akōb）。儘管 90 高齡的撒拉膝
下猶虛，以撒還是應**耶和華**（Jahwe-Elōhim）的預言誕生。上帝要
試驗亞伯拉罕，便要他把以撒獻為燔祭。但是在獻祭的前一刻，天
使阻止了他。神在別是巴（Beersheba）對以撒預言他子孫繁多。
以撒活了180歲，死後葬在希伯崙（Hebron）前的麥比拉
（Machpela）田間。2.（基督宗教）**耶穌**（Iesūs）的第 22 代先
祖。3.（伊斯蘭）**安拉**（Allāh）的先知易司哈克，猶太人的先祖。
他是**易卜拉欣**（Ibrāhim）和薩拉（Sāra）的次子，和**易司馬儀**
（Ismā'il）是同父異母的兄弟。他出生時父親已經 120 歲，母親 90
歲。安拉為試驗易卜拉欣的信仰，而要他獻祭當時才七歲的易司哈
克。為了紀念該歷史，至今朝覲月（Dhul-Hijjah）十日的宰牲節
（Id al-adha）（【土耳其】Kurban Bayram）會宰殺牲畜（大部分是

以撒

以色列先祖，上帝要試驗亞伯拉罕，便要他把以撒獻為燔祭。但是在獻祭的前一刻，天使阻止了他。

羊）。繪畫：Rembrandt（1636）。

Jōdo 淨土：（佛教）大乘佛教的佛土，有佛住世，為**涅槃**（Nirvāna）的預備階段。最重要的淨土有**阿彌陀佛**（Amitābha）的**極樂世界**（Sukhāvati），以及**阿閦佛**（Akshobhya）的**妙喜國**（Abhirati）。

Jō'ēl 約珥△（【希伯來】耶和華是神）、【希伯來】Ioél：1.（猶太教）後被擄時期耶路撒冷的先知（ca. 370 B.C.）。他是毘土珥（Petuel）的兒子。約珥預言神會降重災（蝗災與旱災），以示神的審判日將臨。他預言聖靈將澆灌以色列民族，而選民之敵將被消滅。聖經十二小先知書的《約珥書》以他為名。2.（基督宗教）五旬節時門徒被聖靈充滿，**彼得**（Pétrus）說那是應驗約珥的話。

Jok 糾克△、Juok、Jwok、Juong、Dyok：（蘇丹）丁卡族（Dinka）和希盧克族（Shilluk）的天神、創世神、祖神和命運神。他創造了善人和惡人，並賜予才能給善人，而降下疾病和死亡給惡人。

Jōnāh 約拿△（【希伯來】鴿子）、【希臘】Ionãs、【阿拉伯】Yūnus（優努司）：1.（猶太教）後被擄時期的先知（ca. 350 B.C.）。他是亞米太（Amittai）的兒子。神要他到尼尼微（Ninive）傳道說神的審判將臨，他卻逃到海上去。大海波濤洶湧，他被船員扔到海裡，一條大魚吞了他。約拿在魚腹裡向神禱告，三天後神吩咐大魚把他吐在陸地上。聖經十二小先知書的《約拿書》即以他為名。2.（基督宗教）人子的典範，他待在地底下三天三夜，就像約拿在魚腹裡。3.（伊斯蘭）**安拉**（Allāh）的先知和使者優努司，他接二連三地被大魚吞到肚子裡。優努司最後被第三條魚吐到陸地上來，有一隻羚羊餵他喝奶。《古蘭經》第十章便以他為名。

Jörd 約得▽（【古北歐】陸地）：Hlódyn、Fjörgyn：（北日耳曼）地神和豐收神，她是**諾特**（Nótt）和安納爾（Annar）的女兒，**歐丁**（Odin）的妻子之一，為他生了**托爾**（Thor）。

Josef→Ioséph

Jōsēf 約瑟△（【希伯來】）、【希臘】Ioséph、【阿拉伯】Yūsuf（優素福）：1.（猶太教）以色列一個以他為名的支派的族長。約瑟是**雅各**（Ja'akōb）第 11 個兒子，是**拉結**（Rāhēl）生的第一個

兒子。約瑟娶亞西納（Asenath）為妻，生了瑪拿西（Manasse）和以法蓮（Efraim）。由於他最受父親寵愛，眾兄弟妒忌他，便把他賣給以實瑪利人，帶到埃及去。他在埃及被誣入獄，後來因為他能夠為法老解夢，被法老立為埃及宰相。他的兄弟第二次到埃及去買糧食，和約瑟相認。他留在埃及，其後裔就是被**摩西**（Mōsheh）帶領出埃及的以色列人。約瑟活到110歲，葬在納布勒斯（Nablus）附近的示劍（Shekhem）。2.（伊斯蘭）**安拉**（Allāh）的先知優素福，葉爾孤白（Ya'kūb）的兒子，他的兄弟們妒忌他，把他賣到埃及去。**穆罕默德**（Mohammad）在**登霄**（Mi'rādj）時於第三重天遇到優素福。《古蘭經》第12章以他為名，但是什葉派並不承認。繪畫：P. vom Cornelius (1816/17)、M. Ernst (1927)；銅版畫：Rembrandt (1638)；小說：Th. Mann (1933/43)；神劇：Händel (1744)；音樂劇：A. L. Webber (1973)；芭蕾舞劇：R. Strauss (1914)。

約拿
猶太教的先知，他被扔到海裡，一條大魚吞了他。約拿在魚腹裡向神禱告，三天後神吩咐大魚把他吐在陸地上（Merian-Bibel, 1630）。

Jōshamin　尤許阿敏：（伊朗）曼德恩教派神話裡傲慢的光體，象徵「第二生命」，自「第一生命」**馬納拉巴**（Mānā rurbē）流出（即兒子），**亞巴圖**（Abāthur）的父親。墮落的尤許阿敏使世界越來越黑暗，在末日時被**希比爾**（Hibil）拯救。

Josua→Jehōshūa'

Jötunheim　約頓國、【古北歐】Jötunheimr（巨人國）：（日耳曼）**約頓族**（Jötunn）的居所，為**外域**（Utgard）的一部分，在**中土**（Midgard）和**愛瑟樂園**（Asgard）東北方的天際。

Jötunn　約頓族△▽（【古北歐】）、【複數】Jötnar：（日耳曼）力量驚人的巨魔和女魔。他們代表各種人類經驗無法測度的自然現象，住在**約頓國**（Jötunheim），有霜魔、水魔、山魔、風魔和火魔。他們是太初生物的「早產者」，早在世界和諸神誕生以前就存在了。有些約頓族，如**艾吉爾**（Aegir）和**密密爾**（Mimir），對於**愛瑟神族**（Asen）和人類是友善的，但是大部分則是敵對的。另一方面，諸神也曾和約頓族結婚或是誘拐他們，如：**尼約德**（Njörd）和**斯卡地**（Skadi）、**弗瑞**（Freyr）和**葛德**（Gerd）、**歐丁**

猶太教神話

Jüdische Mythologie　猶太教神話：

　　在一神論的三個世界宗教裡，猶太教是最古老的，其基本傳說溯自先知立法者摩西，主要描述摩西、其他先知和英雄的故事，關於巨人、天使、魔鬼、天堂和人間、太初時期和末日。埃及法老的女兒收養在尼羅河邊發現的嬰兒摩西，預示了他後來帶領族人脫離埃及的奴役。耶和華降臨在荊棘火中，摩西蒙召為先知。上帝在白天出現於雲端，夜裡降臨於火中，為以色列指引，在渡紅海時，讓海水如左右牆垣分開；在西乃山上傳十誡法版，這些動人的意象都證明了摩西的領導地位。水和火象徵著元素，星辰和山丘象徵超越大地，這些是耶和華對他的先知默示的鮮活的神話意象。約書亞也能夠叫河水斷絕，在基遍之役，禱告讓上帝命令太陽停留在天上，在征服耶利哥時吹號角，使城垣傾圮。耶和華的大能不只是經由先知去顯明，也藉由英雄的作為，例如拯救其民族的參孫。他天生神力，徒手搏獅，用驢腮骨殺死1,000個敵人，並且拆毀非利士人的神殿（《士師記》15:15）。

　　創造天地以作為神人歷史的舞台的創世記神話，具有很重要的意義，上帝在六天裡從空虛混沌創造天地。在天空上方不可見的部分，是耶和華的居所和寶座，他曾降臨人間細察人類建造的巴別塔。為了傳十誡給摩西，他甚至降到西乃山。至於可見的部分，上帝以空氣（有氣閥和大門的穹蒼）將諸水分為上下（《創世記》1:6-8）。耶和華讓穹蒼的氣閥降雨，也降下瘟疫和硫磺以懲罰人類，例如所多瑪和蛾摩拉，也讓穹蒼的大門降下嗎哪。而地則是耶和華的腳凳（《以賽亞書》66:1），由一個地表構成，一面是紅色的「塵土」（Adamah），耶和華便是以地上的塵土要造第一個「人」，亞當，而他死後也要歸於塵土（《創世記》3:19）；地表另一面則是貧瘠地區的灰白石灰地。先知以諾被主接去（《創世記》5:24），而以利亞也乘旋風昇天去（《列王紀下》2:11），他們是從人間直接到天國去。

　　至於其他人，無論是義人或不義的人，死後都要到示阿勒去，在闃靜裡過著幻影般的日子。示阿勒在地底深處，是由陰間大門隔絕的「忘鄉」，而且不得回轉（《以賽亞書》38:10）。而欣嫩子谷則是懲罰墮落天使和壞人的煉獄。在許多故事裡，善惡對立被人格

化，耶和華會獎善懲惡，例如拯救忠實的挪亞，要他帶著每一種動
物各一對到方舟上，躲過用來懲罰世界的洪水。在善惡的爭鬥中，
服從和敵對上帝的天使扮演了重要的角色。一方面是對人類友善的
基路伯和撒拉弗，尤其是加百列、米迦勒和烏列；另一方面則是危
害人類的惡魔，如：鬼魔、長毛怪、旱地魔、阿斯摩太、莉莉絲，
也包括彼列、魔鬼和撒但，尤其是其首領阿撒瀉勒。

埃及法老的女兒在尼羅河邊發現
嬰兒摩西（Merian-Bibel，
1630）。

關於太初和末日，神話也有很動人的描繪，太初時代有伊甸
園，最早的夫婦亞當和夏娃原本是長生不老的，和花鳥走獸和諧相
處，但是狡猾的蛇引誘他們觸犯神的誡命，吃了知識樹的果子，於
是神懲罰他們終歸塵土。當時還有偉人族（Nephilim），是神的兒
子們和人類的女子們交合所生的（《創世記》6:1-4）。那些英武的
人（Gibborim）高大如香柏，堅固如橡樹（《阿摩司書》2:9）。歌
利亞身高六肘零一虎口（2.86公尺），頭戴銅盔，身穿鎧甲，甲重
五千客舍勒（80公斤），背負銅戟，槍桿粗如織布的機軸。和巨人
相比，人類只如蚱蜢（《民數記》13:33）。

關於可怕的世界末日，先知但以理得見異象，看見神的審判，
以及四個王國的逐漸墮落（《但以理書》2:31ff.; 7:3ff.）。而由一座
立像的各部分，也表現墮落的次第：黃金的頭，白銀的胸部和手
臂，黃銅的腹部和腰部，黑鐵的大腿，小腿則是半鐵半錫。到了末
日，大衛的後裔會有彌賽亞降世，作為新的耶路撒冷的理想國王。
猶太教神話裡顯然有許多近東多神論宗教的故事影子，都用來描述
耶和華。

（Odin）和袞勒德（Gunnlöd）。約頓族也曾想以蠻力和詭計打敗諸神，卻徒勞無功，如：提亞齊（Thjazi）和伊頓（Idun）、隆尼爾（Hrungnir）和席芙（Sif）以及芙蕾葉（Freyja）。因為約頓族經常威脅到諸神，於是托爾（Thor）不斷征討他們，直到諸神黃昏（Ragnarök）的末日決戰。約頓族的體型遠勝於人類，而人類又比侏儒（Dvergr）高大許多。相較於突爾斯族（Thurs）和托洛爾族（Troll），約頓是巨魔的中性名稱。

Judas→Iúdas

Judith→Jehūdit

Juesaes 尤撒斯▽、Jusas：（埃及）象徵「神的手」的女神，阿圖（Atum）用她自慰而創造世界。她是雷（Re）的母親（或說是女兒）。根據異本神話，她是由蓋布（Geb）的頭頂誕生的。

Jūgyūno-Zu 十牛圖：（佛教）禪宗以牧童和牛比喻開悟經驗，共繪成十圖：尋牛、見跡、見牛、得牛、牧牛、騎牛歸家、忘牛存人、人牛俱忘、返本還源、入廛垂手。

Juma 諸瑪（神、在天上者）、Jumo：（芬蘭）丘瑞米斯族（Tscheremissen）的天神、雷電神，別名為「至大者」。諸瑪也指稱土地、河流和風的靈。

Jumala 諸瑪拉（神、聖者）：（芬蘭）天神和諸神之父。基督宗教傳入後，諸瑪拉成為上主（Kýrios）的稱呼。

Jumis 諸密斯△：（拉脫維亞）田野神和豐收神，夏天時待在田野裡，冬天則睡在穀倉裡。在秋天豐收祭裡，把最後一束麥穗彎到地上，用石頭壓住，如此農地就可以保有諸密斯的力量。他的記號是黑麥穗和大麥穗。

Jumo→Juma

Jungfrauengeburt 童貞生子▽、【希臘】Parthenogenese：指由女神或婦女以不尋常的方式生產，不同於與異性交媾的受孕和生產，也不同於雌雄同體的存有者的流出或自體生殖。如此不尋常的誕生方式也意味著相對於世俗的非凡意義（例如神人關係的中保）。例如，埃及法老（Pharaonen）便是以童貞生子的方式誕生的。安夢雷（Amun-Re）化身為法老，也就是卡穆特夫（Kamu-tef），和王后交媾。埃及女神依西斯（Isis）吃了葡萄就懷孕

生下**霍魯斯**（Horus）。中國神話裡的玄妙玉女「天降玄黃，氣如彈丸，入口而孕」，就生了**老子**（Lao-tzu）。**佛陀**（Buddha）以白象形態到童貞女**摩耶**（Māyā）胎裡。印度聖者羅摩那陀（Rāmānada）賜福給一個婆羅門寡婦，就生了迦比爾（Kabir）。在阿茲提克族的傳說裡，**奎茲克亞托**（Quetzalcoatl）的母親吞了綠寶石而懷孕。希臘神話的**希拉**（Héra）經由一片萬苣葉而懷孕生了**赫貝**（Hébe）。**宙斯**（Zeús）化身為黃金雨，使達娜哀（Danaë）生了**帕修斯**（Perseús）。羅馬戰神**馬斯**（Mars）使威斯塔女神的祭司**莉雅·西薇亞**（Rhea Silvia）受孕生了**羅穆路斯**（Romulus）和**列姆斯**（Remus）。**奧古斯都**（Augustus）的母親在**阿波羅**（Apóllon）的神殿裡被蛇侵擾而生了他。**馬利亞**（María）被**聖靈**（Pneúma hágion）感動而懷孕生了**耶穌**（Iesùs）。

Junit　茱尼特▽：（埃及）底比斯的死神，原本是一根聖柱的人格化。後來她和**門圖**（Month）以及**蘇赫士**（Suchos）融合。

Junmutef→Inmutef

Juno→Iuno

Juok→Jok

Juong→Jok

Jupiter→Iupiter

Jūras māte　茱拉絲瑪特▽（大海母親）：（拉脫維亞）女海神和巫醫，是 60 位**瑪特**（Māte）之一。

Jūrōjin　壽老人△：（神道教）福神和長壽神，是**七福神**（Shichi-Fukjin）之一，有龜和鶴隨侍。

Jusas→Juesaes

Ju Shou　蓐收：（中國）使者神，和**句芒**（Kou Mang）同為天神的使者，為天界的刑神。主司秋天和西方，五行中屬金。

Justitia→Iustitia

Juturna→Iuturna

Juventas→Iuventas

Jwok→Jok

Jyotisha　樹提迦（【梵】天體）、Jyotishka、Diyotishka：（耆那教）在與**跋婆那婆婆**（Bhavanavāsin）、**婆那多羅**（Vyantara）和

佛陀自摩耶夫人右脅誕生，他母親夢見白象以白蓮花觸摸她而懷孕。

毘摩尼柯（Vaimānika）組成的四個神族裡的第三神族。其中又分
為：諸月神、諸日神、諸行星神、諸星宿神（Nakshatra）及諸恆
星神。他們在地界和天界之間，有數千個神拉著莊嚴的戰車。

Ka 卡△（公牛）：（埃及）生命力的人格化，是次於巴（Ba）的重要靈魂觀念。卡原來是男性的生殖力，後來成為任何生命或事物的「巨大力量」。他們的相互爭鬥形成所有生命的力量層級，最後得出國王推動世界的力量。男性的卡和女性的**赫姆蘇**（Hemsut）互相對反。女神**梅斯克內特**（Meschenet）在懷孕時創造個別的卡，從人類出生就伴隨著他們，而人類死後，卡繼續存在，墳墓則稱為「卡屋」，因為在裡頭設有卡的雕像。人們會說死者是「回到他的卡」，也就是在彼岸與卡復合。除了個別的卡，還有眾多的卡靈，他們是永恆的存在。卡的象形文字是兩隻手舉起作防衛狀的巫術姿勢，拇指疊合，藉此抵禦外來力量。

Ka 喀（【梵】誰）：（婆羅門教和印度教）不知名的太初神和創世神，《梨俱吠陀》（10:121）的創世歌對不知名的太初神提問時的稱呼。其妻為喀雅（Kāya），後來他同化為**生主**（Prajāpati）或即**大克夏**（Daksha）。

Kábeiroi 卡比里△（偉大諸神）、Cabiri：（希臘）薩摩色雷斯島（Samothrace）守護航行的豐收神，共有二至四位神。他們會保護船難者，是**黑腓斯塔斯**（Héphaistos）的後裔。在薩摩色雷斯島的祕教儀式裡，卡比里是核心角色。

Kabibonokka 喀比班諾卡：（印第安）亞爾岡京族（Algonkin）傳說的北方英雄和北風神，是太初母親「晨曦」的四胞胎兒子之一，她賜予生命給他們以後就死去了。他的三個兄弟是**喀本**（Kabun）、**夏瓦諾**（Shawano）和**瓦本**（Wabun）。

Kābil→Hābil

Kābil→Kajin

Kabiren→Kábeiroi

Kabrakan→Cabracá

Kabun 喀本：（印第安）亞爾岡京族傳說的西方英雄和西風神，是太初母親「晨曦」的四胞胎兒子之一，她賜予生命給他們以後就死去了。他的三個兄弟是**喀比班諾卡**（Kabibonokka）、**夏瓦諾**（Shawano）和**瓦本**（Wabun）。他的兒子是**密恰波**（Michabo）。

Kacsalábon forgo vár 天國之堡（以一隻鴉足旋轉的城

半人馬族

KNAURS
LEXIKON
DER
MYTHOLOGIE

加低斯
閃族西部裸身的母神和愛神，頭
上有母牛角和日盤，以叉鈴為頭
飾，站在獅子上面，兩手抓著
蛇。

堡）：（匈牙利）天國的城堡，由一隻立於地上的鴉足支撐，並且
繞著擎天樹（Tetejetlen nagy fa）旋轉。城堡的頂樓住著**伊斯頓**
（Isten）、惡魔、英雄和**薩坎尼**（Sárkány）。

Kadesh　加低斯▽（聖者）：（閃族西部）母神和愛神，巴勒
斯坦的神妓與以色列的邊城都以她為名。她裸身站在獅子上面，兩
手抓著蛇，頭上頂著象徵她的叉鈴。她也同化為埃及的**哈托爾**
（Hathor）。

Kádmos　卡德馬斯△、【拉丁】Cadmus：（希臘）腓尼基國
王，底比斯城堡的建立者。他是國王阿格諾（Agenor）和提里法
撒（Telephassa）的兒子，**哈莫妮亞**（Harmonía）的丈夫，生了**西
蜜莉**（Seméle）和**依諾**（Inó）。他父親要他尋找被**宙斯**（Zeús）
誘拐的妹妹**歐蘿芭**（Európe）。德斐神廟的神諭告訴他說不如在某
地建城安置母牛，於是底比斯城堡就誕生了。卡德馬斯鋸下被他殺
死的巨龍的牙齒，卻使得戰事不斷，交相攻伐。

Kagura　神樂：（神道教）儀式舞蹈和神戲，祭神的舞樂，表
現諸神的降臨，以少女獻舞取悅諸神，並禱祝消災賜福。神樂可溯
自舞神**天宇姬命**（Ama-no-uzume），是日本戲劇的基礎。

Kagutsuchi-no-kami　迦具土神、火之夜藝速男神△：（神
道教）火神，烈焰的人格化。他是始祖神**伊邪那歧**（Izanagi）和
伊邪那美（Izanami）的兒子，在出生時灼傷母親的下陰致死，於
是他的父親把他肢解為五段，由此生出五位山神，包括**奧山津見神**
（O-yama-tsu-mi）和**經津主神**（Futsu-nushi-no-kami）。

Kahiki→Hawaiki

Káin→Kajin

Kaineús　凱涅烏斯▽△、【拉丁】Caeneus：（希臘）拉畢斯
族（Lapíthai）的英雄和國王。他原本是伊拉圖斯（Elatus）的女
兒，因而叫作凱妮絲（【陰性】Kainís, Caenis）。她拒絕**波塞頓**
（Poseidón）的求愛，而請他把她變成其貌不揚的男子，參加阿哥
勇士（Argonaútai）的戰役。他在拉畢斯族與**半人馬族**（Kéntauroi）
的戰爭裡被埋在杉樹下（或謂變成鳥飛走），死後又變回女性。

Kajin　該隱△（【希伯來】得著；矛槍）、【希臘】Káin、【阿拉
伯】Kābil：1.（猶太教）第一個農夫，基尼人（Keniten）的祖

先。該隱是**亞當**（Ādām）和**夏娃**（Chawwāh）的長子，**亞伯**（Hebel）和**塞特**（Shēt）的哥哥。因為**耶和華**（Jawhe）看中亞伯和他的供物，而沒有看中他的，他怒而在田裡殺死亞伯，因而被罰流離飄蕩在地上。神在他額頭上立一個記號，免得被人殺害。2.（基督宗教）不信仰者的典型，其作為是惡的，其行徑是歧途。該隱的形象為手抱著麥束。繪畫：L. Corinth（1917）。

K'ajk'　凱克（【複數】）：（亞美尼亞）不善不惡的靈，只負責執行對人類的懲罰，住在山間、洞穴和深谷裡。

Kāla　迦羅、時（【梵】時間、黑色）、Mahākāla（大黑）：1.（吠陀宗教）作為宇宙生成力量的時間的人格化，或為吞噬萬物的死亡時間。他既是自己的父親也是自己的兒子。2.（印度教）死神**閻魔**（Yama）的別名。

Kālachakra　時輪金剛△（【梵】）：（佛教和密教）無上密乘的本尊和守護神，為同名經續的人格化。其形象為四頭 12 臂或 24 臂，與空行母現**雙身相**（Yab-Yam）。

Kalervo　卡列佛△：（芬蘭）世界的創造者，他開墾了海和森林，卻任由草丘荒蕪，草丘裂為兩半，生出兩個孩子，男孩是庫列沃（Kullervo），女孩是溫塔茉（Untamo）。

Kalevanpojat　卡列萬波加△（卡列瓦之子）：（芬蘭）創造地表以及山脊湖泊的巨人，他也是惡魔，會把田地變成石礫，把森林變成沼澤。卡列萬波加是原始巨人卡列瓦（Kaleva）的兒子，芬蘭民族史詩《卡列瓦拉》（Kalevala）即以卡列瓦為名。

Kāli　伽梨▽（【梵】黑色、時間）、Mahākāli（摩訶伽梨）：（印度教）母神，加爾各答的守護神，該地名即源自「伽梨」，她也是時母和死神（死亡為新生命的前提）。**濕婆**（Shiva）的**沙克提**（Shakti）和妻子的綽號即為伽梨伽末陀（Kalikamata，黑地母）

伽梨
印度教母神、加爾各答的守護神、黑面死神，舌頭外吐，有四臂。其法器為三叉戟，以及由 50 顆人頭編成的項鍊，每顆頭代表一個梵文字母。

卡利亞
印度教五頭蛇魔，毘濕奴的第八
個化身黑天征服他，踩在他身上
跳舞。

和伽拉羅特里（Kalaratri，黑夜）。在黑色裡面無一切色，因此伽梨裡頭也無一切形相和名字。她在其丈夫上面跳舞，或是左腳踩在他頭上，舌頭外吐，有四臂。其法器為三叉戟，以及由 50 顆人頭編成的項鍊，每顆頭代表一個梵文字母。她的坐騎是貓頭鷹。

Kāliya 卡利亞△：（印度教）蛇魔，在閻牟那（Yamunā）的河水裡下毒，於是黑天（Krishna）在摩偷羅國（Mathurā）收服他，把他趕回海裡。卡利亞為五頭蛇，黑天踩在他身上跳舞。

Kalki 卡爾奎（【梵】白馬）：（印度教）毘濕奴（Vishnu）尚未降臨的第十個權化（Avatāra），在爭鬥時（Kaliyuga）的末日，他會化身為白馬騎士，以烈火燒盡一切，而開始新的時代。他的形象為黑面或馬頭的騎士，有四臂，騎著白馬，主要的法器是寶劍。

Kalliópe 卡莉娥比▽（美聲者）、【拉丁】Calliope：（希臘）史詩和悲歌的繆思。她是宙斯（Zeús）和尼莫西妮（Mnemosýne）的女兒，她和色雷斯國王（或河神）歐亞葛羅斯（Oiagross）生了歌者奧斐斯（Orpheús）。

Kallistó 嘉麗斯特▽（最美麗者）、【拉丁】Callisto：（希臘）熊神，其後成為陪伴阿提密斯（Ártemis）狩獵的仙女。她是阿卡迪亞（Arkader）國王呂卡翁（Lykáon）的女兒，和宙斯（Zeús）生了阿卡斯（Arkás），阿提密斯在沐浴時知道她懷孕了，便把她變成母熊（或謂是妒嫉的希拉所為），後來把她射死。她和兒子被宙斯接到天上成為大熊座（ursa major）。繪畫：Tizian（1559）、Rubens（1638/40）、Tiepolo。

Kalpa 劫、劫波（【梵】）、【巴利文】Kappa：1.（印度教）世界的周期，從一個世界的形成到「中毀劫」（Pralaya）的時間。一劫為大梵天的一個白天，約為1,000**大時**（Mahāyuga），相當於人間43.2億年（約為神界1,200萬年）。接著是大梵天的一個夜晚，也是一劫，世界靜止。360個大梵天的晝夜為一梵年。2.（佛教）計算世界周期的基本單位。一劫包括四個時期：成住壞空。四時期合為一大劫。

Kalpabhava 劫波跋婆（【梵】劫住者）：（耆那教）和**劫波提陀**（Kalpātita）同屬**毘摩尼柯**（Vaimānika）的神族，他們屬於共有12層的劫波諸神，居住於前八層，也就是從須達摩天

（Saudharma）到阿拘陀天（Acyuta）。

Kalpatitā 劫波提陀（【梵】無劫眾神）：（耆那教）和**劫波跋婆**（Kalpabhava）同屬**毘摩尼柯**（Vaimānika）的神族，他們又細分為**耆吠耶柯**（Graiveyaka）和**阿耨多羅**（Anuttara）。住在第九、十重天，在阿拘陀天（Acyuta）上面。

Kaltesh 卡蒂緒▽：（西伯利亞）涅涅茨族（Nenets）和薩摩耶德族（Samoyedic）神話裡生產的守護神和命運女神。她是**努姆**（Num）的妹妹、妻子和女兒。她的聖物是天鵝和兔子。

Kalunga 喀隆加△：1.（安哥拉、薩伊和尚比亞）隆達族（Lunda）的土地神和祖神，後來成為天神和造物神。他也是智慧和慈悲的審判神和死神，是冥府和大海的人格化。喀隆加也指死者必須渡過的河。2.（尚比亞）安波族（Ambo）的冥府神和造物神，冥府可能是在天上或地下。3.（那米比亞）奧萬波族（Ovambo）主司降雨的天神和造物神。腰帶上繫了兩隻籃子，賜予人類好運或壞運。他是**慕西西**（Musisi）的父親和丈夫。

Kalypsó 卡呂普索▽（隱藏者）、【拉丁】Calypso：（希臘）歐莒吉亞島（Ogygia）的仙女和死神。她是**阿特拉斯**（Átlas）的女兒，**七女神**（Pleiádes）的姐妹。她救了遭遇船難的**奧德修斯**（Odysseús），對他一見鍾情，留置他七年，幫助他造船回家。繪畫：A. Böcklin（1883）、J. M. Atlan（1956）；歌劇：Ph. Telemann（1727）。

Kāma 迦摩、愛△（【梵】貪欲）：1.（吠陀宗教）宇宙的力量，象徵欲望的滿足。2.（印度教）愛神，為**梵天**（Brahmā）由心生出，出生時打擾了**濕婆**（Shiva）的苦行，於是被濕婆燒成灰，卻轉世為**黑天**（Krishna）和茹蜜妮（Rukmini）的兒子。他是羅提（Rati，欲愛）或波利提（Priti，喜樂）的丈夫。迦摩手持花箭和甘蔗弓，弓弦則是由蜜蜂組成的。他以鸚鵡為其坐騎。

Kāmākshi 迦摩基什▽（【梵】以愛視眾生）：（印度教）慈悲女神，從敞開的穹蒼裡出現，以拯救**天神**（Devas）和**阿修羅**（Asuras），並且摧服惡魔婆陀喀修羅（Bhandakāsura）。**濕婆**（Siva）的**沙克提**（Shakti）也叫作迦摩基什。

Kamanggabi 卡曼加比：（美拉尼西亞）諸靈化身的雕像，幫

基抹
摩押比族的風暴神，左手持長
矛。

助人們戰爭和狩獵成功，五穀豐收，被供奉在男人的祭棚裡。

Kamba 坎巴△（巨大的空間）、Kangba、Kanimba、Kangm-
ba：（賴比瑞亞）維族（Vai）的天神和造物神，住在天上，主宰
日月，並且降下雷電和雨。

Kamene→Camena

Kami 神、迦微：（神道教）1.自然中崇高且可畏的力量，在天
體、山川湖泊、植物或風暴裡。2.力量的人格化，有八百萬神
（Yao-yorozu-no-kami）。其中包括：**氏神**（Uji-kami）、**大父神**
（Oya-gami）、**活神**（Iki-gami）、**神風**（Kami-kaze）。日本的迦微
（神）相當於阿伊奴的**卡姆伊**（Kamui）。

Kami-gakari→Iki-gami

Kami-kaze 神風：（神道教）風神和守護神，幫助日本人打勝
仗。他的別名是「戰勝者」。蒙古人於十三世紀侵略日本，由於神
風之助，突如其來的颱風把 1,000 艘船艦和 15,000 個入侵者在幾
個鐘頭裡吞沒。在二次世界大戰，日本編組神風特攻隊，滿載炸彈
的飛機對敵艦進行自殺式攻擊。

Kami-musubi-no-kami 神產巢日神△：（神道教）祖神和天
神，萬物生成變化的主宰，是五柱**別天津神**（Koto-amatsu-kami）
之一，他受**櫛名田姬**（Kushi-nada-hime）之託，遣使者讓其子**大
國主神**（O-kuni-nushi）復活。

Kamosh 基抹△、【希伯來】Kemosh、【希臘】Chamos：
（摩押人）（Moabite）祖神和主神，他們被稱為「基抹的民」（《民
數記》21:29）。在米沙王（Mesha）的凱旋石碑銘文裡曾11次提到
基抹。所羅門王也在耶路撒冷敬拜基抹（《列王紀上》11:7-33）。
基抹相當於阿卡德的**匿甲**（Nergal）以及希臘的**阿利斯**（Áres）。

Kamrushepa 卡姆魯謝巴▽：（西台）醫神，**阿魯納**（Aruna）
的母親。

Kamsa→Kansa

Kamui 卡姆伊、神（至高者）：（阿伊奴）神的通稱。其中又
區分為**帕謝神**（Pase Kamui）和**雅岩神**（Yaiyen Kamui）。阿伊奴
的卡姆伊相當於日本神道教的**迦微**（Kami）。

Kamulla 喀姆拉△：（巴比倫）喀西特人（Kassite）的水神，

相當於阿卡德的**伊亞**（Ea）。

Kamutef 卡穆特夫△（母親的公牛）：（埃及）新王國時期**閔**（Min）和**阿圖**（Atum）的別名，意味著神是自生的，在他以前無任何存在。

Kana 卡納△：（波里尼西亞）夏威夷傳說的英雄，屬於庫普厄族（Kupua），其形象如繩索，因而他在救援的行動裡可以拉長到像山那麼高，像蜘蛛絲那麼細。

Kanakamuni 拘那含佛△：（佛教）現在劫裡的過去佛，於烏暫婆樹（Udumbara）下證道，他是在**釋迦牟尼佛**（Shākyāmuni）以前的第五位（24佛裡的第23位）**人間佛**（Manushi-Buddhas）。他是出世間佛**阿閦佛**（Akshobhya）的法子，稱為「智儒」，在出生的時候，印度降下金雨。**金剛手菩薩**（Vajrapāni）為他授記成佛。

Kane→Tane

Kangba→Kamba

Kanimba→Kamba

Kansa 亢撒、坎撒△、Kamsa：（印度教）摩偷羅國（Mathurā）的暴君和魔王。他是惡魔迦羅尼彌（Kālanemi）的化身，摩偷羅國王烏卦森納（Ugrasena）的兒子，**提婆吉**（Devaki）的堂哥。**那羅陀**（Nārada）預言他會被堂妹的兒子殺死，於是他派提婆吉殺死摩偷羅國和拘庫羅國（Gokula）所有年齡相符者的兒子。而提婆吉的兩個兒子**黑天**（Krishna）和**大力羅摩**（Balarāma）則逃過一劫。亢撒後來仍死於黑天之手。亢撒類似於基督宗教的希律王。

Kappa 河童：（神道教）河魔和水怪，會把兒童拖到河底或海底淹死他們。河童的身體如烏龜，頭部如猴子，四肢如青蛙。

Kappa→Kalpa

Karei 克里△（雷電）、Kari：（南島語系）塞芒人（Semang）的雷神、造物神和最高神。他會懲罰惡人，尤其是那些殺死聖鳥或作弄受傷的動物的人。

Karmapa 噶瑪巴：（藏傳佛教）：噶瑪噶舉派（Karma-Kagyü）的大寶法王，**見烈喜**（Chenresi）菩薩的化身，傳承自金剛乘密法。從十二世紀至今有 16 位活佛**轉世**（Tulku）以利益眾生。

卡珊德拉

希臘女先知，特洛伊淪陷後，卡
珊德拉到雅典娜的神殿求庇，卻
在祭壇前被艾亞斯強暴。

Kārta 卡爾塔▽（kārt＝吊
掛）：（拉脫維亞）命運女神，是
萊瑪（Laima）的化身，主宰人類的
命運。

Kārttikeya→Skanda

Kasaoya 迦薩亞湖、**Kasava**：
（伊朗）神話裡的湖泊，由99,999個
聖靈**弗拉法希**（Fravashi）守護著**查
拉圖斯特拉**（Zarathushtra）留在湖
裡的三滴精液。三個相隔千年的女
孩先後於迦薩亞湖沐浴而懷孕生下
三個**拯救者**（Saoshyant）。迦薩亞
湖時而等同於**縛魯喀夏**（Vouru-
kasha）。

Kashku 卡什庫△：（原始赫地）月神，被天氣神以傾盆大雨
追趕，而從天界墜到市集。西台的女醫神**卡姆魯謝巴**（Kamru-
shepa）儘管畏懼天氣神的淫威，仍然鼓起勇氣支持他，於是天氣
神讓月神重返天界。卡什庫相當於西台的**阿爾瑪**（Arma）。

Kāshyapa 迦葉波、迦葉佛△（【梵】烏龜）：1.（婆羅門教和
印度教）最重要的**仙人**（Rishi）。他是大仙**摩哩質**（Marichi）和伽
羅（Kalā）的兒子，**大克夏**（Daksha）把10個（或謂18個）女兒
嫁給他，其中包括**阿提緻**（Āditi）、**蒂緹**（Diti）、**妲奴**（Danu）、
阿利須陀（Arishtā）、**歌頭**（Kadrū）和**毘那多**（Vinatā），使他成
為諸鬼神的先祖，其後裔有**阿迭多**（Ādityas）、**蒂緹諸子**
（Daityas）、**檀那婆**（Dānavas）、**龍王**（Nāgas）、**夜叉**（Yaksha）
和**羅剎**（Rākshas）。2.（佛教）現在劫最後一位過去世佛，在尼拘
律樹（Nigroda）下證道，他是在**釋迦牟尼佛**（Shākyāmuni）以前
的第六位（24佛裡最後一位）**人間佛**（Manushi-Buddhas），是出
世間佛**寶生佛**（Ratnasambhava）的法子。他生於仙人鹿苑（波羅
奈城的鹿野苑），釋迦牟尼佛曾在該處初轉法輪。**寶手菩薩**
（Ratnapāni）授記他成佛。

Kassándra 卡珊德拉▽、【拉丁】Cassandra：（希臘）女先

知，國王普里亞摩斯（Príamos）和赫卡貝（Hekábe）最美麗的女兒，**帕利斯**（Páris）和赫克托（Héktor）的妹妹。她拒絕**阿波羅**（Apóllon）的求愛，因此雖然阿波羅賜予她預言的能力，但是不讓任何人相信她的預言，以作為她的懲罰。她預言希臘人的木馬屠城以及特洛伊的淪陷，卻被人當作耳邊風。特洛伊淪陷後，卡珊德拉到**雅典娜**（Athéne）的神殿求庇，卻在祭壇前被艾亞斯（Aias）強暴。她後來被**阿加曼農**（Aga-mémnon）救出，卻和他一起被**克呂苔美斯卓**（Klytaiméstra）殺死。雕塑：M. Klinger（1895）；繪畫：Rubens（1617）。

Kassiépeia 卡席耶琶亞▽、Kassiopéia、【拉丁】Cassiope：（希臘）衣索匹亞國王開佛斯（Kepheus）的妻子，**安卓梅妲**（Androméda）的母親。她妄稱自己比**涅留斯族**（Nereídes）和**希拉**（Héra）更美麗，因而她和女兒必須受懲罰。她死後成為天上的仙后座（Cassiopeia）。

Kassiopéia→Kassiépeia

Kástor 喀斯特△、【拉丁】Castor：（希臘）馴馬師和御者，遇難船隻的守護神。他和**波里丟克斯**（Polydeúkes）合稱為**狄俄斯庫里兄弟**（Dióskuroi），是亭答留斯（Tyndareos）（或謂是宙斯）和**麗妲**（Léda）的兒子，**克呂苔美斯卓**（Klytaiméstra）的哥哥。身為凡人的喀斯特戰死沙場，宙斯讓他和不死的波里丟克斯合而為一，並且在人間和冥府輪流各待一天。

Kataklysmós→Mabul

Kataragama 迦多羅伽摩△：（印度）錫蘭的丘陵守護神，他的第二個妻子叫作瓦莉阿瑪（Valli ammā）。他有六個頭，以孔雀為坐騎，相當於塔米爾族的**摩羅坎**（Murukan）。

Katchinas 克奇納、Kachinas：（印第安）普埃布羅族神話裡照顧兒童的祖靈。他們充塞於雲雨上方，賜予人們豐收和好運。在每年的慶典裡，會處罰頑皮的孩子。人們會製作稱為「第古」

「潑水母親」（Hai-i Wuhti）
印第安神話裡所有克奇納和祖靈的母親。

卡提略
非洲的造物女神，手裡抱著嬰兒
或手鼓。

（Tiku）的木偶代表他們，給孩子們當作教材。

Katoylla→Illapa

Ka Tyeleo 卡提略▽：（馬利、尚伏塔和象牙海岸）塞努弗族
（Senufo）的造物女神。她在創世的第五天造了動物，在第七天造
了果樹；**庫羅提洛**（Kulo Tyelo）創造了人類，而卡提略則分十個
階段（象徵從採集到鑄鐵的文明演化）教導人類。她被稱為「村莊
之母」，其形象為坐姿婦女，有時候手裡抱著嬰兒或手鼓。

Kaũkas 考科斯△、【複數】Kaũkai：（立陶宛）侏儒精靈和
家神，許多地方、河流和山都以他為名。考科斯經常成雙成對出
現，為家庭帶來好運，並且幫忙打點家裡、馬廄、打穀場和穀倉的
工作。他相當於**埃特伐拉斯**（Aitvaras）。

Kauket 考克特▽：（埃及）原始女神，在八聯神譜系裡，她
和男性對耦神**庫克**（Kuk）是第三對神，代表黑暗。其形象為蛇或
蛇面人身。

Kauravas 俱盧族（【梵】）、Kurus：（印度教）與**般度五子**
（Pāndavas）為敵的氏族，曾經放逐般度五子，後來被他們征服。
《摩訶婆羅多》即描寫該戰役。

Kautar→Kōtar

Keb→Geb

Kebechet 蓋布赫▽：（埃及）氾濫女神，象徵祭祀死者時的
灑淨儀式。她是**安努畢斯**（Anubis）的女兒，負責接引國王昇天，
其形象為蛇。

Kebechsenef 蓋布什奈夫△（讓兄弟復活者）：（埃及）屍體
的守護神，他是鷹首卡諾卜罐神，**霍魯斯諸子**（Horuskinder）其
中之一，負責看守死者的下身器官，被分派在西方。

Kematef 克馬特夫△（大限已到者）：（埃及）原始神，祀於
底比城的哈布神廟（Medinet Habu）。**安夢**（Amun）每十年從魯
克索（Luxor）到此，為他的先祖獻祭。形象為蛇的克馬特夫即希
臘的原始巨蟒克涅夫（Kneph）。

Kemosh→Kamosh

Kemwer 肯威爾△、Kemur：（埃及）黑色的公牛神和天神，
祀於阿提里比斯（Athribis）（下埃及第十區），等同於**韓塔希泰**

（Chentechtai）和**奧賽利斯**（Osiris）。

Kéntauroi **半人馬族**△、【拉丁】Centauri：（希臘）帖撒里亞（Thessalia）山林蠻族，人頭馬身的魔獸。他們是**伊克西翁**（Ixíon）和**希拉**（Héra）的分身妮菲勒（Nephéle）的兒子，除了**黑隆**（Cheíron）以外，率皆陰險殘暴。他們想要在**培里托斯**（Períthoos）的婚禮上誘騙新娘，引發半人馬族大戰（Kentauromachie），也就是半人馬族和**拉畢斯族**（Lapíthai）的戰爭，在該役中，半人馬族全軍覆沒，後來成為天上的人馬座。

人頭馬身的半人馬族。

Kér **克兒**▽（腐敗、死亡）：（希臘）死亡女神，也是帶來災禍的惡魔。她是**妮克絲**（Nýx）的女兒，**希普諾斯**（Hýpnos）、**塔那托斯**（Thánatos）、**莫姆斯**（Mómos）、**尼美西斯**（Némesis）和**伊莉絲**（Éris）的姐妹

Kérberos **克貝羅斯**△、【拉丁】Cerberus：（希臘）冥府的怪物，嗜血的巨犬，看守**冥府**（Hádes）的大門。他是**艾希德娜**（Échidna）和**提封**（Typhón）的兒子，**奇麥拉**（Chímaira）、**斯芬克斯**（Sphínx）和**希德拉**（Hýdra）的兄弟。他搖尾歡迎每個死者到冥界來，卻不准任何人離開。**奧斐斯**（Orpheús）曾以音樂使他陶醉，**赫拉克列斯**（Heraklés）也曾把他誘拐到人間來。人們會準備蜂蜜蛋糕給克貝羅斯，免得他吞噬死者的屍體。克貝羅斯有很多顆頭，蛇尾，背脊上還有一顆蛇頭。

Keresāspa **凱勒薩斯帕**△、Garshasp：（伊朗）末世英雄，在世界變容（Frashō-kereti）時，幫助**拯救者**（Saoshyant）打敗蛇魔**阿日達哈卡**（Aži Dahāka），殺死水魔乾闥列瓦（Gandareva）。

Kerubim **基路伯**（【希伯來】karūbu ＝祈求者、代禱者）、【單數】Kerūb、【希臘】Cherubím、Cheráb：1.（猶太教）天國裡帶翼的靈性活物，**耶和華**（Jawhe-Elōhim）的天使，他們的形象意味著神的降臨。自從亞當和夏娃墮落以後，他們就在**樂園**（Gan Ēden）看守通往知識樹的路。他們也守護聖殿裡的約櫃。在**以西結**（Jehezk'ēl）的異象

克貝羅斯
三頭巨犬，看守冥府的大門，赫拉克列斯曾把他誘拐到人間來。

基路伯
猶太教裡耶和華的天使，看守伊甸園的大門，為帶翼的活物。

裡，他們扛著神的寶座，各自有四張臉（人、獅子、牛、鷹）。2.（基督宗教）圍繞著上主（Kýrios）的四個靈體（後來變成四福音書作者的象徵）。基路伯是九天使裡僅次於撒拉弗（Serafim）的天使。

Keshali 凱夏莉▽（【梵】kesha＝頭髮）：（吉普賽）山林的仙女們，在安娜（Ana）女王的統治下活到 99 歲。她們是霧王的女兒。每當她們把頭髮從峭壁上垂到山谷裡，就會起霧。有一次洛克里科（Locholicho）襲擊她們，許多仙女被殺。女王為了解救倖存者，不得已下嫁洛克里科，並且生下了九個病魔。

Kétos 開托斯⊙、【拉丁】Cetus：（希臘）海怪，她是蓋婭（Gaía）和龐托斯（Póntos）的女兒，弗基斯（Phórkys）的妻子，生了格萊埃（Graía）、哥爾根（Gorgón）和史奇拉（Skýlla）。

Ketu 計都△：（印度教）彗星神，為九曜（Navagraha）之一，象徵蝕月的惡魔。他是魯特羅（Rudra）的兒子，和羅睺（Rāhu）是孿生兄弟。他化身為龍尾，駕著八駕馬車，緊隨在蝕神羅睺之後，口噴烈焰，身體有鱗片。其標誌為金剛杵和燈籠。

al-Khadir 卡迪爾△（【阿拉伯】綠色的）：（伊斯蘭）陪穆薩（Mūsā）流浪的聖人。他死後沒有被阿茲拉伊來（'Izrā'il）接走，而是被安拉（Allāh）帶到天園。

Khagarbha→Ākāshagarbha

Khalifa 哈里發△（【阿拉伯】繼承者、代理者）：（伊斯蘭）信眾在俗世和精神的領袖尊稱，被認為繼承安拉（Allāh）的使者，即先知穆罕默德（Muhammad）。前四任正統哈里發分別為：阿部倍加爾（Abū Bakr, 632－634）、烏默爾（'Umar, 634－644）、鄂茲曼（'Uthmān, 644－656）和阿里（'Ali, 656－661）、翁馬亞王朝的13任哈里發（Omajjaden-K., 661－750）、阿拔斯王朝的 37 任哈里發（'Abbāsiden-K., 750－1258）、以及鄂圖曼帝國的 37 任哈里發（Ottomanen-K., 1290－1924）。

Khazangpa 卡贊帕△：（印第安）拉克族（Lakher）的主神。

Khmvum→Kmvoum

Kholomodumo 科洛莫度摩、Kholumolumo：（賴索托）索

托族（Sotho）傳說的魔怪，在太初時期吞噬了所有生物，除了一個老婦人。她生下一對雙胞胎，他們殺死魔怪，救出被吞到肚子裡的人類。

Khors→Chors

Khrane 克蘭△：（印第安）卡曼密西米族（Kaman Mishmi）的土地神。

Khu→Huwe

Ki 奇▽（地下）：（蘇美）土地女神。自從舊巴比倫時代，奇便取代**烏拉什**（Urash），成為**安**（An）的妻子。她更被認為是**恩利勒**（Enlil）的母親。

Kiambi→Kyumbi

Kiao-lung 蛟龍：（中國）黃帝（Huang-Ti）的坐騎，龍翼馬身。黃帝曾駕著由六隻蛟龍拉的象車到**泰山**（T'ai-shan）會眾神魔。

Kibotós→Tēbāh

Kiho→Io

Ki'i→Tiki

Kilbishika 基毘舍迦（【梵】）：（耆那教）**跋筏那婆娑**（Bhavanavāsin）、**婆那多羅**（Vyantara）、**豎底沙**（Jyotisha）、**毘摩尼柯**（Vaimānika）組成四個神族，在每個神族裡最低位的神（第九位）稱為基毘舍迦。

K'i-Lin 麒麟：（中國）象徵善良和平的獨角獸，是四靈之一。麒是雄性的，而麟則是雌性的。西元前 480 年，孔子畋獵時看到麒麟便說：「吾道窮矣。」沒多久就去世（479 B.C.）。麒麟為獨角鹿，有牛尾、馬蹄、魚鱗。

Kilya→Mama Quila

Kimnaras→Kinnaras

Kingu 金谷△、Qingu：（阿卡德）魔王，**提阿瑪特**（Tiāmat）的兒子，**阿普蘇**（Apsū）死後，金谷就娶了提阿瑪特，並且被她封為諸神之王，後來被**馬爾杜克**（Marduk）打敗，**伊亞**（Ea）用

麒麟
中國神話裡雌雄同體的獨角獸，有鹿頭，有牛尾、馬蹄、魚鱗。

緊那羅
印度教的歌樂神,為娛樂諸神而
彈琴跳舞,人首鳥身,手持瑤
琴。

他的血創造人類。

Kinich Ahau 基尼奇亞赫△(有太陽臉的王)、Kinich ka-
kmó:(印第安)馬雅族傳說的火鳥和太陽神,正午太陽的人格
化,其象徵為鸚鵡,他會飛下來享用獻給太陽的供物。他是**伊扎姆
納**(Itzamná)的父親,後來更成為其化身,時而形象似鳥。他相
當於阿茲提克族的**奎茲克亞托**(Quetzalcoatl)。

Kinilau→Tinirau

Kinnaras 緊那羅△、【梵】Kimnaras、【陰性】Kinnaris:
(印度教)天界的歌樂神,為娛樂諸神而彈琴跳舞,屬於**乾闥婆**
(Gandhavas),為**俱毘羅**(Kubera)的眷屬。他們人首鳥身,手持
瑤琴。

Kio→Io

Kírke 喀爾克▽、【拉丁】Circe:(希臘)愛亞亞島(Aiaia)
的仙女和巫師,**赫利奧斯**(Hélios)和**波絲**(Pérse)的女兒,**帕
希菲**(Pasipháë)的姐妹。她把**奧德修斯**(Odysseús)的同伴都變
成豬,要奧德修斯到地獄去,讓**提瑞西亞斯**(Teiresías)預言奧德

修斯的未來。喀爾克把奧德修斯留置一年，和他生了提勒哥諾斯（Telegonos）。繪畫：Dosso Dossi（ca. 1514/16）；戲劇：Th. Corneille（1675）；歌劇：H. Purcell（1685）、W. Egk（1947）。

Kis 基斯△（馴獸師）：（埃及）庫薩（Kusae）（上埃及第15區）的地方神，象徵著馴獸的獵人酋長，其形象為兩條長頸龍或即長頸鹿。

Kisasszony→Boldogasszony

Kishar 奇夏爾▽（地平線）：（阿卡德）大地女神，她和哥哥或即丈夫**安夏爾**（Anshar）構成第三代對耦神。她是**拉赫穆**（Lachmu）和拉哈穆（Lachamu）的女兒，**安努**（Anu）和**亞拿突**（Anatum）的母親。

Kiskil-lilla 奇斯克莉拉▽（風的少女）：（蘇美）夜魔，住在**伊南那**（Inanna）的哈路普樹（Chaluppu），該樹後來被**吉加美士**（Gilgamesh）砍倒。她相當於阿卡德的**莉莉杜**（Lilītu）

Kitanitowit 基塔尼托維（善的創造者）：（印第安）亞爾岡京族的原始神和最高神，他是不可見的、永恆的、全在的，被描繪為一個圓圈，圓心代表宇宙中心，圓周四個三角形則是指四個方位。

Kitshi Manitu 基切馬尼圖（巨靈）：（印第安）亞爾岡京族傳說不可見的宇宙生命力量。基切馬尼圖是**馬尼圖**（Manitu）的別名，以太陽為其象徵，對立於密切馬尼圖（Mitshi Manitu, Mudje Monedo），後者的象徵是蛇。

Kittung 基童△：（古印度）索拉族（Sora）的文明始祖和族父。

Kituurpayk 基圖派克△：（古印度）科塔族（Kota）的文明始祖，教導人類用火和農耕。

Kiumbi→Kyumbi

al-Kiyāma 復活日（【阿拉伯】復活）：（伊斯蘭）世界末日，在審判的時候，死者將復活。事件的順序是：敵基督者**轊渣**（al-Dadjdjāl）首先出現，接著是雅朱者和馬朱者（Yādjūdj und Mādjūdj）。**伊斯拉非來**（Isrāfil）會吹號角讓死者從墳裡復活。**安拉**（Allāh）會根據善惡行的紀錄去審判。**穆罕默德**（Muhammad）

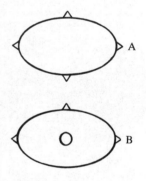

基塔尼托維
印第安不可見的造物神，被描繪為一個橢圓，圓心代表宇宙中心，圓周四個三角形則是指四個方位。

會為信者告饒（Shafā'a）。被懷疑者的行為要在秤上稱一稱。義者
將走上細如髮絲、銳如刀鋒的天橋（al-Sirat），經過**火獄**
（Djahannam）的烈燄，到達**天園**（Djanna）。《古蘭經》第75章以
它為名。

Kiyumbi→Kyumbi

Kleió 克麗娥▽（讚美者）、【拉丁】Clio：（希臘）歷史書寫
的繆思，她是**宙斯**（Zeús）和**尼莫西妮**（Mnemosýne）的女兒，
手持紙卷和石筆。

Klu 魯、龍族：（西藏）苯教的神靈，住在水域裡。

Kluskave→Gluskap

Klytaiméstra 克呂苔美斯卓▽、【拉丁】Clytaemestra：（希
臘）王后，亭答留斯（Tyndareos）和**麗妲**（Léda）的女兒，**海倫**
（Heléne）和**狄俄斯庫里兄弟**（Dióskuroi）的姐妹，**阿加曼農**
（Agamémnon）的妻子，**伊菲格內亞**（Iphigéneia）、**伊蕾克特拉**
（Eléktra）、克里索提米斯（Chrysothemis）和**歐瑞斯特斯**（Oréstes）
的母親。她和情夫艾格斯托斯（Aigisthos）謀殺自特洛伊出征歸來
的阿加曼農和**卡珊德拉**（Kassándra），**阿波羅**（Apóllon）要歐瑞
斯特斯和妹妹伊蕾克特拉為父報仇，於是他們合力殺死她。克呂苔
美斯卓是不貞的象徵，和**潘妮洛普**（Penelópe）相對。芭蕾舞劇：
Halim El-Dabh (1958)。

Kmvoum 科翁△、Kmvum、Khmvum、Chorum：（薩伊）俾
格米族（Pygmy）的天神和造物神，他是有形世界的創造者，主宰
天界現象。他以泥土塑造人類：紅土是俾格米族，黑土是黑人，白
土是歐洲人。他每天以群星更新太陽的光。

Koi und Imlja 柯伊和印姆莉亞△▽：（西伯利亞）凱特人
（Ket）和葉尼塞人（Yenisei）的對耦神，他們住在地底，有許多後
裔。

Kojote→Koyote

Kokko 科克族、Koko：（印第安）普埃布羅族和蘇尼族
（Pueblo-Zuni）的面具神族。他們的首領是巨蟒**科羅維西**
（Kollowisi）。

Kokýtos 科庫特斯河△（悲嘆者）、【拉丁】Cocytus：（希臘）

悲嘆的河，是斯提克斯河（Stýx）的支流，匯流為**阿赫隆河**（Achéron），為**冥府**（Hádes）五河之一。

Kolivilori 庫里維洛利△：（阿爾巴尼亞）惡靈，在冬天的 12 個夜晚裡出來作祟，騷擾婦女，把爐灶弄髒，卻很怕火。

Koloowisi 科羅維西（【蘇尼族】）、【霍皮族】Palulukon：（印第安）普埃布羅族傳說裡有羽飾的巨蛇，也是雷電神、豐收神和最高神，主宰天上（降雨）和地下（土地），是**科克族**（Kokko）的首領。

Kon→Con

Köndös 肯德斯△（köynnös＝卷鬚）：（芬蘭和卡累利亞）雷電神、國家神，五穀的人格化，人們在他的慶日開始播種。基督教傳入以後，他被同化為聖人烏爾班努斯（Urbanus）。

Konjin 金神△：（神道教）金屬神。1.東北方的守護神，為惡魔和疾病的源頭，給人類降下災難和死亡。2.金光教（Konko-kyo）神話的宇宙太初神，別名為「天地金神」，為最高神。

Konkordia→Concordia

Konohana-sakuya-hime 木花之佐久夜姬、神阿多都姬▽：（神道教）花神，尤其是櫻花和桃花，她也是天皇家的祖神，是**奧山津見神**（O-yama-tsu-mi）的小女兒，石長姬（Iha-naga-hime）的妹妹，**邇邇藝命**（Ninigi）的妻子，和他生了**海幸彦**（Umisachi-hiko）和**山幸彦**（Yamasachi-hiko）。她的所有後代都像櫻花一樣短命。

Kóre 高萊▽（女兒、少女）：（希臘）冥府女神和豐收神**波賽芬妮**（Persephóne）的別名。

Koronís 科羅妮絲▽、【拉丁】Coronis：（希臘）帖撒里亞（Thessalia）的女英雄。她是弗列基亞斯（Phlegyas）的女兒，**伊克西翁**（Ixíon）的妹妹，和**阿波羅**（Apóllon）生了**阿斯克勒庇俄斯**（Asklepiós）。阿波羅的白烏鴉造謠說他懷孕的妻子與凡人伊西奇斯（Ischys）有染，於是阿波羅用箭射死科羅妮絲（或謂是阿提密斯所殺），並從母胎裡救出孩子，交由**黑隆**（Cheíron）撫養長大。阿波羅痛失愛妻，便把白烏鴉變成黑烏鴉。自此天下烏鴉就一般黑。

Korware 科瓦雷：（美拉尼西亞）祖先雕像，在辦喪事時用以

高萊
希臘神話的冥府女神和豐收神，
手持麥穗。

把死者的靈魂接回家。以木頭或石頭雕成的蹲像，頭部巨大，有時候中空，安放死者的頭骨（被認為是靈魂的居所）。

Kōshar→Kōtar

Koshi 八岐大蛇：（神道教）八頭蛇，每年要為他獻祭一個少女。後來輪到**櫛名田姬**（Kushi-nada-hime），**須佐之男**（Susa-no-o）以八鹽折酒灌醉八岐大蛇，用劍砍下他的頭。八岐大蛇類似於希臘神話裡的**米諾托**（Minótauros）。

Kósmos 宇宙△（秩序、禮節、裝飾）：（希臘）世界和諧且美麗的整體和秩序，不同於原始無秩序的**混沌**（Cháos）。

Kōtar 科塔爾△、Kōshar、Kūshōr：（腓尼基和烏加里特）工匠神和打鐵神，許多工藝的祖師神。他發明網罟和航海術，發現鐵以及提煉的方法，建造**巴力**（Ba'al）的宮殿，並且打造無敵的武器，讓巴力打敗**亞姆**（Jamm）。科塔爾相當於埃及的**普塔**（Ptah）和希臘的**黑腓斯塔斯**（Héphaistos）。

Koto-amatsu-kami 別天津神：（神道教）五位始祖神，為創世以後最早出現的神，其中包括：**天之御中主神**（Ama-no-mina-ka-nushi-no-kami）、**天之常立神**（Ama-no-totkotachi-no-kami）、**神產巢日神**（Kami-musubi-no-kami）、**高御產巢日神**（Taka-mi-musubi-no-kami）和**宇摩志阿斯訶備比古遲神**（Umashi-ashikabi-hikoji-no-kami）。

Kótys 科蒂絲▽、Kottytó、【拉丁】Cotys：（希臘和色雷斯）植物神和豐收神。人們會在夜間舉行科蒂絲祭（Kotyttia, Cotyttia）紀念她。科蒂絲類似於**西芭莉**（Kybéle）。

Kou Mang 句芒、勾萌：（中國）使者神，和**蓐收**（Ju-Shou）同為天神的使者，為人間報喜訊，主司春天和東方，五行中屬木，鳥身人面，乘兩龍。

Koyote 科約特、草原狼【西班牙】Coyote：（印第安）1.阿撒巴斯卡族（Athapasken）（阿帕契和納瓦侯）傳說的草原狼和文明始祖，為人類帶來種子。他殺死了巨怪**提荷索底**（Tieholtsodi）的兒子們，使洪水退去，開始現在（第五時期）的世界。2.米沃克族（Miwok）的造物神和最高神。3.邁杜族（Maidu）神話裡和人類作對的神。

Krakuchchanda 拘留孫佛△、Krakuchchanda：（佛教）現在劫的過去佛，於尸利沙樹（Shirisha）下證道，為在**釋迦牟尼佛**（Shākyāmuni）以前六佛裡的第四位人間佛（24佛中的第22佛）。他是出世間佛**毘盧遮那佛**（Vairochana）的法子，由**普賢菩薩**（Sāmantabhadra）授記成佛。

Kratti→Cratti

Kratu 迦羅圖△（【梵】見識）：（婆羅門教和印度教）古代的智者和仙人，屬於十位大仙。為**梵天**（Brahmā）「心生」的兒子，三那提（Samnati）的丈夫，六萬個侏儒神「瓦拉奇亞」（Vālakhilya）的父親。

Krishna 黑天、克里希納、奎師那、吉栗瑟拏△（【梵】色黑者）：1.（耆那教）現在劫的第九代**婆藪天族**（Vāsudeva），和第22位**渡津者**（Tirthankara）**阿利濕達內彌**（Arishthanemi）以及**力天族**（Baladeva）的**大力羅摩**（Balārama）是堂兄弟。2.（印度教）牧神，**毘濕奴**（Vishnu）於二分時（Dvāparayuga）的第八個**權化**（Avatāra），他化身為牧者黑天，誅滅魔王**亢撒**（Kansa），與**般度五子**（Pāndavas）為友，把《薄伽梵歌》傳給**阿周那**（Arjuna）。他有許多別名，如**大力黑天**（Bālakrishna）、**瞿波羅**（Gopāla）、**札格納特**（Jagannātha）。他是婆藪天和**提婆吉**（Devaki）的第八

黑天的譜系。

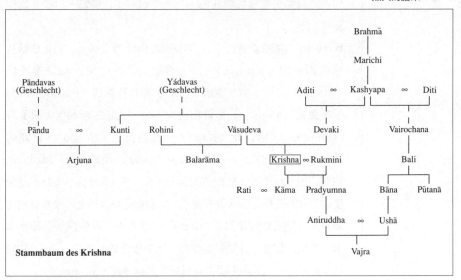

Stammbaum des Krishna

黑天
印度教的牧神,手持牧笛(即人類),由神吹氣始生笛聲。黑天是毘濕奴的第八個權化。

個兒子,和白皮膚的兄弟**大力羅摩**(Balarāma)合力剷除許多魔鬼,和**羅達**(Rādhā)相戀。他也是多門城(Dvarka)城主,娶**茹蜜妮**(Rukmini)為妻,生了**巴端拿**(Pradyumna)。他死於西元前 3102 年 2 月 17 日,是爭鬥時(Kaliyuga)的開始。在《摩訶婆羅多》和《婆伽往世書》裡有他的生平敘述。

Krishnamurti 克里希納穆提△:(印度教)竺杜·那列華(Jiddu Nariahua)的化名,女先知安妮·貝贊特(Annie Besant)收養他,並於 1910 年宣布他是**黑天**(Krishna)的權化(Avatāra)。

Krodhadevatā 忿怒神:(藏傳佛教)教法的守護神,在金剛乘裡,他們是曼荼羅(Mandala)的守門天(Dvārapāla),原本是與佛教為敵的惡魔,被神通無礙的上師收服,發願捨身護法。除了八位**護法**(Dharmapāla)以外,**金剛手**(Vajrapāni)、**不動明王**(Acala)和**羅睺**(Rāhu)也屬於忿怒神。他們的身體是藍黑色或紅色,有三隻眼睛,八條蛇,以顱骨為標誌。

Krónos 克羅諾斯△:1.(前希臘時期)豐收神,其豐年祭稱為克羅諾斯節(Kronia)。2.(希臘)諸神之父,12位**泰坦族**(Titánes)之一。他是蓋婭(Gaía)和**烏拉諾斯**(Uranós)的兒子,**麗娥**(Rheía)的哥哥和丈夫,生下克羅諾斯神族:**狄美特**(Deméter)、**哈得斯**(Hádes)、**黑斯提亞**(Hestía)、**波塞頓**(Poseidón)、**宙斯**(Zeús)和**希拉**(Héra)。克羅諾斯用母親給他的鐮刀把父親去勢,繼而統治世界,即「黃金時代」。他為了避免重蹈父親的覆轍,吞掉所有孩子,只有宙斯得以倖免,後來他被宙斯打敗,墜落**地底深淵**(Tártaros)。他把被吞掉的孩子們都吐出來,與宙斯和解,於是脫離深淵,統治**極西樂土**(Elýsion)。他的標誌是鐮刀。克羅諾斯相當於羅馬的**薩圖努斯**(Saturnus)。

Krūn 克倫：（伊朗）曼德恩教派神話裡統治陰間的惡魔。**希比爾**（Hibil）在世界末日會到地獄和克倫展開惡鬥。

Kshitigarbha 地藏菩薩△：（佛教）自誓度盡眾生始願成佛的菩薩，孩童、孕婦、流浪者的守護神，救度地獄眾生，接引至佛國。他是八位**摩訶菩薩**（Mahābodhisattva）之一，現比丘相，結施願印，持六環錫杖（意謂救度六道眾生）以及摩尼珠（其光遍照地獄，拔除諸苦）。

Ku→Tu

K'u 帝嚳：（中國）傳說中的古代聖王和始祖，為**五帝**（Wu-ti）之一。他是**黃帝**（Huang-Ti）的曾孫，**顓頊**（Chuan Hsü）的後代，**堯**（Yao）的父親，他輔佐顓頊，受封於辛，後為王，即高辛氏。他是天神和星宿神，殷商時是最高神。

K'ua Fu 夸父：（中國）荒原巨魔，**后土**（Hou T'u）之孫，傳說他「不自量，欲追日景，逮至於禺谷，將飲河而不足也」。

Kuan-Ti 關帝△：（中國）三國時代的蜀將關羽，於 1594 年被神化為戰神。1856 年顯聖幫助朝廷勦滅太平天國。直至滿清被推翻（1991）以前，每年農曆 2 月 15 日和 5 月 13 日會舉行祭典。他是國家的守護神，對抗所有叛匪。他也是文藝和正義的神，士兵和商人（尤其是豆腐販）的守護神。他身長九尺，美髯長二尺，有許多戲劇描寫他的生平。

Kuan-yin 觀音▽：（中國佛教）女性形相的菩薩，慈悲的女神。她賜予人們子嗣，也是船員的守護神，保護人們免於任何火水刀劍惡魔的加害。有一次**閻魔**（Yama）把觀音誘拐到陰間去，她隨即解除眾生的苦難，把地獄變成天堂，於是閻魔釋放了她。她有千手千眼，身著白衣，懷裡抱著孩子，其標誌為蓮花和淨瓶。她相當於印度的**觀世音**（Avalokiteshvara）。

Kubarat 庫巴拉▽、Kupapa、Gubaba：（胡里安）月神，相當於**沙烏什卡**（Shaushka），其聖地在喀爾卡密什（Karkamish），她也稱為「喀爾卡密什女王」，其標誌為鏡子和石榴。她被認為是弗里吉亞的**西芭莉**（Kybéle）的原型。

Kubera 俱毘羅△（【梵】畸形）、Kuvera：1.（婆羅門教）財神，**夜叉**（Yaksha）、**密跡**（Guhyaka）和**羅刹**（Rākshas）的首

觀音
佛教女性形象的菩薩和守護神。

魁星
中國科舉神，詩的守護神，以文
字組成其形象。

領，看守地底的寶藏。他是毘濕羅婆（Vishrava）和提婆伐尼尼
（Devavarnini）的兒子，烏利地（Vriddhi）的丈夫，和**邏伐拏**
（Rāvana）是同父異母兄弟。2.（印度教）北方毘沙門天的守護
神，獨眼大腹，持金剛杵和錢袋，以公羊和大象為坐騎。3.（藏傳
佛教）護法，其形象為有鱗的蛟龍。

Kūbu 庫布：（阿卡德）三個月以上流產的胎兒的人格化，被
認為是聖祕的東西，他們相信流產的死嬰會像鬼魂一樣作祟。

Kuei 鬼：（中國）冥府的鬼神，死於異鄉、溺斃或吊死或沒有
牌位的人們，死後會成為鬼，只有**鍾馗**（Chung Kuei）成為神。
他們四處游蕩，報復生前遭受的不義，每年七月人們會以冥紙祭祀
他們。

K'uei 夔：（中國）傳說中的獨腳怪獸，《莊子》裡說夔遇到萬
足的蚿，而孔子則提到「木石之怪夔、罔兩」。

K'uei-hsing 魁星：（中國）星宿神。一說為科舉神，是**文昌
神**（Wen-ch'ang）的隨從。

Kuju 庫尤：（西伯利亞）尤卡吉爾族（Yukaghir）的天神，他
讓魚從天而落，作為人類的食物。

Kuk 庫克△：（埃及）原始神，象徵在有群星以前的太初黑
暗。在八聯神譜系裡，他和**考克特**（Kauket）是第三組對耦神，
其形似青蛙，或是蛙頭人身。

Kukulkan 庫庫坎△（綠羽蛇）、Kukulcan、Kukumatz、
Gugumatz、Gucumatz：（印第安）1.托爾鐵克族（Toltec）傳說
中的文明英雄，是法律、曆法和醫藥的建立者，也教導人類網罟和
農耕，他從東方的天空渡海而來，後來又消失在天空裡。族人相信
他會復臨。2.馬雅族的地神、水神、風神、火神、造物神、天神和
重生神。他有個大鼻子，其標誌為：玉米（地）、魚（水）、蜥蜴
（火）、和禿鷹（風）。他相當於**伊扎姆納**（Itzamná）以及阿茲提克
的**奎茲克亞托**（Quetzalcoatl）。

Kukuth 庫庫特△（果核、窪坑、瘟疫）：1.（阿爾巴尼亞）
男鬼，生前是守財奴，他會回到家裡，害死所有住在裡頭的人。2.
瞎眼的病魔，會帶來叫作「庫庫地」（kukudhi）的瘟疫。

Kulakara 拘羅迦羅△：（耆那教）族父和文明始祖，共有七

或14位，他們是在**渡津者**（Tirthankara）和**轉輪聖王**（Chakra-vartin）以前的人類領袖。第14位拘羅迦羅「那毘」（Nābhi）是第一個渡津者**勒沙婆**（Rishabha）的父親。

Kulo Tyelo　庫羅提洛△：（馬利、尚伏塔和象牙海岸）塞努弗族（Senufo）的天神和造物神。他用話語在十個階段裡創造世界和第一對人類夫婦，**卡提略**（Ka Tyeleo）則教導人類各種知識。每七年的「洛祭」裡會以儀式重現創世的故事，以祈求萬物生生不息。

Kulshedra　庫希多拉▽：（阿爾巴尼亞）全身長毛的蛇魔。她對能夏提（Nenschti）山上的居民傳神諭。她在 12 歲以前是女蛇魔**波拉**（Bolla）。其形相為雙乳下垂的灰色老嫗，或是噴火怪獸。

Kululu　庫路路：（蘇美和阿卡德）人魚怪物，在蘇美神話裡臣屬於**恩奇**（Enki），在阿卡德則屬於**伊亞**（Ea）。

Kumarbi　庫馬比△：（胡里安）天神和「諸神之父」。他是天界第三任的諸神之王，篡奪父親**安努**（Anu）的王位，又被其子**德蘇卜**（Teshub）取代。他的聖地是在烏爾基什城（Urkish）。

Kumāri　俱摩利、童女▽：（印度教）童貞女神，在尼泊爾，是**難近母**（Dūrga）的化身。在加德滿都以及喜馬拉雅山的某些村莊，具有某些特徵的少女會被認為是難近母的化身，她們就住在家廟裡，只有遊行時才會出門。她們在第一次月經來了以後，就會被其他少女取代。

Kun　鯀△：（中國）地神，天神**顓頊**（Chuan Hsü）的兒子，地神**禹**（Yü）的父親。他築堤堵塞天下洪水，而洪水仍然決堤漫流，無奈求助於**共工**（Kung Kung），舜奏知堯帝，誅於羽山。

Kunapipi　昆納皮皮▽：（澳洲）安恆（Arnhem Land）的造物神和母神，她讓女兒們去引誘年輕男子，然後殺來吃得只剩骨頭。最後她被一個勇士「雄鷹」殺死。

Kundran→Gandareva

Kung Kung　共工：（中國）太初的洪水惡魔，他是地神和天神的敵人。共工是**祝融**（Chu Jung）的兒子，**后土**（Hou T'u）的父親，其形相為黑色巨龍。

K'ung-tzu　孔子：（中國）哲學家（551－479 B.C.），儒家的建

立者，嘗謂五十而知天命，六十而耳順。他出生時有兩條龍臨到家祠，在去世前看到麒麟。漢朝時（174 B.C.）開始立祀並建孔廟，於清朝位列天地諸神。

K'un-lun　崑崙：（中國）西部的山脈，為仙人寓所，由**西王母**（His Wang Mu）統治。**老子**（Lao-tzu）騎牛西行，隱於崑崙。崑崙有三層（或謂九層），地底也有許多層。和東方的**崇明島**（Ch'ung-Ming）一樣，崑崙也有蟠桃供仙人摘食。

Kunti　均提▽：（印度教）耶陀婆族（Yādava）的王妃。她是**婆藪天**（Vāsudeva）的妹妹，**般度**（Pāndu）的元妃，生了**堅戰**（Yudishthira）、**怖軍**（Bhima）和**阿周那**（Arjuna）。

Kun-tu-bzan-po　普賢△：（西藏）苯教的造物神和最高神，他以泥團創造世界，以蛋創造人類。

Kupapa→Kubaba

Kupua　庫普厄△：（波里尼西亞）英雄和行神蹟者，他們也是有危害的**惡作劇鬼**（Trickster）。其中包括：**培夸**（Pekoi）、**伊瓦**（Iwa）、**俄諾**（Ono）、**卡納**（Kana）和**茂伊**（Maui）。

Kurke→Curche

Kūrma　巨龜、庫瑪：1.（吠陀宗教）宇宙力量的人格化。2.（印度教）**毘濕奴**（Vishnu）的第二個**權化**（Avatāra），他在圓滿時（Kritayuga）化現為巨龜，馱負大陸，以曼荼羅山（Mandara）為攪棒，以**和修吉龍王**（Vāsuki）為繩索，讓**天神**（Devas）和**阿修羅**（Asuras）拉著，攪動乳海（Kshiroda），重現14種美饌，以及**吉祥天女**（Lakshmi）、**埃拉瓦塔**（Airāvata）、**輸羅毘**（Surabhi）、**阿布沙羅斯**（Apsarās）和**甘露**（Amrita）。世界上最大的朝聖節日「貢帕廟會」（Kumbha-melā），便是紀念這個神話事件。

Kurnugia　庫努加（不歸鄉）：（蘇美）冥府，由**厄里什基迦勒**（Ereshkigal）和她的丈夫**涅里加**（Nerigal）統治。庫努加相當於阿卡德的**阿拉魯**（Aralu）。

Kurukullā　智行佛母、咕嚕咕咧佛母▽：（藏傳佛教）愛神和財神。她也是幻師，會為了幫助祈求者而惑亂諸神、惡魔和人類（例如失戀者）。她有五種化身，有五臂或八臂，騎著怪獸。其標誌

「萬世師表」孔子，儒家創立者，16位學生隨侍。

為弓箭、巨象刺棒和捆索，都是用花做成的。其身體是紅色或白色。

Kurus→Kauravas

Kushi-nada-hime　櫛名田姬▽：（神道教）稻神，風暴神須佐之男（Susa-no-o）的妻子，**大國主神**（O-kuni-nushi）的母親，她的七個姐姐都被獻祭給**八岐大蛇**（Koshi），輪到她的時候，須佐之男救了她。

Kūshōr→Kōtar

Kushuch　庫須赫△：（胡里安）月神，其神聖數字為 30。他相當於原始赫地的卡什庫（Kashku）和西台的**阿爾瑪**（Arma）。

al-Kutba　庫特巴▽【阿拉伯】書寫）：納巴泰族（Nabataean）傳說中書寫藝術的守護神，經常等同於**烏扎**（al-'Uzzā）。

Kuth nhial　庫特尼亞△（上面的庫特）：（蘇丹）努埃爾族（Nuer）的天神和造物神，被稱為「吾父」。他在月亮裡閃爍發光，在閃電裡顯現。他也是主司人間賞罰的審判神。

Kutkhu　古特庫△、Kutchu：（西伯利亞）伊捷爾緬族（Itelmen）傳說中的烏鴉和救世主，同時是世界的創造者。

Kutkinnáku　古特金納庫（大烏鴉）：（西伯利亞）科里亞克族（Koryak）傳說的救世主和英雄，有許多關於他的冒險故事。他也是文明始祖，教導人類漁獵，並且傳授燧火以及薩滿鼓。他的妻子是蜜提（Miti），有七個兒子和五個女兒。

Kuvera→Kubera

Kvasir　喀瓦西：（北日耳曼）白色侏儒，酒的人格化。**愛瑟神族**（Asen）和**瓦尼爾族**（Vanen）停戰，各自吐唾液到鍋子裡，以象徵和解，而喀瓦西便由唾液中誕生。後來喀瓦西被其他侏儒殺死，把他的血混合蜂蜜釀成**詩人之酒**（Skaldenmet），飲者會變成詩人和智者。**歐丁**（Odin）誘騙**袞勒德**（Gunnlöd）而喝到詩人之酒。

Kybéle　西芭莉▽：（【希臘】）、Kybebe、【拉丁】Cybele：1.（弗里吉亞）山神、地神和母神，賜予生命和豐收。她是自然女王，每年讓死去的自然重獲生命。她是弗里吉亞國王梅昂（Meon）和丁蒂瑪（Dindyma）的女兒，因為她不是男孩，父親在她出生後

就把她丟到西芭羅斯山（Kybelos）裡去，豹子和獅子給她餵奶，後來則由牧羊女收養她。西芭莉愛上美貌的**阿提斯**（Attis），因為阿提斯對她不忠，西芭莉讓他發狂自殘。她的別名是「山母」，其聖物是殞石。2.（希臘羅馬）母神，別名為「大母」（Megále méter, Magna Mater），她的祭司是去勢的加萊人（Galli），祭司長則是大加盧斯（Archigallus）。她經常乘坐由獅子和豹拉的車子，其標誌為鏡子和石榴。有時候她等同於**阿格底斯提**（Agdistis）和**娜娜**（Nana）。雕塑：Rodin（1904）；繪畫：Mantegna、Böcklin（1869/70）。

西芭莉
希臘羅馬的母神，乘坐由獅子和豹拉的車子，其標誌為鏡子和石榴，車子前面是倚著樹的阿提斯。

Kýklopes　獨眼神族、庫克羅普斯△（圓眼）、【拉丁】Cyc-lopes：（希臘）食人巨怪，額頭上有一隻圓眼。他們是**蓋婭**（Gaía）和**烏拉諾斯**（Uranós）的三個兒子：布朗提斯（Brontes，打雷者）、史提洛普斯（Steropes，閃電者）以及**阿哥斯**（Árgos）。獨眼神族和**泰坦族**（Titánes）以及**百手神族**（Hekatoncheíres）是兄弟。他們和**黑腓斯塔斯**（Héphaistos）在火山裡為**宙斯**（Zeús）打造雷電。他們以神力拖曳巨石為邁錫尼（Mykene）和梯林斯（Tiryns）築城牆。他們被父親丟到**地底深淵**（Tártaros），**克羅諾斯**（Krónos）和宙斯分別救他們出來。他們協助宙斯打敗克羅諾斯和其他泰坦族。後來他們被**阿波羅**（Apóllon）以箭射死。那支箭（sagitta）成為天上的星座（射手座）。

Kýrios　主、上主、天主△【希臘】：1.（猶太教）永恆且唯一的神的專名，在聖經七十士譯本裡，用以翻譯希伯來文的**耶和華**（Jahwe）。2.（基督宗教）全能的父神的專名，祂創造天地，支配萬事萬物以及人類的生命。祂和其子**耶穌**（Iesûs）以及**聖靈**（Pneúma）構成三位一體（Trinitas）。他的別名為阿巴（Abba，【亞拉美】父親）。眾天使是他的使者，尤其是**加百列**（Gabriél）和**米迦勒**（Michaél）。**撒但**（Sātān）是祂的敵人。祂曾派遣先知以祂之名宣告救恩和災禍，其中包括**撒迦利亞**（Zacharias）、**約翰**

上主
基督宗教的父神，天地的創造者
（Biblica Germanica, 1545）。

（Ioánnes）和耶穌。為了讓天國普及人間，
耶穌降生且死去，而在末日時實現。3.（基
督宗教）對耶穌的尊稱。繪畫：Meister
Bertram von Minden (ca. 1380)、Michelangelo
(1508/12)、Blake (1794)；素描：P. Klee
(1934)。

Kyumbi 基昂比△（形如盆者）、Kium-
bi、Kiyumbi、Kiyum-be、Kiambi：坦尚尼亞
（Tanzania）的天神和造物神。他所創造的人
類築塔要與天為敵，基昂比以地震摧毀巨
塔，把築塔者埋在廢墟裡，並且讓天空離地
面越來越遠。

sK'yun ka'i mgo-chan 瓊嘴果堅△：
（西藏苯教）頭如瓊鳥（K'yun）（金翅鳥）的
太陽神。

'L 厄爾：（烏加里特）對神的稱呼，相當於敘利亞和腓尼基的厄勒（Ēl）、阿拉伯的**以拉**（'Ilāh）和阿卡德的伊路（Ilu）。

Labbu 拉布：（阿卡德）海怪，在拉布神話裡，被**提什帕克**（Tishpak）殺死。拉布經常和銀河聯想在一起，有時候被描繪為蛇。

Labýrinthos 迷宮△、【拉丁】Labyrinthus：（希臘）克里特島的克諾索斯城（Knossos）裡一望無際的巨大建築，裡頭有曲折交錯的走道和宮室。**米諾斯**（Mínos）請**達得羅斯**（Daídalos）建造迷宮以誘捕**米諾托**（Minótauros）。

Lachama 拉赫馬：（蘇美）水魔，臣屬於**恩奇**（Enki），類似阿卡德的**拉赫穆**（Lachmu）。

Lachamu 拉哈穆▽：（阿卡德）黑暗女神，她是**提阿瑪特**（Tiāmat）和**阿普蘇**（Apsū）的女兒，**拉赫穆**（Lachmu）的妻子，**安夏爾**（Anshar）和**奇夏爾**（Kishar）的母親。

Lachar 拉哈爾▽（母羊）、Lahar：（蘇美）母羊神，她和**阿什南**（Ashnan）在聖丘杜庫（Duku）以農作和畜產供養諸神。諸神仍不饜足，於是**恩奇**（Enki）要她們到人間教導人類農牧，讓諸神得到更多的供養。

Lachmu 拉赫穆△：1.（阿卡德）黑暗神，他是**提阿瑪特**（Tiāmat）和**阿普蘇**（Apsū）的兒子，**拉哈穆**（Lachamu）的丈夫，**安夏爾**（Anshar）和**奇夏爾**（Kishar）的父親。2.（阿卡德）半人魚怪物，類似於蘇美的**拉赫馬**（Lachama）。

Lachuratil 拉胡若提△：（以攔）宣誓神。

Ládon 拉頓△：（希臘）1.百頭蛇魔，他是**開托斯**（Kétos）和**弗基斯**（Phórkys）的兒子。拉頓和**黑絲柏麗提絲**（Hesperídes）一起看守金蘋果，被**赫拉克列斯**（Heraklés）殺死，變成天上的天龍座（Draco）。2.阿卡迪亞（Arcadia）境內的河神，河名也叫作拉頓，是艾菲斯河（Alpheios）的支流。

Lāh→Allāh

Laima 萊瑪▽【拉脫維亞】幸福）、Laime：1.（拉脫維亞）命運女神，幸福與不幸的人格化，其相反詞即為女神尼萊梅（Nelaime，不幸）。萊瑪創造人類，是孕婦的守護神，只要有她在

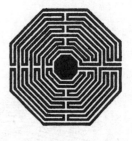

迷宮

KNAURS
LEXIKON
DER
MYTHOLOGIE

家裡，一切都會很順利。她被稱為「幸福之母」（Laima māter），決定所有事件的吉凶，例如：出生、結婚和死亡。2.立陶宛的民歌裡經常提到萊瑪，有成語謂「萊瑪已決定」（Taip Laima leme）。有時候她們共有三位，稱為「萊摩絲」（Laimos），其中有兩個是姐妹，相當於希臘神話的**命運三女神**（Moírai）、羅馬的**帕爾卡**（Parca）、日耳曼的**娜恩**（Nornen）。

Laindjung 蘭仲：（澳洲）祖靈，他從海裡升起，因而臉上有浪花，身體也有海水的鹽漬。他的後裔以此為圖騰，並且有相關的儀式。他是**巴奈加**（Banaidja）的父親。

Laka 拉卡▽：（波里尼西亞）夏威夷原始森林的女神，草群舞團的守護神。她是**倫哥**（Rongo）的妹妹，人們以小木塊代表她的降臨，飾以塔帕布碎片，放在草屋的祭壇上，並且獻以花環。

Lakshmana 羅什曼那△：（印度教）史詩《羅摩衍那》裡的英雄，十車王（Dasharatha）和蘇蜜陀羅（Sumitrā）的兒子，與**婆羅多**

拉瑪蘇
阿卡德的守護女魔，帶翼的人頭牛身獸。

（Bhārata）以及**羅摩**（Rāma）是同父異母兄弟。羅摩和他先後被放逐，並且合力對抗**邏伐拏**（Rāvana）。

Lakshmi 吉祥天女▽【梵】福德、美麗）、Shri：1.（吠陀宗教）幸福與不幸的女神，**婆樓那**（Varuna）或**蘇利耶**（Sūrya）的妻子。2.（婆羅門教和印度教）美麗、愛欲和財富女神，從海漚中誕生。她是**毘濕奴**（Vishnu）每個化身的**沙克提**（Shakti）和元妃。毘濕奴化身為**侏儒**（Vāmana）時，她即為蓮花（Padma）；他是**持斧羅摩**（Parashurāma）時，她就是**陀羅尼**（Dhārani）；**羅摩**（Rāma）的妻子是**私多**（Sitā）；當他化現為**黑天**（Krishna）

時，她就變成**茹蜜妮**（Rukmini），並且生了**迦摩**（Kāma）。她是
七母天（Saptāmatrikā）中的毘紐女天（Vaishnavi）。她的別名為
室利（Shri）、**世界母**（Lokamata）。在印度曆新年（秋）盛大的萬
燈節（Divāli），人們會祭拜這位美麗慈愛的女神。她有四臂，手持
蓮花、圓盤、海螺、金剛杵，身體是金色，坐在蓮座上，或以**迦樓
羅**（Garuda）為坐騎。她和毘濕奴騎著**難陀龍王**（Ānanta），為第
一對神侶。她相當於日本佛教的吉祥天和中國佛教的**功德天**
（Gung De Tien）。

Lalita　拉利塔▽：（印度教和密教）母神，宇宙能量的化身，
也是**濕婆**（Shiva）的**沙克提**（Shakti）的別名，她和濕婆分別構成
陰性和陽性的動力，由此出現生滅不已的幻相世界。

Lama　拉瑪▽、Lamma：（蘇美）守護女魔，相當於阿卡德的
拉瑪蘇（Lamassu）。

Lama　拉馬△、Innara：（西台）守護神。

Lamashtu　拉馬什杜▽：（阿卡德）惡魔，會招致產褥熱和其
他疾病。她裸露乳房，餵一隻狗和一頭豬吃奶。她的標誌是梳子和
線軸。她相當於蘇美的**第默**（Dimme）。

Lamassu　拉瑪蘇▽：（阿卡德）守護女魔，在新亞述王朝時，
她和**謝杜**（Shēdu）的形象為帶翼的人頭牛身獸，看守宮殿的入
口。她相當於蘇美的**拉瑪**（Lama）。

Lamiñ　拉蜜妮▽【複數】：（西班牙巴斯卡地區）夜靈，雞
足怪物，白天農夫在雞舍撒飼料，她會在夜裡出來吃，並且耕地回
報農夫。人們用牛犁田以後，她就消失了。她相當於男性的**麥德**
（Maide）。

Lamma→Lama

Lan Ts'ai-ho　藍采和△：（中國）道教八仙之一，乘鶴消失於
雲端。藍采和或男或女，手持洞簫和花籃。

Lao-chün　太上老君：（中國）老子成神的形式，為**道德天尊**
（Tao-te t'ien-tsun）的化身。老子的神化始自西元前二世紀。

Laokóon　拉奧孔△、【拉丁】Laocoon：（希臘）**波塞頓**
（Poseidón）在特洛伊城的祭司，他要城民防備希臘人以木馬屠
城。他在獻祭時，海裡突然出現一條蛇，把他的兩個兒子勒死，於

老子
中國道教的始祖，騎著青牛西
行。

是城民不再相信他的警告而自取滅亡。雕塑：拉奧孔群像（50 B.C.）；繪畫：El Greco。

Lao-tzu 老子：（中國）道家與道教的始祖（西元前六世紀），玄學和丹術的守護神。他的母親懷胎 72 年（或謂 81 年），自左腋生下他。老子駕青牛車西行，函谷關令**尹喜**（Yin Hsi）知道他是**眞人**（Chen-jen），於是向他求道。老子在西元前二世紀被神化，稱為**太上老君**（Lao-chün）。

Lapíthai 拉畢斯族△、【拉丁】Lapithae：（希臘）帖撒里亞（Thessalia）北部的氏族。拉畢斯族的**培里托斯**（Peiríthoos）和希波妲美雅（Hippodameia）結婚，邀請**半人馬族**（Kéntauroi）參加婚禮，其中醉醺醺的優里提昂（Eurytion）擄走了新娘，因而引發了拉畢斯族和半人馬族的戰爭，最後是拉畢斯族獲勝。著名的拉畢斯族人有：**伊克西翁**（Ixíon）、**凱涅烏斯**（Kaineús）和培里托斯。

Lar 拉爾△、【複數】Lares：（羅馬）善靈、家神（Lares familiares）、灶神、田野和小徑的神（Lares compitales）、羈旅者的神（Lares viales）。家裡壁龕上面會擺放拉爾像（lararium）。除了民間的拉爾（Lares privati）以外，還有城邦的拉爾（Lares publici/urbani），屬於後者有**羅穆路斯**（Romulus）、**列姆斯**（Remus）以及**阿卡拉倫蒂亞**（Acca Larentia）。每年 12 月 23 日的拉爾節（Larentalia）會祭祀眾拉爾，尤其是阿卡拉倫蒂亞。

Laran 拉蘭△：（伊特拉斯坎）諸神之子，戰神，裸體造形，持長矛和盾牌。

Larva 拉爾瓦▽、【複數】Larvae：（羅馬）惡鬼，死者的亡魂，在夜裡出沒人間作祟，也對冥府裡的壞人施以酷刑。拉爾瓦屬於**列姆爾**（Lemur）之一。

Lasa 拉撒▽：（伊特拉斯坎）守護墳墓的年輕侍從女神，有時候她們也被認為是**菟蘭**（Turan）的隨從。其中包括**阿爾潘**（Alpan）和**伊凡**（Evan）。她們大部分都有翅膀，身體半裸，其標誌為花環和鏡子。

Laskowiec 拉斯科維奇△（【波蘭】）、【捷克】Borowiec：（斯拉夫）森林精靈，鹿、麂、野兔的庇護者，狼和山貓則是他的

警犬。他是「森林之王」，每年把狼和山貓聚集起來，告訴他們翌年有哪些獵物。他是騎著狼的牧者，也會被描繪為野狼或鵰鴞。

al-Lāt 拉特▽（al-ilāhat＝女神）、Allāt、Lāt、'Ilāt：1.（阿拉伯）阿拉伯中部和北部對女神的稱呼，**安拉**（Allāh）的女性對比概念。2.（阿拉伯）古萊氏族（Quraysh）的金星女神，誓言的守護神。她和**默那特**（Manāt）、**烏扎**（al-'Uzza）組成女性三聯神，另兩位女神分別是昏星和晨星。在阿拉伯中部，她是「安拉三女兒」之一。她的聖地是在麥加附近的塔伊夫（Tā'if），以白色花崗石為其神像。3.（伊斯蘭）《古蘭經》（53:19-23）裡提及的女性偶像，**穆罕默德**（Muhammad）起初允許視其為安拉的代禱者向她祈求，後來也禁止了。

Latona→Letó

Latura 拉圖辣△、Lature、Danö：（印尼）尼亞斯人（Nias）的死神、病神、黑暗神、暴風雨神。他也是冥府的主宰，是**羅瓦蘭吉**（Lowalangi）的哥哥和敵人。他的聖獸是蛇。

Laukasargai 勞卡薩該（laukas＝田野、sargas＝守護者）：（立陶宛）豐收神，原野和野獸的守護神。

Lauku māte 勞庫瑪特▽（農田之母）：（拉脫維亞）農田和豐收女神，是 60 位**瑪特**（Māte）之一。

Lauma 勞瑪▽（【拉脫維亞】）、【立陶宛】Laume：（拉脫維亞和立陶宛）仙女、紡織精靈，窮人和孤兒的守護神。她會和美貌且強壯的男人結婚，然後就消失無蹤。如果她被冒犯，會以怪嬰換走新生兒作為報復。星期四夜晚是「勞瑪夜」，在該晚不可以紡織。勞瑪後來變成**拉加娜**（Ragana）的各種形象。她是個美麗的裸體婦人，有巨乳和金色長髮。

Laverna 拉維納▽：（羅馬）收益女神，小偷和騙子的守護女神。羅馬薩賓那大道（via Sabina）旁有崇拜她的樹林。

Laya 羅耶（【梵】融化、消失）：（印度教）指個體靈魂與絕對者合而為一。

Lázaros 拉撒路△（【希伯來】El' āzar＝神的救助）、【阿拉伯】al-'Ázar：1.（基督宗教）伯大尼（Bethania）的男子，**耶穌**（Jesũs）的朋友，馬利亞和馬大（Martha）的兄弟。拉撒路死去埋葬四天

拉撒路
伯大尼的男子，死去埋葬四天後，耶穌讓他復活（Merian-Bibel, 1630）。

後，耶穌讓他復活。又過了六天，他和耶穌在宴會裡同席。2.（基督宗教和伊斯蘭教）虔信的窮人的典型，因為生前受苦，死後天使帶他到**亞伯拉罕**（Abrāhām）（易卜拉辛）懷裡，得到補償，而有錢人死後到地獄去，乞求在樂園裡的窮人用指頭蘸一點水滋潤他的舌頭（《路加福音》16:19-31；《古蘭經》7:44-48）。在中世紀，拉撒路是乞丐和窮人的守護神，特別是瘋瘋病患。繪畫：Ciotto、V. von Gogh（1890）。

Léandros→Heró

Leben und Tod　生與死：以出生和死亡為界限區隔的時間，有限的生命和不死的永恆生命相對。生命可能是自生的、受造或被孕育的。壽命則視生存條件（生死簿、生命線）而定，並且有老病死的威脅。每個個人都有其命運（希臘的命運三女神、羅馬的帕爾卡、日耳曼的娜恩、拉脫維亞的萊瑪）。治病且讓死者復活的行神蹟者能夠抵擋種種對生命的威脅。不僅人皆有死，諸神也可能會死。生死簿的記錄預定了每個人的命數（恩利勒、馬爾杜克）；而在基督宗教和伊斯蘭教裡，在末日審判時則有一本記錄人的行為的道德生死簿（《啟示錄》20:32、《古蘭經》82:10 ff.）。死者之書會隨著死者帶到墳墓去，在冥府的審判裡決定是否能夠到天堂去。今生所受經常是前世所造。神話便是在反映生與死的時間結構。

生與死：小販和死神
（H. Holbein d. J.）。

Léda　麗妲▽（【里西亞】lade＝婦女）：（希臘）母神，和**宙斯**（Zeús）生了**波里丟克斯**（Poly-deúkes）以及**海倫**（Heléne），和亨答留斯（Tyndareos）生了**喀斯特**（Kástor）以及**克呂苔美斯卓**（Klytaiméstra）。或謂宙斯化身為天鵝，讓麗妲生了兩顆蛋，裡頭分別是海倫和**狄俄斯庫里兄弟**（Dióskuroi）。宙斯的化身則成為天上的天鵝座（Cygnus）。繪畫：Leonardo da Vinci、Correggio（1532）、Veronese、Tintoretto、S. Dali（1945）。

Legba　勒格巴△：1.（非洲達荷美）豐族（Fon）的惡作劇鬼，能夠化身和變形。他是**瑪烏**（Mawu）和利撒（Lisa）的幼子。許

麗姐
希臘母神，宙斯化身為天鵝，讓
麗姐生了兩顆蛋，裡頭分別是海
倫和狄俄斯庫里兄弟。

多神話描述他的亂倫、通姦、雜交和戀屍癖的故事。在他的祭典
裡，會有個少女扮演勒格巴，隨著勒格巴鼓的節奏起舞，手裡拿著
木製的陽具自慰，或是以它和女巫模擬性交。勒格巴有誇張勃起的
陽具，類似於約魯巴族（Yoruba）的**埃蘇**（Exu）。2.（非裔美洲）
巫毒教的文明英雄，教導人類解釋神諭。他是**洛亞**（Loa）的代言
人，人神之間的中保，沒有他的同意，任何洛亞都不可以和人類交
往。他的形象為一個衰老的人，手持煙管和拐杖。他的聖獸是狗。
勒格巴經常等同於基督宗教的**彼得**（Pétros）。

Lei-Kung 雷公△：（中國）雷神，有鳥嘴、翅膀、鷹爪，手持
連鼓，以鼓槌擊鼓生雷。

Lei-tsu 嫘祖▽：（中國）女雷神和文明始祖，她教人養蠶取
絲。嫘祖是**黃帝**（Huang-ti）的妻子。

Leluwani 列路瓦尼△▽、Liliwani：（西台）冥府神，住在
「黑暗地」，有「國王」或「主宰」的稱號，原先是男性神，後來則
被認為是女性神。有生命危險的人會以神像祭獻她。她的聖城在夏

姆哈（Shamuha），聖殿當中又以陵墓「腳屋」（cheshta）最重要。列路瓦尼相當於蘇美的**厄里什基迦勒**（Ereshkigal）和阿卡德的**阿拉圖**（Allatu）。

Lemminkäinen　列敏克伊嫩△：芬蘭和卡累利亞（Karelia）傳說的英雄和死去的神，雖然未獲邀請，他仍然參加在培弗累（Päivölä）的「諸神飲宴」，被一個瞎子以毒芹莖刺中心臟而死，被拋到冥河去。他的母親聞訊趕到，雖然撈死屍骨，卻被暴風雨捲到河裡變成魚。

Lemur　列姆爾△、【複數】Lemures：（羅馬）死者亡靈，夜裡化為厲鬼出沒作祟，人們只得緊閉門戶，在眾列姆爾當中，有善良的**拉爾**（Lares）和邪惡的**拉爾瓦**（Larva）。每年 11 月 9 日和 5 月 12 日的列姆爾節（Lemuria），神殿會關起門與列姆爾和解。狐猴屬的學名即為Lemur。

Lenin　列寧：（俄羅斯）列寧（Lenin, Uljanow Wladimir Iljitsch, 1870－1924），革命家和政治家，工農階級領袖，在世界革命裡對抗中產階級，他是列寧主義、蘇共以及國際共黨的創設者，建立世界上第一個社會主義國家，為共產黨的希望、未來和進步的象徵。共產黨的問候方式是舉手握拳，而握拳意味著隨時備戰。槌頭和鐮刀象徵工人和農人的合作，在1924－1991年間，是蘇聯的國徽。前東德國徽裡的鐵鎚、圓規和麥穗，則是在工農階級以外加上「技術知識階級」。原來象徵蘇維埃中央政府的五星旗，成為所有無產階級社會的神聖記號。紅色是共產黨的顏色，意味著鮮血（鬥爭）、火燄（中產階級的沒落）和上升的太陽（新時代）。因此共軍也稱為「紅軍」。列寧的生日當天，在黨中央和青年團的「紅色角落」到處都是紅巾以及列寧的畫像和塑像，插滿花朵和紅旗。列寧的墳墓在莫斯科「紅場」，傅油的列寧遺體遊行經過人群。蘇聯許多廣場、街道、城市都以列寧為名，其中最有名的是列寧格勒。繪畫：S. Dali (1991)。

Ler→Lir

Lesa→Leza

Léthe　忘川▽：（希臘）冥府（Hádes）裡的河，到冥府的死者喝了忘川的水，就會忘記在陽間的前世。

Letó 麗托▽（gletó＝閃耀者）：（希臘）母神，泰坦族的科伊歐斯（Koios）和**佛伊貝**（Phoíbe）的女兒。她和**宙斯**（Zeús）生了雙胞胎**阿波羅**（Apóllon）和**阿提密斯**（Ártemis），在懷孕期間，被善妒的**希拉**（Héra）迫害。希拉要巨龍**提封**（Typhón）去害她，並且要**艾莉西雅**（Eileíthyia）阻礙麗托的分娩。麗托只好到處流浪，無法停歇，最後在提洛島（Delos）安頓。她的孩子們很孝順，替她懲治了**妮歐貝**（Nióbe）和**提條斯**（Tityós）。

Leúkippos 留基伯△、【拉丁】Leucippus：（希臘）邁錫尼的國王，**西萊拉**（Hilaeira）和**佛伊貝**（Phoíbe）的父親，她們的未婚夫是留基伯的哥哥阿法里歐（Aphareos）的兩個兒子，伊達斯（Idas）和林克歐斯（Lynkeos）。**狄俄斯庫里兄弟**（Dióskuroi）把她們擄走，在戰鬥中，**波里丟克斯**（Polydeúkes）殺了林克歐斯，而伊達斯則打死了**喀斯特**（Kástor）。後來**宙斯**（Zeús）用雷劈死了伊達斯。繪畫：Rubens (1619/20)。

Leukothea→Inó

Leviathan→Liwjātān

Leza 雷薩◇（閃電）、Lesa、Reza、Rezha、Urezwa：尚比亞的邊巴族（Bemba）和其他東非的班圖族的天神、造物神和雨神。她也是命運神和冥府神。雷薩給所有受造者兩束麥穗，讓他們選擇生命或死亡。人類和動物們都選擇了死亡，只有蛇選擇生命。

麗托
希臘母神，懷著雙胞胎阿波羅和阿提密斯，巨龍提封緊追在後。

Lha 神、拉（諸神）：（西藏）苯教對於善神的稱呼。他們相當於吠陀宗教的**天神**（Deva）。

Lha-mo 大吉祥天女、拉木▽：1.（西藏）苯教的女魔。2.藏傳佛教的護法，拉薩以及西藏兩位政教領袖**達賴喇嘛**（Dalai Lama）與**班禪喇嘛**（Penchen Lama）的守護神。她頸間掛著骷髏圈，額頭上有一隻眼睛，以野驢為坐騎。

Liber 里伯△：（羅馬）主司動植物交配的神，其後成為使人忘憂解勞的酒神。他是**刻瑞斯**（Ceres）的兒子，**里伯拉**（Libera）的哥哥，和她們組成三聯神。在 3 月 17 日的里伯節（Liberalia），年輕男子穿著「成年袍」（toga virilis），意味著成年。里伯和**巴庫斯**

（Bacchus）有關，相當於希臘的**戴奧尼索斯**（Diónysos）。

Libera 里伯拉▽：（羅馬）植物豐收女神。她是是**刻瑞斯**（Ceres）的女兒，**里伯**（Liber）的妹妹。他們組成地府的三聯神，和**朱庇特**（Iupiter）、**朱諾**（Iuno）以及**密內瓦**（Minerva）組成的古羅馬城堡三聯神相對。里伯拉相當於希臘的**波賽芬妮**（Persephóne）。

Libertas 利伯塔斯、自由女神▽：（羅馬）象徵自由的女神，在羅馬有若干神殿。其標誌為：自由帽（pilleus）、權杖和長矛。

Libitina 利比蒂娜▽：（羅馬）葬禮、死亡和死者的女神。人們會為每個死者繳納一枚金幣給她。因為她主司葬禮的程序，其神殿多半臨近墓園。

Líf und Lifthrasir 麗芙與利弗特拉西爾▽（【古北歐】生命與求生者）：（日耳曼）未來的人類夫婦，在密密爾叢林（Hoddmimir）裡以朝露為生，他們是**諸神黃昏**（Ragnarök）的倖存者。他們有別於**艾斯克與恩布拉**（Askr und Embla），是新世代的人類始祖。

Lilā 遊戲：（印度教）指世界在一波羅（Para）或一劫（Kalpa）之後的周期性誕生，猶如神在現象界的遊戲，與絕對的**梵**（Brahman）相對立。

Lilavatu 里拉瓦圖▽：（美拉尼西亞）斐濟群島傳說使人脖子腫大的疾病神。不向她獻祭的人都難逃一死，她是南地島（Nandi）的最高神的妻子。當地土著把白人傳到島上的一種流行病稱為「里拉」（Lila）。

Lilit 莉莉絲▽（【希伯來】黑夜）：（猶太教）邪惡的夜魔，她會誘惑男人，危害孕婦，甚至殺死嬰孩。她和**公山羊**（Se'irim）在廢墟和荒地到處游蕩。在喀巴拉教派（Kapala）裡，她是**撒末爾**（Samael）的伴侶。有時候她被認為**亞當**（Ādām）的第一個妻子，她離開亞當而成為魔鬼。她的象徵動物是貓頭鷹。莉莉絲相當於阿卡德的**莉莉杜**（Lilītu）。

Lilītu 莉莉杜▽、Aradat-lilī：（阿卡德）邪惡的夜魔，誘惑睡夢中的男人。她是**利魯**（Lilū）的女性對耦神，高舉雙臂，有雙翼或披風、山羊腳和鷹爪。她相當於蘇美的**奇斯克莉拉**（Kiskil-lilla），在希伯來則變成**莉莉絲**（Lilit）。

Lili wani→Leluwani

Lilū 利魯△：（阿卡德）夜魔和風魔，會帶來死亡、疾病和瘟疫，且侵襲睡夢中的婦女。他是**莉莉杜**（Lilītu）的男性對耦神，相當於蘇美的**魯利拉**（Lulilla）。

Liluri 利魯里▽：（敘利亞）山神，是天氣神曼努齊（Manuzi）的妻子，人們以公牛獻祭。

Limbus 古聖所△（衣領、邊緣）：（基督宗教和天主教）自然幸福的居所或狀態，在地獄和天堂中間。在**耶穌**（Jesūs）昇天前，舊約裡的義人死後會到「亞伯拉罕的懷裡」（Limbus patrum），兒童則到「男孩界」（Limbus puerorum）。

Ling 四靈：（中國）四種神獸，包括：龍、麒麟、鳳凰、龜。他們分別代表具有鱗片、毛髮、羽毛和甲殼的動物。

Linga(m) 陵伽△（【梵】記號）：（印度教）恆常不變的、靜態的陽性原動力，崇拜勃起的陽具，象徵生殖力。在濕婆崇拜裡，陵伽在**濕婆**（Shiva）儀式扮演重要的角色。陵伽在**憂尼**（Yoni）裡著床，象徵泯除性別差異，使差別與形式回歸到無分別且無形式的絕對者（梵）。

Ling-chih 靈芝：（中國）長生不死藥，生長在仙島，服用靈芝可以增壽五百歲。外形似草或蘑菇。

Ling-pao t'ien-tsun 靈寶天尊：（中國）天神，又稱為太上道君，居於上清天，為**三清**（San-ch'ing）尊神之一。

Lir 里爾△、【愛爾蘭】Ler（海）、【威爾斯】Llyr：（克爾特）威爾斯和愛爾蘭的海神。他是**達努**（Dan）的兒子，為**達努神族**（Tuatha Dê Danann）當中最勇猛者。他是**馬諾南**（Manannân）的父親。海浪即稱為「里爾的平原」。

Lisa 利撒△：（非洲達荷美）芬族（Fon）的太陽神和造物神。他是雌雄同體的**瑪烏利撒**（Mawu-Lisa）的男性面向，也就是月神**瑪烏**（Mawu）的孿生哥哥，主司人類團體生活，其使者和聖獸是不死的變色龍。他代表東方、白晝、光明、熱、強烈和堅硬。

Li T'ieh-kuai 李鐵拐△：（中國）八仙之一，有足疾，**西王母**（His Wang-Mu）點化升仙，授以鐵拐。其標誌為蝙蝠或葫蘆，裡

陵伽
印度教裡象徵陽性的原動力，為勃起的陽具，其上有三面濕婆像。

頭裝著起死回生的靈丹。

Liwjātān 鱷魚、利維坦▽、Leviathan：（猶太教）海怪，混沌力量以及圍繞大地的太初海洋的化身，鱷魚是雄性的陸上巨獸**河馬**（Behēmōt）的雌性對耦。鱷魚和河馬在末日時會被殺死，作為義人的天上珍饈。霍布斯（Th. Hobbes）的《利維坦》（1651）即以她為名。小說：J. Green (1929)。

Ljubi 盧比▽：（阿爾巴尼亞）嗜食孩童的長尾惡魔，她讓大地乾旱，直到人們以處女獻祭給她。

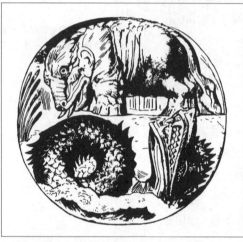

鱷魚和河馬
猶太教神話裡的怪物：鱷魚是四頭的巨龍，而河馬則形似水牛。

Llyr→Lir

Lo 洛神▽：（中國）河神，河南洛水的人格化。她是**河伯**（Ho Po）的妻子，後來被**后羿**（Shen）搶走。

Loa 洛亞：（非裔美洲）巫毒教裡象徵自然力量的神族，以**丹巴拉**（Damballah）為首。洛亞分為兩群，拉答洛亞（Rada-Loa）和佩卓洛亞（Petro-Loa）。人們以「維維」（Vevé）描繪他們，也就是以粉末在地上繪製的符號。洛亞相當於基督宗教史裡的諸聖徒。

Locholicho 洛克里科△：（吉普賽）地魔，他們用尿液把擄來的處女變成母馬，然後將她們姦淫至死。洛克里科以前是壞人，和魔鬼**班恩**（Beng）立約，約滿後被魔鬼變成地魔，趕到地底去。有一次，他們襲擊**凱夏莉**（Keshali）他們的國王和仙后安娜（Ana）結婚，生下了九個病魔。他們有長耳朵和細腿。

Loco 洛可△：（非裔美洲）巫毒教的植物神和醫神，形如樹木。

Lodurr 羅杜爾△【古北歐】燃燒者）：（日耳曼）火神、豐收神、人類族群的守護神。羅杜爾和**歐丁**（Odin）以及**霍尼爾**（Hoenir）創造第一對人類艾斯克與恩布拉（Askr und Embla）。他賜予人類溫熱的血、燦爛的外表和語言。或謂他就是**羅奇**（Loki）。

Lógos 道、邏各斯△（話語、理性）：1.（希臘和希臘化時期）
斯多噶學派（Stoiker）的世界法則以及充斥一切的理性。道是神性
的靈，甚至是神自身，其他諸神皆由他而生。思維的力量是化育萬
物的「道種」（Lógos spermatikos）。2.（基督宗教）神子**耶穌**
（Iesûs）位格的稱呼，是聖言成血肉。

Loka 世界：（印度教）宇宙裡的意識階層和世界區域，由三界
組成：下界、中界和天界，而中界和天界構成上界，區分為七世
界：**地界**（Bhūrloka）、**空界**（Bhuvarloka）、**天界**（Svarloka）、大
界（Maharloka）、生界（Janarloka）、苦行界（Tapoloka）、實界
（Satyaloka）。有時候再加上牛界（Goloka）。前三界於一劫後毀
滅，而後三界則不變易。

Lokapāla 護世者、Dikpāla（護世天王）：1.（印度教）四天
界（或八天界）的守護神，最初只有四個主要的護世天王：**因陀羅**
（Indra，東方）、**耶摩**（Yama，南方）、**婆樓那**（Varuna，西方）、
俱毗羅（Kubera，北方）。後來加上四個次要的護世天王：**阿耆尼**
（Agni，東南）、**蘇利耶**（Sūrya，西南）、**伐由**（Vāyu，西北）、**蘇
摩**（Soma，東北）。現在則由泥哩陀（Nirrita）和伊舍那（Īsha）
取代蘇利耶和蘇摩。在坦特羅教裡，天頂還有**梵天**（Brahmā），天
底（Nadir）則有**毗濕奴**（Vishnu）。每個護世者都有一頭巨象隨
侍。護世者類似於佛教的**天王**（Devarāja）。2.（耆那教）**跋婆那婆
娑**（Bhavanavāsin）、**婆那多羅**（Vyantara）、**豎底沙**（Jyotisha）、
毗摩尼柯（Vaimānika）組成四個神族，在每個神族裡的第五級神
即護世天王，他們主司邊境，其中比較重要的有：東方的蘇摩、南
方的耶摩、西方的婆樓那、北方的**多聞天王**（Vaishravana）。他們
和**因陀羅**（Indra）神族共同統治下級神族。每個護世者都有四個
妻子，有 1,000 個女神隨侍。

Loka-Purusha 宇宙原人：（耆那教）在白衣派（Shvetāmbara）的
神話裡，為三界的世界結構，形如螺旋狀的原人。穿著長袍的原人
下半身是下界，腰部是中界，上半身則是上界。下界（地獄界）由
層層相疊的七個世界組成：1.寶石色（Ratna-prabhā）；2.水晶色
（Sharkarāprabhā）；3.砂色（Vālukāprabhā）；4.泥色
（Pankaprabhā）；5.煙色（Dhūmaprabhā）；6.闇色

宇宙原人
耆那教的三界的世界結構，形如
螺旋狀的婦人，下半身是七重下
界，腰部是地界，上半身則是十
重天界。

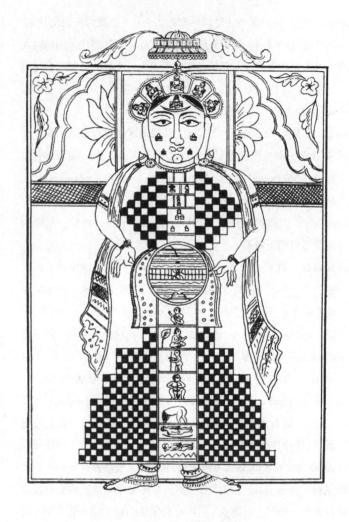

（Tamahprabhā, Tamā）；7. 濃闇色（Mahātamah-prabhā,
Tamastamaprabhā）。每個世界各自有無數層，共有840萬個地獄，
住有諸神（跋婆那婆娑）以及地獄眾生。中界是個圓盤，中央是**閻
浮提**（Jambūdvipa）國土，有大海和其他陸地圍繞。上面有動
物、植物、人類和諸神（婆那多羅和豎底沙）。上界共有八層，有
12重天（或18重天），有諸神住世（毘摩尼柯、劫波跋婆）：1.須
達摩（Saudharma，南方）、伊舍搦（Aishāna，北方）；2.奢搦拘
摩羅（Sanatkumāra，南方）、摩哂陀（Mahendra，北方）；3.梵
世間（Brahmaloka）；4.楞陀伽（Lāntaka）；5.金曜（Shukra）；

6.千瓣（Sahasrāra）；7.阿難陀（Ānanta，南方）、婆羅那陀（Prānata，北方）；8.無諍（Ārana，南方）、阿拘陀（Acyuta，北方）。其後又增加兩個天界：9.耆吠耶伽（Graiveyaka）；10.阿耨多羅（Anuttara），住有「無劫」的劫羅婆提柯（Kalapātika）。而在世界結構的頭頂，則是伊舍婆羅跋羅（Ishatprābhārā），為大成就者的居所。

Loki 羅奇△（【古北歐】logi＝火燄）：（日耳曼）惡作劇鬼，半神半魔的巨怪，可以任意變化為老鷹、牝馬或鮭魚。羅奇詭計多端，與諸神亦友亦敵。他是巨魔法包提（Fárbauti）和女神娜爾（Nál）的兒子，他的妻子是女神**西根**（Sigyn），和女巨魔安格波塔（Angrboda）生了惡狼**芬力爾**（Fenrir）、巨蟒**密得噶索默**（Midgardsomr）和死神**黑爾**（Hel）。羅奇化身為牝馬，生了牡馬**斯雷普尼爾**（Sleipnir）。羅奇唆使瞎眼的**霍德**（Höd）以槲寄生樹枝鞭打**巴爾德**（Balder）致死。諸神把羅奇綁在巨石上懲罰他，巨蟒不斷在他臉上滴下毒液，西根則用碗盛毒液以保護他。羅奇也引發了**諸神黃昏**（Ragnarök）的末日決戰。基督宗教傳入後，羅奇被同化為**路西法**（Lucifer）。

Longo→Rongo

Lōt 羅得△（【希伯來】）、【希臘】Lót、【阿拉伯】Lūt（魯特）：1.（猶太教）摩押人和亞捫人來自**所多瑪**（Sedōm）的始祖。他是**哈蘭**（Neffe）的兒子，**亞伯拉罕**（Abrāhām）的姪子。亞伯拉罕為羅得祈求，讓羅得躲掉神對所多瑪的懲罰。兩個天使要他和家人趕緊出城，因為**耶和華**（Jahwe）要毀滅該城。城裡的人要玷辱羅得的客人（天使），羅得想以兩個童貞的女兒代替天使，眾人卻不聽他的話。羅得和家人在所多瑪傾覆時逃過一劫，妻子在後面回頭一看卻變成了鹽柱。羅得的兩個女兒先後把他灌醉，與他同寢，好為他生孩子。於是兩個女兒成為摩押人和亞捫人的始祖。2.（基督宗教）義人的典型。3.（伊斯蘭）**安拉**（Allāh）的先知和使者魯特，他是哈爾撒加（Halsaka'）或即瓦伊拉（Wā'ila）的丈夫，他的女兒有里特（Rith）、拉利亞（Rariya）和祖哈（Zughar）。安拉派遣懲罰天使**吉卜利里**（Djabrā'il）、**米卡里**（Mikāl）和**伊斯拉非來**（Isrāfil）到所多瑪城（Sadūm）去拜訪魯特，他的

路西法
基督宗教的撒但，正要吞噬背叛
耶穌的猶大。

宗族卻要玷辱使者。使者們在毀滅所多瑪城的時候，吉卜利里高高舉起整個城，拋到火獄去。繪畫：Altdorfer、L. Cranach、Rubens、Tintoretto、P. Veronese。

Lowa　羅瓦：（麥克羅尼西亞）馬紹爾群島（Marshall）傳說中的創世者，他來自太初的海洋，用巫咒「嗨」創造群島。從他大腿的血泡裡生出一個男孩和一個女孩，成為他的後裔。

Lowalangi　羅瓦蘭吉△、Lowalani：（印尼）尼亞斯人（Nias）的太陽神和光明神，他創造人類，主宰穹蒼，為一切善的源頭。他是**西勞**（Sirao）的兒子，**拉圖辣**（Latura）的弟弟，**席列薇‧娜扎拉塔**（Silewe Nazarata）的丈夫。他的聖物是老鷹、母雞和犀鳥。

Lua　羅婭▽（【拉丁】luccum＝獲利、優勢）：（羅馬）戰利品女神，在戰役結束時，人們會燒化擄獲的武器獻祭給她。

Lucifer　路西法△（【拉丁】晨星、光照者）：1.（羅馬）晨星神，眾星的監督者，每天早晨周而復始地出現。他的母親是**奧羅拉**（Aurora），他的兒子是科宇克斯（Ceyx）和戴達利翁（Daedalion），他們後來被變成翠鳥和蒼鷹。2.（基督宗教）**撒但**（Sātān）的名字，以前是**上主**（Kýrios）的長子和光體，但是因為太驕傲，而「從天上墜落，像閃電一樣」（路10:18）。

Lucifer→Phosphóros

Lucina　盧奇娜▽（【拉丁】顯露者）：（羅馬）生育女神，可以減短孕婦的陣痛。在羅馬，**朱諾**（Iuno）和**戴安娜**（Diana）都被尊為盧奇娜。每個婦女都有自己的盧奇娜，就像她們也有自己的朱諾一樣。盧奇娜相當於希臘的**艾莉西雅**（Eileíthyia）。

Lug　路格△（【愛爾蘭】光照者）、【高盧】Lugus：（克爾特）

愛爾蘭和高盧的光明神、藝術神、戰神、工匠和詩人之神，別名為撒密答那克（Samildânach，嫻熟許多技藝者）。路格是**達努**（Dan）的兒子，屬於**達努神族**（Tuatha Dê Danann）。他的奶媽是**泰爾提烏**（Tailtiu）。在第二次**馬格杜雷**（Mag Tured）戰役裡，他以甩石擊中獨眼巨怪**巴洛**（Balor）。若干城市都以他為名，字尾再加上 dun（堡壘），如：里昂（Lyon）、倫敦（London）、拉恩（Laon）、來登（Leiden），都源自高盧語的 Lugu-dunon（路格的城堡）。

Lugalbanda　路加班答△（強大的國王）：（蘇美）烏魯克（Uruk）第一王朝被神化的國王，他也是冥府神，是女神**寧蘇娜**（Ninsuna）的丈夫，**吉加美士**（Gilgamesh）的父親。

Lugalgirra　路加吉拉△：（蘇美）戰神和冥府神，為**涅里加**（Nerigal）的化身，和美斯**蘭蒂亞**（Meslamta'ea）是攣生兄弟。

Lugat　魯加特：（阿爾巴尼亞）惡人的亡魂，除了星期六以外，每天晚上都會從墳墓出來騷擾他的家人。

Lugeiläng→Luk

Lugus→Lug

Lu-hsing　祿星：（中國）星宿神和福神，相傳為晉臣張亞子，仕晉戰死，後人立廟紀念。玉帝要他掌文昌府及人間功名祿位，故稱「文昌帝君」。祿星為三星（San-hsing）之一，有仙鹿隨侍。

Luk　路克△、Lugeiläng：（麥克羅尼西亞）加羅林群島（Caroline Islands）傳說中善良的英雄。路克從天而降，娶凡間女子為妻，他在天上的妻子阻撓不成。路克是**阿努拉普**（Anulap）的兒子，**歐里法特**（Olifat）的父親。

Lukmān　魯格曼△：（伊斯蘭）箴言詩人，長壽的象徵，他曾經七次獲得老鷹的壽命，共 560 歲，**安拉**（Allāh）問他想活多久時，他選擇了六隻老鷹的壽命，也就是 480 歲。於是他開始飼養老鷹，第一隻老鷹死去後，他就接著養第二隻，一直到第七隻老鷹魯巴德（Lubad），他和魯巴德一起去世。《古蘭經》第 31 章即以他為名。

Lulilla　魯利拉△（風人）：（蘇美）邪惡的夜魔，相當於阿卡德的**利魯**（Lilū）。

Luna　露娜▽（【拉丁】月亮）：（羅馬）月神，車伕的守護神。她是太陽神**梭爾**（Sol）的妹妹，亞文廷丘（Aventinus）的神殿並祀他們。義大利語和法語的「星期一」（Lunedi, Lundi）即以她為名。後來她等同於希臘的**色麗妮**（Seléne）。

Lung　龍：（中國）神物，雷、雲、雨的化身，為四靈之一。龍大致上有五類：在天界看守諸神居所的龍、興雲佈雨的龍、維護河川清淨的龍、守護寶藏的龍，以及象徵帝王的龍。前四種龍有四爪，第五種則有五爪。他們通常出現在雲端或水裡。龍為陽，雲和水則為陰。

代表「陽」的龍，經常出沒於代表「陰」的水裡和雲端。帝王的龍有五爪，其他的龍則只有四爪。

Lupercus　盧培庫斯、逐狼者△：（羅馬）牧神和多產神。在每年的 2 月 15 日的牧神節（Lupercalia）崇拜他。他的祭司叫作盧培奇（Luperci），在羅馬巴列丁丘（Palatin）的山腳下的「牧神洞」（Lupercal）是他的聖地。盧培庫斯相當於**法伍努斯**（Faunus）。

Lur　魯爾▽（土地）：（西班牙巴斯卡地區）地神和洞穴神，授與人類和動植物生命力。她是太陽神**埃奇**（Ekhi）和月神**伊拉圭**（Illargui）兩姐妹的母親。當她們西沉時，魯爾就把她們置於子宮裡。大地的子宮也是靈魂和諸神鬼的居所。人們會投擲金幣到洞穴裡敬拜她。

Lūt→Lōt

Lü Tung-pin　呂洞賓、呂巖：（中國）道教八仙之一，理髮匠和武夫的守護神，他有許多神蹟故事，活了1,000 歲，看起來仍然像個年輕人。他的法器是寶劍。

Lykáon　呂卡翁△（lýkos＝狼）：（希臘）阿卡迪亞（Arcadia）國王，**嘉麗斯特**（Kallistó）的父親。因為他以人肉招待**宙斯**（Zeús），於是被宙斯變成狼。

M

Ma 瑪▽：（卡帕多西亞）（Cappadocia）母神，象徵豐饒的自然。她也是戰神，主要的聖地在科瑪納（Komana），**歐瑞斯特斯**（Oréstes）和**伊菲格內亞**（Iphigéneia）把神像偷走，跑到陶利斯（Tauris）去，後來神像又回到原地。她在錢幣上的形象為手持雙頭斧和棍棒。在希臘化時代，她被同化為許多女神：**雅典娜**（Athéne）、**阿提密斯**（Ártemis）和弗里吉亞的**西芭莉**（Kybéle）。作為戰神，她則相當於羅馬的**貝羅納**（Bellona）。

Maahiset 馬希塞△▽（住在地裡）、Maanalaiset（地底）：（芬蘭）侏儒地靈，住在山上、洞穴、森林或偏僻的湖裡。有個人類造訪她，回去才發現在地底待一天，人間已經匆匆五十年。馬希塞會保護野獸，讓旅行者迷路。在侏儒的世界裡，就像湖面的鏡像一樣，一切都和人類世界相反，行走時頭下腳上，左即右，右即左。馬希塞相當於立陶宛的（Kaùkas）。

Maailmanpatsas 馬伊曼帕查斯：（芬蘭）宇宙巨柱，豎立於圓形的陸地，支持圓頂的穹窿。它有時候也被認為是世界中心的高山，稱為「北國石丘」，巔峰直到北極星，亦即「天國之臍」。冥府**波約拉**（Pohjola）就在天地交會處的庫布爾河（Khubur）後面。

Ma'an 馬安△：（敘利亞帕密拉地區）（Palmyra）騎馬隨侍**阿布葛**（Abgal）的御者神。

Maanalaiset→Maahiset

Ma'at 瑪特▽（基礎）：（埃及）司法的守護神，世界秩序的人格化，立基於真理、權利和法律，為萬物的規範。每個人都得尊重她一點，因為在彼岸的審判裡，他們必須以瑪特為砝碼稱量。瑪特是太陽神雷（Re）的女兒，她和丈夫**托特**（Thot）每天陪伴太陽神乘著太陽船飛行。國王是「瑪特的愛人，活在她的法律裡頭」。她在卡納克（Karnak）的神殿是她的審判席，也是拘留所，而法官就是她的祭司。她有人類的形象，頭上有鴕鳥羽毛，那也是瑪特的象形符號，她的手裡則有生命符。

Maböge→Mebere

Mabul 洪水（【希伯來】）、【希臘】Kataklysmós：（猶太教和基督宗教）整個地球的大水災，毀滅史前人類。因為人類犯罪，**耶和華**（Jahwe-Elōhim）降了 40 天的大雨懲罰他們，淹沒群山，除

摩洛

16	3	2	13
5	10	11	8
9	6	7	12
4	15	14	1

魔術方陣
16個數字，縱向、橫向和斜線
數字相加皆相等。

了跟著**挪亞**（Nōach）登上方舟的動物們，所有生物無一倖存。繪畫：J. A. Uytewael (ca. 1590)。

Mach→Ninmach

Machas　瑪哈▽（【複數】）：（克爾特）愛爾蘭神話的三位地神、母神和戰神，她們的功能相當於三個階級（祭司、武士和庶民），分別和凡間的國王結婚：1.瑪哈是尼美德（Nemed）的妻子；2.瑪哈孟古魯瓦（Macha Mongruad）是艾德魯瓦（Aed Ruad）的女兒；3.瑪哈則是克隆德（Crund）的妻子。

Mādjūdj→Yādjūdj

Mafedt　瑪弗蒂特▽、Mafedet：（埃及）復仇女神，抵禦蛇的守護女神，她是絞刑的人格化，同時為審訊和劊子手的工具。其外形似貓，蹲踞在柱子上。

Magier　巫師（【古波斯文】magusch）：泛指有超自然能力的諸神鬼或人類。他們也是與超感官世界的中介者，以自己的意志干預世事，經由傳承的法術影響自然和超自然。他們以巫術蘊含的力量讓超自然的存有者（惡魔、天使、諸神）呼應他們的意志。巫術的目的在於消災解厄或是傷害對手，影響所及，包括生死、愛情、健康和疾病、豐收和乾旱、福禍、有益或有害的動物。在祈雨儀式裡，他們用倒水的模擬方式呼風喚雨。他們會使用魔藥、咒語或魔法棒，例如：**摩西**（Mōsheh）以杖擊磐出水（《出埃及記》17:1ff.），**以利沙**（Elishā）以杖讓斧頭浮上水面（《列王紀下》6:1ff.）或是讓死者復活（4:29）。**戴奧尼索斯**（Diónysos）的神杖在皮羅斯（Pylos）讓泉水涌出。魔術方陣也很有名，4×4的方陣共16個數字，縱向、橫向和斜線數字相加皆相等，象徵一種和諧。

Mag Mell　馬格梅爾（快樂的平原）：（克爾特）死者的樂園，大海裡的極樂島，英雄也會偶爾造訪該地。統治該樂土的是**弗摩爾族**（Fomore）國王**提特拉**（Tethra）或是海神**馬諾南**（Manannân）。

Mag Mor　馬格摩爾（廣大的平原）：（克爾特）愛爾蘭神話裡的仙境，由**密迪爾**（Midir）統治。

Magni und Módi　馬格尼和摩狄△△（【古北歐】強者和忿怒者）：（日耳曼）神族兄弟，為**托爾**（Thor）的力量和忿怒的人

格化。他們是托爾和女巨魔揚撒克薩（Jarnsaxa）的兒子。在**諸神黃昏**（Ragnarök）以後，他們回到新世界，繼承其父的雷神鎚（Mjöllnir）。

Magog　瑪各（【希伯來】）：1.（猶太教）黑海東南岸民族和國家（瑪各地）的始祖。他是**雅弗**（Jāfēt）的兒子。2.（基督宗教）和**歌革**（Gōg）代表末世與神的民族為敵的外邦。

Mágoi　博士、麻葛△（【希臘複數】占星者）：（基督宗教）東方三博士、三王，保護羈旅者免於風暴和疾病。博士們看見一顆星升起，跟隨它到了伯利恆，找到**耶穌**（Iesũs）和他的母親**馬利亞**（María）。他們俯拜那新生的王，以黃金、乳香和沒藥（產自阿拉伯）為禮物獻給他。他們在夢裡被神指示不要回去耶路撒冷（希律王那裡），於是從別的路回故鄉去。西元九世紀以後，他們的名字分別是：賈士帕（Kaspar）、梅柯爾（Melchior）和伯達撒（Balthasar）。西元十二世紀，博士們保存在米蘭的遺骨被移到科隆，供奉至今。東方三博士的慶日是 1 月 6 日（三王節）。繪畫：G. da Fabriano (1423)、St. Lochner (1440)、L. da Vinci (1481/82)、Tiepolo (1753)。

基督宗教的東方三博士，他們看見一顆星升起，跟隨它到了伯利恆，找到耶穌和他的母親馬利亞並且獻禮（Merian-Bibel, 1630）。

Magor→Hunor

Mag Tured　馬格杜雷：（克爾特）**達努神族**（Tuatha Dê Danann）和**弗摩爾族**（Fomore）兩次決戰的戰場。在第一次戰役裡，原住民「袋人」（Firbolg）遭到達努神族屠殺，弗摩爾族則逃逸。在第二次戰役裡，達努神族征服了弗爾摩族。

Māh　瑪哈△（【祆語】月亮）：（伊朗）月神，屬於雅扎塔（Yazata）。在初春時分，他帶來溫暖，讓植物抽芽。每月七日是他的慶日。

Mahābali→Bali

Mahābodhisattva　大菩薩：（佛教）**觀世音**（Avalokiteshvara）、**虛空藏**（Ākāshagarbha）、**金剛手**（Vajrapāni）、**地藏菩薩**（Kshitigarbha）、**除蓋障菩薩**（Sarvanivaranavishkambhin）、**彌勒菩薩**（Maitreya）、**普賢菩薩**（Sāmantabhadra）和**文殊**（Mañjushri），合稱八大菩薩。其中觀世音、金剛手和普賢也屬於**五禪定菩薩**（Dhyāni-Bhodhisattva）。大菩薩偶爾也會有空行母為

大黑天
佛教護法。

其眷屬，代表佛的**般若**（Prajña）。

Mahādeva 摩訶提婆、大天（【梵】大神）：（印度教）地方主神的稱呼，通常是**濕婆**（Shiva）或其**沙克提**（Shakti）的別名。

Mahākāla 大黑天、大黑神△【陰性】Mahākāli：1.（藏傳佛教）財神、蒙古人的守護神和護法，有 67 或 75 種化身。他有 8 頭 16 臂，火髮豎立，手持髑髏和三昧劍，身體是藍黑色。2.（印度教）宇宙毀滅力量的化身，**濕婆**（Shiva）的別名。

Mahākāla→Kāla

Mahākāli→Kāli

Mahāmayā 摩訶摩耶▽（【梵】大幻、幻母）：（印度教）母神的別名。

Mahāprabhu 瑪哈帕布△（大主）：（古印度）般多族（Bondo）的太陽神和主神。

Maharishi 大仙△：（婆羅門教和印度教）古代的聖哲、卜者、先祖和詩人，有時候等同於生主（Prajāpati）以及**庇塔**（Pitā）。其數為七位、九位或十位，名稱各異。其中最著名的有：**摩哩質**（Marici）、**阿底利**（Atri）、**鴦耆羅**（Angiras）、**補羅訶**（Pulaha）、**迦羅圖**（Kratu）、**補羅娑底耶**（Pulastya）、**婆私吒**（Vasishtha）、**波利怙**（Bhrigu）、**大克夏**（Daksha）、**那羅陀**（Nārada）。他們被認為是**梵天**（Brahmā）「心生」的兒子。其中七位大仙組成北斗七星，其眷屬為金牛宮星群（Krittikai）。現在印度教的證道者也稱為大仙。

Mahāsiddha 大成就師：（佛教和坦特羅教）重要的聖人和苦行者，精研坦特羅教義，有種種神通作為證道的表徵。在眾多的**成就師**（Siddha）中，有 84 位成為大成就師，其中包括**帝洛巴**（Ti-lo-pa）和**那若巴**（Na-ro-pa）。

Mahatala→Tingang

Mahataral→Tingang

Mahāvira 大雄（【梵】）：1.（印度教）**毘濕奴**（Vishnu）和**哈努曼**（Hanumān）的別名。2.（耆那教）**筏馱摩那**（Vardhamāna）的尊稱，他是現在世第 24 位**渡津者**（Tirthankara），也是最後一位。

Mahāyuga 大時：1.（印度教）世界周而復始的時期，一大時包含四個時（Yuga），在人間為 432 萬年（在神界為12,000年），一千大時為一劫（Kalpa）。

al-Mahdi 馬哈迪△（【阿拉伯】由安拉引導者）：（伊斯蘭）公眾的領袖，接受**安拉**（Allāh）的指引。以前有受指引者（例如阿里），未來也會有。末日的時候會有馬哈迪降臨，使伊斯蘭重生，並成為萬民的宗教。什葉派認為馬哈迪是從隱遁中顯世的**伊瑪目**（Imām），將使什葉教派成為末日的世界宗教。有時候馬哈迪相當於**爾薩**（'Isā）。

Mahes 馬赫什△（怒視的獅子）、【希臘】Miysis：（埃及）獅神，象徵灼熱太陽的破壞力量，以及暴風雨裡的雷電。他被尊為嗜血的「殺戮之王」，是**貝斯蒂**（Bastet）的兒子，在里翁托波里斯（Leontopolis）受崇拜，獅首人身，被等同為**奈夫圖**（Nefertem）。

Mahisha 馬希沙（【梵】水牛）：（印度教）牛魔，**阿修羅**（Asura）的首領，對抗天神**因陀羅**（Indra）的大軍。他住在頻闍耶山（Vindhya），侵擾眾神，直到**難近母**（Durgā）以諸神的武器打敗他，因此難近母別名為「征服馬希沙者」（Mahishamardini）。馬希沙是**耶摩**（Yama）的坐騎。

Mahr 莫拉▽、Mora：（斯拉夫）家靈，由祖先或活著的人們的靈魂組成的。他們晚上會脫離軀殼，侵擾睡夢中的人，甚至吸他們的血。莫拉會化身為動物，例如飛蛾，或是變成頭髮、麥稈，插到屋子的鎖孔裡。

Mahrem 馬倫△：（衣索匹亞）古代的戰神和國家神。在三聯神裡，他居於**阿什塔**（'Astar）和**貝海爾**（Behēr）之後。在基督宗教傳入以前，阿克孫（Aksum）的國王認為自己是馬倫的後代，並且稱為「無敵者馬倫的兒子」。在每次戰役勝利後，會以牲祭或人頭祭酬謝馬倫。他相當於希臘的**阿利斯**（Áres）。

Mahu-ike 馬胡伊克▽：（波里尼西亞）地震神和火神，看管地獄裡的火。**茂伊**（Maui）到他那裡盜火，被馬胡伊克發現他是

和森林神薩提羅斯一起跳舞的麥娜絲。

個騙子，就把一些火星扔到樹裡頭。於是人們就可以鑽木取火。

Maía 美雅▽（小母親）：（希臘）大地女神和生長女神，後來變成仙女，為七女神（Pleiádes）之一。她和**宙斯**（Zeús）生了**赫美斯**（Hermés）。

Maide 麥德△、【複數】Mairi：（西班牙巴斯克地區）夜靈，晚上到屋子裡，享用廚房裡招待他們的食物。他們建造墓室、桌形石和城堡，為人類帶來文明。在貝納瓦雷（Benavarre）的墓室稱為「麥里耶瑟」（Marietxe）。男性的麥德對應於女性的**拉蜜妮**（Lamiñ）。

Mainás 麥娜絲▽（狂暴者）、【拉丁】Maenas：（希臘）酒神**巴庫斯**（Bákchos）的女性狂熱信徒，因此又稱為「酒神女祭司」（Bacchantin）。她們以神杖和節奏狂熱的酒神讚歌（Dithyrambos），呼喊著「伊喔」（Eueu），跟隨著酒神。麥娜絲相當於**巴卡**（Bakche）。

Maithuna→Mithuna

Maitreya 彌勒佛、彌勒菩薩△（【梵】慈氏）：（佛教）現在劫的未來佛，於龍華樹（Naga）下證道成佛，是繼**釋迦牟尼佛**（Shākyāmuni）之後的**人間佛**（Manushi-Buddha）。他的佛父是**不空成就如來**（Amoghasiddhi），現在住世於**兜率天**

彌勒菩薩
現在世的未來佛。

（Tushita），名為那陀（Nātha），其後將下生人間預備成佛，名為阿逸多（Ajita），父親是梵妙（Subrahmana），母親是梵摩波提（Brah-māvati）。在小乘佛教裡，他是唯一的菩薩，在大乘裡，他則是八大菩薩（Mahābodhisattvas）之一。他有三面四臂，身體為金色。手持水瓶。在中國則演變為布袋和尚的造形。

Mājas gars 馬雅斯加斯△：（拉脫維亞）保護家人趨吉避凶的家靈。

Maju→Sugaar

Makara 摩竭魚：（印度教）由魚、烏龜和鱷魚組成的怪物，

象徵所有動物的合而為一，能夠帶來豐收，從嘴裡吐出動物和植物。他是河神的坐騎。

Makemake　馬奇馬奇△：（波里尼西亞）東島傳說的海神，造物神、豐收神，燕鷗的守護神，在築巢期初撿到第一只蛋的人，就可以當一年的**坦加塔瑪奴**（Tangata Manu）。在歐倫果村（Orongo）的巨眼石像或岩刻，就是馬奇馬奇。

Māl→Māyōn

Mala' āk　天使【希伯來】、【希臘】Ángelos、【拉丁】Angelus：1.（猶太教）**耶和華**（Jahwe-Elōhim）的使者和靈體。他們是神在天國的侍從，別名為「神的兒子們」、「聖者」。天使之間有等次的區分，例如：**基路伯**（Kerubim）、**撒拉弗**（Serafim）、**大天使**（Archángeloi）；也有功能的區分，例如：對於惡人有報復和懲罰天使、審判和死亡天使，而對於好人則有守護天使或代禱天使。墮落的天使則成為**魔鬼**（Daimónia）和**撒但**（Sātān）。2.（基督宗教）**上主**（Kýrios）的天使，人類和教會的守護者。自從偽名戴奧尼索斯以降，就有九天使團之說。拔摩島（Patmos）的聖約翰看到神的寶座四周有一萬乘以一萬加上一千乘以一千個天使（10100萬）。他們報喜給伯利恆野地的牧羊人，說**彌賽亞**（Messias）將要降生；在**耶穌**（Iesûs）受**魔鬼**（Diábolos）試探後，有個天使來服侍他；在客西馬尼時，有天使顯現加添他的力量（《馬太福音》26:53）。有兩個天使出現在耶穌的墳墓旁，站在**抹大拉的馬利亞**（María Magdalené）前面。人子復臨審判時，他們在一旁，分辨好人和惡人，把惡人扔到火湖裡去。西元四世紀以後，他們仿照勝利女神和精靈，也有了雙翼，卻沒有像前者那樣衣不蔽體。文藝復興以後，古代的小天使也變成天使模樣。

Mala'āk Jahwe-Elōhim　耶和華的天使【希伯來】：1.（猶太教）**耶和華**（Jahwe-Elōhim）的使者，是祂的代言人。他對人類宣告神的旨意，牧領且保護他們。有時候他甚至與神合一。耶和華的天使在荒野裡對**夏甲**（Hāgār）**以實瑪利**（Jishmā'ēl）和說話。當**亞伯拉罕**（Abrāhām）以他的兒子**以撒**（Jizhāk）獻祭時，天使出現阻止他。耶和華的天使也在**雅各**（Ja'akob）的夢裡；他在燃燒的荊棘叢中對**摩西**（Mōsheh）說話。2.（基督宗教）**上主**

摩竭魚
印度教多產神，從嘴裡吐出動物和植物的生命，是由魚、烏龜和鱷魚組成的怪物。

耶和華的天使
他報喜給伯利恆野地的牧羊人，
說彌賽亞將要降生。

（Kýrios）的天使，有時候等同於**加百列**（Gabriél）。他在聖殿裡對**撒迦利亞**（Zacharias）宣告**約翰**（Ioánnes）的誕生；他報喜給伯利恆野地的牧羊人，說**耶穌**（Iesûs）將要降生；要耶穌和家人逃亡到埃及，後來又要他們回到以色列去。耶穌復活後，他推開墳墓的石頭，坐在上面。他兩次救**彼得**（Pétros）出獄，並要腓利（Philippus）往南到迦薩去。

Mala'āk ha-Mawet 死亡天使【希伯來】：（猶太教）**耶和華**（Jahwe-Elōhim）的使者，奉祂之名宣告或降下死亡，把死亡的毒害帶到世界來。**摩西**（Mōsheh）、**大衛**（Dāwid）和**所羅門**（Shelōmō）曾經抵擋住他。死亡天使經常等同於**撒末爾**（Samael）或**撒但**（Sātān）。

Malachias→Mal' āk

Malā'ika 使者【阿拉伯複數】：（伊斯蘭）**安拉**（Allāh）的使者，監視並記錄人類的行為。其中包括四大天使：**吉卜利里**（Djabrā'il）、**米卡里**（Mikāl）、**阿茲拉伊來**（'Izrā'il）和**伊斯拉非來**（Isrāfil）；另外還有**哈魯特**（Hārūt）和**馬魯特**（Mārūt）、**蒙卡爾和納基爾**（Munkar und Nakir）。安拉用光塑造他們，並指示他們要尊奉新生的**阿丹**（Ādam）為王，眾天使都照作，除了**易卜劣廝**（Iblis）。使者們是安拉的侍衛，看守**天園**（Djanna）的城牆，對抗「窺伺的」敵人精靈（Djinn）和**撒但**（Shaitān）。使者有二翼、三翼或四翼。《古蘭經》第 35 章以他們為名。伊斯蘭教的使者相當於猶太教的**天使**（Mala'āk）。

Malakbēl 瑪拉克貝△（貝勒的使者）：（敘利亞帕密拉地區）太陽神、年輕的春神和植物神。他和**阿格里波爾**（'Aglibōl）以及**巴力撒美**（Ba'alsamay）組成三聯神。他的象徵物是老鷹。

Mal' āki 瑪拉基△【希伯來】我的使者）、【希臘】Malachias：（猶太教）後被擄時期（485－445 B.C.）的**耶和華**（Jahwe-Elōhim）的先知，他對不敬畏神的人們預言耶和華的審判日將臨，對耶路撒冷預言神的公義之日。現在的苦難（蝗災、旱災、欠收）是耶和華降的禍。在耶和華大而可畏的日子未到以前，他會差遣先知**以利亞**（Ēlijjāhū）到來。聖經十二小先知書其中一卷名為《瑪拉基書》。

Malli　摩利▽△、Mallinātha：（耆那教）現在世第 19 位**渡津者**
（Tirthankara），白衣派（Shvetāmbara）說他是女性，而空衣派
（Digambara）則說他是男的。他（她）的父母親是彌緗羅
（Mithilā）國王貢帕（Kumbha）和拉庫希塔（Rakshitā）。他於
55,000 歲入滅。其象徵物為水罐。他的身體為藍色或金色。

Malsum　馬爾孫：（印第安）亞爾岡京族傳說的貂神或狼神。
他是**古魯斯卡普**（Gluskap）的兄弟，邪惡且愚蠢。他創造高山和
溪谷，也造了蛇。

Malu　馬魯：（西伯利亞）鄂溫克族和通古斯族的家神，狩獵時
的助手。馬魯的神像被安置於箱子裡，供在家裡後牆的壁龕
（malu）。

Mama　瑪瑪▽、Mami：（蘇美和阿卡德）母神，她也叫作瑪蜜
寧圖寧珠桑嘉（Mami-Nintu-Ninchursanga），以黏土和被殺死的神
的血創造了人類。

Mama Allpa　瑪瑪・亞爾帕▽：（印第安）印加族的地神、母
神和收成神，她有許多個乳房，就像希臘以弗所（Ephesus）的**阿
提密斯**（Ártemis）。

Mama Cocha　瑪瑪・科查▽（【蓋楚瓦】海母）：（印第安）
印加族的始祖神和海神，尤其是受漁民和船員崇拜。她是造物神**維
拉科查**（Viracocha）的妻子。

Mama Cora　瑪瑪・科拉▽：（印第安）印加族的玉米神，是
玉米母神皮魯亞（Pirua）的女兒。

Mama Oello　瑪瑪・歐洛▽（【蓋楚瓦】蛋母）：（印第安）
印加族的始祖。她教導婦女紡織。她是太陽神**印提**（Inti）和月神
瑪瑪・奎拉（Mama Quilla）的女兒，是**曼柯・卡帕克**（Manco
Capac）的妹妹和妻子，兒子是第二代印加王辛契・羅卡（Sinchi
Roka）。

Mama Quilla　瑪瑪・奎拉▽（【蓋楚瓦】月母）、Quilla、
Kilya：（印第安）印加族的月神。她是**維拉科查**（Viracocha）的
女兒，**印提**（Inti）的妹妹和妻子，生了**曼柯・卡帕克**（Manco
Capac）和**瑪瑪・歐洛**（Mama Oello），她要他們兩人到提提喀喀
湖（Titicaca）去，成為印加王朝的始祖。因為她比印提更亮更

強，於是印提往她臉上撒灰。每個印加王的王后都是瑪瑪·奎拉在俗世的代表。

Mamaragan 馬馬拉根△：（澳洲）閃電人，雷鳴是他的聲音。他會以電戟劈打樹木和人類。乾季時，他住在水坑裡，雨季時則騎在雷雲端。

Mami→Mama

Māmit 瑪密特▽、Mamitum（誓言、禁令）：（阿卡德）主司誓言以及懲罰偽證的女神，後來成為冥府和命運女神。她的丈夫是匿甲（Nergal），或謂是埃拉（Erra），和安努那庫（Anunnaku）在冥府審判死者。

Mān 嗎哪△【希伯來】man hū'＝那是什麼）、【希臘】Mánna☉：1.（猶太教）以色列人在曠野40年期間的神奇食物，是耶和華（Jahwe-Elōhim）在夜裡自天國降下的，叫作「天上的餅」、「天使的餅」，每天都降下，除了安息日（Shabbāt），到了第六天，會降下雙倍的量。嗎哪是顆粒狀的，像是地上的霜，顏色是白色的，滋味如同攙蜜的薄餅。為了紀念神所賜的神奇食物，族人在約櫃裡安置嗎哪罐。2.（基督宗教）末世生命之糧的典型。

Mana 馬那：（波里尼西亞和美拉尼西亞）存在於萬物當中的超自然力量和魔力。馬那可以影響健康或疾病、長壽或夭折，呼風喚雨，帶來豐收或乾旱，賞善罰惡。具有馬那的事物會有許多禁忌（tabu），因為濫用馬那是很危險的。

馬拿保斯何
印第安的太陽神和創世英雄，其形象為「巨兔」。

Manabhozho 馬拿保斯何、Manabozho：（印第安）亞爾岡京族的太陽神、大地的創造者和維繫者、百獸之王、醫神。他是喀本（Kabun）的兒子，奇俾亞多斯（Chibiados）的哥哥。他們兄弟鬩牆時，有雷鳥（Thunderbird）幫助他。他的形象原本是蛇，後來變成兔子的樣子。

Manāf 瑪納夫△（卓越的）：（敘利亞帕密拉地區）守護神，和**瑪拉克貝**（Malakbēl）以及**巴貝勒哈們**（Bebellahamon）並稱「父神」（dii patrii）。

Mannanân 馬諾南△（【愛爾蘭】）、【威爾斯】Manawyd-dan：1.（克爾特）愛爾蘭神話的海神，他觀察天象，預言天氣好壞。他也是死神，統治**馬格梅爾**（Mag Mell）。他是**里爾**（Lir）的兒子，蒙根（Mongan）的父親。馬諾南讓諸神享用他的鍋子裡取之不竭的美食，而賜予他們永生。2.（克爾特）威爾斯神話裡農夫和鞋匠的神。他是**里爾**（Llyr）的兒子，**布蘭**（Brân）的兄弟，**里安農**（Rhiannon）的丈夫，以人骨築成阿諾斯堡（Annoeth）。

Mānā rurbē 馬納拉巴（巨大容器）、Mana Rabba：（伊朗）曼德恩教派的最高神，光明界的統治者，善、真理和慈愛世界的化身，象徵「第一生命」，對抗邪惡的**烏珥**（Ur）。他別名為「大帝」、「明王」。馬納拉巴是諸神的基始，由他流出所有生命。在燦爛的以太海洋裡，他被無數的光體圍繞，即馬納（Mānā）、庇拉（Pira）和烏特拉（Uthrā）。

Manasa 摩那斯龍王、大意、高意▽：（婆羅門教和印度教）蛇神、多產神，守護人類免於蛇吻。她是**迦葉波**（Kāshyapa）和**歌頭**（Kadrū）的女兒，**和修吉龍王**（Vāsuki）與**難陀龍王**（Ananta）的姐妹。她以蛇為坐騎，類似於佛教的**常瞿梨**（Jānguli）。

Manāt 默那特▽（命數）：1.（阿拉伯）古萊氏族（Quraysh）的命運女神、死神和昏星神，和**拉特**（al-Lāt）以及**烏扎**（al-'Uzza）組成女性的三聯神。在阿拉伯中部，她們稱為「安拉三女兒」。她的聖地在麥加附近的庫達伊（Kudaid），人們把一塊黑石當作她的偶像崇拜。默那特等同於希臘的**提赫**（Týche）或**尼美西斯**（Némesis）。2.（伊斯蘭）女性偶像，在《古蘭經》（53:19-23）裡提到她，**穆罕默德**（Muhammad）原本准許公眾求她向**安拉**（Allāh）代禱，其後又禁止。

Manawyddan→Manannân

Manco Capac 曼柯・卡帕克△（【蓋楚瓦】國王和財主）：（印第安）印加王朝的第一位國王（十一世紀）。他被認為是太陽神

印提（Inti）和月神**瑪瑪·奎拉**（Mama Quilla）的兒子，**瑪瑪·歐洛**（Mama Oello）是他的妹妹和妻子，他們生了第二代印加王辛契·羅卡（Sinchi Roka, ca. 1150）。他來自提提喀喀湖（Titicaca）或是某個洞穴，在1100年建立庫斯科城（Cuzco）。他死後成為天上的木星（Pirua），祕魯（Peru）就以他為名。他有時候等同於**阿亞爾·曼柯**（Ayar Manco）。

Manda→Shani

Mandā d-Haijē **曼達**（生命的知識）、Manda da Hayyê：（伊朗）曼德恩教派的靈體和光體，解脫智的化身。他的別名為「生命之子」、「生命肖像」。**馬納拉巴**（Mānā rurbē）派他到黑暗世界**底庇勒**（Tibil），對**肉體的亞當**（Adam pagria）和他的妻子**夏娃**（Hawa）默示他們的出身，讓他們找到解脫的真實智。在創世以前，他就曾經「下地獄」去征服且囚禁**烏玥**（Ur），以阻止整個創造。曼達幫助死者的靈魂上升到光明界，因為他們必須走過由魔鬼看守的七或八個阻礙光明的難關。曼達小時候曾在施洗者約翰那裡領洗。曼德恩教派即是以他為名。

Mandah **門達**（nadaha＝澆水、濕潤）、Mundih：（阿拉伯）阿拉伯南部的灌溉神和守護神。

Mandulis **曼杜里斯**△、Merulis：（東北非）努比亞人的天神和太陽神，在卡拉布夏神廟（Kalabscha）受崇拜。他的形象為孩童（朝日）或成人。

Manes **馬內士**△、di manes：（羅馬）善良的鬼魂，死去的家人的靈魂，被供奉在墓園裡，人們會在祖靈節（Parentalia）時祭祀他們。在皇帝時期被封為諸神的馬內士，會在墓碑會刻上DM（Dis Manibus）縮寫。

Manes→Mani

Mangala **曼加拉**△、Ngala、Gala：（非洲馬利）班巴拉族（Bambara）的天神和造物神。他創造兩種「福尼奧」稻米（Fonio）（以組成世界蛋），以及六種穀類。他把這八種植物歸類為四個方位。在世界蛋裡有一對雙胞胎，其中男性的**彭巴**（Pemba）提早離開世界蛋，以他的胎盤創造大地，而以另一個胎盤創造太陽。

Mangala **芒嘎拉**△、Bhauma、Angaraka：（印度教）火星神

（火曜）和戰神，坐著八駕馬車。他的武器有長矛、木棍和三叉戟。他相當於戰神**私建陀**（Skanda）。

Mani 摩尼△、Manes：（伊朗）「善神」、「大慈父」、「大明尊」的先知（216－277），創立摩尼教。在他 12 歲和 24 歲時，明尊差遣天使推因（al-Taum）以異象給他兩個啟示，於是他宣揚由**五明身**（Aiónes）環繞的大明尊的教義，對抗**眾暗魔**（Archóntes）以及「黑暗之王」。摩尼自許紹承伊朗的**查拉圖斯特拉**（Zarathus-tra）、東方的**佛陀**（Buddha）以及西方的**耶穌**（Iesûs），認為他所傳的是整個世界最終的啟示，是「眾先知的封印」。

Mani 曼尼△（【古北歐】月亮）、【古德語】Mano：（日耳曼）月神，繞行地球的衛星的人格化。曼尼是蒙提法瑞（Mundilfari）的兒子，太陽女神**索爾**（Sól）的兄弟。他駕著馬車飛過天際，惡狼哈提（Hati）緊追在後。在**諸神黃昏**（Ragnarök）時，惡狼吞噬了曼尼。星期一（manatac, Montag, Monday）即以他為名。曼尼相當於羅馬的**露娜**（Luna）。

Manitu 馬尼圖（靈）、Manito、Manitou、Manido：（印第安）1.亞爾岡京族傳說中蘊藏於萬物裡的超自然力量。2.統治諸神靈的造物神和最高神，宇宙的主宰。馬尼圖是巨靈**基切馬尼圖**（Kitshi Manitu）的別名，他要印第安人以漁獵為生，而白人必須耕作謀食。馬尼圖相當於易洛魁族（Iroquois）的**歐倫達**（Orenda），以及蘇族的**瓦坎達**（Wakanda）。

Mañjushri 文殊菩薩（【梵】妙吉祥）、Mañjughosha（妙音菩薩）：（佛教）八大菩薩之一，為智慧、教法、修行者、解脫智和記誦的守護神，有14種化身。西藏佛教黃教的創立者宗喀巴（Tsongkhapa, 1357－1419）也被認為是文殊的化身，有四面兩臂（或八臂），結法印和施願印。其主要標誌為智慧劍和般若經，以獅子為坐騎，身體是紅色或白色。

Mánna→Mān

Manó 馬諾：（匈牙利）惡魔，代表世界的黑暗面，與光明的**伊斯頓**（Isten）為敵。

Mano→Mani

Mantus 曼圖斯△：（伊特拉斯坎）冥府的鬼差，人們在棺材

文殊菩薩
結施願印，右手持智慧劍。

上繪以其肖像，是個五短身材的男子，有雙翼，面貌猙獰，耳朵尖長，手持大榔頭。

Manu　摩奴（【梵】人類）：（吠陀宗教、婆羅門教和印度教）最初的人類和立法者，共有14世摩奴。在洪水中，有一條魚拖著摩奴的船航行，使他倖免於難，成為人類的始祖。他是**毘婆斯伐特**（Vivasvat）的兒子，**耶摩**（Yama）和**阿須雲**（Ashvins）的兄弟。假託他的名字的《摩奴法典》奠立印度人社會生活的基礎。摩奴類似於猶太教的**挪亞**（Nōach）。

Manushi-Buddha　人間佛△：（佛教）降世人間以求證道解脫的佛陀。在**釋迦牟尼佛**（Shākyāmuni）以前有六位或 24 位「古佛」住世。在 24 佛中，**然燈佛**（Dipamkara）是第一位，在六佛中，**毘婆尸佛**（Vipashyin）是第一位（第19位）。根據大乘教義，其他五佛的佛父是天界的**五禪定佛**（Dhyani-Buddhas）。人間佛以**三身**（Trikāya）裡的化身示現宣說解脫道。其中包括過去世的**拘留孫佛**（Krakuchchanda）、**拘那含佛**（Kanakamuni）和**迦葉佛**（Kāsh-yapa）；現在世的釋迦牟尼；以及未來世的**彌勒佛**（Maitreya）。他們有頂髻相（ushnisha）、白毫相（ūrnā），耳垂甚長，各結不同的**印**（Mudrā），也各自在不同的樹下證得菩提（bodhi）。

Manzashiri　滿扎什里△：（蒙古）卡爾梅克人（Kalmyk）神話裡的原始巨怪，由他的身體構成世界。他的肉構成大地，他的血成為水，由他的臟腑形成火，頭髮變成草，骨頭成為鐵，牙齒是眾星，眼睛是太陽和月亮。滿扎什里類似於吠陀宗教**原人**（Purusha）、中國的**磐古**（P'an-ku）和日耳曼的**伊米爾**（Ymir）。

Māra　魔羅（【梵】殺者、奪命）：（佛教）惡魔，死亡的化身，擾亂眾生，障礙解脫。他曾經百般阻撓**釋迦牟尼佛**（Shākyā-muni）對眾生宣說正法。魔羅曾住於**他化自在天**（Paran-immi-tavasavatin），有千臂，以象為其坐騎。

Marduk　馬爾杜克△（【蘇美】Amar-utuk：太陽神的小牛）：（阿卡德）農耕神和春天的太陽神，其後成為巴比倫的城市神。《埃努瑪埃立什》（Enūma elish）說，馬爾杜克戰勝**提阿瑪特**（Tiāmat），拯救落難諸神，而成為巴比倫的國家神。他以死去的提

馬爾杜克
阿卡德的城市神和國家神，在天海上，戴羽冠，穿著綴以星飾的長袍，右手持彎刀，左手執環與手杖，腳踏巨蟒穆修素。

馬爾杜克
巴比倫的城市神和國家神，追捕獅鷲怪物提阿瑪特。

阿瑪特創造世界，以**金谷**（Kingu）創造人類。他是智慧神、咒術神、審判神、醫神和光明神。他是**伊亞**（Ea）和**丹奇娜**（Damkina）的兒子，**撒潘妮頓**（Sarpanītum）的丈夫，**納布**（Nabū）的父親。巴比倫的埃薩吉拉（Esagila）神殿以及埃特梅南奇（Etemenanki）塔廟，是他的主要聖地。他既是世界的王，也是生命的創造者，因此其造形為兩面神。他的聖獸為**穆修素**（Mushussu），手持尖嘴鋤（Marrū），他的行星是木星，神聖數字是十。他的希伯來名字為米羅達（Merodach, Mardochai）。

Mari 瑪莉▽（女王）：（西班牙巴斯克地區）雨神和風神，大地的化身，巴斯克地區的最高神，眾鬼神的女王，流浪者和牧羊人的守護神，道德的維護者（懲罰偷竊和說謊），人類的導師，比斯開（Vizcaya）王室的祖先。她是馬胡（Maju）的妻子，**亞塔拉比**（Atarrabi）和**米克拉茲**（Mikelats）的母親。她習慣住在地底，有隧道、洞穴以及深谷與地表相通，有時候會坐著四駕馬車飛行。在

馬利亞
拿撒勒的童女和異象得見者，上
主差天使加百列對她說，她將受
聖靈感動懷孕，生下神的兒子
（Merian-Bibel, 1630）。

紡紗的時候，山羊是她的搖紗機，把線團掛在羊角上。鐮刀是她的象徵，人們用以躲避雷擊。其形象為婦人，背後有圓月光環；有時候有會描繪為動物（巨蛇）或石筍。基督教傳入後，她被貶為惡靈。

Māri 摩哩▽、Māriyammā：（古印度）母神、村落神、雨神和天花神。她也是防止霍亂的女神。她的丈夫是牟尼闍提（Muniyānti）。她在出神舞蹈時會遍撒「珍珠」而傳染天花。摩哩有 1,000 隻眼睛。

María 馬利亞▽（【希臘】）、【阿拉伯】Maryam（麥爾彥）：1.（基督宗教）出身自加利利的拿撒勒城的童女和異象得見者。她是**大衛**（Dauíd）的後代，是同為大衛子孫的**約瑟**（Ioséph）的妻子，**耶穌**（Iesūs）的母親。她被稱為「聖母」（Madonna）、「聖母馬利亞」。當她還是約瑟的未婚妻時，天使**加百列**（Gabriél）對她說她將受聖靈感動懷孕，生下神的兒子。她和約瑟回到伯利恆接受人口報冊時，她的頭胎兒子耶穌就誕生了。天使報喜信給野地的牧羊人說，他們的救主**彌賽亞**（Messias）出生了。其他天使則讚美上帝說：「在至高之處，榮耀歸與上帝，在地上，平安歸與他所喜愛的人。」馬利亞和約瑟住在伯利恆期間，有幾個**博士**（Mágoi）在東方看到耶穌的星而來拜他。根據教宗庇護九世（Papa Pius IX）宣告的信理，天主教認為馬利亞是「無染原罪」的。12 月 8 日是聖母始胎無玷日。9 月 8 日是聖母誕辰。根據教宗庇護十二世頒布的信理，8 月 15 日是聖母蒙召升天的節日。民間有許多聖母顯聖的故事，例如 2 月 21 日的「露德聖母節」便是紀念 1858 年聖母在法國露德（Lourdes）顯聖的事蹟。2.（伊斯蘭）在**天園**（Djanna）裡的聖人。她出身儀姆蘭家族（'Imran），是**爾薩**（'Isā）的童貞母親。她和阿西婭（Āsiya）、赫徹蒂（Khadidja）以及**法蒂瑪**（Fātima）同為最純潔的婦女。麥爾彥的父母親年老無嗣，到聖殿向**安拉**（Allāh）祈禱，於是安拉讓儀姆蘭的女人懷孕生了麥爾彥，交由**宰凱里雅**（Zakāriyā'）在內殿裡撫養長大。當她長大成熟，她的堂兄優素福（Yūsuf）帶她回家，以免她的經血玷污聖殿。麥爾彥十歲（或謂 13 歲）的時候，一如往常地到西羅亞水池（Silwān）汲水，天使**吉卜利里**（Djabrā'il）顯現告訴她將生個男孩

子。她順服了安拉的旨意，天使便把氣息吹到她擺在一旁的衣縫裡。她把衣服穿上後便即懷孕。她在椰棗樹旁忍受分娩的陣痛，生下了爾薩。《古蘭經》第19章即以她為名。雕塑：Donatello（ca. 1435）、V. Stoss（1517/18）、E. Q. Asam（1720）、I. Günther（1764）；繪畫：S. Martini（1333）、F. Lippi（1435）、Fr. Angelico（ca. 1440）、R. van der Weyden（ca. 1462）、H. Memling（ca. 1482）、Tizian（1516/18）。

María Magdalené　抹大拉的馬利亞▽【希臘】：（基督宗教）革尼撒勒（Genezareth）海邊抹大拉城的婦女，**耶穌**（Iesûs）的門徒，耶穌為她驅走七個鬼。耶穌受十字架苦刑後，她看守墳墓，在復活節的清晨，和其他兩個婦女發現墳墓是空的。兩個天使顯現，要她們去告訴其他門徒。她是耶穌復活的第一個見證者，耶穌對她說了一句很有名的話：「不要摸我。」（Noli Me tangere）抹大拉的馬利亞的慶日是在 7 月 22 日。抹大拉的馬利亞經常和**拉撒路**（Lázaros）的妹妹馬利亞以及罪人馬利亞混為一談。雕塑：G. Erhart（ca. 1520/30）；繪畫：J. d. Ribera、M. Denis（1892）；銅版畫：L. v. Leyden（1519）。

Marichi　摩哩質△、Marici：（婆羅門教和印度教）古代仙人，為十位**大仙**（Maharishi）之一。他被認為是**梵天**（Brahmā）「心生」的兒子，**迦葉波**（Kāshyapa）的父親。

Mārici　摩利支▽【梵】光照者）：（佛教）母神和太陽神，在黎明時受敬拜。她能保護人們免於疾病和偷盜。她示現三面六臂，安坐於七頭猛豬拉的車子，結隱身印，持金剛杵、弓箭、針、無憂樹枝和絹索。她以針縫住惡人的眼睛和嘴。她相當於吠陀宗教的**烏舍**（Ushas）。

Maris　馬利斯△：（伊特拉斯坎）投擲閃電的戰神，相當於希臘的**阿利斯**（Áres）和羅馬的**馬斯**（Mars）。

Māriyammān→Māri

Mars　馬斯△：（羅馬）戰神和植物神，農田和牲畜的守護神，卻也會帶來欠收和災害。馬斯是**貝羅納**（Bellona）的哥哥，**維納斯**（Venus）的丈夫。他和女神祭司**莉雅‧西薇亞**（Rhea Silvia）生了**羅穆路斯**（Romulus）和**列姆斯**（Remus），因此是羅馬人的祖先，羅馬人也自稱「馬斯之子」。他和**朱庇特**（Iupiter）以及基

林努斯（Quirinus）組成三聯神。他在馬斯廣場受供奉。行星中的火星以及星期二，都以他為名（【拉丁】Martis、【義大利】Martedi、【法】Mardi）。馬斯類似希臘的**阿利斯**（Áres）。

雕塑：Thorwaldsen（1809/11）、Canova（1816）；繪畫：Botticelli（1476/78）、Tintoretto（1578）、P. Veronese（1588）、Rubens（1625）、Velázquez（1640/58）、L. Corinth（1910）。

Marshavan 馬夏梵△：（伊朗）會帶來乾旱和貧困的惡魔。他的危害甚巨，特別會威脅到善良的宗教。

Marsýas 馬西亞斯△：1.（希臘）來自弗里吉亞的**西倫諾斯**（Silenós）山魔，弗里吉亞笛藝的人格化。他是酒神**巴庫斯**（Bákchos）的隨從，有一次他發現了被**雅典娜**（Athéne）丟棄的笛子，使他成為吹笛高手。他在音樂競賽中輸給彈琴的**阿波羅**（Apóllon），而被吊在樹上活生生的剝皮。他的血以及人們為他流的淚匯聚成與他同名的河流。2.（弗里吉亞）邪惡的風神。 雕塑：Myron、Michelangelo（1490）；繪畫：Tintoretto（1545）、Rubens（1603）、Tiepolo；芭蕾舞劇：L. Dallapiccola（1948）。

Martinus 聖馬丁△：（基督宗教和天主教）亞敏斯（Amiens）的軍人（316/17－397）、聖人、行神蹟者、驅魔者，圖爾（Tours）的主教（371）。在一個寒冷的冬夜裡，聖馬丁來到亞敏斯的城門，以劍把披肩割成兩半，分給挨餓受凍的乞丐。第二天夜裡，他在夢裡得到**耶穌**（Iesûs）的啟示。11 月 11 日的聖馬丁節是他的慶日，繼承了日耳曼民族崇拜**歐丁**（Odin）的秋天感恩祭的許多習俗，例如：聖馬丁烤鵝和聖馬丁酒。雕塑：S. Hirder（ca. 1525）、J. M. Gugenbichler（1682/84）、G. R. Donner（1733/35）；繪畫：El Greco（1597/99）。

Martu 馬爾杜△：（蘇美）天氣神，他也是原野神和風暴神，會襲捲草原，摧毀部落。他只吃生肉，而且不喜歡住在屋子裡，因此他也被認為是游牧族神。他是**安**（An）的兒子，相當於阿卡德的**亞摩魯**（Amurru）。

Marunogere 馬魯諾格雷：（美拉尼西亞）基瓦巴布亞（Kiwai-Papua）的英雄和文明始祖。他教導人類建築大型的部落房屋。他為每個女人鑿了開口，而創造了性器官。當夜晚來臨，他感覺到屋

子裡男女交媾的輕微震動，於是很高興地死去。人們以這個故事教導少男少女關於成人的性生活。

Mārūt→Hārūt

Maruts　馬爾殊、Rudras：（吠陀宗教和婆羅門教）主司暴風雨和雷電的神族，以斧鉞劈雲層，讓雨降下。眾馬爾殊們是**因陀羅**（Indras）的隨從，**伐由**（Vāyu）或**魯特羅**（Rudra）的兒子。其中包括**伊舍那**（Īsha）和**泥哩陀**（Nirrita）。馬爾殊為空界神族。

Maryam→María

Māshiāch　**彌賽亞**△（【希伯來】受膏立者）、【希臘】Messías、Christós（基督）、【拉丁】Christus：1.（猶太教）奇里斯瑪式的領袖，受膏立的救世主，為**大衛**（Dāwid）的子孫，猶太族人，在世界末日時，會在新的耶路撒冷稱王。祭司、國王和執行神意者，會由**耶和華**（Jahwe-Elōhim）膏立他們。2.（基督宗教）「大衛之子」**耶穌**（Iesûs）的稱號，他在世界末日時會建立上主的王國。史詩：Klopstock（1751/73）；神劇：Händel（1742）。

Mashurdalo　**馬殊悒羅**△（屠肉者）：（吉普賽）吃人的巨怪，住在森林和荒野，偷襲人類和動物，把他們吃掉。

Māshya und Māshyāi　**瑪西伊和瑪西安妮**△▽：（伊朗）15個人種的始祖。原人**伽約馬特**（Gaya-maretān）的精液滴到大地而生下瑪西伊和瑪西安妮，他們一出生就已經 15 歲。在世界末日（變容）時，他們會復活。

Matatron→Metatron

Māte　**瑪特**▽（母親）：（拉脫維亞）約莫 60 位母神的稱呼，她們主司人類生活裡的各種事件和功能。除了賜福的女神以外，也有降災和死亡的女神。其中包括：**茱拉絲瑪特**（Jūras mäte）、**勞庫瑪特**（Lauku mäte）、**美察瑪特**（Meža mäte）、**維扎瑪特**（Veja mäte）、**維盧瑪特**（Velu mäte）以及**哲美斯瑪特**（Zemes mäte）。

Mater Matuta　**馬特‧馬圖塔**▽（【拉丁】黎明之母）：（羅馬）晨曦女神，婦女和生育的守護神。她和其子**波圖努斯**（Portunus）是航海神和港口神。6 月 11 日的黎明女神節（Matralia）是她的慶日。後來她被同化為希臘的**依諾**（Inó）。

Mathamma　**瑪坦瑪**▽：（古印度）塔米爾族的母神和村落

神。

Mathusála→Metūshelah

Matrona 瑪托娜▽、【複數】Matronen：（克爾特）三位植物神和母神。尤其是在河床受敬拜。她們三個坐在一起，懷裡有豐饒角和水果籃。中間的瑪托娜有時候會抱著一個襁褓裡的嬰孩。法國東北的馬恩河（Marne）即以她們為名。

瑪托娜
克爾特三位植物神和母神，懷裡有豐饒角和水果籃。

Matsya 魚、末磋（【梵】）：（印度教）毘濕奴（Vishnu）在圓滿時（Kritayuga）裡的第一個權化（Avatāra）。毘濕奴化身為魚，殺死惡魔哈亞貴瓦（Hayagriva），拯救第七世的「摩奴」毘婆斯婆多（Vaivasvata, Satyavrata）免遭滅頂。他的形象為魚或是魚頭四臂，手持輪子和棍棒。

Maturaiviran 摩圖里毘蘭△：（印度）塔米爾族（Tamil）的村落神。

Maui 茂伊：（波里尼西亞）幫助諸神撐起蒼穹、使群星周行不息的英雄，教導人類以魚籠捕魚。他也是**惡作劇鬼**（Trickster），盜取諸神的火。茂伊是**希娜**（Hina）和**提奇**（Tiki）的兒子，綽號是「提奇提奇」（Tikitiki）。他用他祖母的魔法顎骨從海裡撈起島嶼，以繩索綁住太陽，不讓它跑得太快。最後他爬進沉睡的女神**希妮努提波**（Hine-nui-te-Po）的陰道裡，以求得永生。茂伊有八個頭（或謂兩面神）。

Mawu 瑪烏▽、Mawa（勝一切者）：1.（西非達荷美）芬族（Fon）的月神和造物女神。她是雌雄同體的**瑪烏利撒**（Mawu-Lisa）的女性面，**利撒**（Lisa）的孿生妹妹，**撒格帕塔**（Sakpata）、**谷**（Gu）和**勒格巴**（Legba）的母親。她主宰大宇宙，代表西方、夜晚、黑暗、寒冷、智慧和溫和。2.達荷美、迦納和多哥（Togo）的埃維族（Ewe）的天神和造物神，創造神子馬巫維沃（Mawu-viwo），讓他成為人神之間的中保。

瑪瑤爾
印第安龍蛇蘭女神，裸身坐在烏龜上暗。

Mawu-Lisa 瑪烏利撒◇：（西非達荷美）芬族（Fon）雌雄同體的神，它的女性面向**瑪烏**（Mawu）的眼睛是月亮，男性面向**利撒**（Lisa）的眼睛則構成太陽。

Mawu Sodza 瑪烏索扎▽：（西非）埃維族（Ewe）的暴風雨女神，她是天神**瑪烏**（Mawu）的一個側面，或謂**瑪烏索格布拉**

（Mawu Sogbla）的妻子或母親。她的綽號叫「柔弱的閃電」、「動物之母」，類似於**索扎**（Zodza）。

Mawu Sogbla　瑪烏索格布拉△：（西非）埃維族（Ewe）的風暴神和閃電神，是天神**瑪烏**（Mawu）的一個側面，或謂**瑪烏索扎**（Mawu Sodza）的兒子或丈夫。他和**索格布拉**（Sogbla）很類似。

Māyā　摩耶▽（【梵】幻力）：1.（吠陀宗教）諸神的原力和法力，為**毘濕奴**（Vishnu）所創，由此生出世界。2.（印度教）母神的別名，也意指幻相世界，與實相界的**梵**（Brahman）相對。3.（佛教）佛陀**喬答摩**（Gautama）的母親，夢裡出現一頭白象由右脅入體，醒來就有了身孕。

Mayahuel　瑪瑤爾▽、Mayauel：（印第安）阿茲提克族的龍舌蘭女神，龍舌蘭酒（pulque）的化身，她也是曆法神，主司每月的第八天。她是**霍奇皮利**（Xochipilli）或即**帕提卡特**（Patecatl）的妻子，生了**森仲托托齊廷**（Centzon Totochtin）。她原本是單純的農婦，有一天發現龍舌蘭馥郁的汁液可以釀酒，使諸神大悅，於是瑪瑤爾和她的丈夫也變成神。她的形象為裸身坐在烏龜上面。

Mayin　瑪因（賦與生命者）：（西伯利亞）葉尼塞和通古斯族的天神和最高神，馴鹿的守護神。瑪因把靈魂灌注到新生兒的身體裡，也會把早夭孩童的靈魂接到天上去。

Māyōn　摩闍（黑暗）、Māl：（古印度）塔米爾族神話裡牛群和羊群的守護神，住在孟加拉榕樹裡頭。他的身體是深藍色，手持弓箭，以大象為坐騎，相當於錫蘭的**烏婆梵**（Upulvan）。

Mbomba　蒙巴△、Mbombi（模子）、Nzakomba：（薩伊）蒙哥族（Monga）主宰生死的造物神。他的三個孩子分別是太陽、月亮和人。因為人類犯了錯，蒙巴一怒就讓原本馴服的動物仇視且畏懼人類，並且給與人類工作和死亡。

Me　教諭：（蘇美）世界秩序的神性力量。它們（有一百多個）推動世界正面和負面的事件。冥府的教諭決定下地獄者的命運，城市和神殿都有它們的教諭，諸神經常爭奪教諭，根據「伊南那與恩奇」的故事，喝醉酒的**恩奇**（Enki）把他在**阿布蘇**（Abzu）掌握的教諭給了**伊南那**（Innana），讓她帶到烏魯克城（Uruk）去。

茂伊
波里尼西亞的英雄、惡作劇鬼和文明始祖，為人類盜取諸神的火。

Mebere　梅貝利△、Mebeghe、Maböge：喀麥隆、加彭和幾內亞境內的芳族（Fang）的天神和造物神，他以黏土造了蜥蜴，讓它在水裡變成人類。他是安蘭登拉（Anrendonra）的哥哥和丈夫，大地女神阿蘭科克（Alonkok）的兒子，和阿蘭科克生了雨神**恩薩美**（Nzame）。

Mechit→Mehit

Medb　梅德芙▽：（克爾特）愛爾蘭的大地女神和多產神。她先後嫁給四個愛爾蘭國王，其中第一個國王經由「聖婚」而取得合法王權。

Médeia　美狄亞、【拉丁】Medea：（希臘）科爾奇斯（Kolchis）的公主和魔法師，黑卡蒂（Hekáte）的女祭司，米底亞人（Media）的始祖。她是黑卡蒂和科爾奇斯國王埃俄提斯（Aietes）的女兒，**伊亞森**（Iáson）的妻子。她為了愛人而偷取父親的「金羊毛」，和她私奔到希臘。父親派她的哥哥阿普西托斯（Apsyrtos）追捕他們，卻被她殺死且分屍拋到海裡。後來伊亞森另結新歡，娶了克列烏薩（Krëusa, Glauke），於是她殺了克列烏薩以及她的孩子，葬在**希拉**（Héra）的神殿裡，駕著祖父**赫利奧斯**（Hélios）的翼龍戰車逃到科林斯（Korinth），後來到**極西樂土**（Elýsion）去。繪畫：Delacroix（1862）、Feuerbach（1870）；戲劇：Euripides（431 B.C.）、P. Corneille（1635）、Grillparzer（1822）、J. Anouilh（1946）；歌劇：Cherubini（1797）。

Medeĩnė　梅黛恩、Mejdejn（medis＝森林、樹）：（立陶宛）森林神和兔神。

Medr　梅德△▽（大地）：（衣索匹亞）男性或女性的地神，和**阿什塔**（'Astar）以及**貝海爾**（Behēr）組成三聯神而居末位。

Médusa　梅杜莎▽：（希臘）**哥爾根**（Gorgón）三女妖裡最可怕的怪物，但是不同於她的姐妹絲蒂諾（Stheno）和尤里亞莉（Euryale），梅杜莎是會死的。她是**弗基斯**（Phórkys）和**開托斯**（Kétos）的女兒，和**波塞頓**（Poseidón）生了飛馬**培格索斯**（Pégasos）。任何人只要看了她的頭一眼就會死，直到**帕修斯**（Perseús）砍下她的頭。梅杜莎有凝視的雙眼，舌頭吐出來。雕塑：Mudas Rondanini（400 B.C.）；繪畫：Leonardo da Vinci、

Caravaggio（1588）、Rubens（1614）、Th. Géricault（1819）、A. v. Jawlensky（1923）；神劇：H. W. Henze（1968）。

Mefitis→Mephitis

Mégaira 美蓋拉▽（妒嫉者）、【拉丁】Megaera：（希臘）復仇女神。

Meher→Mihr

Mehet-uret 梅赫圖雷▽、Methyer（大洪水）：（埃及）母牛神，太初水域的化身，太陽神雷（Re）即自其中誕生。

Mehit 梅西特▽、Mechit：（埃及）女獅神，**奧努里斯**（Onuris）的妻子，在提尼斯（Thinis）（上埃及第八區）受崇拜。

Mehr→Mihr

Mejdejn→Medeĩnė

梅杜莎
希臘哥爾根三女妖裡最可怕的怪物，任何人只要看了她的頭一眼就會死，直到帕修斯砍下她的頭。梅杜莎有蛇髮。

Meléagros 梅勒阿格羅△（獵友）、【拉丁】Meleager：（希臘）阿哥勇士（Argonaútai）軍隊裡的英雄，卡里頓（Calydon）國王歐紐斯（Oineos）和阿爾泰雅（Althaia）的兒子，克里奧佩特拉（Kleopatra）的丈夫。他出生的第七天夜裡，**命運三女神**（Moírai）就預言說他只能活到爐灶的木柴燒完為止。於是她母親把所有木柴取出熄滅，以妥善保存，好讓他平安長大。在群雄獵野豬時，女英雄阿塔蘭塔（Atlante）用箭射死野豬，梅勒阿格羅的兩個舅舅卻要搶分野豬皮，而被他殺死。阿爾泰雅非常忿怒，便取出木柴丟到爐灶裡燒盡，梅勒阿格羅立即死去。他的母親悔恨不已，和梅勒阿格羅的妻子一同自盡，被**阿提密斯**（Ártemis）變成珍珠雞（meleagrides）。繪畫：Rubens（ca. 1635）。

Melkart→Melqart

Melpoméne 美爾波梅妮▽（melpein＝唱歌）：（希臘）悲劇、抒情詩和歌曲的繆思。她是**宙斯**（Zeús）和**尼莫西妮**（Mnemosýne）的女兒。她戴著面具和葡萄葉冠，手持木棒。

Melqart 梅爾卡特△、Melkart（提洛斯城國王）：（腓尼基）

提洛斯城（Tyrus）的主神和城市神。他也是誓約神，在亞述王阿薩爾哈頓（Asarhaddon, 680－669 B.C.）和提洛斯的**巴力**（Ba'al）的盟約裡曾提到他。在海岬地區，他被尊為航海神，後來成為太陽神。梅爾卡特在往利比亞的途中被希臘的**提封**（Typhón）殺死，約拉俄斯（Jolaos）以鵪鶉氣味使他復活而成為植物神。在他的聖壇有永不熄滅的聖火，在他的節日裡，人們會焚化他的神像。他披著獅皮，騎著海馬。他相當於希臘的**赫拉克列斯**（Heraklés）。

Men 曼恩△：（弗里吉亞）月神，主宰天界和冥府。他也是植物神，能使動植物繁盛。他別名為提拉諾斯（Týrannos，統治一切者）。在羅馬，曼恩被同化為**阿提斯**（Attis）。

Mena 茉那▽、Menaka（梅娜卡）：（印度教）障礙修道的天女，昆奢蜜陀羅（Vishvāmitra）的妻子，莎昆妲蘿（Shakuntala）的母親。或謂她是**雪山王**（Himavat）的妻子，**恆伽**（Gangā）和**婆婆諦**（Pārvati）的母親。

Menchit 曼希德▽、Menhit（女殺人王）：（埃及）獅神和戰神。她和丈夫**赫努**（Chnum）以及兒子**席克**（Hike）組成拉托波里斯（Latopolis, Esneh）的三聯神。她相當於**薩赫美特**（Sachmet）以及**特芙努**（Tefnut），後來更和**奈特**（Neith）融合為奈特曼希德（Neith-Menchit）。

Mene→Seléne

Menélaos 美內勞斯△、【拉丁】Menelaus：（希臘）斯巴達國王，阿特留斯（Atreus）和埃洛琵（Aerope）的兒子，**阿加曼農**（Agamémnon）的兄弟，**海倫**（Heléne）的丈夫，和她生了荷米安妮（Hermione）。**帕利斯**（Páris）誘拐了她的妻子，美內勞斯便要他的兄弟率領希臘軍隊攻打特洛伊城，以木馬潛入城裡。他與海倫和好，帶她回希臘。美內勞斯得到永生，被接到**極西樂土**（Elýsion）。

Menerva→Menrva

Méness 梅尼斯△（【拉脫維亞】月亮）、【立陶宛】Menulis、Menuo、【古普魯士】Menins：1.（拉脫維亞和古普魯士）月神，流浪者和孤兒的守護神，也是戰神。他是太陽女神**莎勒**（Sáule）最重要的追求者，**奧賽克利斯**（Auseklis）是他的情敵。許多民歌

都提到他。2.（立陶宛）月亮的化身，別名為「天空王子」（Dangaùs karaláitis）。他是太陽女神**莎勒**（Sáule）的丈夫，生了大地女神**哲蜜娜**（Žemýna）。因為太陽習慣早起，而月亮晚上才出來，因此他總是形隻影單。有一次，他遇到晨星神**奧斯莉妮**（Ashrine）而愛上她，於是兩夫妻仳離，並且爭奪女兒哲蜜娜，最後是太陽神獲勝。因此白天的時候由太陽俯照大地，而月亮只能在夜裡來看她。如果兩者都搶著要看女兒，**培庫那斯**（Perkúnas）會趕走其中一個。

Mene tekel　彌尼提客勒【亞拉美】數算和稱重）：（猶太教）神諭，巴比倫的伯沙撒王（Belsassar, †539 B.C.）設筵縱飲，忽然出現人的指頭，在牆上寫下該神諭，**但以理**（Danijj'ēl）為國王解釋神諭說，所寫的文字是「彌尼，提客勒，毘勒斯」（menē' teqēl perēs），意思是：「神已數算你國的年日到此完畢。你被稱在天平裡顯出你的虧欠。你的國分裂。」

Menhit→Menchit

Menins→Méness

Ménróth　曼洛特△（mén＝牡馬）：（匈牙利）怪物，他是**伊內**（Enee）的丈夫，**胡諾**（Hunor）和馬戈兒（Magor）的父親。

Menrva　曼內娃▽、Menerva：（伊特拉斯坎）戰神、和平女神。她是**提尼亞**（Tinia）由頭部生出來的女兒，和其父以及**烏妮**（Uni）組成三聯神。她的標誌是盔甲、盾牌和長矛，相當於希臘的**雅典娜**（Athéne）和羅馬的**密內瓦**（Minerva）。

Mens　曼斯▽【拉丁】思考、理解）：（羅馬）思維和洞見的女神，於特拉西梅諾湖（Trasimeno）一役戰敗後建造神殿供奉她。她的節日是6月8日，在元老院慶祝。

Men-Shen　門神：（中國）秦叔寶和尉遲恭兩位將軍，在十三、十四世紀被尊為門神，守護宮殿大門，以阻擋惡鬼。新年的時候，民眾大門會貼上他們的畫像。他們手持斧鉞和弓箭。

Méntor　曼托△：（希臘）伊薩卡島（Ithake）的英雄，**奧德修斯**（Odysseús）的同伴。奧德修斯出征特洛伊前，拜託他保護他的家。**雅典娜**（Athéne）化身為曼托，成為奧德修斯的兒子帖勒馬赫斯（Telemachos）的老師，並且陪他到皮羅斯（Pylos）。

門神
兩位長鬚將軍，守護宮殿大門，以阻擋惡鬼。

Menúlis→Méness

Menuo→Méness

Mephitis 梅菲提斯▽、Mefitis：（羅馬）硫磺泉女神，她會阻隔排除惡臭或有毒的霧氣。

Mercurius 墨丘利△（【拉丁】mercari＝做生意）：（羅馬）商業神、使者神和引靈者。他的神殿在西元前 495 年興建於羅馬，並且把落成日訂為「商人節」。他手持節杖（caduceus），頭戴雙翼帽。水星和星期三（【義大利】Mercoledi、【法國】Mercredi）即他為名。他相當於希臘的**赫美斯**（Hermés）。

Meresger 梅瑞絲格▽、Merit-seger（喜好沉默者）：（埃及）死者的守護神，底比斯城史前墳場的人格化。她被尊為「西方女王」，其形象為捲曲的蛇或蛇頭精靈，等同於蛇神**烏賴烏斯**（Uräus）。

Meret 梅莉特▽、Mert：（埃及）主司祭歌和神殿音樂的兩位女神，分別在上埃及和下埃及。她們也稱為「金屋女王」（指聖所），以「黃金」為其象形符號。她們的手臂隨著節奏舞動高舉，後來被類比為**瑪特**（Ma'at）、**依西斯**（Isis）和**哈托爾**（Hathor）。

Merit-seger→Meresger

Merkur→Mercurius

Merópe 梅洛比▽：（希臘）仙女，**七女神**（Pleiádes）之一。她是**阿特拉斯**（Átlas）和河神普蕾昂妮（Pleione）的女兒，**薛西弗斯**（Sísyphos）的妻子，**格勞科斯**（Glaúkos）的母親。她是七女神當中唯一嫁給凡人的，因此當她成為天上的星星時，因羞愧掩面而比其他姐妹黯淡許多。

Mert→Meret

Meru 須彌山、彌樓山（【梵】宇宙山）：（佛教和印度教）宇宙山，位於地界（Bhūrloka）的**閻浮提**（Jambūdvipa）中心，是**三界**（Triloka）的宇宙軸心，由金、銀、琉璃、水晶組成，山頂的直徑兩倍於山腰。它有三座山峰，分別有**毘濕奴**（Vishnu）、和**梵天**（Brahmā）和**濕婆**（Shiva）的聖城，其下有八座**護世者**（Lokapāla）的城。根據瑜伽學派裡大宇宙和小宇宙對應的理論，人類的脊柱相當於須彌山。

Merulis→Mandulis

Meschenet 梅斯克內特▽（坐臥處）、Meskhenet：（埃及）
出生神，給產婦坐的磚瓦的人格化。蹲坐的產婦腳墊至少有四塊磚
瓦。她使嬰孩形具，在母胎裡就已經賦予屬於孩子的卡（Ka）。她
也是命運女神，決定嬰孩的一生，與**夏伊**（Schai）以及**蕾內努特**
（Renenutet）在冥府審判死者。她的額頭有個雙螺旋，意味著母牛
的子宮。在阿拜多斯（Abydos），梅斯克內特是四個女神，在晚期
與**特芙努**（Tefnut）、**努特**（Nut）、**依西斯**（Isis）以及**妮芙提絲**
（Nephthys）融合。

Meslamta'ea 美斯蘭蒂亞△（出自聖地美斯蘭的）：（蘇美）
戰神和冥府神，**涅里加**（Nerigal）的化身，祀於古他（Kutha）的
埃美斯蘭神殿（Emeslam）。他和**路加吉拉**（Lugalgirra）是孿生兄
弟。

Messías→Māshiāch

Metatron 梅塔特隆（【希臘】metathronos＝在寶座旁）、
Matatron：（猶太教）**耶和華**（Jahwe-Elōhim）的天使，在天國侍
立於寶座旁。在喀巴拉（Kapala）教義裡，他是大天使長。他的綽
號是「小耶和華」。梅塔特隆用人們的禱告編成王冠，戴在神的頭
上。他是天國的書記官，記錄人類的行為。有時候他等同於**米迦勒**
（Mikā'ēl）或**以諾**（Hanōk）。

Methusalem→Metūshelach

Methyer→Mehet-uret

Métis 密提斯▽（聰明、智慧）：（希臘）聰明和智慧的女
神，屬於**女河神族**（Okeanínes）。她是泰坦族的**歐開諾斯**
（Okeanós）和特條斯（Tethys）的女兒，**宙斯**（Zeús）的第一任
妻子，宙斯因為害怕懷孕的密提斯生出比他更強的兒子，而把她吞
掉。九個月後，孩子從宙斯的前額誕生，即**雅典娜**（Athéne）。

Metsähinen 梅采辛嫩：（芬蘭）森林精靈，幫助獵人設陷阱
捕獸。

Metūshelach 瑪土撒拉（【希伯來】）、【希臘】Mathusála：
（猶太教）先祖，**以諾**（Hanōk）的兒子，拉麥（Lamech）的父
親。瑪土撒拉活了 969 歲，是聖經裡最長壽的人類。

Meža māte 美察瑪特▽（森林之母）：（拉脫維亞）森林神，
林中鳥獸的守護神。民謠裡經常提到她，是 60 位**瑪特**（Māte）之
一。

Micha→Mikāh

Michabo 密恰波△：（印第安）亞爾岡京族傳說裡的巨兔，創
世的太陽英雄。密恰波是手工藝師傅，人類的祖先，風的主宰，打
雷就是他的聲音。他是西風神**喀本**（Kabun）的兒子，雨雲神丘卡
尼波克（Chokanipok）的兄弟，**慕絲克拉特**（Mukrat）的丈夫，
他們都是人類的先祖。有時候密恰波會等同於**瓦本**（Wabun）。

Michaél→Mikā'ēl

Michaías→Mikāh

Mictecacihuatl 米克提卡奇瓦特▽（冥府女王）、Mictlan-
cihuatl：（印第安）阿茲提克傳說的女死神、冥府女神。她和丈夫
米克特蘭提庫特利（Mictlantecutli）共同統治冥府**米克特蘭**
（Mictlan），住在九重地獄的最下層。她全身被塗成黑色，戴著以
死者頭顱和骨頭組成的面具。

Mictlan 米克特蘭（冥府）：（印第安）阿茲提克傳說裡死者
受苦的地獄，位於世界的北方。由**米克特蘭提庫特利**（Mictlan-
tecutli）和**米克提卡奇瓦特**（Mictecacihuatl）統治。除了陣亡者和
早夭的嬰孩，所有死者都得渡過九重溪流到冥府去。因為鬼差**赫洛
特**（Xolotl）是一隻狗，因此人們會以狗陪葬。米克特蘭相當於馬
雅的**密特拿**（Mitnal）。

Mictlancihuatl→Mictecacihuatl

Mictlantecutli 米克特蘭提庫特利△（冥王）：（印第安）阿
茲提克傳說的死神和冥府神。他也是曆法神，主司每月第十天和夜
間的第五個鐘頭。他和妻子**米克提卡奇瓦特**（Mictecacihuatl）共
同統治冥府**米克特蘭**（Mictlan），住在九重地獄的最下層，其形象
為骷髏頭，牙齒外突，鼻子上面有一把鐵尺。他的聖獸是蜘蛛、貓
頭鷹和蝙蝠。米克特蘭提庫特利相當於馬雅的**胡那豪**（Hunahau）。

Mídas 米達斯△：（希臘和弗里吉亞）貪求黃金的國王。爛醉
如泥的**西倫諾斯**（Silenós）流落到他的玫瑰園。米達斯用計抓住
他，讓他回到**戴奧尼索斯**（Diónysos）那裡。酒神為了報答他，給

他一個願望，貪心的米達斯許願能夠點石
成金，於是所有摸到的佳餚美饌也都變成
黃金。苦惱的他只好向酒神求饒，酒神便
要他到巴克特羅河（Paktolos）洗澡除去
這個本領，卻也使那條河盛產金砂。在彈
琴的**阿波羅**（Apóllon）和吹簫的**潘神**
（Pán）的音樂比賽裡，米達斯獨排眾議，
認為潘神獲勝，於是惱羞成怒的阿波羅讓
米達斯長出驢耳朵。繪畫：N. Poussin
（1632/34）；歌劇：R. Strauss（1944）。

Midgard 中土、人間世△、【古北歐】
Midgardr：（日耳曼）人類居住的地界，
位於眾世界的中央，以**宇宙樹**（Yggdra-
sill）彼此聯繫。中土的外圍是**外域**

米克特蘭提庫特利
印第安的死神，和神王奎茲克亞
托合而為一。

（Utgard），上面是諸神居住的**愛瑟樂園**（Asgard），下面則是**霧鄉**
（Niflheim）。在中土的四周，有以**伊米爾**（Ymir）的眉毛構成的群
山，以及**密得噶索默**（Midgardsomr）居住的世界海。

Midgardsomr 密得噶索默△（【古北歐】環繞中土的巨
蟒）：（日耳曼）巨蛇魔，盤踞在環繞中土（Midgard）的世界海
裡，咬著自己的尾巴。他是**羅奇**（Loki）和女巨人安格波塔
（Angrboda）的兒子，**芬力爾**（Fenrir）和**黑爾**（Hel）的兄弟。密
得噶索默一游動，就會造成巨大的海嘯。在**諸神黃昏**（Ragnarök）
時，**托爾**（Thor）會以雷神鎚擊中他的腦袋，而自己也會因吸到
他的毒氣而死。基督教傳入後，密得噶索默被同化為**鱷魚**
（Liwjātān）。

Midir 密迪爾△：（克爾特）愛爾蘭神話裡統治**馬格摩爾**（Mag
Mor）的神。他是**達努**（Dan）的兒子，屬於**達努神族**（Tuatha Dê
Danann）。他被榛樹棒刺瞎一隻眼睛，於是**迪昂謝**（Dian-Cêcht）
為他製作義眼。密迪爾相當於高盧的梅德魯（Medru）。

Miežvilks und Miežvilkas 密奇維克和密奇維卡△▽：
（拉脫維亞）賜予財富的多產神。

Mihr 密爾△、Mehr、Meher：（亞美尼亞）戰神和太陽神，在

塵世則化身為火。他是**阿拉瑪茲**（Aramazd）的兒子，**娜娜**（Nana）的哥哥。每個月第八日即以他為名。密爾相當於伊朗的**密特拉**（Mithra）、希臘的**黑腓斯塔斯**（Héphaistos）。

Mihryazd 密里雅茲、淨風使：（伊朗）摩尼教神話裡的創世者，為「善神」的第二使，第一使則是**納里撒夫**（Narisaf）。密里雅茲別名為「活靈」，打敗邪惡的**暗魔**（Archóntes），呼喚「初人」以及他的**五明子**（Amahrspand），獲救的初人則回應他。此呼喚和應答即人格化為**呼神**（Xrōshtag）與**應神**（Padvāxtag），他們攜手離開黑暗到光明界去。

Mikā'ēl 米迦勒（【希伯來】與神相似者）、【希臘】Michaél、Mikāl、【阿拉伯】Mika'il（米卡里）：1.（猶太教）耶和華（Jahwe-Elōhim）的天使，神的寶座天使，成全祂的旨意者。他記錄天國的名冊，執行神的審判。他和**加百列**（Gabri'ēl）是以色列的代禱者和守護天使。他位列**大天使**（Archángeloi），一身是雪。2.（基督宗教）**上主**（Kýrios）的使者，教會的守護者，**煉獄**（Purgatorium）裡「可憐的靈魂」的守護神。他是善天使長，在天國打敗**魔鬼**（Diábolos），把魔鬼及其使者從天國摔到地上。他曾為**摩西**（Mōsheh）的屍體與魔鬼爭辯（《猶大書》9）。9 月 29 日的米迦勒節是

米迦勒
基督宗教的天使，在天國打敗魔鬼，把他魔鬼及其使者從天國摔到地上。

他的節日，其形象為與龍爭鬥的騎士，手持劍和旗幟，或是末日審判的靈魂天秤。3.（伊斯蘭）**安拉**（Allāh）的使者米卡里，人類的領袖，自然力量的主宰。他和**吉卜利里**（Djabrā'il）、**阿茲拉伊來**（'Izrā'il）和**伊斯拉非來**（Isrāfil）並列四大天使，曾和吉卜利里對穆罕默德顯聖並教誨他。雕塑：H. Gerhard；繪畫：Rublev（ca. 1480）；銅版畫：M. Schongauer（ca. 1480）；木版畫：A. Dürer（1498）。

Mikāh 彌迦（【希伯來】誰能像耶和華？）、【希臘】

Michaias：（猶太教）**耶和華**（Jahwe-Elōhim）的先知，猶大國的農夫（725－711 B.C.）。彌迦預言災禍和拯救，宣告審判將臨到耶路撒冷，警告貪婪的諸王和腐敗的首領，卻也為猶大國預言一位君王將降臨在伯利恆（舊稱以法他）。聖經十二小先知書其中一卷即名為《彌迦書》。

Mika'il→Mikā'ēl

Mikal　米卡勒△：（腓尼基）瘟神和戰神，被稱為「貝森（Beisan）的神」。

Mikelats　米克拉茲△：（西班牙巴斯克地區）邪惡的天氣神，他會降下暴風雨和冰雹，毀損農作物，傷害牲畜。他是**瑪莉**（Mari）的兒子，**亞塔拉比**（Atarrabi）的兄弟。

Mi-la-ra-pa　密勒日巴△（穿棉布衣者）：（藏傳佛教）尊者和上師（1040－1123），噶舉巴（Kagyüpa）傳承的始祖。他成就拙火定，使身體溫熱，僅著薄棉衣苦修，並且能御風飛行。在他的畫像裡，他經常是右手舉至耳際作聆聽狀，右肩斜掛禪定帶。

Milkom　瑪勒堪、米勒公△（milk＝國王）：亞捫人（Ammonite）的氏族神，大衛王在攻打亞捫人時，奪走瑪勒堪（亞捫人的王）的金冠冕，戴在自己頭上（《撒母耳記下》12:30）。所羅門王則在橄欖山上為他（米勒公）建邱壇（《列王紀上》11:5, 7, 33），直到約西亞（Josia）作了猶大王才拆毀它（《列王紀下》23:13）。

Milu→Miru

Mimi　密米（矮人族）：（澳洲）吃人惡魔，住在安恆地區西部的岩石群。他們長得太瘦，只有在無風的日子才敢出來獵食，因為他們害怕扭斷脖子。他們體型瘦弱，身手矯健地站在岩石上。

Mimir　密密爾△、Mimr（【古北歐】回憶者、智者）：（北日耳曼）聰明且能預言的巨人和水怪。在**宇宙樹**（Yggdrasill）的第二條樹根旁看守密密爾泉。為了喝到智慧和知識之泉，**歐丁**（Odin）失去一隻眼睛。愛瑟神族和瓦尼爾族停戰後，他和**霍尼爾**（Hoenir）被送給瓦尼爾族作為人質。瓦尼爾族砍下密密爾的頭給愛瑟神族。在**諸神黃昏**（Ragnarök）之初，歐丁經常求教於密密爾的頭顱。

密勒日巴

藏傳佛教的尊者和上師，右手舉至耳際作聆聽狀，右肩斜掛禪定帶。

Mimis brunnr　密密爾泉（【古北歐】）：（北日耳曼）知識和智慧之泉，在**宇宙樹**（Yggdrasill）的第二條樹根下，由聰明的**密密爾**（Mimir）看守，他則以糾爾號角（Gjallarhorn）啜飲泉水。**歐丁**（Odin）也在此求教於密密爾。

Mimr→Mimir

Min　閔△：（埃及）多產神，主司交配和生育。他是「騎在婦女身上的公牛，賜予種子給諸神」，「婦女藉其陽具受孕的丈夫」。他也是地神和植物神，賜予糧食和各種草藥，埃及曆九月的豐收祭即是他的節日，在儀式中，國王會獻上第一束收割的穀物。他也是造物神，被稱為**卡穆特夫**（Kamutef）。他是荒漠商旅之神，守護曠野道路，其聖地科普托斯（Koptos）就在往紅海的曠野路口。

密米
體型單薄的吃人惡魔，只有在無風的日子才敢出來獵食，因為他們害怕扭斷脖子。

他被描繪為陽具神，頭戴高帽或羽冠，左手握著勃起的陽具，高舉外伸的右手持著鞭子，以萵苣為其標誌。後來他被同化為**霍魯斯**（Horus）、**雷**（Re），以及希臘的**潘神**（Pán），他在阿赫敏（Achmim）的聖地因而也稱為「潘神城」（Panopolis）。

Minatciyamman　密納奇亞曼▽：（古印度）塔米爾族（Tamil）的母神，魚類的守護神。她抱著雙魚，或是騎在一條魚上。

Minerva　密內瓦▽：（羅馬）藝術和技藝女神，工匠、教師、藝術家和醫生的守護神，城市神以及和平女神。她和**朱庇特**（Iupiter）以及**朱諾**（Iuno）組成三聯神。她的神殿在亞文廷丘（Aventinus），詩人和劇場演員於西元前 207 年獲准在該地聚會。3 月 19 日至 23 日的「大五日節」（Quinquatrus）是她的慶日，人們會把一年的「束脩」（Minerval）付給老師，學生也放假去。她的標誌是貓頭鷹和橄欖樹。後來密內瓦被同化為希臘的**雅典娜**（Athéne）。

Mínos　米諾斯△：（希臘）克里特島第一位國王，米諾斯文明的奠立者。他是**宙斯**（Zeús）和**歐蘿芭**（Európe）的兒子，**拉達**

曼迪斯（Rhadamanthys）和薩培敦（Sarpedón）的兄弟，**帕希菲**（Pasipháë）的丈夫。他有七個孩子，其中包括**阿麗雅德妮**（Ariádne）、**斐杜拉**（Phaídra）和安卓鳩斯（Androgeos）。安卓鳩斯在雅典競賽時被殺，米諾斯為了報仇，便強迫雅典每七年要獻上七個男孩和七個女孩到克里特島給**米諾托**（Minótauros）吃掉。直到**提修斯**（Theseús）殺死米諾托，才使雅典不必再獻祭。米諾斯曾要**達得羅斯**（Daídalos）建造**迷宮**（Labýrinthos）。米諾斯執政公正，因而死後成為**冥府**（Hádes）的判官。

Minótauros　米諾托△、【拉丁】Minotaurus：（希臘和克里特島）牛頭人身的吃人怪物。他是**帕希菲**（Pasipháë）和海裡白牛的兒子。**米諾斯**（Mínos）把他關在**迷宮**（Labýrinthos）裡，並且要求雅典每七年要獻上七個男孩和七個女孩給米諾托吃掉，直到米諾托被**提修斯**（Theseús）殺死。他相當於腓尼基的**摩洛**（Moloch）。

Mi'rādj　登霄（【阿拉伯】梯子、台階）：（伊斯蘭）先知**穆罕默德**（Muhammad）在由麥加天房夜行到耶路撒冷以前的天國之旅。他和天使**吉卜利里**（Djabrā'il）遍遊七重天，在每一層天界都遇到過去的先知，分別是：**阿丹**（Ādam）、**葉哈雅**（Yahyā）、**爾薩**（'Isā）、**優素福**（Yūsuf）、**伊迪雷斯**（Idris）、**哈倫**（Hārūn）、**穆薩**（Mūsā）和**易卜拉欣**（Ibrāhim）。穆罕默德並且到**安拉**（Allāh）寶座前，和祂對話七萬次。他在回程時於天園和地界之間看到**火獄**（Djahannam）。

Miren　密倫▽（mirë＝善）：（阿爾巴尼亞）主司命運和生產的三個仙女，她們決定新生兒的一生。她們會出現在夢裡，為人們排憂解難。密倫類似於希臘的**命運三女神**（Moírai）。

Mirjām　米利暗▽【希伯來】、Miriam、【拉丁文聖經】Maria：（猶太教）**耶和華**（Jahwe-Elōhim）的先知和歌者，她和弟弟**摩西**（Mōsheh）以及**亞倫**（Aharōn）為以色列的領袖。以色列人渡過紅海以後，她帶領婦女擊鼓跳舞歌頌耶和華的得勝（即「米利暗之歌」）。米利暗因為摩西娶了古實女子而詆毀他，於是神懲罰她，讓她得了痲瘋病，因為摩西求情，才讓她在七天後復原。

Miru　彌盧△、Milu：（波里尼西亞）主宰冥界（Po）的神，他

閔
埃及陽具神和多產神，頭戴高帽或羽冠，高舉外伸的右手持著鞭子。

米諾托
希臘和克里特島的怪物，後來被提修斯殺死。

兩頭怪物
神首牛身，戴著神帽，頂著日
盤，中間有一個人撐住他們的手
臂。

在「跳台」下面等候，用網抓住愚人、惡人和罹難者的靈魂，然後
拋到爐子裡，爐火不會折磨他們，而會使他們解脫。

Mischwesen　怪物：超自然或不屬於自然的存有者，他們的形
象經常是人類和動物、或是各種動物的身體的結合。屬於前者有：
巴（Ba）、**迦樓羅**（Garuda）、**哈皮亞**（Hárpyia）、**半人馬族**
（Kéntauroi）、**基路伯**（Kerubim）、**尼克斯**（Nix）、**撒拉弗**
（Serafim）、**賽倫女妖**（Seirénes）、**斯芬克斯**（Sphínx）；屬於後
者有：**阿斯庇斯**（Aspis）、**蛇怪**（Basilisk）、**奇麥拉**（Chímaira）、
龍（Drache）、**獨角獸**（Einhorn）、**獅鷲**（Greif）、**克貝羅斯**
（Kérberos）、**培格索斯**（Pégasos）、**不死鳥**（Phönix）、**思摩夫**
（Simurg）。他們的模樣怪異，結合人類和野獸的力量，因此經常是
有危害的。在藝術史裡，怪物有很重要的象徵意義。

Mitgk　密特克△：（西伯利亞）伊捷爾緬族（Itelmen）的海
神，為人魚怪物。

Mithōcht　密托赫特△（【祆語】mithaochta＝謊言）：（伊朗）
謊言的惡魔。他是地獄之王艾什瑪（Aēshma）的助手，當謊言滿
天飛時，就是他們獲勝了。

Mithra　密特拉△（【祆語】盟約、友誼）、【希臘】Mithras：1.
（伊朗）盟約神，貴族的守護神，是**雅扎塔**（Yazata）之一。他也
是戰神，後來變成冥府神、光明神和太陽神，賜給人們力量、勝
利、豐收和智慧。他是**拉什努**（Rashnu）和**黛娜**（Daēnā）的兄
弟，幫助**阿胡拉·瑪茲達**（Ahura Mazdā）對抗**安格拉·曼紐**
（Angra Mainyu）。他和拉什努以及**服從神**（Sraosha）主司冥府的
審判，在**揀擇之橋**（Chinvat-peretu）審判靈魂。聖火神殿以他為
名，稱為「密特拉之門」（Dahr-i-Mihr）。他相當於吠陀宗教的**密特
羅**（Mitra）。2.（希臘羅馬）密特拉祕教裡主宰國家秩序、士兵和
祕教團體的神。他抓到太初公牛**格什烏梵**（Gēush Urvan）且殺死
他，從公牛的屍體生出所有動物和植物，因而他也成為中保和救世
者。密特拉祭典不准女性參加，12 月 25 日是他的生日。他經常被
描繪為屠牛狀，一旁站著執炬者**喀特斯和喀塔帕特斯**（Cautes und
Cautapathes）。

Mithuna　密荼那、Maithuna：（印度教）指愛侶**迦摩**（Kāma）

和羅提（Rati），他們經常表現為交媾狀，在《愛經》（Kamasutra）裡象徵第二解脫目標（Kama）。**舜拏摩思陀**（Chinnamastā）有時候腳下踩著交歡的密荼那。

Mitnal　密特拿：（印第安）馬雅族神話的冥府，由死神**胡那豪**（Hunahau）統治，是個黑暗且痛苦的世界。生前為惡的人，死後靈魂就要到那裡去。密特拿相當於阿茲提克族的冥府**米克特蘭**（Mictlan）。

Mitra　密特羅△（【梵】盟約、朋友）：（吠陀宗教和婆羅門教）友誼神和盟約神，宇宙秩序的守護者。他也是光明神和太陽神，統治白晝，只悅納白色祭品；他的兄弟**婆樓那**（Varuna）則統治黑夜。兩兄弟共同統治天與地，獎善罰惡。他屬於**阿迭多**（Āditya），是**阿提緻**（Āditi）和**迦葉波**（Kāshyapa）的兒子。密特羅相當於伊朗的**密特拉**（Mithra）。

Mittler　中保：超自然的聖者的稱謂，他們能夠聯繫此岸與彼岸，調和人神關係。救世者和原人都是中保。來自諸神的中保則有天使、神人、聖王和先知；相對的，來自凡人的中保有英雄、異象得見者、行神蹟者、巫師和魔法師。救世的神話經常描寫中保的故事。

Mixcoatl　密克斯科特△（雲蛇）：（印第安）1.奇奇梅克族（Chichimec）的部落神。2.阿茲提克族的狩獵神和戰神、北極星神，從地球看去，北極星居天極而眾星拱之。他在鑽木取火時，把自轉的穹蒼當作置於天極的鑽頭。公鹿是他的聖物。他臉上有黑眼圈。他經常被認為是**帖茲卡特里波卡**（Tezcatlipoca）的化身。

Miysis→Mahes

Mjöllnir　雷神鎚：（日耳曼）**托爾**（Thor）的武器，每擊必中，而且擲出後會飛回手裡。雷神鎚是侏儒族（Dvergr）的辛德利（Sindri）和布羅克（Borkkr）鑄造的，是日耳曼民族的象徵。

Mnemosýne　尼莫西妮▽（回憶）：（希臘）主司回憶的女神，**蓋婭**（Gaía）的女兒，**特密斯**（Thémis）的妹妹。她和**宙斯**（Zeús）生了九個**繆思**（Músai）。她在皮耶利亞（Pierien）生下她們。

Mnevis　尼維斯△：（埃及）主宰生殖力和多產的公牛神，負責

密特拉

士兵和祕教團體的神。他抓到太初公牛格什烏梵且殺死他，身後有兩個執炬者隨侍。

命運三女神
持紡錘的庫洛特、持卷軸的拉開西斯，以及持剪刀的阿特羅普斯。

責擺設諸神供桌上的祭品，綽號為「大神，天空的主宰，太陽城的王」，「太陽神雷的傳令官，讓教諭升至阿圖者」。他是**赫薩特**（Hesat）的兒子，**阿庇斯**（Apis）的弟弟（或謂是他的兒子），在太陽城莊嚴登基，死後以傅油儀式安葬。他的形象為毛髮倒豎的公牛，兩角間有日輪。

Módgudr **魔居德** ▽（【古北歐】激戰）：（日耳曼）**約頓族**（Jötunn）的巨魔，守候在通往冥府**黑爾**（Hel）的**糾河橋**（Gjallarbrú）上面。

Módi→Magni

Modimo **莫地摩**△、Morimo、Molimo、Muzimo：賴索托的索托族（Soto）以及南非與波札那的茨瓦納族（Tswama）的天神和祖神。造物神創造天地以後，他用梯子回到天上去，並且把梯子的橫木拆掉。

Mog Ruith **摩格路易斯**△（roth＝輪子）：（克爾特）愛爾蘭神話的獨眼太陽神，駕著閃亮的銅製戰車或是如飛鳥般的飛越天際。

Moírai **命運三女神** ▽（moíra＝命數）：（希臘）三位命運女神，決定人類的壽命。她們是**宙斯**（Zeús）和**特密斯**（Thémis）的女兒，分別是：編織生命線的庫洛特（Klothó）、捲纏生命線的拉開西斯（Láchesis），以及剪斷生命線（死亡接踵而至）的阿特羅普斯（Átropos），她們各自持紡錘、卷軸和剪刀，相當於羅馬的**帕爾卡**（Parca）。

Mokosh **摩科斯** ▽（mokryj＝潮濕的）：（東斯拉夫）豐收神、孕婦的守護神。波西米亞的摩科斯山（Mokoshin）即以她為名。

Moksha **解脫**（【梵】）、Mukti：（婆羅門教和印度教）俗世生活的最終目標，究竟脫離生死輪迴。

Molimo→Modimo

Moloch **摩洛**△（【普匿】呈獻者）、【希伯來】Molech、

Molek：1.（腓尼基和普匿）獻祭的對象，他悅納以牲畜代替孩童的感恩祭供物，而不是如一般認為的普匿的神，以孩童行火供。2.（普匿）冥界神，平時人們對他獻祭，危難時求助於他，並且以感恩祭回報。3.聖經裡稱「可憎的神摩洛」，在以色列，人們在**欣嫩子谷**（Gē-Hinnōm）行兒童祭，並且燒化供物，稱為「經火」。（《列王紀下》16:3；《歷代志下》33:6）在語源上，「摩洛」指不饜足者。吃螞蟻的刺魔（帶刺的蜥蜴）便以他為名。

摩洛
腓尼基的牛首人身的怪物，族人以兒童獻祭。

Moma　莫馬△（父親）：（印第安）維托托族（Witoto）的始祖神和造物神，他生自「話語」，繼而把話語傳給人類，也就是訂定倫理和儀式規範。他被殺以後，成為冥府神，而自此世界也有了死亡。

Mómos　莫姆斯△（指責、恥辱）：（希臘）象徵指責和挑剔的神，他是**妮克絲**（Nýx）的兒子，**克兒**（Kér）、**希普諾斯**（Hýpnos）、**塔那托斯**（Thánatos）、**尼美西斯**（Némesis）和**伊莉絲**（Éris）的兄弟。

Monimos　摩尼莫斯：（西伯利亞）昏星神，和**阿吉佐斯**（Aziz-os）組成對耦神，被描繪為兩個年輕人，肩膀上有老鷹。

Monroe, Marilyn　瑪麗蓮・夢露▽（1926－1962）：美國電影明星，原名諾瑪・珍・貝克（Norma Jean Baker），性感女神，麻雀變鳳凰的典型。她自幼生長於洛杉磯的孤兒院以及若干收養家庭。她原本是火藥工廠的女工，被星探發掘擔任攝影模特兒。她的死因至今成謎。絹印畫：A. Warhol（1964）。

Month　門圖△、Montu、Muntu：（埃及）赫門提斯（Her-monthis）的地方神，該城即以他名，他也是戰神和國王神，讓國王所向皆捷。在第十一王朝的時候，有四個法老名為門圖和泰普（Muntuhotep）。他是**雷**（Re）的兒子，**蕾陶伊**（Rait-taui）的丈夫，**哈普雷**（Har-p-re）的父親，「四肢如雷，面貌如阿圖，形象

摩西
耶和華的先知,以色列宗教的始
祖,以神杖渡紅海,讓族人走過
海底,而讓埃及士兵溺斃
(Merian Bibel, 1630)。

如萬王之王」,鷹首人身,背後有日盤。他的聖物是黑頭白身的公
牛。後來他和**安夢**(Amun)以及**雷**(Re)融合為門圖雷安夢
(Month-Re-Amun)。

Mora→Mahr

Morimo→Modimo

Morpheús 莫斐斯△(morphé=形象):(希臘)夢神,他以
不同的人類形象現身。莫斐斯是睡神**希普諾斯**(Hýpnos)的兒
子。

Morrîgan 莫莉根▽(鬼魂女王)、Morrigu:(克爾特)愛爾
蘭的戰神和冥府神。她是地神**戴亞**(Dagda)的情人,他們交歡的
地方被稱為「夫婦之床」。她的情人告訴她如何戰勝**弗摩爾族**
(Fomore)。她經常被描繪成鳥的形象。

Mōsheh 摩西(【希伯來】;【埃及】mesu=孩子)、【希臘】
Moysēs、【阿拉伯】Mūsā(穆薩):1.(猶太教)**耶和華**
(Jahwe-Elōhim)的先知,行神蹟者,神和他的民族的中保,以色
列宗教的始祖。摩西是暗蘭(Amram)和約基別(Jochebed)的
兒子,**米利暗**(Mirjām)和**亞倫**(Aharōn)的弟弟,西坡拉
(Zippora)的丈夫,革舜(Gersham)和以利以謝(Elieser)的父
親。摩西在埃及出生,被擱在河邊的蘆荻中,法老的女兒發現他並
將他撫養長大。在燃燒的荊棘中,耶和華的使者對摩西顯現,任命
他為先知,並且要帶領以色列人脫離埃及的奴役。摩西以神授與他
的杖行無數的神蹟,其中包括以杖伸向海,使海水分開成為乾地,
讓以色列人渡過紅海。在西乃山頂,耶和華對他顯現並且傳**十誡**
(Asseret ha-Diwrot),和以色列民族立約。摩西在曠野裡同樣行許
多神蹟,包括降下**嗎哪**(Mān)。在以色列人到應許地迦南不久以
前,摩西死於尼波山(Nebo),他的墳墓至今仍不知何處。猶太曆
6 月(阿達月)7 日是紀念摩西誕生和逝世的節日。聖經前五章稱
為「摩西五書」。2.(基督宗教)**上主**(Kýrios)的先知,天使**米迦
勒**(Mikā'ēl)曾為他的屍體與魔鬼爭辯(《猶大書》9)。**耶穌**
(Iesūs)對**彼得**(Pétros)變容時,摩西和**以利亞**(Elias)一起顯
現。3.(伊斯蘭)**安拉**(Allāh)的先知,儀姆蘭('Imrān)的兒
子,**哈倫**(Hārūn)的弟弟,安拉任命他為**使者**(Rasūl),派他到

去找法老（Fir'awn），天使**吉卜利里**（Djabrā'il）幫助他對付術士。穆薩行了九個**蹟象**（Mu'djiza），包括痲瘋、以杖變蛇、水災、蝗災、蝨災、蛙災和水變血之災。穆薩以杖擊磐涌出12股泉水，各自代表一個民族。**穆罕默德**（Muhammad）在**登霄**（Mi'rādj）時，穆薩於第六重天對他說，他比穆薩還受安拉看重。雕塑：Cl. Sluter（1395/1406）、Michelangelo（1513/16）；繪畫：Botticelli（1481）、H. Rousseau（1892/95）；歌劇：A. Schönberg（1954/57）。

Mōt　莫特△（死亡）：（腓尼基和烏加里特）乾旱和欠收的神，死亡的人格化，冥府神。莫特與豐收神**巴力**（Ba'al）是死敵。莫特曾經為了要把化身為橄欖的巴力吞掉，嘴巴從地上張開到天上，舌頭頂到了群星。**亞拿**（'Anath）為了讓巴力從陰間回來而殺死莫特。七個月後，莫特也復活，自此生死每七年輪替。

Motikitik　摩提奇提克△：（麥克羅尼西亞）善於捕魚並讓陸地自海裡升起的英雄，也因此得到財富和聲譽。他是羅勒普（Lorup）三個兒子當中的老么。他以釣鉤把斐斯島（Fais）從海裡釣起來，後來失去了釣鉤，因此居民總是害怕島嶼會下沉。

Moysēs　→Mōsheh

dMu　穆：（西藏）苯教的神靈，住在天界、空界和地界。其中包括：**都**（bDud）、**贊**（bTsan）、**魯**（Klu）、**年**（gNyan）、**薩達**（Sa-bdag）。

Mu'djiza　蹟象、魔術：（伊斯蘭）**安拉**（Allāh）經由他的先知所行的神蹟，以證明他的使者是誠實的。蹟象違反事物的普通法則，而且有別於**吾力**（Wali）的奇蹟（Karāma）。

Mudrā　印、母陀羅：（佛教）身體和手具象徵意義的姿勢，在聖像裡，每個角色都有其典型的印，例如：禪定印、法印、轉法輪印、觸地印、施無畏印或施願印。

Mufifi→Musisi

Mugasa　穆迦薩△、Mugu：（薩伊）俾格米族（Pygmy）的天神和月神，原來和他所造的人類住在一起。人類觸犯他的誡命，因而失去永生，而他也回到天界去。他類似於**阿列巴提**（Arebati）。

Muhammad　穆罕默德△【阿拉伯】受讚揚者）：（伊斯蘭）阿布哈西姆（Abūl-Kāsim, 567/73－632）的聖號，**安拉**（Allāh）

穆罕默德，伊斯蘭教的先知和創
教者，騎著布拉哥登霄。

的先知和使者，異象得見者，伊斯蘭教的創建者。他的父親是阿布
達拉（Abd-Allāh），母親是阿蜜娜（Āmina），妻子是赫蒂徹
（Khadidja），女兒是**法蒂瑪**（Fātima）。她們和阿西婭（Āsiya）以
及**麥爾彥**（Maryam）同為最純潔的婦女。穆罕默德 40 歲時，天
使**吉卜利里**（Djabrā'il）對他啟示古蘭經。吉卜利里也陪他騎著**布
拉哥**（Burāk）**夜行**（Isra'）和**登霄**（Mi'rādj）。穆罕默德是所有先
知的「封印」。在**復活日**（Al-Kiyāma）到來時，他會和公眾在**哈伍
德**（Hawd）相會，並且為他們向安拉**告饒**（Shafā'a）。伊斯蘭曆 3
月 12 日是他的聖紀。《古蘭經》第 47 章便以他為名。

al-Muharriq　穆拉里克△（燃燒者）：（阿拉伯）接受殺人祭
的太陽神或晨星神。

Mukarrib　穆卡里布△：神權時代的示巴（Saba）、卡達班
（Qatabān）和哈德拉毛（Hadramaut）的統治者頭銜，他是月神和
國家神的俗世代理者，也是神人之間的中保。

Mukti→Moksha

Mukuru　姆庫魯△：（非洲那米比亞）赫雷羅族（Herero）的
祖神和造物神，他也帶來降雨和日照。他以太初之樹（生命之樹）
創造人類。

Mula Djadi　姆拉經底△、Mula Dyadi：（印尼）多巴巴塔克
族（Toba-Batak）的造物神和最高神，他把世界的統治權交給三個

兒子，各自統治天界、地界和冥府，自己則住在七重天的頂層。

Mulo 穆羅（死亡）：（吉普賽）吸血鬼和死魔，夜裡出沒作祟。他們住在山裡，有白穆羅和黑穆羅，其中以黑穆羅最兇惡。他們的形象為沒有骨頭的屍體，雙手缺了中指。

Mulungu 姆倫谷△（lungu＝祖靈）、Mungu、Murungu：（尚比亞）邊巴族（Bemba）的土地神和祖神，後來成為天神和造物神。打雷是他的聲音，閃電是他的力量。在東非的班圖族，姆倫谷是神最常見的名字，基督徒和穆斯林也用以稱呼神。

Mummu 穆姆△：1.（阿卡德）**阿普蘇**（Apsū）的使者神和隨從。2.造物神**伊亞**（Ea）的別名。伊亞打敗穆姆後，繼承他的光芒，也接收他的名字和本性。3. **馬爾杜克**（Marduk）接收伊亞的造物神角色以後的綽號。

Mundih→Mandah

Mungu→Mulungu

Mininn→Huginn

Munkar und Nakir 蒙卡爾和納基爾：（伊斯蘭）一對天使，**安拉**（Allāh）要他們在死者安葬的夜晚，到墳墓去找死者並且試驗其信心。如果死者信神且正直，那麼他們的墳墓只是暫時的滌罪所，在**復活日**（al-Kiyama）會升到天園。如果他們不信神且有罪，那麼墳墓則是臨時的火獄，除了禮拜五以外，他們會不停地猛力打死者的臉和背。如果死者是**吾力**（Wali），那麼墳墓就是暫時的天園。只有殉道者才能豁免於他們的審訊。

Muntu→Month

Murukan 摩羅坎△、Muruku：（古印度）塔米爾族（Tamil）的狩獵神、戰神和守護神。**庫爾**（Cūr）是他的死敵。他手持長矛，騎坐大象或孔雀，相當於錫蘭的**迦多羅伽摩**（Kataragama）。

Murungu→Mulungu

Mūsā→Mōsheh

Músai 繆思▽、【拉丁】Musae：（希臘）藝術（音樂、詩）的守護神，共有三位或九位，後來成為所有精神活動（科學）的守護神。她們誕生在奧林匹亞山北部山腳的皮耶利亞（Pierien），是**宙斯**（Zeús）和**尼莫西妮**（Mnemosýne）的女兒，傳說她們住在

繆思，九位藝術的守護神
持書卷的克麗娥、持豎琴的哀拉
托、持笛的攸特爾普、持寫字板
的卡莉娥比、指著圓球的美爾波
梅妮、歌聲繞樑的波麗姆尼雅、
持西塔琴的特普西科麗、持喜劇
面具的塔麗雅、戴著悲劇面具的
烏拉妮雅。

比奧西亞（Boeotia）的赫利孔山（Helikon）以及**巴納塞斯山**
（Parnassós）。九位繆思分別是：**克麗娥**（Kleió）、**哀拉托**
（Erató）、**攸特爾普**（Eutérpe）、**卡莉娥比**（Kalliópe）、**美爾波梅**
妮（Melpoméne）、**波麗姆尼雅**（Polyhymnía）、**特普西科麗**
（Terpsichóre）、**塔麗雅**（Tháleia）、**烏拉妮雅**（Uranía）。繆思相當
於羅馬的**卡梅娜**（Camenae）。繪畫：Mantegna（1497）、Botticelli
（1480）、C. Carra（1881）、G. d. Chirico（1916）；歌劇：Händel
（1734）。

Mushussu　穆修素、Mushchushshu（【蘇美】mush-hush＝火
紅的龍）：（阿卡德）**提阿瑪特**（Tiāmat）創造的巨龍，蛇頭，有
角和鱗片，前腳有獅爪，後腳有鷹爪，尾巴有蠍刺。他是**馬爾杜克**
（Marduk）的聖獸。

Musisi　慕西西△▽、Mufifi：（那米比亞）奧萬波族（Ovambo）
的守護神，他（她）會替人類向其父親（或丈夫）**喀隆加**
（Kalunga）代禱。

Muskrat　慕絲克拉特▽：（印第安）亞爾岡京族傳說的童貞地
母，人類的祖先，太陽英雄**密恰波**（Michabo）的妻子。她化身為
動物，潛到海底一天一夜，帶回一塊泥土，用它造了大地。

Muspelheim　火國【古北歐】穆斯佩的世界）：（日耳曼）
太初創世以前，有火、溫暖和光明的地方。火國甚至早於冰冷的**霧**
鄉（Nilheim），位於**無底深淵**（Ginnungagap）的南方。火國的火
花融化了霧鄉的冰，因而誕生了巨魔**伊米爾**（Ymir）。而其他火花
則被諸神置於蒼穹成為眾星。火國由火魔**蘇爾特**（Surtr）統治。

Muspell　穆斯佩△（mu＝大地、民族；spell＝損害、腐敗）：
1.（日耳曼）世界末日的大火。2.擁有幽冥船**納格法爾**（Naglfar）
的火魔。穆斯佩諸子（Muspellzsynir）是他的兒子和隨從。

穆修素
阿卡德神話的巨龍，蛇頭，有角
和鱗片，前腳有獅爪，後腳有鷹
爪，尾巴有蠍刺。

Mut 姆特▽（母親、老鷹）：（埃及）地方神，主宰卡納克的安夢神殿南方的伊舍魯湖（Ischeru）。她也是天神，稱為「天空女王」或「雷的眼睛」。她是始祖女神，「太陽升起處的母親」，以及萬物之母，被尊為「孕育萬物而不受生」、「萬母之母」。她和**安夢**（Amun）以及**孔斯**（Chons）組成底比斯的三聯神，並且以王后為其化身，因此王后經常戴著鷹冠。她的形象原本是老鷹，後來變成戴著鷹冠的女神，被同化為**哈托爾**（Hathor）和**烏托**（Uto）。

Muttergöttinen 母神▽：泛指女性的最高神，她們在神族家庭地位崇高，獨自（如蓋婭）或者和男性生下諸神子，因此被稱為「諸神之母」。和母神結合的，經常是比較年輕的神（植物神），是她們的弟弟、丈夫或兒子。母神幾乎都是大地的化身（除了埃及的地神蓋布），孕育且滋養萬物。她們是大地女神和多產神，也是人類的母親，例如出自塵土（Adamah）的**亞當**（Ādām）。在農耕社會的母系文化裡，母神也是月神，主司植物、降雨、豐收、生產、出生、生命、命運、死亡和冥府。她們是「地母」，萬物出自她也將回歸於她。她們經常有自相衝突的屬性，同時是愛神和戰神，出生神和死神。作為滋養萬物的大地的守護神，她們是天神的伴侶，結合而孕育出動植物，因而也稱為「動物女王」。在後來的父系文化裡，母神則被天神和太陽神排擠。著名的母神包括：**蓋婭**（Gaía）、**狄美特**（Deméter）、**伊西塔**（Ishtar）、**伽梨**（Kāli）、**特魯斯**（Tellus）、**依西斯**（Isis）、**特拉佐提奧托**（Tlazolteotl）、**瑪瑪·奎拉**（Mama Quilla）、**西芭莉**（Kybéle）。人們經常以子宮來描繪母神的生育力量，或是強調女陰和乳房。

Mūtu 摩圖△（死亡）：（阿卡德）冥府神，死亡的人格化，其頭部如巨蟒。

Mutunus Tutunus 陽具神△：（羅馬）多產神，婦女的守護神，能賜給她們子女。他被描繪為陽具勃起，或者是陽具狀。

Muzimo→Modimo

Mvidi-Mukulu→Mwille

Mwari 姆瓦里△（教育者、傳授者）：南非巴汶答族（Bavenda）和辛巴威紹納族（Shona）的造物神和暴風雨神。水、火和流星是他的顯聖，從他的身體流出哈米努加（Chaminuka）和**晶**

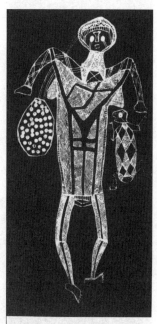

澳洲的女神瓦拉姆倫甘吉（Waramurunggundji）及其子納瓦那格（Nawanag）。

Muslimische Mythologie　穆斯林神話：

　　穆罕默德的伊斯蘭教是世界第二大宗教，其神話旨在敘述先知的生平行誼、天使和魔鬼（安拉的助手和仇敵）、信神者以及世界末日，融合了古阿拉伯、猶太教和基督教的神話。安拉派遣的124,000個先知（Nabi）裡，有313個使者（Rabul），其中有28位載於古蘭經，包括阿丹（Ādam）、易卜拉欣（Ibrāhim）、穆薩（Musa）、爾薩（Isa）。然而最偉大且重要的先知則是穆罕默德。他在40歲時，於麥加附近的希拉山洞（Ghar Hira'）裡頭禱告沉思。大天使吉卜利里（Djabrā'il）在夢裡顯現，傳給他安拉的啟示。他在夢裡看到且聽到天使吉卜利里給他一塊寫滿字的絲帕，連續三次對他說：「你應當奉你的創造主的名義而宣讀。」（《古蘭經》96:1-5）他唸了以後，天使就離開。

　　他從夢裡醒來，走出山洞。在山中，他聽到天上的聲音對他呼喚說：「穆罕默德！你是神的使者，我是吉卜利里。」有一次，穆罕默德和吉卜利里在一夜之間從麥加的天房飛到耶路撒冷，稱為「夜行」（Isra），另一夜更登上七重天，見到以前的先知們，並且與安拉對話七萬次，即「登霄」（Mi'rādj）。兩次旅行都以天馬布拉哥（Burak）為坐騎。布拉哥外形像牡馬，有女人的頭和孔雀尾，比猛獸小，比驢子大。該故事預示死後靈魂如何升到安拉的寶座前。

　　安拉的使者（Malā'ika）監視並記錄人類的行為。安拉以光創造使者，「他使每個天神具有兩翼，或三翼，或四翼，」（35:1）其中包括吉卜利里、米卡里（Mikal）、阿茲拉伊來（'Izrā'il）、伊斯拉非來（Isrāfil）、哈魯特（Harut）和馬魯特（Mārūt）、蒙卡爾（Munkar）和納基爾（Nakir）。安拉要蒙卡爾和納基爾在死者安葬的夜晚，到墳墓去找死者並且試驗其信心。如果死者信神且正直，那麼他們的墳墓只是暫時的滌罪所，如果他們不信神且有罪，那麼墳墓則是臨時的火獄。

　　使者們是安拉的侍衛，看守天園的城牆，抵擋精靈（Djinn）（其首領是安拉以火創造的）和易卜劣廝（Iblis）（住在墓穴和廢墟裡）。到了世界末日，即復活日（al-Kiyāma），俗世者要接受審判。伊斯拉非來的第一勝號角響起，所有活著的都要死去，在第二

聲號角響起時復活。安拉是「報應日的主」（1:4），會根據記錄善
惡的名冊審判人類，並把有疑問的行為置於天秤。所有被審判者都
要經過「天橋」（al-Sirat），橋下有地獄的烈火，該橋細如髮絲，鋒
利如劍。有良知的好人才能到天園，而壞人則墮到火獄。「在那
日，眾人將似分散的飛蛾，山岳將似疏鬆的采絨。至於善功的份量
較重者，將在滿意的生活中；至於善功的份量較輕者，他的歸宿是
深坑。你怎能知道深坑裡有什麼？有烈火。」（101:1-11）「復活時
來臨之日，他們將彼此分離。至於信道而且行善者，將在一個勝
地，感覺快樂；至於不信道而且否認我的蹟象，以及後世的相會
者，將被拘禁在刑罰中。」（30:14-16）「信道而且行善者」在安拉
的審判後會得到天園（Djanna）的賞報。

兩位使者記錄人類的善惡行，作
為審判的根據。

　　樂園裡有清快泉（Salsabil），有水河、乳河、酒河和蜜河，有
坐褥和花毯，有純潔的伴侶（Huri），有年輕的男孩以水果服事他
們。經裡對於天園有許多鮮活的描繪：「至於信道而且行善者，將
來得以樂園為歸宿，那是為了報酬他們的行為的。」（32:18-20）
「下臨諸河的樂園⋯⋯有純潔的配偶，他們將永居其中。」（2:25）
「在樂園中⋯⋯下臨諸河的樓上」（29:57）「在一些樂園和源泉之間
⋯⋯他們將成為弟兄，在高榻上相對而坐。他們在那裡不感覺疲
乏，他們絕不被逐出。」（15:45-50）為聖戰而殉教者死後直赴天
園，而不必到暫時的試煉所。

　　信道者得到天園的報酬，相反地，不信神者在過橋時會墮入火
獄（Djahannam）。古蘭經同樣有歷歷如繪的描寫：「至於悖逆
者，他們的歸宿，只是火獄，每當他們要想逃出，都被攔回去。有
聲音對他們說：你們嘗試以前你們所否認的火刑吧！」（32:18-20）
經裡也警告世人：「你們當防備火獄，那是用人和石做燃料的，已
為不信道的人們預備好了。」（2:24）末日的時候會有馬哈迪（al-
Mahdi）（由安拉引導者）降臨，領導公眾。遜尼派認為他是穆罕
默德的繼承者（Saijid），如先知的第五任妻子烏姆・撒拉瑪
（Umm Salama）所言：「我聽到先知說：馬哈迪將自我家出，為
法蒂瑪之子。」什葉派認為第 12 位伊瑪目（Imām）隱遁沒世，
在報應日重現於世。

人類的神話形象，馱負著善惡的
爭戰場。

罕答（Nehanda）。他的綽號為「創造人類
者」（Musikavanhu）和「廣大的水域」
（Dzivaguru）。

Myrtílos 密提洛斯△、【拉丁】
Myrtilus：（希臘）皮薩（Pisa）國王歐伊諾
默斯（Oinomaos）不忠實的車夫，他是**赫
美斯**（Hermés）和克萊歐布蕾（Kleobule）
的兒子。**皮洛普斯**（Pélops）賄賂他把車子
的樺頭換成蠟製的，而害死他的主人。後來
他也被皮洛普斯推到海裡。他的父親把他接
到天上成為御夫座（Auriga）。或謂密提洛
斯化身為**地底深淵**（Tártaros）裡的罪人。

Mythe 神話、【希臘】Mythõs、【拉丁】
Mythus：1.某個民族的生動故事，描寫神蹟
的事件或情況，解釋人類世界的起源、經歷
和末日，或是關於諸神靈、英雄和怪物的事
蹟，以戲劇、場景、人格化的形式，體現人
類內在和外在世界的歷程、經驗和體會。神
話也反映善惡的衝突，無論是在人心或是外在世界的。神話是思
維、生活和表現的形式，超越了個體、種族和社會，擁有普世意義
和生命取向。2.指某些成為傳奇的歷史事件和人物。

Mythologie 神話學（【希臘】mythos légein＝敘說神話）：泛
1.神話的講述，解釋聖俗之間的事件和行為；2.諸民族神話故事的
總稱；3.對於諸民族神話的科學採集、研究、比較與有系統的闡
釋。

N

Nābi' 先知、〔【希伯來】〕、【複數】Nebi'im、【希臘】
Prophétes：1.（猶太教）耶和華（Jahwe-Elōhim）的使者和先
知，奉祂的名對以色列宣告災禍和拯救，時而必須以神蹟和徵兆去
證明。神的靈灌注他們，讓他們得到神的默示。一般區分為行動先
知和書寫先知。屬於前者有：**摩西**（Mōsheh）、**撒母耳**
（Shemū'ēl）、**以利亞**（Ēlijjāhū）、**以利沙**（Elishā）。屬於後者有三
大先知：**以賽亞**（Jesha'jāhū）、**耶利米**（Jirmejāhū）、**以西結**
（Jehezk'ēl）或**但以理**（Danijj'ēl）；以及十二小先知：**何西阿**
（Hōshēa'）、**約珥**（Jō'ēl）、**阿摩司**（Amōs）、**俄巴底亞**
（Ōbadjāhū）、**約拿**（Jōnāh）、**彌迦**（Mikāh）、**那鴻**
（Nachchūm）、**哈巴谷**（Chabakkūk）、**西番雅**（Zefanjāh）、**哈該**
（Chaggaj）、**撒迦利亞**（Zekarjāh）和**瑪拉基**（Mal'āki）。除了前述
的男先知外，也有女先知，例如：**米利暗**（Mirjām）、**底波拉**
（Debōrāh）、**戶勒大**（Chūldāh）。2.（基督宗教）見證**上主**
（Kýrios）在**耶穌**（Iesùs）身上實現的拯救啟示的先知，宣告祂的
應許和救恩。其中包括：**撒迦利亞**（Zacharias）、施洗者**約翰**
（Ioánnes）以及耶穌自己。

Nabi 先知、納比（【阿拉伯】）、【複數】Nabiyūn、Anabiyā'：
1.（伊斯蘭）**安拉**（Allāh）的先知，祂以蹟象給予他們默示。為了
幫助被**撒但**（Shaitān）誘惑的人類，安拉派了124,000個先知；其
中有313個使者（Rabul），有28位載於古蘭經，包括**阿丹**
（Ādam）、**易卜拉欣**（Ibrāhim）、**易司馬儀**（Ismā'il）、**易司哈克**
（Ishāk）、**葉爾孤白**（Ya'kūb）、**努哈**（Nūh）、**達五德**（Dāwūd）、
素萊曼（Sulaimān）、**優努司**（Yūnus）、**優素福**（Yūsuf）、**穆薩**
（Mūsā）、**哈倫**（Hārūn）、**宰凱里雅**（Zakāriyā'）、**葉哈雅**
（Yahyā）、**爾薩**（'Isā）和**伊迪雷斯**（Idris）。除了**穆罕默德**
（Muhammad）以外，都是猶太教和基督宗教的先知。2.穆罕默德
在**麥地那**（Medina）自稱為最後的先知，是先知的「封印」。《古
蘭經》第21章以先知為名。

Nabū 納布△（宣告者）、Nabi'um、【希臘】Nebo：（阿卡德）
智慧神和書寫藝術神，保管記錄命運的書版。他是**馬爾杜克**
（Marduk）和**撒潘妮頓**（Sarpanītum）的兒子，**塔什美杜**（Tash-

龍王

KNAURS
LEXIKON
DER
MYTHOLOGIE

納布
阿卡德的智慧神，保管且記錄命
運書版。

mētu）和**納納雅**（Nanāja）的丈夫。在波西帕城（Borsippa）的艾奇達神殿（Ezida）是他的聖地。他的標誌是石筆，所屬的行星是水星。若干國王以他為名，例如：納布波拉薩（Nabu-polassar）、尼布甲尼撒王（Nebukadnezar）、納波尼杜（Nabonid）。摩西在尼波山（Nebo）去世，該山即是以他為名。

Nāchāsh 蛇（【希伯來】）、【希臘】Óphis：1.（猶太教）惡魔，邪惡、狡猾和詭詐的化身。蛇是最詭詐多端的動物，在**樂園**（Gan Ēden）裡和**夏娃**（Chawwāh）攀談，不僅質疑**耶和華**（Jahwe-Elōhim）的誡命，甚至慫恿她吃知識樹的果子，因為吃了可以不死，並且和神一樣。如此夏娃便受了蛇的誘惑。2.（基督宗教）在樂園裡誘惑**夏娃**（Eúa）的蛇，即末日裡的**撒但**（Sātān）和**魔鬼**（Diábolos）。

Nachchūm 那鴻△【希伯來】安慰）、【希臘】Naum：（猶太教）**耶和華**（Jahwe-Elōhim）在猶大國的先知（664－612

龍樹
佛教論師，頭上有頂髻，有諸龍
圍繞。

B.C.），他預言尼尼微的毀滅，對以色列人宣告拯救將臨。聖經十二小先知書裡的《那鴻書》即以他為名。

Nachchundi 那鴻地△、Nachunte：（以攔）太陽神和法律神。

Nādapāda→Nā-ro-pa

Naenia 奈妮雅▽【拉丁】輓歌）、Nenia：（羅馬）輓歌女神。在羅馬，原來是由死者親屬或未亡人唱的歌，後來也付錢請婦女吹笛哭靈。

Nāgārjuna 龍樹、龍猛、龍勝△：（佛教）論師，中觀派（Mādhyamaka）的始祖，以其主要著作《中論》（Mādhyamak-kārikā）繼佛陀之後再轉法輪。他被尊為**菩薩**（Bodhisattva），和佛陀一樣有頂髻（ushnisha）。**龍王**（Nāgas）曾引他入龍宮，授以大乘經典。他的四周有諸龍圍繞，手結施無畏印。

Nāgas 龍、龍王、【陰性】Naginis：1.（婆羅門教和印度教）龍神，各種水域的守護神，保管水底的寶藏。他們也是神殿的門神，被認為是**迦葉波**（Kāshyapa）和**歌頭**（Kadrū）的兒子，包括**難陀龍王**（Ananta）、**和修吉龍王**（Vāsuki）以及**摩那斯龍王**（Manasa）。他們住在**龍宮**（Pātāla）裡，人面蛇尾，如眼鏡蛇般昂首吐信，其標誌為蓮花和犁頭。2.（佛教）住在水裡和地底的龍神，能興雲布雨，為人類帶來豐收。

Naglfar 納格法爾【古北歐】指甲船）：（日耳曼）幽冥船，由巨怪赫列密爾（Hrymir）掌舵，**諸神黃昏**（Ragnarök）開始時，火魔由**火國**（Muspelheim）出發，駛往**愛瑟樂園**（Asgard）去攻打**愛瑟神族**（Asen）。納格法爾比任何船隻都大得多，由死者的指甲建造而成。人們得修剪死者的指甲，才能延緩納格法爾的到來。

Nagual 納瓜爾（naualli, nahualli＝掩蓋）：（印第安）阿茲提克族傳說中化身為動物或植物的守護靈。人類和諸神都有其休戚與共的納瓜爾，其中一方受傷或死去，另一方也難逃此劫。例如，蜂鳥是**維齊洛波齊特利**（Huitzilopochtli）的納瓜爾。

Nagyasszony→Boldogasszony

Nahi 納西△（聰明的）：（阿拉伯）守護神和救助神。

龍王
印度教和佛教的豐收神，為人首蛇身的怪物。

359

Nahum→Nachchūm

Naídes 奈雅杜▽：（希臘）住在山泉、池塘和河流裡的**仙女**（Nýmphe），喜愛音樂和舞蹈。她們多半是諸神和**薩提羅斯**（Sátyros）的新娘。雕塑：L. Schwanthaler（1840/48）。

Nā'ila→Isāf

Naininen 奈尼嫩（世界全體）：（西伯利亞）科里亞克族（Koryak）的神。

Nainuema 奈努伊瑪：（印第安）維托托族（Witoto）傳說的原始生物。他以大地的夢境創造世界，並且把地面踩實。然後他對大地吐唾液，好讓樹林生長。

Nairritta→Nirrita

Nairritti→Nirriti

Nairyō-sangha 涅留僧伽△（男人讚歌）：（伊朗）火神，男祭司對諸神的讚歌的人格化，為諸神使者。他是**雅扎塔**（Yazata）之一，把人類的獻祭轉呈給諸神。

Najaden→Naídes

Nakir→Munkar

Nakrahum 納喀拉△：（阿拉伯）密內安族（Minaean）的審判神和預言神，他相當於**豪巴斯**（Haubas）和**安貝**（'Anbay）。

Namita 納蜜塔▽、Namite：（美拉尼西亞）母神，巴布亞（Papua）文明的始祖，以自己的大拇趾受孕生出雙胞胎。為了要以其血液創造人類，她要他們自戕。

Nammu 娜姆▽：（蘇美）太初之母，「她孕育了天地」。她也是「生下諸神」的母神。她的兒子**恩奇**（Enki）要她以**阿布蘇**（Abzu）上面的泥土創造第一個人類，並且有八個神從旁協助，其中包括**寧瑪哈**（Ninmach）。**教諭**（Me）原本是由她保管的。

Namrael 業羅決▽、Nebroel：（摩尼教）惡魔，和她的丈夫**路傷**（Ashaqlūn）創造第一對人類亞當和夏娃，稱為葛穆德（Gēhmurd）和穆迪雅娜（Murdiyānag）。

Namrūd→Nimrōd

Namtar 納姆塔△（被決定的、命運）：（蘇美）主宰命運的惡魔，是厄里什基迦勒（Ereshkigal）的使者，給人類帶來死亡。

他是恩利勒（Enlil）的兒子，胡什庇夏（Chushbisha）的丈夫。

Nana 娜娜▽：1.（弗里吉亞）母神，河神桑加里厄（Sangarios）的女兒，春神**阿提斯**（Attis）的母親。**阿格底斯提**（Agdistis）的杏樹果實使她懷孕生下阿提斯。2.**西芭莉**（Kybéle）的別名。3.（亞美尼亞）諸神之母，勝利女神，別名為「大母」。她是**阿拉瑪茲**（Aramazd）的女兒，**密爾**（Mihr）的妹妹，相當於希臘的**雅典娜**（Athéne）。

Nanāja 納納雅▽：（蘇美和阿卡德）性愛女神，戰神。她是**安**（An）的女兒，阿卡德的**納布**（Nabū）的妻子。在舊約裡曾提到納納雅神廟的司祭（《瑪加伯下》1:13-15）。

Nanautzin 納納瓦欽△：（印第安）阿茲提克族謙和的太陽神，和暴躁的**帖奇茲卡特**（Tecciztecatl）相反。在第五世紀開始的時候，他便預言他將會自焚，好讓太陽繼續運行。其後人們便以心臟獻祭太陽，以紀念他的自我犧牲。

Nanderuvucu 南德魯巫庫△（我們的大父）：（印第安）圖皮瓜拉尼族（Tupi-Guarani）的天神和父神，他住在「無惡國」。

Nandi 難提（【梵】歡喜）：（印度教）公牛神和多產神，力量的象徵。其形象為黑尾巴的白公牛，是**濕婆**（Shiva）的坐騎。

Nanga Baiga 難伽拜加△（裸體的拜加）、【陰性】Nanga Baigin：（古印度）拜加族（Baiga）的始祖，他相當於壯族（Juang）的魯西（Rusi）。

Nanghaithya 難海斯揚△：（伊朗）象徵貪婪的惡魔。他是**隨心神**（Armaiti）的宿敵。

Nang lha 囊拉△：（西藏）苯教的家神，其頭似豬。

Nanna 南那△：（蘇美）月神，每天乘著鐮刀狀的船穿越夜空，他把一年區分為 12 個月，每個月30天，並且是「命運之主」。他是**恩利勒**（Enlil）和**寧利勒**（Ninlil）的兒子，**寧格爾**（Ningal）的丈夫，**巫杜**（Utu）的父親。南那、寧格爾和巫杜組成星體三聯神。他的聖地是在烏爾（Ur）的埃基什努加（Ekishnugal）塔廟。南那相當於阿卡德的**欣**（Sin）。

Nanna 南娜▽（【古北歐】母親）：（日耳曼）母神，涅普（Nepr）的女兒，**巴爾德**（Balder）的妻子，**弗西提**（Forseti）的

母親。南娜的丈夫遇害後，她悲傷過度而死，屍體和巴爾德一起置於巨船林霍尼（Hringhorni）並且燒化掉。

Nanshe　南施▽：（蘇美）主司占卜和解夢的女神。她宣告神旨，並且幫助人們對抗惡魔。她是**恩奇**（Enki）的女兒，**寧格蘇**（Ningirsu）的妹妹，聖地在拉加什（Lagash）的寧娜西拉拉（Nina-Sirara）。

Nantosuelta　南多斯薇塔▽、Natosuwelta、Nantosvelta：（克爾特）高盧的多產女神和賜福神，冥府女神、死神和家神，她和**蘇瑟羅**（Sucellos）組成對耦神。其標誌是豐饒角。

Napirisha　納庇里夏△（照耀者）：（以攔）月神。

Naprusha　納普魯夏△：（以攔）詛咒神和冥神。

Nārada　那羅陀△：（婆羅門教和印度教）古代的智者、先知和**大仙**（Maharishi）。他是**梵天**（Brahmā）「心生」的兒子，發明琉特琴（Laute），統治眾**乾闥婆**（Gandhavas）。

那羅陀
婆羅門教和印度教的大仙，發明
琉特琴。

獅面人
毘濕奴的第四個權化，裂柱而
出，把巨魔嘿然亞卡西普碎屍萬
段。

Naraka 地獄、Niraya：1.（佛教）意識狀態，**三界**（Triloka）
裡的地獄，有七、八個大地獄，約莫16至128個小地獄，由**閻魔**
（Yama）統治。地獄眾生因其前世惡業，各依其罪行受不同的苦
難，報盡則根據**輪迴**（Samsāra）受生其他諸**道**（Gati）。所謂八大
地獄或「八熱地獄」包括：等活（Samjiva）、黑繩（Kālasūtra）、
眾合（Samghāta）、叫喚（Raurava）、大叫喚（Mahāraurava）、炎
熱（Tāpana）、大焦熱（Pratāpana）、阿鼻（Avici）。此外還有「八
寒地獄」。2.（印度教）三界中的地獄界，位於**魔界**（Pātāla）下
面，共有 28 或 21 個，是壞人受寒熱苦刑的地方，閻魔的鬼卒不
時會鞭打他們。

Narasimha 獅面人、納拉辛哈△：（印度教）**毘濕奴**（Vishnu）
在圓滿時（Kritayuga）的第四個**權化**（Avatāra）。他化身為獅面

人，把原本刀槍不入的巨魔嘿然亞卡西普（Hiranya-kashipu）碎屍萬段，以拯救人類和諸神。

Nārāyana 那羅延天、那茹阿亞納△（【梵】人子）：（印度教）**毘濕奴**（Vishnu）的別名，在兩個**波羅**（Para）之間安居於**難陀龍王**（Ananta）上面，自其肚臍長出蓮花，立即綻放，現出造物神**梵天**（Brahmā）。他的眷屬**吉祥天女**（Lakshmi）喚醒他時，便開始新的時期。

Narcissus→Nárkissos

Nareau 納洛：（美克羅尼西亞）兩個創世的原始生物。老納洛以硨磲貝創造天地，讓沙和水交配，而生出小納洛。接著小納洛以他父親的眼睛造了太陽和月亮，打碎他的頭骨，用以塑造群星，把他的血化為岩石，從他的脊柱長出「祖先樹」，其樹枝即為人類的祖先，他把樹上開的花擲向北方，越過薩摩亞，落到海水裡就變成塔拉瓦群島（Tarawa）、貝魯島（Beru）、塔比特維亞島（Tabi-teuea）。

Narisaf 納里撒夫、樂明佛、Narishankh：（伊朗）摩尼教神話裡的創世者，為「善神」的「第一使」或第一次流出。他別名為「光明之友」，自身流出建築神大般（Bān），由大般流出第二使**密里雅茲**（Mihryazd）。「大慈父」派他去拯救**五明子**（Amahrspand）脫離黑暗和邪惡的禁錮。

Narisah 納里撒◇：（伊朗）摩尼教神話裡的創世者，不同於第二使**密里雅茲**（Mihryazd），他是「善神」的「第三使」。他別名為「日光佛」和「光明女」，是雌雄同體的光體，曾對**眾暗魔**（Archóntes）分別現男女相。為了潔淨被囚禁的光明粒子，他讓光明粒子在每個月的前 14 天上升到月亮，接著在下半月從月亮升到太陽，然後到天上的光明界。

Narishankh→Narisaf

Nárkissos 納奇索斯△、【拉丁】Narcissus：（希臘）美貌少年，為水仙的人格化。他是河神喀菲索斯（Kephissos）和山泉仙女萊里奧貝（Leiriope）的兒子。納奇索斯拒絕仙女**哀可**（Echó）的求愛，**阿芙羅狄特**（Aphrodíte）或**尼美西斯**（Némesis）為了懲罰他，便讓他愛上自己映在水裡的影子。然而他無法從倒影得到愛

的回報，於是相思成疾，死而化為水仙（即以他為名）。繪畫：
Caravaggio (1779)；戲劇：Calderon；歌劇：Scarlatti (1714)、Gluck
(1779)、Massenet (1590/95)。

Nā-ro-pa 那若巴△、Nādapāda：（佛教和密教）苦行者和上師
（956－1040），他是**帝洛巴**（Ti-lo-pa）的學生，馬爾巴（Marpa）
的老師，84位**大成就師**（Mahāsiddha）之一。肩披禪定帶，結
印，持劫波杯（kapāla）和鈴（ghantha）。

Nāsatyas→Ashvins

Nasr 奈斯爾△（老鷹）：（阿拉伯）示巴（Sabaean）和卡達
班（Qataban）的神，在《古蘭經》裡（71:23）曾提及，是和**努哈**
（Nūh）同時代的五個異教神之一。

Nasu 納蘇▽（【袄語】屍體）：（伊朗）屍魔和染汙魔。人類
死後，她就化為蒼蠅飛到屍體，並且傳染疾病給鄰人。她也會經由
九竅鑽到抬屍者的身體裡去。

Natarāya 舞王△：（印度教）**濕婆**（Shiva）的稱號，意為宇
宙舞者，世界舞台之主。濕婆的怛多婆舞（Tandava）表現他的五
種行動：創造、持守、毀滅、隱沒和恩典。在舞蹈中，他腳踏魔王
阿波悉魔羅（Apasmara）。

Natosuwelta→Nantosuelta

Natrimpe→Potrimpus

Naum→Nachchūm

Naunet 納烏奈特▽：（埃及）太初女神，指地底世界，支撐
地表的「下方」蒼穹，和覆蓋地表的「上方」蒼穹相對。在地底的
蒼穹裡，太陽在夜裡升起，群星則在白天閃爍，也就是在太陽「熄
滅」以後。其形象為蛇或蛇頭人身，自新王國時期，則與「上方」
蒼穹神**努特**（Nut）融合。

Navagraha 九曜：（印度教）九星神，分別體現九種存在現
象。他們居於**天界**（Svarloka），包括：**日曜**（Sūrya）、**月曜**
（Soma/Chandra）、**火曜**（Mangala）、**水曜**（Budha）、**木曜**
（Brihaspati）、**金曜**（Shukra）、**土曜**（Shani）、**羅睺**（Rāhu）、**計
都**（Ketu），他們都乘坐七駕或八駕馬車。

Navi 納維：（斯拉夫）家靈和死神，夭折的嬰孩死後變成納

妮赫貝特
上埃及形如禿鷹的母神和國家
神。

維，為了報復而化身為巨鳥，尤其喜歡襲擊孕婦和產婦。和他們同一個時刻出生的人們可以看見他們。

Na-Wende 納溫德（老太陽王）△：上伏塔（Upper Volta）莫西族（Mosi）的天神、多產神和審判神。

Ndengei 恩登該△：（美拉尼西亞）斐濟島的蛇神和造物神，他孵出兩只蛋，生下一男一女。恩登該以番薯和香蕉餵他們，並教他們用火。其形為蛇，蜷曲在納考凡卓山（Na-Kauvandra）的山洞裡，只要動一動，就會引起地震。他入睡時就是黑夜，當黑鴿喚醒他時，白天就開始。吐卡運動（Tuka）的創立者恩頓古莫（Ndungumoi）即自稱是恩登該。

Ndjambi-Karunga 恩贊比卡倫加◇：（非洲那米比亞）赫雷羅族（Herero）陰陽雙身的天神和冥府神，恩贊比代表天空，卡倫加則代表大地、水和冥府，兩者合而為一。

Ndyambi→Nzambi

Neaira→Pérse

Nebet-hut→Nephthys

Nebetu 妮貝圖▽（曠野女王）：拉托波里斯（Latopolis, Esneh）的地方神，席克（Hike）的母親。她和曼希德（Menchit）很類似。

Nebo→Nabū

Nebroel→Namrael

Nechbet 妮赫貝特▽：（埃及）尼赫布（Nekheb）（上埃及第三區）上埃及的禿鷹神和國家神，和下埃及的女蛇神烏托（Uto）組成對耦神。她也是母神，為所有母親的原型。在象形文字裡，「禿鷹」即意指母親。她也是國王的母神，以乳房哺育他。此外，自新王國時期，她也是月神、太陽神和生育女神。她是雷（Re）的女兒，被描繪為哺乳的母親或是禿鷹。她的聖物禿鷹也是上埃及的象徵，與下埃及的象徵動物（烏托的蛇）同為法王的裝飾符號。

Nechmet-awaj 妮赫梅塔瓦▽：（埃及）太初女神，法律的守護神，和她的丈夫托特（Thot）以及兒子奈夫爾霍（Neferhor）組成三聯神。她是赫莫波利斯（Hermopolis）的「城市女王」，有牛角和日盤，手持叉鈴。她後來與哈托爾（Hathor）融合，普魯塔赫

（Plutarch）把她等同於希臘的正義女神（Dikaiosyne）。

Nectar→Néktar

Nefertem 奈夫圖△、Nefertum、【希臘】Nephthemis：（埃及）蓮花的人格化，在太初的洪水過後浮出水面，自綻放的花萼裡升起太陽。他會散發香氣，因而也是膏油神。他也是光明神和死神，和父親普塔（Ptah）以及母親薩赫美特（Sachmet）組成孟斐斯（Memphis）的三聯神。他是「雷的鼻子上的蓮花」，以前的「人類主宰」，正如太陽神雷（Re）統治諸神。其形象為人類，有時候是獅面人身，頭上（或手裡）有含苞待放的蓮花。

Nehanda 妮韓妲▽：南非的巴汶答族（Bavenda）和辛巴威的紹納族（Shona）女性形象的雨神。原本她是晨星神。在一次祈雨祭裡，有個公主被活埋在樹下，樹木不斷生長，直到天空，於是開始降雨，隔天早上，晨星第一次出現。她被認為是自姆瓦里（Mwari）流出的。

Nehebkau 尼赫布考△：（埃及）蛇魔或蛇神，他是太陽神船上的隨從。他看守冥府的入口，支配靈魂卡（Ka）。尼赫布考是永恆時間的守護神。在許多咒語裡，他也是太初神和守護神。當死者希望「如尼赫布考一般度過永恆」時，便會向他祈禱。埃及曆 5 月 1 日的新年慶是他的節日。

Neith 奈特▽◇（【希臘】）、【埃及】Neret（可怖者）：（埃及）塞伊斯（Sais）的地方女神，也是兵器神和戰神，象徵弓滿弦張的箭。她的綽號是「開路者」，說明她是國王部隊的開路先鋒。她是水神，稱為「海的女王」，鱷魚神蘇赫士（Suchos）的童貞母親；她也是雙性的太初女神，太陽神雷（Re）的母親；她創造諸神和人類的種子，擁有尚未分化的男性和女性的力量；她是「眾父之父，眾母之母」。奈特是死者的守護神，與依西斯（Isis）、妮芙提絲（Nephthys）以及塞爾克特（Selket）一起圍繞在棺木四周。其後她成為國王女神，將王冠交給國王。她的聖地在塞伊斯，在當地被尊為「偉大的織女」，人們在她的節日紀念她的升天。她手持弓箭，戴著下埃及的王冠。在希臘，她被同化為雅典娜（Athéne）。

Néktar 神酒☉（【弗里吉亞】niqtar＝香料酒）、【拉丁】Nectar：（希臘）使諸神不死且永保青春的酒。神酒類似於印度的

奈夫圖
埃及的膏油神和死神，蓮花的人格化，頭上有含苞待放的蓮花，手持生命符。

那芙提斯
埃及死神、墳墓神和出生神，看
守冥府的最後一道門，太陽神穿
過此門便到了天界。

蘇摩（Soma）和日耳曼的蜜釀（Met）。

Nemere 尼密爾△：（匈牙利）力量足以殺人的風暴魔，他也是風神，代表來自塞克勒山脈（Székler）的寒冷北風。

Némesis 尼美西斯▽（分配）：（希臘）尺度女神和復仇女神，對於任何善惡行為都給予合宜的獎懲回報。她也是競賽（Agoné）的女神。尼美西斯是**妮克絲**（Nýx）的女兒，**克兒**（Kér）、**希普諾斯**（Hýpnos）、**塔那托斯**（Thánatos）、**莫姆斯**（Mómos）和**伊莉絲**（Éris）的姐妹。銅版畫：Dürer（1503）。

Nemetona 尼密多娜▽（nemton＝聖所）：（克爾特）高盧女戰神，尼密特人（萊茵河和莫塞河之間）的氏族神。

Nemi→Arishthanemi

Nenabojoo 尼那布裘△：（印第安）亞爾岡京族（Algonkin）和維塔克斯族（Wetucks）的文明英雄和**惡作劇鬼**（Trickster）。他賜給人類玉米和豆子，並教他們打獵。但是他的兄弟們經常來搗亂。尼那布裘相當於**古魯斯卡普**（Gluskap）、**馬拿保斯何**（Manabhozho）以及**維薩克經**（Wisakedjak）。

Nenia→Naenia

Neper 奈培△（穀物）：（埃及）穀神和死神，是豐收女神**蕾內努特**（Renenutet）的兒子，在新王國時期與**奈琵特**（Nepit）組成對耦神。埃及曆4月（收成月）1日是他的生日。他是「死而復活者」，是死者的希望，和**奧賽利斯**（Osiris）一樣（其後也與他同化），能夠幫助死者從墳墓裡復活，因為他如種子一般撒在地裡死去，而神奇地抽芽結實。他身體肥胖，肚子裡填滿穀粒。

Nephthemis→Nefertem

Nephthys 那芙提斯▽、【埃及】Nebet-hut（女家主）：（埃及）死神和墳墓神，她也是出生神。在八聯神的譜系裡，她是**蓋布**（Geb）和**努特**（Nut）的女兒，**依西斯**（Isis）和**奧賽利斯**（Osiris）的姐妹，**塞特**（Seth）的妹妹和妻子。曠野神塞特不能生育，她和多產神奧賽利斯生了**安努畢斯**（Anubis）。奧賽利斯被塞特肢解之後，她和依西斯找到他的屍體並且照顧它，直到他復活，和他共治冥界。那芙提斯和依西斯在東方站著迎接升起的太陽，看守冥府的最後一道門，太陽神穿過此門便到了天界。那芙提斯有人類的形

象。

Nepit 奈琵特▽：（埃及）穀神，在
新王國時期與奈培（Neper）組成對耦
神，其形象為蛇或蛇首人身，頭上有麥
穗。

Neptunus 內普吞△：（羅馬）山
泉、河川、湖泊和海洋的神。他也是賽
馬場的神。每年 7 月 23 日的內普吞節
（Neptunalia）是他的節日。海王星即以
他為名。內普吞相當於希臘的**波塞頓**
（Poseidón）。

Nereídes 涅留斯族▽：（希臘）50
位海洋仙女，海難者的守護神。她們是
涅留斯（Nereús）和女河神多麗絲
（Doris）的女兒，其中包括**安菲特里特**
（Amphitríte）、**葛拉提雅**（Galáteia）和
泰蒂斯（Thétis）。她們隨侍涅留斯，經
常以歌舞娛樂海員。

Neret→Neith

Nereús 涅留斯△：（希臘）形象多
變的老海神。他也是預言神，是**龐托斯**
（Póntos）和**蓋婭**（Gaía）的兒子，陶馬斯（Thaumas）、**弗基斯**
（Phórkys）、**開托斯**（Kétos）和攸里碧亞（Eurybie）的兄弟。他
和女河神多麗絲（Doris）生了**涅留斯族**（Nereídes）的 50 位海洋
仙女。**赫拉克列斯**（Heraklés）曾強迫他說出往**黑絲柏麗提絲**
（Hesperídes）的花園的路。

Nergal 匿甲△：（阿卡德）冥府神，給人畜帶來瘟疫。他是天
神，為炎熱太陽的化身，會導致草原大火。他也是戰神，**阿拉圖**
（Allatu）或**瑪密特**（Māmit）的丈夫。**以舜**（Ishum）是他的使者
和策士。他的聖地在古他（Kutha）（《列王紀下》17:30）和阿別克
（Apiak），在埃美斯蘭神殿（Emeslam）裡則與**埃拉**（Erra）並
祀。匿甲會在 7 月 18 日到 12 月 28 日降世，共 160 日。在一個

涅留斯族
希臘海洋仙女，騎著海馬希波坎
普（Hippokamp）。

涅留斯
海神，持三叉戟，騎著海馬希波
坎普。

匡甲
阿卡德冥府神，炙熱太陽的化
身，殺死植物神。

滾印上，他被描繪為手持彎刀和木棍。阿卡德的匡甲相當於
蘇美的涅里加（Nerigal）。

Nerigal 涅里加△：（蘇美）酷暑和烈陽的人格化，會
造成草原大火，給人畜帶來瘟疫和高燒。他也是戰神和冥府
神，是恩利勒（Enlil）和寧利勒（Ninlil）的兒子，曾到冥
府去，打敗厄里什基迦勒（Ereshkigal）並娶她為妻，或謂
他是寧什布爾（Ninshubur）的丈夫。路加吉拉（Lugalgirra）
和美斯蘭蒂亞（Meslamta'ea）是他的化身。他的聖地在古
他的埃美斯蘭神殿（Emeslam）。他手持彎刀和木棍，相當
於阿卡德的匡甲（Nergal）。

Nerines→Nereides

Nerrivik→Sedna

Nerthus 納土斯▽：（日耳曼）大地女神和豐收神。她是尼約
德（Njörd）的妹妹和妻子，其後和他的形象融合。

Néstor 涅斯托△：（希臘）皮羅斯（Pylos）聰明善辯的國王，
納留（Neleus）和克蘿莉絲（Chloris）的兒子，攸里狄克
（Eurydíke）和安娜克西比亞（Anaxibia）的丈夫，與後者生了安
提羅赫斯（Antilochos）。他屬於阿哥勇士（Argonaútai），是特洛
伊戰爭裡最年長且聰明的希臘英雄。他那些基於豐富生活歷練的警
語也成為俗諺。

Nethuns 涅吞斯△：（伊特拉斯坎）水神和海神，維圖羅尼亞
城（Vetulonia）的守護神，維吉國（Veji）諸王的始祖。他的頭髮
上有個葉冠，其象徵為三叉戟、海馬、海豚和船錨。涅吞斯相當於
希臘的波塞頓（Poseidón）和羅馬的內普吞（Neptunus）。

N'gai 恩卡伊△（雨）、En-kai：（肯亞和坦尚尼亞）馬賽人
（Massai）的天神、造物神和暴風雨神。他也是命運神，當他是天
空裡藍色的恩卡伊（N'gai nyokye）時，他是惡神，當他是雲端黑
色的恩卡伊（N'gai na-rok）時，他是善神。恩卡伊讓第一個男人
麥頓比（Maitumbe）從天而降，讓第一個女人奈提露托普
（Naiterutop）從地裡出來。

Ngala→Mangala

Nha-San 恩哈珊▽：（美洲黑人）恩邦教派（Umbandist）的

風神和暴風雨神，屬於善神**奧利夏**（Orisha）。她被同化為聖芭芭拉（Barbara）。

Ni 妮▽：（印第安）奇穆族（Chimu）的女海神，月神**西**（Si）的妻子。

Niau und Niaut 尼奧和妮奧特△▽：（埃及）原始對耦神，在八聯神裡，為毀滅和虛無的人格化，有時候取代**安夢**（Amun）和**安夢妮特**（Amaunet），成為第四對原始神。尼奧的形象為青蛙或是蛙頭人身，而妮奧特則是蛇或蛇首人身。

Nibānna→Nirvāna

Nicolaus 尼古拉△（民族勝利者）：（基督教和天主教）米拉城（Myra）的主教和聖人（†350）、行神蹟者，守護著漁民、船員、造橋者、童貞女、孕婦、孩童、學生、囚犯、法官、藥劑師、麵包師父。他也是俄羅斯民族的先祖。他曾經讓三個被店主打死的學徒復活。12 月 6 日的尼古拉節是他的慶日，其中結合了某些民間習俗。他是兒童主教，戴著主教冕，手持拐杖，為人們解惑並主持割禮，有季節精靈如克蘭普斯（Krampus）、甘格爾（Gangerl）和長鬍子的「聖誕老人」（Knecht Ruprecht）隨侍。他的標誌是主教服和書本。

Nidhögg 尼多格△、【古北歐】Nidhöggr：（日耳曼）住在**滾鍋泉**（Hvergelmir）的巨蛇，嚙咬**宇宙樹**（Yggdrasill）的樹根。他也是嚙咬死者屍體和吸血的蛇怪，其使者為獨角獸拉塔托斯克（Ratatoskr），他挑撥離間尼多格和佇立宇宙樹梢的老鷹。

Nifhel 尼夫黑爾【古北歐】黑暗的冥府）：（日耳曼）冥府**霧鄉**（Niflheim）的一部分，**中土**（Midgard）底下第九層世界，是最深的地獄。

Niflheim 霧鄉、Niflheimr：（日耳曼）太初創世以前，霧、冰、黑暗和寒冷的國度，位於**無底深淵**（Ginnungagap）的北方。**宇宙樹**（Yggdrasill）的樹根伸及霧鄉，在霧鄉中心有**滾鍋泉**（Hvergelmir）。基督宗教傳入後，霧鄉和**黑爾**（Hel）都被同化為地獄。

Ni-huan 泥丸：（中國）位於頭部的腦神，在心臟和臍帶上面，為元神居處。

耐奇
希臘的使者神和勝利女神，在宮
殿門口迎接勝利者，為他們戴上
桂冠。

Nijnyi 尼努伊△、Ninyi、Nnui、Nui（全視者、全在者、全聽
者）：（喀麥隆）巴穆姆族（Bamum）的造物神，他派烏龜或青
蛙宣告嬰孩的誕生。

Níke 耐奇▽（勝利）：（希臘）諸神使者和勝利女神，象徵在
戰爭、音樂和體育競賽或是法庭的勝利。她是**斯提克斯**（Stýx）和
帕拉斯（Pallas）的女兒。法國的尼斯（Nice）即以她為名。她有
雙翼，手持棕櫚枝，頭戴著桂冠。耐奇相當於羅馬的**維多莉亞**
（Victoria）。雕塑：薩摩色雷斯的勝利女神像（180 B.C.）。

Nikkal 尼高▽：（腓尼基和烏加里特）月神，在《尼高讚歌》
裡歌頌她和**雅里赫**（Jarich）的婚禮。**科塔爾**（Kōtar）的女歌者讚
美她是賜給兒子生命的「童貞女」（glmt）。烏加里特語用以稱呼尼
高的「glmt」相當於希伯來的「'almāh」（童女）（《以賽亞書》
7:14）。尼高相當於蘇美的**寧格爾**（Ningal）。

Nimmānarati 化樂天、Nirmānarati：（佛教）天神，住在同
名的第五重欲界天，壽命 8,000 歲，在該天界一天等於人間 800
年。

Nimrōd 寧錄△（【希伯來】英勇的獵人）、【阿拉伯】
Namrūd：1.（猶太教）亞述和巴比倫的英雄和建國者，底格里斯
河畔的寧錄城即以他為名。寧錄是古實（Kush）的兒子。2.（伊斯

蘭）統治世界 400 年的主宰，並且被
奉為神。他的占星師說有個新生兒會推
翻他，於是他謀害剛出生不久的**易卜拉
欣**（Ibrāhim），把他拋到火裡。為了顛
覆天上的安拉，他建了通天塔。然而安
拉讓一隻蚊子從鼻子鑽進他的腦袋裡，
讓他受苦 400 年，直到死去為止。

Nin **寧**▽（女神、女王）：（蘇美）
女王和女神的稱號，女神名字的字根，
例如：**寧利勒**（Ninlil）、**寧格爾**
（Ningal），和男性的**恩**（En）相對。

Nina **寧娜**▽：（蘇美）拉加什城（Lagash）的女神，她建立了
拉加什最古老的王國。她是泉水和渠道的豐收神，也是神諭和夢占
的智慧神。她是**恩利勒**（Enlil）的女兒，**寧格蘇**（Ningirsu）和**妮
撒巴**（Nisaba）的姐妹，寧瑪奇（Ninmarki）的母親。她的聖物是
蠍子和蛇。

Ninazu **寧納蘇**▽（醫王）：（蘇美）冥府神和醫神。他是**厄里
什基迦勒**（Ereshkigal）的兒子和丈夫，**寧格齊塔**（Ningizzida）的
父親，其聖地在埃什努納（Eshnunna）。

Ninchursanga **寧珠桑嘉**▽、Ninchursag：（蘇美）地神和母
神。她是**恩奇**（Enki）的妻子，稱為「諸神之母」、「諸子之母」。
美索不達米亞諸王皆自認為是她的兒子，例如：麥西里姆
（Mesilim）、拉加什的伊亞納圖姆（Eannatum）、漢摩拉比
（Hammurabi）和尼布甲尼撒（Nebukadnezar）。

Ningal **寧格爾**▽：（蘇美）星神，**南那**（Nanna）的妻子，**巫
杜**（Utu）的母親。寧格爾相當於敘利亞的**尼高**（Nikkal）。

Ningirsu **寧格蘇**△：（蘇美）格蘇城（Girsu）的城市神和戰
神，他打敗有六個頭的公羊和有七個頭的獅子。他也是豐收神和植
物神，維持農田和灌溉渠道的正常。寧格蘇是**恩利勒**（Enlil）的兒
子，**南施**（Nanshe）、**寧娜**（Nina）和**妮撒巴**（Nisaba）的兄弟，
芭芭（Baba）的丈夫。寧格蘇在早期可能被同化為有相同譜系的
寧烏塔（Ninurta）。他的聖物和符號是獅鷲**印杜古**（Imdugud）。

寧格蘇
坐在寶座上的植物神，冥府神寧
格齊塔帶著他所守護的古地亞國
王到寧格蘇跟前。

Ningizzida 寧格齊塔△、Ningischizida：（蘇美）吉加美士
（Gilgamesh）在冥府裡遇到的冥府神，他的綽號是「廣大陰曹的
家僕」。他是拉加什（Lagash）的古地亞城（Gudea）的守護神和
醫神，**寧納蘇**（Ninazu）或**安**（An）的兒子。他的聖物是長角的
蛇（Cerastes），他的星座是海蛇座。

Ninigi-no-mikoto 邇邇藝命△：（神道教）日本天皇家的始
祖神和建立者。他是太陽女神**天照大神**（Amaterasu）的天孫，**天
忍穗耳尊**（Ama-no-oshiho-mimi）的兒子，**木花之佐久夜姬**
（Konohana-sakuya-hime）的丈夫，**海幸彥**（Umisachi-hiko）和**山
幸彥**（Yamasachi-hiko）的父親。他是**神武天皇**（Jimmu-tennō）
的遠祖。邇邇藝命代替他父親被天照大神派到日本去，萬世統治該
王國。為此，天照大神賜給他三大神器，八尺瓊勾玉、八咫之鏡和
天叢雲劍，成為王室的權力象徵。然而因為他娶了比較年輕美麗的
木花之佐久夜姬，而沒有娶比較醜的姐姐石長姬（Iha-naga-
hime），於是邇邇藝命及其後裔的壽命都不長。

Nin'insina 寧伊辛娜▽（伊辛的女王）：（蘇美）伊辛城
（Isin）的城市神和醫神。她是**烏拉什**（Urash）的女兒，**帕比爾尚**
（Pabilsang）的妻子，**達慕**（Damu）的母親。她的聖物是狗。其
後她被同化為**伊南那**（Inanna）。

Ninkarrak 寧喀拉克▽：（蘇美）醫神，在《漢摩拉比法典》
裡曾祈求她降病給壞人。她的聖物是狗。

Ninlil 寧利勒▽（風之女王）：（蘇美）仁慈女神和母神。她
是在其對耦神恩利勒（Enlil）跟前的中保和代禱者。在「恩利勒與
寧利勒」的神話裡，恩利勒強暴了寧利勒，讓她生了**南那**
（Nanna），其後她又生三個陰間神，其中包括**涅里加**（Nerigal）。

Ninmach 寧瑪哈▽、Dingirmach、Mach：（蘇美和阿卡德）
母神。她也是人類的創造者，在**娜姆**（Nammu）的造物行動裡，
是八個助產士之一。在《恩奇與寧瑪哈》的神話裡，她創造了七個
畸形的人類。後來阿卡德族在原有的三聯神**安努**（Anu）、**伊亞**
（Ea）和**伊利勒**（Ellil）以外加上寧瑪哈而成為四聯神。

Ninmena 寧美娜▽：（蘇美）母神，王室的國王和公主都是她
的後代。

Ninshubur 寧什布爾▽、Ninshubura：1.（蘇美）女使者神，
伊南那（Inanna）的隨從，**涅里加**（Nerigal）的妻子。2.（蘇美）
使者神△，**安**（An）的宰相，相當於阿卡德的**以拉布拉特**
（Ilabrāt）。

Ninshushinak→Inshushinak

Ninsuna 寧蘇娜▽：（蘇美）烏魯克（Uruk）的女神，被神化
的**路加班答**（Lugalbanba）的妻子，**吉加美士**（Gilgamesh）的母
親，並且為他占夢解惑。烏爾（Ur）第三王朝的建立者烏爾納姆
（Urnammu）也是她的後裔。

Nintu 寧圖▽：（蘇美和阿卡德）生產女神和母神，左手抱著
嬰孩袒露乳房餵奶。她類似於西台的**哈那哈那**（Channachanna）。

Ninurta 寧烏塔△：（蘇美）豐收神、植物神、狩獵神和戰
神，**古拉**（Gula）的丈夫，綽號為「其父恩利勒的復仇者」，曾打
敗**阿撒格**（Asag）。寧烏塔和**寧格蘇**（Ningirsu）有相同的譜系，
原本可能是同一個神的兩種化身。他的主要聖地在尼普爾
（Nippur）。在阿卡德神話裡，他替**南風魔**（Zū）搶回被奪走的命
運版。猶太教的**寧錄**（Nimrōd）的「耶和華面前英勇的獵戶」
（《創世記》10:8）稱號，可能源自寧烏塔。

Ninyi→Nijnyi

Nióbe 妮歐貝▽：（希臘）**坦塔羅斯**（Tántalos）和狄俄涅
（Dione）的女兒，**皮洛普斯**（Pélops）的妹妹，國王**安菲翁**
（Amphíon）的妻子，她生了六個兒子和六個女兒而驕傲起來，自
詡地位高於只生了兩個孩子的**麗托**（Letó）而下令停止祭典。於是
阿波羅（Apóllon）和**阿提密斯**（Ártemis）以弓箭分別射死她的兒
子和女兒們。傷痛欲絕的妮歐貝不停流淚，而僵化成西庇羅山
（Sipylos）的石頭，並且經年累月地湧出淚水。繪畫：A. Masson
（1947）。

Nirach 尼拉赫△：（蘇美）具有驅邪性格的蛇神，**撒塔蘭**
（Sataran）的使者神。

Nirantali 妮蘭塔里▽：（古印度）孔德族（Kond）的造物女
神和文明始祖。她是帕拉姆加提（Paramugatti）的妻子，羅尼亞
魯（Rani-aru）的母親。因為她自地裡湧出，而被同化為地母**妲妮**

妮撒巴
蘇美豐收神、穀神，角冠上面飾
有麥穗，從肩膀長出肉穗花序，
右手持海棗花序。

昆奴（Darni Pinnu）。

Niraya→Naraka

Nirmānarati→Nimmānarati

Nirrita 泥哩陀△（【梵】災禍）、Nairritta：1.
（婆羅門）災禍神，為貧窮、疾病、死亡和毀滅的
人格化，其女性化身為**泥哩底**（Nirriti）。2.（印度
教）西南天界的守護神，取代**蘇利耶**（Sūrya）。他
是 11 位**魯特羅**（Rudra）之一。裸露的身體為藍
色或黑色，手持頭顱、長矛、寶劍和盾牌，以駱駝
或獅子為坐騎。

Nirriti 泥哩底▽、Nirruti、Nairritti：（吠陀宗
教）災禍女神，痛苦和死亡的化身，貓頭鷹和鴿子
為其信使。她是**吉祥天女**（Lakshmi）的姐妹，阿
達摩（Adharma，非法）的妻子，婆耶（Bhaya，怖畏）的母親。
婆羅門教的**泥哩陀**（Nirrita）為其男性化身。

Nirupadhishesha-Nirvāna 無餘涅槃：（佛教）上座部佛教
所謂的完全解脫，斷煩惱障，滅異熟苦果所成之身，**阿羅漢**
（Arhat）死時入無餘涅槃而不受後有。無餘涅槃與**有餘涅槃**
（Sopadhishesha-Nirvāna）不同，但都是**般涅槃**（Parinirvāna）。

Nirvāna 涅槃（【梵】滅）、【巴利】Nibānna：1.（佛教和耆那
教）解脫目標，就消極面而論，是指滅諸煩惱及五蘊身，斷諸後
有。積極而言，則是常樂我淨，入於寂然無我的法界實相。一般區
分為：**有餘涅槃**（Sopadhishesha-Nirvāna）、**無餘涅槃**
（Nirupadhishesha-Nirvāna）、**無住處涅槃**（Apratishthita-
Nirvāna）、**般涅槃**（Parinirvāna）。2.（印度教）解脫狀態，個別且
倏忽生滅的自我（Atman）泯沒於絕對的「梵」（Brahman）裡
面。

Nisaba 妮撒巴▽、Nidaba：（蘇美）穀神，其楔形文字的名字
即是帶穗的麥稈，她也是主司多產的海棗神，其後又成為智慧神和
知識神，她「打開人類的耳朵」，意即賜予人類理智。她也是占星
術和書寫的守護神，在刻寫楔形文字時會先向她禱告。她是**安**
（An）或即**恩利勒**（Enlil）的女兒，**寧格蘇**（Ningirsu）和**寧娜**

（Nina）的姐妹，哈亞（Chaja, Chani）的妻子。自西元前 2600 年即以烏瑪（Umma）和厄里什（Eresh）為其聖地。在拉加什（Lagash）國王恩特美納（Entemena）的銀瓶上面繪有她的坐像，角冠上面有麥穗，從肩膀長出肉穗花序，右手持海棗花序。妮撒巴的標誌是筆管。

Nivashi　尼瓦西△：（吉普賽）水鬼，會把人類從橋上拉到水裡淹死，然後把死者的靈魂關在鍋子裡，聽靈魂的悲嘆聲而自娛。她有腫大的肝和畸形足。

Nix　尼克斯△、**Nixe（妮克西）**▽：（日耳曼）水怪。男性的尼克斯是邪惡的河怪，他們會預言，其形象為漁夫。女性的妮克西是美如天仙的水妖，人身魚尾。

Njörd　尼約德△、Njördr：（日耳曼）風神、海神和火神，海員和漁夫的守護神。他也是豐收神，賜予收成。他屬於**瓦尼爾族**（Vanen），是**納土斯**（Nerthus）的哥哥和丈夫。後來成為**斯卡地**（Skadi）的第二任丈夫，生了**弗瑞**（Freyr）和**芙蕾葉**（Freyja）。愛瑟族和瓦尼爾族的戰爭結束後，他和兩個兒子被押到愛瑟神族作人質。直到**諸神黃昏**（Ragnarök）才回到瓦尼爾族。

Nnui→Nijnyi

Nōach　挪亞△、【希臘】Nōe、【阿拉伯】Nūh（努哈）：1.（猶太教）洪水時代以後的新人類始祖。他是拉麥（Lamech）的兒子，**閃**（Shēm）、**含**（Ham）和**雅弗**（Jāfēt）的父親。挪亞是義人，所以**耶和華**（Jahwe-Elōhim）對他啟示**洪水**（Mabul）將臨，指示他造**方舟**（Tēbāh）的方法，藉著方舟，他和家人以及蟲魚鳥獸才免於溺死。於是神透過挪亞與人類立約，以彩虹為記號。挪亞作農夫，栽了第一個葡萄園，享受豐碩的收成。有一次他喝了園裡的酒便醉了，在帳棚裡赤著身子。小兒子含卻作弄他，於是酒醒的挪亞詛咒他的兒子。洪水氾濫時，挪亞已經 600 歲，他享年 950 歲。2.（基督宗教）**耶穌**（Iesûs）

妮克西
日耳曼女水妖，人身魚尾。

挪亞
洪水時代以後的先祖，他和家人以及蟲魚鳥獸各一對在方舟裡躲過洪水，其他生物則皆溺（Biblica Sacra Germania, Nurnberg, 1483）。

諾莫
非洲的水神和豐收神，為半人半蛇的怪物。

譜系裡的第十代先祖，信仰和正義的典型。3.（伊斯蘭）**安拉**（Allāh）的先知和使者努哈。他是瓦里亞（Wāliya）的丈夫，**閃**（Shām）、**含**（Hām）、雅弗（Jāfīth）和肯南（Kan' ān）的父親。儘管父親苦苦哀求，肯南還是不肯登上方舟，因為他認為有山可以保護他。於是他和其他不信道者一起被洪水淹死。天使**吉卜利里**（Djabrā'il）教導努哈如何造方舟。安拉和努哈立約，正如祂和**易卜拉欣**（Ibrāhim）、**穆薩**（Mūsā）和**爾薩**（'Isā）立約。努哈活到1450歲，《古蘭經》第 71 章以他為名。努哈相當於阿卡德的**烏塔納皮斯提**（Utanapishti）。繪畫：J. A. Uytewael（ca. 1590）、R. Savery（1620）。

Nommo 諾莫◇：上伏塔和馬利（Mali）多貢族（Dogon）的天神和水神，他們會降雨且賜予豐收。每一灘水裡都有一對雙胞胎諾莫，他是半人半神的怪物，為**安瑪**（Amma）所造。他們是文明始祖，也是「推動者」，是把沉睡力量喚醒的精神力量，甚至創造諸神。諾莫類似班巴拉族（Bambara）的**法洛**（Faro）。

Nornen 娜恩▽【古北歐】norn＝竊竊私語者）：（日耳曼）命運女神和助產神，她們編織人類和諸神的命運線。其中包括三姐妹：**烏爾德**（Urd）、**費妲蒂**（Verdanti）和**斯庫德**（Skuld）。她們代表三個時間階段：生成、存在和變易，住在**宇宙樹**（Yggdrasill）的**烏爾德泉**（Urdar brunnr）旁。她們屬於**蒂絲神族**（Disen），類似於希臘的**命運三女神**（Moírai）和羅馬的**帕爾卡**（Parca）。

Nortia 諾提亞▽：（伊特拉斯坎）幸福女神和命運女神，在佛西尼（Volsini）的神殿裡，每年都會敲上「日曆的釘子」，象徵無法扭轉的命運決定。

Nótos 諾托斯△（南方）、【拉丁】Notus：（希臘）風神，暴烈的西南風的人格化，會帶來豪雨。諾托斯是星座神阿斯特賴俄斯（Astraios）和伊奧斯（Eós）的兒子，**波瑞阿斯**（Boréas）、**歐羅斯**（Eúros）和塞菲羅斯（Zéphyros）的兄弟。

Nótt 諾特▽【古北歐】夜晚）：（日耳曼）**約頓族**（Jötunn）的巨魔，黑夜的人格化。她是巨人挪爾（Nörr，瘦削）的女兒，她的第一任丈夫是納格法里（Naglfari），生了奧德（Audr，財富）。她的第二任丈夫是安納（Annar，他者），生了**約得**（Jörd，大

地）。她的第三任丈夫是**德林格**（Dellingr），生了**達格**（Dag）。她在兩天內環遊大地，每天騎著黑神駒（Hrimfaxi）跑在其子太陽神達格前面，神駒從轡頭滴下唾液滋潤大地。

Notus→Nótos

Nsambi→Nzambi

Nuada 奴艾達△、Nuada：（克爾特）國王神，愛爾蘭王室的祖靈。他屬於**達努神族**（Tuatha Dê Danann），是**達努**（Dan）的兒子，在第一次**馬格杜雷**（Mag Tured）的戰役裡，他失去一臂，他的弟弟**迪昂謝**（Dian-Cêcht）為他做了銀製的義肢。在第二次戰役裡，他被巨怪**巴洛**（Balor）殺死。

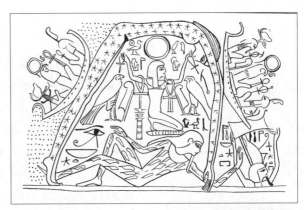

埃及的世界圖像，天神努特以巨大且綴滿群星的身體構成穹蒼，而空氣神舒則把天神和地神蓋布分隔開來，在女神身上有晨舟和夜舟在行駛。

Nut 努特▽（天空）：（埃及）天空女神，宇宙基本元素（天空）的人格化。在九聯神裡，她是空氣神**舒**（Schu）和水氣神**特芙努**（Tefnut）的女兒，地神**蓋布**（Geb）的妹妹和妻子，**依西斯**（Isis）、**奧賽利斯**（Osiris）、**妮芙提絲**（Nephthys）和**塞特**（Seth）的母親。她也是「孕育諸神的」母神，每天晚上在西方吞掉太陽，夜裡太陽就在她的身體裡踱步，黎明時在東方自她的陰道重生。她在生出太陽時流的血染紅了破曉的天空。群星也是她的孩子。星空諸神也是死者的守護神，引領他們的靈魂升天。因為死者都想要轉世為努特天空裡的星星，自新王國時期，棺木內壁就有了她的畫像。棺木和墓穴壁畫被畫成努特，讓死者「躺在努特懷裡」以獲得重生。努特是個裸體婦女，身上佈滿星星，拱立於地神蓋布上面，空氣神舒在白天讓他們分開。她被同化為希臘的**麗娥**（Rheía）。

Nyambe→Nzambi

Nyame→Onyame

Nyamenle 尼亞門勒△：迦納（Ghana）阿坎族（Akan）的天神，大氣層的化身。他是**伊甸克瑪**（Edenkema）創造的第一個神，和伊甸克瑪以及**阿齊勒‧雅巴**（Azele Yaba）組成三聯神。他曾賜予人類神諭（adunyi）。

gNyan 年：（西藏）苯教的神靈，住在群山、岩石和森林裡，會帶來疾病和死亡。

Nýmphe 仙女、寧芙▽（童女、新娘）、【拉丁】Nympha：（希臘）年輕女神，自然界生命的人格化，為低階的天神。仙女是「宙斯的女兒」，有時候則是**薩提羅斯**（Sátyros）和**西倫諾斯**（Silenós）的伴侶。依據其棲息處區分為：**歐麗雅杜**（Oreiádes）、**德里亞德斯**（Dryádes）、**哈瑪德里亞德斯**（Hamadryádes）、**女河神族**（Okeanínes）和**涅留斯族**（Nereídes）。她們很有魅力也有很多渴望，活得很久，卻非永生。雕塑：J. Goujon (1547/49)、繪畫：V. Vecchio (1512/15)、Rubens (1615/17)、Böcklin (1855)。

Nyongmo 恩詠摩◇：迦納（Ghana）加族（Ga）的天神和造物神。男性的恩詠摩叫作阿塔（Ataa），意為父親；女性的則稱為阿渥（Awo），意為母親。他也是審判神。

Nyrckes 妮爾克絲▽：（芬蘭）森林精靈，動物的主宰，她幫助獵人把獨角獸從森林裡引出來。

Nýx 妮克絲▽（黑夜、黑暗）：（希臘）象徵夜晚的女神。她是**混沌**（Cháos）的女兒，**埃瑞波斯**（Érebos）的妹妹，和他生了天神**以太**（Aithír）和白晝神赫美拉（Heméra）。她的後裔還有：**克兒**（Kér）、**塔那托斯**（Thánatos）、**希普諾斯**（Hýpnos）、**莫姆斯**（Mómos）、**尼美西斯**（Némesis）、**伊莉絲**（Éris）和**黑絲柏麗提絲**（Hesperídes）。

Nzakomba→Mbomba

Nzambi 恩贊比△（散佈光明者）、Nsambi、Nyambe、Yambe、Ndyambi、Zambi：（安哥拉）剛果族（Kongo）的天神和造物神。他造了世界，並且以泥土和動物的血創造人類。基督宗教在傳教時以恩贊比作為神或基督的名字。

Nzame 恩薩美△：喀麥隆、加彭和幾內亞境內芳族（Fang）的雨神，創造第一個人類瑟庫美（Sekume）。他是梅貝利（Mebere）和大地女神**阿蘭科克**（Alonkok）的兒子。

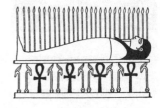

奧賽利斯

Oannes 俄安內△（【阿卡德】ummānu＝師傅）：（蘇美和阿卡德）文明始祖，為半人魚怪物。他每天早晨從海裡升到陸地，以教導人類所有文明的基礎，例如：書寫和藝術、城市和神殿建築、手工藝和耕作，晚上又回到海裡去。

Ōbadhāhū 俄巴底亞△（【希伯來】耶和華的僕人）、【希臘】Abdiu：（猶太教）**耶和華**（Jahwe-Elōhim）在猶大國的先知（ca. 590 B.C.）。他預言耶和華降罰的日子將臨墮落的萬國，並且賜給以色列救恩。他安葬在撒馬利亞。聖經十二小先知書其中一卷便以他為名。

Obatala 歐巴塔拉△（大地之主、白袍國王）、Oxala、Oshala：1.（奈及利亞）約魯巴族（Yoruba）的天神和造物神，他以泥土塑造人類，接著他的父親**奧洛倫**（Olorun）把氣息吹進人類體內。有一次他喝了棕櫚酒，而塑造了瞎眼且畸形的人類，於是他成為怪物的守護神。他是**歐都鐸**（Odudua）的哥哥和丈夫，**阿甘尤**（Aganyu）和**耶曼雅**（Yemanja）的父親。2.（美洲黑人）恩邦教派（Umbandist）的天神，被同化為**耶穌**（Iesûs）.

'Obodat 歐博達△：（阿拉伯）納巴泰族（Nabataean）傳說的國王神，歐博達三世（Obodat III, 30－9 B.C.）死後被尊為神。

Oceanitides→Okeanínes

Oceanus→Okeanós

Odei 歐德伊：（西班牙巴斯克地區）興雲佈雨的天氣神。

Odin 歐丁△（【古北歐】）、【古德語】Wuotan、Wodan、Wotan（沃坦）：（日耳曼）天神、戰神、死神、知識神、吟遊詩人的守護神。他是眾神之父，取代**提爾**（Týr）成為**愛瑟神族**（Asen）的最高神。他也是暴風雨神，**沃坦大軍**（Wuotanes her）的統帥。歐丁是太初巨人**波爾**（Borr）和**貝絲特拉**（Bestla）的兒子，**維利**（Vili）和**維**（Vé）的兄弟。他的妻子是諸神之母**芙麗格**（Frigg），和她生了**巴爾德**（Balder）、**霍德**（Höd）和**赫摩德**（Hermod）。他和**琳德**（Rind）生了**瓦利**（Vali），和**約得**（Jörd）生了**托爾**（Thor），和**葛莉德**（Gridr）生了**威達**（Vidar）。歐丁有170個綽號，突顯其多重面向，其中包括「英雄之父」，因為他把**英靈戰士**（Einherier）安置在**英雄殿**（Walhall）裡。他和兄弟維利

KNAURS
LEXIKON
DER
MYTHOLOGIE

歐丁
日耳曼的天神和死神，持長矛和
盾牌，騎著神駒，烏鴉胡金和莫
寧隨侍，以蛇為死神的象徵。

和維（或謂霍尼爾和洛杜）合力創造了第一對人類**艾斯克與恩布拉**（Askr und Embla），他也是風神，給與人類氣息、靈魂和生命。他住在英雄殿，**沃居爾**（Walküren）為其眾使女。他以**斯雷普尼爾**（Sleipnir）為坐騎，烏鴉**胡金和莫寧**（Huginn und Muninn）以及野狼**弗列奇和蓋利**（Freki und Geri）為其隨從。為了喝到智慧之泉，歐丁把一隻眼睛給了**密密爾**（Mimir）。在末日大戰**諸神黃昏**（Ragnarök）時，他被狼魔**芬力爾**（Fenrir）吞掉，他的兒子威達為他報仇。禮拜三即以他為名，古北歐稱為Odinsdagr，丹麥語為Onsdag，古德語為Wodanesdag，荷蘭語為Woensdag，英語為Wednesday。歐丁後來被同化為羅馬的**馬斯**（Mars）。日耳曼宗教沃坦崇拜（Wotanismus）也以他為名。克勒普斯托克（F. G. Kloptsock）著有《沃坦頌》（Hymne an Wotan, 1769）。

Odudua　歐都鐸▽△、Oduduwa（自生者）：（奈及利亞）海岸區的約魯巴族（Yoruba）的大地女神和愛神，在內陸則為男性神。她是**奧洛倫**（Olorun）的女兒，**阿甘尤**（Aganyu）和**耶曼雅**（Yemanja）的母親，**歐巴塔拉**（Obatala）的妹妹和妻子。歐都鐸和歐巴塔拉是太初的對耦神，原本是一體的，中間擠著一只葫蘆，他們分離後，葫蘆便裂開，在神廟裡則以兩片葫蘆代表歐都鐸和歐巴塔拉。她被稱為「葫蘆母」，其聖地在阿多（Ado），其形象為正在哺乳的母親。黑色是她的象徵顏色。

Odysseús　奧德修斯△、**【拉丁】**Ulixes（優里西斯）：（希臘）特洛伊戰爭的英雄，**雅典娜**（Athéne）的情人。他是萊爾提斯（Laertes）和安提克蕾雅（Antikleia）的兒子，**潘妮洛普**（Penelópe）的丈夫，和她生了帖勒馬赫斯（Telemachos），和**喀爾克**（Kírke）生了提勒哥諾斯（Telegonos）。奧德修斯把家庭託付給**曼托**（Méntor），就加入特洛伊戰爭，並且獻計建造木馬。他在海上漂流十年期間，有許多冒險故事，例如：弄瞎了**波呂菲摩斯**（Polýphemos）；喀爾克曾經要他到**冥府**（Hádes）去；他擺脫**賽倫女妖**（Seirénes）的誘惑；逃出**史奇拉**（Skýlla）和哈里布狄絲（Chárybdis）的魔掌；被**卡呂普索**（Kalypsó）留置了七年。回鄉以後，他化身為乞丐殺死潘妮洛普的追求者。後來他被不認識他的提勒哥諾斯殺死。繪畫：Rubens、Böcklin（1883）、L. Corinth

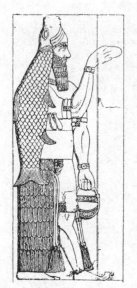

俄安內，蘇美和阿卡德的文明始
祖，為半人魚怪物。

奧德修斯
希臘英雄，把自己綁在船桅上，
以抵抗賽倫女妖的誘惑。

（1903）、Picasso、Ch. Lapicque（1964）；戲劇：G. Hauptmann
（1914）；史詩：Homer；小說：J. Joyce（1921）、L. Feuchtwanger
（1948）、W. Jens（1957）；歌劇：Monteverdi（1641）、Gounod（1852）、
Dallapiccola（1968）。

Ödipus→Oidípus

Oengus 安格斯△、Angus：（克爾特）愛爾蘭的神，別名為
「唯一的勇者」。**戴亞**（Dagda）和艾爾克馬（Elcmar）的妻子通姦
而生下他，由**密密爾**（Mimir）撫養長大。

Oetosyrus 歐伊托西魯斯△：（西西亞）（Scythian）太陽神。

Ogbora 歐格波拉△、Ogbowa：（奈及利亞）艾多族（Edo）
的天神、造物神和冥府神。他的妻子是大地女神歐蒂昂
（Odiong），他們的兒子是歐薩（Osa, Oyisa），曾幫助父親創造世
界，其後則排擠歐格波拉，把他推到冥府去。

Ogma 歐格瑪△：（克爾特）愛爾蘭的文化神，吟遊詩人的守
護神，傳說他發明了自西元四世紀開始使用的銘文系統「歐甘字母」
（Ogham）。歐格瑪屬於**達努神族**（Tuatha Dê Danann），是**達努**
（Dan）的兒子。他相當於高盧的**歐格米歐斯**（Ogmios）。

Ogmios 歐格米歐斯△：（克爾特）高盧神話裡學者的守護
神，象徵語言的力量。他也是鬼差，禿頭、滿臉皺紋、身體有獅

創世神奧瑪茲
把王冠授與聖王阿爾德欽
（Ardachin），後者腳踏死去的安
息國戰士。左邊是燃火祭司查拉
圖斯特拉。

毛，手持棍棒和弓箭。歐格米歐斯相當於
愛爾蘭的歐格瑪（Ogma）。

Ogun 歐根△、Ogoun：1.（奈及利亞）
約魯巴族（Yoruba）的戰神、狩獵神和
冶金神。他是**耶曼雅**（Yemanja）的兒
子，從天上垂下一條棉線而降到大地。因
此吉貝樹便成了他的聖樹。歐根類似芬族
（Fon）的**谷**（Gu）。2.（美洲黑人）恩邦
教派（Umbandist）和巫毒教的戰神和冶
鐵爐火神。他在啟示時，說話如士兵一
般。他的標誌是大砍刀或軍刀。在恩邦教派，歐根相當於屠龍的**聖
喬治**（Georgius）。

Ōhrmazd 奧瑪茲△、【波斯】Ormazd、【英語】Ormuzd：
（伊朗）全能的造物神，一切善行的主宰和光明神。在第一際的
3,000年裡，儘管**阿里曼**（Ahriman）的阻撓，他造了清淨的靈魂為
其助手，在接下來的9,000年裡與邪惡作戰。12,000年即將結束
時，世界會**變容**（Frashō-kereti），邪惡永遠消失，新的清淨世界
於焉誕生。他的聖物是公牛、母雞和狗。他的神聖數字是7。有四
個伊朗國王（272－590）以他為名。西元三至七世紀，奧瑪茲被同
化為**阿胡拉‧瑪茲達**（Ahura Mazdā）和**斯班塔‧曼紐**（Spenta
Mainyu）。

Oidípus 伊底帕斯△、【拉丁】Oedipus：【希臘】底比斯城
的英雄和國王，他是國王賴歐斯（Laíos）和約卡絲特（Iokáste）
的兒子，和他母親生了哀提歐克利斯（Eteokles）、波里內克斯
（Polyneikes）、**安提歌妮**（Antigóne）和伊斯曼妮（Ismene）。**阿
波羅**（Apóllon）的德斐神廟對他的父親預言說，他終將被約卡絲
特所生的兒子殺死，於是他在伊底帕斯出生後，在他腳踝上穿洞
（伊底帕斯便是由此命名的），丟棄到奇泰隆山（Kithairon）裡去。
柯林斯的波利伯斯王（Polybos）收養了他。伊底帕斯在佛基斯
（Phokis）殺死了生父。在底比斯城，**斯芬克斯**（Sphínx）給他三
個謎題：「什麼動物早上用四隻腳，中午用兩隻腳，晚上用三隻腳
走路？」伊底帕斯回答說：「那是人類，幼時爬行，成年時直立走

路，老了得拄拐杖。」於是破解斯芬克斯的魔法，解救了底比斯城而成為該城的國王，娶了前任國王（他的父親）的遺孀（他的母親），生了兩男兩女。20 年後，底比斯瘟疫肆虐，德斐神廟的神諭指示說要懲罰殺害國王賴歐斯的凶手以息神怒。伊底帕斯下令緝凶，最後發現他自己正是弒父凶手。約卡絲特羞憤上吊自殺，伊底帕斯也刺瞎自己雙眼，兩個兒子把他趕出底比斯城，由安提歌妮帶他到處流浪，直到雅典附近，由**慈惠女神**（Eumenídes）接引到諸神那裡去。繪畫：Ingres (1808)；戲劇：Sophokles (428 B.C.)、Seneca (65)、P. Corneille (1659)、Hofmannsthal (1906)、J. Cocteau (1928)、Gide (1931)；歌劇：Purcell (1692)、Strawinsky (1928)、Orff (1959)、W. Rihm (1987)；電影：J. Cocteau (1953)。

Oja→Oya

Okeanídes　河神△：（希臘）河神，和**女河神**（Okeanínes）同為泰坦族夫婦**歐開諾斯**（Okeanós）和特條斯（Tethys）的 3,000 個孩子。其中包括：**阿赫洛厄斯**（Achelóos）和**培紐斯**（Peneios），**達芙妮**（Dáphne）是培紐斯的女兒。

Okeanínes　女河神▽、【拉丁】Oceani-tides：（希臘）海裡的仙女和河神，她們和**河神**（Okeanídes）同為泰坦族夫婦**歐開諾斯**（Okeanós）和特條斯（Tethys）的 3,000 個孩子。其中包括：**涅留斯**（Nereús）的妻子**多麗絲**（Doris）、**伊蕾克特拉**（Eléktra）、**哈皮亞**（Hárpyia）**伊莉絲**（Íris）、**密提斯**（Métis）、**耐奇**（Níke）、**賽倫女妖**（Seirénes）、**斯提克斯**（Stýx）和**提赫**（Týche）。

Okeanós　歐開諾斯△、【拉丁】Oceanus：（希臘）1.河流名，源自冥府而圍繞著人類居住的大地的世界河。要到**冥府**（Hádes）去，得先渡過歐開諾斯河。2.海神，歐開諾斯河的人格化。他屬於**泰坦族**（Titánes），是**蓋婭**（Gaía）和**烏拉諾斯**（Uranós）的兒子，特條斯（Tethys）的哥哥和丈夫，生了**河神**（Okeanídes）和**女河神**（Okeanínes）。所有山泉、河流和湖泊都

伊底帕斯
希臘英雄，解開斯芬克斯的謎題，於是斯芬克斯墜地而亡。

385

希臘世界圖像
歐開諾斯河圍繞著世界,中間是希臘所在的「大地之臍」（Omphalos）,地表上有若干通往冥府的入口。

是他的後代。

Oki 奧基、Okki：（印第安）易洛魁族（Iroquois）和休倫族（Huron）傳說中蘊含在自然現象裡的神力。彩虹、石頭、暴風雨、森林、海洋和火燄,都各自有個奧基為其主宰。

Oko 奧科△、Orishaoko：（奈及利亞）約魯巴族（Yoruba）的豐收神。在六月收成的季節,會舉行甘藷祭崇拜他,由祭司和女祭司公開行房開始慶典。奧科是**耶曼雅**（Yemanja）的兒子,以陽具為其符號。幾乎每個約魯巴族村落都有奧科神廟,裡頭有雙胞胎形象的神像。

O-kuni-nushi-no-mikoto 大國主神△：（神道教）地神,死而復活的神,他是稻神**櫛名田姬**（Kushi-nada-hime）和風暴神**須佐之男**（Susa-no-o）的兒子。妒嫉他娶到八上媛的 80 個兄弟,密謀兩次殺害大國主命,他的母親則乞求**神產巢日神**（Kami-musubi-no-kami）讓他復活。大國主神到**黃泉國**（Yomi-no-kuni）去找他的父親求助,在那裡接受了許多試煉。大國主神統治大地多年,直到**天照大神**（Amaterasu）派孫子**邇邇藝命**（Ninigi）到中原取代他為王。大國主神是所有**氏神**（Uji-kami）的統帥。

Olifat 歐里法特△、Olafat、Olofat、Yelafath：（麥克羅尼西亞）

加羅林群島傳說中醜陋且狡詐的英雄和文明始祖。他讓一隻鳥啣著火到處飛，讓每棵樹裡頭都有火，因此人類得以鑽木取火。歐里法特是**阿努拉普**（Anulap）的兒子（或孫子），**路克**（Luk）的弟弟（或兒子）。

Olmai　歐麥、Olmay：（拉普蘭）對神的稱呼，例如**畢格歐麥**（Biegg-Olmai）、**瓦拉登歐麥**（Waralden-Olmai）。

Olofat→Olifat

Olokun　奧洛肯▽：（奈及利亞）約魯巴族（Yoruba）的海神、珍珠神和財神。她是**耶曼雅**（Yemanja）的女兒，對人類非常惱怒而想要淹沒大地，被創世主**歐巴塔拉**（Obatala）阻止。她有鯨鬚，兩隻手裡各有一隻蜥蜴。

Olokun　奧洛倫△（占有者、天王）、Olodumare（全能者、至高者）：1.（奈及利亞）約魯巴族的天神、造物神和主神。他是「自存者」，創造了諸神**奧利夏**（Orisha）、天空、世界和大地。**歐巴塔拉**（Obatala）以泥土塑造人類時，他把生命氣息吹到人類身體裡。他的綽號是「生命和氣息的擁有者」。人類死後會回到奧洛倫的「心臟」。他的聖地在伊斐（Ife）。2.（美洲黑人）恩邦教派的天神，所有奧利夏的主宰。**埃蘇王**（Exú-Rei）是他的死敵。他被同化為基督宗教的**上主**（Kýrios）。

Olympía　奧林匹亞▽：（希臘）位於伊利斯平原（Elis），**宙斯**（Zeús）的聖地，每四年為了向宙斯致敬而在該地舉行**奧林匹亞競賽**（Olýmpia）。在奧林匹亞有**克羅諾斯**（Krónos）的山丘隆起，宙斯的神殿也在該地。**皮洛普斯**（Pélops）藉著**密提洛斯**（Myrtílos）之助，在馬車競賽裡打敗皮薩（Pisa）國王歐伊諾默斯（Oinomaos）而娶了他的女兒，為了紀念皮洛普斯，在奧林匹亞也舉行馬車競賽。

Olýmpia　奧林匹亞競賽☉：（希臘）每四年為了向**宙斯**（Zeús）致敬而於聖地**奧林匹亞**（Olympía）舉行的競賽。在希臘各城邦競賽期間，所有戰事都會中止。該競賽是宙斯自己所設的，他和父親**克羅諾斯**（Krónos）摔角獲勝而奪得統治權。**阿波羅**（Apóllon）和**赫美斯**（Hermés）賽跑獲勝，在拳擊賽裡打敗**阿利斯**（Áres）。史料可徵的競賽則始於西元前 776 年，獲勝者的名字被記錄下

奧洛肯
非洲海神、珍珠神，身上有鯨鬚。

來。1896 年，以古代競賽為典範，開始現代的奧林匹克運動會，
奧林匹克五環則象徵五大洲。

Olýmpioi theoí 奧林帕斯十二主神：（希臘）住在**奧林帕斯
山**（Ólympos）的12位主神，對應於黃道12宮以及12個月份。其中
包括：**宙斯**（Zeús）、**希拉**（Héra）、**波塞頓**（Poseidón）、**狄美特**
（Deméter）、**阿波羅**（Apóllon）、**阿提密斯**（Ártemis）、**阿利斯**
（Áres）、**阿芙羅狄特**（Aphrodíte）、**赫美斯**（Hermés）、**雅典娜**
（Athéne）、**黑腓斯塔斯**（Héphaistos）、**黑斯提亞**（Hestía）。有時
候**戴奧尼索斯**（Diónysos）會取代黑斯提亞。在羅馬，他們相當
於：**朱庇特**（Iupiter）、**朱諾**（Iuno）、**內普吞**（Neptunus）、**密內
瓦**（Minerva）、**阿波羅**（Apóllon）、**戴安娜**（Diana）、**馬斯**
（Mars）、**維納斯**（Venus）、**墨丘利**（Mercurius）、**刻瑞斯**
（Ceres）、**伏坎努斯**（Volcanus）和**威斯塔**（Vesta）。雕塑：
Parthenonfries（384 B.C.）；繪畫：Bellini（1514）、Rubens、J.
Brueghel d. Ä (1615/17)、Tiepolo (1740)。

Ólympos 奧林帕斯山△、【拉丁】Olympus：（希臘）馬其頓
（Makedonien）和帖撒里亞（Thessalien）邊界的山脈（2,985公
尺），**奧林帕斯十二主神**（Olýmpioi theoí）的居所和聚會地，諸神
在那裡日夜享用**神饌**（Ambrosía）和**神酒**（Néktar）。

Omborr→Wumbor

Omecihuatl 奧美奇瓦托▽：（印第安）阿茲提克族的始祖神
和創世女神，女性生殖力的人格化。她和丈夫**奧美提奧托**
（Ometeotl）住在**奧美約坎**（Omeyocan），把孩子送到人間，從母
胎裡誕生。奧美奇瓦托等同於**西特拉里妮克**（Citlalinicue）和**托納
卡奇瓦托**（Tonacacihuatl）。

Ometeotl 奧美提奧托△：（印第安）阿茲提克族的始祖神、
創世神和生殖神，所有生命的創造者，包括他自己，因為他是自生
的。他的妻子是**奧美奇瓦托**（Omecihuatl），住在第13重天**奧美約
坎**（Omeyocan），綽號為「鄰近的主宰」（Tloque Nahuaque）。奧
美提奧托等同於**西特拉托納克**（Citlaltonac）和**托納卡特庫德里**
（Tonacatecutli），相當於馬雅族的**胡納布**（Hunabku）。

Omeyocan 奧美約坎：（印第安）阿茲提克族傳說13重天的最

高層，為**奧美提奧托**（Ometeotl）和**奧美奇瓦托**（Omecihuatl）的居所，新生兒的靈魂各依其命運從奧美約坎降生為凡人。

Omichle　**俄密奇勒**▽（霧、黑暗）：（腓尼基）女性生殖力的人格化，她是**波托斯**（Pothos）的妻子，優德摩斯（Eudemos von Rhodos, ca. 320 B.C.）說，他們媾合而生了埃爾（Aër，純淨的靈）和奧拉（Aura，由靈推動的生命範型）。而奧拉則生了奧托斯（Otos，靈的始基）。

Omphále　**翁法勒**▽：（希臘）里底亞（Lydia）的王后。**宙斯**（Zeús）慈愿她從**赫美斯**（Hermés）那裡買**赫拉克列斯**（Herakles）來當奴隸，和赫拉克列斯交換衣服，讓他男扮女裝，做了一年婦女的工作。繪畫：L. Cranach (1537)、Tintoretto；歌劇：G. Ph. Telemann (1724)。

Omúlu　**奧慕路**△：（美洲黑人）恩邦教派供奉在墓園裡的醫神，相當於基督宗教的**拉撒路**（Lázaros）。

Ön　**恩**：（古印度）托達族（Toda）的造物神、祖神，陰間的主宰。他和妻子毘娜庫斯（Pinākūrs）創造了水牛和托達族。他的兒子毘烏（Püv）死後，他就到冥府（Amnodr）去，從此統治冥府。

Ondarrabio→Atarrabi

Ongons　**翁昆**：（蒙古）家神和守護神，其神像懸掛於蒙古包入口處，以羊奶獻祭。翁昆相當於羅馬的**拉爾**（Lares）。

Onimborr→Wumbor

Ono→Rongo

Ono　**俄諾**△：（波里尼西亞）馬貴斯島（Marguesas Island）的英雄、巫師和歌者的守護者。他從蛋裡誕生，由祖母以空氣撫養長大。他每次被殺死都能夠自己復活。他可以伸展到天空又縮回來，或是碎裂而又重組起來。

Onolap→Anulap

Onuris　**奧努里斯**△（【希臘】）、【埃及】Anhuret：（埃及）提尼斯（Thinis）（上埃及第八區）的地方神、太陽的始祖神、戰神，王室獵人和戰士的化身。他是「屠殺王」，打敗蛇怪**阿波非斯**（Apophis），幫助**霍魯斯**（Horus）對抗**塞特**（Seth）。他也把月亮

和太陽遙遠的眼睛拉回來。奧努里斯是**梅西特**（Mehit）的丈夫，頭上有四根羽毛，手持長矛。後來他被同化為**舒**（Schu）。

Onyame　恩雅美◇▽、Nyame（nyam＝燦爛的）：（西非）迦納和象牙海岸的阿善提族（Ashanti）的天神，她談到神的時候，總會仰望天空，因為她說：「當嬰孩第一次睜開眼睛時，他仰望天空。當母雞飲水時，她仰望天空。天空是神的面容，群星是他的飾物，雲朵是他的面紗。」她是造物女神，讓靈魂進入胚胎。她也是亦正亦邪的命運女神，太陽是她的男性面向，而月亮則是她的女性面向。她是**恩揚科朋**（Onyangkopong）的母親，王后是她在人間的代表。她顯現在各個月相裡，月圓象徵「生長之母」，月缺象徵「死者之母」，上弦月是懷孕的母親，下弦月是褓姆。滿月意味著她是偉大的母親。她的神聖數字是三。三角形和三面體說明她是造物女神。她的象徵顏色是銀色。她的祭壇「神樹」（Onyame dua）是由某種樹的三叉樹枝組成。

Onyangkopong　恩揚科朋△（唯一者、偉大者）、Yanko-pon：（西非）迦納和象牙海岸的阿善提族（Ashanti）的太陽神，國王是他的人間代表。他是**恩雅美**（Onyame）的兒子，其符號為一個圓圈，中間有個圓心，代表圍標著太陽運行的一切。他的象徵顏色是金色。

Óphis→Nāchāsh

Ophois→Upuaut

Ops　奧普斯▽（【拉丁】權力、財富）：（羅馬）豐收神、新生兒的守護神。她是**薩圖努斯**（Saturnus）的妻子，和他生了**朱庇特**（Iupiter）。她綽號為「撒種者」（Consivia）。她的慶典是在 8 月 23 日的收成祭「撒種者奧普斯祭」（Opiconsivia）以及 12 月 19 日的「奧普斯節」（Opalia）。**凱撒**（Caesar）把國庫設在她的神廟裡。後來她被同化為希臘的**麗娥**（Rheia）。

Ora　奧拉▽：（阿爾巴尼亞）助產仙女和命運神，每個人自出生以後的守護神。勇敢的人有白色的奧拉為其守護神，怯懦的人則有黑色的奧拉。如果奧拉對某個人惱怒，就會割斷他的命運線或生命線。奧拉類似於**密倫**（Miren）和**法提**（Fati）。

Orcus　歐庫斯、陰間△：1.（羅馬）冥府。2.冥府神，他把活人

抓進來，讓他們腐敗。羅馬的歐庫斯相當於希臘的冥王**哈得斯**（Hádes）。

Ördög 俄爾德格：（匈牙利）惡魔，和光明的**伊斯頓**（Isten）作對，象徵世界的黑暗面。基督教傳入後，俄爾德格便成了**撒但**（Sātān）的名稱。

Oreiádes 歐麗雅杜▽（oros＝山）：（希臘）一群住在山裡和洞穴的仙女，其中包括**哀可**（Echó）。

Orenda 歐倫達：（印第安）易洛魁族（Iroquois）傳說裡善良的超自然生命力，存在於自然事物裡，和**歐特貢**（Otgon）相對立。當它們和人類的生命力接觸且結合，會得到異常的能力。歐倫達相當於蘇族（Sioux）的**巴珊**（Bathon）和**瓦坎達**（Wakanda），亞爾岡京族（Algonkin）的**馬尼圖**（Manitu），類似於波里尼西亞的**馬那**（Mana）。

Oréstes 歐瑞斯特斯△、【拉丁】Orestis：（希臘）邁錫尼的英雄和國王。他是**阿加曼農**（Agamémnon）和**克呂苔美斯卓**（Klytaiméstra）的兒子，**伊菲格內亞**（Iphigéneia）、**伊蕾克特拉**（Eléktra）和克里索提米斯（Chrysothemis）的兄弟。阿加曼農的妻子唆使情夫艾格斯托斯（Aigisthos）謀殺他，**阿波羅**（Apóllon）要他為父報仇，**復仇三女神**（Erinýs）因為歐瑞斯特斯弒母而讓他發瘋。他聽從德斐神諭去盜取**阿提密斯**（Ártemis）的神像卻被捕，他的妹妹伊菲格內亞救了他，而免於成為祭品。歐瑞斯特斯回國後繼任邁錫尼國王。戲劇：Aischylos (458 B.C.)、J. E. Schlegel (1747)、Voltaire (1750)、A. Dumas (1856)、J. P. Sartre (1943)、J. Anouilh (1947)；歌劇：E. Krenek (1930)。

Oríon 奧利安△：（希臘）波攸提亞（Boiotien, Boiotia）力大無窮的獵戶，他的兩隻獵犬叫作西利俄斯（Sirius）和普羅奇翁（Procyon）。他是**波塞頓**（Poseidón）和尤里亞莉（Euryale）的兒子。奧利安追求國王歐諾皮溫（Oinopion）的女兒**梅洛比**（Merópe）且強姦她。歐諾皮溫大為震怒，在奧利安睡夢中弄瞎他，把他丟到海裡去。**伊奧斯**（Eós）喜歡奧利安，把他擄到德洛斯（Delos）去。他雖然是偉大的獵戶，見到蠍子卻落荒而逃，其後**阿提密斯**（Ártemis）便讓蠍子殺死他。後來奧利安、蠍子以及

非洲約魯巴族的女天神奧利夏，
在恩邦教派經常降靈在婦女身
上。她喜歡以高腳杯喝香檳酒。

他的兩隻獵犬，都成為天上的星座（獵戶座、天蠍座、天狼星和南
河三），每當天蠍座升起時，獵戶座就下沉。雕塑：G. Marcks
(1949)；歌劇：F. Cavalli (1653)、J. Ch. Bach (1763)。

Orisha 奧利夏、Orixa：1.（奈及利亞）約魯巴族（Yoruba）
的 401 個天神和善良的祖神，包括：**歐巴塔拉**（Obatala）、**歐都鐸**
（Odudua）、**尚果**（Shango）、**歐雅**（Oya）、**歐根**（Ogun）、**奧科**
（Oko）、**夏克帕那**（Shakpana）。和他們對立的則是邪惡的**埃蘇**
（Exu）。族人會以對應於個別的奧利夏的聖鼓（oru）節奏和舞蹈
祈請他，直到舞者被奧利夏附身。2.（美洲黑人）恩邦教派
（Umbandist）的善神和善靈，與邪惡的埃蘇為敵。他們分為七
列，各自分為七個神族，以**奧洛倫**（Olorun）為統帥。大部分的
奧利夏被同化為基督宗教歷史裡的角色。

Orishaoko→Oko

Orkus→Orcus

Ormazd→Ōhrmazd

Ormuzd→Ōhrmazd

奧斐斯
希臘的歌者和英雄,以歌聲和琴
聲使人類、動物、樹木和岩石著
迷。

Oro 歐洛△:(波里尼西亞)大溪地的戰神,或稱為「放下長
矛的歐洛」而變成和平神。他是**塔羅阿**(Ta'aroa)的兒子,人們
在遠行前會先祈求他待在會堂(marae)裡。

Orotalt 奧羅塔△:(阿拉伯)盟約神,族人在締結和約時會
向他禱告。他相當於納巴泰族的**杜夏拉**(Dūsharā)。

Orpheús 奧斐斯△:(希臘和奧斐斯祕教)色雷斯的歌者和英
雄,代表音樂的力量以及超越死亡的愛。他是國王歐亞葛羅斯
(Oiagross,河神)和**卡莉娥比**(Kalliópe)的兒子(或謂阿波羅的
兒子),仙女**攸里狄克**(Eurydíke)的丈夫,**和阿哥勇士**(Argo-
naútai)一起航行。他以歌聲和琴聲使人類、動物、樹木和岩石著
迷,甚至感動了冥王**哈得斯**(Hádes)。他的妻子死後,他闖到冥
府,要把她帶回人間,冥王同意他的請求,條件是一路上不可以回
頭看妻子攸里狄克。她在他的琴聲的引導下走過冥府通道,就在回
到人間以前,奧斐斯太過興奮而回頭看她,因而永遠失去了她。後
來他被酒神女祭司們殺死且肢解,由眾**繆思**(Músai)安葬他。他
的豎琴成為天上的天琴座(Lyra)。雕塑:Canova(1773)、Rodin

（1894）；繪畫：Rubens（1636/37）、L. Corinth（1909）；戲劇：J.
Cocteau（1926）；詩作：Rilke（1923）；歌劇：Monteverdi（1607）、
Gluck（1762）、Haydn（1791）、J. Offenbach（1858）；芭蕾舞劇：
Strawinsky（1947）；電影：J. Cocteau（1950）。

Ortzi 歐齊△、Urtzi、Ostri、Ostiri（蒼穹）：（西班牙巴斯克
地區）天神，象徵白天和夜晚的天空。他也是主司雷電的天氣神。
他從天空降下的「閃電石」（ozkarri）打到地底 49 英尺深處，每
年上升一英尺，七年後才浮現地面。禮拜四是紀念他的「蒼穹日」
（ostegun），和**伊拉奎**（Illargui）的禮拜五對應。

Orungan 歐倫甘△（orun＝太
陽）：（奈及利亞）約魯巴族
（Yoruba）正午太陽神，天地間的大
氣層神。他是**阿甘尤**（Aganyu）和
耶曼雅（Yemanja）的兒子。後來他
強暴了耶曼雅。

Oshala→Obatala

Osiris 奧賽利斯△、【科普特】
Usire：（埃及）國王神和死神。原
本是史前文明始祖，他教導人類耕
田和種葡萄，並且制訂法律和儀
式。奧賽利斯是神族後裔，也有人
類的血統，由他的兒子紹繼王位。

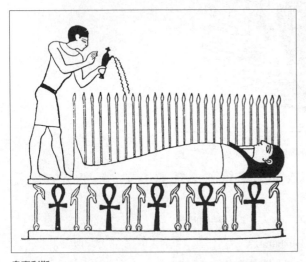

奧賽利斯
埃及植物神和國王，死神和復活
神，從他的木乃伊長出植物來。

在八聯神裡，他是**蓋布**（Geb）和**努特**（Nut）的兒子，**塞特**
（Seth）和**妮芙提絲**（Nephtys）的兄弟，**依西斯**（Isis）的哥哥和
丈夫，**霍魯斯**（Horus）的父親。他和妮芙提絲則生了**托特**（Thot）
和**安努畢斯**（Anubis）。神話裡經常描寫他的死亡故事。根據後期
的神話，奧賽利斯被塞特殺死並肢解，依西斯和妮芙提絲找到他的
屍體且安置他。其後奧賽利斯復活並統治冥府，由霍魯斯繼承其人
間的王位，並且為父報仇。死神奧賽利斯審判每個死者，由托特和
安努畢斯以**瑪特**（Ma'at）為砝碼稱量死者的心。奧賽利斯也是水
神和植物神，象徵肥沃土地。根據早期的神話，奧賽利斯是在尼羅
河溺死的。依西斯和妮芙提絲為他哭泣，把他安葬在埃及的穀倉孟

斐斯。奧賽利斯的生命力量表現在被河水滋潤的土地裡，使植物生長茂盛。自然的枯榮以及尼羅河的氾濫沉積的沃土，反映了奧賽利斯的死亡和復活。他也是奧祕神，代表對彼岸的希望。在古王國時期，只有死去的國王才能成為奧賽利斯，到了新王國時期，每個人死後都可以成為奧賽利斯。在每年的儀式裡，會把新的木乃伊置於尼羅河的小舟駛向奧賽利斯的墳墓。在上埃及的阿拜多斯（Abydos）和下埃及的布西里斯（Busiris）都有「奧賽利斯之墓」（Osireion），是在水裡、島上或尼羅河畔的金字塔建築，平台上安置奧賽利斯的木乃伊，漲潮時平台被河水圍繞。潮汐也表現了天上和地下的**杜瓦特**（Duat），意味著奧賽利斯的死亡和復活。在阿拜多斯，埃及曆的 2 月 16 日和 7 月 28 日是奧賽利斯的節日。他的形象為裹在木乃伊裡的人，有權杖和拂塵。

Ôstara　奧斯塔拉▽：（日耳曼）多產女神、晨曦女神、春天女神，象徵自東方升起的太陽，其春祭和復活節同時。她的名字也可能來自復活節（【古德語】ostar ūn）或反之。奧斯塔拉類似於伊奧斯卓（Eōstra），和希臘的**伊奧斯**（Eós）以及羅馬的**奧羅拉**（Aurora）有關。

Ostiri→Ortzi

Ostri→Ortzi

Ote Boram　歐提波蘭姆△：（古印度）1.賀族（Ho）創造大地的神。2.門陀族（Munda）的疾病神。

Oterongtongnia→Teharonhiawagon

Otgon　歐特貢、Otkon：（印第安）易洛魁族（Iroquois）傳說裡存在於自然事物裡的邪惡生命力，和善良的**歐倫達**（Orenda）對立。

Ototeman　圖騰（【亞爾岡京族和歐吉布威族】toe＝部落）、【英語】Totem：（印第安）亞爾岡京族傳說中的某些生物或事物，被認為是部落或個人的鬼魂，他們會幫助後代子孫。人們不可以殺死或傷害圖騰，在入會儀式時，入會者會先禁食，然後隔絕其部落，等待其圖騰的顯靈，自彼時起結合為命運共同體。

Ovinnik　歐維尼克△：（東斯拉夫）家神，坐在乾穀機下面，每年 9 月 4 日開始打穀時，會以母雞獻祭給他。

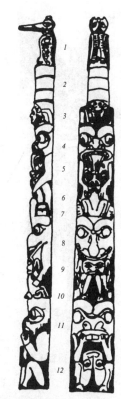

印第安的圖騰柱。

歐雅
非洲的母神，頭上頂著雙斧。

Oxala→Obatala

Oxocé 奧索切△：（美洲黑人）恩邦教派的狩獵神，相當於基督宗教的聖人賽巴斯汀（Sebastian）。

Oxomuco 歐荷姆克▽（xomitl＝糧食）：（印第安）阿茲提克傳說裡人類的始祖，**奎茲克亞托**（Quetzalcoatl）與**帖茲卡特里波卡**（Tezcatlipoca）創造她和丈夫**西帕克托納**（Cipactonal），讓他們繁衍後代且創造文明。

Oya 歐雅▽、Oja：（奈及利亞）約魯巴族（Yoruba）的母神，尼日河（Niger）的人格化。她也是舞蹈神，其形象為站在舞蹈杆的婦女，頭上頂著雙斧，有時候和她的丈夫**尚果**（Shango）一樣有三個頭。

Oya-gami 大父神：（神道教）父神，對於天理教信徒而言，他既是父親也是母親。他的別名為天理王命（Tenri-o-no-miko-to）。大父神漸次顯聖為**神**（Kami）和月日（Tsuki-Hi），最後才是大父神。

O-yama-tsu-mi 奧山津見神、大山津見神△：（神道教）火神和山神，**伊邪那歧**（Izanagi）把火神**迦具土神**（Kagutsuchi-no-kami）肢解為五段，由此生出奧山津見神。他是**木花之佐久夜姬**（Konohana-sakuya-hime）的父親。

P

Pabilsang 帕比爾尚△：（蘇美）**恩利勒**（Enlil）的兒子，**寧
伊辛娜**（Nin'insina）的丈夫，他的聖地在伊辛（Isin）和尼普爾
（Nippur）。後來他被同化為**寧烏塔**（Ninurta）和**寧格蘇**
（Ningirsu）。

Pachacamac 帕查卡馬克△【蓋楚瓦】創世者）：（印第安）
印加族中部海岸區的造物神、風神和月神，他是太陽神**印提**（Inti）
的兒子，**孔恩**（Con）的哥哥，和**維恰瑪**（Vichama）是同父異母
兄弟。他被維恰瑪欺壓，於是跳到海裡。他也是文明英雄，教導印
加人民和平與戰爭的技術。

Pachamama 帕恰瑪瑪▽（【蓋楚瓦】眾世界之母）：（印第
安）印加族的大地女神、豐收女神、萬物之母和最高女神。農忙的
周期開始和結束時是她的節日。

Pachet 帕喀特▽：（埃及）沙漠神和獅神，她有「銳利的眼睛
和尖爪，在夜裡獵食」，她的聖地在貝尼哈珊（Beni Hassan）（上
埃及第15區）附近。其形象為獅首人身，被同化為**烏爾提考**
（Urthekau）。

Padmasambhava 蓮華生大士△：（佛教）論師，寧瑪巴始
祖，被尊為仁波切。他把 777 部經典從印度帶回西藏，降服苯教
的諸多惡魔，使他們成為**護法**（Dharmapāla）。其後他騎著藍色的
天馬飛往西南方，到羅剎國弘法。蓮華生大士經常與**觀世音**
（Avalokiteshvara）以及**釋迦牟尼佛**（Shākyāmuni）並列，分別代
表金剛乘、大乘和小乘。他手持劫波杯與金剛杵。

Padvāxtag 應神：（伊朗）摩尼教的神，象徵獲拯救的人類回
答**呼神**（Xrōshtag）的拯救呼喚。

Pa-hsien 八仙：（中國）唐宋時代的八個道教仙人，他們修道
證果而飛升。其中包括：**李鐵拐**（Li T'ieh-kuai）、**張果老**（Chang
Kuo-lao）、**鍾離權**（Chung Li-ch'üan）、**呂洞賓**（Lü Tung-pin）、
曹國舅（Tsao kuo-chiu）、**韓湘子**（Han Hsiang-tsu）、**何仙姑**
（Ho Hsien-ku）和**藍采和**（Lan Ts'ai-ho）。八仙代表好運和各種生
活狀態，例如：年輕和年老、貧窮和財富、貴族和平民、女性和男
性。他們在中國文學裡有很重要的地位。

Pairikās 佩里卡斯▽【祆語】）、【近世波斯語】Paris、

普緒喀

蓮華生大師
佛教和密教的上師，兩側為其門
徒。

Peris：（伊朗）美麗非凡的女巫，她們會誘惑好人，敗壞真正的
宗教。她們是**亞圖斯**（Yātus）的情人，為隕石的象徵，曾經被星
神**提什崔亞**（Tishtrya）打敗。佩里卡斯相當於亞美尼亞的帕里克
（Parik）。合唱曲：R. Schumann (1843)。

Pajainen 帕亞恩、Palvanen：（芬蘭）天神、雷神和屠夫神，
以鐵鎚或斧頭宰殺公牛或公豬。

Pajonn 帕雍△（pad'di＝上面）：（拉普蘭）住在天上的雷
神。

Pales 帕列斯▽：（羅馬）牧者和牲畜的守護神。她被稱為「駝
背的帕列斯」，負責給牲畜餵食飼料。4 月 21 日的帕列斯節
（Parilia, Palilia）是她的節日，同時也紀念兩個牧者建立羅馬城的
故事。

dPal-ldan lha-mo→Shri Devi

Pälülop 佩旅洛普△：（麥克羅尼西亞）加羅林島（Karolinen）
傳說的英雄，航海術的守護主，被稱為「偉大的獨木舟伕」，是**阿
魯魯伊**（Aluluei）和法拉維（Faravi）的父親。法拉維妒嫉阿魯魯
伊而殺死他，並且把他扔到海裡，佩旅洛普便喚回阿魯魯伊的靈
魂。

Palulukon→Koloowisi

Palvanen→Pajainen

Pán 潘神△：（希臘）森林神和草原神，牧者和牲畜的守護
神，植物神，為人類和公羊混合的怪物。他是**赫美斯**（Hermés）
和一個仙女生的兒子，**戴奧尼索斯**（Diónysos）的隨從，**薩提羅斯**
（Sátyros）的首領，追求眾仙女。有一次，羞澀的仙女西林克斯
（Syrinx）躲避他的騷擾，跑到河邊去，變成了蘆葦。於是潘神摘
下蘆葦，鑿七個洞而製成潘神笛（牧笛），並且以她為名。潘神經
常在靜謐的夏日中午出現驚嚇人類和動物。潘神相當於羅馬的**法伍
努斯**（Faunus）。雕塑：Rodin、Picasso；繪畫：N. Poussin (1637)、
Feuerbach (1848)、Böcklin (1854)。

Panchen Lama 班禪喇嘛△：（藏傳佛教）格魯派始祖宗喀巴
示寂後，由弟子根敦珠巴與凱珠傳承大系統，即為達賴喇嘛與班禪
喇嘛，世世轉生，第五世達賴喇嘛封扎什倫布寺的主持（他的老師）

潘神
希臘森林神和草原神，為半人半
羊的怪物。

為班禪喇嘛，並視為阿彌陀佛的化身。第十世班禪（1938－1989）亦為中國人大代表。

Pāndavas **般度五子、般度瓦**【梵】：（印度教）國王**般度**（Pūndus）的五個王子，般度的第一任妻子**均提**（Kunti）生了**堅戰**（Yudhishthira）、**怖軍**（Bhima）和**阿周那**（Arjuna），第二任妻子**末底哩**（Mādri）生了**無種**（Nakula）和**偕天**（Sahadeva）。他們共同擁有妻子**朵帕娣**（Draupadi）。他們曾遭**俱盧族**（Kauravas）攻擊且驅逐，藉著**因陀羅**（Indras）、阿周那和**大力羅摩**（Balarāma）之助回到故鄉，戰勝俱盧族並奪回王國。《摩訶婆羅

般度五子
古印度氏族和俱盧族爭戰，坐在戰車裡的是英雄阿周那和怖軍。

盤古
開天闢地的巨人，劈開混沌巨石，創造世界和日月星辰。旁邊有龍、鳳和龜。

多》曾敘述這段故事。

Pandóra 潘朵拉▽（賜予一切者）：（希臘）大地女神，人類的第一個妻子，大地萬惡的根源。她是**埃皮米修斯**（Epimetheús）的妻子，皮拉（Pyrrha）的母親。**普羅米修斯**（Prometheús）盜火給人類，**宙斯**（Zeús）要懲罰他們，便讓**黑腓斯塔斯**（Héphaistos）以陶土創造女人，差遣她到人間，她擁有諸神的魅力，並藏有萬惡的「潘朵拉的盒子」。儘管普羅米修斯極力勸阻，埃皮米修斯仍然娶她為妻。盒子被揭開後，所有災禍便蔓延人間。繪畫：Rubens；喜劇：Wieland (1779)。

Pāndu 般度（【梵】蒼白的）：（印度教）國王，持國（Dhritarāshtra）的兄弟，**均提**（Kunti）和末底哩（Madri）的丈夫，和她們生了**般度五子**（Pāndavas）。

P'an-ku 盤古△：（中國）混沌的整頓者，他生自五行，原本「天地渾如雞子」，他以斧鑿開天闢地，「陽清為天，陰濁為地」。盤古死後，「氣成風雲，聲為雷霆，左眼為日，右眼為月，四肢五體為四極五嶽，血液為江河，筋脈為地裡，肌肉為田土，髮髭為星辰，皮化為草木，齒骨為金石，精髓為珠玉，汗流為雨澤」。

Papa 教宗△：（基督宗教）羅馬天主教的主教頭銜，梵諦岡教廷的最高領袖，是**耶穌基督**（Iesûs Christós）的在世代表，**伯多祿**（Pétros）的繼承人，普世聖教會的宗主教，其職權便奠基於此，包括對所有主教的最高牧權，因為他們都是宗徒的繼承人。他擁有最高的無謬性教權，「以宗座權威」（ex cathedra）決定整個聖教會的信理和倫理，是所有信者當信者，例如：教宗庇護九世於1854 年宣布聖母「始胎無染原罪」的信理，以及庇護十二世於1950 年宣布「瑪利亞肉體升天」的信理。伯多祿的繼承人和職務

的擁有者都是羅馬的主教，其中的條件包括「男性領洗者」（vir baptizatus）才能領聖秩，也就是說，女性沒有司牧權。曾經有個虛構的傳說描寫女教宗約翰娜（Johanna）的故事：一個來自麥茵茲（Mainz）的婦女，因為博學多聞，而於 855 年化名「天使若望」（Johannes Angelicus）獲選為教宗，首牧兩年後，在往拉特蘭（Lateran）的宗教遊行時臨盆，當場死亡並埋葬。自第一位教宗伯多祿（†64/67）到前任教宗若望保祿二世，共 269 位，其中多位教宗被封聖。

Papa　帕帕▽：（波里尼西亞）毛利族（Maori）的大地女神和母神，她和丈夫蘭吉（Rangi）為始祖神。諸神子包括：**坦尼**（Tane）、**坦哥羅厄**（Tangaroa）、**圖**（Tu）、**倫哥**（Rongo）、**哈米亞**（Haumia）和**塔西里**（Tawhiri），他們擠在蘭吉和帕帕溫暖的懷裡忐忑不安，思索是該殺死父母親或是把他們分開。坦尼主張分開他們，於是兩夫婦永不得相見。帕帕的嘆息化為霧，飛到蘭吉那裡，而蘭吉的淚水則凝結為露珠滴落在帕帕身上。

Papaja　帕帕雅▽：（原始赫地）命運女神，和**伊什杜什塔雅**（Ishdushtaja）以紡錘和鏡子決定人類的命運。

Papas　帕帕思△：（弗里吉亞）植物神和父神，在睡夢中其精液流到阿格多斯山（Agdos）的岩石上面，使岩石受孕生下雌雄同體的**阿格底斯提**（Agdistis）。有時候他等同於**阿提斯**（Attis）。

Papeus　帕庇烏斯△：（西西亞）（Scythian）天神，所有人類的父親。他是大地女神**阿琵亞**（Apia）的丈夫。

Papsukkal　帕普蘇卡△【蘇美】信差：（蘇美和阿卡德）使者神，**安**（An）、**撒巴巴**（Zababa）以及阿卡德的**伊西塔**（Ishtar）的隨從神，他也是門神。

Para　波羅（【梵】最勝、究竟）：（印度教）最大的世界周期，為世界從生成到「大毀劫」（Mahāpralaya）的時間長度，一波羅是100梵年，7,200萬**大時**（Mahāyuga），而一梵年相當於人間的31,104億年（天界的86.4億年）。這段時間過後，整個世界便沒落，陷入漫漫長夜，直到下一次世界的重生。一個波羅也是創世神**梵天**（Brahmā）的壽命。

Para　帕拉：（芬蘭）家神和土地神，以貓、兔子、青蛙和蛇為

帕利斯
希臘王子，在伊達山裡，赫美斯帶他到希拉、阿芙羅狄特和雅典娜跟前，裁判誰是最美麗的女神。

其形象。他們也是寶藏精靈，到別人家裡偷來寶物以累積財富。一個帕拉死去，他守護的人也大限將至。帕拉類似於**佟圖**（Tonntu）和立陶宛的**普奇斯**（Pūkys）。

Parádeisos→Gan Ēden

Paranimmitavasavattin 他化自在天、Paranirmitava-shavartin：（佛教）神族，住第六重天（他化自在天），其壽命為16,000年，在那裡的每一天相當於人間1,600年。他化自在天的首領是**魔羅**（Māra）。

Parashu-Rāma 持斧羅摩△：（印度教）**毘濕奴**（Vishnu）的第六個**權化**（Avatāra），他在三分時（Tretāyuga）初際化身為羅摩，推翻剎帝利族（武士）的統治，讓婆羅門族重新掌權。他的父親錟摩大火仙（Jamadagni）讓他以**濕婆**（Shiva）的巨斧打死母親雷奴卡（Renukā），後來持斧羅摩祈禱讓她復活。其形象為背著繩索的婆羅門青年，持巨斧、寶劍和弓箭。

Parca 帕爾卡▽（【拉丁】parere＝生育）、【複數】Parcae：（羅馬）生育女神，後來分化為三個命運女神，給每個人帶來幸福、災禍和死亡。帕爾卡相當於希臘的**命運三女神**（Moírai）。繪畫：Rubens、F. Goya；木刻畫：H. Baldung (1513)；清唱劇：Brahms (1882)。

Pargä 帕爾蓋△：（西伯利亞）涅涅茨族（Nenets）和薩摩耶

德族（Samoyedic）神話裡善良的森林神，他會讓獵人滿載而歸。

Pariacaca **帕列卡卡**△：（印第安）奇穆族（Chimu）的暴風雨神和造物神，他是一隻老鷹，在孔多爾山（Condorcoto）孵化出來。另外有四只蛋孵出老鷹，變成風神。他們五隻老鷹變身為人類。

Parinirvāna **般涅槃、入滅、【巴利】**Parinibbāna：（佛教）阿羅漢（Arhat）或佛陀（Buddha）死後進入涅槃（Nirvāna）狀態。

Paris→Pairikās

Páris **帕利斯**△：（希臘）英雄，特洛伊的王子，國王普里亞摩斯（Príamos）和赫卡貝（Hekábe）最美麗的兒子，赫克托（Héktor）和**卡珊德拉**（Kassándra）的兄弟，伊諾妮（Oinone）的丈夫，後來娶了**海倫**（Heléne）。他的母親預言帕利斯將會亡國，於是他出生後就被丟到山裡，由母熊餵奶，又被牧羊人收養長大。有一次，**伊莉絲**（Éris）把一顆刻有「獻給最美麗的人」的金蘋果丟在宴席上，引起**希拉**（Héra）、**阿芙羅狄特**（Aphrodíte）和**雅典娜**（Athéne）的爭奪戰，而由帕利斯作裁判。結果他判定阿芙羅狄特獲勝，而阿芙羅狄特則幫助他，把海倫從斯巴達誘拐到特洛伊因而引起戰端。雕塑：A. Renoir (1916)；繪畫：L. Cranath d. Ä (1527)、Rubens (1632/35)、Watteau (1720)、Feuerbach (1870)、H. Marées (1880/81)、M. Klinger (1887)、A. Renoir、P. Gauguin (1903)、L. Corinth (1904)。

Parnassós **巴納塞斯山**△、**【拉丁】**Parnassus：（希臘）佛基斯（Phokis）附近的雙峰山（2,460公尺），**阿波羅**（Apóllon）的德斐神廟就在峭壁上。**繆思**（Músai）的卡斯提爾聖泉（Kastilia）便是源自該山。巴納塞斯山也是詩藝的象徵。

Pārshvanātha **巴濕伐那陀**△：（耆那教）西元前八世紀的聖者，現在世的第23位**渡津者**（Tirthankara）。他是阿須伐斯那（Ashvasena）和筏摩提毘（Vāmādevi）的兒子，婆頗筏提（Prabhavāti）的丈夫，活了 100 歲，到娑彌陀山（Sameta）入滅，自此稱為波羅濕那陀（Pārasnāth）。他的標誌是蛇，身體是藍色的。

Parusía 基督再來（【希臘】將臨）、Parousia：（基督宗教）意指在末日時，**耶穌**（Iesũs）以**彌賽亞**（Messias）復臨，建立神的王國。在末日以前，會出現**敵基督者**（Antichristos）和**大紅龍**（Tannin），然後展開**哈米吉多頓**（Harmagedon）的爭戰。接著基督和已得永生的復活者，在地上建立和平的千年國度（Millennium）。此後則是與**歌革**（Gōg）和**瑪各**（Magog）的爭戰、世界淪陷、死者復活、末日審判、天國的歡喜和地獄的懲罰。

Pārvati 婆婆諦、雪山神女▽：（印度教）大地女神，她是**雪山王**（Himavat）和**茉那**（Mena）的女兒，**恆伽**（Gangā）的姐妹，被認為是**濕婆**（Shiva）的**沙克提**（Shakti）和妻子，**迦尼薩**（Ganesha）和**私建陀**（Skanda）的母親。她手持三叉戟和巨蛇，以獅子為坐騎。

Pase Kamui 帕謝神△：（阿伊奴）天神和創世神，他是個威嚴的老者，住在天界璀璨奪目的宮殿裡。他以污泥塑造人類的世界。在眾神中，他是主樑，而**雅岩神**（Yaiyen Kamui）只是支柱。

Pashupati 獸主：1.（吠陀宗教）**魯特羅**（Rudra）的別名，意為萬物的本質。2.（印度教）**濕婆**（Shiva）的稱號。

Pasipháë 帕希菲▽（照見一切者）、【拉丁】Pasiphae：（希臘）月神，**赫利奧斯**（Hélios）和**波絲**（Pérse）的女兒，**喀爾克**（Kírke）的姐妹，**米諾斯**（Mínos）的妻子，生了七個孩子，包括**阿麗雅德妮**（Ariádne）和**斐杜拉**（Phaídra）。她愛上原本要獻祭給**波塞頓**（Poseidón）的白牛，讓**達得羅斯**（Daídalos）製造木牛，藉以和白牛交媾懷孕生下怪物**米諾托**（Minótauros）。

Paták 帕泰克△、【複數】Patäke：（埃及）守護神，庇佑孩童健康出生，並且抵禦兇惡野獸。他是**普塔**（Ptah）的兒子，形如侏儒，被同化為希臘的**卡比里**（Kábeiroi）。

Pātāla 魔界、龍宮、波吒釐、深險：（印度教）三界（Triloka）的地底深淵，在**地獄**（Naraka）上方。廣義的波吒釐是指七重深淵：阿陀羅（Atala）、毘陀羅（Vitala）、尼陀羅（Nitala）、伽跋什提摩（Gabhastimat）、蘇陀羅（Sutala），以及狹義的波吒釐。在地下龍宮裡住有：**阿修羅**（Asuras）、**蒂緹諸子**（Daityas）、**檀那婆**（Dānavas）、**龍王**（Nāgas）、**羅剎**（Rākshas）和**夜叉**（Yaksha）。

Patecatl　帕提卡特△（醫王）：（印第安）阿茲提克族的豐收神和醫神，龍舌蘭酒的守護神，主司每月第12日的曆法神。他是**瑪瑤爾**（Mayahuel）的丈夫，**森仲托托齊廷**（Centzon Totochtin）的父親。

Pathian　巴阡△：（古印度）魯夏族（Lushai）的最高神。

Pattini　巴提尼▽、Patini、Patni：（古印度）錫蘭和塔米爾族（Tamil）的婚姻神、瘟疫（尤其是天花）的守護神、最高神，她也教導人類種植稻米。其祭典裡有「踏火」儀式。

Paũlos　保羅：（基督宗教）大數城（Tarsos）的猶太人，以織帳篷為生，他是異象得見者、**耶穌**（Iesũs）的門徒、行神蹟者和殉教者。他在往大馬士革的路上，看到復活的耶穌顯聖，使他從基督教徒的迫害者變成基督宗教對異教徒的傳道者。他行了若干神蹟，例如在特羅亞（Troas）讓死者猶推古（Eútyches）復活。保羅歸信的節日是在 1 月 25 日。使徒彼得和保羅的節日則在 6 月 29 日。繪畫：Dürer（1526）、Caravaggio（1600/01）、Rubens（ca. 1616/18）、Rembrandt（ca. 1657）；清唱劇：F. Mendelssohn Bartholdy（1832）。

Pax　帕克斯▽（【拉丁】和平）：（羅馬）和平女神，西元九年，皇帝**奧古斯都**（Augustus, 27B.C.－14 A.D.）於馬斯廣場建造「皇帝的帕克斯的祭壇」（ara Pacis Augustae），西元 75 年，皇帝**韋思巴先**（Vespasian, 69－79）開闢「帕克斯廣場」（Forum Pacis），並在該地設立神殿，保存皇帝提圖斯（Titus）自耶路撒冷神殿奪取的寶藏。帕克斯在錢幣上的形象為頭戴麥穗冠，手持豐饒角和橄欖枝。帕克斯相當於希臘的**哀勒尼**（Eiréne）。

Pazũzu　巴祖祖△：（阿卡德）惡魔，會使人發冷發熱，為東南颶風的人格化。他是魔王漢巴（Hanpa）的兒子，面目醜陋，有四翼鷹翅、長毛、獅爪、鳥腿、蠍尾。

Pégasos　培格索斯△：（希臘）飛馬。他是海神**波塞頓**（Poseidón）所造，**帕修斯**（Perseús）砍下**梅杜莎**（Médusa）的頭，自她流血的子宮出培格索斯。**貝勒羅封**（Bellerophóntes）得到培格索斯的幫助，殺死**奇麥拉**（Chímaira）。他以馬蹄在繆思的赫利孔山（Helikon）上踹出一股泉水，稱為「希波克里尼」

巴祖祖
阿卡德風暴魔和怪物，有四翼鷹翅、長毛、獅爪、鳥腿、蠍尾。

培格索斯
希臘神話的飛馬。貝勒羅封騎著
牠殺死奇麥拉。

（Hippokrene，靈感），因而也是繆思和詩的神駒。繪畫：O. Redon（1905/07）。

Pe-har→Pe-kar

Peiríthoos 培里托斯△、【拉丁】Pirithous：（希臘）**拉畢斯族**（Lapíthai）的國王，**伊克西翁**（Ixíon）和蒂亞（Dia）的兒子，希波妲美雅（Hippodameia）的丈夫。在他們的婚禮當中，拉畢斯族和**半人馬族**（Kéntauroi）打了起來，他的妻子死後，他讓**提修斯**（Theseús）陪他到冥府哈得斯（Hádes）去，要把冥府女神**波賽芬妮**（Persephóne）擄回人間娶為妻子。但是他們的計謀敗露，於是培里托斯被囚禁在冥府，而提修斯則被**赫拉克列斯**（Heraklés）救出來。

Pejul 培尤爾：（西伯利亞）尤卡吉爾族（Yukaghir）的動物守護神，常化身為被守護的動物形象。但是他也會把動物交給對他們友善的獵人。

Pe-kar 金剛藥叉△、Pe-har：（西藏）1.（苯教）魔王，被藏傳佛教的**蓮華生大士**（Padmasambhava）降服為 2.（藏傳佛教）護法，鎮守東方天界，三面六臂，以白獅為坐騎。

Pekoi 培夸△：（波里尼西亞）夏威夷群島的英雄和獵鼠者，他一箭可以射中 40 隻老鼠的尾巴。培夸是**庫普厄**（Kupua）之一。

Pele 佩勒▽：（波里尼西亞）夏威夷群島的火山熔岩女神，火燄般的閃電的女神，毀滅力量的人格化，住在基勞亞火山（Kilauea）。她和妹妹西雅卡（Hi'iaka）是草裙舞的守護神。她的祭壇設在火山原的邊緣。

Pellonpekko 培隆佩科△：（pelto＝田野）：（芬蘭和卡累利亞）農地神和作物神。他也是大麥神，令大麥生長且釀成啤酒，因此有些啤酒以他為名。為了不讓他吃到發芽的種子，人們會放一把刀或斧頭在田裡。

Pélops 皮洛普斯△：（希臘）艾利斯城（Elis）和阿哥斯城（Argos）的國王，多利安文化以前的皮洛普人（Pelopian）的先祖。他是**坦塔羅斯**（Tántalos）和狄俄涅（Dione）的兒子，**妮歐貝**（Nióbe）的哥哥，希波妲美雅（Hippodameia）的丈夫，和她

生了阿特留斯（Atreus）和提俄斯特（Thyestes）。他父親為了試驗
諸神是否無所不知，殺了他給諸神作菜。但是諸神看出其計謀，讓
皮洛普斯復活，並以象牙為他做了義肢，替代被**狄美特**（Deméter）
無意間吃掉的肩胛骨。

Pemba 彭巴△、Bemba：（非洲馬利）班巴拉族（Bambara）
的地神和創世神。**曼加拉**（Mangala）創造了彭巴並且派他到地
上，從他身上長出一棵樹，讓**法洛**（Faro）所創造的人類得以棲
身。這棵神樹和人類婦女不斷化育出新生命。

Penates 伯拿德士△（【拉丁】penus＝儲藏室）：（羅馬）倉
庫和商業的守護神。**伊尼亞斯**（Aineías）把他從焚燒的特洛伊城
裡救出來，帶他到義大利。他也是家神，被供奉在爐灶上。他也庇
佑羅馬國家，因此人們也以**威斯塔**（Vesta）神廟的國家灶火獻祭
他。

Penelópe 潘妮洛普▽、【拉丁】Penelopa：（希臘）美麗的
公主，伊卡留斯（Ikarios）和佩麗波亞（Periboia）的女兒，**奧德
修斯**（Odysseús）的妻子，帖勒馬赫斯（Telemachos）的母親，
其後她嫁給提勒哥諾斯（Telegonos），生了伊塔羅斯（Italos）。潘
妮洛普等了奧德修斯 20 年，拒絕了無數的追求者，直到丈夫歸
來。奧德修斯被殺後，她成為提勒哥諾斯的妻子，而他卻是奧德修
斯和**喀爾克**（Kírke）的兒子。後來她從提勒哥諾斯那裡得到永
生。潘妮洛普是貞節的象徵，和**克呂苔美斯卓**（Klytaiméstra）形
成對比。歌劇：Scarlatti（1696）、D. Cimarosa（1794）、R. Liebermann
（1954）。

P'eng-lai 蓬萊：（中國）東海裡的仙島，為至福的象徵，島上
有靈芝。蓬萊屬於**崇明島**（Ch'ung-Ming）。在《列子》裡曾提到蓬
萊島。

P'eng-tzu 彭祖△：1.（中國）雷神和雨神。2.（道教）房中術
始祖，他活了 777（或 800）歲，成為長壽的象徵。

Penthesíleia 潘特西莉亞▽、【拉丁】Penthesilea：（希臘）
亞馬遜族（Amazónes）的女王，**阿利斯**（Áres）的女兒。她率領
亞馬遜大軍支援特洛伊城，對抗希臘聯軍，在和刀槍不入的**阿奇里
斯**（Achilleús）對戰時喪生。雕塑：Thorwaldsen；戲劇：Kleist

（1808）；歌劇：O. Schoeck（1927）。

Peor→Ba'al-Pegor

Percunis→Pērkons

Perëndi　培倫地△（天、神）：（阿爾巴尼亞）雷雨神和雷神，他的女性對耦神是**普倫德**（Prende）。培倫地類似於立陶宛的**培庫那斯**（Perkúnas）。基督宗教傳入後，他的名字變成**上主**（Kýrios）的名稱。

Peri　帕莉▽（仙女）、【複數】Perit：（阿爾巴尼亞）美麗動人的山神和仙女，穿著白縷輕紗。當人們隨便把麵包屑撒滿地，她們會很生氣，讓他們變成駝背。

Peris→Pairikās

Pērkons　培肯斯△（【拉脫維亞】雷）、【立陶宛】Perkúnas（perti＝蛇）、【普魯士】Percunis：1.（拉脫維亞和普魯士）雷神和雷雨神，他會興雲布雨，帶來豐收，他也是戰神，獎善罰惡的守護者。培肯斯是天界的鐵匠，為**神子**（Dieva dēli）打造武器，替**太陽女**（Saules meitas）製作飾物。他的武器是寶劍、長矛、弓箭和鐵鞭。在拉脫維亞的民歌裡，他娶了太陽女。培肯斯相當於古印度的巴爾加尼雅（Parjanya）。2.（立陶宛）雷神和雷雨神，婚姻和法律的守護神，他會燒掉壞人的屋子。當他駕車穿過雲端時，他擲出的斧頭每次都會回到手裡。人們以橡樹（quercus）向他獻祭。

Perón, Maria Eva Duarte de　裴隆夫人▽（1919－1952）、Evita（艾薇塔）：阿根廷政治家，國家的精神領袖，廣播和電影明星，裴隆主義政治社會運動的象徵人物。她從夜店歌者攀升到「女總統」，為貧民奔走，尤其是城市的勞工和被剝削的農民，對抗大地主和軍閥。她被稱為「國家天使」、「聖艾薇塔」。她在 1944 年認識裴隆（Juan Domingo Perón），在 1945 年 10 月組織總罷工，幫助裴隆當上總統。結婚以後，她致力於社會工作、社會立法，並且爭取婦女選舉權。音樂劇：A. L. Webber（1979）。

Pérse　波絲▽、Perseís、Neaira（新月）：（希臘）月神、新月女神，**色麗妮**（Seléne）陰間面向的人格化。她是**赫利奧斯**（Hélios）的妻子，生了**喀爾克**（Kírke）和**帕希菲**（Pasiphaë）。

Persephóne　波賽芬妮▽、【拉丁】Proserpina：（希臘）冥

府女神和多產神，象徵夏天開花、冬天枯萎的植物，因此也是復活神。她是**宙斯**（Zeús）和**狄美特**（Deméter）的女兒，別名為**高萊**（Kóre，少女）。**哈得斯**（Hádes）得到宙斯首肯，把她擄到冥府並娶了她，讓她成為冥府女王。自此她每年在冥府待四個月，其餘時間則在陽世陪伴母親，就像穀物一樣。埃勒烏西斯神祕宗教崇拜她和狄美

波賽芬妮
希臘冥府女神、復活神，象徵夏天盛開而冬天枯萎的植物。

特。她的標誌是麥穗和石榴。波賽芬妮相當於羅馬的**普羅絲庇娜**（Proserpina）。雕塑：L. Bernini（1620/21）；繪畫：Rembrandt（1632）、Rubens（166/38）；戲劇：Goethe（1778）；歌劇：Monteverdi（1630）、J. B. Lully（1680）；芭蕾舞劇：J. Strawinsky（1934）、J. Taras（1948）。

Perseús　帕修斯△：（希臘）建立邁錫尼王國的英雄。他是**宙斯**（Zeús）和**達娜哀**（Danáë）的兒子，**安卓梅姐**（Androméda）的丈夫。他和母親被爺爺**阿克利修斯**（Akrísios）國王裝到木箱裡，丟到海裡去，卻大難不死。賽里弗斯島（Seriphos）的國王波呂德克特斯（Polydektes）要他去獵取**梅杜莎**（Médusa）的頭。他在回程中從怪物**開托斯**（Kétos）那裡救出安卓梅姐並娶她為妻。他死後成為天上的英仙座（Perseus）。雕塑：Cellini（1554）、Canova（1801）；繪畫：Tizian（1556）、Rubens（1620/21）、Rembrandt（1634）、Tiepolo（1731）；戲劇：Calderón、Corneille（1650）；歌劇：Lully（1682）。

Perun　佩倫△：（東斯拉夫）雷神和豐收神。許多地方和山岳皆以他為名，例如：皮爾那（Pirna）、普隆斯托夫（Pronstorf）、佩倫諾伐克（Perunovac）、佩倫涅弗（Perunji Vrh）。國王弗拉第米爾（Vladimir）於西元 988 年歸信基督宗教，便把佩倫的神像沉到第聶伯河（Dnjepr）裡去。

Peruwa→Pirwa

Perwa→Pirwa

帕修斯
希臘英雄，他割下梅杜莎的頭。

Peta→Preta

Pétros 彼得△（【希臘】；【亞拉美】Kēfa'＝岩石）：（基督宗教）伯賽大（Bethsaida）的漁夫西門（Simon）的別名，他是**耶穌**（Iesûs）的門徒、異象得見者、行神蹟者和殉教者。他和耶穌的關係非常複雜。彼得認耶穌為基督（彌賽亞）時，耶穌對他說：「你是彼得，我要把我的教會建造在這磐石上……我要把天國的鑰匙給你。」沒多久，彼得想阻止耶穌走上苦路，耶穌卻對彼得說：「撒但退我後邊去罷。」彼得、雅各和約翰是耶穌最喜愛的門徒，他經常是眾門徒的發言人。他看到耶穌變容（改變形象），**摩西**（Mōsheh）和**以利亞**（Ēlijjāhū）也一同顯現。他三次不認被捕的耶穌。復活的耶穌在提比哩亞（Tiberias）海邊對門徒顯現，並且三次對彼得說：「你牧養我的小羊。」彼得多次行神蹟，包括在約帕（Joppa）讓死去的女徒大比大（Tabitha）復活。**上主**（Kýrios）的天使兩次救他出獄。在天主教，彼得（伯多祿）是宗徒之首，基督的代表，葬於聖伯多祿教堂的地下墓穴裡，歷任**教宗**（Papa）被認為是伯多祿的繼承人。6 月 29 日是使徒彼得和保羅的節日。壁畫：Masaccio (1426/27)；繪畫：Dürer (1526)。

Pēy 裴伊△（惡魔、精靈）：（古印度）塔米爾族（Tamil）的惡魔和吸血鬼，在夜裡作祟。他以斷頭的陣亡士兵搭設爐灶，以他們的血烹煮屍體，給戰勝的士兵享用。

Pēymakalir 裴馬喀里△：（古印度）塔米爾族（Tamil）的女魔，她們會吃死屍，繼而狂舞。

Phaedra→Phaídra

Phaëthon 法伊頓△（光照者）：（希臘）1.**伊奧斯**（Eós）的馬。2.光明神，**赫利奧斯**（Hélios）和女河神克里梅妮（Klymene）的兒子，有一次他駕著父親的太陽戰車出巡，飛離地面太近而引起大火。**宙斯**（Zeús）以雷劈中戰車，使他掉到埃瑞丹諾斯河（Eridanos），他的姐妹在岸邊哀哭，眼淚變成琥珀。繪畫：Tiepolo (1731)。

Phaídra 斐杜拉▽、Phaedra：（希臘）半神半人的公主。她是國王**米諾斯**（Mínos）和月神**帕希菲**（Pasipháë）的女兒，**阿麗雅德妮**（Ariádne）的妹妹。斐杜拉是**提修斯**（Theseús）的第二任妻

子，和他生了德莫封（Demophón）和阿卡瑪斯（Akamas）。提修斯和**安提娥培**（Antiópe）生了希波呂托斯（Hippolytos），斐杜拉卻愛上這個繼子，因而羞憤自縊。悲劇：Racine（1677）；芭蕾舞劇：J. Cocteau（1949）。

Pharao 法老△（【埃及】Per-aa＝大屋子）：原指埃及王室宮殿，自第十八王朝則成為國王的頭銜。

Phersipnai 費西普內▽、Phersipnei：（伊特拉斯坎）豐收女神和冥府女神，相當於希臘的**波賽芬妮**（Persephóne）和羅馬的**普羅絲庇娜**（Proserpina）。

Phóbos 佛伯斯△（詛咒、恐懼）、【拉丁】Phoebe：（希臘）象徵詛咒和恐懼的神，他是戰神**阿利斯**（Áres）的兒子和隨從。

Phoíbe 佛伊貝▽（光照者、純潔者）、【拉丁】Poebe：（希臘）在**阿波羅**（Apóllon）時代以前的德斐神廟的預言神，她屬於**泰坦族**（Titánes），是**蓋婭**（Gaía）和**烏拉諾斯**（Uranós）的女兒，泰坦族的科約斯（Koíos）的妻子，和他生了阿絲提莉亞（Asteria）和**麗托**（Letó）。

彼得
復活的耶穌在提比哩亞海邊對門徒顯現，並且三次對彼得說：「你牧養我的小羊。」

佛伯斯
詛咒和恐懼的神，是戰神雅典娜
盾牌上的圖案。

Phönix 不死鳥△（【希臘】）、【埃及】Benu（復活者）：1.
（埃及）神鳥，在開天闢地時自山丘裡顯現，被供奉在太陽城。他
也被認為是巴（Ba）的化身。原先是白鶺鴒，後來的形象為鷺
鷥。2.根據西元一世紀的羅馬神話，他每 500 年或 1,461 年會燃燒
自己，然後從灰燼裡重生，是死裡復活的象徵。3.西元二世紀以
後，基督徒把塘鵝視為基督受難復活的象徵。4.（中國）鳳
（Feng）。

Phórkys 弗基斯△、【拉丁】Phorcus：（希臘）老海神，別
名為克拉泰俄斯（Krataios）（強者）。他是蓋婭（Gaía）和龐托斯
（Póntos）的兒子，開托斯（Kétos）的丈夫，和她生了格萊埃
（Graía）、哥爾根（Gorgón）、黑絲柏麗提絲（Hesperídes）、史奇
拉（Skýlla）和拉頓（Ládon）。

Phosphóros 弗斯弗洛斯△（光照者）、Heosphóros、【拉丁】
Lucifer：（希臘）晨星神，為黎明的前導，眾星的監督者。弗斯弗
洛斯是伊奧斯（Eós）的兒子，科宇克斯（Ceyx）和戴達利翁
（Daedalion）的父親。他的形象為帶翼的男孩，手持火炬。

Phríxos und Hélle 弗利克索斯和海莉△▽、【拉丁】
Phrixus und Helle：（希臘）國王阿塔馬斯（Athamas）和妮費蕾
（Nephele）的孩子，繼母依諾（Inó）仇視他們，想要謀害他們。
弗利克索斯被抓去獻祭時，妮費蕾派赫美斯（Hermés）贈送的金
羊去救他們，經過達達尼爾海峽時，海莉掉到海裡溺死，而弗利克
索斯則平安到了科爾奇斯（Kolchis），他把金羊獻給宙斯（Zeús）
致謝，那金羊便成了天上的牡羊座（Aries）。弗利克索斯把金羊毛
掛在崇拜阿利斯（Áres）的叢林裡。

Phuvush 弗巫什△（地人）：（吉普賽）地靈、女巫的師傅。
他藏在黑母雞的蛋裡。人們把蛋扔到水裡，他就會死去，接著引起
地震。只要一根弗巫什屍體的頭髮，就可以點石成金。

Picullus 皮庫魯斯△（pickūls＝魔鬼）：（普魯士）黑暗神和
地獄神，相當於基督宗教的撒但（Sātān）。

Picus 庇庫斯△（【拉丁】啄木鳥）：（羅馬）田野神和森林
神，農業的守護神，拉丁姆（Latium）的第一位國王。他拒絕喀爾
克（Circe）的求愛，而被她變成啄木鳥，並成為馬斯（Mars）的

神鳥。

Pičvu'čin 皮奇烏琴：（西伯利亞）楚科塔族（Chukotka）和科里亞克族（Koryak）的狩獵神和馴鹿群的守護神。他非常矮小，可以乘坐老鼠拉的雪車，卻力大無窮，以供物的氣味為食。

Pidāri 毘陀哩▽：（古印度）塔米爾族（Tamil）嗜血的地母和村落神。

Pidrai 庇德萊▽：（腓尼基和烏加里特）女神，和**阿爾賽**（Arsj）、**塔萊**（Tlj）同為**巴力**（Ba'al）的女兒或眷屬。

Pietas 庇厄塔斯▽【拉丁】責任感、忠誠）：（羅馬）母愛女神，象徵責任感以及對諸神、父母親、家庭、朋友、恩人、祖國和領主的感謝。在羅馬有兩座神殿奉祀她。

Pi-hsia-yüan-chün 碧霞元君▽：（中國）婦女和孩童的守護神，別名為「聖母」、「泰山玉女」。泰山頂有碧霞元君祠，朝山求子者眾，和其他八位仙女合為九娘娘，奉祀於娘娘廟。碧霞元君類似於佛教的觀音菩薩。

Pilnitis 皮爾尼提斯△（富裕）：（普魯士）豐收神、穀神和財神。

Piltzintecutli→Tonatiuh

Pinahua→Ayar Uchu

Pinenkir 庇嫩克▽、Pinikiri（天空女王）：（以攔）母神，諸神之母，被稱為「大女神」（Kiririshi）。她和丈夫**渾班**（Chumban）以及兒子胡特蘭（Hutram）構成三聯神，是**印蘇席納克**（Inshushinak）的妻子。

Pingala→Danda

Pirithous→Peiríthoos

Pirwa 皮爾瓦◇、Perwa、Peruwa：（西台）雌雄同體的馬神。

Pishāchas 畢舍遮：（婆羅門教和印度教）顛狂惡魔，與人類為敵，其中首惡者會吞噬人類，或是在火葬場姦屍。他們是**迦葉波**（Kāshyapa）的後裔，住在**空界**（Bhuvarloka）。

Pishaisha 庇塞沙△、Pisaisa：（西台）山神，他強暴了阿卡德的**伊西塔**（Ishtar）。為了讓她息怒，他請求寬恕，跪在她腳邊講

不死鳥
每隔一段時間會燃燒自己，然後從灰燼裡重生，是蛇頸魚尾的怪物。

述天氣神的兩場戰役，即「天氣神戰勝大海」、「山岳戰勝天氣神」。

Pitā 庇塔（【梵】祖先）、Pitara、Pitri：（吠陀宗教）祖靈，隨**耶摩**（Yama）來到第三重天（燄摩天），死者在新月祭夜裡由焚香「歸古道」。有時候他們等同於**生主**（Prajāpati）或**大仙**（Maharishi）。

Pleiádes 七女神、普雷亞德斯▽：（希臘）象徵「七星」的七位仙女，為金牛座的昴星團，每年五月中旬到十月底都看得見。她們的起落表示航海期的始末。她們是**阿特拉斯**（Átlas）和女河神普蕾昂妮（Pleione）的女兒，包括：阿奇安妮（Alkyone）、阿絲提羅佩（Asterope）、**伊蕾克特拉**（Eléktra）、克萊諾（Kelaino）、**美雅**（Maía）、**梅洛比**（Merópe）和苔葛托（Taygeto）。**卡呂普索**（Kalypsó）是她們同父異母的姐妹。母親普蕾昂妮和七個小女兒整年被愛慕她們的獵戶**奧利安**（Oríon）窮追不捨，直到**宙斯**（Zeús）把他和她們都變成金牛宮星群，讓獵戶始終追不上她們。16世紀以龍沙（Ronsard）為首的詩人團體即以她們為名（Pleiade）。

Plúton→Hádes

Plútos 普魯托斯△（財富）：（希臘）穀倉神和財神，主宰地底礦藏以及自其懷裡萌芽的植物。普魯托斯是女神**狄美特**（Deméter）和凡人**雅西昂**（Iasíon）的兒子，有時候**哀勒尼**（Eiréne）手裡會抱著嬰孩形象的普魯托斯。他的標誌是豐饒角。普魯托斯相當於羅馬的閻王（Dis Pater）。

Pneúma hágion 聖靈⊙（【希臘】）、Pneúma Kyríu（主的靈）：（基督宗教）神的第三位格。聖靈和父神**上主**（Kýrios）以及神子**耶穌**（Iesûs）組成三位一體（Trinitas）。主差遣天使**加百列**（Gabriél）向**馬利亞**（María）報喜，告訴她說她懷的孕是從聖靈來的。**約翰**（Ioánnes）為耶穌施洗時，耶穌看見上帝的靈彷彿鴿子降下。耶穌復活 50 天後，門徒被聖靈充滿，「從天上有聲響下來，好像一陣大風吹過，充滿他們所坐的屋子。有舌頭如火燄顯現出來，分開落在他們各人頭上。」那一天就是聖靈降臨節（Pfingstfest, Pentecost）。聖靈的形象為鴿子或如火燄般的舌頭。繪

畫：F. Francia（1509）、M. van Heemsherck、E. Nolde（1909）；合唱曲：W. Fortner（1963）。

Po 冥界：（波里尼西亞）死後靈魂無法平安到達**夏威基**（Hawaiki），便會到冥界去。那裡既「遙遠」、「黑暗」、「陰森」且「無止盡」，由**彌盧**（Miru）統治。

Pohjola 波約拉（北國）：（芬蘭）黑暗冰冷的冥府，在極北天地相接的地方，由路西（Louhi）統治。死者必須經過寬闊的火河，以生前剪下的指甲攀越冰山。**維納莫伊嫩**（Väinämöinen）曾經尋訪冥界。

Polednice 正午的女巫▽（【捷克】中午）、【俄羅斯】Poludnica：（斯拉夫）在收成季節中午出現的女巫，她會使人發狂或肢體癱瘓，以怪嬰偷偷換走孩子。

Poleramma 波勒拉瑪▽：（古印度）塔米爾族（Tamil）的母神、村落神、天花神和乾旱神。波圖拉祖（Potu Radzu）是她的哥哥或丈夫。

Poludnica→Polednice

Polydeúkes 波里丟克斯△、【拉丁】Pollux：（希臘）戰士，海難時的船員守護神。他和**喀斯特**（Kástor）合稱為**狄俄斯庫里兄弟**（Dióskuroi）。是**宙斯**（Zeús）和**麗妲**（Léda）的兒子，**海倫**（Heléne）的哥哥。

Polyhymnía 波麗姆妮雅▽、Polymnía：（希臘）讚歌以及有伴奏歌曲的繆思，是**宙斯**（Zeús）和**尼莫西妮**（Mnemosýne）的女兒。

Polýphemos 波呂菲摩斯△、【拉丁】Polyphemus：（希臘）巨怪，**波塞頓**（Poseidón）和仙女托薩（Thoosa）的兒子。他愛上女海神**葛拉提雅**（Galáteia），卻得不到回報，於是用石頭打死情敵阿奇斯（Akis），以音樂療癒難以止息的愛。**奧德修斯**（Odysseús）把住在洞穴的巨怪波呂菲摩斯灌醉，以燒紅的木棍刺瞎他唯一的眼睛。

波呂菲摩斯
希臘獨眼巨怪，奧德修斯以燒紅的木棍刺瞎他唯一的眼睛。

對立與兩極性

Polarität **對立與兩極性：**

希臘文的「兩極性」是 polos（軸、地極），其字源是pelein（運動），指存有者的本質和現象裡的對立性質，許多神話都是在表現時間、空間和存有者當中的對立且互補的關係。空間的兩極性包括：此岸和彼岸、混沌和宇宙、天空和地面、天堂與地獄、上界與下界。時間的兩極性則有：時間與永恆、開始和結束、太初與末日、創造和毀滅、生與死、會死和不死、存在與虛無、太陽和月亮、日與夜、光明和黑暗。存有者的兩極性是：自然與超自然、男與女、人與神、巨人和侏儒、天使和魔鬼、聖人與罪人、肉體和靈魂、善與惡。

各個民族裡對於兩極對立的開端和終點，都有不同的解釋和評判。在《梨俱吠陀》（10:29）的創世歌裡，曾描寫在世界誕生以前沒有對立的原始狀態：「彼時沒有虛無也沒有存在，沒有空界也沒有天界……彼時沒有死亡也沒有永生，沒有顯現黑夜或白天，沒有風，彼一者以自力飄浮，除此一者別無他者。」

佛陀也曾解釋過對立（例如此岸和彼岸、生與死）引起現象遷流（《自說經》8:4），是一切煩惱的來源。佛教神話解釋如何捨棄引致一切有為法以及貪欲的對立而證解脫道：「有依即有作，無依即無作，無作即無求，無求即無來去，無來去即無生滅，無生滅即無三世，亦無煩惱。」相反的，希臘的赫西奧德的創世神話（《神譜》116-118）對於兩極性則有正面的評價：「的確，先是出現混沌，其後有大地……，自混沌生出黑夜和陰間。自黑夜生出白晝和以太……大地蓋婭先是生出繁星密佈的天空……成為眾神永遠不動搖的居所。」

中國神話以陰陽表現男女的對立性，陰陽是周遍一切的基本力量，包括男與女、南與北、光明與黑暗，卻共同構成一個圓極。印度坦特羅教以雙身修法捨棄男女的對立性。神話裡的雌雄同體也是象徵完美且揚棄對立，像是雌雄同體的神，不需要伴侶即自體生產，如埃及的阿圖（Atum），或是愛神，如希臘的赫美芙羅狄特（Hermaphróditos）。太初原人也可能是雌雄同體的，例如猶太教的亞當，至於雌雄同體的動物，則有中國的麒麟。

數字「二」意指著原始的「一」的分裂，「一」是神性的、絕

對的、完美的,而所有俗世的、相對的或受造的存有者,則是分裂
為不完美的二元性,其中每個部分都有缺陷。神話也描繪二元性或
兩極性如何渴望與神性合而為一。「善與惡」也是很普遍的對立力
量以及價值判斷,它們對應於超自然的秩序。以人類為中心去看,
所謂善者,是指一切有利於人類存在的;惡者即是威脅其存在的。
神、天使和救主是善的人格化,而魔鬼、惡魔、女巫和誘惑者,則
是惡的化身。

　　善惡的鬥爭或其化身的爭戰,無論是個人直至解脫的生命,或
是自太初到末日的歷史,都是神話的對象。善經常被描繪為美麗
的、光明的;惡則是黑暗且醜陋的。在古波斯神話裡,善惡的二元
論表現於光明神阿胡拉·瑪茲達以及黑暗神阿里曼的戰爭。猶太教
和基督宗教也有善惡二元論,表現在耶和華和撒但(雖然他們並不
對等)的對立,或是如伊斯蘭教裡的安拉和撒但。神話裡對於兩極
性的不同看法和評價,是人類試圖依據其直線性或周期性史觀,把
紛擾的現象和力量歸納到秩序的體系裡,並且解釋自身的處境和生
活的憑藉。

亞當和夏娃受蛇引誘吃了蘋果而
分別善惡 (Hugo can der
Goes)。

Pomona 波茂娜▽（【拉丁】pomum＝水果）：（羅馬）水果女神，特別是水果豐收神。波茂娜是**維吞努斯**（Vertumnus）或**庇庫斯**（Picus）的妻子。繪畫：Rubens。

Pon 波恩（某物）：（西伯利亞）尤卡吉爾族（Yukaghir）的天神和雨神。他也是世界主，推動日夜的更替。

Ponomosor 波諾莫索△：（古印度）卡里亞族（Kharia）的最高神。

Póntos 龐托斯△（海洋）、【拉丁】Pontus：（希臘）海神，**蓋婭**（Gaía）的兒子，**烏拉諾斯**（Uranós）的弟弟。他和母親蓋婭生了**涅留斯**（Nereús）、**陶馬斯**（Thaumas）、**弗基斯**（Phórkys）、**開托斯**（Kétos）和**攸里碧亞**（Eurybie）。

Porenutius 波勒努提烏斯△：（斯拉夫）呂根島（Rügen）的四面神。

Porevit 波勒維特△：（斯拉夫）呂根島（Rügen）的五面神。

Portunus 波圖努斯△（【拉丁】portus＝港口）：（羅馬）家門神，和其母**馬特·馬圖塔**（Mater Matuta）為羅馬附近的提伯港的守護神和航海神。8 月 17 日的波圖努斯節（Portunalia）是他的節日。他手裡持著鑰匙。

Poseidón 波塞頓△：（希臘）海神、暴風雨神、地震神、漁夫的守護神，他是**奧林帕斯十二主神**（Olýmpioi）之一，是泰坦族的**克羅諾斯**（Krónos）和**麗娥**（Rheía）的兒子。他的兄弟姊妹包括：**狄美特**（Deméter）、**哈得斯**（Hádes）、**黑斯提亞**（Hestía）、**宙斯**（Zeús）和**希拉**（Héra）。他和妻子**安菲特里特**（Amphitríte）生了**特里頓**（Tríton）。他也是**安泰歐斯**（Antaíos）、**奧利安**（Oríon）和**波呂菲摩斯**（Polýphemos）的父親。他化身為駿馬和**梅杜莎**（Médusa）生了飛馬**培格索斯**（Pégasos）。他坐著雙駕馬車奔馳海上。**涅留斯族**（Nereídes）和特里頓族是他的隨從。他的武器是三叉戟。波塞頓相當於羅馬的**內普吞**（Neptunus）。

繪畫：Rubens (1620)。

Pothos 波托斯△（【希臘】渴望）：（腓尼基）男性生殖力的人格化，**俄密奇勒**（Omichle）的丈夫，優德摩斯（Eudemos von

Rhodos, ca. 320 B.C.）說，他們媾合而生了埃爾（Aër）和奧拉（Aura）。

Potrimpus　波特林普斯△、Natrimpe：（普魯士）水神和幸運神，普魯士東部和立陶宛西部有許多地方以他為名。

Pradyumna　巴端拿、帕救姆納△：（印度教）國王，**迦摩**（Kāma）打擾**濕婆**（Shiva）的禪定，濕婆便以額頭的眼睛燒死他，迦摩則轉世為巴端拿。他是**黑天**（Krishna）和**茹蜜妮**（Rukmini）的兒子，摩耶提昆（Māyādevi）和卡庫德瑪提（Kakudmati）的丈夫。他和卡庫德瑪提生了**阿那律**（Aniruddha）。

Prahlāda　帕拉達△（【梵】舒暢、歡喜）、Prahrāda：（婆羅門教和印度教）**蒂緹諸子**（Daityas）的魔王，統治**七重魔界**（Pātāla）之一，他是魔王**嘿然亞卡西普**（Hiranyakashipu）的兒子，**毘盧遮那**（Vairochana）的父親。**毘濕奴**（Vishnu）權化為**獅面人**（Narasimha），幫助他擺脫父親的追殺。帕拉達的孫子**巴利**（Bali）曾經在毘濕奴權化為**侏儒**（Vāmana）時出現。

Prajāpati　生主◇△：1.（吠陀宗教）雌雄同體的造物神，經驗世界自其中流出，他也是男性的世界原動力，和代表女性原動力的**語**（Vāc）組成對耦神。2.（婆羅門）祖神，祭祀的人格化，儀式的創造者。3.（印度教）**梵天**（Brahmā）的別名，以心生出諸子，如**大仙**（Maharishi），諸神、巨人、惡魔和人類的祖先。

般若波羅蜜菩薩
佛教女性的菩薩，端坐蓮花座上，有兩臂或四臂，額頭上有聖泥印，結法印，右肩的蓮花上面有般若經。

Prajñāpāramitā　般若波羅蜜菩薩▽：（佛教）女性的菩薩，般若經的人格化。她是智慧和多聞的象徵，即「佛母」。她端坐蓮花座上，有兩臂或四臂，結法印，額頭上有聖泥印（tilaka），以經卷（pustaka）為其標誌，身體為白色或黃色。

Pralaya　毀劫：（印度教）現象世界崩解和毀滅的時期，而新

的世界尚未誕生。一劫（Kalpa）的結束為中毀劫（Avantara-
pralaya），一波羅（Para）的結束則為大毀劫（Mahapralaya）。

Pratyūshās　波羅底優婆▽【梵】黎明：1.（吠陀宗教）黎
明女神。2.（印度教）太陽神**蘇利耶**（Sūrya）的女侍。和**烏舍**
（Ushas）每天早晨以弓箭驅散黑暗。

Preas Eyn　普雷斯因△：（南島語系）高棉的雷電神，騎著有
三個頭的象。普雷斯因相當於印度教的**因陀羅**（Indra）。

Preas Eyssaur　普雷斯伊掃△：（南島語系）高棉主宰生死的
神。他相當於印度教的**濕婆**（Shiva）。

Preas Prohm　普雷斯普洛姆△：（南島語系）高棉的太初
神。現象世界從他裡頭誕生。他有四個頭，相當於印度教的**梵天**
（Brahmā）。

Prende　普倫德▽、Prenne：（阿爾巴尼亞）愛神，別名為「美
麗女王」。彩虹則是「普倫德夫人的裙帶」，能躍上彩虹者即能改變
性別。禮拜五是「普倫德日」（e prandeja），許多地方也都以她為
名。此外「普倫德」也是常見的女性名字。她的男性對耦神是雷神
培倫地（Perëndi）。

Presley, Elvis　艾維斯‧普利斯萊、貓王△(1935-1977)：
（美國）搖滾歌星、作曲家、電影演員。他是成功影星的象徵，單
純、勇敢且善良的年輕人的典型，初出道時默默無聞，其後卻享譽
全球，甚至被「神化」。他的音樂感動千萬人，出場時讓女性觀眾
忘我尖叫，甚至昏厥。他在田納西州格雷斯蘭（Graceland）的墓
園成為「朝聖地」。絹印畫：A. Warhol (1964)。

Preta　餓鬼、鬼、菩瑞塔△（【梵】捨離、死亡）、【巴利】
Peta、【梵語陰性】Preti、【巴利語陰性】Peti：1.（佛教）男性
和女性的死者靈魂，墮入三惡道中的餓鬼道，介於**地獄**（Naraka）
和畜牲之間。他們受饑餓之苦，咽如針，口如炬，腹寬大。禪寺用
餐前會先施食餓鬼。2.（印度教）形如骷髏的餓鬼菩瑞塔，和**畢舍
遮**（Pishāchas）游蕩於火葬場，因為死者靈魂會徘徊人間最長至
一年，他們接受其長子的供食。菩瑞塔住在**空界**（Bhuvarloka）。

Príapos　普利亞波斯△、【拉丁】Priapus：（腓尼基和希臘）
主宰生殖力、豐收、園藝、蜜蜂、綿羊和山羊的神，漁夫和船員的

守護神。他是**戴奧尼索斯**（Diónysos）和**阿芙羅狄特**（Aphrodíte）
的兒子。有一次他跟蹤仙女羅提絲（Lotis），**西倫諾斯**（Silenós）
的驢子即時大聲嘶鳴喚醒羅提絲，普利亞波斯忿而殺死驢子。他的
形象為勃起的陽具。《普里亞波斯頌詩》（Priapeia）即以他為名。

Prithivi　比里底毘▽（【梵】大地）、Prithivi Matar（地母）：1.
（吠陀宗教）大地女神和母神，她和丈夫**特
尤斯**（Dyaus）組成太初的對耦神。她是**阿
耆尼**（Agni）、**因陀羅**（Indra）、**蘇利耶**
（Sūrya）和**烏舍**（Ushas）的母親，以母牛
為其象徵，類似於希臘的**蓋婭**（Gaía）。2.
（古印度）拜加族（Baiga）的大地女神，族
人們只在焚燒過的叢林灰燼上面播種，以免
犂田時驚擾「地母的子宮」。

Prokrústes　普羅克魯斯提（拉長者）、
【拉丁】Procrustes：（希臘）埃勒烏西斯
（Eleusis）的強盜，他開了一家黑店，強迫
旅客睡在兩張床上，身材不及床者把他們身
體拉長，太長的就以斧頭砍斷他們的腳，直
到**提修斯**（Theseús）以其人之道還治其人
之身，把他給殺死。

普羅米修斯
希臘英雄，人類的教育者。

Prometheús　普羅米修斯△（有遠見的）：（希臘）聰明狡猾
的英雄，工匠的守護神。他是泰坦族的**亞佩特斯**（Iapetós）和克
里梅妮（Klymene）的兒子，**埃皮米修斯**（Epimetheús）和**阿特拉
斯**（Átlas）的兄弟，**鳩凱倫**（Deukalíon）的父親。普羅米修斯從
天界盜走諸神的火，偷偷帶到人間，為此**宙斯**（Zeús）把他釘在
高加索山的岩石上，讓老鷹每天啄食他的肝，於夜裡復原，直到**赫
拉克列斯**（Heraklés）殺死老鷹才救了他。半人馬族的**黑隆**
（Cheíron）為了普羅米修斯而放棄永生。雕塑：G. Marcks（1948）；
繪畫：Tizian（1549/50）、Rubens（1613/14）、Feuerbach（1875）、
Böcklin（1882）；戲劇：Aischylos（470 B.C.）、Calderon（1679）；歌
劇：C. Orff（1966）；芭蕾舞曲：Beethoven（1801）。

Propheten　先知：具有超人能力的**中保**（Mittler），他們代表神

宣告神的啟示，包括過去、現在和未來的奧祕，預言災禍和救恩。
他們經常先是接受神召，得見異象或耳聞。

Proserpina 普羅絲庇娜▽：（羅馬）萌芽的種子的女神、豐
收神，後來成為冥府女神。她相當於希臘的**波賽芬妮**（Perse-
phóne）。

Proteús 普羅提烏斯△：（希臘）海神，法羅斯島（Pharos）
的老卜者，可以任意變換數千種形象。

Pryderi 不列塔利△：（克爾特）威爾斯的神，不列顛人
（Priteni, Pritani, Britanni）的始祖神。他是**浦伊爾**（Pwyll）**和里安
農**（Rhiannon）的兒子。他聽信**桂狄恩**（Gwydion）的詭計，把
豬隻從父親的冥府裡帶到人間。

Psyché 普緒喀▽（氣息、呼吸、蝴蝶）：（希臘）1.美麗絕俗
的公主，妒嫉她的**阿芙羅狄特**（Aphrodíte）讓**愛洛斯**（Éros）去
引誘她，可是他反而愛上普緒喀，**塞菲羅斯**（Zéphyros）幫助他
擄走睡夢中的普緒喀。2.人類靈魂的人格化。普緒喀有鳥羽或蝴蝶
的翅膀。雕塑：Canova（1793）；繪畫：Raffael（1518）、Rubens
（1613）、P. Prud'hon（1808）；歌劇：J. B. Lully（1678）；芭蕾舞劇：J.
B. Lully（1671）。

Ptah 普塔△：（埃及）孟斐斯的城市神，後來成為國家神。在
托勒密時代，他的神殿是國王登基的地方。他和妻子**薩赫美特**
（Sachmet）以及兒子**奈夫圖**（Nefertem）組成孟斐斯三聯神。晚
期他則被認為是被神化的**尹和泰普**（Imhotep）的父親。他是工匠
神、藝術家神，他的大祭司同時也是「工匠領袖」。在新王國時
期，他是普世的造物神，在孟斐斯的神話裡，他是八聯神裡的最高
神，是**阿圖**（Atum）或太陽神雷（Re）的父親和母親。他以命令
創造萬物，「心和舌頭」，即理性和話語，則是他的創造工具。他
所構想的東西，會經由話語的力量誕生。普塔自身則是諸神和人類
的身體裡的心臟、嘴裡的舌頭。他是「瑪特的心臟」，萬物的神，
主宰一切。普塔和**索卡爾**（Sokar）合為冥府神，被稱為「杜瓦特
的首領」，他也是夜裡的太陽，穿越陰間，並且安慰死者。他和**塔
特嫩**（Tatenen）合為地神。**阿庇斯**（Apis）是他的傳令官和靈
魂。在拉美西斯王朝，普塔、雷和**安夢**（Amen）便代表所有的神

普緒喀
希臘靈魂鳥，有少女的身體，鳥
類或蝴蝶的翅膀。

性。普塔是埃及曆二月（Phaophi）的守護神，他的節日是在 6 月
1 日。普塔和索卡爾融合後，索卡爾祭便成了主要節日。他的形象
為木乃伊，雙手持權杖，象徵他的創世行動。他被同化為希臘的**黑
腓斯塔斯**（Héphaistos）。

Ptahil　塔希爾△：（伊朗）曼德恩教派的造物神和混合光體，
「第四生命」的人格化。他是**亞巴圖**（Abāthur）的兒子，亞巴圖要
他創造黑暗世界**底庇勒**（Tibil），**馬納拉巴**（Mānā rurbē）對此嗤
之以鼻，他經歷幾次失敗，藉著「生命的火」才完成。**肉體的亞當**
（Adam pagria）也是他的成果。**路哈**（Rūhā）幫助他創世，使他
被馬納拉巴責難，因而失去世界的統治權，直到世界末日，才被**希
比爾**（Hibil）從冥府裡救出來。

Pudicitia　普蒂奇提亞▽（【拉丁】害羞）：（羅馬）象徵貞節
和羞恥心的女神。

Pue m Palaburu　普埃姆巴拉布魯△：（印尼）托拉查人
（Toradja）的世界主和最高神，太陽是他的眼睛。他維持法律和秩
序，尤其是嚴懲近親通姦。

Púgu→Ye'loje

Pūkis　普奇斯△（【拉脫維亞】龍）、【立陶宛】Pūkys：（拉脫
維亞和立陶宛）家神，是一條會幫主人偷來財寶的龍。他相當於立
陶宛的**埃特伐拉斯**（Aitvaras）。

Pulastya　補羅娑底耶△：（婆羅門教和印度教）古仙人，十位
大仙（Maharishi）之一。他是**梵天**（Brahmā）「心生」的兒子，毘
濕羅婆（Vishrava）的父親，**俱毘羅**（Kubera）和**邏伐拏**（Rāvana）
的祖父或父親。

Pulotu→Hawaiki

Pultuce→Castur

Puluga→Bilika

Pulvan→Upulvan

Puntan　彭坦：（麥克羅尼西亞）太初生物，在死前請妹妹以他
的身體創造人類的世界：以胸部和背部作為天與地，以眼睛作為太
陽和月亮，以眼睫毛作為彩虹。

Purgatorium　煉獄、滌罪所⊙（【拉丁】purgatorius ignis＝滌

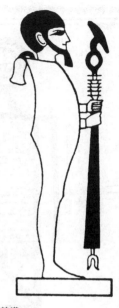

普塔
埃及工匠神、創世神，裹著木乃
伊。雙手持權杖，代表造物的力
量。

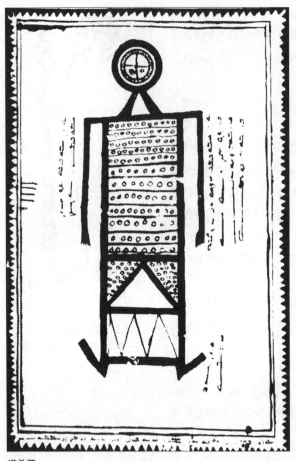

塔希爾
伊朗的造物神和光體，坐在寶座
上。

滌罪所
可憐的靈魂的煉獄，在天國諸聖
人的下方。

淨的火）：（基督教和天主教）死後而尚未到最終的彼岸，暫時受苦以滌淨罪惡的地方，他們雖然沒有犯重罪（因此沒有直接到地獄去），卻犯了微罪，必須暫時受懲罰（因此不能直接上天堂）。在民間傳說裡，如此的死者被稱為「可憐的靈魂」，人們在 11 月 2 日的萬靈節（Allerseelentag, All soul's day）裡紀念他們。經由贖罪祭，可以縮短煉獄的受苦時間。大天使米迦勒（Mikā'ēl）是「可憐的靈魂」的守護者。

Purusha 原人◇：1.（吠陀宗教）太初的人，他有四分之三是永生的不死界，有四分之一則是生滅的現象界。原人從現象界的自身生出妻子遍照（Virāj），再和她生了會死的原人，他長成巨人，向**天神**（Devas）獻祭，在儀式中肢解，以身體各部分構成世界：由頭生天界，由足生地界，由眼生太陽（蘇利耶），由鼻息生風（窪尤）。2.（印度教和坦特羅教）：代表男性原動力的神，與自性（Prakriti）相對。複數的原人則指男性諸神。

Pūshan 布咸△（營養者）：1.（吠陀宗教）太陽神和光明神，他使萬物生長繁衍。他也是道路、旅者和牲畜的守護神、引靈者。2.（婆羅門教和印度教）黎明神，因陀羅（Indra）的兄弟，**阿迭多**（Ādityas）之一。**濕婆**（Shiva）化身為**魯特羅**（Rudra），打掉他的牙齒。他駕著山羊拉的車子，類似於希臘的**赫美斯**（Hermés）。

Pūtanā 普坦娜、富單那鬼▽：（印度教）巨魔，她以有毒的乳房給還是嬰孩的**黑天**（Krishna）餵奶，企圖毒死他，卻被黑天吸乾而死掉。她是魔王**巴利**（Bali）的女兒，是「自我」的象徵，想要榨乾神，卻被神吸乾。

Putir→Tambon

Pwyll 浦伊爾△（【威爾斯】理性、判斷）：（克爾特）威爾斯的冥府神，別名為「冥王」。他是里安農（Rhiannon）的丈夫，不列塔利（Pryderi）的父親。

Pyan-ras-gzigs→Chenresi

Pygmalíon 皮格馬利溫△：（希臘）1.提洛斯（Tyros）國王，第多（Didó）的哥哥。2.塞浦勒斯（Zypern）的國王，著名的雕塑家，他愛上了自己創作的少女象牙雕像，請求阿芙羅狄特（Aphrodíte）賜予雕像生命。阿芙羅狄特實現了他的要求，他就娶少女為妻。雕塑：Falconet (1763)；石版畫：H. Daumier (1841)；戲劇：Rousseau (1770)、Shaw (1913)；歌劇：Cherubini (1809)；輕歌劇：Suppé (1865)；音樂劇：Lerner's My Fair Lady (1956)。

Pyriphlegéthon 培里弗列格頓河△：（希臘）冥府的火河，環繞在塔塔羅斯（Tártaros）的三道鐵牆外面。

Pyrrha→Deukalíon

Pythía 皮提亞▽：（希臘）阿波羅（Apóllon）德斐神廟的女祭司，她坐在一只鼎上，接受阿波羅的神啟，以詩歌的形式宣布神諭。

Pýthon→Typhón

Q

Qáigus 蓋古斯：（西伯利亞）凱特人和葉尼塞人的森林神和狩獵神，松鼠和紫貂的守護神。

Qaynān 凱南△（冶煉）：（阿拉伯）示巴人（Sabaean）的冶鐵神。

Qingu→Kingu

Quat 加特：（美拉尼西亞）班克斯島（Banks）的英雄、創世者和文明始祖。他從海裡釣起島嶼，並且創造了樹林和岩石。他也是騙子和搗蛋鬼，有11個兄弟，都叫作坦加羅（Tangaro）。他也創造人類和豬，本來他們是同類的，但是人類和豬的差別越來越大，於是他讓豬以四隻腳走路。由於加特總是坐著大船航行，於是海島居民把最早登陸的白人視為加特和他的妻子。加特相當於波里尼西亞的**茂伊**（Maui）和麥克羅尼西亞的**納洛**（Nareau）。

奎查

Quetzalcoatl 奎茲克亞托、羽蛇神：（印第安）1. 托爾鐵克族（Toltec）傳說中的文明英雄，他發明手工藝、農耕和曆法，是切亞卡托王朝（Ce Acatl）的第五任國王（977－999）。他是**綺瑪曼**（Chimalman）的兒子，因為反對殺人祭，而**與帖茲卡特里波卡**（Tezcatlipoca）的信徒發生衝突，於是他離開王城，流浪到東方。人們認為西班牙的科第斯（Cortés）是轉世的奎茲克亞托。2.阿茲提克族的風神，天神（羽神）和地神（蛇神），世界第五期的創造者，水神和豐收神。他是曆法神，主司每個月第二天以及白天第九個鐘頭。他也是月亮、夜空和東方的化身。他是**克亞特利古**（Coatlicue）的兒子，和**赫洛特**（Xolotl）是攣生兄弟。他與代表黑暗的帖茲卡特里波卡不和，於是漂流到東方的海上，以柴堆自焚，他的心臟成為天上的晨星。自此以後，人們期待他的復活，他的出現和消失，死亡和復活，是月亮圓缺的象徵。他有白色（死亡）和黑色（復活）兩種身體顏色（前面和後面）。作為風神，他被供奉在圓殿裡的圓形或方形祭台上。奎茲克亞托相當於馬雅族的**庫庫坎**（Kukulkan）。

Quilla→Mama Quilla

Quirinus 基林努斯△：（羅馬）居住在基林努斯山丘上的塞賓人（Sabine）的氏族神，農夫的守護神，戰神。他和**朱庇特**（Iupiter）以及**馬斯**（Mars）組成古代的三聯神。2 月 17 日是紀念

KNAURS
LEXIKON
DER
MYTHOLOGIE

他的基林努斯節（Quirinalia）。他經常被同化於神化的**羅穆路斯**（Romulus）。

Quzah　**古宰哈**△：1.（阿拉伯）暴風雨神，以神弓射下冰雹箭，然後把弓掛在雲端。因此彩虹也叫作「古宰哈的弓」。他的聖地在麥加附近的穆扎達利法（al-Muzdalifa）。2.（伊斯蘭）主宰雲的天使或惡魔。

奎茲克亞托
印第安的文明英雄和羽蛇王，也是天神（羽神）和地神（蛇神）。

R

Ra→Re

Raab→Rahab

Rachél→Rāhēl

Rachkoi　拉赫科△、Rahko：（芬蘭）英雄，他穿著鐵靴征服冥府**波約拉**（Pohjola）的冰山，並且給月亮淋上焦油，使月亮有圓缺。

Rādhā　羅達▽、Rādhikā：（印度教）牧牛女，眾多**瞿夷**（Gopis）中最著名者，她是**瞿波羅**（Gopāla）（黑天的別名）的情人，象徵對諸神的愛。而她對黑天的愛則代表和諸神的離合。

Radigast　拉地加斯特、Redigast、Radogost（rad＝歡迎；gast＝客人）：（斯拉夫）好客神，雷特拉（Rethra）地區「北方的衛城」的索布族（Sorbe）的主神。

Radū→Rudā

巨怪

Ragana　拉加娜▽（【拉脫維亞】）、【立陶宛】Rāgana（regēti＝看見）：（拉脫維亞和立陶宛）掌握神諭的卜者和預言家。基督宗教傳入後，她被貶為可以任意變形為動物或器物的女巫，**撒但**（Sātān）賜予她能力，在空中飛行，危害人類，使動物發狂。

Ragnarök　諸神黃昏（【古北歐】災難）、Ragnarökkr：（北日耳曼）非常戲劇化且悲慘的世界末日。**巴爾德**（Balder）被殺後，世界便陷入一片寒冬（Fimbulvetr），預告末日將臨，**宇宙樹**（Yggdrasill）也震動，**約頓族**（Jötunn）向**愛瑟樂園**（Asgard）宣戰。**密得噶索默**（Midgardsomr）攪動大海，**芬力爾**（Fenrir）掙脫枷鎖，**羅奇**（Loki）也逃脫，冥船**納格法爾**（Naglfar）由**火國**（Muspelheim）駛往愛瑟樂園，**海姆達爾**（Heimdall）吹起警號。接著爆發諸神和巨魔的決戰。芬力爾吞掉**歐丁**（Odin），而**威達**（Vidar）則一刀割斷芬力爾的喉嚨，**蘇爾特**（Surtr）殺死**弗瑞**（Freyr），**托爾**（Thor）和密得噶索默同歸於盡，**提爾**（Týr）則打敗**加默**（Garm）。諸神死後，宇宙也隕歿。蘇爾特踩斷**彩虹橋**（Bifröst），**中土**（Midgard）陷於洪流和大火，群星墜到海裡。只有一對人類麗芙與利弗特拉西爾（Líf und Lifthrasir）得以倖存。接著會出現和平且幸福的新天新地，由巴爾德和**霍德**（Höd）統治。華格納曾寫一齣歌劇名為《諸神黃昏》（Götterdämmerung,

1876）。

Rahab　拉哈伯▽（【希伯來】驕傲者、誇大者）、【希臘】
Raab：（猶太教）混沌時代的海怪，他被**耶和華**（Jahwe-Elōhim）
征服，象徵神的全能。有時候他也代表與神為敵的埃及人，因為他
們的驕傲，耶和華讓他們都淹沒在紅海裡。拉哈伯的形象為海蛇或
鱷魚。

Rāhēl　拉結▽（【希伯來】母羊）：1.（猶太教）以色列民族的
先祖。她是拉班（Laban）的女兒，**雅各**（Ja'akōb）的妻子，和他
生了**約瑟**（Jōsēf）和便雅憫（Benjāmin），在臨產時死亡，葬於伯
特利（Bethel）附近的以法他（Efrata）路旁，就是在伯利恆。猶
太曆 2 月 11 日是她的紀念日。2.（基督宗教）先祖，希律王因為
耶穌（Iesūs）的誕生而下令殺盡伯利恆兩歲以下的男孩，應驗了
耶利米說的話：「在拉瑪聽見號咷大哭的聲音，是拉結哭她兒女，
不肯受安慰，因為他們都不在了。」

Rahko→Rachkoi

Rāhu　羅睺△：1.（印度教）行星神，象徵上升月相的惡魔。他
是**魯特羅**（Rudra）的兒子，32個彗星神的父親。他化身為龍頭，
坐著八駕馬車，像他的兄弟**計都**（Ketu）一樣吞掉太陽和月亮，導
致日蝕和月蝕。他或者是沒有頭的貓頭鷹，或者是沒有身體的巨
頭，其標誌為寶劍、盾牌、三叉戟或長矛。2.（藏傳佛教）行星
神，九曜神的主宰，**忿怒神**（Krodhadevatā）之一，他有九個頭，
自己的頭則藏在腹部，下身是一條蛇，持傘骨和弓箭。

Rāhula　羅睺羅△：（佛教）阿羅漢，沙彌的守護者，**釋迦牟
尼佛**（Shākyāmuni）十大弟子，也是他和耶輸陀羅（Yashodharā）
的兒子。西元前 534 年，他在迦毘羅衛城（Kapilavastu）剛出
生，佛陀便決意大出離，尋找解脫道。羅睺羅15歲時受沙彌戒，20
歲成道。他比佛陀早死。

Rait-taui　蕾陶伊▽、Ra-taui：（埃及）天神和太陽女神。**門圖**
（Month）的妻子，**哈普雷**（Har-p-re）的母親，在太陽城（On）
受崇拜。她的標誌是鷹帽和牛角，背後有日盤。希臘人把她同化為
麗托（Letó）。

Rajarishi　王仙△：（印度教）出身於剎帝利族的智者和聖

者，在世成為**仙人**（Rishi），死後升至**因陀羅**（Indra）的天界。其
中最著名者為闍那迦王（Janaka），他是**私多**（Sitā）的父親。

Rakan→Arhat

Rākshas 羅刹、Rākshasas（【梵】可畏）、Rākshasis（羅刹
女）：（婆羅門教和印度教）惡魔，有的如**夜叉**（Yaksha）一般
溫和，有的則與眾神為敵或侵擾人類的夜魔，而相當於**畢舍遮**
（Pishācas），其首領為**邏伐拏**（Rāvana）或**俱毘羅**（Kubera）。作
為人類的敵人，他們總是和**毘濕奴**（Vishnu）的**權化**（Avatāras）
作對。他們可以任意變形，是仙人**迦葉波**（Kāshyapa）和伽沙
（Khasa）的兒子，或謂為大仙**補羅娑底耶**
（Pulastya）的兒子，住在**空界**（Bhu-var-
loka）或**魔界**（Pātāla）。其形象大多為狗
或鳥，或乾瘦如骷髏。

Raluvhimba 拉魯溫巴△（luvimbha
＝老鷹）、Ralowimba：（南非）巴汶答
族（Bavenda）的雨神，顯現於自然現象
中，如洪水、乾旱、地震和打雷，酋長們
在魯溫比（Luvhimbi）的洞穴裡向他祈雨
並稱他為「祖父」時，他會降臨。

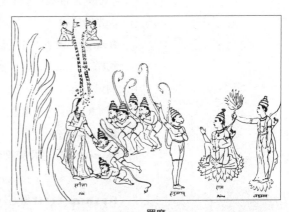

羅摩
印度教的英雄，毘濕奴的第七個
權化，身後是羅什曼那，猴神哈
努曼告訴他被擄的妻子私多獲
救。

Rāma 羅摩△（【梵】色黑者）、
Rāmachandra（月羅摩）：（印度教）**毘濕奴**（Vishnu）的第七個
權化（Avatāra），他於三分時（Tretāyuga）化身為羅摩，即阿踰陀
國（Ayodhyā）的國王，打敗難纏的魔王**邏伐拏**（Rāvana），救出
被幽禁於楞伽城的妻子**私多**（Sitā）。他是國王達薩拉塔
（Dasharatha）和憍薩羅（Kaushalyā）的兒子，和**婆羅多**（Bhārata）
以及**羅什曼那**（Lakshmana）是同父異母兄弟。在印度教裡，羅摩
和私多是男人和女人的倫理典範。羅摩的故事在《摩訶婆羅多》裡
曾約略提及，在《羅摩衍那》裡則有詳細的描述。他的主要武器是
弓箭。

Rāmakrishna 羅摩克里希納△：（印度教）聖者（1836－
1886），印度教領袖，他以**羅摩**（Rāma）和**黑天**（Krishna）為
名，許多印度教徒尊奉他為**毘濕奴**（Vishnu）的**權化**（Avatāra）。

其弟子辨喜創立羅摩克里希納教派，宣揚他的教義。

Rammān　拉曼△（打雷者）、【希伯來】Rimmon：（阿卡德）暴風雨神**阿達德**（Adad）的別名。

Rāmrātūkh　善母佛：（伊朗）摩尼教的女神。她自「大慈父」流出而為「生命之母」，生「初人」。她和**五明子**（Amahrspand）被暗魔吞噬，「善神」派光明使去營救他們。

Rán　蘭恩▽（【古北歐】女強盜）：（日耳曼）女海神，海底冥府的主宰。她以魚網撈起淪為波臣者，安置於海底宮殿。她統治無法到陰間黑爾（Hel）或英雄殿（Walhall）的死者，是海怪**艾吉爾**（Aegir）的妻子，生了九個女兒，她們稱為「艾吉爾之女」，象徵海裡的浪濤。

Rangi　蘭吉△：（波里尼西亞）毛利族的天神和父神，和妻子**帕帕**（Papa）組成太初祖神，他們相擁而生出諸神和人類。蘭吉的兒子包括：**坦尼**（Tane）、**坦哥羅厄**（Tangaroa）、**圖**（Tu）、**倫哥**（Rongo）、**哈米亞**（Haumia）和**塔西里**（Tawhiri）。

Raphaél→Refā'él

Rapithwin　拉庇推因△：（伊朗）正午神，南方和夏天的守護神。

Rashnu　拉什努△、【祆語】Rashnu razishta（最公正的拉什努）：（伊朗）審判神，正義的象徵。他是**密特拉**（Mithra）和**黛娜**（Daēnā）的兄弟，和密特拉、**服從神**（Sraosha）同為**揀擇之橋**（Chinvat-peretu）的冥府判官，把死者的靈魂擺在黃金天秤上稱量。每月18日是他的節日。

Rasūl　使者、【複數】Rusul：（伊斯蘭）**安拉**（Allāh）的使者，各民族的領袖。他們不同於**先知**（Nabi）和傳道者，有立法的權力，安拉只派一個使者到某個民族去，例如**穆罕默德**（Muhammad）被派到阿拉伯民族。使者無染於俗世的罪，共有313 或 315 個使者，其中包括：**穆薩**（Mūsā）、**爾薩**（'Isā）、**舒阿卜**（Shu'aib）、**呼德**（Hūd）、**撒立哈**（Sālih）。穆罕默德是最後一個使者。

Rata　拉塔△：（波里尼西亞）土阿莫土群島（Tuamotu Archipelago）的英雄和水手，他出海為遇害的父親瓦西羅阿

（Wahieroa）報仇，手持魔斧，他兩次砍樹造船，卻不知道那是禁忌的樹，每一次木屑都飛回原處，樹心、樹皮和葉子總是恢復原狀，倒下的樹也重新站起來。最後是由森林精靈把船建好。他駛往目的地，殺死兇手普納（Puna），救出被幽禁的母親。拉塔類似於他的祖父塔瓦基（Tawhaki）。

Ra-taui→Rait-taui

Ratnapāni 寶手菩薩△：（佛教）菩薩，五禪定菩薩（Dhyāni-Bodhisattvas）之一，其佛父是**寶生佛**（Ratnasambhava），右手持寶珠緩髮，左手持蓮花，上有三股杵，身體是綠色的，結施願印。

Ratnasambhava 寶生佛△：（佛教）南方眾寶莊嚴淨土的佛陀，濟助眾生貧苦，圓滿一切資糧。他是**迦葉佛**（Kāshyapa）的佛父，結施願印，持摩尼寶珠，身體是黃色的，以馬為坐騎。在金剛乘裡，有代表**般若**（Prajña）的金剛母（Māmaki）為其眷屬。

Rātri 拿德利▽【梵】夜晚）：黑夜女神，強盜和野狼的守護神。她是**烏舍**（Ushas）的妹妹。

Ratu Adel 正義王△：（印尼）新興宗教裡的救世主，他將建立和平幸福的國度。稻米豐收是和平國度的前兆。

Raudna 蘿德娜▽（花椒）：（拉普蘭）雷神和暴風雨神。她是**霍拉加列斯**（Horagalles）的妻子，相當於芬蘭的**蘿妮**（Rauni）。

Rauni 蘿妮▽：（芬蘭）地神和母神、豐收神、穀神，她也是風暴神和雷神。她和丈夫**烏科**（Ukko）組成對耦神，當她罵烏科時，就打起雷來，而那也意味著豐收的氣候。蘿妮類似於拉普蘭的**蘿德娜**（Raudna）。

Rāvana 邏伐拏△：（印度教）楞伽城（斯里蘭卡）國王，**羅剎**（Rākshas）的首領。《羅摩衍那》說他修苦行以後刀槍不入，於是**毗濕奴**（Vishnu）化身為**羅摩**（Rāma），和**哈努曼**（Hanumān）合力打敗他。他是毗濕羅婆（Vishrava）和尼伽沙

寶生佛
濟助眾生貧苦，圓滿一切資糧，
右手結施願印，左手持缽。

（Nikasā）的兒子，和**俱毘羅**（Kubera）是同父異母的兄弟。他有
10 頭 20 臂，身體是黑色的。

Re 雷△（【埃及】太陽）、【希臘】Ra：（埃及）太陽神，正午
太陽的人格化。日盤則稱為「雷的眼睛」。他是**蓋布**（Geb）和**努
特**（Nut）的兒子，每天重新誕生一次。他駕著晨舟，偕同女兒**瑪
特**（Ma'at）和隨從**托特**（Thot），飛越白晝的天空，而天空看起來
則像是鷹翅（霍魯斯）、母牛（梅赫圖雷）或婦人（努特）。在夜
裡，他乘著夜船穿越陰間杜瓦特（Duat），給死者帶來光明和秩
序。他和**阿圖**（Atum）合稱雷阿圖（Re-Atum），為創世神。他每
天的創造表現為帶來光明和溫暖的太陽，那是生命的基本條件。他
和阿圖也是「自太初即誕生」的始祖神。他是世界的維繫者，左右
各有胡（Hu），（祈禱詞）和西亞（Sia），（認識）。他也是國王神，
自第四王朝始，國王皆自稱為「雷的兒子」。新王朝時期，國王甚
至自認為雷的「肖像」。第五王朝時，雷被尊為國家神，以太陽城
（Junu, On, Heliopolis）為聖地。方尖石塔是他的儀式符號。他的
形象大部分為人，也有鷹首人身。他和**哈拉赫特**（Harachte）融合
為雷哈拉赫特（Re-Harachte），是埃及曆十二月的守護神，又與阿
圖融合為「雷哈拉赫特阿圖」，其後他又與孟斐斯的**普塔**（Ptah）
和底比斯的**安夢**（Amun）組成三聯神。

雷
埃及鷹神、太陽神和造物神。

Reahu 雷亞胡△：（南島語系）高棉族的黑色天魔，追獵太陽
和月亮，要把他們吞掉。雷亞胡相當於印度教的**羅睺**（Rāhu）。

Redigast→Radigast

Refā'ēl 辣法耳、拉斐爾（【希伯來】聖哉厄勒）、【希臘】
Raphaél：1.（猶太教）**耶和華**（Jahwe-Elōhim）的使者，**大天使**
（Archángeloi），**多俾亞**（Tōbijjāhū）的嚮導、守護者和代禱者。
他告訴多俾亞如何打敗惡魔**阿斯摩太**（Ashmodai），娶得撒拉
（Sara），並在回程時醫好失明的父親。2.（基督宗教）**上主**
（Kýrios）的使者，藥師、旅客、朝聖者和流亡者的守護天使。9
月 29 日是他的節日，他手持牧杖，繫著葫蘆瓶。

Refā'im 利乏音（【希伯來】無力者）：1.（敘利亞和腓尼基）
地神、多產神，住在冥府裡。2.（猶太教）鬼魂，住在陰暗的冥府
亞巴頓（Abaddōn）。3.巨人族，其中包括歌利亞（Goliath）以及

巴珊王噩（Og von Bashan）。

Remus 列姆斯△：（羅馬）羅馬城的建城者、守護者和半神。他是戰神**馬斯**（Mars）和女祭司**莉雅·西薇亞**（Rhea Silvia）的兒子，和**羅穆路斯**（Romulus）是孿生兄弟，他在建城時被羅穆路斯殺死。

Renenutet 蕾內努特▽、Renenet、【希臘】Thermutis：1.（埃及）豐收神，「她賜予豐收」，被稱為「肥沃土地的主宰」、「穀倉的女王」。她也是孩子的撫養者，懷抱著兒子穀神**奈培**（Neper），給他餵奶。她也幫助亞麻的收成，所以說諸神和人類的衣服都是出自於她。她是財富和幸福的人格化，因而也是命運女神。她的多重神性也使她擁有許多形象。她是埃及曆 8 月（Pharmuthi）的守護神。在艾德夫（Edfu），她的收成祭是在 5 月 7 日，在底比斯則是 7 月 11 日。她是**夏伊**（Schai）的妻子，在托勒密王朝時和**依西斯**（Isis）融合為「依西斯特姆提斯」（Isis-Thermutis）。2.在希臘化時代和猶太教傳說裡，法老的女兒特姆提斯發現了**摩西**（Mōsheh）並撫養他。

Rephaiter→Refā'im

Reshef 雷色夫△（火苗、火花、瘟疫）：1.（腓尼基和烏加里特）瘟疫神、火神和雷電神。他也是戰神和冥府神。2.在聖經裡（《申命記》32:24；《哈巴谷書》3:5），**耶和華**（Jahwe-Elōhim）顯現為毀滅者時，他是其隨從，持雷箭、盾牌、長矛和木棍，身邊有禿鷹和羚羊。他相當於阿卡德族的**匿甲**（Nergal）。

Reza→Leza

Rezha→Leza

Rhadámanthys 拉達曼迪斯△、【拉丁】Rhadamanthus：（希臘）克里特國王，**宙斯**（Zeús）和**歐蘿芭**（Európe）的兒子，**米諾斯**（Mínos）和**薩培敦**（Sarpedón）的兄弟。他死了以後，和**克羅諾斯**（Krónos）共同統治**極西樂土**（Elýsion），和米諾斯以及**埃阿科斯**（Aiakós）同為冥府的判官。

Rhea→Rheía

Rhea Silvia 莉雅·西薇亞▽、Ilia（特洛伊女人）：（羅馬）威斯塔女祭司，羅馬人的先祖。她是國王努米托（Numitor）的女

雷色夫
腓尼基和烏加里特的瘟疫神和雷電神，持雷箭和盾牌。

巨人和侏儒

Riesen und Zwerge 巨人和侏儒：

　　在神話、童話或傳說裡出現的怪物，對人類體型而言太巨大或太矮小，而侏儒有時候也可以伸展為巨人。巨人族通常很笨拙，而侏儒則很狡猾。力大無窮的巨人是自然力量的化身，尤其是暴風雨。他們經常與諸神以及人類為敵，有時候則是代表兇殘好鬥的蠻族。打敗巨人通常是英雄的任務。許多神話裡都有巨人族或是個別的巨人，尤其是希臘和日耳曼神話。在希臘神話裡有地上的巨人神族（Gígantes）和天界永生的12個泰坦神族（Titánes），另外還有百手神族（Hekatoncheíres）、獨眼神族（Kýklopes）、波呂菲摩斯（Polýphemos）、提條斯（Tityós），以及地底的巨怪提封（Typhón），或是摔角高手安泰歐斯（Antaíos）、百眼牧羊人阿哥斯（Árgos）和支撐天幕的阿特拉斯（Átlas）。

　　在北歐神話裡，巨人的角色也很重要，例如：太初的約頓族（Jötunn）、巨魔突爾斯族（Thurs）、以魔法害人的托洛爾族（Troll）。在創世歷史裡，他們是原始的居民，住在寒冷危險的外域（Utgard）。起初世界只有原始巨人，他們的女兒生了最早的神族。貝絲特拉（Bestla）生了歐丁（Odin）、維利（Vili）和維（Vé）。諸神和巨人有不同的關係。有的和平相處，例如在樂園裡宴請諸神的海怪艾吉爾（Aegir），有些巨人則與諸神以及人類爭戰不休，例如：愛瑟神族的托爾（Thor）對抗希米爾（Hymir）、斯克里米爾（Skrýmir）、特里米爾（Thrymr）、提亞齊（Thjazi）、隆尼爾（Hrungnir）和特里瓦第（Thrivaldi）。巨人曾想以暴力或詭計擄走女神，例如：提亞齊搶走伊頓（Idun）、特里米爾想擄走芙蕾葉（Freyja）。諸神也會誘拐巨人的女兒，如：尼約德（Njörd）和斯卡地（Skadi）、弗瑞（Freyr）與女巨人葛德（Gerd）、歐丁與衮勒德（Gunnlöd）。巨人們經常持槌頭、手斧、砍斧，或是互擲以相助，或是因爭吵而互砍，因而產生雷電。他們也代表自然的力量，如：高山、森林和海裡的巨人。

　　在某些神話裡，自創世伊始就有若干個別的巨人，在吠陀宗教的創世神話，自原人的肢體產生世界各部分；從日耳曼巨魔伊米爾的身體也誕生了世界；芬蘭神話裡有時也會有巨人登場，如創造高山和湖泊的卡列萬波加（Kalevanpojat）兄弟；其他如基督宗教的

聖基多福（Christophorus）、吉普賽傳說裡會吃人的馬殊怛羅（Mashurdalo）。猶太教的歌利亞（Goliath）是著名的巨人，他屬於利乏音（Refā'im）的神族。猶太教的神話說（《創世記》6:1-4）：「那時候有偉人（Nephilim）在地上，後來神的兒子們，和人的女子們交合生子，那就是上古英武有名的人。」同樣的，侏儒也有超乎常人的能力和力量，他們也先於人類存在。他們詭計多端，又有魔法，因此也是惡作劇鬼。

巨人歌利亞持長矛和寶劍，瘦弱的牧羊人大衛以甩石打敗他（Biblica Germanica, 1545）。

某些侏儒的名字即意指其狡慧，如：阿爾維斯（Alviss，全知的）、費爾斯維德（Fjölsvidr，很聰明的）、拉德斯維德（Radsvidr，聰明的獻計者）。他們長相醜陋、大腹駝背、又蓄長鬚，經常住在地底、古墓、山裡和洞裡，奉諸神或人類之命，看守黃金寶石。侏儒伊瓦弟（Ivaldi）曾給歐丁一隻戰無不克的神矛，托爾也得到雷神鎚，藉以打敗巨魔。他們也為諸神打造寶物，例如：歐丁的魔戒（Draupnir）、芙蕾葉（Freyja）的女神項鍊（Brísingamen），有些名稱也反映侏儒們的巧藝：例如哈納爾（Hanarr，好手藝）、奈法爾（Naefr，有才能者）、魔戒（Draupnir，滴落者、神的熔爐）。有些侏儒也會以古代巨人和諸神為名。

大部分的侏儒都與世隔絕，或是在國王與皇后的宮殿裡，或是如人類一般有家庭和族群，例如芬蘭的馬希塞（Maahiset）。也有巨人有個別的名字，如埃及的貝斯（Bes）、印度教的筏摩那（Vāmana）。人類常會以身體的部分去形容侏儒的體型，例如：拇指、指頭、指幅或尺骨，或是以腳和鞋子。對於巨人而言，人類當然也只有拇指大小，或是對偉人（Nephil'im）而言，人類如蝗蟲一般。巨人力大無窮，而侏儒則以靈巧著稱。如此兩極的體型對比，在神話裡有非常生動的描繪。

兒，她的叔叔阿穆留斯（Amulius）篡奪亞爾巴龍加城（Alba
Longa）的王位，命令她當女祭司，不讓她有子嗣。但是**馬斯**
（Mars）讓她受孕，生下**羅穆路斯**（Romulus）和**列姆斯**
（Remus），於是阿穆留斯把她扔到台伯河（Tiberis）裡。後來她就
成為河神的妻子。

Rheía　麗娥▽、【拉丁】Rhea：（希臘）泰坦族的母神，她是
蓋婭（Gaía）和**烏拉諾斯**（Uranós）的女兒，**克羅諾斯**（Krónos）
的妻子，和他生了**宙斯**（Zeús）、**波塞頓**（Poseidón）、**哈得斯**
（Hádes）、**希拉**（Héra）、**黑斯提亞**（Hestía）和**狄美特**
（Deméter）。克羅諾斯害怕被孩子們推翻王位，於是把他們都吞下
去。宙斯出生時，麗娥以襁褓裹著石頭替代他。喧鬧的庫瑞特族
（Kureten）是她的祭司。後來她被同化為弗里吉亞的**西芭莉**
（Kybéle）。

Rhiannon　里安農▽（Rigantona＝偉大的女王）：（克爾特）
威爾斯的牝馬神，她是**馬諾南**（Manawyddon）或**浦伊爾**（Pwyll）
的妻子，和浦伊爾生了**不列塔利**（Pryderi）。

Riesen　巨人：體型巨大的怪物，象徵人類宰制自然的力量。他
們和人類很不同，經常會危害人群，也會與諸神為敵。其中著名的
巨人有：希臘的**巨人神族**（Gígantes）、**泰坦族**（Titánes）、**獨眼神
族**（Kýklopes）；日耳曼的**約頓族**（Jötunn）、**伊米爾**（Ymir）；
基督宗教的**聖基多福**（Christophorus）。

Rimmon→Rammān

Rind　琳德▽、Rinda、（古北歐）Rindr：（北日耳曼）地神和
豐收神，**歐丁**（Odin）的妻子，和他生了**瓦利**（Vali）。

Rinne→Bhava-Chakra

Rishabha　勒沙婆、牛仙△、Vrishabha：（印度教）聖者，現
在世第一位**渡津者**（Tirthankara）。他是最後一位**拘羅迦羅**
（Kulakara）「那毘」（Nābhi）和摩羅底毘（Marudevi）的兒子。他
有兩個妻子，和蘇曼伽羅（Sumangalā）生了**轉輪聖王**
（Chakravartin）**婆羅多**（Bhārata），和蘇南妲（Sunandā）生了**巴
胡巴利**（Bāhubalin）。他是第一位捨離世界遊行諸國的苦行者，成
為第一個**耆那**（Jina），得解脫智並宣說教義，直到於阿私陀婆墮

山（Ashthapada）入滅。公牛是他的象徵，他的身體是金色的。

Rishi 仙人△：（吠陀宗教）遠古時代喜馬拉雅山裡的智者、聖者、卜者和聖歌吟唱者。其中有七位仙人成為**大仙**（Maharishi）。他們蓄長鬚，著黃袍，繫祭帶，持經書和水瓶。

Robigo 羅碧各▽【拉丁】生鏽、腐敗）：（羅馬）黑穗病女神，4 月 25 日的羅碧各節（Robigalia）是她的節日。

Rod 蘿德▽（出生、族裔）、【南斯拉夫】Rodenica、【俄羅斯】Rožanica、Roždenica、【捷克】Rojenica、Sudicka（sud＝審判）：（斯拉夫）助產仙女、多產神和命運神，她們是死去的婦女變成的鬼神。在孩子出生後第三天或第七天深夜，總會有三個蘿德到家裡來，註定新生兒的壽命、死亡和貧富，寫在孩子的額頭上，不過沒有人看得見。她們相當於羅馬的**帕爾卡**（Parca）以及日耳曼的**娜恩**（Nornen）。

Roma 羅馬▽：（羅馬）女神，**羅穆路斯**（Romulus）於西元前 753 年在台伯河下游建立羅馬城，其後成為拉丁姆（Latium）和羅馬的首都，女神羅馬即為該城的人格化。西元 121 年，她和**維納斯**（Venus）並祀於羅馬最大的雙神殿。

Roma-Tane 羅馬坦尼△：（波里尼西亞）靈界的神，**夏威基**（Hawaiki）的統治者。族人在遠行前，會替其中一個人傅油，並戴上花冠，視為羅馬坦尼的化身。

Romulus 羅穆路斯△：（羅馬）羅馬城的建立者和第一位國王（753－716 B.C.）、守護者和半神。他是戰神**馬斯**（Mars）和女祭司**莉雅·西薇亞**（Rhea Silvia）的兒子，和**列姆斯**（Remus）是攣生兄弟。阿穆留斯（Amulius）讓人把他們扔到台伯河裡，卻被沖到岸上，由母狼餵奶，幾年後由牧羊人法斯圖路斯（Faustulus）和妻子**阿卡拉倫蒂亞**（Acca Larentia）發現並撫養他們。在建城時，他殺死列姆斯。為了拓展王國，他讓族人強奪薩賓族婦女。羅穆路斯在臨終時被馬斯接到天界去。其後他被同化為**基林努斯**（Quirinus）。

Rongo 倫哥△（聲響）、Ro'o、Longo、Ono：（波里尼西亞）和平神、農作物的守護神。他也是滋潤麵包樹的雨神。他是**帕帕**（Papa）和**蘭吉**（Rangi）的兒子，他的兄弟有**坦尼**（Tane）、**坦哥**

羅馬
城市神和國家神，旁邊是奧古斯都皇帝。

羅厄（Tangaroa）、圖（Tu）、哈米亞（Haumia）和塔西里（Tawhiri）。他駕著獨木舟離開夏威夷島，承諾要滿載生活物資回來，因此初次登陸夏威夷的庫克（Cook）船長被認為是倫哥回來了，後來希望落空的族人便殺死了船長。

Rongoteus　朗格提烏斯△：（芬蘭和卡累利亞）穀神和黑麥神。他的呼喚會使田野豐收，從他第一次呼喚開始的第九週，就是收成的時候。

Ro'o→Rongo

Rosmerta　蘿絲梅塔▽：（克爾特）高盧東北部的豐收女神和財神，別名為「照顧者」。她是**埃索斯**（Esus）的妻子，手持豐饒角和蛇杖。

Rožanica→Rod

Rudā　盧達△▽（仁慈的）、Radū：（阿拉伯）金星神和金星女神，前者則相當於敘利亞帕密拉地區的**阿爾蘇**（Arsū）。

Rudra　魯特羅△（【梵】吼叫）：（吠陀宗教和婆羅門教）暴風雨神和毀滅神，以其弓矢帶來恐懼、疾病和死亡。他也是醫神、獸主，獵戶的守護神。他是**馬爾殊**（Maruts）或即魯特羅諸子（Rudras）的父親。其後他被同化為**濕婆**（Shiva）。

Rudras→Maruts

羅穆路斯和孿生兄弟列姆斯在喝
母狼的奶。

Rugievit　呂格維特△（呂根島的王）：（斯拉夫）呂根島（Rügen）的戰神，所有戰利品的十分之一都要奉獻給他。他有七個頭，手持寶劍，腰間還繫著七把劍。

Rugiŭ bóba　路格烏‧博巴▽：（立陶宛）田野神、收成神和多產神。她被稱為「黑麥婦」，是黑麥田的守護神。路格烏‧博巴是個眼神嚴峻的婦女，有鐵乳頭和塗滿焦油的乳房。她會抓住行經麥田的孩子，要他們吸奶。收成的最後一束麥穗要紮成她的形象帶回家澆水。打穀完了，人們會烤個博巴娃娃模樣的麵包。

Rūhā　路哈▽（靈魂）：（伊朗）曼德恩教派的女魔，黑暗世界的主宰。**烏玡**（Ur）是她的兒子、弟弟和丈夫，她和他們創造七大行星和12星座，並且試圖誘惑**肉體的亞當**（Adam pagria）。在末日時，她和黑暗世界**底庇勒**（Tibil）會一起毀滅。

Rūkis　路奇斯：（拉脫維亞）住在山裡和樹根裡的侏儒，夜裡出來做完人類的工作。

Rukmini　茹蜜妮▽：（印度教）王后，她的未婚夫是舍底（Shedi）國王西舒帕勒（Shishupāla），在婚禮那天，**黑天**（Krishna）擄走她，並且殺死新郎，娶她為妻，和她生了**巴端拿**（Pradyumna）。巴端拿是**迦摩**（Kāma）的轉世。

Rumrok　藍盧△：（古印度）底答伊族（Didayi）的創世神和文明始祖。

Rundas　隆答斯△：（西台）狩獵神和幸福神。其象徵為雙頭鷹。他可以用兩隻利爪各抓死一隻野兔。

Rusain→Rusi

Rusalka　路撒加▽（ruslo＝湍流）、【複數】Rusalki：（東斯

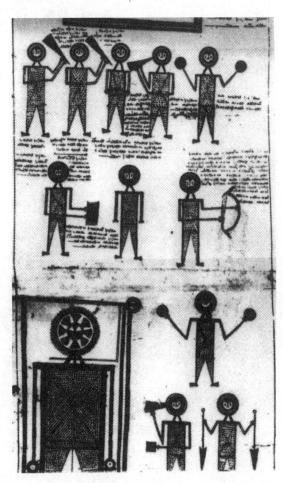

路哈
伊朗的惡魔以及隨侍諸魔。

441

拉夫）水神和仙女。意外死亡的女童和婦女的靈魂會變成路撒加。
在新月的夜晚，她們會上岸，在林地裡圍著圈圈跳舞。她們刺耳的
笑聲可以致人於死。唯有解開她們的謎題，才能倖免於魔咒。她們
是長髮少女，戴著綠葉環。在民謠和詩裡經常提到她們。膠彩畫：
G. Rouault (1943)；歌劇：A. Dvořak (1901)。

Rusi 魯西、【陰性】Rusain：（古印度）壯族（Juang）的祖
神。他相當於拜加族（Baiga）的**難伽拜加**（Nanga Baiga）。

Ruwa 魯瓦△（太陽）、Iruwa：（坦尚尼亞）天神和太陽神，
藉由大氣現象顯示其權威。他是命運神和造物神，至今人們仍然認
為他塑造母胎裡的孩子。他也是難產嬰兒的守護神。

S

Sa'ad 薩德△、Sa'd（好運）：（敘利亞帕密拉地區）命運神，其聖石是在古達（Gudda, Gidda）的海邊巨岩，其形象為駱駝騎士。

Sabazios 薩巴齊俄斯△、Savazios、Sabos：（弗里吉亞）農耕神、生命神和醫神，分娩婦女的守護神。他別名為「巴薩留斯」（Bassareus，披狐皮者）。他的女信徒們會把一條蛇放到胸部和陰道裡去，意味與薩巴齊俄斯交合。在小亞細亞，薩巴齊俄斯同化為安息日神。

Sábbaton→Shabbāt

Sa-bdag 薩達：（西藏）苯教的地方神靈，住在山裡和田野。他們暴躁易怒且會傷人。

Sabitu 薩碧圖▽：（蘇美）在諸神花園裡看守生命樹的女神，她對尋找永生的吉加美士（Gilgamesh）說：「吉加美士啊，你要去哪裡？你要找的生命是找不到的。諸神創造人類時，便為人類預定了死亡，把人類交由生命保管。」（Taf. 10.1）

Sabos→Sabazios

Sach 薩赫△：（巴比倫）喀西特人（Kassite）的太陽神，相當於阿卡德的夏馬西（Shamash）。

Sacharja→Zekarjāh

思摩夫

Sachmet 薩赫美特▽、Sechmet（大能者）：（埃及）獅神和戰神，對抗諸神和國王的仇敵。她陪國王赴戰場，身先士卒，以烈燄般的氣息使敵軍聞風喪膽。她是國王的女神，撫育國王如孩子一般。她以弓箭和火燄為武器，族人在對抗邪惡力量或壞人時，會先向她（法力無邊者）祈禱。她也被尊為醫神。醫師則自稱為「薩赫美特的祭司」。安夢諾菲斯三世（Amenophis III）患病時，在卡納克（Karnak）的神廟區裡設置許多薩赫美特的神像。然而她每年也會帶來瘟疫。人們非常害怕性情反覆的獅神會發怒，於是必須以祭典安撫她。獅神是恐懼的化身，與溫順的貓神**貝斯蒂**（Bastet）正好相反。在新王國時期的孟斐斯，她和丈夫**普塔**（Ptah）以及兒子**奈夫圖**（Nefertem）組成三聯神。到了近代，她則被認為是**尹和泰普**（Imhotep）的母親。薩赫美特是主司埃及曆四月的守護神，獅面人身，頭上有日盤。她和**姆特**（Mut）融合為「姆特薩赫美

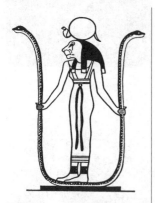

薩赫美特
埃及獅面人身的戰神和醫神，頭
上有日盤。

特」。

Sa'd→Sa'ad

Sādhita→Ishta-Devatā

Saehrímnir 塞利尼爾△（【古北歐】）：（日耳曼）公豬，在
英雄殿（Walhall）裡，每天都會烹煮他的肉給英靈戰士（Ein-
herier）享用，而每天晚上又會生出新的公豬。

Sagbata→Sakpata

Sahibosum 撒伊波森△：（古印度）索拉山（Sora）的疾病
神。他來自異域，給土著帶來疾病（霍亂）。

Saivaimo 塞維莫：（拉普蘭）幸福的死國，在山裡頭，和荒涼
的雅布美由（Jabmeaio）形成對比。

Sakadāgāmin→Sakridāgāmin

Saklas→Ashaqlūn

Sakpata 撒格帕塔◇、Sagbata：達荷美（Dahome）的豐族
（Fon）的地神和審判神。她是瑪烏（Mawu）和利撒（Lisa）的長
女。她以豐收和天花作為獎懲。蒼蠅是她的使者。

Sakridāgāmin 斯陀含（【梵】一來）、【巴利】Sakadā-
gāmin：（佛教）聖者，不同於阿那含（Anāgāmin），斯陀含階位
的聖者在究竟涅槃前只要再受生一次。

Sālih 撒立哈△：（伊斯蘭）安拉（Allāh）派遣到阿拉伯的賽
莫德人（Thamūd）的先知和使者。他們殺死了真主派去的母駱
駝，於是颳起颶風，第二天早上，他們都死在自己家裡。

Salmān 撒里曼△（和平、幸福）、Shalmān：（阿拉伯）和平
神，和平和幸福的化身。

Salóme 莎樂美▽（【希臘】；【希伯來】shālēm＝平安無
恙）：（基督宗教和猶太教）「蛇蠍美人」（femme fatale）的典
型，結合了愛欲與死亡。莎樂美是希律王腓力（Philippus）和希
羅底（Herodias）的女兒，希律王安提帕（Antipas）的繼女。在
希律王的生日，她繼父要她為賓客跳舞，使希律王和同席的人非常
高興。希律王承諾說她要什麼都給她，她母親慫恿她說要被囚禁的
施洗者約翰（Ioánnes）的頭。於是希律王差人砍了約翰的頭放在
盤子上。在藝術和文學裡經常描繪莎樂美的面紗舞。繪畫：A. del

Sarto（1522）、G. Moreau（1876）；素描：A. v. Beardsley（1894）；戲劇：O. Wilde（1896）；歌劇：R. Strauss（1905）；神劇：G. F. Händel（1749）。

Salomo→Shelōmō

Salsabil　清快泉：（伊斯蘭）天園（Djanna）裡的泉水，義人得以用晶瑩如玻璃的銀杯，喝含有薑汁的醴泉。

Salus　薩魯斯▽（【拉丁】幸福、繁榮）：（羅馬）象徵健康和大眾福祉的女神，國家繁榮的守護神。她的別名為「羅馬民眾的薩魯斯」（Salus populi Romani）、「奧古斯都薩魯斯」（Salus Augustus），以蛇為其隨侍，她相當於希臘的**希姬雅**（Hygíeia）。

Sām→Shēm

Samael　撒末爾△（【亞拉美】sam-el＝神的毒藥）、Sammael、Samiel：（猶太教）惡魔的首領，他原本是天使，後來背叛了**耶和華**（Jahwe）。他是死亡天使，以色列的控訴者，羅馬的守護天使。他和情婦**莉莉絲**（Lilit）共同統治邪惡和不潔的國度。他經常等同於**撒但**（Sātān）或**彼列**（Belija'al）。

Sāmantabhadra　普賢菩薩△：1.（佛教）守護教法的菩薩，以其功德遍一切處，故稱普賢，在西藏則是行願的化身。他屬於八大菩薩，五禪定菩薩，**昆廬遮那佛**（Vairochana）的脅士和法子，手持瓔珞寶石、蓮花或經卷，身體是藍色，以大象為坐騎。2.（佛教）金剛乘裡的本初佛（Adi-Buddha），世界中心的統治者，和般若母現雙身相。

Sambara→Chakrasamvara

Samiel→Samael

Sammael→Samael

Sampo　山姆波：（芬蘭）象徵多產的偶像，在耕作、畜牧和狩獵時，會給人們帶來好收穫。芬蘭民族史詩《卡勒瓦拉》（Kalevala）曾描寫**以馬里嫩**（Ilmarinen）如何鑄造山姆波，後來從冥府**波約拉**（Pohjola）被偷出來。在打鬥中，山姆

莎樂美
基督宗教和猶太教「蛇蠍美人」的典型，得到施洗者約翰的頭作為舞蹈的賞賜。

波掉到海裡而摔碎，至今海裡物產豐富，而陸地則很貧瘠，因為只有少數碎片漂到岸上來。

Sämpsä 森普薩△（蘆葦）：（芬蘭）地神、多產神、穀神、黑麥神、種子神，他會播撒松樹、雲杉、刺柏的種子。他是死而復活的神。在他冬眠的時候，黑麥和燕麥都長不出來。當「太陽之子」喚醒他時，他便和繼母在田裡舉行「聖婚」。接著當起播種者來。森普薩長得很矮小，用鼬鼠尾巴做的袋子裡只有五、六顆種子。

Sanpsón→Shimshōn

Samsāra 輪迴：1.（佛教）六道眾生流轉生死的循環，直到涅槃寂滅方得解脫。生死輪（Bhava-Chakra）即為輪迴的描繪。2.（婆羅門教和印度教）生滅的永恆循環，直到解脫為止。3.（耆那教）轉世的循環流轉。

Samson→Shimshōn

Samuel→Shemū'ēl

Samvara→Chakrasamvara

Sanatkumāra 善納古瑪拉△：（耆那教）現在世第四位轉輪聖王，在娑彌陀山（Sameta）修苦行餓死而轉世到南方第二重天（善納古瑪拉天）。

San-ch'ing 三清：（中國）三重天界和天神：元始天尊所居的玉清、靈寶天尊的上清，以及道德天尊的太清。

San-ch'ung 三蟲、三神：（中國）人身裡（腦、明堂、腹胃）的三尸神，或謂三彭，他們會帶來疾病，障礙成仙。上蟲居腦中，好寶物，令人陷昏危，使人眼盲耳聾，齒危髮禿，嗅覺遲鈍；中蟲居明堂（心臟），好五味，增喜惡，輕良善，惑人意識，易得心臟病、氣喘和憂鬱症；下蟲居腹胃，好色欲而迷人，易得腹痛、皮膚病和風濕。三尸蟲以穎果為生，所以應忌食。

Sancti 聖人△、【陰性複數】Sanctae：（基督教和天主教）「可憐的靈魂」死後到滌罪所（Purgatorium）去，罪人則直接下地獄；而聖人則因敬畏神而被上主（Kýrios）接到天國，被教會封聖而作為典範。他們是在上帝身邊的代禱者，各個行業的守護者。他們在世時也經常是行神蹟者，死後則有更多的神蹟。聖經裡提到的聖人有：**馬利亞**（María）、**約瑟**（Ioséph）、**約翰**（Ioánnes）、**東**

藏傳佛教的本初佛，和裸身的般若母現雙身相。

方三博士（Mágoi）；以及使徒們，例如：**彼得**（Pétros）、**保羅**（Paũlos）；殉道者以及 14 個救苦救難的聖人，如：**聖樂修**（Blasius）、**聖喬治**（Georgius）、**聖基多福**（Christophorus）；還有**長眠七聖**（Siebenschläfer）、**聖女貞德**（Jeanne la Pucelle）、**聖馬丁**（Martinus）和尼古拉（Nicolaus）。他們的祭日也成為節日。11 月 1 日的萬聖節，是紀念所有聖人。有各種聖像描繪聖人們，各自有其標誌。繪畫：Dürer (1511)、W. Kandinsky (1911)；素描：M. Grünewald (ca. 1515)。

Sangarios 桑加里厄△：（弗里吉亞）河神，女神**娜娜**（Nana）的父親。

Sangs-po bum-khri 桑加奔克里：（西藏）苯教裡統治這個世界的世界神。

San-hsing 三星：（中國）福星、祿星和壽星。

San-huang 三皇：（中國）三位聖王（2852−2697 B.C. 或 2952−2490 B.C.），其後為五帝。三皇為**伏羲**（Fu Hsi）、**神農**（Shen Nung）和**炎帝**（Yen-ti）。

San-i 三一：（中國）古代天子三年祭祀一次的三位守護神，即天一、地一、太一。

San-Kuan 三官：（中國）主掌天地水的天官、地官和水官。考校天人功過，司眾生福禍，天官主賜福，地官主赦罪，水官主解厄。

San-ts'ai 三才：（中國）天地人謂三才。

San-yüan 三元：（中國）人身的精氣神為三元，或謂天地水為三元或三官。元朝時以三官配為三元節，即上元節、中元節、下元節。

Saoshyants 拯救者△（【祆語】）、Sōshāns、Sōshyans：（伊朗）三個救世英雄和末世君王的尊稱。他們每隔 1,000 年，相繼於最後三個千禧年裡降生，結束了為期12,000年的世界時期，即**變容**（Frashō-kereti）。他們是**查拉圖斯特拉**（Zarathushtra）的三個遺腹子，由三個處女在**迦撒亞湖**（Kasaoya）沐浴時所生。其名字分別為：**烏赫夏厄勒塔**（Uchshyat-ereta）、**烏赫夏尼瑪**（Uchshyat-nemah）和**阿茲瓦特厄勒塔**（Astvat-ereta）。他們相當於猶太教和

三星
福星、祿星和壽星。

447

基督宗教的**彌賽亞**（Māshiāch）。

Saptāmatrikā 七母天▽（【梵】）、Saptāmatakā：（印度教）七位母神，為七種源自無明的負面人格的化身，必須以德行去克服。她們分別是以下諸神的眷屬：**梵天**（Brahmā）、**濕婆**（Shiva）、**私建陀**（Skanda）、**毘濕奴**（Vishnu）和**因陀羅**（Indra）。她們的名字是：末羅呬弭（Brāhmi）、嬌麼哩（Kaumāri）、嬌吠哩（Kauveri）、吠瑟拏微（Vaishnavi）、咾捺哩（Raudri）、**左悶拏**（Chāmundā）、**燕捺利**（Indrāni）。她們的形象為手抱嬰兒，各自以其丈夫為坐騎。

Sarapis→Serapis

Sarasvati 薩羅婆縛底、辯才天女▽：1.（吠陀宗教）女河神、豐收神和潔淨神。2.（婆羅門教和印度教）吠陀教徒的母神，梵語和天城體文字的發明者，詩、音樂、舞蹈的守護神。她是**梵天**（Brahmā）的女兒和嬪妃，別名為**梵天女**（Brahmani）和**語**（Vāc）。她有四臂，持經書、念珠、琵琶和水瓶。身體是白色，以孔雀或灰雁為坐騎，有時候等同於**沙維德利**（Sāvitri, Gāyatri）。

Sárkány 薩坎尼△：（匈牙利）掌管天氣的惡魔和巨龍，其尾巴是風魔**斯齊爾**（Szél）。他是**波索坎尼**（Boszorkány）的兒子，娶了凡間女子，住在冥府。他騎著駿馬在雷雨雲裡奔跑，而**蓋拉本夏**（Garabonciás）則騎在他的背上。他是七頭巨怪（或謂九頭或十二頭），武器是軍刀和狼牙棒，可以把人變成石頭。

Sarpanītum 撒潘妮頓▽（散發銀光者）：（阿卡德）多產女神，「造種子者」，生命力的象徵，別名為「埃魯厄」（Erūa），是懷孕女神。她是巴比倫的主神，**馬爾杜克**（Marduk）的妻子，**納布**（Nabū）的母親。她是「女強者、女王中的女王、女神中的女神」，在新年節慶裡，人們在春天日夜狂歡慶祝她和馬爾杜克的婚姻。

Sarrumna→Sharruma

Sarvanivaranavishkambhin 除蓋障菩薩△、Vishkambhin：（佛教）除去禪定所有障覆的菩薩，為八大菩薩之一，左手持蓮花，花上有摩尼寶珠，右手結施無畏印，身體為藍色或白色。

Sātān 撒但、撒旦△（【希伯來】仇敵）、【希臘】Satanās、

Satān；【阿拉伯】Shaitān：1.（猶太教）**耶和華**（Jahwe-Elōhim）
的仇敵，撒但原臣屬於祂，在天國則是在神審判人類時的控訴者。
他也會引誘人類犯罪。在聖經七十士譯本裡，他等同於**魔鬼**
（Diábolos）。2.（基督宗教）義人和**上主**（Kýrios）的仇敵，有一
次如雷電般墜地。他曾經附身在一個駝背的婦女 18 年，後來**耶穌**
（Iesūs）治好她。他挑選耶穌的門徒**猶大**（Iúdas），入了他的心，
唆使他賣主。在末日時，他會被扔到火湖，晝夜受苦，直到永遠。
有時他等同於魔鬼。3.（伊斯蘭）魔鬼，惡靈的首領。**安拉**（Allāh）
以火或煙創造了他，而魔鬼把所有的知識和力量傳授給**精靈**
（Djinn）。每個人都有自己的魔鬼，他會叫唆人類做壞事。他喜歡
住在陽光和陰影的中間地帶。有一次他在密那（Minā）被**易卜拉
欣**（Ibrāhim）用石頭砸死。魔鬼也曾經謀害**以賽亞**（Sha'yā）。他
經常被同化為**易卜劣廝**（Iblis）。

撒但
人類的仇敵，為半人半獸的怪
物。

Sataran　**撒塔蘭**△、Ishtaran：（蘇美）德爾（Dēr）（現在的貝
德勒〔Bedre〕）的城市神和審判神，麥西林國王（Mesilin, ca.
2550 B.C.）在仲裁烏瑪（Umma）和拉加什（Lagash）的城界爭議
時會向他請教。他也是醫神，其使者為**尼拉赫**（Nirach）。

Satet→Satis

Sati　**薩蒂**▽（【梵】sat＝存有）：（印度教）女神，**烏摩妃**
（Umā）的別名。她的父親**大克夏**（Daksha）舉行祭典，卻沒有邀
請她的丈夫**濕婆**（Shiva），她憤而投身祭火自盡。**毘濕奴**（Vishnu）
搗碎她的屍體，她則轉世為**婆婆諦**（Pārvati）。印度教徒以她為第
一個薩蒂（善女），創立寡婦殉葬的習俗，自願於丈夫死後自焚殉
葬的寡婦，皆稱為薩蒂，殉葬處則稱為「薩蒂石」。

Satis　**薩提斯**▽、Satet：（埃及）象島的地方神，賜給潔淨死者
的冷泉。在中王國時期，她和丈夫**赫努**（Chnum）以及**安努克特**
（Anuket）組成急流區的三聯神。她被尊為「象島女王」和「努比
亞人的女王」，戴著上埃及的王冠，脅下有兩隻羚羊角。其後被同
化為「群星女王」**索提絲**（Sothis），和**依西斯**（Isis）融合為「薩
提斯依西斯」。

Satrapes→Shadrapa

Satre　**沙特**△：（伊特拉斯坎）農耕神和太陽神，相當於羅馬的

薩提羅斯

希臘森林和田野的多產魔鬼，吹
著笛子，是半羊半人的怪物（有
山羊的耳朵、尾巴和蹄）。

薩圖努斯（Saturnus）。

Saturnus 薩圖努斯△（【拉丁】serere＝撒種）：（羅馬）農
耕神、新播種子的守護神、水果神和葡萄園神。他是**奧普斯**（Ops）
的丈夫，和她生了**朱庇特**（Iupiter）。他的兒子篡位以後，他流亡
到拉丁姆，**雅努斯**（Ianus）收留了他。薩圖努斯統治該地會堂，
建立「黃金時代」（Saturnia regna）。每年 12 月 17 至 19 日是薩
圖努斯節（Saturnalia）。他在羅馬廣場的神殿是羅馬的國庫（aer-
arium）。土星即以他為名。後來他等同於希臘的**克羅諾斯**
（Krónos）。

Satyaloka 實相世界、Brahmāloka（梵界）：（印度教）最高
的天界，精神的最高目標，於彼界得免墮輪迴。生彼天界者，與絕
對的**梵**（Brahman）合而為一，梵行者得生實相世界。

Sátyros 薩提羅斯△、【拉丁】Satyrus：（希臘）森林和田野
的多產魔鬼，象徵放縱的衝動，是半羊半人的怪物。他們是**戴奧尼
索斯**（Diónysos）粗暴縱欲的隨從，飲酒、跳舞、吹笛子、糾纏仙
女。由他們組成的合唱隊的雅典滑稽劇叫作「羊人劇」。他們有獅
頭鼻，山羊的耳朵、尾巴和蹄，陽具勃起。薩提羅斯類似於**西倫諾
斯**（Silenós）。雕塑：Praxiteles；繪畫：P. Veronese, Rubens
(1612)、J. Jordaens (ca. 1618)；銅版畫：A. Dürer (1505)。

Saule 莎勒▽（【拉脫維亞】太陽）、【立陶宛】Sáule：1.（拉
脫維亞）太陽神和天神，多產女神，奴隸和孤兒的守護神，她是**太
陽女**（Saules meitas）的母親，**天神**（Dievs）和**梅尼斯**（Méness）
是她的情夫。她的別名為「太陽童女」和「太陽母」，住在天山務
農，白天騎馬或駕車飛越明亮的天山，夜裡乘船渡過黑暗的世界
海。2.（立陶宛）**梅尼斯**（Menúlis）的妻子，**哲蜜娜**（Žemýna）
的母親。有一次，**萊瑪**（Laima）宴請眾星而獨漏莎勒，使她覺得
受辱，於是翌日躲著不出來，使得大地濃霧不散。

Saules meitas 太陽女▽：（拉脫維亞）天神，**莎勒**（Saule）
的眾女兒，**神子**（Dieva dēli）**奧賽克利斯**（Auseklis）和**培肯斯**
（Pērkons）是她們的追求者。太陽女們在母親的宮殿裡播種玫瑰
花，神子們便灑下黃金露珠。在天界的浴池裡，她們以樺樹枝拍打
自己。

Saurva　混亂魔△：（伊朗）大惡魔，他使人類混亂、失序以及酒醉。他是**王國神**（Chshathra vairya）的死敵。

Sausga→Shaushka

Savaki　薩瓦奇：（西伯利亞）鄂溫克族（Ewenki）和通古斯族（Tungus）的家靈和薩滿神，其神像置於同名的箱子裡。

Savazios→Sabazios

Savitar→Sūrya

Savitar　沙維陀△（【梵】鼓舞者）：1.（吠陀宗教）督促眾生活動以及太陽運行的神。許多吠陀詩歌都是獻給他的。2.（婆羅門）太陽神，屬於**阿迭多**（Ādityas）。

Savitri→Sūrya

Sāvitri　沙維德利▽（【梵】）、Gāyatri：1.（吠陀宗教）吠陀經典裡 3×8 音節的詩體，或指以此格律寫作的「太陽讚歌」（《梨俱吠陀》3:62, 10），該格律是所有詩體的原型。2.（婆羅門教和印度教）讚歌的人格化，太陽女神。她是太陽神**蘇利耶**（Sūrya）的女兒，**梵天**（Brahmā）的元配。她是「吠陀之母」，所有雙胞胎的守護神，印度社會前三種姓崇拜的對象，在晨禱和夜禱時唱誦「沙維德利讚歌」（《梨俱吠陀》3:62, 10），具五頭，手持念珠、拂塵與書，坐於蓮花座上。

Scabas　史卡巴斯：（芬蘭）莫爾多瓦人（Mordwin）的天神和雷電神。

Schai　夏伊△（天命）：（埃及）幸福神和糧食神，賜給國王和人類富裕。他和妻子**蕾內努特**（Renenutet）維繫人類的生存，把他的本事分給所有造物神（阿頓、雷、安夢、普塔、赫努或托特）。「願夏伊和蕾內努特與你同在！」是習慣的祝福語。因為他沒有公平分配其能力，因而也成為命運神。他主宰萬物的命數，所以「夏伊」也有死亡的意思。根據其象形文字（形似蛇魔），其形象演變為蛇。

Schamanen　薩滿△、Shaman（【通古斯】苦行者、行乞僧、巫師）：（西伯利亞）鄂溫克族（Ewenki）和通古斯族（Tungus）人與神鬼的中介。薩滿是家族世襲，或經由靈視和夢接受神召。考驗薩滿的高潮在於出神升天至宇宙樹上的諸神鬼處。薩滿的工作包

跳舞的巫師
戴著半人半鹿的怪物面具。

括消災、祛病，並且引導死者到陰間。薩滿可以經由擊鼓、舞蹈和吟唱而出神。在許多文化地區裡都有薩滿。

Sched 舍德△（拯救者、鼓舞者）：（埃及）急難救助神，駕車持弓箭追獵野獸，守護人類免於野獸侵襲。經由祈禱的力量，可以得到他的幫助。

Schentait 珊台▽：（埃及）死者的守護女神，牛首人身，頭上有日盤，後來被同化為**依西斯**（Isis）。

Schesmu 謝什姆△、Schesemu：（埃及）主司榨橄欖油和葡萄汁的神，其外形即為其象形符號。因為死者製成木乃伊時需要傅油，因此他也成為死者的守護神。他又稱為「奧賽利斯的劊子手」，殺死罪人和仇敵的靈魂，砍下他們的頭，扔到榨汁器裡搗爛。至於好人，他則賜給他們生命酒。他也是星神，以駁船載死者到天堂去。

Schicksalstafeln 命運版：（阿卡德）記載世界歷程的字版，擁有命運版者即可統治世界。**納布**（Nabū）曾經是記載者和擁有者，**伊利勒**（Ellil）也曾擁有它，卻被**南風魔**（Zū）奪走。《埃努瑪埃立什》（Enūma elish）說，原本提**阿瑪特**（Tiāmat）把它交給兒子**金谷**（Kingu），但**馬爾杜克**（Marduk）打敗金谷後，就搶走命運版。在冥府也有命運版，由**貝勒朵莉**（Bēletsēri）負責記載。

Schindsche→Yama

Schmun→Götterachtheit

Schöpfungsgottheiten 創世神、造物神：指稱以原始物質或生物或自虛空創造（或生出）有秩序的世界和人類的神。例如**馬爾杜克**（Marduk）殺死**提阿瑪特**（Tiāmat）並以其屍體創造天地。他們或者是手工藝者，如**普塔**（Ptah），尤其是陶匠，如**赫努**（Chnum）或**耶和華**（Jahwe）；或是打鐵匠，如**特瓦西德里**（Tvashtar）或**以馬里嫩**（Ilmarinen）；或是裁縫，如**奈特**（Neith）；或是自大海釣起陸地的漁夫，如**伊邪那歧**（Izanagi）和**伊邪那美神**（Izanami）；或是以話語創世的神，如**埃洛希姆**（Elōhim）、**安拉**（Allāh）、**胡納布**（Hunabku）；或是分娩的母親，如伊邪那美；或是生產的父親，如**阿圖**（Atum）、**坦哥羅厄**（Tangaroa）。

Schu 舒△（虛空）、Shou：（埃及）虛空神，在天地間展開且分隔天地，他是「虛空的王」，支撐穹幕。在八聯神體系裡，他是**阿圖**（Atum）的兒子，**特芙努**（Tefnut）的哥哥和丈夫，**蓋布**（Geb）和**努特**（Nut）的父親，阿圖自慰吞下精液而從口中吐出舒與特芙努，其後的傳說則謂自阿圖的鼻息生出舒。他和阿圖以及特芙努也組成三聯神。在太陽城的神話裡，虛空神舒隔開了天神努特和地神蓋布。阿圖被同化為**雷**（Re），於是舒也成為「雷之子」，亦及國王的兄弟。後來他又和**索普杜**（Sopdu）融合為「舒索普杜」，相當於**奧努里斯**（Onuris）和**孔斯**（Chons）。

Scylla→Skýlla

Sebettu 謝貝杜▽（篩子）：（阿卡德）善魔和惡魔。1.其中的惡魔有**拉馬什杜**（Lamashtu），她們是**安努**（Anu）的女兒，**埃拉**（Erra）的隨從。他們纏繞月亮，引致月蝕。2.善良的謝貝杜會幫助諸神對抗惡魔。3.七個謝貝杜組成七仙女星團（Pleiaden）。

Sechat-Hor 謝哈特霍爾▽（懷念霍魯斯者）：（埃及）母牛神和牛群神，稱為「牛群女王」，在下埃及第三區尤其受崇拜。她被認為是**霍魯斯**（Horus）的褓姆。

Sechmet→Sachmet

Securitas 賽庫里塔斯▽（【拉丁】安全）：（羅馬）主司個人及公眾安全的神，保衛羅馬帝國，由西元 60 年左右的銅幣可以了解當時對她的崇拜儀式。

Sedna 莎娜▽、Arnaquácháq（崇高的女性）、Immapukua（海的母親）、Nerrivik（食堂）：（愛斯基摩）女海神，海洋動物的女王。她住在海面下的帷幕宮殿，有海豹負責看守，出神的**薩滿**（Schamane）可以經由一個漩渦到宮殿。

Sedōm 所多瑪城（【希伯來】）、【希臘】Sedómon：（猶太教和基督宗教）象徵的城市。所多瑪人和蛾摩拉人的罪惡甚重，於是**耶和華**（Jahwe）以硫和火降與所多瑪和蛾摩拉，毀滅諸城，沉入海裡。其中只有**羅得**（Lot）一家人倖免於難。史詩：G. Giraudoux（1943）。

Seelenführer und Totengeleiter 引靈者△：指稱引導亡者到彼岸世界的諸神鬼和聖人，幫助他們通過陰間審判。其中包括：

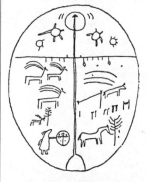

西伯利亞的世界圖像，為自冥府長出的宇宙樹，穿過有人類和動物的世界，直達諸神的天界。

看不見的靈魂
拉布拉多的印第安人的符號。

澳洲神話裡死者的靈魂
到了布拉庫島（Bralku），有琵
鷺和胡狼歡迎他們。

埃及的**安努畢斯**（Anubis）、希臘的**赫美斯**（Hermés）、伊特拉斯坎的**圖姆斯**（Turms）、日耳曼的**沃居爾**（Walküren）、基督宗教的**米迦勒**（Michaél）。引靈者經常的形象為船伕，例如希臘的**哈隆**（Cháron）、基督宗教的**聖基多福**（Christophorus）。聖基多福在基督宗教以前是狗頭怪獸，就像安努畢斯一樣。

Seelenwanderung und Wiedergeburt　轉世和重生△：指生死的不停循環和肉體的重生。著名的轉世包括：佛教的**輪迴**（Samsāra）。

Seidr　賽德（【古北歐】魔法）：（日耳曼）**愛瑟樂園**（Asgard）裡的**瓦尼爾族**（Vanen）的預言術和魔法，和**愛瑟神族**（Asen）的魔法**嘎爾德**（Galdr）對立，擁有該魔法的多數是女性，其中最有名的是**古爾薇**（Gullveig）。

Seirénes　賽倫女妖▽、【拉丁】Sirenes：（希臘）女魔，上半身是女子，下半身是鳥。她們是**阿赫洛厄斯**（Achelóos）和一個繆思生的女兒（有兩個或四個），或謂是**弗基斯**（Phórkys）和**開托斯**（Kétos）所生。她們住在冥府、天堂或島嶼，以誘人的歌聲誘惑行船人，並且殺害他們。為了逃離賽倫島，**奧德修斯**（Odysseús）聽從**喀爾克**（Kírke）的建議，要船員以蠟封住耳朵，用繩子把自己綁在桅杆上，以脫離賽倫女妖的魔掌。她們類似於**哈皮亞**（Hárpyia）。

Se'irim　公山羊、鬼魔（【希伯來】長毛者）：（猶太教）田野裡的鬼魂，人們會向他獻祭，後來被貶為惡魔。他們和野獸一起住在曠野，或是和**莉莉絲**（Lilit）住在荒塚，形如公山羊。

Seléne　色麗妮▽（selas＝光輝）、Mene（月亮）：（希臘）月神、巫術的守護神，因為月相與月經以及生產有關係，所以她也是生育女神。色麗妮是泰坦族的**希培利溫**（Hyperíon）和**帖亞**（Theía）的女兒，**赫利奧斯**（Hélios）和**伊奧斯**（Eós）的姐妹。她駕著雙馬車，或是騎著駿馬或公牛。她喜歡牧羊少年恩底密翁（Endymíon）而擄走他，置於拉特摩斯山（Latmos）的洞穴裡，讓他永眠，每天夜

澳洲神話裡死者靈魂穿過靈界。

晚，色麗妮飛到洞裡親吻他。色麗妮相當於羅馬的**露娜**（Luna）。

Selket 塞爾克特▽、Serket-hetu（【埃及】讓咽喉呼吸者）：（埃及）人類（尤其是國王）的生命的守護女神，她和**奈特**（Neith）懷了第一對人類夫婦，因而也是王族的先祖。她和**妮芙提絲**（Nephthys）以及**依西斯**（Isis）看守**奧賽利斯**（Osiris）的墳墓，圍在棺槨四周，因此她也是死者的守護神。塞爾克特是蠍神，其巫師稱為「塞爾克特的先知」，以咒語祈請她保護免受蠍子侵擾。她是**霍魯斯**（Horus）的妻子，在新王國時期，和**依西斯**（Isis）融合為「依西斯塞爾克特」。

Selvans 西凡斯△：（伊特拉斯坎）田野和森林裡的動植物的神，相當於羅馬的**息耳瓦諾**（Silvanus）。

Sém→Shēm

Seméle 西蜜莉▽、【拉丁】Semela：（希臘）大地女神，**哈莫妮亞**（Harmonía）和底比斯國王**卡德馬斯**（Kádmos）的女兒。她和**宙斯**（Zeús）生了**戴奧尼索斯**（Diónysos），西蜜莉許願要一窺燦爛耀眼的宙斯，卻被他的雷電擊中落地燒死。宙斯自火團裡救出尚未出生的孩子，植入他的大腿裡撫養長大。其後她的兒子把她從**冥府**（Hádes）接到**奧林帕斯**（Ólympos）山去，改名為提娥妮（Thyone，大腿）。

賽倫女妖
希臘女魔，上半身是女子，下半身是鳥。

455

色麗妮
希臘月神，騎著駿馬，在太陽神赫利奧斯和晨曦女神伊奧斯中間。

Semla 閃姆拉▽：（伊特拉斯坎）大地女神，**弗法蘭**（Fufluns）的母親。他相當於希臘的**西蜜莉**（Seméle）和羅馬的西蜜拉（Semela）。

Sémnai theaí 莊嚴女神▽：（希臘）大地女神和多產神，後來成為**復仇三女神**（Erinýs）的別名。

Sengen-sama 淺間▽：（神道教）火山女神，富士山女神。她是**邇邇藝命**（Ninigi）的妻子，對**木花之佐久夜姬**（Konohana-sakuya-hime）心生妒嫉。後人經常把她等同於木花之佐久夜姬。富士山頂有她的神社。

Sēn-murw→Simurg

Sepa 西帕△（蜈蚣）：（埃及）守護人類抵禦惡獸的神，其聖地在太陽城，他也是死神，以蜈蚣為其聖物。後來從太陽城到基薩的路便稱為「西帕之路」。他和**奧賽利斯**（Osiris）融合為「奧賽利斯西帕」。

Sequana 塞卡娜▽：（克爾特和高盧）塞納河的河神，塞卡尼人（Sequani）的守護神。鴨子是她的聖物，她的聖殿在塞納河口，在那裡曾發現一只獻給她的瓶子，裡頭有830枚銅板。

Serafim 撒拉弗（【希伯來複數】）、【單數】Sārāf（蛇）、【希臘】Seraphín、【單數】Seráph：1.（猶太教）**耶和華**（Jahwe-Elōhim）的天使，在**以賽亞**（Jesha'jāhū）的異象裡，撒拉弗繞著聖殿寶座，呼喊「聖哉、聖哉、聖哉，萬軍之耶和華，他的榮光充滿全地」。他們用兩隻翅膀遮臉，兩隻翅膀遮腳，用兩隻翅膀飛翔。2.（基督宗教）熾天使，九大天使團裡的最高等級。他們的形象是帶著翅膀的蛇，而且有人類的臉和手腳。

Serapis 塞拉匹斯△、Sarapis：（埃及）亞力山卓城的地方神，托勒密王朝的國家神、冥府神和多產神，也是讓尼羅河氾濫的主宰。塞拉匹斯是海神，可以呼風喚雨，並且解救海難者。他是醫神，以宿廟求夢的方式醫治盲人，也會為人們解釋夢境和異象的神諭。他是世界主宰，授與國王統治權。他的神殿是在亞力山卓城的

塞拉匹斯神殿（Serapeum），頭上頂著瓶狀的麥籃。後來他被同化為希臘的**赫利奧斯**（Hélios）、**普魯托斯**（Plútos）和**哈德斯**（Hádes）。

Serket-hetu→Selket

Seschat　謝夏特▽：（埃及）主司書寫、書藝、數學和建築藍圖的女神，她以朝代紀年編寫王室歷史，國王登基時會向她祈請。她也幫助國王建造神殿。她是**托特**（Thot）的妹妹或女兒，帽子上面有頭飾和豹皮。後來她和**蕾陶伊**（Rait-taui）以及**哈托爾**（Hathor）合而為一。

Séth→Shēt

Seth　塞特△、Setech、Sutech：1.（埃及）力士神和戰神。他站在太陽船首，對抗蛇怪**阿波非斯**（Apophis）。他是沙漠的化身，是沙漠商隊的守護神，尤其是在翁布斯（Ombos）和俄克喜林庫斯（Oxyrhynchos）受崇拜，那裡是商隊道路的交叉口。他也是邪惡力量的神，例如來自沙漠的乾旱和暴風雨。他是邊境的主宰，因而也是巴洛亞人（Baroa）和異邦人的守護神。在九聯神譜系裡，他是**蓋布**（Geb）和**努特**（Nut）的兒子，**依西斯**（Isis）和**奧賽利斯**（Osiris）的兄弟，**妮芙提絲**（Nephthys）的哥哥和丈夫。在塞特與奧賽利斯（以及霍魯斯）的兄弟鬩牆神話裡，他象徵人類之間的不停爭訟。塞特（上埃及）和奧賽利斯（或霍魯斯）（下埃及）也是游牧民族的象徵，他的主要聖物是黑狗，其次還有驢子、羚羊、瞪羚、鱷魚、河馬和豬。他相當於希臘的**提封**（Typhón）。2.（猶太教）洪水期以前的先祖，塞特的意思是「代替者」，是**亞當**（Ādām）和**夏娃**（Chawwāh）的第三個兒子（《創世記》4:25；5:6）。

Sethlans→Velchans

Shabbāt　安息日【希伯來】shabat＝安息；sheba'＝七）、【希臘】Sábbaton：1.（猶太教）一星期的第七天。為紀念**耶和華**（Jahwe-Elōhim）在六日裡創世，於第七日安息，於是規定第七日為安息日，任何工作都不能做。在安息日裡，神也不會從天上降**嗎哪**（Mān）。違反安息日的誡命的人，會被石頭砸死。2.（基督宗教）一星期的最後一天，是**耶穌**（Iesūs）復活的日子，教會在主

塞拉匹斯
埃及亞力山卓城的冥府神和多產神，頭上頂著瓶狀的麥籃，旁邊是地獄犬。

457

塞特
頭部如胡狼的沙漠神，和鷹頭的
天神霍魯斯賜給法老塞托斯一世
（Sethos I）生命之水。

日裡舉行禮拜。耶穌曾說：「安息日是為人設
立的，人不是為安息日設立的。」

Shaci→Indrāni

Shadrapa 夏卓帕△、【希臘】Satrapes：
（腓尼基）醫神，守護人們免於昆蟲、蛇蝎的
侵擾。

Shafā'a 告饒：（伊斯蘭）先知穆罕默德
（Muhammad）在末日審判時為人們求情。**安
拉**（Allāh）聚集信道的人們，讓**阿丹**（Ādam）
在他們危難的時候為他們代禱，依次傳給**努哈**
（Nūh）、**易卜拉欣**（Ibrāhim）等先知，最後
傳到**爾薩**（'Isā），由他傳給穆罕默德。殉教者
舍希德（Shahid）則不再需要先知的告饒。

Shahar 沙哈△（晨曦）：（敘利亞和腓尼基）晨星神，和昏星
神**沙琳**（Shalim）是**厄勒**（Ēl）的雙胞胎兒子。聖經曾提到晨星，
稱為「早晨之子」（《以賽亞書》14:12）。

Shahid 舍希德（【阿拉伯】證人、殉教者）：（伊斯蘭）殉教
者，在與不信道者的聖戰中以死亡證明對**安拉**（Allāh）的信仰。
他們可以被豁免於**蒙卡爾和納基爾**（Munkar und Nakir）的審訊，
以作為賞報。他們不必經過**屏障**（Barzakh）的試煉，而直接到**天
園**（Djanna），坐在安拉寶座旁邊。因為舍希德得免一切罪，因此
在復活日時無需先知**穆罕默德**（Muhammad）的**告饒**（Shafā'a）。
以賽亞（Sha'yā）和**聖吉爾吉斯**（Djirdjis）都是舍希德。什葉派認
為**侯賽因**（al-Husain）是眾舍希德的王。

Shaitān→Sātān

Shakan 夏坎△、【阿卡德】Sumuqan：（蘇美）**吉加美士**
（Gilgamesh）在陰間遇到的冥府神，他也是荒野動物之神。

Shakka→Shākya

Shakpana 夏克帕那△、Shankpana、Shopona、Shonpona、
Shopono、Sopono：奈及利亞約魯巴族的天花神。他是**耶曼雅**
（Yemanja）的兒子，暴躁易怒，以天花和瘋病害死人類。他是個
瘸了一隻腿、拄著拐杖的老頭子。

Shakra 帝釋、釋提桓因△（【梵】大力者）：1.（耆那教）須達摩天（Saudharma）南部的**因陀羅**（Indra），他會普降甘霖。帝釋決定自婆羅門婦女的子宮裡取出**大雄**（Mahāvira）的胚胎，讓大雄生為剎帝利族，於是讓**訶梨奈伽彌室**（Harinaigamaishin）去報訊。他手持金剛杵，以象王艾拉瓦塔（Airavata）為坐騎。2.（佛教）諸神之王，率領諸天神與惡魔戰鬥。3.（婆羅門教和印度教）因陀羅的別名。

Shakti 沙克提▽（【梵】力量、權力）：（印度教）原始的女性生命力的人格化，孕育萬物的母神。她臣屬於男性的創造力，是最高神**濕婆**（Shiva）的妻子。因此她也稱為**烏摩妃**（Umā）、**婆婆諦**（Pārvati）、**難近母**（Durgā）或**伽梨**（Kāli），在坦特羅教裡，則以**憂尼**（Yoni）為她的象徵。

Shākya 釋迦族△（【梵】）、【巴利】Shakka：（佛教和印度教）貴族種姓，曾統治印度 16 國之一，於現在的尼泊爾南部，以迦毘羅衛（Kapilavastu）為王城。佛陀**悉達多·喬答摩**（Siddhārtha Gautama）約在西元前 563 年生為釋迦族。

Shākyāmuni 釋迦牟尼△（【梵】出身釋迦族的行者）：（佛教）現在世佛，**釋迦族**（Shākya）的**悉達多·喬答摩**（Siddhārtha Gautama）的別名。他是現在世的**人間佛**（Manushi-Buddha），在他以前有六位或 24 位過去世佛，他也授記**彌勒菩薩**（Maitreya）為未來世佛。他在畢缽羅樹（Pippala）下證道。**觀世音菩薩**（Avalokitesvara）為其臣屬。

Shalash 夏拉什▽：（阿卡德）主宰群山和冰雪的女神，天氣神**阿達德**（Adad）的妻子，他們的聖地在甲加（Bīt-Karkar）。她是火神**吉拉**（Girra）的母親，綽號為「麥穗」，和處女星座裡的主星角宿一（Spika）有關。

Shalim 沙琳△（黃昏）：（敘利亞和腓尼基）昏星神，耶路撒冷的城市神，和晨星神和昏星神**沙哈**（Shahar）是**厄勒**（Ēl）的雙胞胎兒子。耶路撒冷（【希伯來】Jerushalajim）包含了他的名字。**大衛**（Dāwid）為其子命名為押沙龍（Abschalom）和**所羅門**（Shelōmō），可能就是要崇拜城市神沙琳。聖經裡提到的伯利恆之星（《馬太福音》2:1-12），可能沿襲自西元前 2000 年於耶路撒冷

夏馬西
阿卡德的太陽神，把法典授給漢
摩拉比。

及城郊的金星神崇拜。

Shalmān→Salmān

Shāmajim 天、天堂（【希伯來】天堂）、【希臘複數】Ura-noí：1.（猶太教）二分的世界裡的上半部，覆蓋著大地的下半部。**耶和華**（Jahwe-Elōhim）的居所和寶座就在天堂裡。在六日創世裡，神於第二日造出空氣，稱空氣為天，有許多閘口和門，分開空氣以上的水（雨水）和空氣以下的水（海水、河水和泉水）。耶和華經由閘口降雨，也降下火和硫磺；經由門降下**嗎哪**（Mān）。神於第四日造了日月星辰，擺列在天空。耶和華從天上降臨，要看看世人建造的城和塔（巴別塔），他也從天上降到西乃山，傳十誡給**摩西**（Mōshēh）。2.（基督宗教）**上主**（Kýrios）的居所和寶座所在。「天」和神時常是同義詞。天使也住在天堂裡服事神。他們告訴牧羊人**耶穌**（Iesûs）將要誕生後又回到天上。耶穌從天上降生人間，在他死裡復活以後，則回到天上，坐在神的右側，在末日時將會從天上復臨。屆時穹蒼群星墜落。而天也崩塌，穹蒼因為大火而如書卷一般收捲。其後會有新天新地誕生，是義人和有福的人的住所，那裡有無窮的寶藏，也是他們真正的家園。

Shamash 夏馬西△（太陽）：（阿卡德）太陽神，於白晝遍視萬物，因此也是真理、法律和正義的守護神。他是「天地的法官」，有喀圖（Kettu，正義）和梅夏魯（Mesharu，法律）隨侍，並且把法典授給漢摩拉比（Hammurabi）。夏馬西是**欣**（Sin）的兒子，和**伊西塔**（Ishtar）組成巴比倫的三聯神，代表被動的群星力量。他的妻子是**阿亞**（Aja）或**安努妮特**（Anunitu）。在亞述，夏馬西和欣並祀於一座神殿。其符號為四輻的日輪，神聖數字為20。在西元前七世紀，以色列神殿的前廊擺設有崇拜夏馬西的馬和日車（《列王紀下》23:11）。阿卡德的夏馬西相當於蘇美的**巫杜**（Utu）。

Shams 夏姆斯△▽（太陽）：（阿拉伯）太陽神，在阿拉伯北部和中部是男性，在南部則是女性，和金星神以及月神組成三聯神而居其末。夏姆斯相當於阿卡德的**夏馬西**（Shamash）。

Shanaishcara→Shani

Shango 尚果△、Xango：1.（奈及利亞）約魯巴族的祖神和風

暴神。他是**耶曼雅**（Yemanja）的兒子，**歐雅**（Oya）的丈夫。他曾是世間的國王，統治森林有七年，然後在樹下自縊，死後升到**奧利夏**（Orisha）的天堂。正如人們收割農作物，尚果則是收割頭顱。他騎在被附身的信徒頭上，他的頭上有六眼雙斧，有時候則有三個頭。人們以公羊獻祭，其神聖顏色為紅色和白色。2.（非裔美洲）恩邦教派的暴風雨神和雷神，被同化為基督宗教的聖人耶柔米（Hieronymus）。

Shang-Ti　上帝：（中國）農耕神，主宰雷電風雨，商朝最高神的稱號。他授與君王統治權，獎善罰惡。在周朝則與**天**（T'ien）合而為一。

Shani　土曜△、Shanaishchara、Manda：（印度教）行星神（土星）。他是邪神，首陀羅種姓的守護神，**蘇利耶**（Sūrya）和**車野**（Chāyā）的兒子。其形象為醜陋跛腳的老者。

Shankpana→Shakpana

Shapash　夏帕西▽：（腓尼基和烏加里特）太陽女神，別名為「諸神之光」。她曾幫助**亞拿**（'Anath）尋找**巴力**（Ba'al），讓亞拿揹負巴力的屍體。她相當於阿卡德的**夏馬西**（Shamash）。

Shara　夏拉△：（蘇美）烏瑪（Umma）的城市神和戰神，綽號為「安的勇士」。他是**伊南那**（Inanna）的兒子，在伊南那自冥府回到人間後，夏拉和其他兩個神效忠於她。

Sharabha　舍羅步、奢羅浮、鹿王△：（印度教）半人半獸的怪物，象徵苦行和死亡。**濕婆**（Shiva）曾化身為鹿王以殺死**獅面人**（Narasimha）。他有三隻角，六足或八足，鬃毛如箭。

Sharruma　沙魯馬△、Sarruma（山王）：（胡里安）山神，國王圖查里亞（Tutchalija）的守護神，他是**德蘇卜**（Teshub）和**赫巴**（Chebat）的兒子，沙馬尼（Sharmanni）和亞蘭祖尼（Allanzunni）的父親，其聖地在拉由納（Lajuna）。他騎著豹，以斧頭為武器。

Shāsana-deva　教法神△、【陰性】Shāsana-devi：（耆那教）每個**渡津者**（Tirthankara）都有兩位教法神隨侍。每個教法神都有不同的坐騎和標誌。

Shashin→Chandra

上帝
中國天神，授與人間的君王統治權。

461

Shatarupa 娑陀魯婆▽（【梵】百變形象）：（印度教）造物神梵天（Brahmā）的女性化身，她也是梵天的女兒，和他生了第一個人類**摩奴**（Manu）。因為他們的亂倫，**濕婆**（Shiva）砍掉梵天的第五個頭。有時候娑陀魯婆也被認為是摩奴的妻子。

Shaushka 沙烏什卡▽、Shawushka、Sausga：（胡里安）母神、愛神、性欲神和戰神。她是**德蘇卜**（Teshub）的妹妹，其侍女為寧娜塔（Ninatta）和庫莉塔（Kulitta）。其雙重性格表現在形象上，為穿著開叉裙子的婦女以及戴著神帽的男子。獅子是她的聖獸。她相當於阿卡德的**伊西塔**（Ishtar）。

Shawano 夏瓦諾：（印第安）亞爾岡京族傳說的南方英雄和南風神，母神「晨曦」的四胞胎之一，她為賜予他們生命而死。他的兄弟有**喀本**（Kabun）、**喀比班諾卡**（Kabibonokka）和**瓦本**（Wabun）。

Shawushka→Shaushka

Sha'yā→Jesha'jāhū

Shēdim 鬼魔（【希伯來】黑鬼）：（猶太教）暴風魔，人們以嬰兒祭獻，於是被貶為惡魔。他們相當於蘇美的**阿拉得**（Alad）和阿卡德的**謝杜**（Shēdu）。

Shēdu 謝杜△：（阿卡德）善良的守護魔，在新亞述王朝，和**拉瑪蘇**（Lamassu）同為人首羊身的帶翼怪物，守衛宮殿大門。謝杜相當於蘇美的**阿拉得**（Alad）。

Sheila-na-gig 謝拉娜吉格▽：（克爾特）英格蘭的多產女神，袒露其陰戶以抵抗死亡的力量。基督教傳入後，她被置於英格蘭教堂外牆，作為辟邪的女魔。謝拉娜吉格類似於希臘的**包玻**（Baúbo）。

Shelardi 舍拉地△：（烏拉圖）（Urartian）月神。

Shelōmō 所羅門△【希伯來】平安）、【希臘】Solomón、【阿拉伯】Sulaimān（素萊曼）：1.（猶太教）以色列國王（972－932 B.C.）、智者和聰明的士師，他在耶路撒冷建造了所羅門聖殿。所羅門是**大衛**（Dāwid）和拔示巴（Bath-Seba）的兒子。他有妃七百，嬪三百。他善於法術和醫術。所羅門受其異族嬪妃的慫恿，在耶路撒冷崇拜敘利亞和腓尼基的神**阿什塔特**（Astarte）。**耶**

和華（Jahwe-Elōhim）非常生氣，就在他死後讓他的國分裂為以色列國和猶大國。2.（伊斯蘭）**安拉**（Allāh）的先知和使者。他是**達五德**（Dāwūd）的兒子，通曉鳥獸語。**天園**（Djinn）的大軍皆聽他差遣，以實現其願望。有一天，一隻戴勝報知賽百邑（Saba）女王崇拜異教神的消息。女王來詣素萊曼時，他帶她到一座玻璃造的宮殿，要查看她是否真的有如瞪羚一般的腿。她以為如鏡子般的宮殿是一片汪洋，於是撩起裙子。雕塑：L. Ghiberti (1425/52)。

Shēm 閃△（【希伯來】名字）、【希臘】Sém、【阿拉伯】Sām：1.（猶太教）西方諸民族的先祖，皆以他的名字稱為閃族和閃語系。閃是**挪亞**（Nōach）的長子，**含**（Ham）和**雅弗**（Jāfēt）的哥哥，他事父甚孝。有一天，挪亞醉臥於葡萄園的帳棚裡，閃和雅弗倒退著進去，拿衣服給父親蓋上。為此挪亞讓他及其宗族統治其他民族。閃活了600歲。2.（基督宗教）**耶穌**（Iesûs）譜系的第11代先祖。3.（伊斯蘭）以色列的先祖，**努哈**（Nūh）的兒子，**含**（Hām）、**雅弗**（Yāfith）和凱南（Kan'ān）的哥哥。**爾薩**（'Isā）應使徒的請求，讓閃復活，以描繪努哈方舟裡的區隔：四隻腳的動物住在底層，上層住著人類，而鳥類則在最高層，努哈先讓螞蟻上船，最後是驢子。因為**易卜劣廝**（Iblis）抓住驢子的尾巴，所以也把他帶上船。

Shemū'ēl 撒母耳△（【希伯來】厄勒是神）：（猶太教）耶和華（Jahwe-Elōhim）的先知，來自拉瑪（Lama）的最後一位士師。他是以利加拿（Elkana）和哈拿（Hana）的兒子。神差遣他先後給掃羅（Saul）和**大衛**（Dāwid）膏立為王。撒母耳死後，掃羅讓隱多珥（Endor）的婦女以交鬼和巫術招喚撒母耳，他則預言掃羅和以色列將敗給非利士人。撒母耳的墳墓在奈比散維爾（Nebi-Samwil），他的祭日是猶太曆 9 月 29 日。聖經的《撒母耳記》即以他為名。

Sheng-jen 聖人：（中國）人類的理想典範，已臻完美，無以名之（聖人無名）。

Shen I 羿：（中國）太陽神、狩獵神和救世主。堯時有十顆太陽並出，百草枯，毒蛇猛獸為害，羿射其九，因此成為唯一的太陽的主宰。他曾經向**西王母**（His Wang-Mu）求不死藥，卻被**恆娥**

（Heng O）偷走。其形象為手中持太陽。

Shen-jen 神人：（中國）人類的理想典範，與道不二，沒有物我對立（神人無功）。

gShen-lha od-dkar 辛拉俄噶△（白光王）：（西藏）苯教的智慧神，他和妻子**雍欽佛母**（Yum-chen-mo）生出諸神，包括**斯貝傑姆**（Sipe gyalmo）。

Shen Nung 神農：（中國）莊稼神和文明始祖，他發明犁具，教導人民耕作以及藥草的知識，因此也被尊為醫神。他是**伏羲**（Fu-hsi）的後代，為三皇（San Huang）之一。其形象為牛首人身。

She'ōl 示阿勒▽（【希伯來】shā'āh＝毀滅）、【希臘】Hádes：1.（猶太教）所有人死後都要去的陰間，是個陰暗寂靜的悲慘世界。利未的曾孫可拉（Korach）及其黨人背叛**摩西**（Mōsheh）而墜落陰間（《民數記》16:31-33）。那裡是個忘鄉和不歸地，位於地底深處。後來和**欣嫩子谷**（Gē-Hinnōm）以及**亞巴頓**（Abaddōn）同為地獄。2.（基督宗教）義人和惡人死後暫居的處所，「亞伯拉罕的懷裡」則是特別指義人的地方，有別於罪人的刑所。陰間有重重大門，象徵死亡的力量。約翰在拔摩島（Patmos）得見異象，看到人子手裡拿著死亡和陰間的鑰匙。末日死者復活的的時候，也

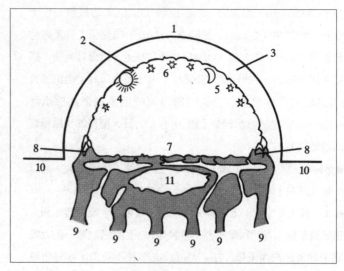

猶太教的世界圖像
1. 天堂，是神的居所；2. 可見的穹幕，有若干大門和通道；3. 穹幕上面的雨水和風；4. 太陽；5. 月亮；6. 群星；7. 地表，有陸地和海，為人畜的居處；8. 群山；9. 地表的支柱，在兩個地下淡水湖中間；10. 穹幕和地表下面的海；11. 陰間示阿勒。

是陰間的終點。「火湖」（Géenna）是懲罰的場所。

Sheri 謝里△（白晝）、Sherishu：（胡里安）公牛神，他和**胡里**（Churri）都是**德蘇卜**（Teshub）的車伕。傾圮城市的荒郊是他們的牧場。

Shesha→Ananta

Shēt 塞特（【希伯來】替代者）、【希臘】Séth、【阿拉伯】Shith（西特）：1.（猶太教）先祖，**亞當**（Ādām）和**夏娃**（Chawwāh）的兒子，**該隱**（Kajin）和**亞伯**（Hebel）的弟弟，**以挪士**（Enōsh）的父親。該隱殺了亞伯，亞當又與妻子生了塞特，意即「神另給我立了一個兒子代替亞伯」。塞特活了912歲。2.（基督宗教）**耶穌**（Iesûs）譜系的第二代先祖。3.（伊斯蘭）人類的先祖西特，**阿丹**（Ādam）和**好娃**（Hawwā）的兒子西特，**哈比爾**（Hābil）和**卡比爾**（Kābil）的弟弟，哈比爾被殺害的五年後，其時阿丹 130 歲，西特誕生。他在麥加以石頭和黏土建造天房。西特活了 912 歲。

She-Ti 社地：（中國）比**土地**（Tu-ti）管轄範圍更大的守護神。

Shichi-Fukjin 七福神：（神道教）室町時代（1336－1573）的七位神明。他們是：弁財天（Benten）、毘沙門天（Bishamon）、**大黑**（Daikoku）、**惠比壽**（Ebisu）、**福祿壽**（Fukurokuju）、**布袋和尚**（Hotei）和**壽老人**（Jūrōjin），乘坐著寶船。

Shih-chieh 尸解：（中國）道家認為修仙者死時飛升而遺其形骸，假託為屍體。在他們「死去」一段時間後打開棺木，經常會發現裡頭沒有屍體，只看到仙人的衣物。

Shikhin 尸棄佛：（佛教）過去七佛的第二佛，於分陀利樹（pundarika）下證道。

Shimigi 施米吉△：（胡里安）太陽神，相當於烏拉圖族的**施維尼**（Shiwini）、原始赫地的**艾什坦**（Eshtan）和西台的**伊什塔努**（Ishtanu）。

Shimshōn 參孫（【希伯來】如太陽一般）、【希臘】Sampsón、【拉丁文聖經】Samson：（猶太教）英雄，以色列民族最後

一位士師，**耶和華**（Jahwe-Elōhim）賜給他神力。他是瑪挪亞
（Manoah）的兒子，瑪挪亞的妻子長久不孕，耶和華的使者告訴她
說，她會懷一個孩子，生下後就歸神作拿細耳人（Nazirite），終身
不可以剃頭，因為頭髮裡藏著他力大無窮的祕密。有一次神的靈感
動他，讓他徒手搏獅，如同撕裂山羊羔一般。另一次聖靈又充滿
他，讓他殺死 30 個非利士人。他輕易掙扎捆綁他的繩索，用驢腮
骨殺了1,000人。他把城門拆下，扛到山頂上。他的情婦大利拉
（Delilah）騙得他的力量祕密，在他睡覺時剪掉他的髮綹，讓他力
氣盡失。於是非利士人抓住他，剜了他的眼睛，用銅鍊拘索他。耶
和華幫助他向非利士人報仇，並且毀了他們崇拜的**大袞**（Dagān）
的神殿，3,000個非利士人也死掉。繪畫：A. Mantegna（ca. 1500）、
Rubens（ca. 1612/15）、Rembrandt（1638）、J. Grützke（1979）；歌劇：
Ch-C. Saint-Saëns（1877）；神劇：G. H. Händel（1741）。

Shinda　新田△（搖籃）：（日本）阿伊奴族的多產神和糧食
神。

Shitalā　悉陀羅▽（【梵】清涼）：（印度教）孟加拉的母神和
守護神，也是可怕的天花神。悉陀羅經常是裸體的，身體是紅色，
手持枝條，以驢子為坐騎。她時常等同於**伽梨**（Kāli）。

Shith→Shēt

Shitil　西提勒：（伊朗）曼德恩教派神話裡的靈體、光體、光
明使者和「獲救的拯救者」。

Shiush　西吾什△：（西台）天神和太陽神。

Shiva　濕婆、希瓦△（【梵】慈悲者）：（印度教）絕對界的人
格化，象徵毀滅和重生的原動力。他是破除無明和厭離一切生滅世
界的神，保存智慧和創造力量。他和**梵天**（Brahmā）以及**毘濕奴**
（Vishnu）組成三相神（Trimūrti），和毘濕奴合為雙身神**訶梨訶羅**
（Hari-Hara）。**沙克提**（Shakti）、**婆婆諦**（Pārvati）、**伽梨**（Kāli）、
難近母（Durgā）或**烏摩妃**（Umā）皆是他的妻子，並且代表他的
女性動力面向。他的兒子有**迦尼薩**（Ganesha）和**私建陀**
（Skanda）。他有1,008個別名，其中包括**自在天**（Ishvara）。他的黑
暗毀滅性面向表現為**烏格羅**（Ugra）、**大黑天**（Mahākāla）、**陪臚**
（Bhairava），而光明的創造面向則為**摩訶提婆**（Mahādeva）、**舞王**

（Natarāya）、大瑜祇（Mahayogi）和**瑜祇王**（Yogeshvara）。他有五頭四臂，持三叉戟、小鼓、弓和絹索，以**陵伽**（Linga）為其象徵，經常和妻子（以憂尼為其象徵）現雙身相。濕婆的身體是白色，僅著圍裙，以公牛**難提**（Nandi）為坐騎。濕婆類似吠陀宗教裡的**魯特羅**（Rudra）。

Shiwanni　什瓦尼△：（印第安）普埃布羅族和蘇尼族（Pueblo-Zuni）的雨神，**什瓦諾基亞**（Shiwanokia）的丈夫。他以唾液吹氣泡，飄到天空變成眾星。他的祭司叫作阿什瓦尼（Ashiwanni）。

Shiwanokia　什瓦諾基亞▽：（印第安）普埃布羅族和蘇尼族的豐收神，她和丈夫**什瓦尼**（Shiwanni）住在冥府。她以唾液創造**雅維德琳・齊塔**（Awitelin Tsita）。她的女祭司也叫作什瓦諾基亞。

Shiwini　施維尼△：（烏拉圖）太陽神，他和**哈爾第**（Chaldi）以及**德謝巴**（Tesheba）組成三聯神，相當於胡里安的施米吉（Shimigi）、原始赫地的**艾什坦**（Eshtan）、西台的**伊什塔努**（Ishtanu）。

Shonpona→Shakpana

Shopona→Shakpana

Shopono→Shakpana

Shou　壽：（中國）長生不死的預備階段。「壽」字被認為具有神祕力量，有許多藝術的表現方式。

Shou-hsing　壽星：（中國）星神、福神、長生不死神。他決定人類的歲數，和**福神**（Fu Shen）以及**財神**（Ts'ai Shen）組成三星（San-hsing），亦稱「南極星」。腰間繫著葫蘆，手裡有長生不死的蟠桃，其聖物為仙鶴和烏龜。

Showokoi→Hargi

Shpirti i keq　斯佩提克：（阿爾巴尼亞）惡靈，身形瘦長，披著白布。他在夜裡出沒，狗會狂吠。

Shri→Lakshmi

Shri Devi (Lha-mo)　吉祥天女▽（【梵】）、【西藏】d Palldan lha-mo：（藏傳佛教）護法神、達賴和班禪的守護神。她也

濕婆
印度教的生死神，有四臂，兩手持戰斧和羚羊。

是冥府的判官，以符木記載人間善惡業。她的額頭上有一隻眼睛，結施無畏印，手持劫波杯，以野驢為坐騎。她相當於印度教的**伽梨**（Kāli）。

Shtojzavalet　斯陀扎瓦列△▽：（阿爾巴尼亞）男性和女性的命運神，在夜裡編織人類的命運線。如果他們的眼淚掉在某個人類身上，他就會死去。

Shtrigë　史崔格▽（女巫）、【複數】Shtrigat、Shtrigue（男巫）：（阿爾巴尼亞）住在山裡的食人巫師，他們在夜裡飛出來，由煙囪鑽到屋子裡，吸乾人類的血而致死。

Shu'aib　舒阿卜△、Shu'ayb：（伊斯蘭）**安拉**（Allāh）派到麥德彥人（Midyanite）那裡的使者，但是他們拒絕他傳的道，於是安拉讓大地震動，他們都死在家裡。後來舒阿卜被同化為**穆薩**（Mūsā）住在麥德彥家裡的岳父。

Shukra　金曜△、Ushanas（烏珊那）、Bhārgava：（印度教）金星神，**蒂緹諸子**（Daityas）的老師，人獸精液的守護神。他坐著金色（或銀色）的八駕馬車，手持拐杖、經書、念珠和水瓶。

Shulmanu　舒馬奴△：（阿卡德）戰神和冥府神。

Shulpa'e　舒帕伊△（閃耀的青年）：（蘇美）多產神、野獸的守護神、戰神和木星神。他有時候被認為是**寧珠桑嘉**（Ninchursanga）的丈夫。

Shumalija　舒瑪莉雅▽：（喀西特）星神，別名為西芭露（Shibarru）或舒谷露（Shugurru）。她也是國王的守護神，**舒加穆納**（Shuqamuna）的妻子。

Shun　舜：（中國）古代的聖王，為**五帝**（Wu-ti）之一。他也是光明神和天神，是**顓頊**（Chuan Hsü）的後裔，**堯**（Yao）把王位禪讓給他。他在位時，天空有十個太陽，**后羿**（Shen I）射下九個。

Shuqamuna　舒加穆納△：（喀西特）戰神，風暴的人格化，國王的守護神，**舒瑪莉雅**（Shumalija）的丈夫。

Shurdi　舒爾地△（鴿子）：（阿爾巴尼亞）能興雲降冰雹的雷電神，城市舒爾地即以他為名。他耳聾，但是眼力比瞎眼的**維布地**（Verbti）好得多。

Shutu→Zū

Si 西△：（印第安）奇穆族（Chimu）的月神、潮汐神和最高
神。西是女海神妮（Ni）的丈夫。人們以食物和孩童獻祭他。他頭
上有蛾眉月和羽冠。

Siang 湘妃▽：（中國）女河神，湘江的人格化。

Sibrai 尸毘離△：（古印度）羯荼那伽族（Kaccha Naga）的最
高神。

Sibylla 西碧拉▽：（羅馬）先知、靈視者、宣告神諭者。她是
特洛伊國王達達諾斯（Dardanos）的女兒。其後代裡有個重要人
物，即義大利南部的「庫邁的西碧拉」（Sibylla von Cumae）。西
碧拉曾引導**伊尼亞斯**（Aineías）到黃泉國，撰有《西碧拉神諭
書》，保存在羅馬廣場的神殿裡。繪畫：Michelangelo（1508/10）、
Tinteretto（1550/55）、Rembrandt（1667）。

Siddha 成就師△：（藏傳佛教）為了教化人類而次第證得悉地
（siddhi）的聖者和苦行者。其成就包括飛天、水上行走、穿山遁
牆、反覆延壽，著名的成就師有**宗喀巴**（Tson-kha-pa）和**密勒日
巴**（Mi-la-ra-pa）。他們命終時通常會在勇父（Dākas）國度裡入
滅。有 84 位成就師成為**大成就師**（Mahāsiddha）。

Siddha 悉達△：1.（印度教）聖者、證道而得解脫者。2.（耆
那教）解脫者，在最高天伊薩婆羅跋羅（Isatprāgbhāra）得到無限

智慧、力量和歡喜。

Siddhārtha 悉達多△（【梵】成就者）、【巴利】Siddhatta：（佛教）王子**喬答摩**（Gautama）的名字，他後來證道成佛。

Sido 席多、Hido、Iko：（美拉尼西亞）英雄和文明始祖，他在戰場上殉難，死後不被冥府接納，其靈魂只好到處遊蕩。他歇腳的地方其後也成為死者到陰間前的安息處。他到了阿底里國（Adiri），在該地建了花園，以供養死者。

Siebenschläfer 長眠七聖、【阿拉伯】Ashāb al-Kahf（洞穴人）：1.（基督宗教和天主教）七位聖人，航海的守護神。羅馬皇帝德西烏斯（Decius）迫害基督宗教，他們七兄弟在以弗所（Ephesus）鑿洞長眠 200 年，於西元 446 年醒來，在迪奧多西二世（Theodosius II）面前見證肉身復活。他們的慶日是 6 月 27 日。2.（伊斯蘭）聖人，為靈魂與肉體復活的典範，他們逃出以弗所城，躲在洞裡，**安拉**（Allāh）讓聖人們和他們的小狗齊特密爾（Kitmir）一起長眠。309 年後，他們醒來，回到城裡買麵包。

Sieh 契△：（中國）聖王，高辛氏的兒子，母親簡狄吞玄鳥而懷孕生下契，他佐禹治水有功，舜封他於商，為商朝始祖。孟子說：「聖人有憂之，使契為司徒，教以人倫。」

Sif 席芙▽：（日耳曼）植物神，**烏勒**（Ull）的母親，其後則被同化為**托爾**（Thor）的妻子，**特魯德**（Thrúdr）的母親，**羅奇**（Loki）曾和她私通。

Sigyn 西根▽（【古北歐】sigr＝勝利；vina＝女友）：（日耳曼）愛瑟神族的女神，**羅奇**（Loki）的妻子。羅奇害死**巴爾德**（Balder），**斯卡地**（Skadi）為了報仇而在羅奇頭上掛一條毒蛇，西根則以碗盛接滴下來的毒液。

Sijjim 旱地魔（【希伯來】乾旱）：（猶太教）形如公羊的荒野惡魔，他們常在曠野無人處跳舞。

Sila 西拉、Silap inua（虛空的靈）：（愛斯基摩）最高神和虛空神，他充滿在宇宙裡。

Silenós 西倫諾斯△（扁鼻者）、【拉丁】Silenus：（希臘）森林魔，人頭馬身的怪物，**潘神**（Pán）和仙女的兒子，總是醉醺醺且大腹便便的西倫諾斯，是**戴奧尼索斯**（Diónysos）的老師和隨

從，他們成群結隊追求仙女和女祭司，其形象為禿頭、扁鼻、陽具勃起，有馬的耳朵、尾巴和蹄。不同於**半人馬族**（Kéntauroi），西倫諾斯只有兩隻腳。西元六世紀，西倫諾斯取代了**薩提羅斯**（Sátyros）的角色和名字。繪畫：Rubens（1618）、A. van Dyck、Feuerbach（1847）。

Silewe Nazarata　席拉薇‧娜扎拉塔▽：（印尼）尼亞斯人（Nias）的月神、人類的守護神，所有生命形式的人格化，她是**羅瓦蘭吉**（Lowalangi）的妻子。

Silvanus　息耳瓦諾△（【拉丁】silva＝森林）：（羅馬）森林神和田野神，花園、樹木、森林和田野裡的植物和動物的守護神。每年在森林裡都會向他獻祭，並禁止婦女參加祭典。息耳瓦諾相當於希臘的**潘神**（Pán）。

Simios　席繆斯△：（敘利亞）和哈達（Hadad）以及**阿塔加提**（Atargatis）組成三聯神。

Simson→Shimshōn

Simurg　思摩夫（【古波斯】）、【中古波斯】Sēn-murw、【近代波斯】Sinmurg：（伊朗）駿鷹，有鳥羽、犬齒，如麝香鼠般的住在洞穴裡，如蝙蝠般的在生命之樹**迦喀列納**（Gao-kerena）上面築巢。他們經歷世界三次的生滅，因而擁有一切智。在薩珊王朝時，其形象為犬首、獅爪和孔雀羽。

Sin　欣△：1.（阿卡德）月神、預言神和審判神。他是**夏馬西**（Shamash）的父親，欣、夏馬西和**伊西塔**（Ishtar）組成被動天體力量的三聯神。新月時的薩巴圖（Sabattu）是他的祭典，人們要放下一切工作，有如後來猶太教的安息日。他的聖地在吾珥（Ur）和哈蘭（Harran），其形象如公牛，和母牛形象的伊西塔交配。其符號為向上彎的蛾眉月（公牛角），其神聖數字是 30（月亮的周期）。以琳和西乃山中間的曠野「汛」可能是以他為名（《出埃及記》16:1）。阿卡德的欣相當於蘇美的**南那**（Nanna）。2.（阿拉伯）哈德拉毛（Hadramaut）地區的月神和國家神，他和**阿塔爾**（'Attar）以及**夏姆斯**（Shams）組成三聯神而居其次。他是國家的真正統治者，在俗世的代理人則是**穆卡里布**（Mukarrib）。他相當於**阿爾瑪卡**（'Almaqahū）和**哈姆**（'Amm）。

思摩夫
伊朗神話的駿鷹，犬首、獅爪、孔雀羽，象徵地、水和虛空的結合。

薛西弗斯
希臘神話的英雄，扛著石頭；提
條斯，禿鷹在啄他的肝臟。

Sina→Hina

Singbonga 辛苯伽△（靈、太陽神）：（古印度）門陀族
（Munda）、賀族（Ho）和毘和族（Birhor）的太陽神和最高神，他
在賀族別名為「高天王」（Sirma Thakur）。

Sinmurg→Simurg

Sintflut→Mabul

Sipe gyalmo 斯貝傑姆▽（世界女王）：（西藏）苯教的守護
神，她是**辛拉俄噶**（gShen-lha od-dkar）和**雍欽佛母**（Yum-chen-
mo）的女兒，有三頭六臂，其標誌為旗子、寶劍、傘、卍字、缽
和三叉戟，以猛獸為坐騎。

Sirao 西勞△：（印尼）尼亞斯人（Nias）的始祖神和創世神，
西勞創造原人西海（Sihai），自他的心臟長出世界樹，由右眼長出
太陽，由左眼長出月亮。

Sirenes→Seirénes

Sirona 西蘿娜▽（stirona＝星星）：（克爾特）高盧人的多產
神、山泉神和星神。她是**格拉諾斯**（Grannos）的妻子，手裡捧著
水果和麥穗。

Sisu Alaisa 西穌阿萊莎△：（波里尼西亞）薩摩亞島的西奧
維利（Siovili）宗教運動的彌賽亞。他乘著海漚登陸島嶼，帶來美
麗的新時代。他被認為是**坦哥羅厄**（Tangaroa）的兒子。先知西奧
維利宣告他將要來臨。

Sísyphos 薛西弗斯△、【拉丁】Sisyphus：（希臘）科林斯城
的建造者和國王，以狡猾詭詐著稱。他是**埃俄洛斯**（Aíolos）和伊
娜瑞特（Enarete）的兒子，**梅洛比**（Merópe）的丈夫，**格勞科斯**
（Glaúkos）的父親。他曾經把**塔那托斯**（Thánatos）綁起來，讓世
界不再有死亡，直到**阿利斯**（Áres）把他鬆綁。他被罰在冥府不停
地把沉重的石頭推上山，而每次快到山頂時，石頭總會滑落到山
腳。繪畫：Tizian（1549/50）。

Sitā 私多、西陀▽（【梵】田犁）：（印度教）大地女神和豐收
神，象徵大地的子宮。她是**吉祥天女**（Lakshmi）的化身，被毘提
訶國（Vedeha）的闍那迦王（Janaka）自田裡犁出來且收養。她
是**羅摩**（Rāma）的妻子，被鬼王**邏伐拏**（Rāvana）擄走，羅摩救

回她以後，懷疑她不貞，以火刑證明其清白。《羅摩衍那》作者蟻垤說，她和羅摩生了雙胞胎兄弟庫沙（Kusha）和羅伐（Lava）。15年後，她又被懷疑不貞而必須受火刑。這次她選擇回到地母的子宮裡去。

Skadi 斯卡地▽：（北日耳曼）女巨人、山神、狩獵神和滑雪神。斯堪地那維亞（Skandinavien）可能即以她為名。她是巨人**提亞齊**（Thjazi）的女兒，海神**尼約德**（Njörd）的第二任妻子，**弗瑞**（Freyr）和**芙蕾葉**（Freyja）的母親。斯卡地愛山，而尼約德愛海，因此他們約定每九個夜晚到對方那裡去過一夜。但是如此勞燕分飛終究無解，於是斯卡地再嫁**烏勒**（Ull）。她曾在**羅奇**（Loki）頭上纏一條毒蛇。瑞典和挪威許多地方皆以她為名。

Skaldenmet 詩人之酒（【古北歐】）：（日耳曼）美酒，飲者會擁有智慧和詩藝，是以被殺死的侏儒**喀瓦西**（Kvasir）的血混合蜂蜜釀成的。**歐丁**（Odin）盜得神酒，帶回**愛瑟樂園**（Asgard），因而成為詩藝的最高神。

Skan 斯坎△：（印第安）達科塔族（蘇族）的創世神、天神和審判神。他以數字「四」建構世界，並且指示**塔特**（Tate）讓靈魂通過冥路。

Skanda 私建陀、韋馱天△、Kārttikeya：（印度教）戰神、火星神、竊賊的守護神，也護佑孩童免於疾病。他是**濕婆**（Shiva）和**婆婆諦**（Pārvati）的小兒子，或謂他生自**阿耆尼**（Agni）滴到祭火裡的精液。他是由昂星團的六個星神撫養長大，因而在北印度也稱為迦絺吉夜（Kārttikeya）。私建陀的妹妹是**迦尼薩**（Ganesha），妻子是嬌麼哩（Kaumāri）或提婆斯那（Devasena）。他有六頭 12 臂，手執弓箭，騎孔雀，其標誌為公雞、鈴、矛和旗子。

Skídbladnir 斯奇布拉尼：（日耳曼）**弗瑞**（Freyr）的船，為侏儒**伊瓦地**（Ívaldi）的兒子們所造，略小於幽冥船**納格法爾**（Naglfar），卻足於容納整個**愛瑟神族**（Asen）。斯奇布拉尼在航行後可以被摺疊成手帕那麼小，置於弗瑞的口袋裡。

Skrýmir 斯克里米爾△（【古北歐】誇耀者）：（日耳曼）巨人，在**托爾**（Thor）征討**外域羅奇**（Útgardaloki）的途中和他作

對。托爾曾經睡在斯克里米爾的手套裡，連續三次都無法以神鎚殺死斯克里米爾。

Skrzat 史克扎特△、Skrzak：（西斯拉夫）會飛的家靈和森林神，通常生自雞蛋或是曼德拉草根。他會給家主帶來財富或災禍，化身為龍、蛇、貓或鳥，甚至是火燄。如果他的顏色是紅色，就會帶來錢財，如果是黃色或藍色，則會帶來五穀，而白色則是指麵粉或棉花。

史克扎特
斯拉夫的家靈和魔鬼，為貓和鳥類混合的怪物。

Skuld 斯庫德▽【古北歐】債、未來）：（日耳曼）命運女神，代表未來，決定諸神和人類的生死。她是**娜恩**（Nornen）三女神之一，**烏爾德**（Urd）和**費妲蒂**（Verdanti）的姐妹。

Skýlla 史奇拉▽（母狗）、【拉丁】Scylla：（希臘）狗頭魚身的海怪，住在海灣的岩洞裡，吃掉經過該地的船員，與**哈里布狄絲**（Chárybdis）對望。後來墨西拿（Messina）海峽吞噬往來船隻的漩渦便以她們為名。

Sleipnir 斯雷普尼爾△：（日耳曼）歐丁（Odin）的八腳灰色駿馬，**羅奇**（Loki）化身為母馬，和公馬**斯瓦狄爾法里**（Svadilfari）交配生下斯雷普尼爾。他是世界上最快的馬。使者神**赫摩德**（Hermod）騎著他到冥府**黑爾**（Hel）解救**巴爾德**（Balder）。

Slogùtè 斯洛古特▽、【陽性】Slogùtis：（立陶宛）夢魔，夜裡會鬼壓床。

Smertrios 史莫崔歐斯△：（克爾特）高盧的戰神，其造形為滿臉鬍鬚的運動員，對著一條蛇揮舞巨杵。

So 索◇、Xevioso、Xewioso、Xexyoso：非洲達荷美、迦納和多哥的埃維族（Ewe）的天神和暴風雨神，男性的面向稱為**索格布拉**（Sogbla），女性面向為**索扎**（Sodza）。他們以雷電對話。其形象如山羊，嘴裡叼著雷電石斧。

Sobek→Suchos

Sodómon→Sedōm

Sodza　索扎▽：非洲達荷美、迦納和多哥的埃維族（Ewe）的雨神和豐收神，或謂是暴風雨神**索**（So）或天神**瑪烏**（Mawu）的善良面向，其後則結合為**瑪烏索扎**（Mawu Sodza）。雨水是他的聖物，人類不可以喝。

Sogbla　索格布拉△（gbla＝冶煉）、Sogble（gble＝腐敗）：非洲達荷美、迦納和多哥的埃維族（Ewe）的雷電神，或謂是暴風雨神**索**（So）或天神**瑪烏**（Mawu）的邪惡面向，其後則結合為**瑪烏索格布拉**（Mawu Sogbla）。他全身裹在烈火裡，忿怒地以箭射向人類。

Sokar　索卡爾△、Seker、Sokaris：（埃及）沙卡拉（Sakkara）的史前墳場的死神，其聖地羅瑟陶（Ro-Setau）圍繞著冥府的入口。他是在孟斐斯墓穴裡工作的工匠的守護神，被奉為地神和植物神。埃及曆的 4 月 21 至 30 日是索卡爾節，人們繞著孟斐斯的城牆遊行，是祭祀死者的盛大節日，在托勒密王朝則與冬至結合。其形象為鷹首人身，和**普塔**（Ptah）結合為普塔索卡爾，又和**奧賽利斯**（Osiris）結合為「普塔索卡爾奧賽利斯」。

Sol　梭爾△（【拉丁】太陽）：（羅馬）薩賓人（Sabinian）的太

史奇拉
希臘海怪，有12隻怪腳，六顆彼此交纏的頭和脖子。

索
非洲雌雄同體的暴風雨神，形如公羊，嘴裡叼著石斧。

475

陽神，四駕馬車競賽的守護神。梭爾是**露娜**（Luna）的哥哥，和她在亞文廷丘（Aventinus）的神殿並祀，他被稱為「無敵的梭爾」（Sol invictus），在厄勒加巴（Elagabal, 218－222）皇帝時代被奉為羅馬最高的城市神，到了奧里略（Aurelianus）時代，則被封為帝國神（274），稱為「帝國之主梭爾」（Sol Dominus Imperii），12月 25 日是他的紀念日。每週的第一天（dies Solis）便以他為名。後來他等同於希臘的**赫利奧斯**（Hélios）。

Sól　索爾▽（【古北歐】太陽）、【古德語】Sunna：（日耳曼）太陽女神，為散發光和熱的恆星太陽的人格化。梅澤堡（Merseburg）另一個版本的神話說，索爾是蒙提法瑞（Mundilfari）的女兒，月神**曼尼**（Mani）的妹妹，葛倫納（Glenr）的妻子。索爾坐著單駕馬車飛越天空，有惡狼史科爾（Sköll）窮追不捨，於**諸神黃昏**（Ragnarök）時追上索爾且吞掉她。於特隆多姆（Trundholm）沼澤發現的太陽戰車證明青銅器時代的索爾崇拜。星期天（sunnuntag；【古德語】Sonnentag；【英語】Sunday）即以她為名，因為她被同化為羅馬的**梭爾**（Sol）。

Solang　索朗△：（麥克羅尼西亞）木匠神、獨木舟匠的守護神、建築和藝術的師傅，其形象為小鳥，會發出啁啾的叫聲。

Solomón→Shelōmō

Soma　蘇摩△（【梵】榨取的汁液）：1.（吠陀宗教）祭酒和神酒，榨取自蘇摩草，類似於**甘露**（Amrita），飲者可以長生不死，亦指酒神，為蘇摩酒的人格化。2.（印度教）東北方天界的守護神，其後被**伊舍那**（Īsha）取代。他坐著十駕馬車，持蓮花和巨杵。蘇摩也融合印度教的月神**旃陀羅**（Chandra），相當於伊朗的**豪麻**（Haoma）。

Sopadhishesha-Nirvāna　有餘涅槃：（佛教）指證阿羅漢果者死前所證，已斷生死因，尚有生死果待斷，死後則入**無餘涅槃**（Nirupadhishesha-Nirvāna），大乘則從這個小乘的觀點發展出**無住處涅槃**（Apratishthita-Nirvāna）。

Sopdet→Sothis

Sopdu　索普杜△（尖牙）：（埃及）沙漠神，「東部沙漠的主宰」，尼羅河三角洲東部的神，稱為「異鄉神」。他讓東部閃族及臨

邦臣服於國王，在西乃山礦區受崇拜，鷹首人身，和**哈拉赫特**（Harachte）融合為哈爾索普杜（Har-Sopdu）。

Sophía　智慧▽：（諾斯替）靈體和創世者，智慧和世界靈魂的人格化，別名為「光的少女」、「黑色母親」。她以童貞生了**雅他巴沃**（Jaldabaoth）。她為愛而違背父神**比托斯**（Bythos）的旨意懷孕，其後卻流產，為此被驅離光明國度到人間，直到世界末日。另一則神話則說：苦惱的智慧為了領悟那無法理解的比托斯，而攪亂永世（Aiónes）的「豐滿」（Pleroma），為此**霍洛斯**（Hóros）將她驅離豐滿，而成為地上的**阿哈莫特**（Achamoth）。

Sophonias→Zefanjāh

Sopono→Shakpana

Sōshāns→Saoshyants

Soshigata　祖師：（日本佛教）禪宗衣鉢傳承，在印度自**釋迦牟尼佛**（Shākyamuni）以降傳 28 祖，在中國傳六祖，菩提達摩（Bodhidarma）即禪宗印度 28 祖，中國初祖。所以禪宗門派皆溯源自六祖惠能及其禪門五宗（溈仰、臨濟、曹洞、雲門、法眼）。

Sōshyans→Saoshyants

Sothis　索提絲▽、【埃及】Sopdet（天狼星）：天狼星的人格化。埃及曆法以尼羅河氾濫為歲始，相當於天狼星升起，因此她也是帶來豐收的尼羅河氾濫神和新年神。儘管歲始以及氾濫期距離天狼星升起的日子越來越遠，她仍舊是「新年女王」。一個「索提絲年」相當於1,460年，即以天狼星在黎明時升起的日子為新年。她也是死者的守護神，會以生命之水潔淨他們。後來她與**依西斯**（Isis）融合為「依西絲索提絲」。

Spandaramet　斯班達拉瑪特▽：（亞美尼亞）大地女神、冥府女神和死神。基督宗教傳入後，她的名字即等同於「地獄」。

Spenta Armati→Armaiti

Spenta Mainyu　斯班塔・曼紐△（【祆語】聖靈）、【中古波斯】Spēnāk Mēnoi：（伊朗）主司生命的善神，善與光明的人格化。他是**阿胡拉・瑪茲達**（Ahura Mazdā）的兒子，和惡神**安格拉・曼紐**（Angra Mainyu）是孿生兄弟，和他爭鬥了9,000年。他父親要他創造一個善的世界。在中古波斯的帕拉維語（Pahlawi）

斯芬克斯
希臘神話的怪物，有女性頭部和
胸部，以及帶翼的獅子身體。

文獻裡，他變成**奧瑪茲**（Ōhrmazd）
的形象。

Spes 斯培斯▽（【拉丁】希
望）：（羅馬）象徵希望的女神，
在羅馬擁有許多神殿，她頭戴花
飾，手持麥穗。

Sphínx 斯芬克斯△▽：1.（埃
及）人面獅身怪物，例如基薩的人
面獅身像。2.（希臘）女性怪物，有女性頭部和胸部，以及帶翼的
獅子身體。她是**艾希德娜**（Échidna）和**提封**（Typhón）的女兒，
克貝羅斯（Kérberos）、**奇麥拉**（Chímaira）和**希德拉**（Hýdra）的
姐妹。她盤踞在底比斯城外，給來往旅人出謎題，答不出來的人，
她就吃掉他們，直到**伊底帕斯**（Oidípus）解開謎題才拯救了底比
斯城。繪畫：A. D. Ingres（1808）、P.R. Picasso（1953）；戲劇：H. v.
Hofmannstahl（1906）。

Sraosha 服從神、斯羅夏（【祆語】服從）、【近世波斯】
Srosh：（伊朗）靈體，服從的人格化，**阿胡拉·瑪茲達**（Ahura
Mazdā）的使者，晨曦的守護神，服從神、**密特拉**（Mithra）和**拉
什努**（Rashnu）是**揀擇之橋**（Chinvat-peretu）的冥府判官。他會
引導潔淨的靈魂升天，是七個**聖神**（Amesha Spentas）之一。在末
日打敗**艾什瑪**（Aēshma），喚醒**凱勒薩斯帕**（Keresāspa）。他的聖
物是公雞，其啼聲提醒人類要盡宗教義務。每月七日是他的聖日。
其後他被同化為基督宗教的**加百列**（Gabri'ēl）。

Srin-po 辛波、Sri：（西藏）苯教傳說中住在地底的吸血巨
魔。

Srosh→Sraosha

Ssu-ming 司命△：（中國）命運神，記錄人間功過，上報太
一，以決定延長或縮短人們的壽命。他後來被同化為**灶君**（Tsao
Chün）。

Stihi 史提希▽：（阿爾巴尼亞）看守寶藏的女魔，形如帶翼噴
火的巨龍。

Stribog 史崔堡△：（東斯拉夫）風神和暴風雨神。在伊果詩

歌（Igorlied）裡，風是「史崔堡的天使」。

Stýx　斯提克斯▽（可憎者）：（希臘）女神，冥河的人格化，該冥河源自**歐開諾斯**（Okeanós），為陽世和陰間的界河。斯提克斯屬於**女河神**（Okeanínes），是歐開諾斯和特條斯（Tethys）的長女，帕拉斯（Pallas）的妻子，碧雅（Bia，暴力）、齊洛斯（Zelos，妒嫉）、克拉托斯（Kratos，權力）和**耐奇**（Níke）的母親。諸神會對著斯提克斯宣告其聖誓。

Succubus　女夢魔▽【拉丁】succumbere＝倒臥）：（基督宗教）女魔，在男人睡夢時誘惑他們，和他們行淫。其男性對耦是**夢魔**（Incubus）。在「獵女巫」的時代，許多婦女被指控為魔鬼的女夢魔。

Sucellos　蘇瑟羅△：（克爾特）高盧的槌頭神、死神，主宰豐收、飲酒和狂喜出神，經常與**南多斯薇塔**（Nantosuelta）為伍，手持槌頭和瓶子。蘇瑟羅相當於愛爾蘭的**戴亞**（Dagda）以及威爾斯的**桂狄恩**（Gwydyon）。

Suchos　蘇赫士△、【埃及】Sobek（鱷魚）：（埃及）鱷魚神和水神，「自象島的源頭引來河水，以尼羅河氾濫土地」。他是「田野的主宰，植物的統治者，自其身體汩流出佳餚」，使大地豐收。他的聖地在多沼澤的法尤姆（Fayum），由於該地是商業和政治中心，因此蘇赫士也成為主神。他是童貞的**奈特**（Neith）的兒子，有鱷魚的頭，人的身體，中王國時期和**雷**（Re）融合為「蘇赫士雷」。

Suchur-mash　蘇胡馬什：（蘇美和阿卡德）怪物，上半身和前腳似山羊，卻有魚的下半身和尾鰭，是**恩奇**（Enki）的臣屬。他是阿卡德的**納布**（Nabū）的聖獸。

Sudalaimadasamy　蘇答來瑪答撒米△（火場的主宰）：（古印度）塔米爾族（Tamil）的守護神和村落神。

Sudicka→Rod

Sugaar　蘇噶爾（公蛇）、Maju：（西班牙巴斯克地區）形象如蛇的天氣神，住在地底下，出沒時會帶來暴風雨。他經常以半月形的火燄樣子飛越天際，當蘇噶爾和妻子**瑪莉**（Mari）於禮拜五下午兩點見面時，總會下起傾盆大雨或冰雹。

蘇赫士
埃及鱷魚神、水神和豐收神。

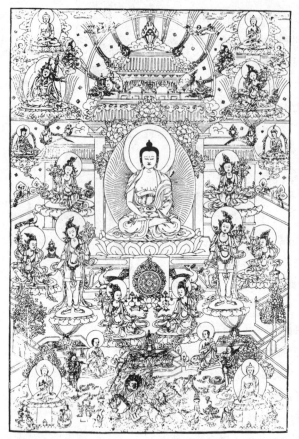

極樂世界
佛教淨土，有阿彌陀佛住世。

Sukhāvati 極樂世界：（佛教）無量光明的樂土，又稱西方淨土，是大乘佛教最著名的佛國，有**阿彌陀佛**（Amitābha）住世。稱唸佛號者得生彼極樂淨土，直至涅槃。

Sukkubus→Succubus

Suku 蘇庫△：（安哥拉）姆本杜族（Mbundu）的造物神和祖神，國王的名字裡經常有「蘇庫」的字眼。

Sulaimān→Shelōmō

Summanus 蘇馬努斯△：（伊特拉斯坎和羅馬）夜晚的雷電神。在羅馬，女穀神祭司（Fratres Arvales）會以黑閹羊獻祭。

Sumuqan→Shakan

Sundaramūrti 孫陀羅穆提△：（印度教）西元九世紀的聖者，**濕婆**（Shiva）的忠實信徒，以升天的故事聞名。他在濕婆現慈悲相的畫像中受崇拜。

Sündern 罪人△▽：指稱其行為牴觸神的秩序的人們，他們處於有罪的狀態，死後到地獄去。他們經常和魔鬼、惡魔和女巫有牽扯。

Sunna→Sól

Supārshvanātha 蘇巴爾斯伐那陀△：（耆那教）救世者，現在世的**渡津者**（Tirthankara），他是蘇婆羅提斯陀（Supratishtha）和**比里底毘**（Prithivi）的兒子，以卍字為其符號，意指諸神、人類、畜牲和地獄眾生四個階級。他的身體是綠色。

Superman 超人△：（美國）擁有超能力的英雄，美國愛國主義的典型，捍衛真理、正義和「美國風格」，科幻漫畫裡的人物，綽號為「鋼人」（man of steel），生於克里頓行星（Krypton），在該星球毀滅時飛到地球來，降落於美國中部，由肯特夫婦（Martha

孫陀羅穆提
西元九世紀的印度教聖者升天的
故事。

and Janathan Kent）撫養長大，給他取名為克拉克（Clark），長大
後力大無窮，於地球和星際間的冒險裡大發神威。他飛行速度比光
速還快，眼睛可以發射熱光，有透視和望遠的能力。他刀槍不入，
只怕來自克里頓星球的物質。他擔任世界警察的角色，對抗所有邪
惡勢力。他的敵人是路瑟（Luthor）、機器人和各種自然災難。漫
畫：Jerry Siegel and Joe Shuster (1938 ff.)；音樂劇（1966）；電影
（1975）。

Surabhi　輪羅毘▽（【梵】豐饒的母牛）：（印度教）**毘濕奴**
（Vishnu）**權化**（Avatāra）為**巨龜**（Kūrma），攪動乳海，從海漚裡
生出輪羅毘，她被尊為乳酪的泉源。

Suriel→Ūri'ēl

Sursunabu→Urshanabi

Surtr　蘇爾特△（【古北歐】黑色的、邪惡的）：（日耳曼）**突
爾斯族**（Thurs）的噴火巨怪，與諸神為敵，象徵火的毀滅力量。
他是**袞勒德**（Gunnlöd）的父親，看守**火國**（Muspelheim）。在**諸
神黃昏**（Ragnarök）的時候，他祭起火燄劍（surtarlogi），在決戰
中殺死赤手空拳的**弗瑞**（Freyr），踩斷**彩虹橋**（Bifröst）。冰島的熔
岩洞蘇特斯赫勒（Surtshellir），以及 1963 年形成的敘爾特塞島
（Surtsey），都是以他為名。他可能就是**穆斯佩**（Muspell）。

Sūrya　蘇利耶、日曜△（【梵】太陽）、Savitri、Savitar（驅策
者）：1.（吠陀宗教）帶來光明和溫暖的太陽神。他是天神**特尤斯**

（Dyaus）和地母**比里底毘**（Prithivi）的兒子，和他的兄弟**阿耆尼**（Agni）以及**因陀羅**（Indra）組成早期的三聯神。他的妻子是**車野**（Chāyā），和她生了**土曜**（Shani）。2.（印度教）西南天界的守護神，後來被**泥哩陀**（Nirrita）取代，是**九曜**（Navagraha）之一。科納拉克（Konarak）的太陽神廟即事奉祀蘇利耶。他坐著七駕馬車，由**阿盧那**（Aruna）御車。他的標誌是蓮花、金剛杵、海螺和日輪。

Susa-no-o　須佐之男△：（神道教）風暴神，海的主宰，其後成為愛情與婚姻的守護神。須佐之男是**伊邪那歧**（Izanagi）的兒子，**天照大神**（Amaterasu）和**月讀命**（Tsuki-yomi）的弟弟，**櫛名田姬**（Kushi-nada-hime）的丈夫，**大國主神**（O-kuni-nushi）的父親。伊邪那歧自黃泉國歸來，在海水裡禊祓，洗鼻子時化生出須佐之男。他殺死**八岐大蛇**（Koshi），在蛇尾裡發現天叢雲劍（Kusanagi-no-tsu-rugi），獻給姐姐天照大神。但是他毀壞她的稻田，玷污她的神社，於是天照大神忿而遁入**天之岩戶**（Ama-no-iwato）。

Sutech→Seth

Suttungr　蘇頓格△：（北日耳曼）約頓族（Jötunn）的海怪，擁有**詩人之酒**（Skaldenmet），由其女兒**袞勒德**（Gunnlöd）看守，卻被**歐丁**（Odin）偷走，帶回**愛瑟神族**（Asen）。

Suwā'　素佤爾▽：（阿拉伯）：胡戴里族（Hudhail）崇拜的女神，其聖地在麥加附近的魯巴村（al Rubat），在《古蘭經》裡曾提及她（71:22-24），是**努哈**（Nūh）時代的異教神。

Suyolak　蘇尤拉克△：（吉普賽）熟悉所有藥草的巨人和巫

超人
現代英雄，有飛行能力的外星人，力大無窮，甚至能掙斷鐵鏈。

須佐之男
神道教的風暴神，和姐姐天照大
神一起殺死八岐大蛇。

師。他被綁在石頭上，如果被他掙脫，就會毀滅世界。

Svadilfari 斯瓦狄爾法里△：（日耳曼）公馬，和羅奇（Loki）化身的母馬生下神駒斯雷普尼爾（Sleipnir）。

Svantevit 斯萬提維特△、Svetovit（svet＝強壯、神聖）、Svantaviz、Zwantewit、Zuantevith：（斯拉夫）呂根島（Rügen）的戰神、最高神、田野神，農耕的守護神，人們在豐年祭裡敬拜他，他的標誌是每年收成季節盛滿穀物的豐饒角。他的祭典裡也包括馬占，在出征前以獻給他的白馬跨越三排交叉的長矛，由白馬的動作占卜吉凶。戰利品的三分之一要獻給他。斯萬提維特有四個頭。

Svarloka 天界：（印度教）三界（Triloka）裡的上界，為光明和天體的國度：**月曜**（Chandra）、**星宿神**（Nakshatra）、**水曜**（Budha）、**火曜**（Mangala）、**木曜**（Brihaspati）、**金曜**（Shukra）**日曜**（Sūrya）、**土曜**（Shani）、**羅睺**（Rāhu）、**計都**（Ketu）。

斯萬提維
斯拉夫的戰神和田野神，有四個
頭。

Svarog 斯伐洛各△、Svarožič（【俄羅斯】svarit'＝結婚）、
Zuarasici、Zuarasiz：（東斯拉夫）太陽神、火神、灶神、冶鐵
神、婚姻的守護神和最高神。他是**達博各**（Dabog）的父親，類似
於希臘的**黑腓斯塔斯**（Héphaistos）。

Svetovit→Svantevit

Syqenesa 敘肯妮薩▽、Syqeneza：（阿爾巴尼亞）女巫，
「有母狗般的眼睛」。她誘拐年輕婦女，把她們扔到鍋子裡煮來吃。
她有四隻眼睛，兩隻在前，兩隻在後。

Szél 斯齊爾（風）：（匈牙利）邪惡的風魔，世界黑暗面的人
格化，和代表光明的**伊斯頓**（Isten）作對。巨龍**薩坎尼**（Sárkány）
的尾巴也叫作斯齊爾，他會以尾巴殺人。

T

Ta'aroa 塔羅阿△：（波里尼西亞）創世神，他創造自己，是諸神的祖先。他獨自住在黑暗的蚌殼裡（像蛋一樣），外殼叫作「魯米亞」（Rumia）（混沌）。他撞破一個洞鑽了出來。但是所有黑暗和沉默也都衝了出來，於是他躲到另一個蚌殼去，以新的蚌殼當作大地，以舊蚌殼為穹蒼，他自己則變成提圖姆（Te Tumu）（泉源），創造諸神，並抖落其羽毛成為各種植物。而覆蓋地表的穹蒼則被大章魚吐姆萊弗娜（Tumura'i-feuna）（天空之始）的觸手壓住。塔羅阿是**歐洛**（Oro）的父親，經常等同於**坦哥羅厄**（Tangaroa）。

Tabiti 塔比提▽：（西西亞）女火神、動物的主宰、最高神，別名為「大女神」。她有雙翼，四周圍繞著各種動物。

Tadebejos 塔得比約斯：（西伯利亞）涅涅茨族（Nenets）和薩摩耶德族（Samoyedic）的神靈，遍佈於在水裡、空氣裡和地底。

Tages 塔格斯△：（伊特拉斯坎）有老者智慧的神子。他是大地的兒子，在犁田時從犁溝裡跑出來。塔格斯也是文明始祖，教人類以動物內臟占卜。他的下半身是兩條蛇。

T'ai-i 太一、太乙：（中國）天神，居於紫宮。宋朝時成為九位星神的領袖，叫作「九宮太一」，而三一（San-i）則是源自太一。

Tailtitu 泰爾提烏▽：（克爾特）愛爾蘭的大地女神和節慶女神，土地和自然力量的人格化。她是光明神**路格**（Lug）的奶媽，撫養他長大，直到他能夠使用武器。泰爾提烏死後，路格遵守承諾，把她葬在以她為名的平原的山丘上。

T'ai-sui-hsing 太歲星：（中國）時節神和行星神（木星），每12年繞行太陽一周。

T'ai-yüeh-ta-ti 泰嶽大帝、東嶽大帝：（中國）山神，玉皇大帝的臣屬。主宰大地和人間，「岱宗上有金篋玉策，知人年壽修短」。「泰山君領群神五千九百人，主治死生，百鬼之主帥也」，設有管理人仙命籍的 72 司或 75 司，掌管人的生死貴賤、婚姻子嗣。

Tajin 塔金（雷電）：（印第安）托托納克族（Totonac）的雨神和雷雨神。塔金相當於薩波特克族（Zapotec）的**科奇就**

扎佐提俄特

KNAURS
LEXIKON
DER
MYTHOLOGIE

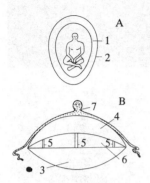

波里尼西亞的世界圖像

A. 蛋狀的太初狀態：
1. 內殼，塔羅阿住在裡頭；
2. 外殼魯米亞（混沌）。

B. 創世後的蚌殼狀的世界：
3. 以內殼創造的地界，有泉水（Te Tumu）和岩石（Te Papa）；
4. 以外殼創造的天界；
5. 自泉水和岩石生出托住天界的支架；
6. 撐出的空間裡充滿女神雅忒阿（Atea）；
7. 大章魚吐姆萊弗娜（天空之始）包覆著蚌殼狀的現在世界。

（Cocijo）、馬雅族的**恰克**（Chac）、阿茲提克族的**特拉洛克**（Tlaloc）。

Takama-ga-hara　高天原：（神道教）天界、天神的住所，有遼闊的平原，高山流水，花草樹木，飛禽走獸。諸神在天河（Ama-no-gawa）經常乾涸的河床上聚會。平原上還有**天照大神**（Amaterasu）的**天之岩戶**（Ama-no-iwato）。高天原以**天之浮橋**（Ama-no-uki-hashi）和人間相連。**黃泉國**（Yomi-no-kuni）則與天界對立。

Taka-mi-musubi-no-kami　高御產巢日神、高皇產靈尊△：（神道教）始祖神和天神，五位**別天津神**（Koto-amatsu-kami）之一。他是**布刀玉命**（Futotama-no-mikoto）的父親，和**天照大神**（Amaterasu）合力統治世界。

Taka-okami　高龗神△：（神道教）雨神和雪神，住在山上，其形為蛇或龍。

Take-mika-zuchi　建御雷之男神△：（神道教）雷神和風暴神。他是**天照大神**（Amaterasu）的將軍，和**經津主神**（Futsu-nushi-no-kami）合力平定葦原中國，以立**邇邇藝命**（Ninigi）為王。

Ta'lab　塔拉布△（山羊）：（阿拉伯）示巴人（Sabaean）的族神和預言神，以山羊為其符號。

Táltos　塔托斯（【土耳其】talt＝昏厥）：（匈牙利）薩滿。他們自出生即被選為薩滿，以起乩傳達神旨，經過種種考驗，攀上**擎天樹**（Tetejetlen nagy fa）。在薩滿競賽裡，白塔托斯扮成白牛或白馬，打敗扮成黑牛或黑馬的黑塔托斯，意味著戰勝災害和疾病。塔托斯以薩滿鼓狂舞出神，靈魂升到**天國之堡**（Kacsalábon）或下地獄，以體驗不可思議的事物。

Tama-yori-hime　玉依姬、玉依毗賣命▽：（神道教）女海神、日本天皇家的祖神，她是**綿津見神**（Wata-tsu-mi）的女兒，**豐玉姬**（Toyo-tama）的妹妹，**天津**（Ama-tsu）的姨媽和妻子，和她生了**神武天皇**（Jimmu-tennō）。

Tambon　坦波恩▽（水蛇）、Djata、Putir（大地）：（印尼）達雅克族（Dajak）的大地女神、冥府神、鱷魚神，她和丈夫**汀崗**

坦木茲
阿卡德的植物神和復活神。

（Tingang）合為唯一雌雄同體的神，創造宇宙樹，所有子孫皆生自該樹。

Tamdrin→Hayagriva

Tammūz→Tamūzu

Tamuno　塔姆諾▽：（奈及利亞）伊布族（Igbo）的母神、豐收神、造物神和守護神，以盛滿黑土的陶鍋為其標誌。

Tamūzu　坦木茲△、【希伯來】Tammūz：（阿卡德）植物神，他是**伊亞**（Ea）或**欣**（Sin）的兒子，**貝勒朵莉**（Bēletsēri）的哥哥，**伊西塔**（Ishtar）的情人。他每年溽暑都會死掉而到冥府去。人們為了哀悼他，每年於坦木茲月（Tammus）的第四天舉行葬禮。現在的猶太曆和阿拉伯曆都還有坦木茲月。他相當於蘇美的**杜木茲**（Dumuzi）。

Tana'oa→Tangaroa

Tane　坦尼△（人類）、Kane：（波里尼西亞）森林神、林中野獸神，工匠和伐木匠的守護神，為**塔羅阿**（Ta'aroa）所創造的世界帶來光明。**晦羅**（Whiro）是他的死敵。坦尼是天神**蘭吉**（Rangi）和地母**帕帕**（Papa）的兒子，他把兩夫婦分隔兩地。他的兄弟有**坦哥羅厄**（Tangaroa）、**圖**（Tu）、**倫哥**（Rongo）、**哈米亞**（Haumia）和**塔西里**（Tawhiri）；他的妻子是**希娜**（Hina），和她生了**希妮努提波**（Hine-nui-te-Po）。天神塔羅阿把第十重天和最高天賜給他居住。他以斧頭為符號。

T'ang　湯、商湯、成湯：（中國）商朝開國君主，為了拯救生民脫離多年的乾旱（八年裡發生了七次），他身裹白茅投身火堆獻祭，於是「四海之雲湊，千里之雨至」。商湯是**帝嚳**（K'u）和**舜**（Shun）的後裔。

坦哥羅厄
波里尼西亞的造物神和海神，身
體上是他所造的萬物。

Tangaloa→Tangaroa

Tangara　坦噶拉：（西伯利亞）雅庫特族（Yakut）的天神。他相當於阿爾泰族（Altaic）的**騰格雷**（Tengere）和蒙古的**騰格里**（Tengri）。

Tangaroa　坦哥羅厄△、Tangaloa、Tana'oa：（波里尼西亞）造物神、海神、風神、漁業神，以及王室的祖神。他是天神**蘭吉**（Rangi）和地母**帕帕**（Papa）的兒子，他的兄弟有**坦尼**（Tane）、**圖**（Tu）、**倫哥**（Rongo）、**哈米亞**（Haumia）和**塔西里**（Taw-hiri）。坦哥羅厄巡視無垠的大海時，他的使者鳥提利（Tili）找尋歇腳的地方。於是坦哥羅厄扔下一顆石頭，變成島嶼。提利又抱怨無處遮蔭，坦哥羅厄便要他種植葡萄，由葡萄樹誕生出人類。「西奧維利宗教運動」的創始者西奧維利（Sio-Vili）於 1836 年到薩摩亞島，便自稱為「坦哥羅厄的先知」。坦哥羅厄經常等同於**塔羅阿**（Ta'aroa）。

Tangata Manu　坦加塔瑪奴：（波里尼西亞）鳥人。只要高官的僕役在海鷗築巢季節弄到第一只蛋，那位高官顯貴就可以當一年的坦加塔瑪奴，成為**馬奇馬奇**（Makemake）的代理人。其形象為半鳥半人，是每年祭典的對象。

Tängi→Tengri

Tanit→Tinnit

Tan-kun　檀君：（韓國）神人，韓國的建國者（2332 B.C.），韓國人的始祖。他教導人們砍樹、種田、蓋房子和廚藝。他是**桓雄**（Ung）和熊女的兒子。韓國以西元前 2332 年 3 月 10 日為紀元，即是紀念其建國事蹟。新興宗教「檀君教」也是以他為名。

Tanngnjóstr and Tanngrísnir　坦格紐斯特和坦格里斯尼爾（【古北歐】咬牙者和磨牙者）：（日耳曼）拉著**托爾**（Thor）戰車的兩頭山羊，托爾以左手御車，右手揮舞雷神鎚（Mjöllnir）。

Tanngrísnir→Tanngnjóstr

Tannin　大紅龍（【希伯來】蛇、海怪、鱷魚）、【希臘】Drákon（龍）、【拉丁】Draco：1.（猶太教）太初的怪物，象徵混沌的力量和神的仇敵，等同於**鱷魚**（Liwjātān）。2.（基督宗教）末日的大紅龍，先是統治整個世界，然後被推翻。他別名為「古蛇」。「他

的尾巴拖拉著天上星辰的三分之一，摔在地上。龍就站在那將要生產的婦人面前，等她生產之後，要吞噬她的孩子。」巨龍和他的使者與**米迦勒**（Michaél）及其使者爭戰失敗，被摔在地上。「龍見自己被摔在地上，就逼迫那生男孩子的婦人。他在婦人背後，從口中吐出水來像河一樣。地卻幫助婦人，開口吞了從龍口中吐出來的水，讓她不致被沖走。」「龍向婦人發怒，去與她其餘的兒女爭戰。」火紅的龍有七頭十角，七頭上戴著七個冠冕。他等同於**撒但**（Sātān）和**魔鬼**（Diábolos）。迫害懷孕婦人及其肚子裡的孩子的龍，相當於希臘神話裡追殺懷孕的**麗托**（Letó）的巨龍**提封**（Typhón）。

Tántalos　坦塔羅斯△、【拉丁】Tantalus：（希臘）弗里吉亞的國王，他是**宙斯**（Zeús）的兒子，狄俄涅（Dione）的丈夫，**皮洛普斯**（Pélops）和**妮歐貝**（Nióbe）的父親。諸神在**奧林帕斯山**（Ólympos）歡宴時，他偷走**神饌**（Ambrosía）和**神酒**（Néktar），要去招待凡間的朋友。為了試驗諸神是否無所不知，坦塔羅斯殺了皮洛普斯給諸神作菜。諸神懲罰他的惡行，讓他在**地底深淵**（Tártaros）受飢渴之苦。即使河水和果樹到了嘴邊，他還是飢渴難耐，因為只要他一靠近，河水和果樹就會消失不見。

Tao　道：（中國）道家萬物源泉的中心概念，是天地之母，生育萬物，為萬物之所歸。老子的《道德經》即在闡述對道的領悟以及「德」的全體大用。

Tao-te t'ien tsun　道德天尊：（中國）天神，統治太清仙境，為**三清**（San-ch'ing）之一。他化身不同形象以傳道，等同於**太上老君**（Lao-chün），也就是老子。

Tapio　塔皮歐△：（芬蘭）森林神，他會幫獵人把動物趕出森林。塔皮歐是**妮爾克絲**（Nyrckes）的丈夫，**安妮奇**（Annikki）的

大紅龍
猶太教和基督宗教神話裡的怪物，追殺要生產的婦人，要吞噬她的孩子。他有七頭十角（A. Dürer）。

父親。為了要滿載而歸，獵人會把獵到的第一隻動物獻祭給他，置於松樹的低枝上面，叫作「塔皮歐的餐桌」。

Tārā 度母、多羅菩薩▽（【梵】星星、救度母）、Tārini、【西藏】Dölma：（佛教）女性菩薩，慈悲的象徵，有108個稱號，相當於 108 顆念珠。她有 21種化身，其中七種白色，九種綠色，其他還有黃色、藍色和紅色。綠度母和黃度母是西藏的守護神。度母代表般若，是**不空成就如來**（Amoghasiddhi）的眷屬。她有四面二臂（或八臂），結施願印和轉法輪印，手持蓮花。

綠度母
佛教的菩薩。

Taranis 塔拉尼斯△（【威爾斯】taran＝雷電）：（克爾特）高盧的天神和雷雨神，族人會以把人擺在木桶裡燒化獻祭給他。他的標誌是輪子和電束，他相當於羅馬的**朱庇特**（Iupiter）。

Tarchunt 塔渾特△（戰勝者）：（胡里安）天氣神。

Tarchunt→Taru

Taringa-Nui 塔林嘎努伊△（大耳朵）：（波里尼西亞）漁神，漁民每次出海都會向他祈求庇佑，在船首安置他的神像。

Tārini→Tārā

Tartalo→Torto

Tártaros 塔塔羅斯、地底深淵△、【拉丁】Tartarus：（希臘）1.在地底深處的黑暗冥府，諸神的牢獄，例如**宙斯**（Zeús）便把**泰坦族**（Titánes）關在裡頭。那裡也是壞人永受刑罰的監獄：**坦塔羅斯**（Tántalos）、**薛西弗斯**（Sísyphos）、**提條斯**（Tityós）、**奧利安**（Oríon）和**達瑙斯諸女**（Danaídes）。地底深淵有三重圍牆，外有**培里弗列格頓河**（Pyriphlegéthon），和**極西樂土**（Elýsion）形成對比。2.冥府的人格化，塔塔羅斯是**蓋婭**（Gaía）的兒子，和她生了**艾希德娜**（Échidna）和**提封**（Typhón）。

Taru 塔魯△、Tarchunt：（原始赫地）天氣神，**烏倫謝姆**（Wurunshemu）的丈夫，**伊娜拉**（Inara）和**德利庇努**（Telipinu）的父親。他相當於西台的**伊什庫**（Ishkur）。

Tarzan 泰山△：（英國和美國）力大無窮的森林英雄，為生存而戰鬥的典型，在自然與文明的爭戰中求生的強者，奇幻小說的主

角。泰山是格雷斯托克爵士（Greystocke）的兒子，美國人珍（Jane）的丈夫，傑克（Jack）的父親。泰山生於非洲的無人海灘，父母親死後，由失去愛子的母猿撫養長大，泰山以一本舊書自學，並且學會用刀。他成為人猿族的首領，冒險犯難，身手矯健，以樹藤在叢林裡擺盪。因為他非常聰明且通曉多種語言，叔叔幫助他成為英國貴族成員。小說：Edgar Rice Borrough (1912－1944)；漫畫（1929）；電影（1918）。

Tashmētu 塔什美杜▽（滿足請求）：（阿卡德）應許祈禱且「赦罪」的女神。她教導信眾以泥版書寫。她是**納布**（Nabū）的妻子。

Tashmishu 塔什密蘇△：（胡里安）天氣神**德蘇卜**（Teshub）的弟弟和隨從。

Tate 塔特△：（印第安）達科塔族（Dakota）的風神，四季的主宰。**斯坎**（Skan）指示他讓哪些靈魂通過冥路。

Tatenen 塔特嫩△、Tenen、Ten：（埃及）始祖神和地神，象徵在太初時自大海裡隆起的山丘，亦即大地。他掌管地底的礦藏，餵養生自地底的萬物。他是所有存在的起源，也是時間神和工匠神，幫助人們建神殿。他有山羊角和鳥羽。後來他和**普塔**（Ptah）融合為「普塔塔特嫩」，和**霍魯斯**（Horus）融合為「霍魯斯塔特嫩」，也和**奧賽利斯**（Osiris）結合，奧賽利斯墓園就在塔特嫩的山丘上。

Tathāgatha 如來：（佛教）佛陀的稱號。

Tathāgatha→Dhyāni-Buddha

Ta-uret→Thoëris

Taurvi→Zārich

Trāyastrimsha 三十三天、忉利天：（佛教）住在同名天界的神族，為欲界第二天，諸神壽命1,000年，而天界一天為人間100年，共有33位神，由帝釋（Sakra）統治。

Tawa 塔瓦：（印第安）普埃布羅族和霍皮族（Pueblo-Hopi）的太陽神，他創造人類，屬於祖靈**克奇納**（Katchinas），頭上飾有老鷹羽毛。

Tawhaki 塔瓦基△：（波里尼西亞）毛利族的雷電神，貴族英

大禹
中國治水的英雄。

雄。他啟程去尋求父親赫馬（Hema），向虐待他父親的地靈報仇，愚笨的弟弟卡里奇（Kariki）也隨行。塔瓦基是瓦希羅亞（Wahieroa）的父親。他化身為龍或是乘龍上天，途中遇到瞎眼的祖母淮提里（Whaitiri），他讓她復明。塔瓦基類似於他的孫子**拉塔**（Rata）。

Tawhiri　塔西里△：（波里尼西亞）暴風雨和自然災害的神。他是天神**蘭吉**（Rangi）和地母**帕帕**（Papa）的兒子，兄弟有**坦尼**（Tane）、**坦哥羅厄**（Tangaroa）、**圖**（Tu）、**倫哥**（Rongo）和**哈米亞**（Haumia）。塔西里不滿坦尼把父母親分隔兩地的作為，派四面風和雨雲去摧毀坦尼的森林，沖擊坦哥羅厄的海水。自此兩兄弟爭鬥不休。

Tawiskaron　塔維斯卡隆△（燧石）：（印第安）易洛魁族（Iroquois）的惡靈和大巫師，和善良的兄弟**提哈隆夏瓦根**（Teharonhiawagon）作對，破壞他創造的萬物。

Tawrich→Zārich

Ta-yü　大禹　（中國）夏朝的建國君王，**舜**（Shun）的後繼者，治水的英雄，他鑿山疏流，將水引入東海。他遍歷九州，三過家門而不入，得了偏枯之病（偏癱），其後舞蹈中的**禹步**（Yü-pu）即是模仿他的步法。

Ta'ziya　台阿茲葉【阿拉伯】哀悼）：（伊斯蘭）紀念什葉派殉道的**伊瑪目**（Imām），尤其是**侯賽因**（al-Husain）。在紀念活動裡，會表演殉難情節的戲劇，從穆哈蘭月（一月）上旬開始，初十是活動的高潮。

Tcabuinji und Wagtjadbulla　查布伊尼和瓦扎布拉△：（澳洲）雷電神兄弟，他們為了爭奪哥哥的妻子加南妲（Cananda）而鬩牆，後來弟弟被殺。

Tēbāh　方舟（【希伯來】箱子）、【希臘】Kibotós、【拉丁】Arca：1.（猶太教）**耶和華**（Jahwe-Elōhim）要挪亞（Nōach）造方舟，讓他的家族和（潔淨或不潔淨）的畜類上船躲避洪水。方舟是以歌斐木造的，分上、中、下三層樓。2.（基督宗教）洗禮、教會和永生的典型。

Tecciztecatl　帖奇茲卡特△（來自蝸牛殼島的）：（印第安）

阿茲提克族暴躁的太陽神，
與謙和的**納納瓦欽**
（Nanautzin）相對。他後來
成為月神和曆法神，主司每
月的第六天。在世界第五個
時期開始時，他宣告將為拯
救宇宙而自焚獻祭，讓日月
循軌運行，普照大地。他的
標誌是蝸牛殼。

Tefnut　特芙努▽（濕
潤）、【希臘】Tphenis：
（埃及）作為宇宙基本元素的

台阿茲葉
伊斯蘭教紀念侯賽因殉道的節
日。

濕氣的人格化，為萬物帶來生機的露珠女神，**舒**（Schu）的妹妹
和妻子，**蓋布**（Geb）和**努特**（Nut）的母親。她和舒讓大地一分
為二，開始生命的交配繁衍，他們是「生育諸神的神侶」。埃及曆
5月1日是她的節日。她是女獅神，其形象為獅頭人身，其祭典以
和好儀式為中心，包括唸誦禱詞、音樂、舞蹈和獻酒。在羅馬時
代，特芙努和舒組成雙子星。後來她被同化為**瑪特**（Ma'at）。

Teharonhiawagon　提哈隆夏瓦根△（雙手撐住天空的）、
Oterongtongnia（小樹）：（印第安）易洛魁人（Iroquois）的善神和
造物神，賜予人們健康和幸福，善行的人格化。他的兄弟**塔維斯卡
隆**（Tawiskaron）經常阻礙或毀壞他的善行，最後起衝突，由提哈
隆夏瓦根獲勝。他相當於清晨和白晝。

Te Io Ora　德伊奧歐拉△：（波里尼西亞）**伊奧**（Io）的男性
生命核心，源自**雅忒阿**（Atea）。他的女性對耦神是**伊奧瓦希妮**
（Io Wahine）。

Teiresías　狄瑞西亞斯△、【拉丁】Tiresias：（希臘）底比斯
的盲眼先知和占卜者。狄瑞西亞斯是尤瑞斯（Eueres）和仙女夏莉
克蘿（Chariklo）的兒子，有一次他撞見**雅典娜**（Athéne）裸身沐
浴，雅典娜讓他失明，卻賜給他通曉鳥語的能力。或謂**宙斯**
（Zeús）和**希拉**（Héra）爭辯在性愛中男性或女性比較快樂，讓狄
瑞西亞斯評評理，他認為女性的快樂是男性的九倍，惱羞成怒的希

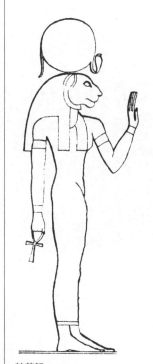

特芙努
埃及獅面人身的露珠女神，賜給
萬物生命。

提露絲
羅馬大地女神和植物神，抱著嬰兒，旁邊有懷孕的母牛。

拉就把他弄瞎，宙斯則賜給他預言的能力和七倍於常人的壽命。他預言了**伊底帕斯**（Oidípus）的罪行，**奧德修斯**（Odysseús）也曾在陰間向他問卜。

Telipinu 德利庇努△、Telipuna：（原始赫地）植物神，**塔魯**（Taru）和**鳥倫謝姆**（Wurunshemu）的兒子，夏提庇娜（Chatepinu）的丈夫。他主司雷電和降雨。他發脾氣而「失蹤」時，天上和人間萬物一片死寂。於是諸神到處找他，西台女神**哈那哈那**（Channachanna）的蜜蜂看到他在樹林裡睡覺，以蜂刺螫醒他，而人類則以祭典向他告饒，於是他回到人間，結束了旱災。他的聖地在首都哈圖夏（Chattusha）。

Teljawelik 提亞維里克、Telvelik：（立陶宛）冶鐵神，他打造太陽神**莎勒**（Sáule），置於天空。

Tella→Churri

Tellus 提露絲▽（【拉丁】土地）：（羅馬）大地女神和植物神，播種地的神，肥沃土壤的人格化。她別名為「地母」（Terra Mater）。人們以懷孕的母牛獻祭給立於和平祭壇（Ara Pacis）的她。提露絲和**刻瑞斯**（Ceres）有關，相當於希臘的**蓋婭**（Gaía）或**狄美特**（Deméter）。

Telvelik→Teljawelik

Tempon Telon 騰朋提隆△：（印尼）達雅克族（Dajak）傳說中的鬼差，以冥船帶領死者靈魂到陰間去。

Ten→Tatenen

Tenen→Tatenen

Tenga 坦加▽：（上伏塔）莫西族（Mosi）的大地女神和多產神。她是天神**納溫德**（Na-Wende）的妻子，所有叢林和樹木的母親。她會以乾旱懲罰人類的罪行，例如：殺戮、強暴和作偽證。人們於播種祭時會在田裡設壇獻祭。

Tengere 騰格雷△：（西伯利亞）阿爾泰族的天神。他相當於雅庫特族的**坦嘎拉**（Tangara）和蒙古的**騰格里**（Tangri）。

Tengri 騰格里△（天）、Tängri：（蒙古）天神、牧草和牲畜的多產神、命運神。他的別名為「強大的騰格里」（erketü Tengri）、「永遠的騰格里」（möngke Tengri）、「藍色永遠的騰格里」（köke möngke Tengri)。布里雅特人（Buryat）稱他為「光頭的父親騰格里」（Esege Malan Tengri）。他是最高的天神，為 99 位天父之首，其中 44 位在東方，55 位在西方，或謂北方有三位。**愛土艮**（Etügen）的 77 位地母則與 99 位天父相對耦。騰格里相當於西伯利亞的**騰格雷**（Tengere）以及雅庫特族的**坦噶拉**（Tangara）。

Ten-gū　天狗：（日本）山林裡的鬼怪，住在樹枝上，經常驚嚇孩童，其首領為崇德天皇。他們有鳥嘴和長鼻子。

Tennit→Tinnit

Tennō　天皇△：（神道教）日本皇帝和神道教教主的頭銜。第一位天皇是**神武天皇**（Jimmu-tennō, 660－585 B.C.），他是**邇邇藝命**（Ninigi）的曾孫，而邇邇藝命則是**天照大神**（Amaterasu）的孫子。天皇**八幡大神**（Hachiman）也很有名。二次大戰後，美國要求第 124 代的裕仁天皇（1926－1989）在1946年新年對國人的演講中，宣布為了新憲法而放棄神權。

Tepeyollotli　提佩約洛特△：（印第安）阿茲提克族的地神和洞穴神，引致地震和回聲，他也是曆法神，主司每月第三天以及夜晚第八個鐘頭。美洲豹是他的聖獸。

Terminus　特米努斯△（【拉丁】界碑）：（羅馬）界碑的人格化。2 月 23 日的特米努斯節（Terminalia）是他的節日。

Terpsichóre　特普西科麗▽（喜歡跳舞）：（希臘）舞蹈和豎琴的繆思，她是**宙斯**（Zeús）和**尼莫西妮**（Mnemosýne）的女兒。

Tesheba　德謝巴△：（烏拉圖）天氣神，和哈爾第（Chaldi）以及**施維尼**（Shiwini）組成三聯神，相當於原始赫地的**塔魯**（Taru）、胡里安的**德蘇卜**（Teshub）以及西台的**伊什庫**（Ishkur）。

Teshub　德蘇卜△、Teshup：（胡里安）天氣神，取代父親庫馬比（Kumarbi）成為天界第四位神王。他是**沙烏什卡**（Shaushka）和**塔什密蘇**（Tashmishu）的兄弟，**赫巴**（Chebat）的丈夫，**沙魯馬**（Sharruma）的父親，由公牛神**胡里**（Churri）和**謝里**（Sheri）拉著他的戰車，飛越納尼山（Nanni）和哈齊山（Hazzi）。他手執雙頭斧和電戟，相當於原始赫地的**塔魯**（Taru）、烏拉圖的**德謝巴**

（Tesheba）以及西台的**伊什庫**（Ishkur）。

Tetejetlen nagy fa　擎天樹：（匈牙利）宇宙樹，穿過眾多世界和天界，直到天頂。擎天樹下的山丘則是宇宙山的山巔。攀上擎天樹是對**塔托斯**（Táltos）的薩滿考驗。

Teteo innan　提提歐伊南▽（諸神之母）、Tonan、Tonant-zin：（印第安）阿茲提克族的大地女神和諸神之母，她是婦女們的生產神，男人們的戰神，也是巫醫、卜者和產婆的守護神，手持掃帚。

Tethra　提特拉△：（克爾特）**弗摩爾族**（Fomore）的國王，統治**馬格梅爾**（Mag Mell）。他在第一次**馬格杜雷**（Mag Tured）的戰役裡殉難。

Teufel　惡魔△：指稱某些具大能的超自然存有者，他們和諸善神、天使或人類對立，代表邪惡，大部分住在地獄裡。惡魔是眾魔鬼的首領，他會誘惑人類為惡，驅使女巫，控制罪人。著名的惡魔包括：**阿里曼**（Ahriman）、**安格拉・曼紐**（Angra Mainyu）、**魔鬼**（Diábolos）、**彼列**（Belija'al）、**別西卜**（Beëlzebúl）、**魔羅**（Māra）、**巴祖祖**（Pazūzu）、**撒但**（Sātān）。雕塑：N. d. Saint Phalle (1987)；繪畫：D. A. Siqueiros (1947)、K. Sugai (1954)；銅版畫：A. Dürer (1523)；芭蕾舞劇：F. Lhotka (1935)。

Teutates　泰烏塔特斯△（【高盧】族父）、Totatis：（克爾特）高盧的戰神、氏族神、手工藝神、豐收神和財神。他有許多綽號：「世界王」（Albiorîx）、「戰鬥王」（Caturîx）、「有王者風範者」（Rîgisamos）、「氏族王」（Toutiorîx）、「發光者」（Loucetios）、「偉大的年輕人」（Manopos）。

Tezcatlipoca　帖茲卡特里波卡△（冒煙的鏡子）：（印第安）阿茲提克族的獨腳戰神、氏族神、豹族戰士的守護神、復仇神、巫師和惡棍的守護者。他也是曆法神，主司每月第十天以及夜晚的第十個鐘頭、夜空、冬天和北方。黑暗的帖茲卡特里波卡和光明的**維齊洛波齊特利**（Huitzilopochtli）對立，是**奎茲克亞托**（Quetzalcoatl）的死敵。他誘拐了女神**霍奇奎茲**（Xochiquetzal）。他也是落日神，有一次冥府的門提早關上，使他斷了一條腿。他的身體被塗成黑色，胸前有一面鏡子。他的聖獸是美洲豹。帖茲卡特

里波卡相當於馬雅族的**胡拉坎**（Huracán）。

Thab-lha　塔拉△：（西藏）苯教的灶神，以火燒化一切不淨者。他的身體是紅色的，以蛇為其聖物。

Thakur Baba　塔庫爾巴巴△：（古印度）桑塔爾族（Santal）的太陽神和主神，別名為「辛強多」（Sing Chando）。

Tháleia　塔麗亞▽（盛開者）、【拉丁】Thalia：（希臘）1.主司優雅、美麗和歡樂的女神，是**優美三女神**（Chárites）之一。2.詩、喜劇和牧歌的歡悅繆思。她是**宙斯**（Zeús）和**尼莫西妮**（Mnemosýne）的女兒。她的標誌是面具、常春藤頭冠和拐杖。

Thalna　塔爾娜：（伊特拉斯坎）生產女神，經常陪同天神**提尼亞**（Tinia）降臨。

Thánatos　塔那托斯△（死亡）：（希臘）死神，自然或意外死亡的人格化。他帶領死者到冥府去。他是**妮克絲**（Nýx）的兒子，**克兒**（Kér）、**希普諾斯**（Hýpnos）、**莫姆斯**（Mómos）、**尼美西斯**（Némesis）和**伊莉絲**（Éris）的兄弟。他是帶有雙翼的惡魔，手持下垂的火炬。

Theía　帖亞▽（神）、【拉丁】Diva：（希臘）泰坦族（Titánes）的光明神和星宿神。她是**蓋婭**（Gaía）和**烏拉諾斯**（Uranós）的女兒，**希培利溫**（Hyperíon）的妻子，和他生了**赫利奧斯**（Hélios）、**色麗妮**（Seléne）和**伊奧斯**（Eós）。

Thémis　特密斯▽（法規、法律）：（希臘）正義、法制和倫理的女神，為諸神和人類維持正義。特密斯是**蓋婭**（Gaía）的女兒，**宙斯**（Zeús）的妻子，和他生了**命運三女神**（Moírai）和**荷萊三女神**（Hórai）。特密斯從母親那裡接掌德斐神諭，其後則傳給妹妹**佛伊貝**（Phoíbe）。她曾以神諭警告宙斯和**波塞頓**（Poseidón）不要娶**泰蒂斯**（Thétis）。

Thermutis→Renenutet

基督教的魔鬼和帶翼天使在爭奪人類，神告誡他說：「你不可以拜別的神！」魔鬼和天使是人類和動物混合的怪物。

Thesan 提珊▽：（伊特拉斯坎）晨曦女神和助產神，相當於希臘的**伊奧斯**（Eós）和羅馬的**奧羅拉**（Aurora）。

Theseús 提修斯△：（希臘）雅典的英雄和國王。他是國王**艾格烏斯**（Aigeus）和**艾特拉**（Aithra）的兒子，**安提娥培**（Antiópe）的丈夫，和她生了希波呂托斯（Hippolytos）；他又娶了**斐杜拉**（Phaídra），和她生了德莫封（Demophón）和阿卡瑪斯（Akamas）。他在科林斯附近殺死強盜西尼斯（Sinis），在克里特島的**迷宮**（Labýrinthos）藉由**阿麗雅德妮**（Ariádne）之助，殺死**米諾托**（Minótauros），誘拐她離開克里特島，但是把她扔在那克索斯島（Naxos）。他和**培里托斯**（Períthoos）到冥府去，要擄回**波賽芬妮**（Persephóne）。雕塑：Canova（1782）；繪畫：N. Poussin、O. Kokoschka（1958）；歌劇：Lully（1675）、Händel（1713）。

泰蒂斯
希臘神話的海洋仙女，化身為各種動物（獅子、蛇）和想要娶她的培里烏斯角力，努力要掙脫他。

Thétis 泰蒂斯▽：（希臘）海裡的**涅留斯族**（Nereídes）仙女，她是**涅留斯**（Nereús）和女河神多麗絲（Doris）的女兒，培里烏斯（Peleús）的妻子，和他生了**阿奇里斯**（Achilleús）。諸神參加他們的婚禮，席間**帕利斯**（Páris）把**伊莉絲**（Éris）的蘋果判給了**阿芙羅狄特**（Aphrodíte）。泰蒂斯想讓她的新生兒子長生不死，卻被丈夫阻撓，於是她憤而回到海裡。

Thinit→Tinnit

Thjazi 提亞齊△：（日耳曼）暴風魔，住在喧囂國（Thrymheimr），是阿瓦爾第（Alvaldi，全能者）的兒子，**斯卡地**（Skadi）的父親。提亞齊有一次擄走女神**伊頓**（Idun），**托爾**（Thor）藉**羅奇**（Loki）之助殺死他，把他的眼睛扔在天空變成星星。提亞齊的形象為老鷹。

Thoëris 托埃利斯▽、Toeris、Ta-uret（巨大者）：（埃及）河馬女神和生產女神，保護分娩和哺乳時的母親，其形象為直立且懷

孕的河馬，或是有鱷魚頭和獅腳。手拄著環結，那是某種護身符。

Thökk 托克▽（【古北歐】感謝、歡喜）：**約頓族**（Jötunn）巨魔，冥府女神**黑爾**（Hel）要所有人神都為巴爾德的死哭泣才願意讓他重回人間，可是只有他沒有哀悼**巴爾德**（Balder）的死亡，所以巴爾德只能在冥府待到**諸神黃昏**（Ragnarök）。

Thor 托爾△、（【古北歐】）、【古德語】Donar：（日耳曼）雷神、暴風雨神和豐收神，保護諸神和人類，對抗**約頓族**（Jötunn）巨魔。他征服了**隆尼爾**（Hrungnir）、**希米爾**（Hymir）、**斯克里米爾**（Skrýmir）、**提亞齊**（Thjazi）和**特里米爾**（Thrymr）。托爾是**歐丁**（Odin）和**約得**（Jörd）的兒子，**席芙**（Sif）的丈夫，**烏勒**（Ull）的繼父，由兩頭山羊**坦格紐斯特和坦格里斯尼爾**（Tanngnjóstr and Tanngrísnir）拉他的戰車。在**諸神黃昏**（Ragnarök）時，托爾會以**雷神鎚**（Mjöllnir）殺死**密得噶索默**（Midgardsomr），自己卻被他的毒霧害死。禮拜四（【德語】Donnerstag、【古德語】donarestag、【英語】Thursday、【丹麥和瑞典】Tordag）即是以他為名，因為他後來被同化為**朱庇特**（Iupiter）。化學元素釷（Thorium）的命名也與他有關。他也出現在漫畫《雷神》裡（The Mighty Thor, 1962）。

Thot 托特△（【希臘】）、【埃及】Djehuti、【科普特】Thout：（埃及）月神，又稱為「銀色的阿頓」。在月亮圓缺的神話裡，托特找回**霍魯斯**（Horus）失去的眼睛並且治好他。因為埃及曆是陰曆，所以他也是「時間的主宰和歲月的計算者」。他記錄國王們的歲祚以及人類的壽命。他是書寫和算術的守護神，掌管史料館和圖書館，住在保存一切知識的「生命之屋」裡。他是「群書之王」，是作家們的守護神，他們則自稱「托特的行會」，在每次寫作前都會以一滴墨水向他獻祭。他是文字和演說的創造者，也是「異邦的主宰」，異族語言皆源於他。而由於書寫和演說有法律和制度的目的，因而他也是法規的守護神，是「律法的主宰」。古老的神聖文字也出自其手，是「神的話語」，傳遞神祕的知識，規定祭祀的禮儀。所有的知識都匯集於托特，而由於知識擁有權力，因此他也是巫術之神。他是「霍魯斯眼睛的醫生」，把藥典傳授給醫生們。藉著咒語的力量，他也成為造物神和世界主宰。他和太陽神雷（Re）

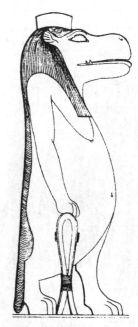

托埃利斯
埃及河馬女神和生產女神，其形象為直立且懷孕的河馬，或是有鱷魚頭和獅腳。

托爾
日耳曼的雷神，漫畫《雷神》的
主角。

以咒語創造諸神、人類和萬物。由
於他曾服事**奧賽利斯**（Osiris），因
此也是冥府神，照顧每個死者。他
在陰間法庭裡記錄死者的心靈的重
量。由於到奧賽利斯那裡以前必須
先經過他，因此他也是引靈者。他
也是使者神，向國王告知孩子的誕
生。托特是太陽神雷的兒子和隨
從，**瑪特**（Ma'at）的哥哥和丈夫，
又娶了**妮赫梅塔瓦**（Nechmet-
awaj），生了奈夫爾霍
（Neferhor），和他們組成三聯神。
埃及第十八王朝的諸王皆以他名為
「圖特摩斯」（Thutmosis）（意為托
特的子孫），埃及曆的一月也以他
為名，至今科普特曆仍沿用其名。
埃及曆 1 月 19 日是他的節日，也
是亡靈祭。他的聖地是位於尼羅河
三角洲的小赫莫波利斯
（Hermopolis parva），以及上埃及
15 區的大赫莫波利斯（Hermopolis
magna）。托特形如朱鷺或是鷺頭
人身，有時候則為狒狒的形象，手持棕櫚管筆。希臘人把他同化為
赫美斯（Hermés）。

Thout→Thot

Thrãetaona 特雷丹納△、【近世波斯】Feridūn（法里丹）：
（伊朗）太陽神和戰神。他也是打敗蛇魔**阿日達哈卡**（Aži Dahāka）
的英雄，把牠綁在德馬凡山（Demavand）。作為戰神和火神，他
則被稱為法里丹。

Thrivaldi 特里瓦第△（【古北歐】三個強者）：（日耳曼）**約
頓族**（Jötunn）的三頭巨魔，他和**托爾**（Thor）有一場激烈的爭
鬥，被托爾砍下他的三個頭。

Thrúdgelmir 特魯斯格米爾△（【古北歐】猛力嘶吼者）：
（日耳曼）**約頓族**（Jötunn）的七頭水怪，他是**奧爾格米爾**
（Aurgelmir）的兒子，**貝爾格米爾**（Bergelmir）的父親。

Thrúdr 特魯德▽【古北歐】力量、女人）：（日耳曼）**托爾**
（Thor）的妻子，象徵托爾的力量。**隆尼爾**（Hrungnir）曾把她擄
走。她的名字後來變成 Trud 和 Drud，意思是女巫和女魔法師。

Thrymr 特里米爾△（【古北歐】喧囂）：（日耳曼）統治**突爾**
斯族（Thurs）的巨魔，有一次他偷了**托爾**（Thor）的雷神鎚
（Mjöllnir），被托爾打死。艾達詩集裡的「特里米爾之歌」
（Thrymskvida）即以他為名。

Thunderbird 雷鳥：（印第安）**亞爾岡京族**（Algonkin）傳說
裡有神力的老鷹，守護神、戰神和雨神，以鷹嘴閃電，以雙翼打
雷。他幫助**馬拿保斯何**（Manabhozho）打敗**奇俾亞多斯**
（Chibiados）。

Thurs 突爾斯族【古北歐】巨人）：（日耳曼）巨魔，會侵擾
婦女的身體和靈魂，帶來疾病。突爾斯族裡包括巨怪**外域羅奇**
（Útgardaloki）和**穆斯佩**（Muspell），而特里米爾（Thrymr）是他
們的首領。其中一群突爾斯族組成**霜怪**（Hrímthursar）。**伊米爾**
（Ymir）死後，突爾斯族皆淹死於其血泊中，除了**貝爾格米爾**

托特
埃及的審判神，死者到冥府時，
他會記錄心靈的重量。左首的阿
努庇斯把死者帶到陰曹，置於天
秤上。右首則是霍魯斯，帶領通
過審判的死者到奧賽利斯跟前。

雷鳥
印第安的戰神和雨神，形如老
鷹，以鷹嘴閃電，以雙翼打雷

提阿瑪特
阿卡德神話裡萬物和諸神的母
親，其形象為太初巨龍，被馬爾
杜克殺死。

（Bergelmir），他是**約頓族**（Jötunn）
的祖先。**托洛爾族**（Troll）和突爾斯
族很類似。

Tiāmat　提阿瑪特▽◇（海）：
（阿卡德）太初時的混沌巨龍，海水的
人格化，萬物的母親，她原本是淡水
神**阿普蘇**（Apsū）的妻子，後來則成
為其子**金谷**（Kingu）的妻子。她是**拉赫穆**（Lachmu）和**拉哈穆**
（Lachamu）的母親。在創造宇宙以前，提阿瑪特和阿普蘇組成原
始海洋，「他們的海水匯集在一起」。產生若干神族世代以後，**伊
亞**（Ea）殺死阿普蘇，提阿瑪特為了報仇，誓言要消滅年輕神
族，被「屠龍者」**馬爾杜克**（Marduk）殺死，像貝殼一樣剖開他
的屍體，分別成為天和地。在聖經《創世記》（1:2）裡，提阿瑪特
叫作深淵（Tehōm）。

Tiberis　台伯△：（羅馬）河神，義大利中部台伯河的人格化，
羅馬在其下游。台伯是女神祭司**莉雅・西薇亞**（Rhea Silvia）的丈
夫，他的神殿位在羅馬的台伯島。

Tibil　底庇勒：（伊朗）曼德恩教派裡充滿邪惡、謊言和死亡的
黑暗世界，是**塔希爾**（Ptahil）以日益濃稠的黑水創造的，由星神
路哈（Rūhā）及其子統治，到了末日，底庇勒會和路哈被大火燒
死。

Tieholtsodi　提荷索底：（印第安）統治陸邊水域的怪物，有
藍鷺、青蛙和暴風雨輔助他。有一次他和人類爭吵而帶來洪水，**科
約特**（Koyote）則讓洪水退去。

T'ien　天：（中國）諸神居住的 36 個天界，分為六層。其中最
重要的是**三清**（San-ch'ing），住著三位**天尊**（T'ien-tsun）。最高天
則是大羅天，「玉京山冠於八方，上有大羅天」，分隔宇宙和諸恆
星。

T'ien Kung　天公：（中國）即天帝。

T'ien Shih　天師：（中國）東漢傳五斗米道的**張道陵**（Chang
Tao Ling）及其繼承者的稱號。

T'ien-tsun　天尊：（中國）神仙的極尊，降凡教誨人類修道，

其中包括**元始天尊**（Yüan-shih t'ien-tsun）、**靈
寶天尊**（Ling-pao t'ien-tsun）和**道德天尊**（Tao-
te t'ien-tsun）。他們等同佛教的菩薩。

Tiermes 提爾美士：（拉普蘭）雨神和暴風
雨神，能夠決定人類的生死。他駕著白雲翱翔天
際，負著裝有雷電的背囊，把電束往大地擲去。
他是拉普蘭人的最高神，後來分化為**霍拉加列斯**
（Horagalles）和**瓦拉登歐麥**（Waralden-
Olmai）。

Tijaz→Tiwaz

Tiki 提奇△（人類）、Ti'i、Ki'i：（波里尼西
亞）毛利族的天神，**坦尼**（Tane）創造的第一
個男人，他是**希娜**（Hina）的丈夫。提奇患
病，而希娜無法以魔法治療他，於是世界就有了
死亡。「提奇」也是指作為牆飾的木頭或石頭神
像。

Tu-lo-pa 帝洛巴△：（藏傳佛教）瑜祇和上
師。他是**那若巴**（Na-ro-pa）的老師，84位**大成就師**（Mahāsiddha）
之一。他在禪定中見到**空行母**（Dākini）並且和本初佛金剛持
（Vajradhara）合而為一。他手持魚、小鼓（damaru）和劫波杯
（kapāla）。

中國六重天界，分班列位。

提阿瑪特和阿普蘇的譜系。

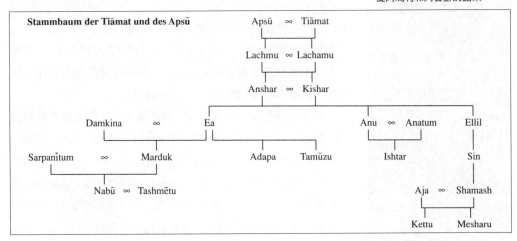

503

**動物神和
怪物**

Tiergottheiten und Mischwesen　動物神和怪物：

　　體現動物們比人類更強大的身體和心靈力量，尤其他們的速度、飛行和游水的能力、多產力、蛻皮回春，以及狡猾敏捷。他們的形象或為動物，或為半獸半人，或為怪物。在埃及、希臘或印度的神話裡，動物神的角色很重要。他們源自許多種屬，其中多為節肢動物，如蠍子和甲蟲；脊椎動物如海裡的魚；爬蟲類如鱷魚和水蛇；天上的飛鳥以及陸上的哺乳動物。蛇的角色亦正亦邪，例如：埃及的蛇怪阿波非斯（Apophis）、希臘的九頭蛇希德拉（Hýdra）、日耳曼的密得噶索默（Midgardsomr）；而印度教的阿南達（Ananta）被尊為宇宙蛇，象徵世界的無限性，為濕婆的休憩所；龍王（Nāgas）是守護神和豐收神。在埃及神話裡，則有鷹神霍魯斯（Horus）、母牛神哈托爾（Hathor）和公牛神阿庇斯（Apis）。在印度教神話裡最著名的則有猴神哈努曼（Hanumān）和公牛神難提（Nandi）。此外還有非洲埃維族神話的山羊神索（So），日耳曼神話的狼魔芬力爾（Fenrir），日本的稻荷神（Inari），印第安亞爾岡京族傳說的雷鳥（Thunderbird）。

　　除了動物形象的神以外，還有各種怪物，他們或者是若干動物的混合，或者是半人半獸，擁有不尋常的力量，有時候凶猛危險，有時候卻也會守護人們，帶來好運。大致上有五種類型的怪物：

1. 單一種類的動物，例如蛇，其身體某部位有若干殖生，像是希臘的九頭蛇希德拉，印度的五頭龍阿南達以及五頭蛇魔卡利亞（Kāliya）。

2. 由不同動物身體部位組成的怪物，例如許多神話裡的巨龍，或是蘇美的獅鷲印杜古（Imdugud）；伊朗神話裡有犬首、獅爪和孔雀羽的駿鷹思摩夫（Simurg）；阿卡德神話裡有蛇頭、獅爪、鷹腳和蠍刺的穆修素（Mushussu）。

3. 半獸半人的怪物，稱為獸人，例如蘇美的半蠍人格塔布路魯（Girtablulu）；埃及的赫普里（Chepre）有金龜子的頭；蘇美的俄安內（Oannes）、閃族西部的大袞（Dagān）、希臘的特里頓（Tríton），日耳曼的尼克斯（Nixen），則是半人魚；希臘的巨人神族（Gígas）、印度教的龍、中國的女媧，皆是半蛇人；埃及的蘇赫士（Suchos）是鱷魚人。擁有鳥的器官的則有：埃及的巴

504

（Ba）、霍魯斯、雷（Re）、依西斯（Isis）和托特（Thot），希臘的愛洛斯（Éros）、耐奇（Níke）、普緒喀（Psyché）和賽倫女妖（Seirénes）（她們有鳥類和少女的身體，以歌聲引誘船員），羅馬的守護神（Genius），印度教的乾闥婆（Gandharva）、迦樓羅（Garuda）、緊那羅（Kinnaras），猶太教的基路伯（Kerubim）、撒拉弗（Serafim），以及基督宗教的天使。印度教猴神哈努曼是半猴半人，埃及的安努畢斯（Anubis）是狗頭人身。埃及的貝斯蒂（Bastet）是貓首人身，埃及的薩赫美特（Sachmet）、特芙努（Tefnut）和印度教的獅面人（Narasimha），皆為獅面人身。印度教的迦尼薩（Ganesha）是象頭人身。此外還有希臘的半人馬族（Kéntauroi）。克爾特的塞努諾斯（Cernunnos）頭上有鹿角，埃及的哈托爾是牛首人身。希臘的米諾托（Minótauros）、伊朗的哥帕夏（Gōpat-Shāh）則是半人半牛的怪物。埃及的赫努（Chnum）有公羊頭，希臘的潘神（Pán）和薩提羅斯（Sátyros）有山羊的身體，印度教的瓦拉哈（Varāha）有野豬的頭。

4. 由若干動物和人類身體組成的怪物，例如埃及的貝斯（Bes）；阿卡德的拉瑪蘇（Lamassu）；希臘的斯芬克斯（Sphínx）、哥爾根（Gorgón）、哈皮亞（Hárpyia）；斯拉夫的史克扎特（Skrzat）；伊朗的埃昂（Aión）；猶太教和基督宗教的魔鬼（Diábolos）和撒但（Sātān）；伊斯蘭的布拉哥（Burāk）則有駿馬的身體，婦女的臉和孔雀的尾巴。

5. 最特別的一種怪物則是有部分身體器官增生的人類，有多於常人的頭、手臂、腿或胸部，包括希臘的兩性神赫美芙羅狄特（Hermaphróditos）、有許多乳房以象徵多產的阿提密斯（Ártemis）；羅馬的雙面神雅努斯（Ianus）；斯拉夫的四面神斯萬提維特（Svantevit）；印度教的兩頭七臂三腳的阿耆尼（Agni）、四面四臂的梵天（Brahmā）、四臂的因陀羅（Indra）、濕婆（Shiva）和伽梨（Kāli）；佛教的千手千眼觀音。許多怪物會危害世界，例如希臘的哥爾根，猶太教的摩洛（Moloch）或基督宗教的撒但，但也有些怪物是救世者，例如中國的龍，便代表正面的力量。

鷺鷥首人身的使者神托特在指示人類和諸神。

Timirau→Tinirau

Tina→Tinia

Tindalo 汀答羅：（美拉尼西亞）顯貴死後的靈魂。有時候他會轉世為鯊魚、蛇或鱷魚。人們會為他立像，以食物和金錢獻祭。

Tingang 汀崗（犀鳥）、Mahatala、Mahataral：（印尼）達雅克族（Dajak）的天神，天界的統治者。他和**坦波恩**（Tambon）是雌雄同體的神，創造了宇宙樹，所有子孫皆生自該樹。

Tinia 提尼亞△、Tina、Tin：（伊特拉斯坎）天神、最高的光明神、雷電神，統治兩個神族。他住在穹蒼的北邊。提尼亞是**烏妮**（Uni）的丈夫，**曼內娃**（Menrva）的父親，和她們組成三聯神。他手持電束、長矛和節杖。提尼亞相當於希臘的**宙斯**（Zeús）和羅馬的**朱庇特**（Iupiter）。

Tinilau→Tinirau

Tinirau 提尼勞△、Sinilau、Kinilau、Timirau、Tinilau：（波里尼西亞）海神，海洋是他的王國，鯊魚和鯨魚是他的使者。他有兩個身體，分別是形象似魚的神以及人類的身體，也有兩張臉。神的臉高雅、慈愛且美麗。

Tinnit 提妮特▽、Thinit、Tenneit、Tanit：（腓尼基）在迦太基僅次於**巴力哈們**（Ba'al-Chammōn）的主神、城市神、天神和多產女神。她的綽號是「巴力的容顏」，在她的神殿曾挖出許多燒黑的孩童屍體，羅馬皇帝厄勒加巴（Elagabal, 218－222B.C.）以艾米沙城（Emesa）的太陽神厄勒加巴的聖石像和提妮特的神像，舉行神族婚禮。她的標誌是石榴、無花果、麥穗和葡萄，符號是所謂「提妮特記號」，即三角形或梯形，上面有權杖或圓盤。她相當於希臘的**阿提密斯**（Ártemis）和羅馬的**朱諾**（Iuno）。

Tir 諦爾△：（亞美尼亞）預言神，主宰書寫和祭祀的神。曆法上的四月（Trē）即以他為名。許多人名也源自於他。諦爾相當於希臘的**阿波羅**（Apóllon）。

Tir→Tishtrya

Tirawa 提拉瓦△（上面的父親）：（印第安）波尼族（Pawnee）的造物神和穹蒼神。他是地母**亞提拉**（Atira）的丈夫。風是他的呼吸，雷電是他的眼光。

Tiresias→Teiresías

Tirthankara 渡津者（【梵】）、Tirthamkara：（耆那教）救世者，渡脫眾生離開輪迴（Samsāra）的暴流。現在世的 24 位渡津者中包括：**勒沙婆**（Rishabha）、**蘇巴爾斯伐那陀**（Supār-shvanātha）、**摩利**（Malli）、**阿利濕達內彌**（Arishthanemi）、**巴濕伐那陀**（Pārshvanātha）。世間日益汙濁，渡津者的身長和壽命也跟著縮短。在天衣派（Digambara）傳說裡，渡津者是裸體的，只以身體顏色和標誌作區別。他們共同的象徵是蛾眉月，為解脫的符號。

Tishpak 提什帕克△：（阿卡德）1.埃什努納城（Eshnunna）的城市神。2.殺死海怪**拉布**（Labbu）的英雄。

Tishtrya 提什崔亞△（【祆語】獵戶座的三顆星）、Tir：（伊朗）天狼星神、雨神和豐收神，是**雅扎塔**（Yazata）之一。他化身為白馬，藉助於**阿胡拉·瑪茲達**（Ahura Mazdā），打敗**阿帕歐夏**（Apaosha）的禿毛黑馬。每年四月和每月 13 日是他的節日。提什崔亞相當於亞美尼亞的**諦爾**（Tir）。

Titánes 泰坦族△：（希臘）在奧林匹亞諸神以前的自然神，與奧林匹亞諸神為敵。他們是**蓋婭**（Gaía）和**烏拉諾斯**（Uranós）的六個兒子和六個女兒，和**獨眼神族**（Kýklopes）、**百手神族**（Hekatoncheíres）是表親。泰坦族諸神包括：**歐開諾斯**（Okeanós）和特條斯（Tethys）、**希培利溫**（Hyperíon）和**帖亞**（Theía）、**克羅諾斯**（Krónos）和**麗娥**（Rheía）、科伊歐斯（Koios）和**佛伊貝**（Phoíbe）、克雷歐斯（Kreíos）和攸里碧亞（Eurybie）、**亞佩特斯**（Iapetós）和克里梅妮（Klymene）。克羅諾斯率領泰坦族推翻父親的統治，並且從**地底深淵**（Tártaros）釋放獨眼神族和百手神族。後來**宙斯**（Zeús）得獨眼神族和百手神族之助，和泰坦族爭戰十年，結果克羅諾斯被推翻，黯然下台，墮到地底深淵。繪畫：Rubens (1635)、Feuerbach (1879)。

Tityós 提底歐斯△：（希臘）埃維亞島（Euboea）的地底巨怪。他想要玷污**麗托**（Letó），被其子女**阿波羅**（Apóllon）和**阿提密斯**（Ártemis）以箭射死。自此他在**地底深淵**（Tártaros）受刑，被綁在地上，讓兩隻禿鷹啄食他的肝，而每天又長出新的肝來。

Tiuz→Týr

Tiwaz→Týr

Tiwaz 塔瓦茲△、【巴萊語】Tijaz：（小亞細亞）盧維族（Luwian）的太陽神，即西台的**伊什塔努**（Ishtanu）。

Tlahuizcalpantecutli 特拉維查潘特庫特里△（黎明之屋的主人）：（印第安）阿茲提克族的英雄、晨曦神和晨星神。他在曆法上的名稱為「切亞卡特」（Ce acatl），掌管白晝的第 12 個鐘頭，是**綺瑪曼**（Chimalman）的兒子。他相當於**奎茲克亞托**（Quetzalcoatl）。

Tlaloc 特拉洛克△（使萬物萌芽者）：（印第安）阿茲提克族的水神、雨神和曆法神，主司每月第七日、夜晚第九個鐘頭以及白天第八個鐘頭，統治**特拉洛坎**（Tlalocan）。特拉洛克是**恰齊維特利古**（Chalchihuitlicue）的兄弟，**霍奇奎茲**（Xochiquetzal）的丈夫。他有長鼻子，手裡持著雷棍，他的象徵符號是十字形的「生命樹」。特拉洛克相當於馬雅族的**恰克**（Chac）、托托納克族的**塔金**（Tajin）、薩波特克族的**科奇就**（Cocijo）。

Tlalocan 特拉洛坎：（印第安）阿茲提克族神話裡的三重天界的最下層，雨神**特拉洛克**（Tlolac）的居所，為「水與霧之國」，位於高山上，接納意外死亡的人們：溺水或雷劈等。那裡是個樂園，有取之不盡的玉米、南瓜、胡椒、番茄、豆子和花朵，人類的靈魂在那裡悠遊自在，四年以後則會回到人間。

特拉洛坎
印第安的天界和雨雲樂園，由雨神特拉洛克統治。下面則是幸福靈魂的樂園。

Tlatecutli 特拉提庫特里△（大地之主）：（印第安）阿茲提克族的地神和曆法神，主司白天的第二個鐘頭。他身體蜷縮，手腳有爪子。

Tlazolteotl 特拉佐提奧托▽（廢物的女神）：（印第安）阿茲提克族的大地女神、月神、愛神、多產神和曆法神，主司每月第

14日、晚上第七個鐘頭和白天第五個鐘頭。她的別名是「吞噬穢物者」，意即罪人的汙行，尤其是通姦罪。如果那是眾人皆知的罪，便要被亂石砸死，如果是不為人知的罪，則可是向女神的祭司懺悔而獲免其罪。人們於收成祭（Ochpaniztli）時向她獻祭。有個雕像描繪她生出**辛提奧托**（Cinteotl）。

Tlillan-Tlapallan　特里蘭特拉帕蘭：（印第安）阿茲提克族三個天界的第二層，為「黑與紅的國度」（即智慧），能捨棄其身體的人們可以到該天界去。

Tlj　塔萊▽（霧水潤濕）、Tallai：（腓尼基和烏加里特）女神，和**阿爾賽**（Arsj）、**庇德萊**（Pidrai）同為**巴力**（Ba'al）的三個女兒或情人。她的別名為「雨的女兒」。

Tnong　農△：（南島語系）塞芒人（Semang）的太陽神，其形象為蜻蜓。

Toar　多雅路△：（印尼）米納哈薩地區（Minahasa）的太陽神，諸神和人類的祖先。多雅路是大地女神**恩朋魯米奴**（Empung Luminuut）的兒子和丈夫。

Tōbijjāhū　多俾亞△（【希伯來】神是好的）、【希臘】Tobit（托彼特）：（猶太教）來自納斐塔里族（Neftali）敬畏神的一對父子，仁慈和正義的典範，在沙耳瑪乃色王（Salmanassar V, 726－722 B.C.）統治時被擄往尼尼微（Ninive），他違抗統治者的命令，埋葬了被亞述人絞死的猶太族人。老多俾亞（托彼特）是亞納（Anna）的丈夫，生了

特拉佐提奧托
印第安的大地女神和月神，右側有蛇和蜈蚣交纏在一起。

小多俾亞。托彼特因為鳥糞掉到眼睛裡而瞎掉，要小多俾亞去遠方，**耶和華**（Jahwe-Elōhim）便差遣天使**辣法耳**（Refā'ēl）作他的同伴。他們在厄克巴塔納（Ekbatana）住到親戚辣古耳（Raguel）的家裡，辣古耳的女兒撒辣（Sara）嫁過七個丈夫，卻都因為魔鬼**阿斯摩太**（Ashmodai）的阻撓而死在洞房裡。多俾亞想娶她為妻，於是天使要他準備香爐和炭火，把抓來的魚心和魚肝放在上面以驅魔，而順利結婚。他偕妻回到尼尼微，以魚膽治癒父親的眼疾。聖經的《多俾亞傳》即以他們父子為名。繪畫：Rembrandt（1650/51）。

Toeris→Thoëris

Tōhū wābōhū　空虛混沌（【希伯來】）：（猶太教）在**耶和華**（Jahwe-Elōhim）以六日創世以前，大地混沌且潮濕的原始狀態。Tōhū 原本是深淵或地底，也指稱空虛或荒漠，Bōhū 的意思也一樣。

Tokay→Ayar Cachi

Tomam　拓滿▽：（西伯利亞）凱特人（Ket）和葉尼塞人（Yenisei）的鳥神，家禽的主宰。初春時分，她會在葉尼塞河的高岩上抖落巨翼的絨毛而化為鴨子、鵝和天鵝，並且差遣他們到人間。秋天的時候，她則把家禽變成絨毛，回到羽翼上面。

Tomorr　托摩爾△、Baba Tomor：1.（阿爾巴尼亞）培拉特城（Berat）附近的山，為諸神的居所。2.最高神、諸神和人類之父、農夫的誓約神。他的愛人是**布庫拉伊豆**（Bukura e dheut）。培拉特是他的聖城，風是他的隨從。

Tonacacihuatl　托納卡奇瓦托▽（我們血肉的女主人）：（印第安）阿茲提克族的穀神和豐收神，生活資糧的主宰，維繫人類的身體存在。她是**托納卡特庫德里**（Tonacatecutli）的妻子。托納卡奇瓦托相當於**西特拉里妮克**（Citlalinicue）和**奧美奇瓦托**（Omecihuatl）。

Tonacatecutli　托納卡特庫德里△（我們血肉的男主人）：（印第安）阿茲提克族的玉米神，他施與生活資糧，維繫人類的身體存在。他也是曆法神，主司每月第一日。他是**托納卡奇瓦托**（Tonacacihuatl）的丈夫，曾把女神**闇提柯**（Chantico）變成狗。

托納卡特庫德里相當於**西特拉托納克**（Citlaltonac）和**奧美提奧托**（Ometeotl）。

Tonan 托南▽（我們的母親）：（印第安）阿茲提克族的女火神，和其丈夫**托塔**（Tota）組成始祖神。

Tonan→Teteo innan

Tonatiuh 托納提烏△（升起以照亮者）、Piltzintecutli：（印第安）阿茲提克族的太陽神、白晝的主宰，朝陽的人格化，他也是曆法神，主司每月第九日、白天第三個鐘頭、夜裡第九個鐘頭。他統治最高天界**托納提烏希坎**（Tonatiuhican）。他的身體繪成紅色，頭戴著鷹羽冠，手持長矛和箭。

Tonatiuhican 托納提烏希坎：（印第安）阿茲提克族神話裡的最高天界，由**托納提烏**（Tonatiuh）統治。所有祭物、戰死者、早夭者、國王和死於旅途的商人，都可以到該天界。

Tonttu 佟圖、Tontu：（芬蘭）看守莊稼的家靈，類似於**帕拉**（Para）。

Tore 托瑞△：（薩伊）俾格米族（Pygmy）的地神、灌木叢神、森林神、狩獵神、風神和暴風雨神。族人會把狩獵首獲獻祭給他。在入會儀式裡，他會化身為動物（花豹）出現，彩虹則是他狩獵用的弓。

Tork 托爾克△：（亞美尼亞）天氣神、山神、山林裡的動物的守護神。

Torto 托爾多、Tartalo：（西班牙巴斯克地區）邪惡的洞穴精靈和獨眼巨怪，他會擄走少男，把他們肢解烤來吃。托爾多相當於**阿拉瑞比**（Alarabi）和希臘的**波呂菲摩斯**（Polýphemos）。

Tota 托塔△（我們的父親）：（印第安）阿茲提克族的火神，和妻子**托南**（Tonan）組成始祖神。

Totatis→Teutates

Totem→Ototeman

Toya-tama-hime 豐玉姬、豐玉毗賣命▽：（神道教）女海神，日本天皇家的始祖神。她是海神**綿津見神**（Wata-tsu-mi）的女兒，**玉依姬**（Tama-yori-hime）的姐姐。她的丈夫是**山幸彥**（Yamasachi），和他生了**天津**（Ama-tsu）。她告訴丈夫說她即將臨

Trikāya		Trikāya, der dreifache Leib des Buddha, und dessen Zuordnungen				
1. Dharmakāya:	Adi-Buddha:	ADI-BUDDHA				
2. Sambhogakāya:	Dhyāni-Buddhas:	Vairochana	Akshobhya	Ratnasambhava	Amitābha	Amoghasiddhi
3. Nirmānakāya:	Manushi-Buddhas:	Krakuchchanda	Kanakamuni	Kāshyapa	Shākyāmuni	Maitreya
Zuordnungen zu obigen Buddhas						
	Prajñas der Dhyāni-Buddhas:	Vajradhāt-vishvari	Locanā	Māmaki	Pāndarā	Tārā
	Dhyāni-Bodhisattvas:	Sāmantabhadra	Vajrapāni	Ratnapāni	Avalokiteshvara	Vishvapāni
	Richtung:	Mitte	Osten	Süden	Westen	Norden

佛的三身及其眷屬。

產並且要變回原形，請丈夫不要觀看。但是好奇的山幸彥還是窺伺妻子生產，看到她於臨盆時變成鱷魚。豐玉姬發現丈夫偷看，心生羞愧，於是跳到海裡去，留下父子在陸地上。

Trailokya→Triloka

Trāyastrimsha→Tāvatimsa

Trickster 惡作劇鬼、騙子△：象徵變幻莫測的、好捉弄的、陰險狡詐的自然力量。惡作劇鬼亦正亦邪，既是創造者也是破壞者，騙子和被欺騙者，救世者和禍害。他會帶來地震、暴風雨和狩獵時的意外。著名的惡作劇鬼有：非洲的**埃蘇**（Exu）、**卡恩**（Cagn）、**勒格巴**（Legba）；日耳曼的**羅奇**（Loki）；印第安的**古魯斯卡普**（Gluskap）、**尼那布袋**（Nenabojoo）、**維薩克経**（Wisakedjak）和**葉爾**（Yehl）。

Triglav **特里格拉夫**△（三頭）、Triglaus、Triglous、Tryglav：（東斯拉夫）三頭神、戰神，斯德丁（Stettin）地區的最高神。在他的祭典裡有馬占儀式，在軍隊出征前問卜。他在斯德丁的神像被班貝格的奧托（Otto von Bamberg）拆毀，砍下的三顆頭則被教宗加里斯都二世（Calixtus II）拿來證明基督宗教成功傳入斯拉夫。

Trikāya **三身**：（佛教）大乘佛教主張佛陀有三身，即法身、

報身和應身。1.法身（Dharmakāya）：佛的真實本質，法界不二實相，以**本初佛**（Adi-Buddha）為代表。2.報身（Sambhogakāya）：以平等智示現淨土，相好莊嚴的受用身，以**禪定佛**（Dhyāni Buddha）為代表。3.應身（Nirmānakāya）：順應所化眾生，示現於歷史世界而有生死，如**人間佛**（Manushi-Buddha）。

Triloka 三界、Trailokya：1.（佛教）眾生於其中生死流轉的三層世界：**地獄**（Naraka）、**鐵圍山**（Chakravāda）和**天界**（Devaloka）。更常見的分類則是：首先有欲界（Kāmaloka, Kāmadhātu, Kāmāvacara），即有各種欲望的眾生居住的世界，包括他化自在天、人間、**阿修羅**（Asura）、**餓鬼**（Preta）和地獄；其次是色界（Rūpaloka, Rūpadhātu），無有染欲而仍有色形，從初禪天到色究竟天共有17天；最後是無色界（Arūpaloka, Arūpadhātu），超越物質世界，既無色法，亦無空間高下，即空無邊處、識無邊處、無所有處、非想非非想處等四空處天。2.（印度教）由三重世界組成的世界圖像，即天界、**地界**（Bhūrloka）和**地獄**（Pātala），時或形如**梵卵**（Brahmānda）。無盡世界裡的每個世界都漂浮在無限虛空中，構成獨立的三界。

Trimūrti 三相神：（印度教）由三位主神梵天（Brahmā）、**毘濕奴**（Vishnu）和**濕婆**（Shiva）組成的三聯神，象徵世界成住壞的周期循環。其眷屬分別是**薩羅婆縛底**（Sarasvati）、**吉祥天女**（Lakshmi）和**難近母**（Durgā）。三位神即一即三，即三即一，其形象為有三個頭的身體，有不同的顏色。

Trinitas 三位一體：（基督宗教）同一本質的三個位格，包括自有自在的聖父（天主）、自永恆即為天父所生的聖子（耶穌）以及也是自永恆即為天父所造的**聖靈**（Pneúma hágion）。他們的本質是一體的，只有位格的差別。聖靈降臨節的第一個禮拜天為聖三一主日（Trinitatis）。

Triptólemos 特利普托雷摩斯△、【拉丁】Triptolemus：（希臘和埃勒烏西斯）埃勒烏西斯祕教的創始者。他是埃勒烏西斯國王凱勒歐斯（Keleos）和梅塔奈拉（Metaneira）的兒子。**狄美特**（Deméter）送他第一束麥穗，並教他耕作。

Tripura→Bāna

三位一體
由三個位格組成的神：聖父（天
主）、聖子（耶穌）以及聖靈，
為「施恩座」的繪畫主題（A.
Dürer）。

Trishalā 陀濕羅▽：（耆那教）剎帝利（武士）種姓的公主，毘舍離城（Vaishāli）國王扇底迦（Cetaka）的妹妹，她是鄰族貴族悉答多的妻子，耆那教教祖「大雄」**筏馱摩那**（Vardhamāna）的母親。在白衣派（Shvetāmbara）的神話裡（和天衣派相反），**帝釋**（Shakra）讓送子神**訶梨奈伽彌室**（Harinaigamaishin）把未來的**渡津者**（Tirthankara）的胚胎從婆羅門族的提婆難陀（Devananda）懷裡移到陀濕羅身上，而生下筏馱摩那。

Tríton 特里頓△、【複數】Trítones：1.（希臘）邪惡的海神，半人魚怪物。他是**波塞頓**（Poseidón）和**安菲特里特**（Amphitríte）的兒子，他以海神先鋒官的身分吹起海螺，以興風作浪或讓海面波瀾不興。後來他被**赫拉克列斯**（Heraklés）降服。2.特里頓族是海神波塞頓的隨從，**涅留斯族**（Nereídes）的男性對耦神，他們不斷糾纏女海神。特里頓族和涅留斯族的關係類似於**薩提羅斯**（Sátyros）和**寧芙**（Nýmphe），薩提羅斯是**戴奧尼索斯**（Diónysos）的隨從。繪畫：A. Böcklin (1875)。

Troll 托洛爾△▽【古北歐】惡魔、巨怪）：（北日耳曼）惡靈和巨怪，害怕白晝，只在夜裡才能致病作祟。他們住在山裡頭，外表很醜陋，有時候也被描繪為侏儒。

Tryglav→Triglav

Ts'ai Shen 財神：秦朝趙玄壇元帥（趙公明），於終南山得道，能驅雷役電，呼風喚雨，除瘟翦瘧，保病禳災，買賣求財。其後經常與**壽星**（Shou-hsing）和**福神**（Fu Shen）並列。他的生日是 3 月 15 日，每祀以燒酒牛肉，謂之齋玄壇。

bTsan 贊、bCan：（西藏）苯教神話裡住於空界的神族，他們騎著野馬穿越森林和群山，以箭殺死每個遇到他們的人。在人間代

表他們的國王則稱為贊波（bTsan po）。

Tsao Chün　灶君、灶神、灶王爺：（中國）灶神，家庭的守護神，人們會在爐灶上面供奉他的畫像，每年新年，他會到天庭向玉皇大帝報告人間的事情，因此在除夕夜祭灶時會以蜜糖塗在他的嘴上，讓他到天上美言幾句。

Tsao Kuo-chiu　曹國舅△：（中國）道教八仙之一，是梨園的守護神。榮華富貴於他如塵土。他的標記是兩塊響板。

Tschoitschong→Yamāntaka

Tson-kha-pa　宗喀巴△：（藏傳佛教）宗教改革者和上師（1357－1419），格魯巴（黃教）的始祖和成就師。他示現三至五個形象，被視為**文殊菩薩**（Mañjushri）的化身，其標誌為經書和火燄劍，結轉法輪印，以大象、獅子或老虎為其坐騎。

Tsui-Goab　崔高布△（膝傷）：
（南非那米比亞）何騰托族（Hottentot）的天神和創世神，他也是孕育萬物的雷神和雨神，象徵光亮的上弦月。他是祖神和救世者，代表善的原理，和哥哥**高納布**（Gaunab）對立。他哥哥傷了他的膝蓋，因而名為「崔高布」。

Tsuki-yomi-no-kami　月讀命、月讀尊△：（神道教）月神、黑夜的主宰。他是**伊邪那歧**（Izanagi）的兒子，**天照大神**（Amaterasu）和**須佐之男**（Susa-no-o）的兄弟。伊邪那歧自黃泉國歸來，以海水潔淨眼睛而生月讀命。月讀命殺死**保食神**（Ukeomochi）。

Tu　圖△（站立者、戰鬥者）、Ku：（波里尼西亞）戰神和伐木工的守護神。圖想要殺害父母親**蘭吉**（Rangi）和**帕帕**（Papa），被其兄弟**坦尼**（Tane）、**倫哥**（Rongo）、**坦哥羅厄**（Tangaroa）、**哈米亞**（Haumia）和**塔西里**（Tawhiri）阻止。他學習咒語以控制其兄弟，吞噬他們的後裔。在古代的夏威夷以活人向他獻祭。

Tuatha Dê Danann　達努神族：（克爾特）愛爾蘭神話裡的

特里頓
希臘的邪惡海神，半人魚怪物。

神族,他們是**達努**(Dan)的後裔,曾經乘雲降臨大地,其中包括:**戴亞**(Dagda)、**奴艾達**(Nuada)、**路格**(Lug)、**歐格瑪**(Ogma)、**里爾**(Lir)、**密迪爾**(Midir)、**戈布紐**(Goibniu)、**布麗姬特**(Brigit)和**迪昂謝**(Dian-Cêcht)。他們雖然在**馬格杜雷**(Mag Tured)的戰役裡獲勝,當米爾(Mil)諸子登陸愛爾蘭時,達努神族卻敗給他們,被放逐到古墳丘(sidhe),只得待在陰間。

Tuchulcha 圖丘查▽:(伊特拉斯坎)冥府的復仇女神和死魔,她會危害人類,有雙翼、鳥喙和豎起的蛇髮。

Tulku 轉世、祖古:(藏傳佛教)活佛死後靈魂轉世,延續政教的繼承。現在著名的轉世制度包括格魯巴的**達賴喇嘛**(Dalai Lama)以及噶舉巴的**噶瑪巴**(Karmapa)。

Tung-fang Shuo 東方朔△:(中國)太白星精(晨星神),原為西漢武帝侍臣,善詼諧。他也是金匠銀匠的守護神,曾經三次偷**西王母**(Shi Wang Mu)的蟠桃。

Tung Wang Kung 東王公、東王父、木公△:(中國)道教眾仙之首,育化天地萬物,主陽和之氣,理於東方,其妻為**西王母**(Shi Wang Mu)。東王公於五行中主木。

Tupan 圖班△:(印第安)圖皮瓜拉尼族(Tupi-Guarani)的暴風雨神。基督教傳入後,圖班成為基督宗教**上主**(Kýrios)的名字。

Turan 菟蘭▽:(伊特拉斯坎)多產神和健康神,瓦爾奇城(Vulci)的守護神,有雙翼,其標誌為天鵝和鴿子,**拉撒**(Lasa)是她的侍從。菟蘭相當於希臘的**阿芙羅狄特**(Aphrodíte)和羅馬的**維納斯**(Venus)。

Turisas 圖里薩斯、Tursas、Turžaz:(芬蘭)水精,保護魚群躲避漁夫的網罟。其形象為可怕的巨怪,盤踞在湍流上。

Turms 圖姆斯△:(伊特拉斯坎)使者神,引領死者到冥府。他穿著帶翼的鞋子,手持節杖。圖姆斯相當於希臘的**赫美斯**(Hermés)和羅馬的**墨丘利**(Mercurius)。

Tursas→Turisas

Turul 圖魯爾△(老鷹):(匈牙利)始祖鳥,出現在**埃梅蘇**(Emesu)的夢裡而使她懷孕,因而被尊為阿爾帕德王朝的始祖。

圖魯爾是匈奴王阿提拉（Attila）的象徵符號。

Turžaz→Turisas

Tushita 兜率天（【梵】知足喜樂）、Tusita：（佛教）神族，住
於欲界六天的第四天界，天人的壽命約 4,000 歲，在該天界的一天
即人間 400 年。每位菩薩（即補處菩薩）於最後一次下生人間以
前會先住在兜率內院（例如彌勒菩薩），然後成佛。

T'u ti 土地：（中國）地方的守護神，每個城區、建築、街巷都
有其土地，記錄該區居民的生死。土地隸屬於**城隍**（Ch'eng-
huang）。

Tuurum→Numtūrem

Tvashtar 特瓦西德里△（【梵】陶匠、木匠）、Tvashtri：（吠
陀宗教和婆羅門教）形塑萬物的工匠神，他曾為諸神製作蘇摩酒
碗，為**因陀羅**（Indra）打造金剛杵。他也是太陽神和創世神，生
了娑郎尤（Saranyū），而娑郎尤則是**毘婆斯伐特**（Vivasvat）的妻
子。

Týche 提赫▽（意外、命運的安排）：（希臘）命運女神，象
徵變幻莫測的福禍和世事。她也是奧龍特斯河畔（Orontos）的條
支城（Antiochia）的守護神，泰坦族的**女河神**（Okeanínes），**歐
開諾斯**（Okeanós）和特條斯（Tethys）的女兒，或謂是**宙斯**
（Zeús）的女兒。**哈得斯**（Hádes）擄走**波賽芬妮**（Persephóne）
時，她和姐妹們正和波賽芬妮一起嬉戲。她的標誌為船槳、豐饒
角、車輪或水晶球。提赫相當於羅馬的**福爾圖娜**（Fortuna）。

Typhón 提封△（冒煙者）、Pýthon（皮頓）、【拉丁】Ty-
phoeus：（希臘）冥府的巨怪，有100顆龍頭和蛇腳，象徵自然的
毀滅力量，例如火山爆發。提封是**蓋婭**（Gaía）和**塔塔羅斯**
（Tártaros）的兒子。他和妹妹艾希德娜（Échidna）生了**克貝羅斯**
（Kérberos）、**奇麥拉**（Chímaira）、**斯芬克斯**（Sphínx）、**希德拉**
（Hýdra）和**拉頓**（Ládon）。提封（皮頓）聽母親說他總有一天會
被**麗托**（Letó）的某個兒子殺死，於是不斷迫害懷孕的麗托。他在
德斐神廟看守母親的神諭，後來**阿波羅**（Apóllon）殺死他且占據
了德斐神廟。為了紀念他，阿波羅創設了「皮提亞競技會」。根據
另一則神話，**宙斯**（Zeús）與提封大戰，提封舉起埃特納火山

提爾
日耳曼的戰神、議會權力的守護神，手持長矛，是武器也是權力象徵。惡狼芬力爾咬斷他的右手。

（Etna），而宙斯則向冥府劈了 100 道閃電，以埃特納山壓住提封。後來人們說火山爆發是提封在下面翻動。雕塑：Rodin。

Týr 提爾△（【古北歐】照耀者）、【古德語】Tiuz、Tiwaz、Ziu：（日耳曼）天神、戰神、議會權力的守護神、日耳曼族的最高神，後來被歐丁（Odin）取代。他的長矛是武器也是權力象徵。提爾是巨人**希米爾**（Hymir）的兒子。星期二即以提爾（Týr, Ziu）為名（zîostag、【丹麥】Tirsdag、【瑞典】Tisdag、【英語】Tuesday），因為他相當於羅馬的**馬斯**（Mars）。惡狼**芬力爾**（Fenrir）咬斷他一隻手臂，因此他的形象為獨臂神。到了**諸神黃昏**（Ragnarök），他會殺死冥府巨犬**加默**（Garm），自己也因傷失血而亡。丹麥、瑞典、挪威和英格蘭都有許多地方以他為名。「德意志」（deutsch、【古德語】diutisc）一詞也與提爾（Tiuz）有關。他類似於古印度的天神**特尤斯**（Dyaus）和希臘的**宙斯**（Zeús）。

Tzitzimime 齊齊蜜美▽：（印第安）阿茲提克族的女星神，象徵在日蝕時可見的群星，後來被貶為女暗魔。齊齊蜜美住在第二層天界，她會下凡引誘男人。

U

Uaset 烏阿賽特▽：（埃及）底比斯城區的人格化。她陪著**安夢**（Amun）把囚犯押解到國王面前，而當國王自小船獻祭安夢時，她會以禱告附和。她的頭上有底比斯城的記號，手持弓箭和棍棒。

Überwelt 上界：泛指位於世界圖像上半部的世界，為天神的居所，相當於天國或彼岸，和地界以及地獄對比。

Uchshyat-ereta 烏赫夏厄勒塔△（【祆語】喚醒正義神者）、Ushētar、Hushēdar：（伊朗）末世英雄和救世主，第11個千禧年（10,000－10,999）的統治者。他是**查拉圖斯特拉**（Zarathushtra）和童貞女娜密克庇特（Nāmik-pit, Srūdat-fedri）的第一個遺腹子，在第十個千禧年結束的 30 年前的冬天，娜密克庇特其時 15 歲，她在**迦撒亞湖**（Kasaoya）沐浴，因查拉圖斯特拉的精子而受孕，生下烏赫夏厄勒塔。他會對抗所有**惡魔**（Daēvas）和**德魯格**（Drugs），結束惡狼時代，開始綿羊的統治期。世界一片祥和，再也沒有疾病。

Uchshyat-nemah 烏赫夏尼瑪△（【祆語】增長崇拜者）、Ushētarmāh、Hushēdar māh：（伊朗）末世英雄和救世主，第12個千禧年（11,000－11,999）的統治者。他是**查拉圖斯特拉**（Zarathushtra）和童貞女梵古費德莉（Vanghu-fedri）的第二個遺腹子，在第 11 個千禧年結束的 30 年前的冬天，梵古費德莉時年 15 歲，她在**迦撒亞湖**（Kasaoya）沐浴，因查拉圖斯特拉的精子而受孕，生下烏赫夏尼瑪。他對抗巨蟒和野獸，讓他們絕跡。**特雷丹納**（Thraētaona）打敗**阿日達哈卡**（Aži Dahāka）後，把阿日達哈卡綁在山上，**阿里曼**（Ahriman）卻放了他，吞噬了三分之一的人類。於是**阿胡拉・瑪茲達**（Ahura Mazdā）再度喚醒**凱勒薩斯帕**（Keresāspa）征服巨蟒。

Ucu Pacha 烏庫帕恰（【蓋楚瓦】：地底世界）、Ukhu Pacha：（印第安）印加族的冥府，饑寒交迫的地方，在大地的中心，稱為「中界」（Hurin Pacha），和天國**哈南帕恰**（Hanan Pacha）對比。

Udug 巫杜格△：（蘇美）魔鬼，原本是中性的，後來被貶為惡魔。在阿卡德王朝，巫杜格轉變為邪惡的**謝貝杜**（Sebettu）。蘇美的巫杜格相當於阿卡德的**巫圖庫**（Utukku）。

烏托

KNAURS
LEXIKON
DER
MYTHOLOGIE

幽浮
外星人的飛行器。

UFO　幽浮（Unidentified Flying Objects）：（北美）載著外星
人的外太空飛行器，經常被稱為「飛碟」的發光體。1947 年 6 月
24 日，民間飛行員阿諾德（Kenneth Arnold）在喀斯開山脈
（Cascade Mountains）上空首度發現幽浮。那是一個梯隊的飛碟，
以三倍音速飛越。有個幽浮觀察者還曾經和外星人交談，並且錄下
他們的聲音，也有些人被擄到飛碟上去，外星人在他們鼻子上插一
根長針，末端有一顆金屬球，並且抽取他們的精液和卵子，可能要
進行雜交實驗。外星人約 120 公分高，身體像蒸餾瓶，眼睛呈橢
圓形，鼻子很小，嘴唇很薄。

Ugar　烏加爾△（田野）：（敘利亞和腓尼基）農耕神，烏加里
特城（Ugarit）即以他為名，和蓋朋（Gapn）同為**巴力**（Ba'al）
的使者神。

Uji-kami　氏神、Uji-gami：（神道教）某個氏族共同的神和祖
靈，產房、村莊和巷閭的守護神，每個人自出生即受其保護。所有
氏神都臣屬於**大國主神**（O-kuni-nushi）。

Ukaipu→Ivo

Ukeomochi-no-kami 保食神▽、Ukimochi：（神道教）豐收神和糧食神，月神**月讀命**（Tsuki-yomi）殺死她以後，她的屍首化生牛馬、小米、蠶繭、稻米和大豆。

Ukhu Pacha→Ucu Pacha

Ukko 烏科△（老者）、Ukkonen（祖父）：（芬蘭）天神、雷雨神和穀神，芬蘭人的最高神，別名為以塞嫩（Isäinen），他是**蘿妮**（Rauni）的丈夫。當烏科駕車經過天界崎嶇的石路時，馬蹄和車輪濺出火花。「烏科桶」（Ukon vakat）是以樺樹皮編成的容器，用來盛放祭品，擺在「烏科山」上，讓他於夜晚享食。他的標誌是斧頭、榔頭、弓箭和刀。

Ülgän 宇爾坎：（西伯利亞）阿爾泰族的天神，他差遣救世者麥德列（Maidere）到人間，教人們要敬畏神。然而麥德列被**埃爾利克**（Erlik）殺死，從血泊裡升起火燄，直到天界。為此宇爾坎勦滅埃爾利克及其黨羽。

Ulixes→Odysseús

Ull 烏勒△、Ullr：（北日耳曼）法律神和宣誓神，決鬥的守護神。他也是農耕神和牧場神。他善於射箭和滑雪。烏勒是**席芙**（Sif）的兒子，**托爾**（Thor）的繼子，**斯卡地**（Skadi）和**尼約德**（Njörd）仳離後，烏勒即娶她為妻。瑞典和挪威有許多地方以他為名。

Ullikummi 烏里庫米△：（胡里安）又聾又瞎的石魔，被罷黜的神王庫馬比（Kumarbi）讓岩石懷孕而生了烏里庫米，要他奪回天界的統治權。

Umā 烏摩妃▽【梵】貪欲）：（婆羅門教和印度教）母神，光明和美的人格化。她是**大克夏**（Daksha）的女兒，**濕婆**（Shiva）的妻子，即**薩蒂**（Sati）。其標誌為花環、蓮花、鏡子和水瓶。

Umashi-ashikabi-hikoji-no-kami 美葦芽彥知神、宇摩志訶備比古遲神△：（神道教）始祖神和天神，為五柱**別天津神**（Koto-amatsu-kami）之一，於開天闢地時誕生。

Umisachi-hiko 海幸彥△：Ho-surori、Hoderi（火照命）：（神道教）漁民神，**邇邇藝命**（Ninigi）和**木花之佐久夜姬**

英雄赫拉克列斯的神化儀式。

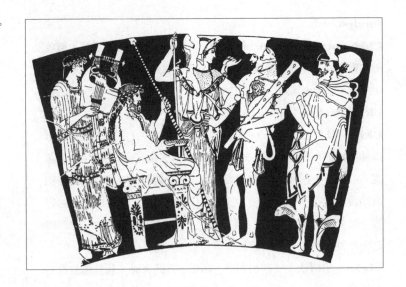

（Konohana-sakuya-hime）的兒子，狩獵神**山幸彥**（Yamasachi）的哥哥，有一次他們決定互換漁夫和獵戶的角色。

Umvelinqangi 溫葦陵甘吉△（造一切的一）：（南非）祖魯族（Zulu）的天神和造物神，他造了樹木和動物，也造了藤蔓（Uthlanga），**溫庫倫庫魯**（Unkulunkulu）即自其中誕生。他在雷雨和地震中顯靈，並且無所不在。

Uneg 烏尼格△：（埃及）植物神，他是太陽神雷（Re）的兒子和隨從，支撐著穹蒼。

Ung 桓雄△：（韓國）主神和救世主，他是**桓因**（Hananim）的兒子，**檀君**（Tan-kun）的父親。他在太白山附近自天而降，與凡間女子生下檀君，為了紀念這段故事，韓國的國慶稱為「開天節」。

Uni 烏妮▽：（伊特拉斯坎）宇宙女神，帕魯查（Perugia）的城市神，伊特拉斯坎人的最高神，婚姻和家庭的守護神。她是**提尼亞**（Tinia）的妻子，**赫爾克列**（Hercle）的母親。烏妮、提尼亞和**曼內娃**（Menrva）組成三聯神。烏妮相當於希臘的**希拉**（Héra）和羅馬的**朱諾**（Iuno）。

Unkulunkulu 溫庫倫庫魯△、Unkhulunkhulu：（南非）祖魯族的祖神和造物神，自**溫葦陵甘吉**（Umvelinqangi）所創造的藤

蔓中誕生。他劈開石頭，自其中生出人類，他教導人類許多技藝，
並制訂律法。

Unsterblichkeit 不朽、長生不死：指無死亡界限的永生，和
有限的生命對比。許多神和人類都得到不朽，有時候必須藉由神
饌、神酒、生命樹的果子或青春之泉。阿卡德的阿達帕拒絕了永生
的餅和水，因而錯過了永生的機會。許多神話都在描繪永恆生命和
有限生命的衝突。

Unterwelt 冥府、陰間：位於世界圖像下半部的世界，冥王的
居所和死者的歸宿，由引靈者帶他們到那裡去。冥府的入口經常是
在西方落日處、海的彼岸或是地底，地獄也在冥府裡。冥府經常被
認為是大門緊閉的空間。有名的冥府包括：猶太教的**亞巴頓**
（Abaddōn）和**示阿勒**（She'ōl）；蘇美的**苦爾努吉阿**
（Kurnugia）；阿卡德的**阿拉魯**（Aralu）；希臘的**哈得斯**
（Hádes）；羅馬的**歐庫斯**（Orcus）；日耳曼的**黑爾**（Hel）；芬
蘭的**波約拉**（Pohjola）；拉普蘭的**雅布美由**（Jabmeaio）；伊朗
的**波羅斯**（Bōlos）；埃及的**杜瓦特**（Duat）；中國的**黃泉**；**神道
教的黃泉國**（Yomi-no-kuni）；波里尼西亞的**冥界**（Po）；印第
安的**密特拿**（Mitnal）、**米克特蘭**（Mictlan）、**烏庫帕恰**（Ucu
Pacha）和**西保巴**（Xibalbá）。

Unut 烏努特▽（母兔）：（埃及）赫莫波利斯（Hermopolis）
（上埃及第15區）的兔神和守護神，她也是冥魔。其形象為兔子，
也被稱為「烏努（Unu）女王」。

Uotan→Votan

Upelluri 烏培魯里△：（胡里安）支撐天空和大地的世界巨
人。自開天闢地以來，他就沉睡於地底和海裡，直到**庫馬比**
（Kumarbi）把惡魔**烏里庫米**（Ullikummi）擺在他右肩上，他才醒
來。

Upuaut 烏普奧特△、Wep-wawet（【埃及】開路者）：艾斯尤
特（Asyut）或西烏特（Siut）的地方神，他是戰無不勝的開路先
鋒，因而也是戰神，他也會引導死者到陰間，因而是阿拜多斯
（Abydos）的死神，在奧賽利斯節的遊行作為前導。他的聖地位在
狼城（Lykopolis）。其形象為直立的胡狼，手持弓箭和棍棒。

Upulevo 烏普雷渥△：（印尼）帝汶人的太陽神，他爬上無花果樹和妻子地母交媾。

Upulvan 烏婆梵△（【梵】水仙花色）、Pulvan：（古印度）錫蘭島的守護神和主神，他的身體是藍色，以弓箭為其標誌，以大象為坐騎。烏婆梵相當於塔米爾族的**摩閣**（Māyōn）。

Ur 烏珥△：（伊朗）曼德恩教派的惡魔，黑暗世界的統治者，象徵邪惡、謊言、背叛和死亡的世界。烏珥和**馬納拉巴**（Mānā rurbē）為敵，被稱為「惡魔」、「巨龍」、「黑暗王」。他的母親（亦為姐姐和妻子）**路哈**（Rūhā）幫助他以邪惡勢力創造自己的黑暗世界。末日時，**希比爾**（Hibil）會把所有義人的靈魂從「烏珥之牆」救出來。

Ūrammā 烏羅摩▽：（古印度）塔米爾族（Tamil）的母神、雨神、農耕神和豐收神，她也會帶來瘟疫。

Uranía 烏拉妮亞▽（天空）：（希臘）1.女神**阿芙羅狄特**（Aphrodíte）的別名。2.主司天文學的**繆思**（Músai），她是**宙斯**（Zeús）和尼莫西妮（Mnemosýne）的女兒。她讓死者聽聞天國的和聲。她以星球為其標誌。

Uranoí→Shāmajim

Uranós 烏拉諾斯△：（希臘）1.天空、穹蒼、諸神的居所。2.天神，象徵與大地的力量合一的天空。烏拉諾斯是蓋婭（Gaía）的兒子和丈夫，龐托斯（Póntos）和塔塔羅斯（Tártaros）的兄弟。他和蓋婭生了**泰坦神族**（Titánes）、**獨眼神族**（Kýklopes）、**百手神族**（Hekatoncheíres）、**巨人神族**（Gígantes）和**復仇三女神**（Erinýes）。烏拉諾斯憎惡所有子女，把他們埋在蓋婭的身體裡，使蓋婭痛苦不堪。他又把獨眼神族和百手神族放逐到地底深淵，於是蓋婭唆使幼子**克**

烏賴烏斯
埃及法老塞托斯一世的蛇形頭飾。

羅諾斯（Krónos）叛變，他以鐮刀砍掉烏拉諾斯的陽具，血液滴到蓋婭身上，使她懷孕生了巨人神族和復仇三女神。陽具漂到海裡形成泡沫，阿芙羅狄特便從泡沫裡誕生。

Urash　烏拉什△▽（大地）：1.（蘇美）大地女神，她是天神安（An）的妻子，**寧伊辛娜**（Nin'insina）的母親。2.狄勒巴特城（Dilbat）的守護神，後來被同化為安和**寧烏塔**（Ninurta）。

澳洲原住民在舞蹈中扮演祖靈。

Uräus　烏賴烏斯△、Jaret（【埃及】昂起者）：（埃及）諸神和國王的蛇形頭飾，模仿昂起的眼睛蛇，瞪著敵人，並且會以毒氣殺死他們。他原本是下埃及的女蛇神**烏托**（Uto）的聖獸，象徵王權，戴上頭飾者，便可以分享烏托擁有的怖畏、權力、尊敬和愛。

Urd　烏爾德▽、Urdr（【古北歐】命運）：（日耳曼）代表過去的命運女神。她是**娜恩**（Nornen）三女神之一，**費妲蒂**（Verdanti）和斯庫德（Skuld）的姐妹，**宇宙樹**（Yggdrasill）從與她同名的烏爾德泉（Urdar brunnr）吸取力量。諸神聚集於該處商議大事。

Urdar brunnr　烏爾德泉（【古北歐】）：（日耳曼）位於**宇宙樹**（Yggdrasill）根部的命運之泉。諸神於此聚集商議大事，**娜恩**

猶太教和基督宗教的原人亞當，
神於太初時造了他。

（Nornen）三女神也住在附近。

Urendequa Vécara　巫倫德卡維加拉△（先行者）：（印第安）塔拉斯克族（Tarasken）的晨星神。

Urezwa→Leza

Ūri'ēl　烏列（【希伯來】神是我的光明）、【科普特】Suriel：1.（猶太教）耶和華（Jahwe-Elōhim）的天使，天上星光的主宰，在地獄以永恆的火焚燒罪人。他為以斯拉帶來神啟，在**以諾**（Hanōk）昇天時為他帶路。烏列是**大天使**（Archángeloi）之一。2.（基督宗教）**上主**（Kýrios）的使者，贖罪和懲罰天使。在末日時，他會打開地獄的大門，把死者帶到神的審判席前。

Urmen　烏爾曼▽、Ursitory：（吉普賽）有人類形象的三個命運女神，其中一個專司降禍，另外兩個則是招福。她們的女王是瑪圖雅（Matuya）。她們經常在樹下或山裡唱歌跳舞。烏爾曼類似於**凱夏莉**（Keshali）。小說：M. Maximoff（1946）。

Urmenschen und Urahnen　原人和始祖△▽◇：指太初時期人類或某個民族的祖先，可能是男性、女性或中性的。他們不只是文明的始祖，也可能決定後代的命運（例如亞當留給人類的原罪），使世界從此有了死亡。著名的原人或始祖包括：非洲的**溫庫**

倫庫魯（Unkulunkulu）；伊朗的**伽約馬特**（Gaya-maretān）；猶太教的**亞當**（Ādām）；印度教的**摩奴**（Manu）和**原人**（Purusha）；中國的**盤古**（P'an-ku）；日耳曼的**伊米爾**（Ymir）。許多人類起源的神話便是在描繪原人的故事。

Urshanabi　烏爾夏納比△、Sursunabu：（阿卡德）船伕，他搖櫓載著吉加美士（Gilgamesh）渡過死亡之海，去找他的祖先**烏塔納皮斯提**（Utanapishti）。烏爾夏納比類似於希臘的**哈隆**（Cháron）。

Urtzi→Ortzi

Urthekau　烏爾提考▽、Werethekau：1.（埃及）冠冕女神，象徵王冠的神奇力量。其形象為獅面人身，住在王室神殿裡。2. 埃及眾女神的別名。

Uruakan　烏瑞坎：（亞美尼亞）死者的靈魂，夜裡從墳墓裡出來作祟，大部分的烏瑞坎穿著裹屍布。

Urzeit　太初：指周期性或線性的世界歷史的起始點。在周期性的歷史裡，每個時期或個體都有自己的開端，而在線性的歷史裡，開端則只有一個。無論如何，每個開端都有個**末日**（Endzeit）和它對應。創世和人類起源神話都是在描繪太初的故事，世界可能源自某個初質（世界蛋）或原人的身體，或是由諸神所造，例如**伊邪那歧**（Izanagi）和**伊邪那美**（Izanami），或是由神的話語，如耶和華或安拉。太初也是人類的樂園時期，他們期盼在末日能回到樂園去。

Ushā　烏夏▽：（印度教）女王，**蒂緹諸子**（Daityas）裡的公主，她是**巴納**（Bāna）的女兒，**巴利**（Bali）的孫女，**阿那律**（Aniruddha）（黑天的孫子）的妻子，**伐折羅**（Vajra）的母親。

Ushah　烏夏哈【祆語】朝霞）：（伊朗）朝霞女神，主司一天的第五個（也是最後的）時段，亦即從午夜到黎明。

Ushanas→Shukra

Ushas　烏舍▽【梵】朝霞）：1.（吠陀宗教）朝霞女神，她是天神**特尤斯**（Dyaus）和地母**比里底毗**（Prithivi）的女兒，**蘇利耶**（Sūrya）、**因陀羅**（Indra）和**阿耆尼**（Agni）的姐妹，駕著七頭母牛拉著的天車。在《梨俱吠陀》裡約有 20 首讚歌描繪她如何帶來

黎明。2.（印度教）太陽神蘇利耶的眷屬，她們和**波羅底優婆**（Pratyūshās）一起驅走黑暗。

Ushētar→Uchshyat-ereta

Ushētar māh→Uchshyat-ereta

Ushnishavijayā　最勝佛頂菩薩、佛頂尊勝佛母▽（【梵】）：（佛教）象徵佛智的菩薩，有覺者頂髻（ushnisha）。她是「諸佛之母」，息滅諸惡，除諸障病，增福益壽。佛母有三頭八臂，每個頭有三隻眼，手結施願印、施無畏印、訓誡印和禪定印，趺坐於蓮花輪座，持金剛羯摩杵、佛像、金剛索、弓箭和甘露寶瓶。身體皎白如秋月，時而被比附為白度母。

烏塔納皮斯提
阿卡德神話的英雄，伊亞要他乘
方舟躲避洪水。

Usil　烏西爾△、Cautha、Cath：（伊特拉斯坎）太陽神，背後有光輪，兩手各持一顆火球。他相當於希臘的**赫利奧斯**（Hélios）和羅馬的**梭爾**（Sol）。

Ūsinsh　巫辛什：（拉脫維亞）星神、光明神、春神，蜜蜂和馬的守護神。新年時要把馬群趕到後面的牧場外以前，會先向他獻祭。基督教傳入後，他被同化為**聖喬治**（Georgius）。

Usire→Osiris

Usmū　烏斯姆△、Usumū：（阿卡德）**伊亞**（Ea）的使者神，相當於蘇美的**伊西姆**（Isimu）。

Utanapishti　烏塔納皮斯提△（我找到我的生命）、Utna-pishtim：（阿卡德）英雄，**伊亞**（Ea）警告他將會有洪水，要他

造一艘方舟，就像**挪亞**（Nōach）一樣。大難不死的他是唯一被諸神賜予長生不死的凡人，他的後代**吉加美士**（Gilgamesh）為此也要體會永恆的生命。現在常見的拼法Utnapishtim是錯的。他相當於蘇美的祖蘇特拉（Ziusudra）。

Utgard 外域（【古北歐】）：（日耳曼）和平世界**中土**（Midgard）外面寸草不生的地域，為惡魔的居所。

Útgardaloki 外域羅奇△（【古北歐】）：（日耳曼）**突爾斯族**（Thurs）的巨魔，**伊莉**（Elli）是他的褓姆。**托爾**（Thor）曾長途跋涉去找他一決高下。外域羅奇終於現出原形，原來只是個幻影。

Uthrā 烏特拉（王國）、【複數】Uthrē：（伊朗）曼德恩教派的靈體和光體，自「第一生命」**馬納拉巴**（Mānā rurbē）流出（或即被造），他們在光明界裡圍繞著他且歌頌他。他們是「獲救的拯救者」，幫助人類對抗魔鬼。眾烏特拉當中包括：**希比爾**（Hibil）、**西提勒**（Shitil）、**阿諾許**（Anōsh）和**曼達**（Mandā d-Haijē）。

Utanpishtim→Utanapishti

Uto 烏托▽（蒲草色、綠色）、Wadjet：（埃及）**布托**（Buto）（下埃及第六區）的女蛇神，她帶來豐收，使大地綠意盎然。她也是下埃及的國家神，和上埃及的女鷹神**妮赫貝特**（Nechbet）相對，她是國王和國家的守護神和母神，賜予國王勝利和權力。她也是受難的**霍魯斯**（Horus）和所有死者的守護神。她的聖地位於布托，那裡是很有名的神諭殿。其形為蛇，纏繞著一根蒲草莖。烏托的蛇是下埃及的象徵動物，和上埃及的妮赫貝特的禿鷹皆為法老的飾物。她等同為希臘的**麗托**（Letó）。

Utu 巫杜△（白晝）：（蘇美）太陽神，他是**南那**（Nanna）和**寧格爾**（Ningal）的兒子，他和南那以及**伊南那**（Inanna）組成星體三聯神。每天早晨，太陽神從東邊上山，飛越天空以照耀人間萬物，夜裡則從西邊沉入海裡，給冥界眾生帶來光明和飲食。由於他普照萬物，因此也是法律神和審判神。他的聖地在拉爾薩（Larsa）和西巴爾（Sippar），其神廟叫作「埃巴巴爾」（Ebabbar）。巫杜相當於阿卡德的**夏馬西**（Shamash）。

Utukku 巫圖庫△：（阿卡德）會勒緊人類脖子的惡魔，相當

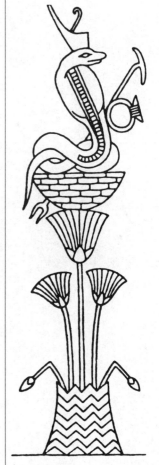

烏托
埃及的豐收神，下埃及的國家神和蛇神。

巫杜
蘇美的太陽神，早晨從東邊上
山，夜裡則從西邊沉入海裡。

於蘇美的**巫杜格**（Udug）。

Uyungsum 巫雍孫▽、Uyung Kittung：（古印度）索拉族
（Sora）的太陽女神和最高神。

al-'Uzzā 烏扎▽（強者）：1.（阿拉伯）麥加的守護神和晨星女
神，和**拉特**（al-Lāt）以及**默那特**（Manāt）組成女性的三聯神。在
阿拉伯中部，她是「安拉三女兒」裡最年輕者。她的聖地是在麥加
附近的蘇坎（Suqām），那裡有三株合歡樹構成她的寶座。2.（伊
斯蘭）女性偶像，在古蘭經（53:19-23）裡曾提及，原本是**安拉**
（Allāh）的代禱者，後來被**穆罕默德**（Muhammad）禁止崇拜。

Vāc 語▽（【梵】）、Vach、Vāk：1.（吠陀宗教）女神，為擁有巫術力量的語言的人格化，所有行為的女性世界動力，和男性的**生主**（Prajāpati）對應。2.（婆羅門教和印度教）母神，為語言的人格化，而語言則是創世的泉源，她的別名為**薩羅婆縛底**（Sarasvati）。3.（佛教）**文殊**（Mañjushri）菩薩的別名。

Vadātājs 瓦達泰斯：（拉脫維亞）使人在林中迷路的惡魔，其形象為人類或野獸。

Vafthrúdnir 瓦夫特魯德尼△（【古北歐】緊纏者）：（日耳曼）太初的霜怪。六頭的瓦夫特魯德尼非常聰明，曾和**歐丁**（Odin）鬥智。

Vahagn 瓦哈根△：（亞美尼亞）太陽神，善戰和勝利之神，他和**阿娜希特**（Anahit）以及**阿斯特利克**（Astlik）組成天體的三聯神。他的別名為「維夏帕卡」（Vishapakal），意為屠龍者。每月的第 27 日即以他為名。瓦哈根類似於古印度的**阿耆尼**（Agni）。

Vāhana 坐騎、婆訶那（【梵】車駕）：（印度教）給諸神騎乘的動物，每位神都有特屬的坐騎，或者是自然的動物，例如**梵天**（Brahmā）的野鵝、**濕婆**（Shiva）的公牛**難提**（Nandi），或者是怪獸，例如**毘濕奴**（Vishnu）的**迦樓羅**（Garuda）、女河神們的**摩竭魚**（Makara）。

Vaīdilas 維迪拉斯（vaidentis＝作祟）：（立陶宛）惡棍死後化為惡靈，屍體在墳墓不腐爛，而成為「活屍」，夜裡到處作祟，攻擊落單的人們，甚至吸他們的血。要馴服維迪拉斯，必須砍他的頭，丟到河裡去。

Vaikuntha 味懇陀：（印度教）**毘濕奴**（Vishnu）的樂土，為此毘濕奴別名為「味懇陀那陀」（Vaikunthanātha）。他時而會從味懇陀降世賞善罰惡。

Vaimānika 毘摩尼柯、Vimānavāsin：（耆那教）在與**跋婆那婆娑**（Bhavanavāsin）、**婆那多羅**（Vyantara）和**豎底沙**（Jyotisha）組成的四個神族裡居最高位。毘摩尼柯神族又細分為**劫波跋婆**（Kalpabhava）和**劫波提陀**（Kalpātita），住在**宇宙原人**（Loka-Purusha）的不同天界裡。

Väinämöinen 維內莫伊嫩△（väinä＝湍流）：（芬蘭）文明

維納斯

KNAURS
LEXIKON
DER
MYTHOLOGIE

英雄，和**以馬里嫩**（Ilmarinen）同為芬蘭民族史詩《卡列瓦拉》（Kalevala）的主角。他的母親是天空之女露歐諾塔（Luonotar），她懷胎700年才生下維內莫伊嫩。他沉睡在海裡時，膝蓋露出海面且長了草，尋巢的海鳥在上面下了一只金蛋且準備孵化。睡醒的維內莫伊嫩移動了膝蓋，金蛋便掉到海裡且裂開，蛋殼上半部變成天空，下半部變成大地，蛋白形成太陽，蛋黃則是月亮，「彩色的部分」則成為天上群星。維內莫伊嫩發明齊特琴，蟲魚鳥獸都會來聆聽他彈琴唱歌。以馬里嫩在天上敲擊出第一個火花，維內莫伊嫩以它為雷電劈到海裡，在鮭魚肚子裡持續燃燒，直到人類捕到鮭魚，從此人間便有了火。維內莫伊嫩也是大巫師，化身為巨蛇到冥府波約拉（Pohjola）去找一個死去的巫師。獵戶座是他的鐮刀，昂星團是他的皮靴。有許多詩歌在歌頌維內莫伊嫩。

毘盧遮那
中央世界的佛陀，住於蓮花藏世界，結轉法輪印，身體為白色，以獅子為坐騎。

Vairgin 味爾金：（西伯利亞）楚科塔族（Chukotka）的神族，共有22位天神，代表各個方向的星體，包括太陽、月亮和北極星。

Vairochana 毘盧遮那、大日如來△【梵】大日遍照）、Vairocana：1.（佛教）佛陀的報身和法身，住於蓮花藏世界，在五佛的中央，因而結合其他四佛的特質。他是**拘留孫佛**（Krakuchchanda）的佛父，結轉法輪印（或智拳印），頭戴五佛冠，身體是白色的，以獅子為坐騎。2.在東亞佛教被尊為**本初佛**（Adi-Buddha）。3.（婆羅門教和印度教）惡魔，他是**帕拉達**（Prahlāda）的兒子，**巴利**（Bali）的父親，屬於邪惡的**蒂緹諸子**（Daityas），為**阿修羅**（Asuras）的首領，他和天神**因陀羅**（Indra）一起向**生主**（Prajāpati）請教自我（Atman）的奧祕，毘盧遮那只滿足於外在的表象，而因陀羅則窮究至證道。

Vairochi→Bāna

Vaishravana 多聞天王、毘沙門天，托塔天王△【梵】、【巴利】Vessavana、Jambahala（寶藏神）：（佛教）世界北方的

守護神和福神，為**四大天王**（Devarāja）之一，統治**夜叉**（Yaksha）和羅剎，**富持天女**（Vasudhārā）為其眷屬，壽命 9,000 歲。他腳踏二鬼，左手持寶塔，右手捧寶棒。

Vajra　金剛杵、電戟、伐折羅（【梵】）、【藏】Do-rje：1.（佛教）代表眾生的不壞空性（Shūnyatā），佛教裡的金剛乘（Vajrayāna）即取其義。金剛杵是解脫道的男性象徵，而鈴則是**般若**（Prajña）的女性象徵。兩者的對立會消融於禪定裡。2.（印度教）**因陀羅**（Indra）的電戟，為圓形中空的武器。3.（印度教）國王伐折羅，是**阿那律**（Aniruddha）和**烏夏**（Ushā）的兒子，**黑天**（Krishna）的孫子，黑天在死前立他為耶陀婆族（Yādava）的國王。

Vajrabhairava→Yamāntaka

Vajrapāni　金剛手△：1.（佛教）五禪定菩薩（Dhyāni-Bodhisattvas）和八位摩訶菩薩（Mahābodhisattvas）之一。他是**阿閦佛**（Akshobhya）的侍衛和法子，手持鈴杵，身體是藍色。2.（藏傳佛教）雨神和護法，**忿怒神**（Krodhadevatā）的十個化身之一，三臂三眼，手持金剛杵，結折伏印。

Vairasādhu　金剛善△（【梵】）、【藏】Dorje Lekpa（多傑勒巴）：（藏傳佛教）寧瑪巴的護法，持金剛杵或彎刀，結折伏印，以獅子為坐騎。

Vajrasattva　金剛薩埵：（佛教）密宗的**本初佛**（Adi-Buddha），位於金剛界曼荼羅的中央。他在尼泊爾特別受崇拜，統攝五禪定佛，因此身體是白色的，右手持金剛杵，左手持鈴，圓滿報飾，其眷屬為金剛漫母（Vajrasattvātmika）。

Vajravārāhi　金剛亥母▽：（藏傳佛教）噶瑪噶舉派最重要的本尊，為諸法的基礎，一面兩臂裸身，頭側有一個豬形頭，棕色頭髮上衝，身體是紅色的，手持金剛鉞刀和劫波杯（顱器），腳踏蓮花日輪屍體（或印度教諸神）。

金剛亥母
教法的守護女神，裸身的空行母，現忿怒相，摧伏無明魔，手持金剛鉞刀和劫波杯。

Vāk→Vāc

Valhöll→Walhall

野豬
印度教毘濕奴的第三個權化，打敗惡魔嘿然亞喀夏。

Vali 瓦利△：（日耳曼）復仇神，他是**歐丁**（Odin）和**琳德**（Rind）的兒子，他同父異母的哥哥**巴爾德**（Balder）遇害，瓦利便為他報仇，殺死凶手**霍德**（Höd）。**諸神黃昏**（Ragnarök）以後，他和哥哥**威達**（Vidar）重回和平世界。

Valkyrien→Walküren

Vālmiki 蟻垤（【梵】螞蟻）：仙人，相傳為印度史詩《羅摩衍那》（Rāmayana）的作者。他從強盜變成聖者，專心禪修以致蟻垤集身而不覺。**羅摩**（Rama）趕走**私多**（Sitā）後，蟻垤收留了她，和她生了一對雙胞胎。

Vāmana 侏儒、筏摩那△（【梵】）：（印度教）**毘濕奴**（Vishnu）於三分時（Tretāyuga）的第五個**權化**（Avatāra），其時**蒂緹諸子**（Daityas）中的**巴利**（Bali）統治三界（Triloka），毘濕奴化身為侏儒，向巴利索取三步之地，巴利答應他，結果他用三步跨越天界、空界和地界，因而取回世界的統治權。其形象為大腹侏儒或體型巨大的「三步神」（Trivikrama）。

Vampir 吸血鬼：（斯拉夫）惡魔和死靈，他們或者是死者的鬼魂，於夜裡出沒作祟，或者是被惡魔喚醒的屍體，他們會吸乾人獸的血。如果家裡有若干人相繼死亡，吸血鬼就會伺機而動。無論是惡棍或是義人，若有不潔的動物（狗、貓、老鼠）躍過他們的屍體或敞開的棺材，他們也會變成吸血鬼。其形象為人類或動物。在十九至二十世紀的文學裡（E.T.A. Hoffmann, Gogol），吸血鬼被魔鬼化。著名的電影有「德古拉」（Dracula）。歌劇：H. A. Marschner（1828）。

Vanen 瓦尼爾族、Wanen（【古北歐】閃耀者）、Vanir：（北日耳曼）比較古老且弱小的神族，多為豐收神，或為農民、船員和漁夫的守護神。他們住在瓦尼爾國（Vanaheimr），擁有**賽德**（Seidr）魔法。瓦尼爾族實行兄妹婚姻制，而**愛瑟神族**（Asen）視其為亂倫。**古爾薇**（Gullveig）誘使愛瑟神族覬覦瓦尼爾族的財寶，而引發兩族大戰。停戰後，瓦尼爾族把**弗瑞**（Freyr）、**芙蕾葉**（Freyja）和**尼約德**（Njörd）交給愛瑟神族當人質。

Vanth 凡特▽：（伊特拉斯坎）冥府女魔和鬼差，她有雙翼，手持蛇、火炬和鑰匙。

Varāha 野豬、瓦拉哈△：（印度教）**毘濕奴**（Vishnu）於圓滿時（Kritayuga）的第三個**權化**（Avatāra），他化身為野豬，打敗惡魔**嘿然亞咯夏**（Hiranyaksha），拯救被惡魔沉到海底的大地，他化身為女神**婆提昆**（Bhūdevi），把大地舉至海面。其形象為豬頭人身。

Varāhi 亥母、瓦拉喜▽：（印度教）母神，為妒嫉的人格化。她是**七母天**（Saptāmatrikā）之一，**毘濕奴**（Vishnu）第三個**權化**（Avatāra）**野豬**（Varāha）的妻子。

Vardhamāna 筏馱摩那△：（耆那教）第24位**渡津者**（Tirthankara），其稱號為**大雄**（Mahāvira）或**耆那**（Jina）。他是耆那教的創立者，西元前 539 年（或謂 599 年）生於中印度毘舍離城外的軍荼村（Kundagrāma），是悉答多（Siddhārtha）和**陀濕羅**（Trishalā）的兒子，在白衣派（Shvetāmbara）的神話裡，他娶雅

筏馱摩那
耆那教的創立者，於寶座上，有若干幸福符號：鏡子、寶座、瓶、罐、魚和卍字符號

首達（Yashodā）為妻，生女阿那雅（Anajja, Priyadarshanā），阿
那雅後來與她的姪子私奔。筏馱摩那於 30 歲出離世間修苦行，12
年後於娑羅樹下證道，接著於印度各國弘法 30 年。西元前 467 年
（527 年）於婆婆城（Pāvāpuri）入滅，時年 72 歲。他的身體是金
色，以獅子為坐騎。

Varuna 婆樓那△（【梵】包容一切者）：1.（吠陀宗教）天
神，全知的世界主。2.（婆羅門教）真理、法律和秩序（rita）的
守護神。他是**迦葉波**（Kāshyapa）和**阿提緻**（Āditi）的兒子，婆
婆羅尼（Vāruni）為妻。他是黑夜的主宰，與**密特拉**（Mitra）為
敵。3.（印度教）海神和雨神，西方天界的守護神，持絹索與傘，
以**摩竭魚**（Makara）為坐騎，身體是白色或藍色。

Vasishtha 婆私吒、婆藪仙人△（【梵】最富有者）：（婆羅
門教和印度教）古仙人，為十位**大仙**（Maharishi）之一，他是**梵
天**（Brahmā）「心生」的兒子，阿倫達提（Arundhati）的丈夫，
以**輸羅毘**（Surabhi）為其坐騎。

Vāsudeva 婆藪天△：1.（印度教）國王，為月氏支系的雅答婆
族（Yadava）的後裔。他是**均提**（Kunti）的哥哥，七個姐妹的丈
夫，其中幼妹為**提婆吉**（Devaki），和她生了**黑天**（Krishna）。他
死後有四個妻子自焚殉葬。2.（耆那教）現在世的勇士，共有九
個。第一個是剎婆羅斯陀（Triprishta），最後一個是黑天。婆藪
天、**力天**（Baladeva）和婆羅墮跋闍天（Prativāsudeva）都是勇士
族。每個婆藪天的母親在懷胎以後即有七個夢兆報訊。

Vasudhārā 富持天女、財源天母、財續母、實佛母▽、
Vasundhārā：（佛教）女財神，掌管人間一切財富，她是**多聞天王**
（Vaishravana）的眷屬，安坐於蓮花月輪上，腳下有兩頭獅子，兩
面六臂，結施願印，身體是金黃色，持唸珠、摩尼寶珠、經書、稻
穗以及鄔婆羅花。

Vāsuki 和修吉、婆修鬘△：（婆羅門教和印度教）統治**龍宮**
（Pātāla）的龍王。他是**迦葉波**（Kāshyapa）和歌頭（Kadrū）的兒
子，**難陀龍王**（Ananta）和**摩那斯龍王**（Manasa）的兄弟，在毘
濕奴權化為**魚**（Matsya）和**巨龜**（Kūrma）時曾經出現，天神和阿
修羅有一次翻攪大海，請和修吉纏住妙高山，於是世界便安住於他

的頭上，他移動身體，便引起地震。

Vasundhārā→Vasudhārā

Vasus 瓦蘇（【梵】出眾的）：1.（吠陀宗教）自然現象的人格化，其中包括：火（Anala）、風（Anila）、水（Āpas）、地（Dharā）、極星（Dhruva）、光（Prabhāsa）、晨曦（Pratyūsha）、月曜（Soma）。2.（婆羅門）神族，其首領原本為**因陀羅**（Indra），其後則為**阿耆尼**（Agni）。他們是地界神，臣屬於**天神**（Devas），不同於空界的**魯特羅**（Rudra）和天界的**阿迭多**（Ādityas）。

Vāta→Vāyu

Vāta 瓦塔△（【祆語】vā＝風吹）：（伊朗）來自四面八方的風神，他是**雅扎塔**（Yazata）之一，每月20日是其節日。

Vatea→Atea

Vatergötter 父神△：指男性的最高神，他們在神族裡有崇高的地位，由自身或是與（一個或若干）母神生出神子，因而是「諸神之父」。他們住在天界，後來天界便成了他們的人格化，埃及的女天神**努特**（Nut）則是例外。他們也是天神，能打雷下雨，也以太陽的溫暖化育萬物。他們也是多產神，是人類的創造者。在以漁獵和畜牧為主的父系圖騰文化裡，父神也是太陽神，為男性生殖力的人格化，壓抑其女性眷屬，即月神和地神。父神是「百獸之王」，他創造世界，為人類立法，並且獎善罰惡。其中包括：中國的**黃帝**（Huang-Ti）和**上帝**（Shang-Ti）；希臘的**烏拉諾斯**（Uranós）和**宙斯**（Zeús）；日耳曼的**歐丁**（Odin）；伊朗的**阿胡拉‧瑪茲達**（Ahura Mazdā）；伊斯蘭的**安拉**（Allāh）；猶太教的**耶和華**（Jahwe-Elōhim）。父神的生殖力經常以陽具（Phallus, Lingam）、公牛或公羊為其象徵。

Vaya 伐亞△（【祆語】vā＝風吹）：（伊朗）風神和死魔，他會使身體失去知覺而死亡，別名為「邪惡的瓦伊」（Wāi i wattar）。人類死後第四天，他會在**揀擇之橋**（Chinvat-peretu）搶奪死者的靈魂。

Vayā Daregō-chvadāiti 伐亞德哥什瓦戴提：（伊朗）大氣神和引靈者。

Vayu　伐由：（伊朗）風神和大氣神，天地間的空界的人格化，武士階級的守護神（武士階級次於祭司而高於庶民），別名為「善良的瓦伊」（Wāi i weh），但是他也會阻撓死者的靈魂到彼岸世界。

Vāyu　窪尤△（【梵】風、空氣）、**Vāta**：1.（吠陀宗教）風神和空氣神，生命氣息的人格化，他是瓦雅庇（Vayavi）的丈夫，**哈努曼**（Hanumān）的父親。2.（印度教）西北天界的守護神，屬於**乾闥婆**（Gandharva），住在須彌山。他的身體是白色，穿著五彩長袍，手持弓箭和旗子，以羚羊為坐騎。

Vé　維△：（日耳曼）始祖神，太初巨人夫婦**波爾**（Borr）和貝絲特拉（Bestla）的兒子，他和**歐丁**（Odin）、**維利**（Vili）眾兄弟創造第一對人類**艾斯克與恩布拉**（Askr und Embla），並且賜給他們外貌、語言和聽覺。

Veive　維威△、**Vetis**：（伊特拉斯坎）復仇神，頭戴月桂冠，以弓箭和山羊為其標誌。他相當於羅馬的維奧威斯（Veiovis）。

Veja māte　維扎瑪特▽（風母）：（拉脫維亞）風神和天氣神，森林和鳥類的守護神。她是 60 位**瑪特**（Māte）其中之一。

Velchans　維坎斯△、**Vethlans**、**Sethlans**：（伊特拉斯坎）火神和冶金神。他相當於希臘的**黑腓斯塔斯**（Héphaistos）和羅馬的**伏坎努斯**（Volcanus）。

Vélē　維勒▽、【複數】**Vēles**：（立陶宛）透明且蒼白的鬼魂，像霧或陰影般的到處游蕩。

Veles　維勒斯、**Volos**（vol＝公牛）：（斯拉夫）田野神、牲畜神、牧場的主宰、有角動物的守護神、陰間的統治者。維勒斯是俄羅斯人的宣誓神。

Velis　維利斯（活死人）、【複數】**Veli**：（拉脫維亞）鬼魂、**維盧瑪特**（Velu māte）的兒子。他們被稱為「活死人」，在人類出生、結婚或死亡時會在附近徘徊。人們在打完穀以後，會在穀倉祭祀他們。

寶座上的父神和天神宙斯，及其聖物老鷹。

Vélnias 維尼亞斯（velionis＝死者）：（立陶宛）魔鬼，經常化身為白淨的男孩出現。

Velu māte 維盧瑪特▽（死亡之母）：（拉脫維亞）女死神、冥府的主宰、死者的守護神，死者被埋葬以後，她會歡喜跳舞，盛宴招待他們。她是眾**維利斯**（Veli）的母親，60位**瑪特**（Māte）其中之一，和**哲美斯瑪特**（Zemes māte）是親戚。

Venus 維納斯▽【拉丁】愛情）：（羅馬）春天和花園的女神、後來成為愛與美的女神。她是**馬斯**（Mars）的妻子，**伊尼亞斯**（Aineías）的母親，「儒祿士」（Iulus）的祖母，儒祿士王室（凱撒、奧古斯都）的祖先，凱撒於西元前 46 年為維納斯建神廟，尊她為「母親維納斯」（Venus Genetrix）。每年 4 月 1 日為維納斯節（Veneralia）。她的聖物是鴿子。星期五（dies Veneris）即以她為名（【義大利】Venerdi、【法】Vendredi）。此外，金星（Venus）以及生物學的女性記號（♀）都與她有關。後來維納斯同化為希臘的**阿芙羅狄特**（Aphrodíte）。雕塑：R. Begas (1864)、A. Maillol；繪畫：Botticelli (1478)、Cranach d. Ä (1509)、Tizian (1518)、Rubens (1609/10)、Vélazquez (1656)、Rembrandt (1662)、Böcklin (1869/73)、Feuerbach (1875)；史詩：Shakespeare (1593)。

Veralden-Olmai→Waralden-Olmai

Verbti 維布地△（盲者）、Verbi：（阿爾巴尼亞）雷神、火神，以及使野火燎原的北風神。雖然他眼盲，聽力卻很好，和耳聾的**舒爾地**（Shurdi）正好相反。他憎惡一切下流低劣的言行。基督宗教傳入以後，他被貶為魔鬼，會讓禱告者失明。

Verdandi 費妲蒂▽【古北歐】變化中）：（日耳曼）象徵當下的命運女神。她是**娜恩**（Nornen）三女神之一，**烏爾德**（Urd）和**斯庫德**（Skuld）的姐妹。

Verethragna 韋勒特拉格那△（勝利的神）：（伊朗）無堅不摧的勝利神，**查拉圖斯特拉**（Zarathushtra）的守護神，以十種形象顯現在他面前（風、公牛、白馬、駱駝、公豬、男孩、猛禽、山羊、公羊、戰士）。每月20日是他的節日。韋勒特拉格那相當於吠陀宗教的**因陀羅**（Indra），因陀羅別名為「烏里特拿漢」（Vritrahan）。

維納斯
羅馬春天女神和美神。星期五和金星皆以她為名。

Vertumnus 維吞努斯△（【拉丁】vertere＝轉向）、Vortumnus：（羅馬）植物神，主司四季更替以及商業交易。他以變身的能力追求到**波茂娜**（Pomona）。每年 8 月 13 日是維吞努斯節（Vertumnalia）。

Vesta 威斯塔▽：國家的年輕女灶神，羅馬廣場上的圓殿裡的聖火守護神，由六位純潔少女擔任的女祭司（Virgines Vestales），則負責看管聖火不令熄滅。晚期羅馬在除夕時會熄滅聖火，於新年（3 月 1 日）重新點燃，從神殿傳到每個家庭。6 月 9 日是威斯塔節（Vestalia）。她的聖獸是驢子，牠的叫聲保護女神免遭**普利亞波斯**（Priapus）的玷辱。威斯塔類似於希臘的**黑斯提亞**（Hestía）。

Vethlans→Velchans

Vetis→Veive

Vichama 維恰瑪△：（印第安）印加族的死神，太陽神**印提**（Inti）的兒子，和**帕查卡馬克**（Pachacamac）是同父異母兄弟，帕查卡馬克殺了他的母親，為了報仇，他便把帕查卡馬克所創造的第一個民族變成島嶼和岩石，並以三只蛋孵出人類。

Victoria 維多莉亞▽（【拉丁】勝利）：（羅馬）勝利女神，羅馬帝國的守護神。她有雙翼，戴著勝利花環，相當於希臘的**耐奇**（Níke）。

Vidar 威達△、【古北歐】Vidarr（繼續統治者）：（北日耳曼）復仇神，被稱為「沉默的愛瑟神」。他是**歐丁**（Odin）和女巨人**葛莉德**（Gridr）的兒子。**諸神黃昏**（Ragnarök）時，他會殺死惡狼**芬力爾**（Fenrir）以報殺父之仇。其後他和同父異母的兄弟**瓦利**（Vali）統治和平的新世界。1935 年的「新日耳曼信仰運動」則稱為「威達：德意志信仰團契」（Widar: Deutschgläubige Gemeinde）

Vila 薇拉▽【複數】、Vilen：（斯拉夫）風神和鬼魂。她們是無法安息的少女亡魂，引誘男人和她們跳舞而害死他們。她們住在平地、森林、水裡和雲端，經常會化身為老鷹、天鵝、馬或狼。人們把她們想像為美麗脫俗的金髮女孩。

Vili 維利△（【古北歐】意志）：（日耳曼）原始神，太初巨人夫婦**波爾**（Borr）和**貝絲特拉**（Bestla）的兒子，他和**維**（Vé）以

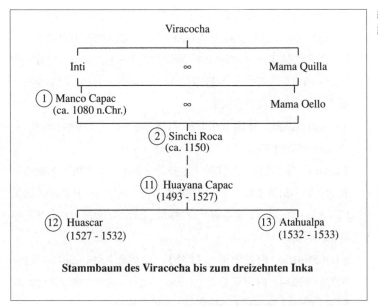

維拉科查及至第13世印加王的
譜系。

Stammbaum des Viracocha bis zum dreizehnten Inka

及**歐丁**（Odin）創造第一對人類**艾斯克與恩布拉**（Askr und
Embla），並且賜給他們理智和活動能力。有一次歐丁滯外未歸，
維力和維便一起占有歐丁的妻子**芙麗格**（Frigg），歐丁回來以後，
他們才放棄芙麗格。

Vilkacis 維卡切斯（【拉脫維亞】）、【立陶宛】Vilkatas：（拉
脫維亞和立陶宛）野狼，他會帶來財富，類似於日耳曼的**芬力爾**
（Fenrir）。

Vimānavāsin→Vaimānika

Vipashyin 毘婆尸佛△（【梵】勝觀、淨見）：（佛教）過去
六佛的第一佛，24 佛中的第 19 佛，於波波樹下證道成佛，手結觸
地印。

Virabhadra 縛羅播多羅（【梵】常勝）：（古印度）**濕婆**
（Shiva）現忿怒摧伏相而生出的神力怪物，在印度西部尤其受崇
拜，在埃勒凡塔（Elephanta）和埃洛拉（Ellora）石窟皆有其神
像。

Viracocha 維拉科查△（【蓋楚瓦】海漚）、Huiracocha：（印
第安）印加族始祖神、創世神和最高神。他是**瑪瑪・科查**（Mama
Cocha）的丈夫，**印提**（Inti）和**瑪瑪・奎拉**（Mama Quilla）的父

親。他先是以黏土造人類，但是他們太驕傲了，於是維拉科查以洪水毀滅人類，把若干人類變成石頭。只有一對夫婦乘方舟而倖存。第八世印加國王（1340－1400）即以他為名。他神祕消失且應許會復臨。西班牙人荷南多‧狄索托（Hernando de Soto）到祕魯時，被印加人視為維拉科查再臨。

Virankannos　維蘭卡諾斯△、Virokannas：（芬蘭和卡累利亞）豐收神、穀神和燕麥神。

Virtus　威爾圖斯▽（【拉丁】堅忍、勇敢）：（羅馬）驍勇善戰的女神，和荷諾斯（Honor）關係緊密。在羅馬，他們於卡佩那門（Porta Capena）前各有一座神殿。威爾圖斯的形象為穿著盔甲持劍的少女。

Virūdhaka　增長天王△（【梵】）、【巴利】Virulha：（佛教）南方的守護神，四大天王（Devarāja）之一。他統帥甕形矮胖的鳩槃荼（Kumbhāndas），手持寶劍，身體是紅色。

Virūpāksha　廣目天王（【梵】）、【巴利】Virūpākkha：（佛教）西方的守護神，看守佛陀舍利。他是四大天王（Devarāja）之一，統率龍王（Nāgas）。他手持蛇、絹索或寶塔，身體是紅色。

Vishap　維夏普（龍）：（亞美尼亞）暴風魔，有時候以騾子或駱駝的形象出現於打穀場，把莊稼都搶走。他會在田裡化身為巨蟒或巨魚而張開網罟，或如獵戶般騎馬越過田野。把長矛浸在維夏普的血裡，可以使長矛無堅不摧。

Vishkambhin→Sarvanivaranavishkambhin

Vishnu　毘濕奴△（【梵】vish＝動作）：1.（吠陀宗教和婆羅門教）光明神和太陽神，宇宙秩序的維護者。他是12位阿迭多（Ādityas）之一。他使四時運行，穿越空間，曾以侏儒的化身長成巨人，以三步（象徵太陽的升起、高掛和落下）跨越三界，毘濕奴的侏儒形象到了印度教則成為他的第五個權化（Avatāra）。2.（婆羅門教）毘濕奴信仰的主神，法律和真理的守護神，慈善神。他也是三相神（Trimūrti）之一，維持世界的周期運轉。他是吉祥天女（Lakshmi）和婆提毘（Bhūdevi）的丈夫。每次世界混亂時，他便會化身降世，重建神的秩序。他的身體是藍色的，著黃袍，有四臂，手持輪寶、蓮花、法螺和仙杖，其坐騎為迦樓羅（Garuda）、

阿南達（Ananta）或蓮花。他有許多別名，除了各種權化以外，也包括那羅延天（Nārāyana）以及味懇陀那陀（Vaikunthanātha）。尼泊爾的國王被認為是毘濕奴的化身。

Vishvabhū 毘舍浮佛△【梵】一切自在）：（佛教）過去六佛的第三佛，24 佛中的第 21 佛，於婆羅樹下證道。

Vishvakarman 毘首羯摩天△【梵】造一切者）：（吠陀宗教）創世神以及發明建築的工匠神，為諸神製造兵器、車輛且築城。他被同化為婆羅門教的生主（Prajāpati）和特瓦西德里（Tvashtar）。

Vishvapāni 一切手菩薩△【梵】手持金剛杵或蓮花者）：五禪定菩薩（Dhyāni-Bodhisattvas）之一，他是不空成就如來（Amoghasiddhi）的隨從和法子，手結施願印，持雙股金剛杵或蓮花。

Visionär 異象得見者、靈視者（【拉丁】visio＝觀看）：得見不尋常的事物者，無論是看到遙遠的時間（過去或未來）或空間（地獄或天堂）的東西。在清醒時或夢裡的異象，經常是宗教領袖和先知的重要經驗，其中包括天啟。異象也經常與聲音結合。廣義的異象包括外在的現象和內心的開悟。重要的異象得見者包括：猶太教的先知（Nābi'）、伊斯蘭的穆罕默德（Muhammad）、基督宗教的彼得（Pétros）、《福音書》作者約翰（Ioánnes）、賓根的希德嘉修女（Hildegard von Bingen）、希臘的皮提亞（Pythía）、羅馬的西碧拉（Sibylla）、日耳曼的費勒達（Veleda）和弗伐（Völva）。

Vitore 維托列▽（老者）：（阿爾巴尼亞）蛇怪、降福的家

毘濕奴的第二個權化巨龜，馱負大陸，以曼荼羅山為攪棒，以和修吉龍王為繩索，讓天神和阿修羅拉著，攪動乳海。上方有巨象和六頭馬。

神。維托列為粗短的蛇,膚色斑斕,住在牆壁裡,以噓聲向屋主報
喜訊或噩耗。

Vitzliputzli→Huitzilopochtli

Vivasvat 毘婆斯伐特、遍照者△(【梵】):(婆羅門教和印度
教)太陽神,為人類帶來火。
毘婆斯伐特屬於阿迭多
(Ādityas)神族,是阿提緻
(Āditi)和迦葉波(Kāshyapa)
的兒子,娑郎尤(Saranyū)的
丈夫,阿須雲(Ashvins)、摩奴
(Manu)和耶摩(Yama)的父
親。後來他被融合為太陽神蘇
利耶(Sūrya)。

Vodjanoj 窩扎諾吉△(【俄
羅斯】水精)、Vodnik:(斯拉
夫)由溺水或受母親詛咒的孩
子變成的水怪,他在水裡引誘
人類且淹死他們。窩扎諾吉住
在湖泊、河流和池塘裡,在休
息的時候才會上岸。其形象為
有綠色長髮的魚或人類。

希臘的靈視者皮提亞
德斐神廟的女祭司,坐在寶鼎
上,為艾格烏斯宣示神諭。

Vohu Manah 善念神△(【祆語】):(伊朗)聖神,為阿胡
拉‧瑪茲達(Ahura Mazdā)對人類的善念的人格化,他也是百獸
的守護神。善念神是七位聖神(Amesha Spentas)之一,對抗惡念
神(Aka Manah)。他曾以音聲和形象對查拉圖斯特拉(Zara-
thushtra)顯聖。他也是天界的門神,自其座而起,歡迎得到解脫
的靈魂。每年十一月是他的節慶。

Volcanus 伏坎努斯△、Vulcanus:(羅馬)烈火神、防止火災
的守護神、雷電神和冶金神。他是巨怪喀庫斯(Cacus)的父親。
8 月 23 日是伏坎努斯節(Volcanalia),時值天乾物燥,易生火
災。伏坎努斯相當於希臘的黑腓斯塔斯(Héphaistos)。

Volla→Fulla

Volos→Veles

Voltumna　法圖姆納△：（伊特拉斯坎）主司四季更替的神、最高神和聯盟神。他的聖地位於佛西尼（Volsini）。伊特拉斯坎的12個城市聯盟，經常在他的神殿裡集會。法圖姆納相當於羅馬的**維吞努斯**（Vertumnus）。

Vör　弗爾▽（【古北歐】慎行者）：（日耳曼）盟約神、誓言和婚姻的守護神。她凡事謹慎，巨細靡遺。

Vortumnus→Vertumnus

Votan　渥坦△、Uotan：（印第安）馬雅族傳說被神化的英雄，他建造了古城帕倫克（Palenque），是木縫鼓（Schlitztrommel）的守護神。渥坦是**伊希切爾**（Ixchel）的丈夫。諸神拜託他到美洲去開展文明。他的綽號是「諸城的心臟」。渥坦相當於阿茲提克的**奎茲克亞托**（Quetzalcoatl）。

Vouru-kasha　縛魯喀夏△（【祆語】無邊際者）：（伊朗）1.海神和水神，屬於**雅扎塔**（Yazata）。他是**水之子**（Apām napāt）的父親。2.天界裡的宇宙海，所有河流皆匯聚於此，潔白的**豪麻**（Haoma）和生命樹**迦喀列納**（Gao-kerena）也生長在那裡。有時候縛魯喀夏等同於**迦撒亞湖**（Kasaoya）。

Vrishabha→Rishabha

Vritra　烏里特那、弗栗多⊙（【梵】雨雲、障礙）：（吠陀宗教、婆羅門教和印度教）阻攔降雨的旱魔、障覆知識的暗魔，他也是怠惰和冬天的惡魔。烏里特那是**迦葉波**（Kāshyapa）和**姐奴**（Dānu）的兒子，屬於**檀那婆**（Dānavas）和**阿修羅**（Asuras）。他與諸神以及人類為敵，被**因陀羅**（Indra）以飛杵擊斃。其形象為蛇、龍或雲。

羅馬的西碧拉，背後是星空。

Vucub-Caquix　巫庫布卡奇△：（印第安）馬雅族的惡魔，他是**卡布拉坎**（Cabracá）和**齊帕克納**（Zipacná）的父親。他堅持大地、太陽、光明和月亮要同時存在，於是孿生兄弟**胡那普**（Hunapú）和**伊薩巴蘭奎**（Ixbalanqué）殺死他，然後創造了人類。

Vulcanus→Volcanus

Vurvolák　巫臥拉克：（阿爾巴尼亞）鬼魂，死者在安葬前有貓躍過其屍體，則屍體不會腐爛而變成巫臥拉克。

Vyantara　婆那多羅：（耆那教）**跋婆那婆娑**（Bhavan-avāsin）、婆那多羅、**豎底沙**（Jyotisha）和**毘摩尼柯**（Vaimānika）組成四個神族，其中婆那多羅居次位。他們住在寶光地（Ratnaprabhā，陰間的最高層）和地面中間。婆那多羅族又分八個等級，其中包括乾闥婆（Gandharva）、羅剎（Rākshas）和夜叉（Yaksha），各以壽命、膚色和身長區分。

Wabun 瓦本：（印第安）亞爾岡京族（Algonkin）傳說中的東方英雄和東風神，他也是太陽神，以弓箭追逐黑暗，越過山丘和平原，終於帶來早晨。他是黎明女神的四胞胎之一，也是其兄弟**喀本**（Kabun）、**夏瓦諾**（Shawano）和**喀比班諾卡**（Kabibonokka）的首領。他的妻子是瓦本德‧安農（Wabund Annung）則成為晨星神。有時候他等同於**密恰波**（Michabo）。

Wadd 旺德△（愛、友誼）：（阿拉伯）密內安族（Minaean）的月神和王國神。他和**阿塔爾**（'Attar）以及**夏姆斯**（Shams）組成三聯神而居其次，以蛇為其聖物。旺德相當於**阿爾瑪卡**（'Almaqahū）、**欣**（Sīn）和**哈姆**（'Amm）。《古蘭經》（71:22-24）裡曾提及他，是**努哈**（Nūh）時代的五個偶像之一。

Wadjet→Uto

Wagtjadbulla→Tcabuinji

Waiet 瓦葉特△：（美拉尼西亞）英雄和文明始祖，他提倡神默劇，舞者戴上動物面具。瓦葉特也賜予人們豐收。他的聖地稱為「瓦葉爾」（Waier），即最小的默雷島（Murray），他曾以一片羽毛飛到該島。

Wak 瓦克△、Waka、Waqa、Wakheiju：（衣索匹亞）加拉族（Galla）的天神和太陽神，在暴風雨裡顯神。他的綽號叫作「三十道光芒的太陽」。

Wakan 瓦坎：（印第安）1.蘇族（Sioux）傳說裡泛指一切靈性事物，瓦坎沒有任何空間限制。萬物都有其永恆的瓦坎。2.萬物的最高存在，例如瓦坎‧壇卡‧金（Wakan Tanka Kin），意思是「太陽的瓦坎‧壇卡」。瓦坎類似於**巴珊**（Bathon），相當於亞爾岡京族（Algonkin）的**馬尼圖**（Manitu）和易洛魁人（Iroquois）的**歐倫達**（Orenda）。

Wakheiju→Wak

Walhall 英雄殿、Valhöll【古北歐】：（日耳曼）歐丁（Odin）於**愛瑟樂園**（Asgard）裡的住所，牆壁覆以黃金，有 540扇大門，每扇門可容 800 個戰士通過。歐丁讓**沃居爾**（Walküren）眾使女把部分的**英靈戰士**（Einherier）接到英雄殿來，而另一部分則到**神族之域**（Folkwang）。

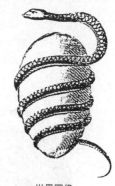

世界圖像

KNAURS
LEXIKON
DER
MYTHOLOGIE

Wali 吾力（【阿拉伯】庇護者、朋友）：（伊斯蘭）指奉**安拉**
（Allāh）之名行奇蹟（Karāmat）的聖人們，例如讓死者復活，綽
號為「安拉的朋友」（Waliyu 'Illāh），其中包括：**聖吉爾吉斯**
（Djirdjis）、**哈比布·納賈**（Habib al-Nadjdjār）、**卡迪爾**（al-
Khadir）、**洞穴人**（Ashāb al-Kahf）。許多吾力都曾住在巴格達，因
此巴格達被稱為「吾力的堡壘」。最著名的吾力應屬蘇菲教派創始
者阿布杜·卡迪爾·吉蘭尼（Sidi' Abd al-Qadir al-Jilāni）。

Walküren 沃居爾、女武神▽、
Valkyrien（【古北歐】valkyrja＝揀選戰死
者的女子）：（日耳曼）原為自然神靈，
後來變成年輕女武神，身著璀璨盔甲，騎
著野馬御風而行。歐丁（Odin）請她們
把戰死沙場的英靈戰士（Einherier）接到
英雄殿（Walhall）。她們屬於**蒂絲神族**
（Disen）。詩：Heine, Die Walküren
(1847)；歌劇：R. Wagner (1852/56)。

Wanen→Vanen

Wang-liang 魍魎：（中國）水怪、瘴
癘鬼、山精，會模仿人類聲音惑亂他們。
孔子曾提到「木石之怪夔、罔兩」，魍魎
據說是**顓頊**（Chuan Hsü）的兒子。

Waqa→Wak

Waralden-Olmai 瓦拉登歐麥（ver-
aldan god＝世界神）、Veralden-Olmai：
（拉普蘭）世界神，衍生自**提爾美士**（Tiermes）的形象。

英雄殿
日耳曼的彼岸樂園，接納部分的
英靈戰士。

Washitta 瓦西塔▽：（西台）女山神，曾和來到山裡的凡人一
度春宵而懷孕。

Wata-tsu-mi-no-kami 綿津見神：（神道教）海神、漁夫和船
員的守護神。他是**豐玉姬**（Toyo-tama）和**玉依姬**（Tama-yori-
hime）的父親，他送給女婿**山幸彥**（Yamasachi）鹽盈珠和鹽乾珠
以控制潮汐。

Watavinewa 瓦塔維尼瓦△（始祖、永世者）、Hitapúan（吾

父）：（印第安）雅瑪那族（Yamana）的始祖神和最高神，生死的主宰，百獸之王。他制訂族法，要求他們信守奉行，他會獎善罰惡，凡觸法者則使其罹病或早夭。

Wawalag　娃娃拉克▽▽、Wauwalak：（澳洲）主司豐收的姐妹神。她們是**降加巫**（Djanggawul）的女兒，某夜她們在岩蛇**尤倫格**（Yurlunggur）的水坑附近宿營，被岩蛇吞掉而後又吐出來。後來在男子成年禮的儀式裡，便會模仿吞噬和吐出的動作。入會者併排躺在地上，嘴裡叼著降加巫的地利袋（Dilly bag），代表蛇腹。「被吐出者」離開會場，便成為新的男人。

Wei-t'o　韋馱：（中國佛教）護法，南方增長天的將軍，全身盔甲。在中國寺廟裡，是最重要的護法神，建寺時必敬奉他。

Wele　維勒△、Were：（肯亞）烏古蘇族（Vugusu）的創世神，他有兩個形象，白色的善神巫姆萬加（oumuwanga）以及黑色的惡神古馬利（gumali）。古馬利也被認為是巫姆萬加的孿生弟弟或兒子。

Weltbilder　世界圖像⊙：指神話故事開展所在的空間。世界有各種形象，例如：球體或半球、車輪或蛋、母牛或人、樹或塔。世界空間的層級也各自不同，有的二分為此岸和彼岸，有時候則是三分為地界、上界和下界，或是人間、天堂和地獄。世界或者是自無始以來即存在，或者是始自太初，為某個創世神所造。同樣的，世界或者是無止盡地存在，或者是有個末日。萬物（諸神、人類和鬼魂）則分別住在不同的世界層級裡。比較重要的世界圖像有：印度教的**梵卵**（Brahmānda）、**生死輪**（Bhava-Chakra）；耆那教的**宇宙原人**（Loka-Purusha）；希臘的**宇宙**（Kósmos）；日耳曼的**宇宙樹**（Yggdrasill）。許多宇宙起源神話即在描繪世界圖像及其生成。

Weltzeitalter　世界時期⊙：指世界時間的區分，無論是周期性的或線性的時間，用以整理人類的歷史，因此是彼此接續的不同時期，例如太初和末日。各個時期的時間長度（黃金時期、白銀時期、紅銅時期、黑鐵時期）和民族的道德社會狀態相對應。印度教的**劫**（Kalpa）是尤其著名的例子。

Wen-ch'ang　文昌帝君、梓潼帝君：（中國）文學神、科舉神

奧斐斯祕教的世界圖像
其形如銀卵，有蛇以螺旋狀纏繞，象徵時間，為受造世界的界限（Stich, 1771）。

女性神和
男性神

Weibliche und männliche Gottheiten　女性神和男性神：

　　女性神和男性神代表性別的二元性，其結合則表現了分裂性和完整性（不同於雌雄同體或三位一體）。兩性的結合是新生命誕生的條件（除了自體生殖和童貞生子），無論諸神或人類皆然。女性神和男性神組成對耦神，被理解為既對立又互補的關係，包括創造和毀滅、生命和死亡、天與地。有的對耦神是異性孿生神，例如：希臘的阿波羅（Apóllon）和阿提密斯（Ártemis）或阿卡德族的夏馬西（Shamash）和伊西塔（Ishtar）。更常見的對耦神則是神族夫妻，有的則既是兄弟姐妹又是夫婦，例如埃及的舒（Schu）和特芙努（Tefnut）、蓋布（Geb）和努特（Nut）、依西斯（Isis）和奧賽利斯（Osiris）；希臘的宙斯（Zeús）和希拉（Héra）；羅馬的朱庇特（Iupiter）和朱諾（Iuno），日耳曼的弗瑞（Freyr）和芙蕾葉（Freyja）；印度教的閻魔（Yama）和閻美（Yami）、梵天（Brahmā）和薩羅婆縛底（Sarasvati）；印第安的維拉科查（Viracocha）和瑪瑪·科查（Mama Cocha）。

　　自開天闢地以來，即有兩性的對立，波里尼西亞的天神蘭吉（Rangi）和地母帕帕（Papa）是個令人動容的例子，諸神和萬物皆生自他們的懷抱。埃及神話則說穹蒼女神努特，曲其身體覆蓋地神蓋布。天地的交合（化為露水、雨或陽光）意味著多產，也是婚姻的原始意象。除了父神以外，母神也在創世神話裡扮演重要角色，例如希臘的母神蓋婭（Gaia），她獨自生出萬物及山河大地。母神也經常是孕育生命的地母，同時主宰生命和死亡、愛和戰爭。例如：阿卡德的伊西塔、羅馬的刻瑞斯（Ceres）、印度教的伽梨（Kali）或難近母（Durga）。有些母神會和她們的弟弟、丈夫或兒子結合，例如：埃及的依西斯、阿卡德的伊西塔、弗里吉亞和羅馬的西芭莉（Kybele）。而人們也經常以母胎或強調其陰戶或乳房去表現其生殖力。重要的母神包括：非洲的卡提略（Ka Tyeleo）和歐雅（Oya）；埃及的哈托爾（Hathor）；敘利亞和腓尼基的亞舍拉（Ashera）和阿什塔特（Astarte）；羅馬的特魯斯（Tellus）；克爾特的三個瑪托娜（Matrona）；阿茲提克的克亞特利古（Coatlicue）和特拉佐提奧托（Tlazolteotl）；神道教的伊邪那美神（Izanami）。

女性神和男性神一樣，除了化育萬物以外，也代表全體生命，因此她們也會創造文明。例如，希臘的雅典娜（Athéne）主司智慧、藝術、犁具和字母，繆思是藝術的守護神；羅馬的刻瑞斯是文明和立法的創建者；在埃及神話裡，哈托爾是舞蹈和音樂的主宰，謝夏特（Seschat）是書寫、數學和建築的女神；吠陀宗教的薩羅婆縛底發明了梵文，同時也是詩和音樂的守護神。除了兩性對耦神以外，還有男性和女性的同性三聯神，其中女性三聯神包括：阿拉伯的拉特（al-Lāt）、默那特（Manāt）和烏扎（al-'Uzza）；希臘的荷萊三女神（Hórai）和命運三女神（Moírai）；羅馬的帕爾卡（Parca）；日耳曼的娜恩（Nornen）；克爾特的瑪托娜。不同性別的三聯神則多為星神：阿卡德的夏馬西、欣（Sin）和伊西塔，分別代表太陽、月亮和金星。當然也有擬人神，例如：埃及的依西斯、奧賽利斯和霍魯斯（Horus），代表母親、父親和兒子；另外還有羅馬的朱庇特、朱諾和密內瓦。正如三元性象徵周遍萬物的實在界，二元性體現整體和圓滿，而雌雄同體則是表現了世界的統一性。

伊邪那歧和伊邪那美站在天之浮橋上，創造淤能碁呂島。

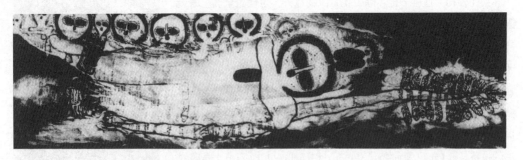

萬吉納
澳洲原始生物、雲神和彩虹神，
躺在世界樹上，下面是第一個人
類。

和星神，原為晉朝梓潼縣張亞子，仕晉戰死，百姓立廟祀之。或謂
文昌君轉世 17 次為士大夫。他的兩個侍童為天聾和地啞。

Wep-wawet→Upuaut

Were→Wele

Werethekau→Urthekau

Whiro 晦羅△：（波里尼西亞）掌管黑暗、邪惡和死亡的神，
諸病魔是他的隨從。晦羅是**坦尼**（Tane）的死敵。

Whope 霍普▽：（印第安）蘇族（Sioux）美麗的和平女神，
她是**維伊**（Wi）的女兒，南風神的妻子。霍普降臨人間時，會以
煙管為和平的象徵。

Wi 維伊△：（印第安）蘇族（Sioux）全知的太陽神，**霍普**
（Whope）的父親。美洲野牛是他的聖獸。

Wisakedjak 維薩克絰（騙子）：（印第安）亞爾岡京族
（Algonkin）的文明英雄、惡作劇神和最高神。他相當於**古魯斯卡
普**（Gluskap）、**馬拿保斯何**（Manabhozho）、**密恰波**（Michabo）
和**尼那布裘**（Nenabojoo）。

Wodan→Odin

Wollunqua 沃倫加：（澳洲）彩虹神、創世的巨蟒，他出自莫
契生山（Murchison）的山澗，在那裡有自天上來的生命之水。巨
蟒非常長，遊行數英里而尾巴尚未離開山澗。他相當於**加勒魯**
（Galeru）和**尤倫格**（Yurlunggur）。

Wondjina 萬吉納：（澳洲）原始生物、雲神和彩虹神，不斷
促進自然的循環。他在「夢季」時會回到洞裡化為岩穴的繪畫而死
去，而其靈魂則潛到附近的水池裡保存其生機。他們其中的瓦拉甘

行神蹟者耶穌，使盲者復明。

達（Walaganda）則化為銀河。他們的形象似人類，但是沒有嘴巴。

Wosret 渥斯列特▽（強者）：（埃及）年輕的霍魯斯（Horus）的守護女神，在底比斯受崇拜，其後與**依西斯**（Isis）或哈托爾（Hathor）同化。

Wotan→Odin

Wulbari 巫爾巴里△：（西非迦納）阿坎族（Akan）的造物神和天神，他讓人類從天上攀著鍊條下凡，至今天界仍然是人類的故鄉。他在太初時原本是躺在**阿薩色・亞**（Asase Yaa）身上，人類婦女在舂米時不斷敲他的頭，於是他憤而回到天上去。

Wumbor 溫博爾△、Omborr、Onimborr：非洲迦納和多哥（Togo）的孔根巴族（Konkomba）的天神和造物神，他創造文明，為人類帶來火種、武器和毒物。

Wundertäter 行神蹟者（【希臘】Thaumatúrgos）：指某些存

有者，以超自然的能力，去行不可思議的事，例如：醫病、驅魔或讓死者復活。他們可能是神，例如希臘的**阿斯克勒庇俄斯**（Asklepiós），或是人類，如先知、中保、救世主或聖人。著名的行神蹟者有：猶太教的**以利亞**（Ēlijjāhū）、**以利沙**（Elishā）和**摩西**（Mōsheh）；基督宗教的**耶穌**（Iesûs）、**彼得**（Pétros）和**保羅**（Paûlos）。

Wune　巫尼△、Wuni（太陽王）：（西非迦納）達貢巴族（Dagomba）的創世神和命運神，他創造天地，主宰生死。在天上有一頭公羊隨侍，公羊跺腳時就會打雷，奔跑時就會刮大風，搖尾巴時就會閃電，尾巴的毛掉落時就會下雨。

Wutan→Odin

Wuotanes her　沃坦大軍（【古德語】）：（日耳曼）由432,000個鬼魂和風神組成的狂暴軍隊和獵人，以**歐丁**（Odin）為首領，在新年前後 12 個夜晚裡呼嘯天際。大軍前面有 24 隻黑狗為前導。

Wurunkatte　烏倫卡提△：（原始赫地）戰神，綽號為「大地之王」，相當於蘇美的**撒巴巴**（Zababa）。

Wurunshemu　烏倫謝姆▽：（原始赫地）太陽女神，**塔魯**（Taru）的妻子，**伊娜拉**（Inara）和**德利庇努**（Telipinu）的母親，她相當於西台的太陽女神**阿林娜**（Arinna）。

Wu-ti　五帝：（中國）1.上古時代（2697－2205 B.C.；2674－2184 B.C.）繼三皇後的五位聖王，包括：黃帝、顓頊、帝嚳、唐堯、虞舜。後來他們被尊為天神。2.主司五個方位的天神，包括：太昊、炎帝、少昊、顓頊、黃帝。

Xaman Ek 撒滿埃克△：（印第安）馬雅族的北極星神，商人的守護神。他的嘴巴像猴子。

Xango→Shango

Xaratanga 撒拉坦加▽：（印第安）塔拉斯克族（Tarasken）的大地女神，溫泉和球戲場的守護神。

Xevioso→So

Xewioso→So

Xexyoso→So

Xhind-i 辛地△、【陰性】Xhinde：（阿爾巴尼亞）矮靈，有男有女，有善有惡。當他們接近時，門會嘎吱作響，燈光會閃爍顫動。

Xiblabá 席巴爾巴、Xibalbay：（印第安）馬雅族的冥界，由卡美（Came）統治。他沿著陡峭石階而下，渡過湍急河流，行經有無數棘刺樹的狹窄山谷，看到交叉的四條不同顏色的路：紅色、黑色、白色和黃色。

Xilonen 西蘿嫩▽：（印第安）阿茲提克族的嫩玉米神和氾濫神。她戴著方形的頭飾，手裡持玉米籃。

Xipe Totec 希佩・托特克△（我們的主人、被剝皮者）：（印第安）植物神、春神、萌芽的種子神、季節神。他象徵自然的必要對抗和苦難，他是西方神、冶鐵匠的守護神和曆法神，主司每月第15日。在春天崇拜他的節日裡會舉行殺人祭。他們以戰俘獻祭，剝下他的皮，象徵自然裡的生死循環。希佩・托特克的身體繪成紅色，披著剝下來的人皮。

Xiuhcoatl 休科亞特（綠松石蛇）：（印第安）阿茲提克族神話的火蛇，象徵乾旱、荒年和被燒過的大地。

Xiuhtecutli 休特庫特里△（綠松石主人）、Huehueteotl（老神）：（印第安）阿茲提克族的火神、光明神和曆法神，主司每月19日、夜裡和白天的第一個鐘頭。他也是中央神，位於四個方位的交會點。休特庫特里是**恰齊維特利古**（Chalchihuitlicue）的丈夫。在每52年的一個周期結束時，人們會把火熄掉，於新年時再點燃，以維持歲月的進行。在殺人祭裡，他們會讓獻祭者躺在木炭上，然後把他的心臟掏出來。休特庫特里頭上頂著煙盆，駝背且沒

撒滿埃克

KNAURS
LEXIKON
DER
MYTHOLOGIE

有牙齒。

Xochipilli 霍奇皮利△（花王子）：（印第安）嫩玉米神、花神、球戲神、舞蹈神和歌神。他是曆法神，主司每月11日和白天第七個鐘頭。他是霍奇奎茲（Xochiquetzal）的孿生兄弟，**瑪瑤爾**（Mayahuel）的丈夫。他的綽號是「五朵花」（Macuilxochitl）。他手持一根手杖，杖端有人的心臟。

Xochiquetzal 霍奇奎茲▽（伸直的花朵）：（印第安）月神、大地女神、花神、愛神、舞蹈神、戲劇神、女紅神。她是曆法神，主司每月20日。霍奇奎茲是霍奇皮利（Xochipilli）的孿生妹妹，**特拉洛克**（Tlaloc）的妻子。**帖茲卡特里波卡**（Tezcatlipoca）誘拐她，因而她也成為愛神。在她的祭典裡，面具舞是重頭戲，有各種戴著動植物面具的舞者。

Xolotl 赫洛特△（雙胞胎、畸形兒、狗）：（印第安）1.奧托米族（Otomi）的火神和星神，引導死者的靈魂，渡過九重溪流到冥府**米克**

印第安神話十字架狀的世界圖像：中間是火神和光明神休特庫特里，兩股中間葉形十字架代表四棵樹，上面有鳥棲息，下面有四方天界諸神站立。

特蘭（Mictlan），為此人們經常以狗陪葬。2.薩波特克族（Zapotec）的雷電神和鬼差，他會裂開大地，指引往冥府的路。3.阿茲提克族的畸形兒神，昏星的人格化，他陪著落日到冥府去。他也是主司每月16日的曆法神，**奎茲克亞托**（Quetzalcoatl）的孿生兄弟，其形象為狗頭人身。

Xrōshtag 呼神：（伊朗）摩尼教的神，象徵著拯救的呼喚聲音。「活靈」**密里雅茲**（Mihryazd）打敗邪惡的**暗魔**（Archóntes），呼喚「初人」以及他的**五明子**（Amahrspand）。

Xu→Huwe

Xuwa→Huwe

Y

Yab-Yum 雙身相（【藏】父親和母親）：（藏傳佛教）男神和女神交合的形象，女神騎坐在男神懷裡，手腳纏繞著他。該姿勢象徵世界對立的統一，以及得解脫智時的「大樂」（mahāsukha）。

Yacatecutli 雅卡提庫特里△（鼻子主宰、前鋒主宰）：（印第安）阿茲提克族拜把兄弟的商旅的守護神，他們除了經商以外，還有道德的目的。

Yādjūdj und Mādjūdj 雅朱者和馬朱者（【阿拉伯】）：（伊斯蘭）兩個民族，在末日時，他們族群眾多，因而喝光幼發拉底河、底格里斯河和提比哩亞海（Tiberias）的水。他們殺光地上所以居民以後，就要以箭射天界的**安拉**（Allāh），安拉便讓蟲子鑽進他們的鼻孔和耳孔裡，一夜之間毀滅掉他們。

Yāfith→Jāfēt

Yagūt 葉巫斯△（神助）、Jāghūt：（阿拉伯）納巴泰族（Nabataean）的神，《古蘭經》（71:22-24）曾提到他，是**努哈**（Nūh）時代的五個偶像之一。

Yahyā→Ioánnes

Yaiyen Kamui 雅岩神：（日本）阿伊奴人一般神的稱呼，他們和天神**帕謝神**（Pase Kamui）都是神（卡姆伊），不過他們只是屋頂的「支柱」而非主樑。

Yakista 雅基斯塔（ya＝天上、光明）：（印第安）阿撒巴斯卡族（Athapasken）的天神和光明神。

Yaksha 夜叉△（【梵】）、【巴利】Yakka、【梵】Yakshini（夜叉女）：1.（佛教）半神半魔，主司多產和財富，看守地裡的寶藏，由**多聞天王**（Vaishravana）統治他們。他們住在偏僻陰暗處，喧嚷擾亂禪修的比丘和比丘尼。2.（婆羅門教和印度教）陰間裡的半神半鬼，看守寶藏，被稱為「密跡」（Guhyakas），是**俱毘羅**（Kubera）的隨從。夜叉有善有惡，有的夜叉與人為友，印度民間常祭祀夜叉以求福。他們是**迦葉波**（Kāshyapa）和伽沙（Khasa）的兒子，住在**空界**（Bhuvarloka）或**魔界**（Pātāla）。其形象頭大身小，大腹短腿。

Ya'kūb→Ja'akōb

Yala 亞拉△、Gala：（賴比瑞亞）克帕勒族（Kpelle）的命運

陰陽

KNAURS
LEXIKON
DER
MYTHOLOGIE

神，為每個受造者指派其命運。

Yam → Jamm

Yam → Yima

Yama 耶摩、夜摩△（【梵】自主者）：1.（吠陀宗教）人類的祖神，他是第一個凡人，蘇利耶（Sūrya）的兒子，是**耶米**（Yami, Yamunā）的孿生哥哥。2.（婆羅門教）死神和時間神，冥府的主宰和判官，其書記官名為切特拉古普塔（Chitragupta）。他是**毗婆斯伐特**（Vivasvat）和娑郎尤（Saranyū）的兒子，**摩奴**（Manu）和**阿須雲**（Ashvins）的兄弟，頭摩奈（Dhumornā）的丈夫，她象徵焚燒屍體的火。3.（印度教）南方天界的守護神。穿著紅袍，身體是綠色的，其標誌為金剛杵和蛇，以黑水牛為坐騎。

Yama 閻魔△（【梵】）、閻羅、燄魔：（佛教）護法神和冥府神，決定眾生各依其業報受生諸趣。閻魔以則以生、老、病、死和治罪為閻摩五使者（Yamaduta）。他是**閻美**（Yami）的孿生哥哥，被**降燄摩尊**（Yamāntaka）降服而成為護法，自此統治**地獄**（Naraka），有八大將軍和八萬隨從。其形象為牛頭人身或騎著公牛，與一個女人交合，手持刀杖（danda）和絹索（pāsha），用以把死者拘提到地獄。

Yāma 燄摩天、夜摩天、妙善天：（佛教）神族，居於欲界第三天，壽命為 2,000 歲，在該天界一天為人間 200 年。

Yamāntaka 降燄摩尊、獨雄閻摩、大威德金剛△（【梵】）、Yamāri、Vajrabhairava、【藏】Tschoitschong：（佛教）護法神，降服**閻魔**（Yama）成為護法，他有十六面六臂六足，結折伏印，身體是青黑色，以髑髏為瓔珞，以水牛為坐騎。

雙身相
神和女神交合的形象，象徵世界對立的統一和解脫。

Yamasachi-hiko　山幸彥△、Hohodemi、Howori（火遠理命）：（神道教）日本王室的狩獵神和祖神，**邇邇藝命**（Ninigi）和**木花之佐久夜姬**（Konohana）的兒子，漁神**海幸彥**（Umisachi-hiko）的弟弟。他是**豐玉姬**（Toyo-tama）的丈夫，**天津**（Ama-tsu）的父親，**神武天皇**（Jimmu-tennō）的祖父，有一天，他和哥哥決定互換狩獵神和漁神的角色（即「山海易幸」），但是他不但釣不到一條魚，還把海彥幸的魚鉤掉在海裡。為此他去求助於海神**綿津見神**（Watatsu-mi），因而認識了豐玉姬並娶了她，繁衍子孫無數。

Yambe→Nzambi

Yami　耶米、閻美▽：1.（吠陀宗教）人類的祖先，和孿生哥哥**耶摩**（Yama）是第一對凡人。她是太陽神**蘇利耶**（Sūrya）的女兒。2.（婆羅門教和印度教）母神，殘忍的人格化。有時候她被認為屬於**七母天**（Saptāmatrikā），**昆婆斯伐特**（Vivasvat）的女兒。3.（佛教）死神，統治地獄女鬼，**閻摩**（Yama）的孿生妹妹。

Yamunā　閻牟那、縛河▽：（印度教）女河神，北印度的恆河支流的人格化，和**恆伽**（Gangā）經常是神廟的門神，時或等同於**耶米**（Yami）。她的標誌是水瓶、拂塵和蓮花，以烏龜為其坐騎。

Yankopon→Onyankopong

Yao　堯：（中國）古聖王，為**五帝**（Wu-ti）之一。孔子曾說：「唯天為大，唯堯則之。」他是**帝嚳**（K'u）的兒子，並將王位禪讓給**舜**（Shun）。堯在夏朝被尊為最高神，曾讓鯀治水，鯀築堤堵塞天下洪水，而洪水仍然決堤漫流。

Yarhibōl　亞希波爾△（波爾的使者）：（敘利亞帕密拉地區）（Palmyra）太陽神，和**波爾**（Bōl）以及**阿格里波爾**（'Aglibōl）組成三聯神，頭上有光環。

Yashōda　雅首達▽：（印度教）牧女，牧人南達（Nanda）的

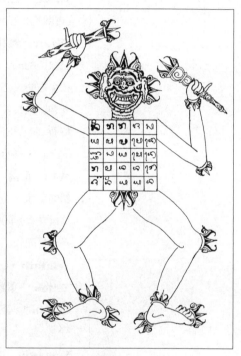

耶摩
婆羅門教的死神和審判神。

559

妻子，黑天（Krishna）和**大力羅摩**（Balārama）的養母。她保護
黑天對抗魔女**普坦娜**（Pūtanā）。

Yātus 亞圖斯、Yatas：（伊朗）巫師，以變身和詐騙控制怪
物。他們是**佩里卡斯**（Pairikās）的情夫，其首領為雅克提阿
（Akhtya）。

Ya'ūq 葉歐格（'aqa＝阻撓者）、Jā'ūk：（阿拉伯）守護神，
《古蘭經》裡曾提到他，是**努哈**（Nūh）時代的五個偶像之一。

Yazata 雅扎塔（【祆語】崇高的）：（伊朗）1.諸神的通稱，為
巴加（Baga）的異名。2.**聖神**（Amesha Spentas）的神族，為倫理
和宇宙的人格化，臣屬於**阿胡拉・瑪茲達**（Ahura Mazdā）並執行
其神旨，共有 30 位雅扎塔，主司一個月的 30 天。其中包括：**密
特拉**（Mithra）、**拉什努**（Rashnu）、**黛娜**（Daēnā）、**赫瓦**
（Hvar）、**瑪哈**（Māh）、**提什崔亞**（Tishtrya）和**扎姆**（Zam）。

Yehl 葉爾、Yetl：（印第安）特林吉特族（Tlingit）形似渡鴉或
鶴的英雄、造物神和**惡作劇鬼**（Trickster），他為人類偷得火種。
葉爾在太初的濃霧裡振翅飛行，直到看見乾地，便在穹蒼上安置太
陽和月亮。

Yelafath→Olifat

Ye'loje 葉羅哲△、Púgu：（西伯利亞）尤卡吉爾族（Yukaghir）
的太陽神，正義、倫理和被壓迫者的守護神，嚴厲譴責戰爭和暴
行。

Yemanja 耶曼雅▽：1.（奈及利亞）約魯巴族（Yoruba）的母
神和生產女神。她是「海洋和魚的母親」，象徵水域和濕地。她是
歐都鐸（Odudua）和**歐巴塔拉**（Obatala）的女兒，**阿甘尤**
（Aganyu）的妹妹和妻子。耶曼雅被兒子**歐倫甘**（Orungan）強暴
以後逃走，歐倫甘緊追不捨，她在伊斐（Ife）附近失足而粉身碎
骨，由其遺骸生出15個神，包括：**尚果**（Shango）、**歐根**
（Ogun）、**奧洛肯**（Olokun）、**夏克帕那**（Shakpana）、**奧科**（Oko）
以及太陽和月亮。2.（非裔美洲）恩邦教派（Umbanist）的船難守
護神，後來被同化為基督宗教的**馬利亞**（María）。

Yen-lo 閻羅、閻王：（中國）死神和冥府神，又稱五殿閻羅，
身穿皇袍，相當於印度佛教的**閻魔**（Yama）。

Yetl→Yehl

Yggdrasill　宇宙樹△（【古北歐】歐丁的馬）：（日耳曼）遍
覆九大世界的大梣樹，立根於**中土**（Midgard），樹梢直擡天界**愛
瑟樂園**（Asgard），枝葉擴及**外域**（Utgard），
根鬚則伸展到冥府**霧鄉**（Niflheim）。宇宙樹的
力量泉源有：**烏爾德泉**（Urdar brunnr）、**密密
爾泉**（Mimis brunnr）和**赫格密爾泉**
（Hergelmir）。宇宙樹也主司世界命運，只要世
界存在，其枝葉總是綠意盎然，當它落葉時，
即宣告**諸神黃昏**（Ragnarök）將臨。

Yid-dam→Ishta-Devatā

Yima　夜摩△（【祆語】雙胞胎）、【中世波
斯】Yam：（伊朗）原人和第三位聖王，統治
世界 616.5 年，其時為沒有疾病或死亡的黃金
時期。他是毘婆梵（Vivanghvant）的兒子，伊
瑪克（Yimāk）的孿生哥哥和丈夫。夜摩犯了
妄語罪而被貶為凡夫，而且被蛇魔阿日達哈卡
（Aži Dahāka）放逐，隱居100年，後來被其弟
弟斯庇尤拉（Spiyura）殺死。夜摩相當於吠陀
宗教的**耶摩**（Yama）。

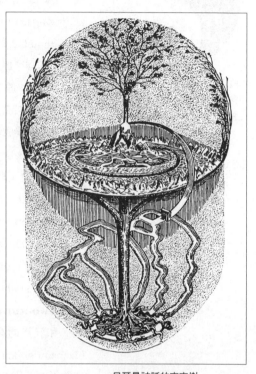

日耳曼神話的宇宙樹
立根於中土，樹梢直擡天界愛瑟
樂園，根鬚則伸展到冥府霧鄉。

Ying-chou　瀛洲：（中國）東海仙島，有
靈芝（King-chih）。瀛洲島為崇明三島之一。

Ying-lung　應龍：（中國）能興雲致雨的巨龍，住在極南之
地，雖有翼而不能飛。**黃帝**（Huang-Ti）曾派他誅殺蚩尤和**夸父**
（K'ua Fu）。

Yin Hsi　尹喜眞人：（中國）仙人，原為函谷關尹，**老子**
（Lao-tzu）西遊，尹喜看到紫氣，知道有**眞人**（Chen-jen）經過，
對老子說：「子將隱矣，彊為我著書。」於是老子授道德經五千言
而去，莫知其終。

Yin-Yang　陰陽：（中國道教）微觀和巨觀宇宙的二元性原理，
二者既合而為**道**（Tao），又具體表現天與地的自然現象。由陰陽
結合而生五行。「陰」指女性、被動和陰暗的原動力，如：月亮、

陰陽
中國道教微觀和巨觀宇宙的二元
性原理，兩者合而為宇宙全體。

水、老虎和黑色。「陽」指男性、主動和光明的原動力，如：太陽、火、龍和紅色（或白色）。

Ymir　伊米爾◇（【古北歐】雌雄同體）：（日耳曼）原始巨怪，象徵渾然一體的自然力量。伊米爾生自**無底深淵**（Ginnungagap）的冰火交會凝結的霧氣，並以太初母牛**奧頓芭拉**（Audhumbla）的奶維生。在他睡覺時，自其腋窩的汗水生出一對男女，兩腳摩擦生出一個兒子，由此產生**霜怪**（Hrímthursar）。**歐丁**（Odin）、**維利**（Vili）和**維**（Vé）殺死伊米爾以後，以他的屍體創造世界：流出的血變成海洋和湖泊，顎骨變成群星，頭髮變成樹木，頭骨變成穹蒼，大腦變成雲朵，眼睫毛變成**中土**（Midgard）四周的圍牆。伊米爾經常等同於**奧爾格米爾**（Aurgelmir）。

Yo　尤◇：（非洲馬利）班巴拉族（Bambara）的世界神，他分別創造風和火（陽性元素）、地和水（陰性元素）。

Yogeshvara　瑜祇王△（【梵】）、【陰性】Yogeshvari：（印度教）**濕婆**（Shiva）的別名，或謂是濕婆的**沙克提**（Shakti），對抗惡魔**闇陀伽**（Andhakā）。

Yogini→Siddha

Yomi-no-kuni　黃泉國：（神道教）冥府，永遠黑暗的地底國度，和天界的**高天原**（Takama-ga-hara）相對。**伊邪那美神**（Izanami-no-kami）為第一個死後赴黃泉國者，並且統治該冥府。**建御雷之男神**（Take-mika-zuchi）也在黃泉國裡。

Yoni　憂尼、女根▽（【梵】母胎、源頭）：（印度教）易變、動態、女性的本質的象徵，以陰戶為生成變化和多產的符號。在濕婆崇拜裡，憂尼經常與**濕婆**（Shiva）的**沙克提**（Shakti）並祀，並且與濕婆的陽具**陵伽**（Linga）合而為一，象徵二元對立的統一。

Yü　禹、夏禹◇：（中國）地神，雌雄同體的地母（后土），夏朝的祖神。他化為熊而鑿谷穿山，化為蛇而決江河入海，使九州免於水患。禹的象形文字為交纏的兩條蛇。

Yüan-shih t'ien-tsun　元始天尊：（中國）天神，主持三清（San-ch'ing）中的玉清境，又稱天寶君。原本統治天界，後來被玉皇（Yü-huang）取代。

Yü-ch'iang　禹強：（中國）水神、海神和風神，「人面鳥身，

珥兩青蛇，踐兩清蛇」。

Yudishthira 堅戰△：（印度教）英雄和統治者，為**般度五子**（Pāndavas）的長兄，他是**耶摩**（Yama）的兒子，或謂**般度**（Pāndu）和**均提**（Kunti）的兒子，他的妻子是**朵帕娣**（Draupadi），他的四個兄弟也都一起占有她。**俱盧族**（Kauravas）的持國王（Dhritarāshtra）欲捨其子而把王位傳給堅戰，因而引發俱盧族和般度族的戰爭，即《摩訶婆羅多》所描寫的故事。

Yuga 時（【梵】）：（印度教）輪迴不息的世界時期，每一時皆始自黎明（Sandhyā）時期，止於黃昏（Sandhyānsha）時期。 共有四時：圓滿時（Kritayuga），約1,728,000年；三分時（Tretāyuga），約1,296,000年；二分時（Dvāparayuga），約864,000年；爭鬥時（Kaliyuga），約432,000年。432萬年為**一大時**（Mahāyuga）。每一時的時間縮短，意味著四時的自然和道德狀態每況愈下。

Yü-huang 玉皇、玉帝、上帝：（中國）傳說原為王子張堅，修行歷劫成仙，宋真宗（西元1015年）正式把他列為國家奉祀的對象。他原為**三清**（San-ch'ing）的輔佐，後來取代**元始天尊**（Yüan-shih t'ein-tsun）成為最高神。他的妻子是王母娘娘，有九個女兒，其中包括**西王母**（His Wang Mu）。他在天庭裡統治三界，萬神皆列班隨侍，如人間公卿。每年新年，諸神都要向他報告人間功過。皇帝每年也要在北京天壇祭祀玉帝兩次。玉帝著皇袍坐寶座，手持玉笏。

Yü-jen 羽人：（中國）仙人，身著羽衣。一說他是道士，又稱為羽流，修得長生不死以後即飛升。

玉皇
中國天神，手持玉笏，代表德行和王權。

宇姆卡赫，印第安的玉米神，美男子的理想典型。

Yulunggul→Yurlunggur

Yum-chen-mo 雍欽佛母、雍欽保▽（大母）：（西藏）苯教的母神和諸神之母，她和丈夫**辛拉俄噶**（gShen-lha od-dkar）創造了其他諸神，例如斯貝傑姆（Sipe gyalmo）。

Yum Kaax 宇姆卡赫△（森林王）、Yum Kax、Ghanan：（印第安）馬雅族玉米神和收成神，他經常被稱為「E神」（God E），為美男子的理想典型。他相當於托托納克族的**辛提奧托**（Cinteotl）。

Yūnus→Jōnāh

Yü-pu 禹步：（中國）大禹治水遍歷九州，三過家門而不入，得了偏枯之病（偏癱），後人模仿他的步法創設舞蹈，名為「禹步」，據說可以通靈驅鬼。

Yurlunggur 尤倫格、Yulunggul：（澳洲）彩虹神、創世的巨蟒，他吞掉**娃娃拉克**（Wawalag）兩姐妹。在成年禮的儀式裡，會模仿這段故事，青年男子被尤倫格吞掉又吐出來以後，就是成人了。他也是重生的象徵，指從嬰兒過渡到成人。尤倫格相當於**加勒魯**（Galeru）和**沃倫加**（Wollunqua）。

Yūsha'→Jehōshūa'

Yūsuf→Jōsēf

Z

Zababa 撒巴巴△：（蘇美和阿卡德）基什（Kish）的城市神和戰神，綽號為「戰鬥的馬爾杜克」。他的妻子是善戰的**伊南那**（Innana）或阿卡德的**伊西塔**（Ishtar）。在古巴比倫時代，他被同化為**寧格蘇**（Ningirsu）和**寧烏塔**（Ninurta）。

Zacharías 撒迦利亞△（【希臘】）、【希伯來】Zekarjāh＝耶和華記著、【阿拉伯】Zakāriyā'（宰凱里雅）：1.（基督宗教）**上主**（Kýrios）的先知，耶路撒冷神殿的祭司。他是以利沙伯（Elisabeth）的丈夫，施洗者**約翰**（Ioánnes）的父親。天使（加百列）對他報信兒子約翰的誕生。撒迦利亞被聖靈充滿，預言他的兒子將來會被稱為「至高者的先知」。2.**安拉**（Allāh）的先知宰凱里雅，**葉哈雅**（Yahyā）的父親，在他的保護下，童貞女**麥爾彥**（Maryam）於耶路撒冷神殿的聖龕（Mihrab）裡長大成人。天使對他說他將晚年得子。他和兒子死後都葬在大馬士革的清真寺裡。

Zacharías→Zekarjāh

Zagreús 扎格列烏斯△：（希臘）奧斐斯祕教的狩獵神、植物神和最高神，是死而復活的神。他是**宙斯**（Zeús）和**波賽芬妮**（Persephóne）的兒子。善妒的**希拉**（Héra）慫恿**泰坦族**（Titánes）將他肢解分食，只留下仍然跳動的心臟。宙斯或**西蜜莉**（Seméle）把它吞下，而生出**戴奧尼索斯**（Diónysos）。

Zairik→Zārich

Zaka 扎卡△：（非裔美洲）巫毒教的農耕神，農夫的守護神。他穿著粗棉服，戴著草帽，持哨子和砍刀。

Zakāriyā'→Zacharías

Zaltis 扎爾提斯（【拉脫維亞】）、【立陶宛】Žaltỹs（水蛇）：（拉脫維亞和立陶宛）動物神，他是一條被馴養的水蛇，以牛奶餵食，預言未來吉凶禍福。

Zam 扎姆（【祆語】大地）：（伊朗）屬於**雅扎塔**（Yazata）神族的地神。

Zambi→Nzambi

Zāna 扎納▽：（阿爾巴尼亞）仙女、英雄們的守護神、山裡的繆思，夜裡在山泉邊唱歌、跳舞、玩耍、摘花、戲弄山羊。

Zarathushtra 查拉圖斯特拉△（【古波斯】有老駱駝者）、

侏儒

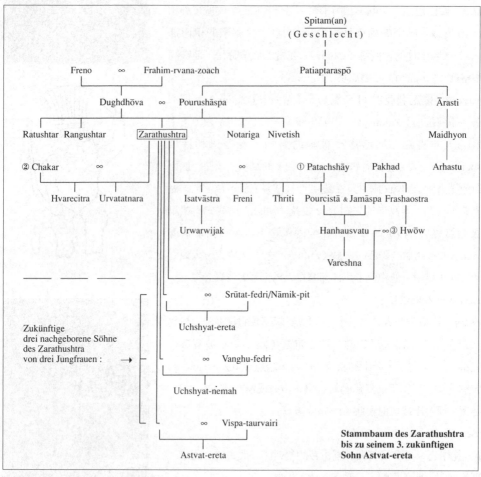

查拉圖斯特拉和未來三子的譜系。

【希臘】Zoroaster（瑣羅亞斯德）、Zoroastres、【拉丁】Zara-thus-tra：（伊朗）**阿胡拉・瑪茲達**（Ahura Mazdā）的先知（630-553 B.C.），瑣羅亞斯德教的創教者。他是波魯薩斯帕（Pourushāspa，擁有灰馬者）和杜多娃（Dughdhōva）的兒子。他的前兩次婚姻分別有四個和兩個孩子。他的第三任妻子叫作霍芙（Hwōw）。他在 30 歲時得見異象，**善念神**（Vohu Manah）召喚他為先知，倡言反對**密特拉**（Mithra）的血腥公牛祭。他死於 77 歲，先是到陰間去，三日後升天。查拉圖斯特拉與霍芙行房時留下三滴精液，保存於**迦撒亞湖**（Kasaoya），由 99,999 個**弗拉法希**（Fravashi）看守。在第十和 11 個千禧年的開始，以及最後一個千禧年的末了，

各有三個童貞女於湖中沐浴而懷孕生下三個**拯救者**（Saoshyant）。最後一位拯救者會在末日時揭竿而起。文學：Nietzsche（1883/85）、交響詩：R. Strauss（1896）。

Zārich und Tawrich　**扎里希和陶維**△、Zarik und Taurvi：（伊朗）兩個大惡魔，扎里希是衰老魔，陶維則是虛弱魔，他們是**完璧神**（Haurvatāt）和**不朽神**（Ameretāt）的死敵。

Zauberer→Magier

Zefanjāh　**西番雅**△（【希伯來】主所庇護的）、【希臘】Sophonias：（猶太教）猶大國的先知（630 B.C.），預言猶大國和耶路撒冷的懲罰和災難將臨，外邦民族則會獲救。在天主教的追思彌撒的「末日經」裡的開頭，便引用西番雅的話：「那天是憤怒的一天。」（Dies irae, dies illa.）聖經十二小先知書裡的第九卷即名為《西番雅書》。

Zekarjāh　**撒迦利亞**△（【希伯來】耶和華記著）、【希臘】Zacharías：（猶太教）後被擄時期（520－515 B.C.）**耶和華**（Jahwe-Elōhim）的先知和異象得見者，他是比利家（Berekja）的兒子，易多（Iddo）的孫子，他在夜裡看到耶和華定意的八個異象：四個乘馬者、四角（號角）、四個持準繩的天使、約書亞被潔淨、金燈臺、飛行的書卷、量器中的婦人、四輛車。有個天使為他解釋那些異象。耶和華要先知為約撒答的兒子——大祭司約書亞——製冠冕，以示主殿必成。聖經十二小先知書裡的第 11 卷即名為《撒迦利亞書》。

Žemėpatis　**哲美帕提斯**△（地王）：（立陶宛）地神、農田神、豐收神、家神、農舍和牲畜的守護神。他是**哲蜜娜**（Žemýna）的哥哥。

Zemes māte　**哲美斯瑪特**▽（地母）：（拉脫維亞）地神、母神和多產神，賜予人們福祉和豐收。她也是冥府女神，是 60 位**瑪特**（Māte）之一，相當於立陶宛的**哲蜜娜**（Žemýna）。基督宗教傳入後，聖母馬利亞（María）取代她的角色。

Žemýna　**哲蜜娜**▽、Žemynėlė：（立陶宛）地母、土地的神格化、農田的守護神、植物之母。她也是豐收神，哺育人類和動物。哲蜜娜是月神**梅尼斯**（Menúlis）和太陽神**莎勒**（Sáule）的女兒，

時間與永恆

Zeit und Ewigkeit　時間與永恆：

除了此岸與彼岸的空間以外，神話故事也反映在時間裡，包括世界時間以及生命時間。時間意味著生成和動態，也代表推移和變易。時間的歷程或者是線性的，如：猶太教、基督教和伊斯蘭神話，其中的時間是一次性的；或者是周期性的，如佛教和印度教神話，預設了循環不息的歷程，儘管朝向終點，卻是螺旋式的。

世界和生命的時間都是「有限度的」，其中世界時間以太初和末日為其界限，而生命時間則是以出生和死亡去界定。在此界限內的時間則可以進一步分割。於是有所謂黃金、白銀、紅銅、黑鐵時代的更替，世界的狀態也相對的每況愈下，例如：印度教的劫（Kalpa）和猶太教的但以理（Danijj'ēl）對於神諭的解釋。世界時間的開端稱為太初，那是開天闢地的時代，世界的誕生或者是經由各種初質，例如埃及、奧斐斯祕教和印度教的宇宙蛋；或是由原始生物的屍體，例如阿卡德的提阿瑪特（Tiāmat）、日耳曼的伊米爾（Ymir）、吠陀宗教的原人（Purusha）；或是經由神的創造，例如波里尼西亞的坦哥羅厄（Tangaroa）、埃及的阿圖（Atum）、神道教的伊邪那美（Izanami）；或是由萬能的神的話語，例如埃及的普塔（Ptah）、猶太教的埃洛希姆（Elōhim）、伊斯蘭的安拉（Allāh）。

與太初對應的則是末日，例如印度教的「毀劫」（Pralaya）、猶太教和基督宗教的世界末日（Apokalypse）、伊斯蘭的復活日（al-Kiyāma）。對於世界的末日的想像包括戰爭以及世界的衰敗，無論是大火、洪水或酷寒。日耳曼神話裡的諸神黃昏（Ragnarök）便是以寒冬（Fimbulvetr）和密得噶索默（Midgardsomr）的攪動大海為其前兆。接著諸神、巨怪和魔鬼展開決戰，直到和平的新世界誕生。伊朗和帕爾西神話裡的「變容」（Frashō-kereti），也是聖神（Amesha Spentas）和惡魔的對決，直到惡魔墮入火湖裡，才誕生新的光明世界。

生命時間的界限是誕生和死亡，所謂的誕生包括同類生物所生、神的創造或是自生。生命不只受限於老病死，也取決於許多其他條件。例如：希臘的命運三女神（Moírai）、羅馬的帕爾卡（Parca）以及日耳曼的娜恩（Nornen）所守護的生命線；記載個

人註定歲壽的生死簿。要延長壽命甚至長生不死，則必須服食特別的食物或酒，例如：希臘的神酒（Nektar）和神饌（Ambrosia）；伊朗的豪麻（Haoma）；吠陀宗教的蘇摩（Soma）；印度教的甘露（Amrita）；中國的蟠桃；以及各民族神話裡常見的生命之泉。

　　渴求永生是許多神話的主題。有些神也會讓凡夫獲得永生，例如阿卡德的天神安努（Anu）把阿達帕（Adapa）接引到永生之列。而凡人追求長生不死的故事經常是以失敗收場，最有名的應該是蘇美的吉加美士（Gilgamesh）的故事。相反的，猶太教和基督宗教的亞當（Ādām）原本是不死的，因為違反神的誡命而必須歸於塵土。人死後必須踏上一段旅程，埃及的死者之書、馬雅族的死亡之書以及西藏的度亡經，則對此有許多的指引。在許多神話裡，世界時間和生命時間被人格化而成為神，例如：埃及的哈赫（Hah）、孔斯（Chons）和托特（Thot）；希臘的克羅諾斯（Krónos）；印度教的迦羅（Kāla）；中國的太歲星。在羅馬神話裡，雅努斯（Ianus）、馬斯（Mars）和朱諾（Iuno）分別代表一年裡的某個月份，而梭爾（Sol）、馬斯、墨丘利（Mercurius）、朱庇特（Iupiter）、維納斯（Venus）和薩圖努斯（Saturnus）則代表一週裡的七天。由日月交替決定的日夜，也被人格化為白晝神和夜神或是太陽神和月神。他們既表現客觀的時間，即以路程和天體為測量尺度，也表現主觀的時間，即時間意識，如諸神的行動。

但以理為尼布甲尼撒王解夢，國王夢見一個由四種金屬組成的巨人，代表世界四個時期（Biblica Germanica, 1545）。

　　和「有限度的」時間相對的，則是永恆，被理解為永遠、無時間性或無窮綿延。就周期性的時間而言，前後相續的世界時期也是相同事件歷程的永恆循環。咬尾蛇（Uroboros）就是象徵永恆的神話形象。就線性的時間而言，永恆是指無始無終，也可能以永恆或唯一的神為代表。永恆的人格化則有伊朗的埃昂（Aión）或佐爾文（Zurvan）。從歷史時期到史前時期甚至更古老的地質時間，時間的尺度越來越大，乃至於宇宙的無限時間，而無限性即變成永恆，即超越時間或征服時間，是許多神話的主題。

哲美帕提斯（Žemėpatis）的妹妹。人們在喝第一口啤酒時，會先倒一點在地上，稱為「哲蜜妮里奧提」（žemyneliauti）。每天對她的晚禱結束前會親吻地面。她相當於拉脫維亞的**哲美斯瑪特**（Zemes māte）。

Zenenet 澤妮內特▽（崇高者）：（埃及）女神，**門圖**（Month）的妻子，在赫門提斯（Hermonthis）受崇拜，後來與**蕾陶伊**（Rait-taui）融合。

Zentauren→Kéntauroi

Zephanja→Zefanjāh

Zéphyros 塞菲羅斯△【拉丁】Zephyrus：（希臘）風神、濕暖和風的人格化、春天的使者。他是星座神阿斯特賴俄斯（Astraios）和伊奧斯（Eós）的兒子，**波瑞阿斯**（Boréas）、**歐羅斯**（Eúros）和**諾托斯**（Nótos）的兄弟，為**荷萊三女神**（Hórai）其中之一的丈夫。**愛洛斯**（Éros）要他去誘拐**普緒喀**（Psyché）。**雅欽多**（Hyákinthos）和太陽神在玩擲鐵餅，妒忌的塞菲羅斯吹來一陣風，讓鐵餅砸中他的頭。他化身為駿馬，和**哈皮亞**（Hárpyia）眾女神中的波達爾格（Podarge）生了桑托斯（Xanthos）和巴利俄斯（Balios），他們是**阿奇里斯**（Achilleús）的兩匹快馬。芭蕾舞劇：Dukelsky (1925)。

宙斯
希臘天神，和巨人神族交戰。

Zerberus→Kérberos

Zervan→Zurvan

Zéthos→Amphíon

Zeús 宙斯△：（希臘）天神、天氣神、諸神之父、預言神和最高神，他有許多綽號，表示他的各種特質，他是**奧林帕斯十二主神**（Olýmpioi）之一，**克羅諾斯**（Krónos）和**麗娥**（Rheía）的幼子。他的兄弟姐妹包括**黑斯提亞**（Hestía）、**波塞頓**（Poseidón）、**哈得斯**（Hádes）和**狄美特**（Deméter）。宙斯是**希拉**（Héra）的丈夫和弟弟，和她生了**阿利斯**（Áres）、**黑腓斯塔斯**（Héphaistos）和赫

貝（Hébe）。襁褓時的宙斯是在克里特島由山羊**阿瑪提亞**
（Amáltheia）或謂蜜蜂梅麗莎（Melissa）哺育長大。其後他把父親
和其他**泰坦族**（Titánes）都扔到**地底深淵**（Tártaros）裡，救出**獨**
眼神族（Kýklopes）和**百手神族**（Hekatoncheíres），自此成為**奧**
林帕斯山（Ólympos）的統治者。**巨人神族**（Gígantes）作亂叛
變，宙斯藉**赫拉克列斯**（Heraklés）之助消滅他們。宙斯集大權於
一身，也是最多產的神，他到處拈花惹草，子孫繁多：和**密提斯**
（Métis）生了**雅典娜**（Athéne）；和**特密斯**（Thémis）生了**命運三**
女神（Moírai）和**荷萊三女神**（Hórai）；和狄俄涅（Dione）生了
阿芙羅狄特（Aphrodíte）；和**尼莫西妮**（Mnemosýne）生了**繆思**
（Músai）；和**尤莉諾梅**（Eurynóme）生了**優美三女神**
（Chárites）；和狄美特生了**波賽芬妮**（Persephóne）；和**麗托**
（Letó）生了雙胞胎**阿波羅**（Apóllon）和**阿提密斯**（Ártemis）。他
也以各種化身（例如金雨、公牛、天鵝）接近人類女子：和**阿爾克**
梅尼（Alkméne）生了赫拉克列斯；和**達娜哀**（Danáë）生了**帕修**
斯（Perseús）；和**歐蘿芭**（Európe）生了**米諾斯**（Mínos）；和**拉**
達曼迪斯（Rhadamanthys）生了薩培敦（Sarpedón）；和**麗妲**
（Léda）生了**海倫**（Heléne）以及**狄俄斯庫里兄弟**（Dióskuroi）；
和**美雅**（Maía）生了**赫美斯**（Hermés）；和**西蜜莉**（Seméle）生
了**戴奧尼索斯**（Diónysos）；和**嘉麗斯特**（Kallistó）生了**阿爾克**
斯（Arkás）；和**伊瑤**（Ió）生了艾帕弗斯（Épaphos）；和**安提娥**
培（Antíope）生了**安菲翁**（Amphíon）；和仙女**愛琴納**（Aígina）
生了**埃阿科斯**（Aiakós）。宙斯的聖殿在奧林帕斯山，他的聖物是
老鷹。宙斯相當於羅馬的**朱庇特**（Iupiter）。繪畫：P. Veronese
(1554)、L. Corinth (1905)；歌劇：Händel (1739)。

Zilnieks 吉尼克斯（預言者）、Zimlemis（占卜者）：（拉脫
維亞）預言家和先知，由鳥叫聲預言吉凶禍福、豐年或欠收。

Zipacná 齊帕契納△、Zipakna：（印第安）馬雅族的巨怪和地
震魔。他是**巫庫布卡奇**（Vucub-Caquix）的長子，**卡布拉坎**
（Cabracá）的哥哥。齊帕契納是「造山者」，白天捕捉魚蟹，夜裡
把漁獲扛到山上，後來被雙胞胎兄弟**胡那普**（Hunapú）和**伊薩巴**
蘭奎（Ixbalanqué）誘騙殺害。

南風魔
阿卡德的風暴魔，半人半鳥的怪
物。

佐爾文
伊朗雌雄同體的祖神和時間神，
孿生兄弟奧瑪茲和阿里曼的父
親。右側是善良的聖神，左側是
惡魔。

Ziu→Týr

Ziusudra　祖蘇特拉△：（蘇美）英雄，在方舟裡躲過洪水，
保存人類的命脈，諸神賜予他永生，並接引他到幸福島「迪爾穆恩」
（Dilmun），在那裡，他曾經教誨吉加美士（Gilgamesh）。祖蘇特
拉相當於阿卡德的**烏塔納皮斯提**（Utanapishti）和猶太教的**挪亞**
（Nōach）。

Zoroaster→Zarathushtra

Zotz　佐茲△：（印第安）馬雅族的蝙蝠神，每 20 天的時間周
期也叫作「佐茲」。

Zū　南風魔、Anzu、Shutu：（阿卡德）海燕魔，為南風的人格
化。他是**安努**（Anu）的隨從和使者，為了成為最高神，他從**伊利
勒**（Ellil）那裡偷得命運版。**伊亞**（Ea）要**寧烏塔**（Ninurta）追殺
他，後來以箭射死他。阿卡德的南風魔源自蘇美的獅鷲**印杜古**
（Imdugud）。

Zuantevith→Svantevit

Zuarasici→Svarog

Zuarasiz→Svarog

Zurvan　佐爾文◇、Zervan（【祆語】zrvan＝時間）、Zervan
Akarana（無限的時間）：（伊朗）雌雄同體的祖神和時間神，太

初的世界原動力的人格化，佐爾文教派（Zurvanismus）的最高神，佐爾文也是命運神、光明神和黑暗神，他是**孿生兄弟奧瑪茲**（Ōhrmazd）和**阿里曼**（Ahriman）的父親。佐爾文一直希望有個兒子，能要他去創造世界，可是他心裡很猶豫。因為內心的掙扎，他生下了屬性對立的兩兄弟，阿里曼知道奧瑪茲將會統治世界，於是率先發難，但是因為阿里曼的邪惡和醜陋，他只能統治 9000 年。佐爾文相當於**埃昂**（Aión）和希臘的**克羅諾斯**（Krónos）。

Žvėrìnė　茲維勒妮▽（žvėris＝野生）：（立陶宛）森林女神，林獸的守護神。她也是狗神，族人早晚祭祀她以祈求豐收。

Zwantewit→Svantevit

Zwanzigstes Jahrhundert　二十世紀神話：在二十世紀時產生了新的神話。有別於以前侷限於某民族或團體的神話，新的神話儘管源自某個民族，卻有普世的意義。歷史裡的人物被神話化，尤其是政治家、影星、歌手，例如：**列寧**（Lenin）、**希特勒**（Hitler）、**裴隆夫人**（Perón）、**瑪麗蓮‧夢露**（Monroe）、**葛麗泰‧嘉寶**（Garbo）、**艾維斯‧普利斯萊**（Presley），也有虛構的人物，例如：**蝙蝠俠**（Batman）、**超人**（Superman）、**泰山**（Tarzan），甚至是**幽浮**（UFO），他們表現了某種價值或願望的典型。那些神話多半是描繪英雄們如何克服貧窮、奴役和平凡，得到財富、自由和名譽，同時也成為未來的解放者和希望的寄託。

Zwerge　侏儒：指稱形似人類的矮小生物，雖然體型和**巨人**（Riesen）不同，卻同樣有高於人類的能力。他們多半陰險狡猾且熟諳巫術，有時候也是**惡作劇鬼**（Trickster）。他們住在地底、洞穴或岩石間。由於地底和礦藏有關，因此他們也是寶藏的看守者和技藝精湛的冶金匠，樂於為諸神或人類打造器飾。埃及的**貝斯**（Bes）則是侏儒神。他們的形象大多是醜陋、大腹、駝背、滿臉鬍鬚的。

Zyklopen→Kýklopes

中文原文對照表

一劃
一大時 Mahayuga
一切手菩薩 Vishvapāni
一劫 Kalpa

二劃
二十世紀神話
　　Zwanzigstes Jahrhundert
丁卡族 Dinka
丁格爾 Dingir
丁蒂瑪 Dindyma
七女神 Pleiádes
七仙女星團 Pleiaden
七母天 Saptāmatrikā, Saptāmatakā
七福神 Shichi-Fukjin
乃縵 Naaman
九聯神 Götterneunheit
九曜 Navagraha
二分時 Dvāparayuga
人子 ben Ādam, Hyós tũ Anthrópu
人間世 Midgard, Midgardr
人間佛 Manushi-Buddha
人類之父 Abu'l Bashar
入滅 Parinirvāna, Parinibbāna
八仙 Pa-hsien
八岐大蛇 Koshi
八柱雷神 Ika-zuchi-no-kami
八幡大神 Hachiman
八聯神 Götterachtheit, Schmun
刀杖 danda
力天, 巴拉戴瓦 Baladeva
十牛圖 Jūgyūno-Zu

十字巴倫 Baron la Croix
十車王 Dasharatha
十誡 Asseret ha-Diwrot, Dekálogos

三劃
三一 San-i
三十三天 Trāyastrimsha
三才 San-ts'ai
三元 San-yüan
三分時 Tretāyuga
三位一體 Trinitas
三步神 Trivikrama
三身 Trikāya
三那提 Samnati
三官 San-Kuan
三星 San-hsing
三界 Triloka, Trailokya
三皇 San-huang
三相神 Trimūrti
三神 San-ch'ung
三清 San-ch'ing
三聯神 Dreiheiten, Triaden
三蠱 San-ch'ung
九頭蛇 Hýdra
上主 Kýrios
上伏塔 Upper Volta
上帝 Shang-Ti
上帝 Yü-huang
上界 Überwelt
上師 Guru
凡特 Vanth
千年國度 Millennium
千瓣 Sahasrāra
土地 Géa
土地 T'u ti
土阿莫土群島
　　Tuamotu Archipelago
土曜 Shani, Shanaishcara, Manda
夕伊 Hie
大力黑天 Bālakrishna
大力羅摩 Balarāma
大女王 Nagyboldogasszony
大女神 Mahadevi
大山津見神 O-yama-tsu-mi

大五日節 Quinquatrus
大天 Mahādeva
大天使 Archángeloi
大日如來 Vairochana, Vairocana
大比大神 Tabitha
大父神 Oya-gami
大仙 Maharishi
大加盧斯 Archigallus
大叫喚 Mahāraurava
大母 Megále méter, Magna Mater
大吉祥天女 Lha-mo
大地 Akar
大地 Putir
大地之臍 Omphalos
大成就師 Mahāsiddha
大克夏 Daksha
大利拉 Delilah
大明 Mahāvidyā
大威德金剛 Yamāntaka, Yamāri,
　　Vajrabhairava, Tschoitschong
大洪水 Methyer
大界 Maharloka
大禹 Ta-yü
大紅龍 Tannin, Draco
大時 Mahāyuga
大能者 Sechmet
大能者朱庇特 Iupiter valens
大馬士革城 Damaskus
大國主神 O-kuni-nushi-no-mikoto
大袞 Dagān, Dāgōn
大焦熱 Pratāpana
大菩薩 Mahābodhisattva
大雄 Mahāvira
大黑 Daikoku
大黑 Mahākāla
大黑天 Mahākāla, Mahākāli
大黑神 Mahākāla, Mahākāli
大意 Manasa
大毀劫 Mahāpralaya
大瑜祇 Mahayogi
大赫莫波利斯 Hermopolis magna
大數城 Tarsos
大樂 mahāsukha
大衛 Dāwid, Dauid
女人島 Emain ablach

女武神 Walküren, Valkyrien
女河神 Okeanínes, Oceanitides
女根 Yoni
女神 Devi
女神娜爾 Nál
女神項鍊 Brísingamen, Brisinga
女祭司 Virgines Vestales
女夢魔 Succubus
女穀神祭司 Fratres Arvales
小牛 Aatxe
小鼓 damaru
小赫莫波利斯 Hermopolis parva
尸毘離 Sibrai
尸棄佛 Shikhin
尸解 Shih-chieh
山姆波 Sampo
山幸彥 Yamasachi-hiko, Hohodemi

四劃

不列塔利 Pryderi
不列顛人 Priteni
不朽 Unsterblichkeit
不朽神 Ameretãt
不死鳥 Phönix
不空成就如來 Amoghasiddhi
不動佛 Acala
不動明王 Acala
不謬性 'Isma
中土 Midgard, Midgardr
中保 Mittler
中保的救世主 Erlöser und
　Heilbringer als Vermittler
中界 Hurin Pacha
中毀劫 Avantarapralaya
中觀派 Mādhyamaka
丹巴拉 Damballah, Dambala, Bon
　Dieu
丹伽努娜 Damgalnunna
丹奇娜 Damkina
丹德拉神廟 Dendera
尹和泰普 Imhotep, Imuthes
尹喜真人 Yin Hsi
五旬節 Shabu'ot
五朵花 Macuilxochitl

五車二 Capella
五明子 Amahrspand, Amahraspand
五明佛 Amahrspand, Amahraspand
五明身 Aiónes
五帝 Wu-ti
五尊佛 Dhyāni-Buddha
五智佛 Dhyāni-Buddha
五禪定佛 Dhyāni-Buddha
五禪定菩薩 Dhyāni-Bhodhisattva
亢撒 Kansa, Kamsa
什瓦尼 Shiwanni
什瓦諾基亞 Shiwanokia
什葉派 Shi'iten
元始天尊 Yüan-shih t'ien-tsun
內在的亞當 Adam kasia
內普吞 Neptunus
公山羊 Se'irim
公牛 Taurus
分別善惡樹 Ez ha-Daat Tow wa Ra
分陀利樹 pundarika
切亞卡托王朝 Ce Acatl
切特拉古普塔 Chitragupta
勾萌 Kou Mang
化生 Aupapāduka
化自在天 Nirmānarati
化現 Avatāra
化樂天 Nimmānarati, Nirmānarati
厄克巴塔納 Ekbatana
厄里什 Eresh
厄里什基迦勒 Ereshkigal
厄里杜城 Eridu
厄恩 En, Hen
厄勒 Êl
厄勒比利士 El-Berith
厄勒加巴 Elagabal, Heliogabalos
厄勒庫尼夏 El-kunirsha
厄勒爾 Ellel, Ellilush
厄爾 'L
友弟德 Jehūdit
天 Shāmajim, Uranoí
天 T'ien
天之岩戶 Ama-no-iwato
天之浮橋 Ama-no-uki-hashi
天之常立神 Ama-no-totkotachi-no-
　kami

天之御中主神 Ama-no-minaka-
　nushi-no-kami
天公 T'ien Kung
天太玉命 Futotama-no-mikoto
天父 Dyaus Pitar
天王 Devarāja
天主 Kýrios
天石屋戶 Ama-no-iwato
天石窟 Ama-no-iwato
天宇受賣命 Ama-no-uzume
天宇姬命 Ama-no-uzume
天衣派 Digambara
天忍穗耳尊 Ama-no-oshiho-mimi-
　no-mikoto
天使 Engel
天使 Mala' āk, Ángelos, Angelus
天使若望 Johannes Angelicus
天房 Ka'ba
天河 Ama-no-gawa
天狗 Ten-gū
天空王子 Dangaûs karaláitis
天津 Ama-tsu
天津日高日子波限建鵜葺草葺不合
　命 Ama-tsu
天界 Devaloka
天界 Himmel
天界 Svarloka
天皇 Tennō
天師 T'ien Shih
天狼星 Sopdet
天神 Deva
天神 Dievs, Dievas, Deivas
天馬 Burāk
天國 Basileía tũ Theũ
天國 Himmel
天國之堡 Kacsalábon forgo vár
天堂 Shāmajim, Uranoí
天理王命 Tenri-o-no-mikoto
天鳥船神 Futsu-nushi-no-kami
天尊 T'ien-tsun
天琴座 Lyra
天園 Djanna
天照大神 Amaterasu-o-mi-kami
天照大御神 Amaterasu-o-mi-kami
天鈿女命 Ama-no-uzume

天橋 al-Sirat
天龍座 Draco
天穗日命 Ama-no-hohi-no-mikoto
天鵝座 Cygnus
天體 astralen
太一 T'ai-i
太乙 T'ai-i
太上老君 Lao-chün
太初 Urzeit
太陽女 Saules meitas
太陽城 Heliopolis
太歲星 T'ai-sui-hsing
孔子 K'ung-tzu
孔多爾山 Condorcoto
孔恩 Con
孔根巴族 Konkomba
孔提曼德 Chontiamentiu
孔斯 Chons, Chonsus
孔德族 Kond
尤 Yo
尤卡吉爾族 Yukaghir
尤里亞莉 Euryale
尤里美得 Eurymede
尤倫格 Yurlunggur, Yulunggul
尤莉諾梅 Eurynóme
尤許阿敏 Jōshamin
尤雯塔絲 Iuventas
尤瑞斯 Eueres
尤圖爾娜 Iuturna
尤撒斯 Juesaes, Jusas
巴 Ba
巴力 Ba'al
巴力比利士 Ba'al-Berith
巴力比咯 Ba'al-Biq'āh
巴力西卜 Ba'al-Sebul, Ba'al-Zibul
巴力沙門 Ba'al-Shamēm, Ba'al-
   Shammin
巴力哈們 Ba'al-Chammōn
巴力哈得 Ba'al-Hadad
巴力迦密 Ba'al-Karmelos
巴力迦得 Ba'al-Gad
巴力昆珥 Ba'al-Pegor, Peor
巴力喀南 Ba'al-Qarnaim
巴力黑們 Ba'al-Hermon
巴力瑪寇 Ba'al-Marqōd

巴力撒美 Ba'alsamay, Ba'alsamim
巴力撒潘 Ba'al-Sāpōn
巴比 Babi, Bebon
巴丘 Bachúe
巴加 Baga
巴卡 Bakche, Baccha
巴卡布 Bacabs, Bacabab
巴布亞 Papua
巴列丁丘 Palatin
巴阡 Pathian
巴克特羅河 Paktolos
巴別 Bābēl, Babylón
巴利 Bali, Mahābali
巴利俄斯 Balios
巴汶答族 Bavenda
巴貝克 Baalbek
巴貝勒哈們 Bebellahamon
巴亞姆 Baiame
巴奈加 Banaidja
巴拉 Ba'alath
巴拉 Barak
巴拉姆 Bahrām
巴拉迪爾 Ba'al-addir
巴洛 Balor
巴洛亞人 Baroa
巴珊 Bathon
巴珊王噩 Og von Bashan
巴胡巴利 Bāhubalin, Gommata
巴夏姆 Bashāmum
巴庫斯 Bákchos, Bacchus
巴祖祖 Pazūzu
巴納 Bāna, Tripura, Vairochi
巴納塞斯山 Parnassós, Parnassus
巴提尼 Pattini, Patini, Patni
巴爾加尼雅 Parjanya
巴爾的斯 Baltis
巴爾德 Balder, Baldr, Baldur
巴端拿 Pradyumna
巴撒虹 Basajaun
巴噶凡 Bhagvān
巴穆姆族 Bamum
巴濕伐那陀 Pārshvanātha
巴薩留斯 Bassareus
幻力 Māyā
引靈者 Seelenführer und

   Totengeleiter
引靈者 Psychopompos
戈布紐 Goibniu, Govannon,
   Gofannon, Gobannon
戶勒大 Chūldāh, Huldah, Holdan
扎克 Zac
扎里希和陶維 Zārich und Tawrich,
   Zarik und Taurvi
扎姆 Zam
扎格列烏斯 Zagreús
扎納 Zāna
扎爾提斯 Zaltis
文昌帝君 Wen-ch'ang
文殊菩薩 Mañjushri
方丈島 Fang-chang
方舟 Tēbāh, Kibotós, Arca
方位童子 Dik-Kumāra
方壺島 Fang-chang
日輪 shitar
月日 Tsuki-Hi
月亮 Mene
月曜 Soma
月羅摩 Rāmachandra
月讀命 Tsuki-yomi-no-kami
月讀尊 Tsuki-yomi-no-kami
木公 Tung Wang Kung
木花之佐久夜姬 Konohana-
   sakuya-hime
木星 Jupiter
木縫鼓 Schlitztrommel
木曜 Brihaspati, Brahmanaspati
比托斯 Bythos
比利家 Berekja
比里底毘 Prithivi
比斯開 Vizcaya
比奧西亞 Boeotia
比爾杜萊茲 Bildurraize
氏神 Uji-kami, Uji-gami
氏族王 Toutiorîx
水 Āpas
水之子 Apām napāt
水蛇 Žaltỹs
水晶色 Sharkarāprabhā
水曜 Budha
火 Anala

火之夜藝速男神 Kagutsuchi-no-
　　kami
火神祭 Hephaistia
火國 Muspelheim
火湖 Géenna
火童子 Agni-Kumāra
火獄 Djahannam
火遠理命 Howori
火燧劍 surtarlogi
父神 Vatergötter
父神 divii patrii, dii patrii
牛仙 Rishabha, Vrishabha
牛界 Goloka
犬城 Kynopolis
王仙 Rajarishi
王國神 Chshathra vairya

五劃

世自在 Lokeshvara
世界 Loka
世界王 Albiorîx
世界母 Lokamata
世界時期 Weltzeitalter
世界圖像 Weltbilder
丘卡尼波克 Chokanipok
丘林加 Tschuringa
丘瑞米斯族 Tscheremissen
主 Kýrios
主的靈 Pneúma Kyríu
主宰神 Ishta-Devatā, Sādhita, Yid-
　　dam
以丹吉塔 Itangita
以太 Aithír, Aether
以弗所 Ephesus
以弗崙 Ephron
以西結 Jehezk'ēl, Iezekiél
以利以謝 Elieser
以利加拿 Elkana
以利沙 Elishā, Elisaíos
以利沙伯 Elizabeth
以利亞 Ēlijjāhū, Elias
以拉布拉特 Ilabrät
以法 Ifa
以法他 Efrata

以法蓮 Efraim
以法蓮山 Efraim
以突尼斯 Tunis
以挪士 Enōsh, Enós
以馬那 Imana
以馬里嫩 Ilmarinen
以勒 Îl
以掃 Ēsāw
以斯帖 Estēr, Esther
以舜 Ishum
以塞嫩 Isäinen
以路 Ilu
以實馬利・本・以利沙 Ishmael
　　ben Elisha
以實瑪利 Jishmā'ēl, Ieremías
以實瑪利人 Ismaeliten
以撒 Jizhāk, Isaák
以諾 Hanōk, Enóch
以賽亞 Jesha'jāhū, Esaías, Sha'yā
以攔 Elamite
他化自在天 Paranimmitavasavattin,
　　Paranirmitavashavartin
他拉 Tērach
代蒙 Daímon
仙 Hsien
仙人 Rishi
仙女 Nýmphe, Nympha
仙子 Fee
仙后座 Cassiopeia
出雲國 Izumo
加尼美德斯 Ganymédes
加百列 Gabri'ēl, Gabriél, , Djibril
加低斯 Kadesh
加里斯都二世 Calixtus II
加帕多加 Kappadokien
加拉巴樹 Kalebasse
加拉族 Galla
加南姐 Cananda
加特 Quat
加勒拉美撒瑪 Garelamaisama
加勒魯 Galeru, Galaru
加族 Ga
加略 Iskariot
加萊人 Galli
加漢拿姆 Djahannam

加撒格里 Galtxagorri
加默 Garm, Garmr
加羅林島 Karolinen
加羅林群島 Caroline Islands
功德天 Gung De Tien
包玻 Baubo
北方樂土 Hyperborea
北冕座 Caer Arianrhod
半人馬族 Kéntauroi, Centauri
卡 Ka
卡什庫 Kashku
卡夫拉國王 Chephren
卡比里 Kâbeiroi, Cabiri
卡加巴族 Kagaba
卡布拉坎 Cabracá, Kabrakan
卡皮斯 Kapys
卡列瓦 Kaleva
卡列佛 Kalervo
卡列萬波加 Kalevanpojat
卡吉爾族 Yukaghir
卡利亞 Kāliya
卡呂普索 Kalypsó, Calypso
卡里奇 Kariki
卡里達沙 Kālidāsa
卡里頓 Calydon
卡佩那門 Porta Capena
卡姆伊 Kamui
卡姆魯謝巴 Kamrushepa
卡拉布夏神廟 Kalabscha
卡門塔 Carmenta
卡珊德拉 Kassándra, Cassandra
卡美 Came
卡迪爾 al-Khadir
卡席耶琶亞 Kassiépeia, Kassiopéia,
　　Cassiope
卡庫德瑪提 Kakudmati
卡恩 Cagn
卡納 Kana
卡納克 Karnak
卡勒瓦拉 Kalevala
卡曼 Carman
卡曼加比 Kamanggabi
卡曼密西米族 Kaman Mishmi
卡梅娜 Camena, Camenae
卡累利亞 Karelia

卡莉娥比 Kalliópe, Calliope
卡提略 Ka Tyeleo
卡斯 Kas
卡斯提爾聖泉 Kastilia
卡蒂緒 Kaltesh
卡達班 Qataban
卡爾波 Karpo
卡爾奎 Kalki
卡爾塔 Kārta
卡德馬斯 Kádmos, Cadmus
卡穆特夫 Kamutef
卡贊帕 Khazangpa
卡麗蘿伊 Kalirrhoe
占卜者 Zimlemis
占丟陀 Jam Deota, Jamu Deota
可拉 Korach
古他 Kutha
古地亞王 Gudea
古拉 Gula
古城帕倫克 Palenque
古美尼克 Gumenik
古宰哈 Quzah
古特金納庫 Kutkinnáku
古特庫 Kutkhu, Kutchu
古馬利 gumali
古萊氏族 Quraysh
古塔 Guta
古聖所 Limbus
古達 Gudda, Gidda
古實 Kush
古爾 Ghūl, Ghilān
古爾薇 Gullveig
古墳丘 sidhe
古魯斯卡普 Gluskap, Kluskave
古謝什 Gul-shesh, Gul-ashshesh
司命 Ssu-ming
司配者 Ishāna
叫喚 Raurava
史卡巴斯 Scabas
史克扎特 Skrzat, Skrzak
史奇拉 Skýlla, Scylla
史金法克西 Skinfaxi
史科爾 Sköll
史基尼爾 Skirnir
史崔格 Shtrigë, Shtrigat

史崔堡 Stribog
史莫崔歐斯 Smertrios
史提希 Stihi
史提洛普斯 Steropes
田野和小徑的神 Lares compitales
台伯 Tiberis
台阿茲葉 Ta'ziya
句芒 Kou Mang
四大天王 Chātummahārājika, Chāturmahārājika
四大王 Cāturmahārāja
四生 Chatur-Yoni, catasro-yonaya, catasso yoniyo
四面者 Tetraprósopos
四靈 Ling
外域 Utgard
外域羅奇 Útgardaloki
奴艾達 Nuada, Nuada
尼夫黑爾 Nifhel
尼日河 Niger
尼古拉 Nicolaus
尼尼微城 Nineveh
尼瓦西 Nivashi
尼布甲尼撒 Nebukadnezar
尼多格 Nidhögg, Nidhöggr
尼米亞 Nemi
尼伽沙 Nikasā
尼克斯 Nix
尼努伊 Nijnyi
尼那布裘 Nenabojoo
尼亞門勒 Nyamenle
尼亞斯人 Nias
尼拉赫 Nirach
尼波山 Nebo
尼陀羅 Nitala
尼約德 Njörd, Njördr
尼美西斯 Némesis
尼孫婆 Nisumbha
尼高 Nikkal
尼密多娜 Nemetona
尼密爾 Nemere
尼莫西妮 Mnemosýne
尼散月 Nissan
尼斯 Nice
尼普爾 Nippur

尼萊梅 Nelaime
尼奧和妮奧特 Niau und Niaut
尼奧普托勒莫斯 Neoptolemos
尼溫賓保 Nevinbimbaau
尼維斯 Mnevis
尼赫布 Nekheb
尼赫布考 Nehebkau
尼德拉 Nidrā
尼蘇姆婆 Nisumbha
巨人 Riesen
巨人神族 Gígas, Gígantes
巨人國 Jötunheimr
巨龜 Kūrma
左悶拏 Chāmundā
布刀玉命 Futotama-no-mikoto
布巴斯提 Bubastis
布加 Buga, Boga
布加蒂‧穆森 Bugady musun
布列留斯 Briareos
布托 Buto
布西 Buzi
布西里斯 Busiri
布希斯 Buchis
布里 Búri
布里雅什 Burijash, Buriyash
布里雅特人 Buryat
布拉吉 Bragi
布拉吉‧波達松 Bragi Boddason
布拉毘奴 Bura Pinnu
布拉哥 Burāk
布松果族 Bushongo
布咸 Pūshan
布夏斯塔 Būshyāstā
布庫拉伊豆 Bukura e dheut
布朗提斯 Brontes
布特曼 Rudolf Bultmann
布袋和尚 Hotei
布提亞肯各 Butyakengo
布隆溫 Brânwen
布雷斯 Bress
布赫溫 Bucheum
布羅克 Borkkr
布麗姬特 Brigit
布蘭 Brân
弁財天 Benten

弗伐　Völva
弗列奇和蓋利　Freki und Geri
弗列基亞斯　Phlegyas
弗西提　Forseti
弗利克索斯和海莉　Phríxos und
　　Hélle, Phrixus und Helle
弗巫什　Phuvush
弗拉法希　Fravashi, Fravardin
弗拉第米爾　Vladimir
弗法蘭　Fufluns
弗約尼爾　Fjölnir
弗栗多　Vritra
弗基斯　Phórkys, Phorcus
弗斯弗洛斯　Phosphóros,
　　Heosphóros, Lucifer
弗瑞　Freyr
弗爾　Vör
弗摩爾族　Fomore
本初佛　Adi-Buddha
本尊　Ishta-Devatā, Sādhita, Yid-
　　dam
末日　Endzeit
末底改　Mordechai
末底哩　Madri
末磋　Matsya
末羅呬弭　Brāhmi
札格納特　Jagannātha
正午的女巫　Polednice, Poludnica
正義女神　Iustitia
正義女神　Dikaiosyne
正義王　Ratu Adel
正義神　Asha, Asha vahishta
母陀羅　Mudrā
母神　Muttergöttinen
母親維納斯　Venus Genetrix
民族之地　Fólkvangr
永世　Aión, Aiónes, Aeon
永恆　Ewigkeit
永遠的騰格里　möngke Tengri
汀崗　Tingang, Mahatala, Mahataral
汀答羅　Tindalo
玉依毗賣命　Tama-yori-hime
玉依姬　Tama-yori-hime
玉帝　Yü-huang
玉皇　Yü-huang

瓜納　Guanna
瓜塔維塔　Guatavita
瓦夫特魯德尼　Vafthrúdnir
瓦尼爾族　Vanen, Wanen, Vanir
瓦本　Wabun
瓦西塔　Washitta
瓦西羅阿　Wahieroa
瓦克　Wak, Waka, Waqa, Wakheiju
瓦利　Vali
瓦坎　Wakan
瓦坎‧壇卡‧金　Wakan Tanka Kin
瓦希羅亞　Wahieroa
瓦里亞　Wāliya
瓦拉甘達　Walaganda
瓦拉奇亞　Vālakhilya
瓦拉哈　Varāha
瓦拉納西　Varanasi
瓦拉喜　Varāhi
瓦拉登歐麥　Waralden-Olmai,
　　Veralden-Olmai
瓦哈根　Vahagn
瓦娜迪斯　Vanadis
瓦莉阿瑪　Valli ammā
瓦雅庇　Vayavi
瓦塔　Vāta
瓦塔維尼瓦　Watavinewa
瓦葉特　Waiet
瓦葉爾　Waier
瓦達泰斯　Vadātājs
瓦爾奇城　Vulci
瓦蘇　Vasus
甘格爾　Gangerl
甘露　Amrita
生主　Prajāpati
生死輪　Bhava-Chakra
生命之符　Ankh
生界　Janarloka
生與死　Leben und Tod
甲加　Bīt-Karkar
白衣派　Shvetāmbara
白衣觀音　Pāndarāvāsini
白納恰　Bainača
皮奇烏琴　Pičvu'čin
皮拉　Pyrrha
皮拉德斯　Pylades

皮洛普人　Pelopian
皮洛普斯　Pélops
皮耶利亞　Pierien
皮庫魯斯　Picullus
皮格馬利溫　Pygmalíon
皮提亞　Pythía
皮頓　Pýthon
皮爾尼提斯　Pilnitis
皮爾瓦　Pirwa, Perwa, Peruwa
皮爾那　Pirna
皮魯亞　Pirua
皮薩　Pisa
皮羅斯　Pylos
石長姬　Iha-naga-hime
示巴人　Sabaean
示阿勒　She'ōl, Hádes
示劍　Shekhem
忉利天　Trāyastrimsha

六劃

亥母　Varāhi
伊凡　Evan
伊凡德王　Evander
伊什杜什塔雅　Ishdushtaja
伊什庫　Ishkur
伊什喀拉　Ishchara, Ischara,
　　Eshchara, Eschara
伊什德斯　Isdes
伊內　Enee
伊扎姆納　Iztamná
伊卡里歐斯　Ikários, Icarius
伊卡留斯　Ikarios
伊卡羅斯　Íkaros, Icarus
伊尼亞斯　Aineías, Aeneas
伊布族　Igbo
伊瓦　Iwa
伊瓦地　Ívaldi
伊吉谷　Igigū
伊米烏特　Imiut
伊米爾　Ymir
伊西亞　Esia
伊西姆　Isimu
伊西塔　Ishtar
伊克西翁　Ixíon

伊利阿斯 Ilyās
伊利勒 Ellil
伊利斯平原 Elis
伊努亞 Inua
伊努烏斯 Inuus
伊希切貝雅西 Ix Chebel Yax,
　　Chibirias
伊希切爾 Ixchel
伊庇特 Ipet
伊甸克瑪 Edenkema
伊甸園 Gan Ēden, Ēden,
　　Parádeisos
伊辛 Isin
伊邪那歧神 Izanagi-no-kami
伊邪那美神 Izanami-no-kami
伊那赫斯 Ínachos
伊里西赫頓 Erysíchthon
伊里昂 Ilion
伊亞 Ea
伊亞卜蘇 Eabzu
伊亞特 Eate, Egata
伊亞納圖姆 Eannatum
伊亞森 Iáson
伊亞路 Earu
伊姆塞特 Imset, Amset
伊底西 Idisi
伊底帕斯 Oidípus, Oedipus
伊拉帕 Illapa, Ilyap'a, Katoylla
伊拉奎 Illargui, Iretargui, Irargui,
　　Ilaski
伊拉塔 Elatha
伊拉圖斯 Elatus
伊果詩歌 Igorlied
伊肯加 Ikenga
伊舍那 Īsha, Īshāna
伊舍婆羅跋訶羅 Ishatprābhārā
伊舍搦 Aishāna
伊舍魯湖 Ischeru
伊芬河 Ífing
伊采 Etsai
伊阿巴斯 Iarbas
伊阿那神廟 Eanna
伊阿科 Iakche!
伊阿科斯 Íakchos, Iacchus
伊南那 Inanna

伊洛 élo
伊迪雷斯 Idris
伊娜拉 Inara
伊茲里 Itztli
伊茲帕帕羅特 Itzpapalotl
伊茲拉科琉奎 Itztlacoliuhqui
伊勒伊斐 Ile-Ife
伊奢那 Ishāna
伊奢那天 Aishana
伊捷爾緬族 Itelmen
伊莉 Elli
伊莉尼絲 Erinýs
伊莉娥 Eriu
伊莉絲 Éris, Íris
伊斯拉 Isrā'
伊斯拉非來 Isrāfil
伊斯曼妮 Ismene
伊斯頓 Isten
伊斯瑪儀派 Ismā'iliten
伊渥和烏凱普 Ivo und Ukaipu
伊菲克力斯 Iphiklés
伊菲格內亞 Iphigéneia, Iphigenia
伊菲諾伊 Iphinoe
伊塔羅斯 Italos
伊奧 Io, Kio, Kiho
伊奧瓦希妮 Io Wahine
伊奧斯 Eós
伊奧斯卓 Eōstra
伊路 Ilu
伊達山 Ida
伊達斯 Idas
伊頓 Idun
伊爾敏 Irmin
伊爾敏柱 Irminsul
伊瑤 Ió, Io
伊瑪目 Imām
伊瑪目派 Imāmiten
伊瑪克 Yimāk
伊赫 Ihi, Ehi
伊赫坎琉姆 Ixkanleom
伊赫塔布 Ixtab
伊魯揚卡 Illujanka
伊諾妮島 Oinone
伊蕾克特拉 Eléktra, Electra
伊薩巴蘭奎 Ixbalanqué

伊薩卡島 Ithaka
伊薩婆羅跋羅 Isatprāgbhāra
伐由 Vayu
伐折羅 Vajra, Do-rje
伐亞 Vaya
伐亞德哥什瓦戴提 Vayā Daregō-
　　chvadāiti
休科亞特 Xiuhcoatl
休倫族 Huron
休特庫特里 Xiuhtecutli
伏坎努斯 Volcanus, Vulcanus
伏羲 Fu-Hsi
光 Prabhāsa
光明粒子 Amahrspand
光照者 Aridela
光照者朱諾 I, Lucina
光輝 'Atirat
光頭的父親騰格里 Esege Malan
　　Tengri
先知 Nābī', Nebi'im, Prophétes
先知 Nabi, Nabiyūn, Anabiyā'
先知 Propheten
全在者 Nnui
全知之主 Ruad Rofhessa
全能者 Olodumare
全視者 Ninyi
全聽者 Nui
共工 Kung Kung
冰夷 Ho Po
列姆斯 Remus
列姆爾 Lemur, Lemures
列姆爾節 Lemuria
列敏克伊嫩 Lemminkäinen
列路瓦尼 Leluwani, Liliwani
列寧 Lenin
列爾 Hlér
印 Mudrā
印加 Inka
印吐赫 Intuhe
印杜古 Imdugud
印姆提夫 Inmutef, Junmutef
印帕魯里 Impalur
印提 Inti, Intu
印蘇席納克 Inshushinak,
　　Ninshushinak, Shushinak

吉卜利里 Djabrā'il
吉凡穆塔 Jivanmukta
吉加美士 Gilgamesh
吉尼克斯 Zilnieks
吉布地 Djibouti
吉庇爾 Gibil
吉拉 Girra, Girru
吉俄斯 Gyes
吉栗瑟拏 Krishna
吉留尼烏斯 Geryoneus
吉索佐 Guizotso
吉祥天女 Lakshmi, Shri
吉祥天女 Shri Devi (Lha-mo), d Pal-ldan lha-mo
吉祥喜金剛 Hevajra, Heruka
吉堡地 Djebauti
吉爾吉斯 Djirdjis
吉賽爾穆肯 Giselemukaong, Gishelemukaong
吐卡運動 Tuka
吐姆萊弗娜 Tumura'i-feuna
后土 Hou T'u
后稷 Hou Tsi
因陀羅 Indra
因陀羅尼 Indrāni, Aindri, Shaci
因瑪 Inmar
地 Dharā
地母 Prithivi Matar
地母 Terra Mater
地利袋 Dilly bag
地底 Maanalaiset
地底深淵 Tártaros, Tartarus
地界 Bhūrloka
地面 Eres, Gê
地塔蘿 Thallo
地獄 Bōlos
地獄 Hölle
地獄 Naraka, Niraya
地獄之旅 Höllenfahrt
地藏菩薩 Kshitigarbha
地靈 Akeru
圭內斯 Gwynedd
多多那 Dodona
多利切 Doliche
多利切努斯 Dolichenus

多姆何米 Domremy
多門城 Dvarka
多俾亞 Tōbijjāhū
多哥 Togo
多恩 Dôn
多貢族 Dogon
多莫渥克 Domovoj, Damavik, Domovyk
多傑勒巴 Dorje Lekpa
多雅路 Toar
多聞天王 Vaishravana, Vessavana
多赫 Doh
多羅 Tārā
多羅菩薩 Tārā, Tārini, Dölma
多麗絲 Doris
夸父 K'ua Fu
好娃 Chawwāh, Eúa, Hawwā', Eva, Eve
好娃 Hawa
好運 Sa'd
如來 Tathāgatha
如意 Riddhi
如意珠 Cintāmani
宇姆卡赫 Yum Kaax, Yum Kax, Ghanan
宇宙 Kósmos
宇宙原人 Loka-Purusha
宇宙樹 Yggdrasill
宇爾坎 Ülgän
宇摩志訶備比古遲神 Umashi-ashikabi-hikoji-no-kami
守門天 Dvārapāla
守護神 Genius, Genii
安 An
安巴特 Ambat
安努 Anu, Anum
安努克特 Anuket, Anukis
安努那 Anunna
安努那庫 Anunnaku
安努妮特 Anunitu
安努畢斯 Anubis
安貝 'Anbay
安卓梅妲 Androméda
安卓鳩斯 Androgeos
安奇克勒 Anky-Kele

安妮・貝贊特 Annie Besant
安妮奇 Annikki
安姆 'Amm
安拉 Allāh, Lāh, 'Ilāh
安拉的朋友 Waliyu 'Illāh
安恆 Arnhem Land
安夏爾 Anshar
安娜 Dan, Danu, Ana, Anu
安娜 Ana
安娜尼奧梅妮 Anadyomene
安娜克西比亞 Anaxibia
安娜克索 Anaxo
安娜・培列娜 Anna Perenna
安息日 Shabbāt, Sábbaton
安息日 imbolc
安息時代 Parthia
安格拉・曼紐 Angra Mainyu, Ako Mainyu
安格波塔 Angrboda
安格斯 Oengus, Angus
安泰歐斯 Antaíos, Antaeus
安納 Annar
安納普娜 Annapūrnā
安納爾 Annar
安密特 Ammit
安喀西斯 Anchíses
安提克蕾雅 Antikleia
安提娥培 Antiópe, Antiopa
安提歌妮 Antigóne
安提羅赫斯 Antilochos
安菲特利翁 Amphitrýon
安菲特里特 Amphitríte
安菲翁和齊策斯 Amphíon und Zéthos
安達曼人 Andamanesen
安嘉娜 Añjanā
安夢 Amun, Amon, Ammon
安夢妮特 Amaunet
安瑪 Amma
安優卜 Aiyūb
安蘭登拉 Anrendonra
年 gNyan
成年袍 toga virilis
成就師 Siddha
托托納克族 Totonac

托克 Thökk
托彼特 Tobit
托拉查人 Toradja
托波里斯 Latopolis
托俄斯 Thoas
托南 Tonan
托洛爾 Troll
托埃利斯 Thoëris, Toeris
托特 Thot, Djehuti, Thout
托納卡奇瓦托 Tonacacihuatl
托納卡特庫德里 Tonacatecutli
托納提烏 Tonatiuh, Piltzintecutli
托納提烏希坎 Tonatiuhican
托塔 Tota
托塔天王 Vaishravana, Vessavana
托瑞 Tore
托達族 Toda
托爾 Thor, Donar
托爾多 Torto, Tartalo
托爾克 Tork
托摩爾 Tomorr, Baba Tomor
托薩 Thoosa
收成祭 Ochpaniztli
有餘涅槃 Sopadhishesha-Nirvāna
有王者風範者 Rîgisamos
朱庇特 Iupiter
朱諾 Iuno
朵瓦斯帕 Drvāspā
朵帕娣 Draupadi
此岸 Diesseits
死亡天使 Mala'āk ha-Mawet
牟尼 Muni
牟尼闍提 Muniyānti
百手神族 Hekatoncheíres
米卡里 Mika'il
米卡勒 Mikal
米克拉茲 Mikelats
米克特蘭 Mictlan
米克特蘭提庫特利 Mictlantecutli
米克提卡奇瓦特 Mictecacihuatl,
　Mictlancihuatl
米利暗 Mirjām, Miriam, Maria
米沙王 Mesha
米沃克族 Miwok
米甸人 Midianiter

米拉城 Myra
米迦勒 Mikā'ēl, Michaél, Mikāl
米納 Mi'nā
米納哈薩 Minahasa
米勒公 Milkom
米達斯 Mídas
米爾 Mîl
米諾托 Minótauros, Minotaurus
米諾斯 Mínos
米羅達 Merodach, Mardochai
羊饒角 cornu copiae
羽人 Yü-jen
羽蛇神 Quetzalcoatl
老子 Lao-tzu
老死 Jarā
考克特 Kauket
考科斯 Kaûkas, Kaûkai
考盧 Kaulu
肉體的亞當 Adam pagria
自由女神 Libertas
自由帽 pilleus
自在天 Ishvara
自我 Atman
自性 Prakriti
至人 Chih-jen
至高者 'Eljōn, Elioun, Eliun
至尊 Bhagavān
色界 Rūpaloka, Rūpadhātu
色麗妮 Seléne
艾什 Asch, Ash
艾什坦 Eshtan
艾什瑪 Aēshma
艾布爾茲山 Elburz
艾吉爾 Aegir
艾多族 Edo
艾米沙城 Emesa
艾西塔 'Ashtart
艾克‧曲瓦 Ek Chuah
艾利斯城 Elis
艾亞斯 Aias
艾奇德娜 Échidna
艾帕弗斯 Épaphos
艾拉瓦塔 Airavata
艾波娜 Epona
艾胡撒加庫庫拉

Ehursaggalkurkurra
艾庫爾神殿 Ekur
艾格林 Chagrin
艾格烏斯 Aigeus
艾格斯托斯 Aigisthos
艾特拉 Aithra
艾能 Aenen
艾基普特斯 Aigyptos
艾梅 Emer
艾莉西雅 Eileíthyia, Ilithyia
艾莉歌妮 Erigone
艾斯 Ays
艾斯尤特 syut
艾斯克與恩布拉 Askr und Embla
艾菲斯河 Alpheios
艾塔納 Etana
艾爾克馬 Elcmar
艾維斯‧普利斯萊 Elvis Presley
艾德夫 Edfu, EdfuIsis-Thermutis
艾德魯瓦 Aed Ruad
艾撒夫和奈拉 Isāf und Nā'ila
艾歐里亞族 Aioler
艾薇塔 Evita
艾蘿 Aello
行神蹟者 Wundertäter
西 Si
西乃山 Sinai
西凡斯 Selvans
西巴爾 Sippar
西王母 Hsi Wang Mu
西台 Hittite
西尼斯 Sinis
西西拉 Sisera
西利俄斯 Sirius
西吾什 Shiush
西庇羅山 Sipylos
西坡拉 Zippora
西帕 Sepa
西帕克托納 Cipaktonal
西帕爾 Sippar
西拉 Sila
西拉庫斯 Syrakus
西林克斯 Syrinx
西法瓦音 Sefarwajim
西芭莉 Kybéle

西芭羅斯山 Kybelos
西芭露 Shibarru
西門 Simon
西倫諾斯 Silenós, Silenus
西根 Sigyn
西海 Sihai
西烏特 Siut
西特 Shith
西特拉托納克 Citlaltonac
西特拉里妮克 Citlalinicue
西勞 Sirao
西提勒 Shitil
西番雅 Zefanjāh, Sophonias
西舒帕勒 Shishupāla
西雅卡 Hi'iaka
西奧維利 Siovili
西頓 Sidon
西碧拉 Sibylla
西蜜拉 Semela
西蜜莉 Seméle, Semela
西穌阿萊莎 Sisu Alaisa
西蘿娜 Sirona
西蘿嫩 Xilonen
西灣月 Siwan

七劃

住棚節 Sukkot
伴侶 Hūri
佛 Buddha
佛伊貝 Phoíbe, Poebe
佛西尼 Volsini
佛伯斯 Phóbos, Phoebe
佛陀 Buddha
佛基斯 Phokis
佛眼尊 Locanā
佛頂尊勝佛母 Ushnishavijayā
佛喀斯 Phokos
佛塔 Stūpa
何仙姑 Ho Hsien-ku
何西阿 Hōshēa', Hoseé
何騰托族 Hottentot
佐伊 Zoē
佐茲 Zotz
佐爾文 Zurvan, Zervan

佐爾文教派 Zurvanismus
伽沙 Khasa
伽拉 Galla
伽拉羅特里 Kalaratri
伽約馬特 Gaya-maretān, Gayōmart
伽梨 Kāli
伽梨伽末陀 Kalikamata
伽梨波輸摩陀 Kali Bhūtamāta
伽跋什提摩 Gabhastimat
伽盧 Gallū
伽羅 Kalā
但以理 Dānijj'ēl, Daniél
伯大尼 Bethania
伯沙撒王 Belsassar
伯拿德士 Penates
伯格達馬族 Bergdama
伯特利 Bet-El
伯特利 Bethel
伯特利的神 Ēl Bētēl
伯達撒 Balthasar
伯羅奔尼撒 Peloponnes
克布 Chaabu
克列烏薩 Krëusa, Glauke
克利昂 Kreon
克呂苔美斯卓 Klytaiméstra,
    Clytaemestra
克貝羅斯 Kérberos, Cerberus
克里 Karei, Kari
克里希納 Krishna
克里希納穆提 Krishnamurti
克里索提米斯 Chrysothemis
克里梅妮 Klymene
克里奧佩特拉 Kleopatra
克里頓行星 Krypton
克亞特利古 Coatlicue
克兒 Kér
克奇納 Katchinas, Kachinas
克拉托斯 Kratos
克拉克 Clark
克拉泰俄斯 Krataios
克拉提 Cratti, Kratti
克倫 Krūn
克倫諾斯 Chrónos
克涅夫 Kneph
克留莎 Krëusa

克馬特夫 Kematef
克勒普斯托克 F. G. Kloptsock
克莉烏撒 Crëusa
克提歐斯 Nykteos
克萊歐布蕾 Kleobule
克萊諾 Kelaino
克隆德 Crund
克爾白 Ka'ba
克諾索斯城 Knossos
克羅杜安赫 Chereduanch
克羅諾斯 Krónos
克麗娥 Kleió, Clio
克蘭 Khrane
克蘭普斯 Krampus
克蘿莉絲 Chloris
免罪性 'Isma
別天津神 Koto-amatsu-kami
別西卜 Beëlzebúl, Beelzebub
別則 Beg-tse, Beg-ce, Cam-srin
別是巴 Beersheba
利比蒂娜 Libitina
利乏音 Refā'im
利百加 Ribhāk
利西亞 Lycia
利伯塔斯 Libertas
利沙巴 Eliseba
利維坦 Liwjātān, Leviathan
利撒 Lisa
利魯 Lilū
利魯里 Liluri
劫 Kalpa, Kappa
劫波 Kalpa, Kappa
劫波杯 kapāla
劫波提陀 Kalpatitā
劫波跋婆 Kalpabhava
劫羅婆提伽 Kalapātika
努比亞人 Nubia
努米托 Numitor
努哈 Nūh
努特 Nut
努瑪・龐皮利烏斯 Numa Ponpilius
即瓦伊拉 Wā'ila
卵生 Andaja
吾力 Wali
吾珥 Ur

吾爾 Úr
呂內克斯 Polyneikes
呂卡翁 Lykáon
呂西烏斯 Lyseus
呂洞賓 Lü Tung-pin
呂根島 Rügen
呂格維特 Rugievit
呂德克特斯 Polydektes
呂巖 Lü Tung-pin
告饒 Shafā'a
吸血鬼 Vampir
吠瑟挈微 Vaishnav
含 Ham, Cham, Hām
均提 Kunti
坎 Kan
坎巴 Kamba, Kangba, Kanimba, Kangmba
坎佩尼亞 Kampanien
坎撒 Kansa, Kamsa
坎諾夫 Kanofer
坐騎 Vāhana
壯族 Juang
妙音菩薩 Mañjughosha
妙喜國 Abhirati
妙善天 Yāma
完璧神 Haurvatāt
巫尼 Wune
巫杜 Utu
巫杜格 Udug
巫辛什 Ūsinsh
巫姆萬加 oumuwanga
巫臥拉克 Vurvolák
巫倫德卡維加拉 Urendequa Vécara
巫師 Magier
巫庫布卡奇 Vucub-Caquix
巫婆 Hexen
巫雍孫 Uyungsum, Uyung Kittung
巫圖庫 Utukku
巫爾巴里 Wulbari
希比爾 Hibil
希米爾 Hymir
希伯倫 Hebron
希佩·托特克 Xipe Totec
希妮努提波 Hine-nui-te-Po

希拉 Héra
希拉山洞 Ghar Hira'
希波呂托斯 Hippolytos
希波呂提 Hippolyte
希波姐美雅 Hippodameia
希門 Hymén, Hyménaios, Hymenaeus
希律王 Herodes Antipas
希律王安提帕 Antipas
希律王腓力 Philippus
希科美克亞托 Chicomecoatl
希娜 Hina, Hine, Ina, Sina
希姬雅 Hygíeia, Hygia
希席 Hiisi, Hijsi
希特勒 Hitler Adolf
希勒家 Chilkia
希培利溫 Hyperíon
希培梅斯特拉 Hyperméstra
希普諾斯 Hýpnos
希德拉 Hýdra
希盧克族 Shilluk
希羅底 Horodias
希蘭 Chilan
希蘿和里昂德羅斯 Heró und Léandros, Hero und Leander
庇厄塔斯 Pietas
庇里迦 Bilika, Buluga, Puluga
庇拉 Pira
庇拉特斯 Pylartes
庇庫斯 Picus
庇塞沙 Pishaisha, Pisaisa
庇塔 Pitā, Pitara, Pitri
庇嫩克 Pinenkir
庇德萊 Pidrai
忘川 Léthe
扶桑教 Fūsō-Kyō
攸里狄克 Eurydíke, Eurydice
攸里斯提烏斯 Eurystheus
攸里碧亞 Eurybie
攸特爾普 Eutérpe
攸諾米雅 Eunomía
旱地魔 Sijjim
束脩 Minerval
李鐵拐 Li T'ieh-kuai
村落神 Grāmadevatā

杜木茲 Dumuzi, Daōzos
杜木茲阿布蘇 Dumuziabzu
杜瓦 Dua
杜瓦特 Duat, Dat
杜多娃 Dughdhōva
杜米特夫 Duamutef
杜拉 Dula
杜拉歐羅波 Dura-Europos
杜哈勒撒 dū-l-Halasa
杜夏拉 Dūsharā, Dusares
杜爾 Dur
杜爾嘉 Durgā
沙卡拉 Sakkara
沙耳瑪乃色王 Salmanassar V
沙克提 Shakti
沙法 Sapha
沙哈 Shahar
沙烏什卡 Shaushka, Shawushka, Sausga
沙特 Satre
沙馬尼 Sharmanni
沙琳 Shalim
沙維陀 Savitar
沙維德利 Sāvitri, Gāyatri
沙魯馬 Sharruma
決定心 Yidam
沃坦 Wuotan, Wodan, Wotan
沃坦大軍 Wuotanes her
沃坦崇拜 Wotanismus
沃居爾 Walküren, Valkyrien
沃倫加 Wollunqua
汲倫 Kidron
汲倫溪 Kidrontal
灶王爺 Tsao Chün
灶君 Tsao Chün
牡羊座 Aries
狄米斯提帕提 Dimistipatis
狄克 Díke, Astraía, Astraea
狄俄涅 Dione
狄俄斯庫里兄弟 Dióskuroi, Dioscuri
狄美特 Deméter
狄奧美德斯 Diomedes
狄瑞西亞斯 Teiresías, Tiresias
男巫 Shtrigue

男性領洗者　vir baptizatus
男孩界　Limbus puerorum
私多　Sitā
西陀　Sitā
私陀梵　Sitabrahman
私建陀　Skanda, Kārttikeya
罕娃蘇伊　Chanwashuit, Hanwasuit
良知女神　Daēnā
芒嘎拉　Mangala, Bhauma,
　　Angaraka
見烈喜　Chenresi, Chenrezi, sPyan-
　　ras-gzigs
角宿一　Spika
谷　Gu
豆該　Dogai
貝尼哈珊　Beni Hassan
貝里　Beli
貝洛斯　Belos
貝倫諾斯　Belenos
貝海爾　Behēr
貝納瓦雷　Benavarre
貝勒　Bēl, Bēlet
貝勒采莉　Bēletsēri, Bēlitshēri
貝勒哈蘭　Bēl-Harrān
貝勒提莉　Bēlet-ilī
貝勒羅封　Bellerophóntes,
　　Bellerophón
貝莉莎瑪　Belisama
貝莉莉　Belili
貝提　Behdet
貝斯　Bes
貝斯蒂　Bastet
貝絲特拉　Bestla
貝塔　Bata
貝雷特　Bēlet, Bēlit
貝爾格米爾　Bergelmir
貝赫提　Behedti
貝魯島　Beru
貝魯特　Beruth
貝羅納　Bellona
身魂　Ba
車野　Chāyā
辛吉爾利　Zincirli
辛地　Xhind-i, Xhinde
辛拉俄噶　gShen-lha od-dkar

辛波　Srin-po, Sri
辛肯　Hinkon
辛契‧羅卡　Sinchi Roka
辛苯伽　Singbonga
辛強多　Sing Chando
辛提奧托　Cinteotl
辛德利　Sindri
辰星　Budha
邪惡的瓦伊　Wāi i wattar
那克索斯島　Naxos
那沙提耶　Nasatya
那芙提斯　Nephthys, Nebet-hut
那陀　Nātha
那若巴　Nā-ro-pa, Nādapāda
那毘　Nābhi
那茹阿亞納　Nārāyana
那鴻　Nachchūm, Naum
那鴻地　Nachchundi, Nachunte
那羅延天　Nārāyana
那羅陀　Nārada
里加　Riga
里列克　Lélek
里安農　Rhiannon
里伯　Liber
里伯拉　Libera
里亞赫斯　Learchos
里底亞　Lydia
里拉　Lila
里拉瓦圖　Lilavatu
里特　Rith
里翁托波里斯　Leontopolis
里爾　Lir, Llyr
佟圖　Tonttu, Tontu

八劃

亞巴郎　Abraám
亞巴頓　Abaddōn
亞巴圖　Abāthur
亞文廷丘　Aventinus
亞比孩　Abihail
亞毛斯　Amōs
亞布魯　Jabru, Iaphet, Yāfith
亞米太　Amittai
亞西納　Asenath

亞伯　Hebel, Ábel
亞伯拉罕　Abrāhām
亞伯蘭　Abrām
亞希波爾　Yarhibōl
亞里斯泰俄斯　Aristaíos, Aristaeus
亞佩特斯　Iapetós, Iapetus
亞姆　Jam, Yam
亞拉　Yala, Gala
亞拉塔　Aratha
亞舍杜什　Asherdush, Aserdus
亞舍拉　Ashera, Ashirat, Athirat, Elat
亞舍圖　Ashertu, Ashirtu
亞述爾　Assur, Ashshur
亞述爾丹　Assurdan
亞述爾巴尼巴　Assurbanipal
亞述爾烏巴里　Assur-uballit
亞述爾納西巴　Assurnasirpal
亞述麗杜　Assuritu, Ashshuritu
亞倫　A harōn, Aarón
亞拿　'Anath
亞拿米勒　Anammelek,
　　Anammelech
亞拿突　Anatum
亞特勞厄　Atlaua
亞納　Anna
亞馬遜族　Amazónes
亞得米勒　Adrammelek, Adadmilki,
　　Adrammelech
亞捫人　Ammoniten
亞梅森　Amaethon
亞提拉　Atira
亞提拉特　Atirat
亞斯文城　Assuan
亞斯他錄　'Ashtōret
亞斯卡尼烏斯　Ascanius, Iulus
亞塔拉比　Atarrabi, Atarrabio,
　　Ondarrabio
亞當　Ādām, Adám, Ãdam
亞達月　Adar
亞圖斯　Yātus, Yatas
亞實突　Aschdod
亞實基倫　Aschkelon
亞爾巴龍加城　Alba Longa
亞爾岡京族　Algonkin
亞爾德巴德　Ard-bad

亞瑪拿 Amarna
亞摩利族 Amoriter
亞摩斯 Amos
亞摩魯 Amurru
亞薩哈頓 Asarhaddon
亞蘭祖尼 Allanzunni
依西斯 Isis, Ese
依格莉亞 Egeria
依絲 Ich
依諾 Inó, Ino, Leukothea
佳干納特 Jagannātha
佳塔尤 Jatayu
使者 Malā'ika
使者 Rasūl, Rusul
使萬物成長的朱庇特 Iupiter Maius
佩里卡斯 Pairikās, Paris, Peris
佩卓洛亞 Petro-Loa
佩倫 Perun
佩倫涅弗 Perunji Vrh
佩倫諾伐克 Perunovac
佩旅洛普 Pälülop
佩特拉城 Petra
佩勒 Pele
佩麗波亞 Periboia
侏儒 Dvergr, Zwerc, Zwerge,
　Vāmana
侏儒族 Dvergr
刻瑞斯 Ceres
受讚美者 Jehūdāh
味爾金 Vairgin
味懇陀 Vaikuntha
味懇陀那陀 Vaikunthanātha
咕嚕咕咧佛母 Kurukullā
呼神 Xrōshtag
呼德 Hūd
和平祭壇 Ara Paci
和毘那多 Vinatā
和修吉 Vāsuki
和恩利勒 Enlil
和梅昂 Meon
命運三女神 Moírai
命運版 Schicksalstafeln
命數 Fatum, Fata
坦木茲 Tamūzu, Tammūz
坦加 Tenga

坦加塔瑪奴 Tangata Manu
坦加羅 Tangaro
坦尼 Tane, Kane
坦尚尼亞 Tanzania
坦波恩 Tambon, Djata
坦哥羅厄 Tangaroa, Tangaloa,
　Tana'oa
坦拿 Tannaiten
坦格紐斯特和坦格里斯尼爾
　Tanngnjóstr and Tanngrísnir
坦塔羅斯 Tántalos, Tantalus
坦噶拉 Tangara
夜叉 Yaksha, Yakka
夜叉女 Yakshini
夜行 Isrā'
夜摩 Yama
夜摩 Yima, Yam
夜摩天 Yāma
奇 Ki
奇布恰族 Chibcha
奇瓦克亞托 Cihuacoatl, Chihucoatl
奇利科斯 Kilix
奇奇梅克人 Chichimec
奇俾亞多斯 Chibiados
奇夏爾 Kishar
奇泰隆山 Kithairon
奇紐拉斯 Kinyras
奇麥拉 Chímaira, Chimaera
奇斯克莉拉 Kiskil-lilla
奇穆族 Chimu
奇蹟 Karāma
奈夫圖 Nefertem, Nefertum,
　Nephthemis
奈夫爾霍 Neferhor
奈比散維爾 Nebi-Samwil
奈尼嫩 Naininen
奈努伊瑪 Nainuema
奈妮雅 Naenia, Nenia
奈法爾 Naefr
奈特 Neith
奈特曼希德 Neith-Menchit
奈培 Neper
奈提露托普 Naiterutop
奈斯爾 Nasr
奈琵特 Nepit

奈雅杜 Naídes
妮 Ni
妮克西 Nixe
妮克絲 Nýx
妮貝圖 Nebetu
妮菲勒 Nephéle
妮費蕾 Nephele
妮爾克絲 Nyrckes
妮赫貝特 Nechbet
妮赫梅塔瓦 Nechmet-awaj
妮撒巴 Nisaba, Nidaba
妮歐貝 Nióbe
妮韓姐 Nehanda
妮蘭塔里 Nirantali
姆本杜族 Mbundu
姆瓦里 Mwari
姆姆布麗姬 Maman Brigitte
姆拉経底 Mula Djadi, Mula Dyadi
姆倫谷 Mulungu, Mungu, Murungu
姆庫魯 Mukuru
姆特 Mut
孟斐斯 Memphis
宗喀巴 Tson-kha-pa
宙斯 Zeús
尚果 Shango, Xango
居密爾 Gymir
岱提亞 Daityas
帖亞 Theía, Diva
帖奇茲卡特 Tecciztecatl
帖茲卡特里波卡 Tezcatlipoca
帖勒馬赫斯 Telemachos
帖撒里亞 Thessalien
帕比爾尚 Pabilsang
帕列卡卡 Pariacaca
帕列斯 Pales
帕克斯 Pax
帕克斯廣場 Forum Pacis
帕利索 Palyxo
帕利斯 Páris
帕希菲 Pasiphäë, Pasiphae
帕庇烏斯 Papeus
帕亞恩 Pajainen, Palvanen
帕帕 Papa
帕帕思 Papas
帕帕雅 Papaja

帕拉　Para
帕拉姆加提　Paramugatti
帕拉斯　Pallas
帕拉達　Prahlāda, Prahrāda
帕恰瑪瑪　Pachamama
帕查卡馬克　Pachacamac
帕查庫提　Pachacutec
帕修斯　Perseús
帕泰克　Patäk, Patäke
帕特諾斯　Parthenos
帕救姆納　Pradyumna
帕莉　Peri, Perit
帕喀特　Pachet
帕提卡特　Patecatl
帕普蘇卡　Papsukkal
帕達里律奧斯　Podaleirios
帕雍　Pajonn
帕爾卡　Parca, Parcae
帕魯查　Perugia
帕謝神　Pase Kamui
幸福之母　Laima māter
底巴塔　Debata
底庇勒　Tibil
底波拉　Debōrāh, Debbora
底答伊族　Didayi
征服馬希沙者　Mahishamardini
彼列　Belija'al, Beliár
彼岸　Jenseits
彼得　Pétros
彼摩　Bhima
忠實　Spenta Armaiti
忿怒神　Krodhadevatā
怖軍　Bhima
怪物　Mischwesen
怛多婆舞　Tandava
所多瑪城　Sedōm, Sedómon
所羅門　Shelōmō, Solomón
拉　Lha
拉丁姆　Latium
拉什努　Rashnu
拉木　Lha-mo
拉加什城　Lagash
拉加娜　Ragana, Rāgana
拉卡　Laka
拉布　Labbu

拉瓦群島　Tarawa
拉由納　Lajuna
拉吉瑪提　Rajimati
拉地加斯特　Radigast, Redigast,
　　Radogost
拉托波里斯　Latopolis, Esneh
拉克族　Lakher
拉利亞　Rariya
拉利塔　Lalita
拉庇推因　Rapithwin
拉哈伯　Rahab, Raab
拉哈爾　Lachar, Lahar
拉哈穆　Lachamu
拉威尼翁　Lavinium
拉胡若提　Lachuratil
拉庫希塔　Rakshitā
拉特　al-Lāt, Allāt , Lāt, 'Ilāt
拉特摩斯山　Latmos
拉特蘭　Lateran
拉班　Laban
拉馬　Lama, Innara
拉馬什杜　Lamashtu
拉曼　Rammān, Rimmon
拉畢斯族　Lapíthai, Lapithae
拉麥　Lamech
拉提努斯　Latinus
拉斐爾　Refā'ēl, Raphaél
拉斯科維奇　Laskowiec, Borowiec
拉普蘭　Lapland
拉答洛亞　Rada-Loa
拉結　Rāhēl
拉開西斯　Láchesis
拉塔　Rata
拉塔托斯克　Ratatoskr
拉奧孔　Laokóon, Laocoon
拉達曼迪斯　Rhadámanthys,
　　Rhadamanthus
拉頓　Ládon
拉圖辣　Latura, Lature, Danö
拉爾　Lar, Lares
拉爾瓦　Larva, Larvae
拉爾像　lararium
拉爾薩　Larsa
拉瑪　Lama, Lamma
拉瑪　Rahma

拉瑪蘇　Lamassu
拉維納　Laverna
拉蜜妮　Lamiñ
拉赫科　Rachkoi, Rahko
拉赫馬　Lachama
拉赫穆　Lachmu
拉德斯維德　Radsvidr
拉撒　Lasa
拉撒路　Lázaros, al-'Ázar
拉魯溫巴　Raluvhimba, Ralowimba
拉薇妮雅　Lavinia
拉蘭　Laran
抹大拉的馬利亞　María Magdalené
拓滿　Tomam
拔示巴　Bath-Seba
拔摩島　Patmos
押沙龍　Abschalom
拇指矮人　Chignomanush
拘那含佛　Kanakamuni
拘庫羅國　Gokula
拘留孫佛　Krakuchchanda,
　　Krakuchchanda
拘羅迦羅　Kulakara
旺德　Wadd
易卜劣廝　Iblis
易卜拉欣　Ibrāhim
易司哈克　Ishāk
易司馬儀　Ismā'il
易多　Iddo
易亞　Iya
易肯阿頓　Echnaton, Akhenaton
易洛魁族　Iroquois
易茲　Íz
昆哈爾　Cunhall
昆納皮皮　Kunapipi
明亮　'Atirat
昊親　Haukim
服從神　Sraosha, Srosh
東方朔　Tung-fang Shuo
東王公　Tung Wang Kung
東王父　Tung Wang Kung
東學道　Tonghak
東嶽大帝　T'ai-yüeh-ta-ti
林克歐斯　Lynkeos
林霍尼　Hringhorni

欣　Sin
欣嫩子谷　Gē-Hinnōm, Géenna
泥丸　Ni-huan
泥色　Pankaprabhā
泥哩底　Nirriti, Nirruti, Nairritti
泥哩陀　Nirrita, Nairritta
河伯　Ho Po
河神　Okeanídes
河馬　Behēmōt
河童　Kappa
波扎那　Botswana
波尼族　Pawnee
波吒釐　Pātāla
波多加索妮　Boldogasszony
波多加索妮阿加　Boldogasszony-
　　ágya
波托斯　Pothos
波西帕城　Borsippa
波利內克斯　Polyneikes
波利伯斯王　Polybos
波利怙　Bhrigu
波利提　Priti
波呂菲摩斯　Polýphemos,
　　Polyphemus
波攸提亞　Boiotien, Boiotia
波辛基　Boginki
波里內克斯　Polyneikes
波里丟克斯　Polydeúkes, Pollux
波拉　Bolla, Bullar
波波　Bába
波約拉　Pohjola
波茂娜　Pomona
波恩　Pon
波特林普斯　Potrimpus, Natrimpe
波特洪　Bölthorn
波索坎尼　Boszorkány
波勒努提烏斯　Porenutius
波勒拉瑪　Poleramma
波勒維特　Porevit
波婆那　Pavana
波絲　Pérse
波塞頓　Poseidón
波瑞阿斯　Boréas
波達爾格　Podarge
波圖努斯　Portunus

波圖努斯節　Portunalia
波圖拉祖　Potu Radzu
波爾　Bōl
波爾　Borr, Burr
波齊卡　Bochica
波魯薩斯帕　Pourushāspa
波諾莫索　Ponomosor
波輸　Bhūtas
波輸缽提　Bhūtapati
波賽芬妮　Persephóne, Proserpina
波賽斯　Perses
波羅　Para
波羅奈城　Benares
波羅底優娑　Pratyūshās
波羅斯　Bōlos
波羅濕那陀　Pārasnāth
波麗姆妮雅　Polyhymnía, Polymnía
法內斯　Phanes
法尤姆　Fayum
法包提　Fárbauti
法伊頓　Phaëthon
法伍努斯　Faunus, Fauni
法老　Pharao
法老　Fir'awn
法身　Dharmakāya
法里丹　Feridūn
法拉維　Faravi
法洛　Faro
法烏娜　Fauna
法特伊　Fat-i
法提　Fati, Fatit
法斯圖路斯　Faustulus
法蒂瑪　Fātima
法蒂瑪王朝　Fatimiden
法圖姆納　Voltumna
法瑪　Fama
法默絲　Fames
法羅斯島　Pharos
炎熱　Tāpana
爭鬥世　Kaliyuga
爭鬥時　Kaliyuga
牧神洞　Lupercal
社地　She-Ti
空行母　Dākini
空衣派　Digambara

空界　Bhuvarloka
空虛混沌　Tōhū wābōhū
空間　Hari
竺杜・那列華　Jiddu Nariahua
糾克　Jok, Juok, Jwok, Juong, Dyok
糾河　Gjöll
糾河橋　Gjallarbrú
糾爾　Gjöll
糾爾號角　Gjallarhorn
肯尼斯堡　Königsberg
肯南　Kan' ān
肯威爾　Kemwer, Kemur
肯特夫婦　Martha and Janathan
　　Kent
肯德斯　Köndös
舍希德　Shahid
舍拉地　Shelardi
舍德　Sched
舍羅步　Sharabha
芙列梅　Fljamë
芙拉　Fulla, Volla
芙格葉　Fylgjen, Fylgja
芙蕾葉　Freyja
芙羅拉　Flora
芙麗格　Frigg, Frîja, Fria
芭芭　Baba, Ba'u
芭格芭蒂　Bagbarti
芭斯摩提瑪　Bastmoti Ma
芭爾姐　Bardhat
芭碧蘿　Barbelo
芭綺絲　Baukis
芭德芙　Badb
芬力狼　Fenrisúlfr
芬力爾　Fenrir
芬恩　Finn
芬族　Fon
初谷　Chuku, Chi, Ci
邱比特　Amor, Cupido
金光教　Konko-kyo
金谷　Kingu, Qingu
金胎　Brahmānda
金胎　Hiranyagarbha
金剛手　Vajrapāni
金剛亥母　Vajravārāhi
金剛杵　Vajra, Do-rje

金剛持 Vajradhara
金剛乘 Vajrayāna
金剛善 Vairasādhu
金剛漫母 Vajrasattvātmika
金剛薩埵 Vajrasattva
金剛藥叉 Pe-kar, Pe-har
金神 Konjin
金翅鳥 Garuda, Garumat
金翅鳥童子 Suparna-Kumāra
金曜 Shukra, Bhārgava
長毛怪 She'írim
長生不死 Ch'ang-sheng pu-ssu
長生不死 Unsterblichkeit
長角的蛇 Cerastes
長眠七聖 Siebenschläfer
門陀族 Munda
門神 Men-Shen
門達 Mandah, Mundih
門圖 Month, Montu, Muntu
門圖和泰普 Muntuhotep
陀濕羅 Trishalā
陀羅尼 Dhārani
阿閦佛 Akshobhya
阿丹 Ādam
阿什瓦尼 Ashiwanni
阿什·瓦努希 Ashi Vanuhi
阿什南 Ashnan
阿什塔 'Astar
阿什塔亞斯他錄 Ashtōret
阿什塔特 Astarte
阿夫魯舍 Avullushe
阿巴 Abba
阿扎卡托尼爾 Azaka-Tonnerre
阿日達哈卡 AŽi Dahāka
阿加利亞族 Agaria
阿加曼農 Agamémnon
阿卡拉 Acala
阿卡拉倫蒂亞 Acca Larentia
阿卡迪亞 Arkader
阿卡斯 Arkás
阿卡塔什 Akatash
阿卡瑪斯 Akamas
阿卡德 Akkad
阿古伊 Argui
阿布 Abu

阿布杜·卡迪爾·吉蘭尼 Sidi 'Abd
　al-Qadir al-Jilāni
阿布沙羅斯 Apsarās
阿布拉克薩斯 Abraxas
阿布葛 Abgal
阿布達拉 Abd-Allāh
阿布蘇 Abzu
阿瓦爾第 Alvaldi
阿甘尤 Aganyu, Aganju
阿伊亞那亞喀 Ayiyanāyaka, Ayiyan
阿伊達維多 Ayida-Weddo
阿列夫 Arev, Areg
阿列巴提 Arebati
阿列坡 Aleppo
阿列德維·蘇拉·阿納希塔 Aredvi
　Sūrā Anāhitā
阿吉佐斯 Azizos, 'Azizū
阿多 Ado
阿多尼斯 Adonis, Ádonis
阿多尼斯河 Nahr Ibrahim
阿米拉米亞 Amilamia
阿耳法斯 Alphaios
阿西婭 Āsiya
阿亨 Aachen
阿克利修斯 Akrísios, Acrisius
阿克泰溫 Aktaíon
阿別克 Apiak
阿利斯 Áres
阿利須陀 Arishtā
阿利濕達內彌 Arishthanemi, Nemi
阿努拉普 Anulap, Analap, Onolap
阿努恩 Annwn
阿坎族 Akan
阿庇斯 Apis
阿私陀婆墮山 Ashthapada
阿貝神 Abe Kamui
阿那含 Anāgāmin
阿那亞 Anaya
阿那律 Aniruddha
阿那雅 Anajja, Priyadarshanā
阿里 'Ali
阿里格納克 Alignak
阿里曼 Ahriman
阿亞 Aja, Ai, Aa
阿亞爾·巫楚 Ayar Uchu

阿亞爾·曼柯 Ayar Manco
阿亞爾·喀奇 Ayar Cachi, Tokay
阿亞爾·奧喀 Ayar Aucca, Colla
阿周那 Arjuna
阿奇安妮 Alkyone
阿奇里斯 Achilleús, Achilleus,
　Achilles
阿奇亞拉托帕 Achiyalatopa
阿奇斯 Akis
阿帕歐夏 Apaosha, Apa-urta
阿底利 Atri
阿底里國 Adiri
阿拉伊 Aray, Ara
阿拉列茲 Aralēz, Arlēz
阿拉庫尼 Aráchne
阿拉得 Alad
阿拉塔拉 Alatala
阿拉瑞比 Alarabi
阿拉路 Alalu, Hypsistos
阿拉圖 Allatu
阿拉瑪茲 Aramazd
阿拉魯 Aralu, Arallu
阿拘陀 Acyuta
阿拘陀天 Acyuta
阿林娜 Arinna, Ariniddu, Arinitti
阿波岩·塔丘 Apoyan Tachu,
　Apoyan Tachi
阿波非斯 Apophis, Apopis
阿波悉魔羅 Apasmara
阿波羅 Apóllon, Apollo, Phoibos,
　Phoebus
阿法克 Aphake
阿法里歐 Aphareos
阿法諾湖 Averno
阿芙羅狄特 Aphrodíte
阿陀羅 Atala
阿南庫 Ananku
阿南達 Ananta, Adishesha
阿哈尤塔阿契 Ahayuta Achi
阿哈拉特 A'lat
阿哈莫特 Achamoth
阿契美尼德王朝 Achämeniden
阿奎扎奎 arguizagui
阿姿 Az
阿拜多斯 Abydos

阿洛可　Alako
阿耶那　Aiyanār, Aiyappan
阿胡拉　Ahura
阿胡拉妮　Ahurūni
阿胡拉‧瑪茲達　Ahura Mazdā
阿迭多　Ādityas
阿革什　Agash, Agas
阿毘瑜伽　Ābhiyogya
阿修羅　Asura
阿修羅童子　Asura-Kumāra
阿倫達提　Arundhati
阿哥斯　Árgos, Argus
阿哥艦　Argó
阿夏爾　Ashar
阿娜希特　Anahit
阿格多斯山　Agdos
阿格里波爾　'Aglibōl, 'Aglibōn
阿格底斯提　Agdistis, Agditis
阿格威　Agwe
阿格萊雅　Aglaia
阿格諾　Agenor
阿特拉姆哈西　Atramchashi
阿特拉哈西斯　Atrachasis
阿特拉斯　Átlas
阿特留斯　Atreus
阿特斐　Atfih
阿特羅普斯　Átropos
阿索波斯　Asopos
阿耆尼　Agni
阿茲瓦特厄勒塔　Astvat-ereta
阿茲拉伊來　'Izrā'il, Azrā'il
阿勒　Ala, Ale, Ana, Ani
阿曼提特　Amentet
阿莉恩若德　Arianrhod
阿喀貝茲　Akerbeltz
阿喀爾　Aker
阿提　Ahti
阿提加　Attika
阿提里比斯　Athribis
阿提拉　Attila
阿提密斯　Ártemis
阿提斯　Attis
阿提緻　Āditi
阿斯托維達荼　Astōvidātu,
　Astovidet

阿斯克勒庇俄斯　Asklepiós,
　Aesculapius
阿斯庇斯　Aspis
阿斯特利克　Astlik
阿斯特賴俄斯　Astraios
阿斯提達美亞　Astydameia
阿斯摩太　Ashmodai, Asmodaĭ os,
　Asmodaeus, Asmodeus
阿普卡魯　Apkallu
阿普西托斯　Apsyrtos
阿普魯　Aplu, Apulu
阿普蘇　Apsū
阿琵狄美　Apideme, Apydeme
阿琵亞　Apia
阿絲提莉亞　Asteria
阿絲提羅佩　Asterope
阿善提族　Ashanti
阿逸多　Ajita
阿須伐斯那　Ashvasena
阿須雲　Ashvins
阿塔加提阿塔爾　Atargatis, 'Atar-'ata
阿塔特　'Attart
阿塔馬斯　Athamas
阿塔爾　'Attar, 'Athtar
阿塔蘭塔　Atlante
阿溫那維羅納　Awonawilona
阿瑞提雅　Aretia
阿瑞圖薩　Aréthusa
阿詣羅　Angiras
阿達卡斯　Adakas
阿達帕　Adapa
阿達德　Adad, Adda, Addu, Haddad
阿達摩　Adharma
阿達羅　Adaro
阿頓　Aton, Aten
阿圖　Atum
阿圖尼斯　Atunis
阿圖美　Artumes, Aritimi
阿爾丁族　Ardennen
阿爾巴隆加城　Alba Longa
阿爾弗瑞格　Alfrig
阿爾兌娜　Arduinna
阿爾克梅尼　Alkméne, Alcmena
阿爾克斯　Arkás, Arcas
阿爾貝里希　Alberich

阿爾帕德　Árpád
阿爾法　Alfr, Alb, Alben
阿爾泰族　Altaic
阿爾泰雅　Althaia
阿爾莫斯　Álmos
阿爾喀　Alk'
阿爾喀斯提斯　Álkestis, Alcestis
阿爾婷帕薩　Artimpaasa
阿爾提歐　Artio
阿爾斯努非斯　Arsnuphis,
　Harensnuphis
阿爾瑪　Arma
阿爾瑪卡　'Almaqahū, 'Ilmaqahū,
　'Ilmuqah, 'Ilmuquh
阿爾維斯　Alviss
阿爾潘　Alpan, Alpanu, Alpnu
阿爾諸那　Arjuna
阿爾賽　Arsj, Arsai
阿爾蘇　Arsū
阿瑪那　Amarna
阿瑪提亞　Amáltheia, Amalthea
阿蜜娜　Āmina
阿赫　Ach
阿赫洛厄斯　Achelóos, Achelous
阿赫敏　Achmim
阿赫隆河　Achéron
阿鼻　Avici
阿齊美德　Alkimede
阿齊勒‧雅巴　Azele Yaba
阿德拉斯托斯　Adrastos, Adrastus
阿德族　'Ād
阿德梅托斯　Admetos
阿摩　Ambā
阿摩司　Amōs
阿摩筏羅　Ammavaru
阿摩爾　Amor, Cupido
阿撒巴斯卡族　Athapasken
阿撒庫　Asakku
阿撒格　Asag
阿撒瀉勒　Azā'zēl, Azazel
阿遮羅　Acala
阿魯　Alū
阿魯納　Aruna
阿魯魯伊　Aluluei
阿盧那　Aruna

阿穆留斯 Amulius
阿㮈多羅 Anuttara
阿諾許 Anōsh
阿諾斯堡 Annoeth
阿諾德 Kenneth Arnold
阿踰陀國 Ayodhyā
阿闍梨 Āchārya, Ācārya, Ācāriya
阿彌陀佛 Amitābha
阿濕婆 Ashvins
阿蕾克托 Allekto
阿璐璐 Aruru
阿薩色・阿弗亞和阿薩色・亞
　　Asase Afua und Asase Yaa
阿薩爾哈頓 Asarhaddon
阿薩魯希 Asalluchi, Asariluchi,
　　Asalluhi
阿羅 Ara
阿羅味 Alow
阿羅漢 Arhat, Arahant
阿難 Ānanda
阿難陀 Ānanta
阿麗雅德妮 Ariádne, Ariadna
阿蘇爾族 Asur
阿蘭科克 Alonkok
姐奴 Dānu
姐妮毘奴 Darni Pinnu

九劃

亭答留斯 Tyndareos
侯哈諾 Chochano
侯賽因 al-Husain
便雅憫 Benjāmin
保食神 Ukeomochi-no-kami,
　　Ukimochi
保羅 Paūlos
俄巴底亞 Ōbadhāhū, Abdiu
俄安內 Oannes
俄克喜林庫斯 Oxyrhynchos
俄密奇勒 Omichle
俄瑞提亞 Oreíthyia
俄爾德格 Ördög
俄諾 Ono
剎婆羅斯陀 Triprishta
則雷 'Dre

勇父 Dākas
南地島 Nandi
南多斯薇塔 Nantosuelta,
　　Natosuwelta, Nantosvelta
南那 Nanna
南姆尼 Namni
南施 Nanshe
南風魔 Zū, Anzu, Shutu
南娜 Nanna
南達 Nanda
南德魯巫庫 Nanderuvucu
南瞻部洲 Jambūdvipa
咬尾蛇 Uroboros
哀可 Echó
哀拉托 Erató
哀特姆 Etemmu
哀紐 Enyo
哀勒尼 Eiréne
哀提歐克利斯 Eteokles
哀絲塔娜特里 Estanatlehi
哎哈啦嗨唷 Aiharra-haio
哈巴谷 Chabakkūk, Hambakum,
　　Habakkuk
哈比布・納賈 Habib al-Nadjdjār
哈比爾和卡比爾 Hābīl und Kābīl
哈布神廟 Medinet Habu
哈甘伊比亙 Chagan ebügen
哈皮亞 Hárpyia
哈伍德 Hawd
哈托爾 Hathor, Athyr
哈米吉多頓 Harmagedon, Har
　　Magedón
哈米努加 Chaminuka
哈米亞 Haumia
哈西斯 Harsiesis, Harsiese
哈努曼 Hanumān, Hanumat
哈庇 Hapi
哈那哈那 Channachanna
哈里布狄絲 Chárybdis
哈里發 Khalifa
哈里發亞齊德 Yazid ben Mu'awiya
哈亞 Chaja, Chani
哈亞貴瓦 Hayagriva, Tamdrin
哈姆沙 Chamsha
哈拉 Chala, Hala

哈拉赫特 Harachte
哈波奎特斯 Harpokrates, Hor-pe-
　　chrod
哈南帕恰 Hanan Pacha
哈洛里斯 Haroëris, Her-ur
哈珊墨利 Chashammeli, Hasameli
哈門 Hamon
哈倫 Hārūn, Charun
哈倫多特斯 Harendotes
哈拿 Hana
哈桑 al-Hasan
哈特梅希特 Hatmehit
哈納爾 Hanarr
哈馬希斯 Harmachis
哈得斯 Hádes
哈曼 Haman
哈梅亞 Haumea
哈莫妮亞 Harmonía
哈都爾 Hadúr, Haddúr
哈提 Hati
哈普雷 Har-p-re
哈隆 Cháron
哈該 Chaggaj, Haggaíos, Haggai
哈達 Hadad
哈達約什 Hadayaosh
哈圖夏 Chattusha
哈爾吉 Hargi
哈爾索普杜 Har-Sopdu
哈爾第 Chaldi, Haldi
哈爾碧 Charbe, Harbe
哈爾撒加 Halsaka'
哈瑪德里雅德斯 Hamadryádes
哈赫 Hah
哈齊 Chazzi, Hazzi
哈齊山 Hazzi
哈德拉毛 Hadramaut
哈魯特和馬魯特 Hārūt und Mārūt
哈默迪 Harmerti
哈薩斐斯 Harsaphes, Herischef
哈蘭 Charan, Haran
城邦的拉爾 Lares publici／urbani
城隍 Ch'eng-huang
契 Sieh
奎拉瓦貝里 Cueravaperi
奎師那 Krishna

奎茲克亞托　Quetzalcoatl
娃娃拉克　Wawalag, Wauwalak
威斯塔　Vesta
威斯塔節　Vestalia
威達　Vidar
威爾圖斯　Virtus
屏障　Barzakh
屋大維　Octavianus
帝洛巴　Tu-lo-pa
帝國之主梭爾　Sol Dominus Imperii
帝釋　Shakra
帝嚳　K'u
幽浮　UFO（Unidentified Flying Objects）
度母　Tārā, Tārini, Dölma
建御雷之男神　Take-mika-zuchi
思摩夫　Simurg, Sēn-murw, Sinmurg
恰克　Chac
恰拉那　Charana
恰齊維特利古　Chalchihuitlicue
恆伽　Gangā
恆娥　Heng O
拜加族　Baiga
拜突里雅　Betulia
拜爾　Bile
持斧羅摩　Parashu-Rāma
持國天王　Dhritarāshtra
拯救者　Saoshyants, Sōshāns, Sōshyans
拯救者和救世主　Heilbringer und Erlöser
施米吉　Shimigi
施維尼　Shiwini
星期六的巴倫　Baron Samedi
柯伊和印姆莉亞　Koi und Imlja
柯納爾　Conall
查卡特答提山　Chakat-i-Dāitik
查布伊尼和瓦扎布拉　Tcabuinji und Wagtjadbulla
查拉圖斯特拉　Zarathushtra, Zoroastres, Zarathustra
查美卡特庫特里　Chalmecatecutli
查絲卡夸魯　Chasca Coyllur
柏林格　Berlingr
洲童子　Dvipa-Kumāra

洪水　Mabul, Kataklysmós
洞穴　Leze
洞穴人　Ashāb al-Kahf
活烈山　Horeb
活神　Iki-gami, Kami-gakari
洛可　Loco
洛克里科　Locholicho
洛亞　Loa
洛神　Lo
洛基　Logi
珊台　Schentait
皇帝的守護神　Genius Augusti
皇帝的帕克斯的祭壇　ara Pacis Augustae
砂色　Vālukāprabhā
祈禱主　Brihaspati, Brahmanaspati
禹　Yü
禹步　Yü-pu
禹強　Yü-ch'iang
科瓦雷　Korware
科宇克斯　Ceyx
科托斯　Kottos
科克族　Kokko, Koko
科里亞克族　Koryak
科奇就　Cocijo
科林斯　Korinth
科洛莫度摩　Kholomodumo, Kholumolumo
科約特　Koyote, Coyote
科約筱姬　Coyolxauhqui
科庫特斯河　Kokýtos, Cocytus
科納拉克　Konarak
科翁　Kmvoum, Kmvum, Khmvum, Chorum
科第斯　Cortés
科普托斯　Koptos
科雅族　Koyas
科塔爾　Kōtar, Kōshar, Kūshōr
科蒂絲　Kótys, Kottytó, Cotys
科蒂絲祭　Kotyttia, Cotyttia
科爾奇斯　Kolkis
科瑪納　Komana
科諾族　Kono
科羅妮絲　Koronís, Coronis
科羅維西　Koloowisi, Palulukon

突爾斯族　Thurs
約卡絲特　Iokáste
約西亞王　Joshija
約伯　Ijjōb, Iób
約帕　Joppa
約拉俄斯　Jolaos
約阿施　Joas
約庫爾　Jökull
約拿　Jōnāh, Ionas
約書亞　Jehōshūa'
約納堂　Jonatan
約珥　Jō'ēl, Ioél
約基別　Jochebed
約得　Jörd, Hlódyn, Fjörgyn
約瑟　Jōsēf, Ioséph
約頓國　Jötunheim
約頓族　Jötunn, Jötnar
約魯巴族　Yoruba
約翰　Ioánnes
約翰娜　Johanna
美內勞斯　Menélaos, Menelaus
美狄亞　Médeia, Medea
美斯蘭蒂亞　Meslamta'ea
美雅　Maía
美葦芽彥知神　Umashi-ashikabi-hikoji-no-kami
美察瑪特　Meža māte
美爾波梅妮　Melpoméne
美蓋拉　Mégaira, Megaera
美諾伊提歐斯　Menoitios
羿　Shen I
耐奇　Níke
耶弗他　Jiftah
耶米　Yami
耶西　Isai
耶伽胁婆　Jagadamba
耶利加　Jiridja
耶利米　Jirmejāhū, Ieremías
耶利哥　Jerico
耶和華　Jahwe
耶和華的天使　Mala'āk Jahwe-Elōhim
耶陀婆族　Yādava
耶柔米　Hieronymus
耶曼雅　Yemanja

耶提毘　Māyādevi
耶摩　Yama
耶穌　Iesûs, Jesus
耶輸陀羅　Yashodharā
胡什庇夏　Chushbisha
胡巴　Hubal, Hobal
胡瓦瓦　Chuwawa
胡那普　Hunapú
胡那豪　Hunahau, Hunhau, Ah
　　Puch
胡里　Churri, Tella
胡拉坎　Huracán, Hurricán
胡金和莫寧　Huginn und Muninn
胡威　Huwe, Huwu, Khu, Xu, Xuwa
胡胡那普　Hun-Hunapú
胡特蘭　Hutram
胡納布　Hunabku, Hunab
胡提娜和胡提露拉　Chutena und
　　Chutellura
胡赫　Huh
胡諾和馬戈兒　Hunor und Magor
胡戴里族　Hudhail
苦行界　Tapoloka
茂伊　Maui
茉那　Mena
英仙座　Perseus
英林格王朝　Ynglinge
英雄和女英雄　Heroen und
　　Heroinen
英雄殿　Walhall, Valhöll
英靈戰士　Einherier, Einheri
苔葛托　Taygeto
計都　Ketu
貞德　Jeanne la Pucelle, Jeanne
　　d'Arc
迦太基　Karthago
迦比爾　Kabi
迦尼薩　Ganesha, Ganapati
迦多羅伽摩　Kataragama
迦百農　Kapernaum
迦具土神　Kagutsuchi-no-kami
迦拉納族　Cārana
迦拘末提　Kakumati
迦南地　Kanaan
迦毘羅衛城　Kapilavastu

迦特　Gaza
迦納多哥　Togo
迦勒谷加拉那　Gugalanna
迦密山　Karmelos
迦得　Gad
迦喀列納　Gao-kerena, Gōkarn
迦微　Kami
迦葉佛　Kāshyapa
迦葉波　Kāshyapa
迦達巴族　Gadabas
迦摩　Kāma
迦摩基什　Kāmākshi
迦樓羅　Garuda, Garumat
迦薩亞湖　Kasaoya, Kasava
迦羅　Kāla
迦羅尼彌　Kālanemi
迦羅圖　Kratu
迪昂謝　Dian-Cêcht
迪娜　Deino
迪奧米德斯　Diomedes
迪爾穆恩　Dilmun
重黎　Chu Jung
降加凡　Djangawan
降加巫　Djanggawul
降籤摩尊　Yamāntaka, Yamāri,
　　Vajrabhairava, Tschoitschong
革倫　Ekron
革舜　Gersham
韋韋科約特　Huehuecoyotl
韋勒特拉格那　Verethragna
韋第雅達拉族　Vidhyādhara
韋馱　Wei-t'o
韋馱天　Skanda, Kārttikeya
風　Anila
風伯　Feng Po
風信子　hyacinth
風神　Fujin
風童子　Vāyu-Kumāra
飛昇　Fei-Sheng
飛廉　Feng Po
食堂　Nerrivik
咾捹哩　Raudr
毘沙門天　Vaishravana, Vessavana,
　　Bishamon
毘那多　Vinatā

毘和族　Birhor
毘舍浮佛　Vishvabhū
毘舍離城　Vaishāli
毘陀哩　Pidāri
毘陀羅　Vitala
毘首羯摩天　Vishvakarman
毘娜庫斯　Pinākūrs
毘烏　Püv
毘紐女天　Vaishnavi
毘珥山　Peor
毘奢蜜陀羅　Vishvāmitra
毘婆尸佛　Vipashyin
毘婆梵　Vivanghvan
毘婆斯伐特　Vivasvat
毘婆斯婆多　Vaivasvata, Satyavrata
毘提訶國　VedehaJanaka
毘摩尼柯　Vaimānika, Vimānavāsin
毘盧遮那　Vairochana, Vairocana
毘濕奴　Vishnu
毘濕羅婆　Vishrava

十劃

俱毘羅　Kubera, Kuvera
俱摩利　Kumāri
俱盧族　Kauravas, Kurus
俾格米族　Pygmy
俾爾族　Bhil
倫哥　Rongo, Ro'o, Longo, Ono
冥府　Unterwelt
冥府　Amnodr
冥界　Po
匪內　Fene
原人　Purusha
原人和始祖　Urmenschen und
　　Urahnen
原始赫地　Proto-Hattite
哥帕夏　Gōpat-Shāh
哥爾根　Gorgón
哲美帕提斯　Žemépatis
哲美斯瑪特　Zemes māte
哲蜜妮里奧提　Žemyneliauti
哲蜜娜　Žemýna, Žemýnėlė
埃什努納　Eshnunna
埃什門　Eshmun

埃巴巴爾 Ebabbar
埃皮米修斯 Epimetheús
埃托湧 Ai Tojon
埃克拉斯 Äkräs, Ägräs, Egres
埃克薩霍納克 Etxajaunak
埃利瓦加 Élivágar
埃利安門 Airyaman
埃努瑪埃立什 Enūma elish
埃庇哥諾伊 Epígonoi, Epigoni
埃庇格烏斯 Epigeus, Auchthon
埃里赫頓尼俄斯 Erichthónios,
　Ericthonius
埃奇 Ekhi
埃拉瓦塔 Airāvata
埃昂 Aión, Aeon
埃阿奇德族 Aeacides
埃阿科斯 Aiakós, Aeacus
埃俄洛斯 Aíolos, Aeolus
埃俄提斯 Aietes
埃洛希姆 Elōhim
埃洛拉 Ellora
埃洛琵 Aerope
埃美斯蘭神殿 Emeslam
埃庫爾 Ekur
埃烏斯·羅庫提烏斯 Aius Locutius
埃特伐拉斯 Aitvaras
埃特梅南奇 Etemenanki
埃索斯 Esus
埃勒凡塔 Elephanta
埃勒庫特倫 Elektryon
埃勒烏西斯 Eleusis
埃基流斯 Aigileus
埃梅蘇 Emesu, Emese
埃喀托 Ehecatl
埃提歐克勒斯 Eteokles
埃斯 Es, Esdrum
埃斯庫拉庇烏斯 Aesculapius
埃森 Aison
埃塔 Aita
埃瑞丹諾斯河 Eridanos
埃瑞波斯 Érebos
埃圖 Aitu, Atua
埃爾 Aër
埃爾利克 Erlik
埃爾祖莉 Erzulie, Ezili

埃維亞島 Euboea
埃維族 Ewe
埃赫阿頓 Echnaton
埃魯厄 Erūa
埃薩吉拉 Esagila
埃蘇 Exu, Eshu, Esu
埃蘇王 Exú-Rei
夏瓦諾 Shawano
夏甲 Hāgār, Ágar
夏伊 Schai
夏克帕那 Shakpana, Shankpana,
　Shopona, Shonpona, Shopono,
　Sopono
夏坎 Shakan, Sumuqan
夏卓帕 Shadrapa, Satrapes
夏姆哈 Shamuha
夏姆斯 Shams
夏帕西 Shapash
夏拉 Shara
夏拉山 esh-Sharā
夏拉山的神 Dū-sh-Sharā
夏拉什 Shalash
夏娃 Chawwāh, Eúa, Hawwā', Eva,
　Eve
夏威基 Hawaiki, Pulotu, Kahiki
夏禹 Yü
夏馬西 Shamash
夏莉克蘿 Chariklo
夏提 Nenschti
夏提庇娜 Chatepinu
娑陀魯婆 Shatarupa
娑郎尤 Saranyū
娑竭羅 Sagara
娑彌陀山 Sameta
娜姆 Nammu
娜娜 Nana
娜恩 Nornen
娜密克庇特 Nāmik-pit, Srūdat-fedri
孫陀利 Sundari
孫陀羅穆提 Sundaramūrti
孫婆 Sumbha
宰牲節 Id al-adha
宰凱里雅 Zakāriyā'
宰德派 Zaiditen
家神 Dievini

家神 Lares familiares
射手座 sagittarius
席巴爾巴 Xiblabá, Xibalbay
席多 Sido, Hido, Iko
席克 Hike
席姆 Seme
席帕克德里 Cipactli
席拉爾 Hilāl
席拉薇·娜扎拉塔 Silewe Nazarata
席芙 Sif
席塔維南 Hittavainen
席繆斯 Simios
庫乃族 Kurnai
庫尤 Kuju
庫巴拉 Kubarat, Kupapa, Gubaba
庫丘林 Cûchulainn
庫布 Kūbu
庫布爾河 Khubur
庫瓦坎 Culhuacan
庫列沃 Kullervo
庫克 Kuk
庫克 Cook
庫克羅普斯 Kýklopes, Cyclopes
庫努加 Kurnugia
庫希多拉 Kulshedra
庫沙 Kusha
庫里卡貝里斯 Curicaberis,
　Curicáveri
庫里維洛利 Kolivilori
庫拉伊德緹 Bukura e detit
庫林族 Kulin
庫洛特 Klothó
庫庫地 kukudhi
庫庫坎 Kukulkan, Kukulcan,
　Kukumatz, Gugumatz, Gucumatz
庫庫特 Kukuth
庫特巴 al-Kutba
庫特尼亞 Kuth nhial
庫馬比 Kumarbi
庫莉塔 Kulitta
庫斯科 Cuzco
庫普厄 Kupua
庫須赫 Kushuch
庫瑞特族 Kureten
庫路路 Kululu

庫達伊 Kudaid	時 Kāla	海哲爾 Hadjar
庫爾 Cūr, Cūran	時 Yuga	海童子 Udadhi-Kumāra
庫爾赫 Curche, Kurke	時美拉妮蓓 Melanippe	海齊艾比布 Heitsi-Eibib
庫爾蘇 Culsu	時間 Hara	海德倫 Heidrun
庫瑪 Kūrma	時間與永恆 Zeit und Ewigkeit	浮提 Būiti
庫邁的西碧拉 Sibylla von Cumae	時輪金剛 Kālachakra	浩伊 Hauhet
庫羅提洛 Kulo Tyelo	書念 Shunemitin	涅吞斯 Nethuns
恩 En	朗格里克 Langorik	涅里加 Nerigal
恩 Ön	朗格拉普 Langolap	涅涅茨族 Nenets
恩比路魯 Enbilulu	朗格提烏斯 Rongoteus	涅留斯 Nereús
恩卡伊 N'gai, En-kai	朗培諾弗列 Ronpetnofret	涅留僧伽 Nairyō-sangha
恩利勒 Enlil	桓因 Hananim	涅斯托 Néstor
恩谷拉 E'engura	桓雄 Ung	涅普 Nepr
恩邦教派 Umbandist	桂狄恩 Gwydyon	涅槃 Nirvāna, Nibānna
恩奇 Enki	桂狄恩堡 Caer Gwydyon	烏扎 al-'Uzzā
恩奇努地姆德 Nudimmud	桑加里厄 Sangarios	烏加爾 Ugar
恩奇杜 Enkidu	桑加奔克里 Sangs-po bum-khri	烏古蘇族 Vugusu
恩奇姆杜 Enkimdu	桑托斯 Xanthos	烏尼格 Uneg
恩底密翁 Endymíon	桑塔爾族 Santal	烏伐絲 Urvashi
恩朋魯米奴 Empung Luminuut	格什烏梵 Gēush Urvan,	烏列 Ūri'ēl, Suriel
恩哈珊 Nha-San	Gōshurvan, Gōshurun	烏托 Uto, Wadjet
恩美夏拉 Enmesharra	格里特尼宮殿 Glitnir	烏西爾 Usil, Cautha, Cath
恩特美納 Entemena	格拉諾斯 Grannos	烏利地 Vriddhi
恩莫卡 Enmerkar	格拉諾斯之水 Aquae Granni	烏努特 Unut
恩都里 Enduri	格芙昂 Gefjon	烏里庫米 Ullikummi
恩揚科朋 Onyangkopong,	格特妮內 Giltnine	烏里特那 Vritra
Yankopon	格勞科斯 Glaúkos, Glaucus	烏里特拿漢 Vritrahan
恩登該 Ndengei	格萊埃 Graía, Graiai	烏卦森納 Ugrasena
恩詠摩 Nyongmo	格塔布路魯 Girtablulu	烏妮 Uni
恩雅美 Onyame, Nyame	格瑞爾 Grerr	烏姆・撒拉瑪 Umm Salama
恩頓古莫 Ndungumoi	格雷斯托克 Greystocke	烏拉什 Urash
恩諾亞 Énnoia	格雷斯蘭 Graceland	烏拉妮亞 Uranía
恩黛斯 Endeis	格蘇城 Girsu	烏拉妮雅 Urania
恩薩美 Nzame	泰山 Tarzan	烏拉圖族 Urartian
恩贊比 Nzambi, Nsambi, Nyambe,	泰坦族 Títanes	烏拉諾斯 Uranós
Yambe, Ndyambi, Zambi	泰烏塔特斯 Teutates, Totatis	烏舍 Ushas
恩贊比卡倫加 Ndjambi-Karunga	泰蒂斯 Thétis	烏阿賽特 Uaset
息耳瓦諾 Silvanus	泰爾提烏 Tailtitu	烏珊那 Ushanas
扇底 Shānti	泰嶽大帝 T'ai-yüeh-ta-ti	烏科 Ukko
扇底迦 Cetaka	浦伊爾 Pwyll	烏科桶 Ukon vakat
拿細耳人 Nazirite	海 Ler	烏倫卡提 Wurunkatte
拿德利 Rātri	海克 Hayk	烏倫謝姆 Wurunshemu
拿撒勒 Nazareth	海姆達爾 Heimdall, Heimdallr	烏夏 Ushā
挪亞 Nōach, Nōe	海幸彥 Umisachi-hiko	烏夏哈 Ushah
挪爾 Nörr	海倫 Heléne, Helena	烏庫帕恰 Ucu Pacha, Ukhu Pacha

烏格羅　Ugra
烏特拉　Uthrā, Uthrē
烏珥　Ur
烏勒　Ull, Ullr
烏培魯里　Upelluri
烏婆梵　Upulvan, Pulvan
烏斯姆　Usmū, Usumū
烏斯城　Us
烏普奧特　Upuaut, Wep-wawet
烏普雷渥　Upulevo
烏塔納皮斯提　Utanapishti
烏瑞坎　Uruakan
烏爾　Ur
烏爾夏納比　Urshanabi, Sursunabu
烏爾班努斯　Urbanus
烏爾納姆　Urnammu
烏爾曼　Urmen, Ursitory
烏爾基什城　Urkish
烏爾提考　Urthekau, Werethekau
烏爾德　Urd, Urdr
烏爾德泉　Urdar brunnr
烏瑪　Umma
烏赫夏厄勒塔　Uchshyat-ereta,
　　Ushētar, Hushēdar
烏赫夏尼瑪　Uchshyat-nemah,
　　Ushētarmāh , Hushēdar māh
烏摩妃　Umā
烏魯克　Uruk
烏賴烏斯　Urāus, Jaret
烏謝布提斯　Uschebtis
烏羅摩　Ūrammā
特尤斯　Dyaus
特瓦西德里　Tvashtar, Tvashtri
特瓦林　Dvalinn
特米努斯　Termínus
特米努斯節　Terminalia
特利普托雷摩斯　Triptólemos,
　　Triptolemus
特里瓦第　Thrivaldi
特里米爾　Thrymr
特里格拉夫　Triglav, Triglaus,
　　Triglous, Tryglav
特里頓　Tríton, Trítones
特里蘭特拉帕蘭　Tlillan-Tlapallan
特拉西梅諾湖　Trasimeno

特拉佐提奧托　Tlazolteotl
特拉洛克　Tlaloc
特拉洛坎　Tlalocan
特拉提庫特里　Tlatecutli
特拉維查潘特庫特里
　　Tlahuizcalpantecutli
特拉蒙　Telamon
特林吉特族　Tlingit
特芙努　Tefnut, Tphenis
特洛斯　Tros
特密斯　Thémis
特條斯　Tethys
特普西科麗　Terpsichóre
特隆多姆　Trundholm
特雷丹納　Thrāetaona
特魯斯格米爾　Thrúdgelmir
特魯德　Thrúdr
特羅亞　Troa
狼城　Lykopolis
班巴　Bumba
班巴拉族　Bambara
班巴舞　banda
班比凱　Bambyke
班吉爾　Bunjil
班克斯島　Banks
班貝格的奧托　Otto von Bamberg
班恩　Beng
班普提斯　Bangpūtỹs
班禪喇嘛　Panchen Lama
琉特琴　Laute
珠帕達　Draupada
留基伯　Leúkippos, Leucippus
真人　Chen-jen
破除神話　Entmythologisierung
祖古　Tulku
祖哈　Zugha
祖師　Soshigata
祖蘇特拉　Ziusudra
祖靈　Aumakua
神　Daimónion
神　devel, del
神　Elōhim
神　Kami
神　Kamui
神　Lha

神　divus
神人　Gottmensch
神人　Shen-jen
神子　Dieva dēli
神之塔　bāb-ili
神化　Apotheose
神矛　Gungnir
神和女神　Götter und Göttinnen
神武天皇　Jimmu-tennō
神的國　Basileía tũ Theũ
神阿多都姫　Konohana-sakuya-
　　hime
神風　Kami-kaze
神酒　Néktar
神族之域　Folkwang
神產巢日神　Kami-musubi-no-kami
神戟　shūla
神話　Mythe, Mythõs, Mythus
神農　Shen Nung
神樂　Kagura
神諭　adunyi
神饌　Ambrosía
祝融　Chu Jung
素佤爾　Suwā'
素萊曼　Sulaimān
索　So, Xevioso, Xewioso, Xexyoso
索扎　Sodza
索卡爾　Sokar, Seker, Sokaris
索布族　Sorbe
索托族　Sotho
索拉山　Sora
索拉族　Sora
索姐芙扎伐斯　Csodafiuszarvas
索朗　Solang
索格布拉　Sogbla, Sogble
索提絲　Sothis
索普杜　Sopdu
索爾　Sól, Sunna
納土斯　Nerthus
納巴泰族　Nabataean
納比　Nabi, Nabiyūn, Anabiyā'
納尼山　Nanni
納布　Nabū, Nabi'im, Nebo
納布波拉薩　Nabupolassar
納布勒斯　Nablus

納瓜爾 Nagual
納瓦侯族 Navajos
納考凡卓山 Na-Kauvandra
納西 Nahi
納庇里夏 Napirisha
納里撒 Narisah
納里撒夫, 樂明佛 Narisaf,
　　Narishankh
納奇索斯 Nárkissos, Narcissus
納姆塔 Namtar
納拉辛哈 Narasimha
納波尼杜 Nabonid
納洛 Nareau
納格法里 Naglfari
納格法爾 Naglfar
納烏奈特 Naunet
納留 Neleus
納納瓦欽 Nanautzin
納納雅 Nanāja
納喀拉 Nakrahum
納斐塔里族 Neftali
納普魯夏 Naprusha
納溫德 Na-Wende
納粹標誌 Hakenkreuz
納維 Navi
納蜜塔 Namita, Namite
納蘇 Nasu
翁布斯 Ombos
翁昆 Ongons
翁法勒 Omphále
耆吠耶柯 Graiveyaka
耆那 Jina
般度 Pāndu
般度五子 Pāndavas
般度瓦 Pāndavas
般若波羅蜜菩薩 Prajñāpāramitā
般涅槃 Parinirvāna, Parinibbāna
般庶國 Pañchāla
草原狼 Koyote, Coyote
茲維勒妮 Žvèrìnè
茹蜜妮 Rukmini
茱尼特 Junit
茱拉絲瑪特 Jūras māte
茨瓦納族 Tswama
蚩尤 Ch'ih-Yu

財神 Ts'ai Shen
財源天母 Vasudhārā, Vasundhārā
財續母 Vasudhārā, Vasundhārā
貢帕 Kumbha
貢帕廟會 Kumbha-melā
貢突 Kunthu
貢德族 Gond
迷宮 Labýrinthos, Labyrinthus
酒神女祭司 Bacchantin
酒神祭歌 Dithyrambos
閃 Shēm, Sém, Sām
閃 Shām
閃姆拉 Semla
閃電石 ozkarri
除蓋障菩薩
　　Sarvanivaranavishkambhin,
　　Vishkambhin
馬大 Martha
馬內士 Manes, di manes
馬戈兒 Magor
馬扎爾族 Magyar
馬尼圖 Manitu, Manito, Manitou,
　　Manido
馬伊曼帕查斯 Maailmanpatsas
馬安 Ma'an
馬米希 Mammisi
馬西亞斯 Marsýas
馬利 Mali
馬利亞 María
馬利城 Mar
馬利斯 Maris
馬巫維沃 Mawuviwo
馬希沙 Mahisha
馬希沙馬提尼 Mahishamardini
馬希塞 Maahiset
馬那 Mana
馬奇馬奇 Makemake
馬哈迪 al-Mahdi
馬哈翁 Machaon
馬胡 Maju
馬胡伊克 Mahu-ike
馬倫 Mahrem
馬夏梵 Marshavan
馬恩河 Marne
馬拿保斯何 Manabhozho,

　　Manabozho
馬格尼和摩狄 Magni und Módi
馬格杜雷 Mag Tured
馬格梅爾 Mag Mell
馬格摩爾 Mag Mor
馬殊怛羅 Mashurdalo
馬特·馬圖塔 Mater Matuta
馬納 Mānā
馬納拉巴 Mānā rurbē, Mana Rabba
馬馬拉根 Mamaragan
馬基尼亞 Marquinia
馬紹爾群島 Marshall
馬斯 Mars
馬貴斯島 Marguesas Island
馬雅斯加爾 Mājas gars
馬爾巴 Marpa
馬爾杜 Martu
馬爾杜克 Marduk
馬爾孫 Malsum
馬爾殊 Maruts, Rudras
馬赫什 Mahes, Miysis
馬魯 Malu
馬魯諾格雷 Marunogere
馬諾 Manó
馬諾南 Mannanân, Manawyddan
馬頭明王 Hayagriva, Tamdrin
馬賽人 Massai
馬蘇山 Mashu
高厄科 Gaueko
高天王 Sirma Thakur
高天原 Takama-ga-hara
高皇產靈尊 Taka-mi-musubi-no-
　　kami
高納 Gauna
高納布 Gaunab
高御產巢日神 Taka-mi-musubi-no-
　　kami
高提歐梵 Gauteóvan
高萊 Kóre
高意 Manasa
高盧 Galli
高麗 Gauri
高龗神 Taka-okami
鬼 Kuei
鬼 Preta, Peta, Preti, Peti

鬼魔　Se'irim
鬼魔　Shēdim
旃陀羅　Chandra, Candra, Shasin
胎生　Jarāyuga

十一劃

乾闥列瓦　Gandareva, Kundran
乾闥婆　Gandharva
乾闥婆吠陀　Gandharvaveda
兜率天　Tushita, Tusita
勒扎歐　Lezao
勒沙婆　Rishabha, Vrishabha
勒那湖　Lerna
勒哥諾斯　Telegonos
勒格巴　Legba
勒筏挪多　Lavanod
匿甲　Nergal
參孫　Shimshōn, Sampsón, Samson
曼內娃　Menrva, Menerva
曼加拉　Mangala, Ngala, Gala
曼尼　Mani, Mano
曼托　Méntor
曼努齊　Manuzi
曼希德　Menchit
曼杜里斯　Mandulis, Merulis
曼柯‧卡帕克　Manco Capac
曼洛特　Ménróth
曼恩　Men
曼荼羅　Mandala
曼斯　Mens
曼農　Memnon
曼達　Mandā d-Haijē, Manda da
　　Hayyê
曼圖斯　Mantus
商湯　T'ang
堅度善加　Chendursanga
堅戰　Yudishthira
基什　Kish
基切馬尼圖　Kitshi Manitu
基尼人　Keniten
基尼奇亞赫　Kinich Ahau, Kinich
　　kakmó
基尼夏　Kinirsha
基瓦巴布亞　Kiwai-Papua

基列　Gilead
基甸　Gid'ōn, Gedeón
基拉尼　Killarney
基抹　Kamosh Kemosh, Chamos
基昂比　Kyumbi, Kiumbi, Kiyumbi,
　　Kiyumbe, Kiambi
基林努斯　Quirinus
基林努斯節　Quirinalia
基毘舍迦　Kilbishika
基第姆　Gidim
基勞亞火山　Kilauea
基斯　Kis
基童　Kittung
基答爾　Gidar
基順河　Kison
基塔尼托維　Kitanitowit
基督　Christós, Christus
基督再來　Parusía, Parousia
基督在世代表　Vicarius Christi
基路伯　Kerubim, Kerūb, Cherubím,
　　Cherúb
基遍　Gibeon
基圖派　Kituurpayk
基薩　Giza
培尤爾　Pejul
培弗黑　Päivölä
培夸　Pekoi
培西努斯　Pessinus
培利翁山　Pelion
培里弗列格頓　Pyriphlegethon
培里托斯　Peiríthoos, Pirithous
培里烏斯　Peleús
培帕瑞托斯　Peparethos
培拉特城　Berat
培肯斯　Pērkons, Perkúnas,
　　Percunis
培倫地　Perëndi
培格索斯　Pégasos
培紐斯　Peneios
培隆佩科　Pellonpekko
奢搦拘摩羅　Sanatkumāra
奢羅浮　Sharabha
婆伽婆提　Bhagavati
婆私吒　Vasishtha
婆那多羅　Vyantara

婆耶　Bhaya
婆修豎　Vāsuki
婆婆城　Pāvāpur
婆婆諦　Pārvati
婆提毘　Bhūdevi, Bhumidevi
婆訶那　Vāhana
婆頗筏提　Prabhavāti
婆樓尼　Varuni, Varunani
婆樓那　Varuna
婆羅多　Bhārata
婆羅多伐婆　Bhārata-varsha
婆羅那陀　Prānata
婆羅密　Brāhmi
婆羅墮跋闍天　Prativāsudeva
婆藪天　Vāsudeva
婆藪仙人　Vasishtha
寂靜相　Shānta
密內瓦　Minerva
密內安　Mināer
密切馬尼圖　Mitshi Manitu, Mudje
　　Monedo
密托赫特　Mithōcht
密米　Mimi
密克斯科特　Mixcoatl
密里雅茲　Mihryazd
密奇維克和密奇維卡　MieŽvilks
　　und MieŽvilkas
密恰波　Michabo
密迪爾　Midir
密倫　Miren
密特克　Mitgk
密特拉　Mithra, Mithras
密特拉之門　Dahr-i-Mihr
密特拿　Mitnal
密特羅　Mitra
密納奇亞曼　Minatciyamman
密勒日巴　Mi-la-ra-pa
密密爾　Mimir, Mimr
密密爾泉　Mimis brunnr
密密爾叢林　Hoddmimir
密得噶索默　Midgardsomr
密荼那　Mithuna, Maithuna
密提洛斯　Myrtílos, Myrtilus
密提斯　Métis
密集　Guhyasamāja

密集金剛 Guhyasamāja
密跡 Guhyakas
密爾 Mihr, Mehr, Meher
崇明島 Ch'ung Ming
崑崙 K'un-lun
崔俄帕斯 Triopas
崔高布 Tsui-Goab
常瞿梨 Jānguli
康孟波 Kom Ombo
康科狄亞 Concordia
康蘇斯 Consus
張仙 Chang Hsien
張果老 Chang Kuo-lao
張陵 Chang Tao-ling
張道陵 Chang Tao-ling
強大的騰格里 erketü Tengr
彩虹橋 Bifröst
御夫座 Bootes
御夫座 Auriga
悉地 Siddhi
悉陀羅 Shitalā
悉達 Siddha
悉達多 Siddhārtha, Siddhatta
悉達族 Siddha
悠路卡斯 Iolkos
捷爾緬族 Itelmen
掃羅 Saul
推因 al-Taum
敖羅斐乃 Holofernes
救主 Sotér
救主朱諾 I, Sospita
教士 Mulla
教宗 Papa
教法神 Shāsana-deva, Shāsana-devi
教諭 Me
敘利亞女神 Dea Syria
敘肯妮薩 Syqenesa, Syqeneza
敘爾特塞島 Surtsey
晨曦 Pratyūsha
晦羅 Whiro
曹國舅 Tsao Kuo-chiu
梯林斯 Tiryns
梓潼帝君 Wen-ch'ang
梵 Brahman
梵天 Brahmā

梵天女 Brahmani, Brahmi
梵世天 Brahmāyika, Brahmaloka
梵世間 Brahmaloka
梵年 Brahmājahr
梵卵 Brahmānda
梵妙 Subrahmana
梵界 Brahmāloka
梵授王 Brahmadatta
梵眾天 Brahmakāyika, Brahmaloka
梵滅 Brahmanirvāna
梵摩波提 Brahmāvati
梭爾 Sol
梅加拉 Megára
梅尼斯 Méness, Menulis, Menuo, Menins
梅托珮 Metope
梅西特 Mehit, Mechit
梅利克特斯 Melikertes
梅杜莎 Médusa
梅貝利 Mebere, Mebeghe, Maböge
梅采辛嫩 Metsähinen
梅柯爾 Melchior
梅洛比 Merópe
梅夏魯 Mesharu
梅娜卡 Menaka
梅勒阿格羅 Meléagros, Meleager
梅梅爾 Memel
梅莉特 Meret, Mert
梅提昂 Metion
梅斯克內特 Meschenet, Meskhenet
梅菲提斯 Mephitis, Mefitis
梅塔奈拉 Metaneira
梅塔特隆 Metatron, Matatron
梅瑞絲格 Meresger
梅爾卡特 Melqart
梅赫圖雷 Mehet-uret
梅德 Medr
梅德芙 Medb
梅德魯 Medru
梅澤堡 Merseburg
梅黛恩 Medeǐ né, Mejdejn
條支城 Antiochia
欲天 Ishta-Devatā, Sādhita, Yid-dam
欲界 Kāmaloka, Kāmadhātu,

Kāmāvacara
淤能碁呂島 Onokoro
淺間 Sengen-sama
清快泉 Salsabil
混沌 Cháos
混亂魔 Saurva
深淵 Eres
深險 Pātāla
淮提里 Whaitiri
淨土 Jōdo
淨風使 Mihryazd
淨飯王 Suddhodana
牽馬鼻者 Aswins, Nāsatyas
理姆斯 Reims
畢布羅斯 Byblos
畢舍遮 Pishāchas
畢格歐麥 Biegg-Olmai
畢缽羅樹 Pippala
異象得見者 Visionär
移湧 Aiónes
第一梅澤堡咒語 der Erste Merseburger Zauberspruch
第古 Tiku
第多 Didó, Elissa
第默 Dimme
第聶伯河 Dnjepr
紹納族 Shona
莎昆妲蘿 Shakuntala
莎娜 Sedna
莎勒 Saule, Sáule
莎樂美 Salóme
莫地摩 Modimo, Morimo, Molimo, Muzimo
莫西族 Mosi
莫姆斯 Mómos
莫拉 Mahr, Mora
莫契生山 Murchison
莫特 Mōt
莫馬 Moma
莫莉根 Morrîgan, Morrigu
莫斐斯 Morpheús
莫爾多瓦人 Mordwin
莊嚴女神 Sémnai theaí
莉古布法努 Ligoububfanu
莉莉杜 Lilītu, Aradat-lilī

莉莉絲 Lilit
莉雅・西薇亞 Rhea Silvia
荷米安妮 Hermione
荷米諾妮 Herminone
荷南多・狄索托 Hernando de Soto
荷萊三女神 Hórai, Horae
荷諾斯 Honor, Honos
荼吉尼 Dākini
處女座 virgo
蛇 Nāchāsh, Óphis
蛇 Sārāf
蛇夫座 Ophiuchus
蛇怪 Basilisk
蛇童子 Nāga-Kumāra
蛇蠍美人 femme fatale
蛋 Oval
哀勒德 Gunnlöd
被安拉揀選者 Safi Allāh
袋人 Firbolg
貪魔 Az
通天塔 Ziqqurat Etemenaki
通古斯族 Tungus
逐狼者 Lupercus
造物神 Schöpfungsgottheiten
造謠者 Diábolos
都 bDud
野豬 Varāha
陪羅縛 Bhairava
陪臚 Bhairava
陵伽 Linga(m)
陰間 Duat, Dat
陰間 Orcus
陰間 Unterwelt
陰陽 Yin-Yang
陶利希 Tawrich
陶利斯 Tauris
陶馬斯 Thaumas
陶維 Taurvi
雪山王 Himavat, Himavan,
　Himālaya
雪山神女 Pārvati
雪奈爾 Snaer
魚 Matsya
鹿王 Sharabha
麥比拉 Machpela

麥西里姆 Mesilim
麥里耶瑟 Marietxe
麥拉 Maira
麥娜絲 Mainâs, Maenas
麥茵茲 Mainz
麥基洗德 Melchisedek
麥頓比 Maitumbe
麥爾彥 Maryam
麥德 Maide, Mairi
麥德列 Maidere
麥德彥人 Midyanite
麻葛 Mágoi

十二劃

備利 Neeri
傑巴多傑 Hevajra, Heruka
最公正的拉什努 Rashnu razishta
最好且最偉大的朱庇特 I, Optimus
　Maximus
最初的人 Adam Kadmon
最勝佛頂菩薩 Ushnishavijayā
凱克 K'ajk'
凱南 Qaynān
凱南 Kan'ān
凱夏莉 Keshali
凱涅烏斯 Kaineús, Caeneus
凱特人 Ket
凱勒歐斯 Keleos
凱勒薩斯帕 Keresāspa, Garshasp
凱寇姨 Kaikeyi
凱撒 Caesar, Divus Iulius
創世神 Schöpfungsgottheiten
創造人類者 Musikavanhu
創造者 Chineke
勞卡薩該 Laukasargai
勞庫瑪特 Lauku māte
勞瑪 Lauma, Laume
勝一切者 Mawa
勝軍 Jayasena
勝樂輪 Chakrasamvara, Samvara,
　Sambara
博士 Mágoi
博斯普魯斯 Bosporos
喀 Ka

喀巴拉 Kapala
喀比班諾卡 Kabibonokka
喀卡 Caca
喀本 Kabun
喀瓦西 Kvasir
喀米拉羅伊族 Kamilaroi
喀西特人 Kassite
喀里 Kari
喀姆拉 Kamulla
喀姆羅什 Camrõsh, Camros
喀法羅斯 Kephalos
喀庫斯 Cacus
喀特斯和喀塔帕特斯 Cautes und
　Cautapathes
喀馬佐茨 Camazotz
喀馬斯提利 Camaxtli
喀斯特 Kástor, Castor
喀斯開山脈 Cascade Mountains
喀斯圖和波利圖斯 Castur und
　Pultuce
喀菲索斯 Kephissos
喀隆加 Kalunga
喀雅 Kāya
喀圖 Kettu
喀爾卡密什 Karkamish
喀爾克 Kírke, Circe
喧囂國 Thrymheimr
喜好沉默者 Merit-seger
喜金剛 Hevajra, Heruka
喬答摩 Gautama, Gotama
喉間 Griva
堯 Yao
報身 Sambhogakāya
寒冬 Fimbulvetr
富持天女 Vasudhārā, Vasundhārā
富單那鬼 Pūtanā
尊者 Guru
幾欣嫩 Gē-Hinnōm, Géenna
彭巴 Pemba, Bemba
彭坦 Puntan
彭芙雷杜 Pemphredo
彭祖 P'eng-tzu
彭塔赫斯 Pontarchos
復仇三女神 Erinýs
復活日 al-Kiyāma

復活的神 Auferstehungsgottheiten
復活者 Benu
惡行 akushala
惡作劇鬼 Trickster
惡念神 Aka Manah, Akaman
惡趣 apāya
惡魔 Daēvas, Daivas, Dēven, Dēv
惡魔 Teufel
惠比壽 Ebisu
掌權者 Archóntes
揀擇之橋 Chinvat-peretu
提什帕克 Tishpak
提什崔亞 Tishtrya, Tir
提比哩亞 Tiberias
提尼亞 Tinia, Tina, Tin
提尼勞 Tinirau, Sinilau, Kinilau, Timirau, Tinilau
提尼斯 Thinis
提托諾斯 Tithonos
提西福涅 Teisiphone
提克頓島 Tech Duinn
提利 Tili
提里法撒 Telephassa
提亞維里克 Teljawelik, Telvelik
提亞齊 Thjazi
提佩約洛特 Tepeyollotli
提奇 Tiki, Ti'i, Ki'i
提奇提奇 Tikitiki
提妮特 Tinnit, Thinit, Tenneit, Tanit
提底歐斯 Tityós
提拉瓦 Tirawa
提拉諾斯 Týrannos
提阿瑪特 Tiāmat
提俄斯特 Thyestes
提哈隆夏瓦根 Teharonhiawagon
提封 Typhón, Typhoeus
提洛島 Delos
提洛斯 Tyros
提洛斯城 Tyrus
提冊 Thesan
提修斯 Theseús
提哥亞 Tekoa
提娥妮 Thyone
提特拉 Tethra

提勒哥諾斯 Telegonos
提婆 Deva
提婆伐尼尼 Devavarnini
提婆吉 Devaki
提婆達多 Devadatta
提婆難陀 Devananda
提荷索底 Tieholtsodi
提提歐伊南 Teteo innan, Tonan, Tonantzin
提斯比城 Tisbi
提斯利月 Tishri
提圖姆 Te Tumu
提圖斯 Titus
提爾 Týr, Tiuz, Tiwaz, Ziu
提爾美士 Tiermes
提赫 Týche
提摩太 Timotheus
提露絲 Tellus
揚撒克薩 Jarnsaxa
斐杜拉 Phaídra, Phaedra
斐斯島 Fais
斐羅 Philon von Byblos
斯 Hys
斯卡地 Skadi
斯瓦狄爾法里 Svadilfari
斯伐洛冬 Svarog, Svarožič, Zuarasici, Zuarasiz
斯克里米爾 Skrýmir
斯坎 Skan
斯庇尤拉 Spiyura
斯貝傑姆 Sipe gyalmo
斯佩提克 Shpirti i keq
斯奇布拉尼 Skídbladnir
斯芬克斯 Sphínx
斯陀扎瓦列 Shtojzavalet
斯陀含 Sakridāgāmin, Sakadāgāmin
斯洛古特 Slogùtė, Slogùtis
斯庫德 Skuld
斯班塔・曼紐 Spenta Mainyu, Spēnāk Mēnoi
斯班達拉瑪特 Spandaramet
斯培斯 Spes
斯堪地那維亞 Skandinavien
斯提克斯 Stýx
斯塔斐洛斯 Staphylos

斯萬提維特 Svantevit, Svetovit, Svantaviz, Zwantewit, Zuantevith
斯雷普尼爾 Sleipnir
斯齊爾 Szél
斯德丁 Stettin
斯羅夏 Sraosha, Srosh
普利亞波斯 Príapos, Priapus
普里亞摩斯 Príamos
普坦娜 Pūtanā
普奇斯 Pūkis, Pūkys
普倫德 Prende, Prenne
普埃姆巴拉布魯 Pue m Palaburu
普納 Puna
普珥日 Purim
普隆斯托夫 Pronstorf
普塔 Ptah
普蒂奇提亞 Pudicitia
普雷亞德斯 Pleiádes
普雷斯伊掃 Preas Eyssaur
普雷斯因 Preas Eyn
普雷斯普洛姆 Preas Prohm
普爾瓦斯 Purūravas
普緒喀 Psyché
普賢 Kun-tu-bzan-po
普賢菩薩 Sāmantabhadra
普魯托斯 Plútos
普魯東 Plúton
普魯塔赫 Plutarch
普蕾昂妮 Pleione
普薩瑪忒 Psamathe
普羅伊特斯 Proitos
普羅米修斯 Prometheús
普羅克魯斯提 Prokrústes, Procrustes
普羅奇翁 Procyon
普羅提烏斯 Proteús
普羅絲庇娜 Proserpina
智行佛母 Kurukullā
智慧 Sophía
智慧 Prajña
森仲托托齊廷 Centzon Totochtin
森仲維茲納華 Centzon Huitznauna, Centzon Huiznahua
森普薩 Sämpsä
渡津者 Tirthankara, Tirthamkara

渥坦 Votan, Uotan
渥斯列特 Wosret
湘妃 Siang
湯 T'ang
商湯 T'ang
成湯 T'ang
渾巴巴 Chumbaba, Humbaba
渾班 Chumban, Chuban, Humban
無色界 Arūpaloka, Arūpadhātu
無住處涅槃 Apratishthita-Nirvāna
無我佛母 Nairātmyā
無底坑 Ábyssos
無底深淵 Ginnungagap
無明 Avidyā
無勝 Vijaya
無敵的梭爾 Sol invictus
無諍 Ārana
無餘涅槃 Nirupadhishesha-Nirvāna
然燈佛 Dipamkara, Dipankara
猶大 Iúdas, Jēhūdāh
猶推古 Eútyches
琳德 Rind, Rinda, Rindr
琴楚族 Chenchu
登霄 Mi'rādj
發光者 Loucetios
童女 Kumāri
童貞生子 Jungfrauengeburt,
  Parthenogenese
等活 Samjiva
筏馱摩那 Vardhamāna
筏摩那 Vāmana
筏摩提毘 Vāmādevi
絲蒂諾 Stheno
善母佛 Rāmrātūkh
善良的瓦伊 Wāi i weh
善念神 Vohu Manah
善神 Bon Dieu
善納古瑪拉 Sanatkumāra
善惡 Gut und Böse
善靈 Lares familiares
腓利 Philippus
舒 Schu, Shou
舒加穆納 Shuqamuna
舒谷露 Shugurru
舒帕伊 Shulpa'e

舒阿卜 Shu'aib, Shu'ayb
舒馬奴 Shulmanu
舒爾地 Shurdi
舒瑪莉雅 Shumalija
舜 Shun
舜拏摩思陀 Chinnamastā
菩提 bodhi
菩提達摩 Bodhidarma
菩瑞塔 Preta, Peta, Preti, Peti
菩薩 Bodhisattva
華卡 Huaca
菴毘伽 Ambikā
菴喀羅摩 Ankallammā,
  Ankaramma
萊里奧貝 Leiriope
萊爾提斯 Laertes
萊瑪 Laima, Laime
萊摩絲 Laimos
菲狄斯 Fides
菲柔妮亞 Feronia
菲萊島 Philae
菲爾根 Fjörgynn
菀蘭 Turan
虛空孕 Khagarbha
虛空的靈 Silap inua
虛空藏 Ākāshagarbha
訶梨先那 Harishena
訶梨奈伽彌室 Harinaigamaishin
訶梨訶羅 Hari-Hara
象牛 Gajavrishabha
象頭神 Ganesha, Ganapati
費西普內 Phersipnai, Phersipnei
費妮克絲 Phönix
費姐蒂 Verdandi
費洛蒙 Philemon
費勒達 Veleda
費爾斯維德 Fjölsvidr
賀族 Ho
超人 Superman
跋伽 Bhaga
跋伽梵 Bhagvān
跋伽梵陀羅 Bhagavantara
跋伽那婆娑 Bhavanavāsin
鄂溫克族 Ewenki
閔 Min

閔斯特 Munster
開托斯 Kétos, Cetus
開佛斯 Kepeus, Cepheus
陽具神 Mutunus Tutunus
隆尼爾 Hrungnir
隆地族 Rundi
隆答斯 Rundas
隆達族 Lunda
雅扎塔 Yazata
雅他巴沃 Jaldabaoth
雅卡提庫特里 Yacatecutli
雅尼 Ani
雅布美卡 Jabmeakka
雅布美由 Jabmeaio
雅弗 Jāfēt, Jāfith
雅各 Ja'akōb, Iakób
雅地加 Attika
雅朱者和馬朱者 Yādjūdj und
  Mādjūdj
雅西昂 Iasíon, Iasius
雅克提阿 Akhtya
雅利安門 Aryaman
雅努斯 Ianus
雅里 Jarri, Jarrai
雅里赫 Jarich, Yarikh
雅忒阿 Atea, Vatea
雅典娜 Athéne, Athena
雅岩神 Yaiyen Kamui
雅威 Jahwe
雅科卡姆 Yaxcocahmut
雅首達 Yashōda
雅庫特族 Yakut
雅基斯塔 Yakista
雅博 Jabbok
雅欽多 Hyákinthos, Hyacinthus
雅答婆族 Yadava
雅維德琳·齊塔 Awitelin Tsita
須佐之男 Susa-no-o
須菩摩 Subhūma
須跋陀羅 Subhadra
須達摩 Saudharma
須彌山 Meru
馮夷 Ho Po
馮紐特 Fornjotr
黃金時代 Saturnia regna

黃金國　Eldorado
黃帝　Huang-Ti
黃泉　Huang-ch'üan
黃泉國　Yomi-no-kuni
黃飛虎　Huang Fei-hu
黑天　Krishna
黑卡蒂　Hekáte, Hecate
黑色的恩卡伊　N'gai na-rok
黑住教　Kurozumi-kyo
黑狗　Schakal
黑們山　Hermon
黑倫蘇格　Herensugue
黑神駒　Hrimfaxi
黑斯梵　Hesfun
黑斯提亞　Hestía
黑絲柏麗提絲　Hesperídes
黑腓斯塔斯　Héphaistos,
　　Hephaestus
黑隆　Cheíron, Chiron
黑爾　Hel, Helheim
黑繩　Kālasūtra

十三劃

嗎哪　Mān, Mánna
圓滿時　Kritayuga
塞巴斯城　Sebaste
塞卡尼人　Sequani
塞卡娜　Sequana
塞伊斯　Sai
塞克勒山脈　Székler
塞利尼爾　Saehrímnir
塞努諾斯　Cernunnos
塞芒人　Semang
塞拉匹斯　Serapis, Sarapis
塞拉匹斯神殿　Serapeum
塞流西亞　Seleucia
塞浦勒斯　Zypern
塞特　Seth, Setech, Sutech
塞特　Shēt, Séth
塞菲羅斯　Zéphyros, Zephyrus
塞爾克特　Selket, Serket-hetu
塞維莫　Saivaimo
塞賓人　Sabine
塞羅克里斯　Ceroklis

塔什美杜　Tashmētu
塔什密蘇　Tashmishu
塔比特維亞島　Tabiteuea
塔比提　Tabiti
塔瓦　Tawa
塔瓦茲　Tiwaz, Tijaz
塔瓦基　Tawhaki
塔皮歐　Tapio
塔伊夫　Tā'if
塔托斯　Táltos
塔米爾族　Tamil
塔西里　Tawhiri
塔希爾　Ptahil
塔那托斯　Thánatos
塔姆諾　Tamuno
塔帕土布　Tapatuch
塔拉　Thab-lha
塔拉尼斯　Taranis
塔拉布　Ta'lab
塔拉斯克族　Tarasken
塔林嘎努伊　Taringa-Nui
塔金　Tajin
塔庫爾巴巴　Thakur Baba
塔格斯　Tages
塔特　Tate
塔特嫩　Tatenen, Tenen, Ten
塔得比約斯　Tadebejos
塔渾特　Tarchunt
塔萊　Tlj, Tallai
塔塔羅斯　Tártaros, Tartarus
塔爾娜　Thalna
塔維斯卡隆　Tawiskaron
塔魯　Taru, Tarchunt
塔羅阿　Ta'aroa
塔麗亞　Tháleia, Thalia
奧山津見神　O-yama-tsu-mi
奧古斯都　Augustus
奧古斯都薩魯斯　Salus Augustus
奧弗路斯　Offerus
奧吉亞　Augia
奧托斯　Otos
奧托諾伊　Autonoe
奧利安　Oríon
奧利夏　Orisha, Orixa
奧利斯港　Aulis

奧努里斯　Onuris, Anhuret
奧里略　Aurelianus
奧里薩　Orissa
奧奇彼德　Okypete
奧拉　Ora, Aura
奧林匹亞　Olympía
奧林匹亞競賽　Olýmpia
奧林帕斯十二主神　Olýmpioi theoí
奧林帕斯山　Ólympos, Olympus
奧洛肯　Olokun
奧科　Oko, Orishaoko
奧美奇瓦托　Omecihuatl
奧美約坎　Omeyocan
奧美提奧托　Ometeotl
奧索切　Oxocé
奧基　Oki, Okki
奧荷　Auxo
奧斐斯　Orpheús
奧斯莉妮　Aushrine
奧斯塔拉　Ôstara
奧普斯　Ops
奧普斯節　Opalia
奧萬波族　Ovambo
奧頓芭拉　Audhumbla, Audumla
奧爾良　Orléan
奧爾波妲　Aurboda
奧爾格米爾　Aurgelmir
奧瑪茲　Ôhrmazd, Ormazd,
　　Ormuzd
奧德　Audr
奧德修斯　Odysseús
奧慕路　Omúlu
奧龍特斯河畔　Orontos
奧賽克利斯　Auseklis
奧賽利斯　Osiris, Usire
奧賽利斯之墓　Osireion
奧羅拉　Aurora
奧羅塔　Orotalt
慈悲　Karuna
慈惠女神　Eumenídesm, Bona Dea
愛　Kāma
愛土艮　Etügen
愛亞亞島　Aiaia
愛神　Ishta-Devatā, Sādhita, Yid-
　　dam

愛琴納　Aígina, Aegina
愛琴納城　Aegina
愛瑟神族　Asen, As, Ass
愛瑟樂園　Asgard, Ásgardr
愛爾蘭島　Eriu
新田　Shinda
暗蘭　Amram
暗魔　Archóntes
業羅泱　Namrael, Nebroel
楚科塔族　Chukotka
極西樂土　Elýsion, Elysium
極星　Dhruva
極樂世界　Sukhāvati
楞陀伽　Lāntaka
歲星　Brihaspati, Brahmanaspati
毀劫　Pralaya
溫庫倫庫魯　Unkulunkulu,
　Unkhulunkhulu
溫博爾　Wumbor, Omborr,
　Onimborr
溫塔茉　Untamo
溫葦陵甘吉　Umvelinqangi
溫達萬　Vrindāvan
煙色　Dhūmaprabhā
煉獄　Purgatorium
獅面人　Narasimha
獅鷲　Greif
瑟庫美　Sekume
瑜祇王　Yogeshvara, Yogeshvari
盟約　Berit, Diathéke
祿星　Lu-hsing
禁令　Mamitum
萬吉納　Wondjina
萬物之父　Ollathir
萬燈節　Divāli
經卷　pustaka
經津主神　Futsu-nushi-no-kami
絹索　pāsha
綑魔索　Gleipnir
罪人　Sünder(in)
群主　Ganesha, Ganapati
聖人　Heilige
聖人　Sancti, Sanctae
聖人　Sheng-jen, Sheng-jen
聖人賽巴斯汀　Sebastian

聖三一主日　Trinitatis
聖王　divus imperator
聖王以及神的代理人　Gottherscher
　und Stellvertreter
聖丘杜庫　Duku
聖布里姬　Brigitta von Kildare
聖布拉修斯　Blasius
聖母　Madonna
聖者　Bhagavān
聖芭芭拉　Barbara
聖約　Berit, Diathéke
聖神　Amesha Spentas
聖馬丁　Martinus
聖基多福　Christophorus
聖喬治　Georgius
聖鼓　oru
聖維鐸　Vitus
聖樂修　Blasius
聖誕老人　Knecht Ruprecht
聖龕　Mihrab
聖靈　Pneúma hágion
腳屋　cheshta
蒂亞　Dia
蒂絲神族　Disen, disir
蒂緹　Diti
蒂緹諸子　Daityas
葉尼塞人　Yenisei
葉巫斯　Yagūt, Jāghūt
葉哈雅　Yahyā
葉爾　Yehl, Yetl
葉爾孤白　Ya'kūb
葉歐格　Ya'ūq, Jā'ūk
葉羅哲　Ye'loje, Púgu
葛什提南那　Geshtinanna
葛拉提雅　Galáteia, Galatea
葛倫納　Glenr
葛莉德　Gridr
葛莉德之杖　Gridarvölr
葛德　Gerd, Gerdr
葛穆德　Gēhmurd
葛麗泰‧嘉寶　Greta Garbo
葡萄酒慶　Vinalia
號加　Haokah
蛾眉月　Lunula
補羅娑底耶　Pulastya

補羅訶　Pulaha
解脫　Moksha, Mukti
該南　Kenan
該隱　Kajin, Káin, Kābil
詩人之酒　Skaldenmet
賈士帕　Kaspar
賈洛維特　Jarovit, Gerovit
路加吉拉　Lugalgirra
路加班答　Lugalbanda
路西　Louhi
路西法　Lucifer
路克　Luk, Lugeiläng
路奇斯　Rūkis
路傷　Ashaqlūn, Saklas
路哈　Rūhā
路格　Lug, Lugus
路格烏‧博巴　Rugiù bóba
路瑟　Luthor
路撒加　Rusalka, Rusalki
農　Tnong
遊戲　Lilā
道　Gati
道　Lógos
道　Tao
道種　Lógos spermatikos
道德天尊　Tao-te t'ien tsun
達五德　Dāwūd
達什拉　Dasra
達努　Dan, Danu, Ana, Anu
達努神族　Tuatha Dê Danann
達姆娜　Damona
達拉姆倫　Daramulun
達芙妮　Dáphne
達亭　Datin
達刹　Daksha
達科塔族　Dakota
達娜哀　Danáë
達格　Dag, Dagr
達貢　Dagān, Dâgōn
達貢巴族　Dagomba
達貢族　Dagon
達得羅斯　Daídalos, Daedalus
達荷美　Dahome
達博各　Dabog, Dazbog
達提摩陀　Dharti Mata

達雅克族　Dajak
達瑙斯諸女　Danaídes
達達諾斯　Dardanos
達慕　Damu
達賴喇嘛　Dalai Lama
達薩拉塔　Dasharatha
達蘭　Dharam
達蘭羅闍　Dharam-Raja
遍照　Virāj
遍照者　Vivasvat
逾越節　Pesach
雍欽佛母　Yum-chen-mo
雍欽保　Yum-chen-mo
雷　Re, Ra
雷公　Lei-Kung
雷奴卡　Renukā
雷色夫　Reshef
雷亞胡　Reahu
雷阿圖　Re-Atum
雷哈拉赫特　Re-Harachte
雷特拉　Rethra
雷神鎚　Mjöllnir
雷茲　Leze
雷鳥　Thunderbird
雷童子　Stanita-Kumāra
雷薩　Leza, Lesa , Reza, Rezha, Urezwa
電光童子　Vidyut-Kumāra
電戟　Vajra, Do-rje
鳩凱倫和皮拉　Deukalíon und Pyrrha
鳩槃荼　Kumbhāndas
嘉比亞　Gabijà, Gabietà, Gabetà
嘉保伊斯　Gabjáujis
嘉保亞　Gabjáuja
嘉頓杜　Gatumdug
嘉麗斯特　Kallistó, Callisto
圖　Tu, Ku
圖丘查　Tuchulcha
圖皮瓜拉尼族　Tupi-Guarani
圖米耶　Thumye
圖里薩斯　Turisas, Tursas, TurŽaz
圖姆斯　Turms
圖查里亞　Tutchalija
圖特摩斯　Thutmosis

圖班　Tupan
圖納　Tuna
圖雅　Matuy
圖爾　Tours
圖爾努斯　Turnus
圖魯爾　Turul
圖騰　Ototeman, Totem
墓園的巴倫　Baron Cimetièr
壽　Shou
壽老人　Jūrōjin
壽星　Shou-hsing
夢魘　Incubus
嫦娥　Heng O
媒祖　Lei-tsu
寧　Nin
寧什布爾　Ninshubur, Ninshubura
寧伊辛娜　Nin'insina
寧西雅那　Ninsianna
寧利勒　Ninlil
寧芙　Nýmphe, Nympha
寧美夏拉　Ninmeshara
寧美娜　Ninmena
寧娜　Nina
寧娜西拉拉　Nina-Sirara
寧娜塔　Ninatta
寧格爾　Ningal
寧格齊塔　Ningizzida, Ningischizida
寧格蘇　Ningirsu
寧烏塔　Ninurta
寧珠桑嘉　Ninchursanga, Ninchursag
寧納蘇　Ninazu
寧喀拉克　Ninkarrak
寧圖　Nintu
寧瑪奇　Ninmarki
寧瑪哈　Ninmach, Dingirmach, Mach
寧錄　Nimrōd, Namrūd
寧蘇娜　Ninsuna
實行教　Jikkō-Kyō
實相世界　Satyaloka
歌利亞　Goliath
歌革　Gōg
歌蔑　Gomer
歌頭　Kadrū

滾鍋泉　Hvergelmir
漢巴　Hanpa
漢水神　Han
漢梯沙　Chattusha
漢摩拉比　Hammurabi
滿扎什里　Manzashiri
滲滲泉　zamzam
滌罪所　Purgatorium
熊皮武士　Berserker, Berserkir
爾薩　'Isā
瑣羅亞斯德　Zoroaster
瑪　Ma
瑪土撒拉　Metūshelach, Mathusála
瑪弗蒂特　Mafdet, Mafedet
瑪各　Magog
瑪因　Mayin
瑪托娜　Matrona, Matronen
瑪西伊和瑪西安妮　Māshya und Māshyāi
瑪坦瑪　Mathamma
瑪拉克貝　Malakbēl
瑪拉基　Mal' āki, Malachias
瑪哈　Machas
瑪哈　Māh
瑪哈孟古魯瓦　Macha Mongruad
瑪哈帕布　Mahāprabhu
瑪哈是尼美德　Nemed
瑪拿西　Manasse
瑪挪亞　Manoah
瑪烏　Mawu
瑪烏利撒　Mawu-Lisa
瑪烏索扎　Mawu Sodza
瑪烏索格布拉　Mawu Sogbla
瑪特　Ma'at
瑪特　Māte
瑪納夫　Manāf
瑪勒堪　Milkom
瑪密特　Māmit
瑪莉　Mari
瑪莉卡　Marica
瑪圖雅　Matuya
瑪瑤爾　Mayahuel, Mayauel
瑪瑪　Mama, Mami
瑪瑪・亞爾帕　Mama Allpa
瑪瑪・奎拉　Mama Quilla, Quilla,

Kilya
瑪瑪・科拉 Mama Cora
瑪瑪・科查 Mama Cocha
瑪瑪・歐洛 Mama Oello
瑪麗蓮・夢露 Marilyn Monroe
碧雅 Bia
碧霞元君 Pi-hsia-yüan-chün
福神 Fu Shen
福祿壽 Fukurokuju
福爾圖娜 Fortuna
窪尤 Vāyu, Vāta
窩扎諾吉 Vodjanoj, Vodnik
精靈 Djinn
精靈 Genius, Genii
精靈之家 Álfheimr
緊那羅 Kinnaras, Kimnaras,
　　Kinnaris
綺雅 Chia
綺瑪曼 Chimalman
綿津見神 Wata-tsu-mi-no-kami
維 Vé
維內莫伊嫩 Väinämöinen
維扎瑪特 Veja māte
維卡切斯 Vilkacis, Vilkatas
維尼亞斯 Vélnias
維布地 Verbti, Verbi
維伊 Wi
維吉國 Veji
維多莉亞 Victoria
維托列 Vitore
維托托族 Witoto
維利 Vili
維利斯 Velis, Veli
維吞努斯 Vertumnus
維吞努斯節 Vertumnalia
維坎斯 Velchans, Vethlans, Sethlans
維那琴 Vina
維拉杜里族 Wiradyuri
維拉科查 Viracocha, Huiracocha
維威 Veive, Vetis
維恰瑪 Vichama
維持 Shesha
維持神 Sheshashayi
維迪拉斯 Vaĩ dilas
維夏帕卡 Vishapakal

維夏普 Vishap
維納斯 Venus
維納斯節 Veneralia
維勒 Vélē, Vēles
維勒 Wele, Were
維勒斯 Veles, Volos
維斯巴陶維利 Vispa-tauvairi
維塔克斯族 Wetucks
維奧威斯 Veiovis
維圖羅尼亞城 Vetulonia
維維 Vevé
維齊洛波齊特利 Huitzilopochtli,
　　Vitzliputzli
維盧瑪特 Velu māte
維薩克経 Wisakedjak
維蘭卡諾斯 Virankannos,
　　Virokannas
舞王 Natarāya
舞蹈之王 Ba'al Markod
蒙巴 Mbomba, Nzakomba
蒙卡爾和納基爾 Munkar und Nakir
蒙古俺答汗 Altan Khan
蒙根 Mongan
蒙提法瑞 Mundilfari
蓋古斯 Qáigus
蓋布 Geb, Keb
蓋布什奈夫 Kebechsenef
蓋布赫 Kebechet
蓋拉本夏 Garabonciás
蓋朋 Gapn
蓋馬布 Gamab
蓋勒德 Geirrödr
蓋得 Guede, Ghede
蓋婭 Gaía, Gē
蓋斯肯 Gaizkiñ
蒼穹 Urtzi, Ostri, Ostiri
蒼穹日 ostegun

十四劃
蜜釀 Met
裴伊 Pēy
裴馬喀里 Pēymakalir
裴隆 Juan Domingo Perón
裴隆夫人 Maria Eva Duarte de

Perón
語 Vāc, Vach, Vāk
誓言 Mamitum
豪巴斯 Haubas, Hōbas
豪麻 Haoma
賓比亞 Binbeal
赫 Ha
赫巴 Chebat, Hepat, Hepatu,
　　Hapatu
赫丘力士 Hercules
赫丘力士城 Herculaneum
赫卡貝 Hekâbe
赫瓦 Hvar
赫列密爾 Hrymir
赫地 Chatti
赫貝 Hébe
赫克托 Héktor
赫克特 Heket
赫利孔山 Helikon
赫利奧斯 Hélios
赫努 Chnum, Chnumis, Chnubis
赫希奧德 Hesiod
赫姆蘇 Hemsut, Hemuset,
　　Hemusut
赫拉克列斯 Heraklés
赫門 Hemen
赫門內 Hemenet
赫門提斯 Hermonthis
赫洛特 Xolotl
赫美芙羅狄特 Hermaphróditos
赫美斯 Hermés
赫馬 Hema
赫莫波利斯 Hermopolis
赫提佩 Hetepet
赫普里 Chepre, Khepri
赫蒂徹 Khadidja
赫達姆 Chedammu
赫雷羅族 Herero
赫徹蒂 Khadidja
赫爾克列 Hercle, Herchle
赫爾提 Cherti
赫爾維特人 Helvetian
赫德斯凡 Hildeswin
赫摩德 Hermod, Hermodr,
　　Hermodur

赫閣　Heqo, Hego
赫薩特　Hesat
辣法耳　Refā'ēl, Raphaél
銀河　Galaxías
雌雄同體　Androgyn
頗羅墮　Bhārata
領袖　Ēl
魁星　K'uei-hsing
鳳　Feng
鳳凰　Feng
齊帕契納　Zipacná, Zipakna
齊洛斯　Zelos
齊特密斯　Kitmir
齊策提比　Thebe
齊齊蜜美　Tzitzimime
蓐收　Ju Shou
儀姆蘭家族　'Imran
嘿然亞卡西普　Hiranyakashipu
嘿然亞喀夏　Hiranyaksha
增長天王　Virūdhaka, Virulha
嬌吠哩　Kauveri
嬌麼哩　Kaumāri
廣大的水域　Dzivaguru
廣目天王　Virūpāksha, Virūpākkha
德伊奧歐拉　Te Io Ora
德西烏斯　Decius
德利庇努　Telipinu, Telipuna
德吾爾　Deur
德里亞德斯　Dryádes
德拉瓦族　Delawaren
德林格　Dellingr
德洛斯　Delos
德馬凡山　Demavand
德莫封　Demophón
德喀多　Derketo, Derceto
德頓　Dedun, Dedwen
德爾　Dēr
德爾巴特　Delbaeth
德爾斐　Delphi
德歐托　Doóto
德魯格　Drugs, Druchs, Drujs,
　Draugas
德謝巴　Tesheba
德蘇卜　Teshub, Teshup
慕西西　Musisi, Mufifi

慕絲克拉特　Muskrat
憂尼　Yoni
憤怒三女神　Furia, Furiae
憤怒者　Erinýes
摩奴　Manu
摩尼　Mani, Manes
摩尼莫斯　Monimos
摩西　Mōsheh, Moysēs
摩利　Malli, Mallinātha
摩利支　Mārici
摩那斯龍王　Manasa
摩押人　Moabite
摩呵陀　Mahendra
摩洛　Moloch, Molech, Molek
摩科斯　Mokosh
摩科斯山　Mokoshin
摩耶　Māyā
摩哩　Māri, Māriyammā
摩哩質　Marichi, Marici
摩格路易斯　Mog Ruith
摩偷羅國　Mathurā
摩提奇提克　Motikitik
摩訶伽梨　Mahākāli
摩訶鉢特摩　Mahāpadma
摩訶提婆　Mahādeva
摩訶摩耶　Mahāmayā
摩訶薩埵　Mahāsattva
摩圖　Mūtu
摩圖里毘蘭　Maturaiviran
摩竭魚　Makara
摩閻　Māyōn, Māl
摩羅坎　Murukan, Muruku
摩蘇爾　Mosul
撒巴巴　Zababa
撒旦　Sātān, Satanās, Satān, Shaitān
撒末爾　Samael, Sammael, Samiel
撒母耳　Shemū'ēl
撒立哈　Sālih
撒伊波森　Sahibosum
撒但　Sātān, Satanās, Satān, Shaitān
撒里曼　Salmān, Shalmān
撒兒　Saar
撒拉　Sara, Sarah
撒拉弗　Serafim, Seraphín, Seráph
撒拉坦加　Xaratanga

撒迦利亞　Zekarjāh, Zacharías
撒格帕塔　Sakpata, Sagbata
撒勒法　Sarepta
撒密答那克　Samildânach
撒塔蘭　Sataran, Ishtaran
撒滿埃克　Xaman Ek
撒瑪利亞　Samaria
撒種者　Consivia
撒種者奧普斯祭　Opiconsivia
撒辣　Sara
撒潘山　Sapān
撒潘妮頓　Sarpanītum
敵基督者　Antíchristos
模子　Mbombi
樂園　Daùsos
樂園　Djanna
樂園　Gan Ēden, Ēden, Parádeisos
歐丁　Odin
歐巴塔拉　Obatala, Oxala, Oshala
歐甘字母　Ogham
歐伊托西魯斯　Oetosyrus
歐伊諾默斯　Oinomaos
歐辛　Oisîn, Ossian
歐里法特　Olifat, Olafat, Olofat,
　Yelafath
歐亞葛羅斯　Oiagross
歐洛　Oro
歐倫甘　Orungan
歐倫米拉　Orunmila
歐倫果村　Orongo
歐倫達　Orenda
歐庫斯　Orcus
歐根　Ogun, Ogoun
歐格米歐斯　Ogmios
歐格波拉　Ogbora, Ogbowa
歐格瑪　Ogma
歐特貢　Otgon, Otkon
歐紐斯　Oineos
歐莒吉亞島　Ogygia
歐荷姆克　Oxomuco
歐都鐸　Odudua, Oduduwa
歐麥　Olmai, Olmay
歐博達　'Obodat
歐提波蘭姆　Ote Boram
歐開諾斯　Okeanós, Oceanus

歐雅 Oya, Oja
歐瑞斯特斯 Oréstes, Orestis
歐蒂昂 Odiong
歐維尼克 Ovinnik
歐齊 Ortzi
歐德伊 Odei
歐諾皮溫 Oinopion
歐薩 Osa, Oyisa
歐羅斯 Eurós, Eurus
歐麗雅杜 Oreiádes
歐蘿芭 Európe, Europa
潘朵拉 Pandóra
潘妮洛普 Penelópe, Penelopa
潘特西莉亞 Penthesíleia,
　　Penthesilea
潘神 Pán
潘神 Pantheos
潘神城 Panopolis
熱河 Ayōhshust
盤古 P'an-ku
稻生大神 Chisei koro inao, Inao
稻荷神 Inari
締約神官 Fetialen
羯荼那伽族 Kaccha Naga
蓮花 Padma
蓮華生大士 Padmasambhava
蓬萊 P'eng-lai
蝙蝠俠 Batman
衛城 Akropolis
諸神黃昏 Ragnarök, Ragnarökkr
諸密斯 Jumis
諸瑪 Juma, Jumo
諸瑪拉 Jumala
趣 Gati
輪迴 Samsāra
鄧狄 Deng-dit
餓鬼 Preta, Peta, Preti, Peti
魯 Klu
魯巴村 al Rubat
魯巴德 Lubad
魯加特 Lugat
魯瓦 Ruwa, Iruwa
魯米亞 Rumia
魯西 Rusi, Rusain
魯克索 Luxor

魯利拉 Lulilla
魯夏族 Lushai
魯格曼 Lukmān
魯特 Lūt
魯特羅 Rudra
魯特羅諸子 Rudras
魯爾 Lur
黎 Chu Jung
黎明 Sandhyā
黎明女神節 Matralia
墨丘利 Mercurius
墨西拿海峽 Messina
憍薩羅 Kaushalyā

十六劃

儒略神 Divus Iulius
儒祿士 Iulus
噶達巴族 Gadaba
噶爾德 Galdr
噶瑪巴 Karmapa
噶瑪噶舉派 Karma-Kagyü
噶舉巴 Kagyüpa
戰鬥王 Caturíx
樹提迦 Jyotisha, Jyotishka,
　　Diyotishka
樹精 Dryádes
濃闇色 Mahātamahprabhā
澤妮內特 Zenenet
餤摩大火仙 Jamadagni
餤摩天 Yāma
餤魔 Yama
獨角獸 Einhorn
獨眼神族 Kýklopes, Cyclopes
獨雄閻摩 Yamāntaka, Yamāri,
　　Vajrabhairava, Tschoitschong
盧比 Ljubi
盧安達族 Ruanda
盧奇娜 Lucina
盧昂 Louen
盧倫巴 Ruremba
盧培奇 Luperci
盧培庫斯 Lupercus
盧達 Rudā, Radū
磨祛梵 Maghavan

穆 dMu
穆扎達利法 al-Muzdalifa
穆卡里布 Mukarrib
穆罕默德 Muhammad
穆姆 Mummu
穆拉里克 al-Muharriq
穆迦薩 Mugasa, Mugu
穆迪雅娜 Murdiyānag
穆修素 Mushussu, Mushchushshu
穆斯佩 Muspell
穆薩 Mūsā
穆羅 Mulo
縛河 Yamunā
縛魯喀夏 Vouru-kasha
縛羅播多羅 Virabhadra
諦爾 Tir
諾伊 Noy
諾托斯 Nótos, Notus
諾特 Nótt
諾莫 Nommo
諾提亞 Nortia
貓王 Elvis Presley
賴歐斯 Laíos
輸羅毘 Surabhi
鋼人 man of steel
錫瓦 Chival, Chual
錫安山 Zion
錫勇 Cēyyōn
閻王 Dis Pater
閻王 Yen-lo
閻牟那 Yamunā
閻美 Yami
閻浮提 Jambūdvipa
閻摩五使者 Yamaduta
閻羅 Yama
閻羅 Yen-lo
隨心神 Armaiti
隨從 Fylgjur
霍尼爾 Hoenir
霍布斯 Th.Hobbes
霍皮族 Pueblo-Hopi
霍奇皮利 Xochipilli
霍奇奎茲 Xochiquetzal
霍拉加列斯 Horagalles
霍芙 Hwōw

霍洛恩 Horon
霍洛斯 Hóros
霍莎丹 Hosadam
霍普 Whope
霍爾拜城 Horbeit
霍爾斯 Chors
霍爾赫克努 Hor-Hekenu
霍德 Höd, Hödr, Höder, Hödur
霍魯斯 Horus
霍魯斯諸子 Horuskinder
靜默 Sigé
頻闍耶山 Vindhya
頭摩奈 Dhumornā
鳶耆羅 Angiras
鳶竭羅私 Angiras
默那特 Manāt
默雷島 Murray
龍 Drache, Drákon
龍 Lung
龍 Nāgas, Naginis
龍王 Nāgas, Naginis
龍宮 Pātāla
龍族 Klu
龍猛 Nāgārjuna
龍勝 Nāgārjuna
龍樹 Nāgārjuna
燔祭壇之王 Ba'al Hammōn

十七劃

優努司 Yūnus
優里西斯 Ulixes
優里提昂 Eurytion
優芙羅絲妮 Euphrosýn
優美三女神 Chárites
優素福 Yūsuf
優雅三女神 Gratia, Gratiae
優德摩斯 Eudemos von Rhodos
彌尼提客勒 Mene tekel
彌迦 Mikāh, Michaias
彌勒佛 Maitreya
彌勒菩薩 Maitreya
彌絺羅 Mithilā
彌樓山 Meru
彌盧 Miru, Milu

彌賽亞 Māshiāch, Messías
應身 Nirmānakāya
應神 Padvāxtag
應龍 Ying-lung
戴弗波斯 Deíphobos
戴亞 Dagda
戴雅妮拉 Deiáneira
戴奧尼索斯 Diónysos, Dionysus
戴達利翁 Daedalion
擎天樹 Tetejetlen nagy fa
檀君 Tan-kun
檀那婆 Dānavas
檀陀和冰揭羅 Danda und Pingala
櫛名田姬 Kushi-nada-hime
濕生 Samsvedaja
濕婆 Shiva
希瓦 Shiva
繆拉 Smyrna, Myrrha
繆思 Músai, Musae
蕾內努特 Renenutet, Renenet,
　　Thermutis
蕾陶伊 Rait-taui, Ra-taui
薛西弗斯 Sísyphos, Sisyphus
薇拉 Vila, Vilen
謝什姆 Schesmu, Schesemu
謝杜 Shēdu
謝貝杜 Sebettu
謝里 Sheri, Sherishu
謝拉娜吉格 Sheila-na-gig
謝哈特霍爾 Sechat-Hor
謝夏特 Seschat
賽百邑 Saba
賽里弗斯島 Seriphos
賽倫女妖 Seirénes, Sirenes
賽庫里塔斯 Securitas
賽莫德人 Thamūd
賽斯托斯島 Sesto
賽德 Seidr

十八劃

邁杜族 Maidu
邁索爾 Mysore
鍾馗 Chung Kuei
鍾離權 Chung Li-ch'üan

隱多珥 Endor
隱谷瑪 Inguma
霜怪 Hrímthursar
韓西特 Chensit
韓湘子 Han Hsiang-tzu
韓塔希泰 Chentechtai
黛安娜 Diana
黛芙 Deivē
黛娜 Daēnā
黛雅妮拉 Deianeira
黛達美亞 Deidameia
黛綺提爾 Dechtire
黛維 Devi
齋部 Imube
闇色 Tamahprabhā
闇陀伽 Andhakā
叢雲劍 Kusanagi-no-tsurugi
瞿夷 Gopis, Gopinis
瞿波羅 Gopāla
簡 Jen
織女 Chih-nü
薩巴圖 Sabattu
薩巴齊俄斯 Sabazios, Savazios,
　　Sabos
薩瓦奇 Savaki
薩瓦提拉 Salvatierra
薩坎尼 Sárkány
薩波特克族 Zapotec
薩培敦 Sarpedón
薩婆訶 Svāhā
薩提斯 Satis, Satet
薩提羅斯 Sátyros, Satyrus
薩蒂 Sati
薩達 Sa-bdag
薩圖努斯 Saturnus
薩圖努斯節 Saturnalia
薩滿 Schamanen, Shaman
薩滿亞撒 Salmanassar
薩瑪奇斯 Salmakis
薩碧圖 Sabitu
薩賓人 Sabinian
薩赫 Sach
薩赫美特 Sachmet
薩德 Sa'ad
薩摩色雷斯島 Samothrace

薩摩耶德族 Samoyedic
薩魯斯 Salus
薩羅婆縛底 Sarasvati
藍石 Matlalcueye
藍色永遠的騰格里 köke möngke
　　Tengri
藍色的恩卡伊 N'gai nyokye
藍采和 Lan Ts'ai-ho
藍盧 Rumrok
豐玉毗賣命 Toya-tama-hime
豐玉姬 Toya-tama-hime
豐族 Fon
豐滿 Pleroma
豐饒角 cornu copiae
蹟象 Mu'djiza
轉世 Tulku
轉世和重生 Seelenwanderung und
　　Wiedergeburt
轉輪聖王 Chakravartin
邇邇藝命 Ninigi-no-mikoto
鎮尼 Djinn
雙子星座 Gemini
雙身相 Yab-Yum
雙馬童 Ashvins
顓頊 Chuan Hsü
魍魎 Wang-liang
鯀 Kun
蛟龍 Kiao-lung

十九劃

龐托斯 Póntos, Pontus
瀛洲 Ying-chou
獸主 Pashupati
獸魔 Fauni
瓊鳥 K'yun
瓊噶果堅 sK'yun ka'i mgo-chan
羅睺 Rāhu
羅睺羅 Rāhula
羅什曼那 Lakshmana
羅尼亞魯 Rani-aru
羅瓦 Lowa
羅瓦蘭吉 Lowalangi, Lowalani
羅伐 Lava
羅希尼 Rohini

羅杜爾 Lodurr
羅奇 Loki
羅剎 Rākshas, Rākshasas
羅剎女 Rākshasis
羅耶 Laya
羅馬 Roma
羅馬民眾的薩魯斯 Salus populi
　　Romani
羅馬坦尼 Roma-Tane
羅勒普 Lorup
羅得 Lōt, Lót
羅婭 Lua
羅提 Rati, Rat
羅瑟陶 Ro-Setau
羅達 Rādhā, Rādhikā
羅碧各 Robigo
羅摩 Rāma
羅摩克里希納 Rāmakrishna
羅摩那陀 Rāmānada
羅穆路斯 Romulus
藤蔓 Uthlanga
藥師佛 Bhaishajya-guru
藥師琉璃光如來 Bhaishajya-guru
蟻垤 Vālmiki
贊 bTsan, bCan
贊波 bTsan po
邊巴族 Bemba
關帝 Kuan-Ti
難伽拜加 Nanga Baiga, Nanga
　　Baigin
難近母 Durgā
難近母祭 Durgapuja
難陀龍王 Ananta, Adishesha
難海斯揚 Nanghaithya
難提 Nandi
霧鄉 Niflheim, Niflheimr
麒麟 K'i-Lin
麗托 Letó
麗托波利斯 Letopolis
麗芙與利弗特拉西爾 Líf und
　　Lifthrasir
麗妲 Léda
麗娥 Rheía, Rhea
麗鵑鳥 Quetzalvogel

二十劃

寶手菩薩 Ratnapāni
寶石色 Ratnaprabhā
寶生佛 Ratnasambhava
寶光地 Ratnaprabhā
寶佛母 Vasudhārā, Vasundhārā
寶藏神 Jambahala
寶恩 Donn
競賽 Agoné
繼承者 Saijid
蘇尤拉克 Suyolak
蘇巴爾斯伐那陀 Supārshvanātha
蘇尼族 Pueblo-Zuni
蘇利耶 Sūrya, Savitri
日曜 Sūrya, Savitri
蘇坎 Suqām
蘇沙城 Susa
蘇陀羅 Sutala
蘇胡馬什 Suchur-mash
蘇庫 Suku
蘇特斯赫勒 Surtshellir
蘇馬努斯 Summanus
蘇曼伽羅 Sumangalā
蘇婆羅提斯陀 Supratishtha
蘇族 Sioux
蘇答來瑪答撒米 Sudalaimadasamy
蘇塔拉 Sutala
蘇瑟羅 Sucellos
蘇頓格 Suttungr
蘇爾特 Surtr
蘇蜜陀羅 Sumitrā
蘇赫士 Suchos
蘇摩 Soma
蘇噶爾 Sugaar, Maju
蘇羅 Suras
警誡者朱諾 I, Moneta
釋迦牟尼 Shākyāmuni
釋迦族 Shākya, Shakka
釋提桓因 Shakra
闡陀 Chanda
闡提柯 Chantico
騰朋提隆 Tempon Telon
騰格里 Tengri, Tängri
騰格雷 Tengere

各民族及宗教神話詞條列表

Ägypter　埃及人：Ach, Aker, Amaunet, Amentet, Ammit, Amun, Anubis, Anuket, Apis, Apophis, Asch, Aton, Atum, Ba, Babi, Bastet, Bata, Behedti, Bes, Buchis, Chensit, Chentechtai, Chepre, Cherti, Chnum, Chons, Chontiamentiu, Djebauti, Dua, Duamutef, Duat, Earu, Geb, Götterachtheit, Götterneunheit, Ha, Hah, Hapi, Harachte, Harendotes, Harmachis, Harmerti, Haroëtis, Harpokrates, har-p-re, Harsaphes, Harsieris, Hathor, Hatmehit, Hauhet, Heket, Hemen, Hemsut, Hesat, Hetepet, Hike, Hor-Hekenu, Horus, Horuskinder, Huh, Ihi, Imhotep, Imiut, Imset, Inmutef, Ipet, Isdes, Isis, Junit, Juesaes, Ka, Kamutef, Kauket, Kebechet, Kebechsenef, Kematef, Kemwer, Kis, Kuk, Ma'at, Mafdet, Mahes, Mehet-uret, Mehit, Menchit, Meresger, Meret, Meschenet, Min, Mnevis, Month, Mut, Naunet, Nebetu, Nechbet, Nechmet-awaj, Nefertem, Nehebkau, Neith, Neper, Nephthys, Nepit, Niau, Niaut, Nun, Nut, Onuris, Osiris, Pachet, Patäk, Pharao, Phönix, Ptah, Rait-taui, Re, Renenutet, Sachmet, Satis, Schai, Sched, Schentait, Schesmu, Schu, Sechat-Hor, Selket, Sepa, Serapis, Seschat, Seth, Sokar, Sopdu, Sothis, Suchos, Tatenen, Tefnut, Thot, Thoëris, Uaset, Uneg, Unut, Upunaut, Uraüs, Urthekau, Uto, Wosret, Zenenet

Ainu　阿伊奴神話：Abe Kamui, Chisei koro inao, Kamui, Pase Kamui, Shinda, Yaiyen Kamui

Akkader　阿卡德神話：Adad, Adapa, Aja, Allatu, Alū, Amurru, Anatum, Anshar, Anu, Anunitu, Anunnaku, Apkallu, Apsū, Aralu, Aruru, Asakku, Assur, Assuritu, Atrachasis, Bēl, Bēlet, Bēlet-ilī, Bēletsēri, Chumbaba, damki-na, Ea, Ellil, Enbilulu, Enkidu, Ereshkigal, Erra, Etemmu, Gallū, Girra, Igigū, Ilabrāt, Ishtar, Ishum, Kingu, Kishar, Kūbu, Labbu, Lachamu, Lachmu, Lamashtu, Lamassu, Lilītu, Lilū, Mama, Māmit, Marduk, Mummu, Mushussu, Mūtu, Nabū, Nergal, Pazūzu, Rammān, Sarpanītum, Schicksalstafeln, Sebettu, Shalash, Shamash, Shēdu, Shulmanu, Sin, Tamūzu, Tashmētu, Tiāmat, Tishpak, Urshanabi, Usmū, Utanapishti, Utukku, Zū

Albaner　阿爾巴尼亞神話：Avullushe, Bardhat, Bolla, Bukura e dheut, En, Fati, Fat-I, Fljamë, Hie, Kolivilori, Kukuth, Kulshedra, Ljubi, Lugat, Miren, Ora, Perëndi, Peri, Prende, Shpirti e teq, Shtojzavalet, Shtrigë, Shurdi, Stihi, Sygenesa, Tomorr, Verbti, Vitore, Vurvolák, Xhind-I Zāna

Araber　阿拉伯神話：Allāh, 'Almaqahú, 'Amm, 'Anbay, Atirat, 'Attar, Baltis, BashVmum, Datin, Djinn, Ghūl, du-l-Halasa, Haubas, Haukim, Hilāl, Hubal, 'Īl, Isāf, al-Lāt, Manāt, Mandah, al-Muharriq, Mukarrib, Nahi, Nakrahum, Nasr, Orotalt, Qaynān, Quzah, Rudā, Salmān, Shams, Sīn, Suwā', Ta'lab , al-'Uzzā, Wadd, Ya'ūq

Armenier　亞美尼亞神話：Alk', Anahit, Aralēz, Aramazd, Aray, Aretia, Arev, Astlik, Ays, Chival, Devs, Hayk, K'ajk', Mihr, Nana, Spandaramet, Tir, Tork, Uruakan, Vahagn, Vishap

Äthiopier　衣索匹亞神話：'Astar, Behēr, Mahrem, Medr

Australier　澳洲（原住民）神話：Baiame, Banaidja, Bunjil, Daramulun, Djanggawul, Galeru, Kunapipi, Laindjung, Mamaragan, Mimi, Tcabuinji, Wawalag, Wollunqua, Wondjina, Yurlunggur

Austroasiatische Völker　南島語系民族神話：Karei, Preas Eyn, Preas Eyssaur, Preas Prohm, Reahu, Tnong

Azteken　阿茲提克神話：Atlaua, Camaxti, Centzon Huitznauna, Centzon Totochtin, Chalchihuitlicue, Chalmecatecutli, Chantico, Chicomecoatl, Chimalman, Cihuacoatl, Cinteotl, Cipactli, Cipaktonal, Citlalinicue, Citlaltonac, Coatlicue, Coyolxauhqui, Ehecatl, Huehuecoyotl, Huitzilopochtli, Itzpapalotl, Itztlacoliuhqui, Itztli, Mayahuel, Mictecacihuatl, Mictlan, Mict;antecutli, Mixcoatl, Nagual, Nanautzin, Omecihuatl, Ometeotl, Omeyocan, Oxomuco, Patecatl, Quetzalcoatl, Tecciztecatl, Tepeyollotli, Teteo innan, Tezcatlipoca, Tlahuizcacipantecutli, Tlaloc, Tlalocan, Tlaltecutli, Tlazolteotl, Tlillan-Tlapallan, Tonacatecutli, Tonan, Tonatiuch, Tonatiuhican, Tota, Tzizimime, Xilonen, Xipe Topec, Xiuhcoatl, Xiuhtecutli, Xochipilli, Xochiquetzal, Xolotl, Yacatecutli

Bantuneger Völker　班圖語族神話：Bumba, Imana, Kholomodumo, Kyumbi, Leza, Mbomba, Mebere, Modimo, Mukuru, Mulungu, Mwari, Mwille, Ndjambi-Karunga, Nehanda, Nijnyi, Nzambi, Nzame, Raluvhimba, Ruwa, Suku, Umvelinqangi, Unkulunkulu

Basken　西班牙巴斯克地區神話：Aatxe, Aiharra-haio, Akerbeltz, Alarabi, Amilamia, Argui, Atarrabi, Basajaun, Eate, Ekhi, Etsai, Etxajaunak, Gaizkiñ, Galtxagorri, Gaueko, Guizotso, Herensugue, Illargui, Inguma, Lamiñ, Lur, Maide, Mari, Mikelats, Odei, Ortzi, Sugaar, Torto

Buddhisten　佛教神話：Abhirati, Acala, Āchāra, Adi-Buddha, Ākāshagarbha, Akshobhya, Amitābha, Amoghasiddhi, Anāgāmin, Ananda, Aniruddha, Bhaishajya-guru, Bhava-Chakra, Bodhisattva, Brahmakāyika, Buddha, Chakrasamvara, Chakravāda, Chakravartin, Chātummahārājika, Chatur-Yoni, Chenresi, Dākini, Dalai-Lama, Deva, Devadatta, Devaloka, Devarāja, Dharmapāla, Dhritarāshtra, Dhyāni-Bodhisattva, Dhyāni-Buddha, Dipamkara, bDud, Gandharva, Gati, Gautama, Guhyasamāja, Guru, Hayagriva, Hevajra, Ishta-Devatā, Jānguli, Jōdo, Jūgyū(no)-Zu, Kālachakra, Kalpa, Kanakamuni, Karmapa, Kāshyapa, Krakuchchanda, Krodhadevatā, Kshitigarbha, Kuan-yin, Kubera, Kurukullā, Mahābodhisattva, Mahākāla, Mahāsiddha, Maitreya, Mañjushri, Manushi-Buddha, Māra, Mārici, Meru, Mi-la-ra(s)-pa, Mi-lo Fo, Mudrā, Nāga, Nāgārjuna, Naraka, Nā-ro-pa, Nimmānarati, Nirupadhishesha-Nirvāna, Nirvāna, Padmasambhava, Panchen Lama, Paranimmitavasavattin, Parinirvāna, Prajña, Prajñāparamitā, Pratishtita-Nirvāna, Preta, Rāhu, Rāhula, Ratnapāni, Ratnasambhava, Sakridāgāmin, Sāmanrabhadra, Samsāra, Sarvanivaranavishkambhin, Shākya, Shākyamuni, Shik(h)in, Shri Devi, Siddha, Siddhārtha, Sopadhishesha-Nirvāna, Sopshigata, Sukhāvati, Tārā, Tathāgata, Tāvatimsa, Ti-lo-pa, Trikāya, Triloka, Tson-kha-pa, Tulku, Tushita, Ushnishavijayā, Vāhana, Vairochana, Vaishravana, Vajra, Vajrapāni, Vajrasādhu, Vajrasattva, Vajravārāhi, Vasudhārā, Vipashyin, Virūdhaka, Virūpāksha, Vishvabhū, Vishvapāni, We-t'o, Yab-Yum, Yaksha, Yāma, Yamāntaka, Yami

Chinesen　中國神話：Chang Hsien, Chang Kuo-lao, Ch'ang-sheng pu-ssu, Chang Tao-ling, Ch'eng-huang, Chen-jen, Chih-nü, Ch'ih Yu, Chuan Hsü, Chu Jung, Chung Kuei, Chung Li-ch'üan, Ch'ung-Ming, Fang-chang, Fei-sheng, Feng, Feng Po, Fu-shi, Fu-hsing, Fu Shen, Gung De Tien, Han Hsiang-tzu, Heng O, Ho Hsien-ku, Ho Po, Hou Tsi, Hou T'u, Hsien, His Wang Mu, Huang-ch'üan, Huang Fei-hu, Huang-lao, Huang-lao-chün, Huang-Ti, Ju Shou, Kiao-lung, K'i-lin, Kou Mang, K'u, K'ua Fu, Kuan-Ti, Kuei, K'uei-hsing, Kun, Kung Kung, K'ung-tzu, K'un-lun, Lan Ts'ai-ho, Lao-chün, Lao-tzu, Lei-kung, Lei-tsu, Ling, Ling-chih, Ling-pao t'ien-tsun, Li T'ieh-kuai, Lo, Lu-hsing, Lung,

Lung'lu, Lü Tung-pin, Men-Shen, Ni-huan, Nü-kua, Pa-hsien, P'an-ku, P'eng-lai, Peng-tzu, Pi-hsia, yüan-chün, Po, San-chi'ing, San-ch'ung, San-hsing, San-huang, San-I, San-kuan, San-tz'ai, San-yüan, Shang-Ti, Shen, Sheng-jen, Shen-jen, Shen Nung, She-Ti, Shih-chieh, Shou, Shou-hsing, Shun, Siang, Sieh, Ssu-ming, T'ai-sui-hsing, T'ai-yüeh-ta-ti, T'ang, Tao, Tao-te t'ien-tsun, T'au-i, Ta-yü, T'ien-shih, T'ien-tsun, Ts'ai Shen, Tsao Chün, Tsao Kuo-chiu, Tung-fan Shuo, Tung Wang Kung, T'u-ti, Wang-liang, Wen-ch'ang, Wu-ti, Yao, Yen-lo, Ying-chou, Ying-lung, Yin His, Yin-yang, Yü, Yüan-shih t'ien tsun, Yü-ch'iang, Yüan-huang, Yü-jen, Yü-pu

Christen 基督宗教神話：Aarón, Ábel, Abraám, Ábyssos, Adám, Ágar, Ángelos, Ángelos Kyríu, Antíchristos, Apoleía, Archángeloi, Babylón, Basileía, tū Theū, Beëlzebúl, Beliár, Blasius, Cherubín, Christophorus, Daimónia, Daniél, Dauíd, Dekálogos, Diábolos, Diathéke, Drákon, Elías, Enóch, Enós, Esaías, Eúa, Gabriél, Gē, Géenna, Georgius, Góg, Hádes, Har Magedón, Hyós tū Anthrópu, Iakób, Ieremías, Iesūs, Incubus, Ioánnes, Iób, Ioél, Ionās, Ioséph, Isaák, Iúdas, Jeanne la Pucelle, Káin, Kataklysmós, Kibotós, Kýrios, Lázaros, Limbus, Lót, Lucifer, Magóg, Mágoi, Mánna, María, Magdalené, Martinus, Mathusála, Messias, Michaél, Moysēs, Nicolaus, Nōe, Óphis, Papa, Parádeisos, Parusía, Paūlos, Pétros, Pneúma hágion, Prophétes, Purgatorium, Rachél, Raphaél, Sábbaton, Salóme, Sancti, Satān, Sém, Seraphín, Séth, Siebenschläfer, Sodómon, Succubus, Suriel, Trinitas, Uranói, Zacharías

Churriter 胡里安人神話：Alalu, Chebat, Chedammu, Churri, Chutena, Chutellura, Kubabat, Kumarbi, Kushuch, Sharruma, Shaushka, Sheri, Shimigi, Tarchunt, Tashmishu, Teshub, Ullikummi, Upelluri

Elamiter 以攔人神話：Chumban, Inshushinak, Jabru, Lachuratil, Nachchundi, Napirisha, Naprusha, Pinenkir

Eskimo 愛斯基摩神話：Alignak, Inua, Sedna, Sila

Etrusker 伊特拉斯坎神話：Aita, Ani, Aplu, Artumes, Atunis, Castur, Charun, Culsu, Evan, Fufuns, Hercle, Laran, Lasa, Mantus, Maris, Menrva, Nethuns, Nortia, Phersipnai, Satre, Selvans, Semla, Summanus, Tages, Thalna, Thesan, Tinia, Tuchulcha, Turan, Turms, Uni, Usil, Vanth, Veive, Velchans, Voltumna

Finnische Völker 芬蘭諸民族神話：Ahti, Äkräs, Anniki, Cratti, Hiisi, Hittavainen, Ilmarinen, Inmar, Jen, Juma, Jumala, Kalevanpojat, Köndös, Kullervo, Lemminkäinen, Maahiset, Maailmanpatsas, Metsähinen, Nyrckes, Pajainen, Para, Pellonpekko, Pohjola, Rachkoi, Rauni, Rongoteus, Sampo, Sämpsä, Scabas, Tapio, Tonttu, Turisas, Ukko, Väinämöinen, Virankannos

Germanische Völker 日耳曼民族（冰島、丹麥、挪威、瑞典、德國、荷蘭、英格蘭）神話：Aegir, Alfr, Asen, Asgard, Askr, Audhumbla, Aurboda, Aurgelmir, Balder, Beli, Bergelmir, Berlingr, Berserker, Bestla, Bifröst, Borr, Bragi, Brísingamen, Búri, Dag, Dellingr, Disen, Dvergr, Einherier, Élivágar, Elli, Fenrir, Fimbulvetr, Fjörgynn, Folkwang, Fornjotr, Foresti, Freki, Freyja, Freyr, Frigg, Fulla, Fylgjen, Galdr, Garm, Gefjon, Geirrödr, Gerd, Ginnungagap, Gjallarbrú, Gjöll, Gleipnir, Gridr, Gullveig, Gunnlöd, Gymir, Heimdall, Hel, Hermod, Höd, Hoenir, Hrímthursar, Hrungnir, Huginn, Hvergelmir, Hymir, Idisi, Idun, Loki, Magni, Mani, Midgard, Midgardsomr, Mimir, Mimis brunner, Mjöllnir, Módgudr, Muspelheim, Muspell, Naglfar, Nanna, Nerthus, Nidhögg, Nifhel, Niflheim, Nix, Njörd, Nornen, Nótt, Odin, Ôstara, Ragnarök, Rán, Rind, Saehrímnir, Seidr, Sif, Sigyn, Skadi, Skaldenmet, Skídbladnir, Skrýmnir, Skuld, Sleipnir, Sól, Surtr, Suttungr, Svadilfari, Tanngnjóstr, Thjazi, Thökk, Thor, Thrivaldi, Thrúdgelmir, Thrúdr, Thrymr, Thurs, Troll, Týr, Ull, Urd, Urdar brunner, Utgard, Útgardaloki, Vafthrúdnir, Vali, Vanen, Vé, Verdandi, Vidar, Vili, Vör, Walhall, Walküren, Wuotanes her, Yggdrasill, Ymir

Gnostiker 諾斯替教派神話：Abraxas, Achamoth, Aiónes, Archóntes, Barbelo, Bythos, Énnoia, Hóros, Jaldabaoth,

Nús, Sophía

Griechen 希臘神話：Achelóos, Achéron, Achilleús, Ádonis, Ádrastos, Agamémnon, Aiakós, Aígina, Aíolos, Aithír, Akrísios, Aktaíon, Álkestis, Alkméne, Amáltheia, Amazónes, Ambrosía, Amphíon, Amphitríte, Amphitrýon, Anchíses, Androméda, Antaíos, Antigóne, Antíope, Aphrodíte, Apóllon, Aráchne, Áres, Aréthusa, Argó, Argonaútai, Árgos, Ariádne, Aristaíos, Arkás, Ártemis, Asklepiós, Athéne, Átlas, Bákchos, Baúbo, Bellerophóntes, Boréas, Cháos, Chárites, Cháron, Chárybdis, Cheíron, Chímaira, Chrónos, Daídalos, Daímon, Daimónion, Danáë, Danaídes, Dáphne, Deméter, Deukalíon, Didó, Díke, Diónysos, Dióskuroi, Dryádes, Échidna, Echó, Eileíthyia, Eiréne, Eléktra, Elýsion, Eós, Epígonoi, Epimetheús, Erató, Érebos, Erichthónios, Erinýs, Éris, Éros, Érotes, Erysíchthon, Eumenídes, Európe, Eúros, Eurydíke, Eurynóme, Eutérpe, Gaía, Galáteia, Galaxías, Ganymédes, Gígas, Glaúkos, Gorgó, Graía, Hádes, Hamadryádes, Harmonía, Hárpyia, Hébe, Hekáte, Hekatoncheíres, Heléne, Hélios, Héphaistos, Héra, Heraklés, Hermaphróditos, Hermés, Heró, Hesperídes, Hestía, Hórai, Hyákinthos, Hýdra, Hygíeia, Hymén, Hyperíon, Hýpnos, Íakchos, Iapetós, Iasíon, Iáson, Ikários, Íkaros, Inó, Ió, Iphigéneia, Íris, Ixíon, Kábeiroi, Kádmos, Kaineús, Kalliópe, Kallistó, Kalypsó, Kassándra, Kassiépeia, Kástor, Kéntauroi, Kér, Kérberos, Kétos, Kírke, Kleió, Klytaiméstra, Kokytós, Kóre, Koronís, Kósmos, Kótys, Krónos, Kýklopes, Labýrinthos, Ládon, Laokóon, Lapíthai, Léda, Léthe, Letó, Leúkippos, Lógos, Lykáon, Maía, Mainás, Marsýas, Médeia, Médusa, Mégaira, Meléagros, Melpoméne, Menélaos, Méntor, Merópe, Métis, Mídas, Mínos, Minótauros, Mnemosýne, Moírai, Mómos, Morpheús, Músai, Myrtílos, Naídes, Nárkissos, Néktar, Némesis, Nereídes, Nereús, Néstor, Níke, Nióbe, Nótos, Nýmphe, Nýx, Odysseús, Oidípus, Okeanídes, Okeanínes, Okeanós, Olýmpia, Olympía, Olýmpioi theoí, Ólympos, Omphále, Oreiádes, Oréstes, Oríon, Orpheús, Pán, Pandóra, Páris, Parnassós, Pasipháë, Pégasos, Peiríthoos, Pélops, Penelópe, Penthesíleia, Pérse, Persephóne, Perseús, Phaëthon, Phaídra, Phóbos, Phoíbe, Phórkys, Phosphóros, Phríxos, Pleiádes, Plútos, Polydeúkes, Polyhymnía, Polýphemos, Póntos, Poseidón, Príapos, Prokrústes, Prometheús, Psyché, Pygmalíon, Pyriphlegéthon, Pythía, Rhadámanthys, Rheía, Sátyros, Seirénes, Seléne, Seméle, Sémnai theaí, Silenós, Sísyphos, Skýlla, Sphínx, Stýx, Tántalos, Tártaros, Teiresías, Tersichóre, Tháleia, Thánatos, Theía, Thémis, Theseús, Thétis, Titánes, Tityós, Triptólemos, Tríton, Týche, Typhón, Uranía, Uranós, Zagreús, Zéphyros, Zeús

Hethiter 西台神話：Arinna, Arma, Aruna, Asherdush, Atramchashi, Chalki, Channachanna, Chanwashuit, Chasham(m)eli, Chazzi, El-kunirsha, Ellel, Gul-shesh, Illujanka, Ishkur, Ishtanu, Jarri, Kamrushepa, Lama, Lel(u)wani, Pirwa, Pishaisha, Rundas, Shiush, Washitta

Hindus 印度教神話：Aditi, Ādityas, Agni, Airāvata, Amrita, Ananta, Angiras, Anhakā, Aniruddha, Apasmara, Apsarās, Arjuna, Aruna, Aryaman, Ashvins, Asura, Atri, Avatāra, Bālakrishna, Balarāma, Bali, Bāna, Bhaga, Bhairava, Bhārata, Bhārata-varsha, Bhima, Bhrigu, Bhūdevi, Bhūrloka, Bhūtas, Bhuvarloka, Brahmā, Brahmājahr, Brahman, Brahmānda, Brahmani, Brahmanirvāna, Brihaspati, Buddha, Budha, Chāmunda, Chandra, Chāyā, Chinnamastā, Daityas, Daksha, Dānavas, Danda, Deva, Devaki, Devi, Dhārani, Diti, Draupadi, Durgā, Dyaus, Gajavrishabha, Ghandharva, Ganesha, Gangā, Garuda, Gauri, Goloka, Gopāla, Gopis, Hanumān, Hari-Hara, Hayagriva, Himavat, Hiranyagarbha, Hiranyakashipu, Hiranyaksha, Indra, Indrāni, Isha, Ishvara, Jagannātha, Jambūdvipa, Jivanmukta, Ka, Kāla, Kāli, Kāliya, Kalki, Kalpa, Kāma, Kāmākshi, Kansa, Kāshyapa, Kauravas, Ketu, Kinnaras, Kratu, Krishna, Krishnamurti, Kubera, Kumari, Kunti, Kūrma, Lakshmana, Lakshmi, Lalita, Laya, Lilā, Linga, Loka, Lokapāla, Mahādeva, Mahākāla, Mahāmayā, Maharishi, Mahāyuga, Mahisha, Makara, Manasa, Mangala, Manu, Marichi, Maruts, Matsya, Māyā, Mena, Meru, Mithuna, Mitra, Moksha, Nāgas, Nandi, Nāradia, Naraka, Narasimha, Nārāyana, Navagraha, Nirrita, Nirriti, Nirvāna, Pāndavas, Pāndu, Para, Parashu-Rāma, Pārvati, Pashupati, Pātāla, Pishāchas, Pitā, Pradyumna, Prahlādā, Prajāpati, Pralaya, Pratyūshā, Pretas, Prithivi, Pulastya, Purusha, Pūshan, Pūtanā, Rādhā, Rāhu, Rajarishi, Rākshas, Rāma, Rāmakrishna, Rātri, Rāvana, Rishi, Rudra,

Rukmini, Samsāra, Saptāmatrikā, Sarasvati, Sati, Satyaloka, Savitar, Sāvitri, Shakti, Shani, Sharabha, Shatarupa, Shitalā, Shiva, Shukra, Siddha, Sitā, Skanda, Soma, Sundaramūrti, Surabhi, Sūrya, Svarloka, Triloka, Trimūrti, Tvashtar, Umā, Ushā, Ushas, Vāc, Vāhana, Vaikuntha, Vairochana, Vajra, Vālmiki, Vāmana, Varāhi, Varuna, Vasishtha, Vāsudeva, Vāsuki, Vasus, Vāyu, Virabhadra, Vishnu, Vishvakarma, Vivasvat, Vritra, Yakshas, Yama, Yami, Yamunā, Yashodā, Yogeshvara, Yoni, Yudishthira

Indianer 印第安神話：Achiyalatopa, Ahayuta Achi, Anaya, Apoyan Tachu, Atira, Awitelin Tsita, Awonawilona, Bachúe, Bathon, Bochica, Chia, Chibiados, Cocijo, Cueravaperi, Curicaberis, Estanatlehi, Gauteóvan, Giselemukaong, Gluskap, Haokah, Iya, Kabibonokka, Kabun, Katchinas, Kitanitowit, Kitshi Manitu, Kokko, Koloowisi, Koyote, Malsum, Manabhozho, Nenabojoo, Ni, Óki, Orenda, Otgon, Ototeman, Pariacaca, Shawano, Shiwanokia, Si, Skan, Tajin, Tate, Tawa, Tawiskaron, Teharonhiawagon, Thunderbid, Tieholtsodi, Tirawa, Tupan, Urendequa Vécara, Wabun, Wakan, Wakanda, Watavinewa, Whope, Wi, Wisakedjak, Xaratanga, Yakista, Yehl

Indische Völker 古印度諸民族神話（Andamanesen, Asur, Baiga, Bhil, Birhor, Bondo, Chenchu, Didayi, Gabada, Gond, Hill Sora, Ho, Juang, Kaccha Naga, Kachari, Kaman Mishmi, Kharia, Kond, Kota, Koya, Lakher, Lushai, Munda, Santal, Singhalesen, Sora, Tamilen, Toda）：Alow, Ayiyanāyaka, Basmoti Ma, Bhagavantara, Bhagvān, Bilika, Darni Pinnu, Deur, Dharam, Dharam-Raja, Dharti Mata, Garelamaisama, Jam Deota, Kataragama, Khazangpa, Khrane, Kittung, Kituurpayk, Mahāprabhu, Nanga Baiga, Nirantali, Ön, Ote Boram, Pathian, Ponomosor, Rumrok, Rusi, Sahibosum, Sibrai, Singbonga, Thakur Baba, Upulvan, Uyungsum

Indonesche Völker 印尼諸民族神話：Alatala, Debata, Empung Luminuut, Latura, Lowalangi, Mula Tempon Telon, Tingang, Toar, Upulevo

Inka 印加神話：Ayar Aucca, Ayar Cachi, Ayar Manco, Ayar Uchu, Chasca Coyllur, Con, Hanan Pacha, Huaca, Illpa, Inka, Inti, Mama Allpa, Mama Cocha, Mama Cora, Mama Oello, Mama Quilla, Manco Capac, Pachacamac, Pachamama, Ucu Pacha, Vichama, Viracocha

Iraner 伊朗宗教神話：Aēshma, Agash, Ahriman, Ahura, Ahura Mazdā, Ahurāni, Aiōn, Airyaman, Aka Manah, Akatash, Ameretāt, Amesha Spentas, Angra Mainyu, Apām napāt, Apaosha, Aredevi Sūrā Anāhitā, Armaiti, Asha, Ashi Vanuhi, Astōvidātu, Astvat-ereta, Ayōhshust, AŽi Dahāka, Baga, Bahrām, Būiti, Būshyāstā, Camrōsh, Cautes, Chinvat-peretu, Chshathra vairya, Daēnā, Daēvas, Drugs, Drvāspā, Frashō-kereti, Fravashi, Gandareva, Gaokerena, Gaya-maretān, Gēush Urvan, Gōpat-Shāh, Hadayaosh, Haoma, Haurvatāt, Hvar, Indra, Kasaoya, Keresāspa, Māh, Marshavan, Māshya, Pairikās, Rapithwin, Rashnu, Saoshyants, Saurva, Simurg, Spenta Mainyu, Sraosha, Thraētaoma, Tishtrya, Uchshyat-ereta, Uchshyat-ragna, Vohu Manō, Vouru-kasha, Tātus, Yazata, Yima, Zam, Zarathustra, Zārich, Zurvan

Jainas 耆那教神話：Ābhiyogoya, Anuttara, Arishthanemi, Bāhunalin, Baladeva, Bhārata, Bhavanavāsin, Chakravartin, Graiveyaka, Harinaigamaishin, Indra, Ishāna, Jina, Jyotisha, Kalpabhava, Kalpātita, Kilbishika, Krishna, Kulakara, Lokapāla, Loka-Purusha, Mahāvira, Malli, Nirvāna, Pārshvanātha, Rishabha, Sanatkumāra, Shakra, Shāsana-deva, Siddha, Supārshvanātha, Tirthankara, Trishalā, Vāhana, Vaimānika, Vardhamāna, Vāsudeva, Vyantara

Juden 猶太教神話：Abaddōn, Abrām, Ādām, ben Ādām, Aharōn, Amōs, Archángeloi, Ashmodai, Asseret, ha-Diwrot, Azā'zēl, Bābēl, Behēmōt, Belija'al, Berit, Chabakkūk, Chaggaj, Chawwāh, Chūldāh, Daimónia, Dānijj'ēl, Dāwid, Debōrāh, Diábolos, Ēl, Ēlijjāhū, Elishā, Elōhim, Enōsh, Eres, Estēr, Gabri'ēl, Gan Ēden, Gē-Hinnōm, Gid' ōn, Gōg, Hāgār, Ham, Hanōk, Hebel, Hōshēa', Ijjōb, Ja'akōb, Jāfēt, Jahwe, Jehezk'ēl, Jehōshūa', Jehūdit, Jesha'jāhū, Jiftah, Jirmejāhū, Jishmā' ēl, Jizhāk, Jō'ēl, Jōnāh, Jōsēf, Kajin, Kerubim, Kýrios, Lilit, Liwjātān, Lōt, Mabul, Magog, Mala'āk Jahwe, Mala'āk ha-Mawet, Mal'āki, Mān, Māshiāch, Mene tekel, Metatron, Metūshelach, Mikā'ēl, Mikāh, Mirjām, Mōsheh, Nābi', Nāchāsh, Nachchūm, Nimrōd, Nōach, Ōbadjāhū, Rahab, Rāhēl, Refā'ēl, Samael, Sātān, Sedōm, Se'irim, Serafim, Shabbāt, Shāmajim, Shēdim, Shelōmō, Shēm, Shemū'ēl, She'ōl, Shēt, Shimshōn, Sijjim, Tannin, Tēbāh, Tōbijjāhū, Tōhū wābōhū, Úri'ēl, Zefanjāh, Zekarjāh

Kappadokier　土耳其卡帕多西亞區：Ma

Kassiten　巴比倫喀西特神話：Burijash, Dur, Gidar, Chala, Charbe, Kamulla, Sach, Shichu, Shumalija, Shuqamuna

Keltische Völker　克爾特神話：Amethon, Annwn, Arduinna, Arianrhod, Artio, Badb, Balor, Belenos, Beli, Belisama, Bile, Brân, Brânwen, Bress, Brigit, Carman, Cernunnos, Cûchulainn, Dagda, Damona, Dan, Dian-Cêcht, Dôn, Donn, Epona, Eriu, Esus, Finn, Fomore, Goibniu, Grannos, Gwydyon, Lir, Lug, Machas, Medb, Midir, Mog Ruith, Morrîgan, Nantosuelta, Nemetona, Nuada, Oengus, Ogma, Ogmios, Pryderi, Pwyll, Rhiannon, Rosmerta, Sequana, Sheila-na-gig, Sirona, Smertrios, Sucellos, Tailtiu, Taranis, Tethra, Teutates, Tuatha Dê Danann

Khoisaniden　科伊桑語系民族神話：Gagn, Gamab, Gaunab, Heitsi-Eibib, Huwe, Tsui-Goab

Koreaner　韓國神話：Hananim, Tan-kun, Ung

Kushiten　庫施族神話（非洲東部）：Heqo、Wak

Lappen　拉普蘭神話：Biegg-Olmai, Horagalles, Jabmeaio, Jabmeakka, Olmai, Pajonn, Raudna, Saivaimo, Tiermes, Waralden-Olmai

Letten　拉脫維亞神話：Auseklis, Ceroklis, Dieva dēli, Dievs, Jumis, Jūras māte, Kārta, Laima, Lauku māte, Lauma, Mājas gars, Māte, Mēness, MeŽa māte, MieŽvilks, Pērkons, Pūkis, Ragana, Rūkis, Saule, Saules meitas, Ūsinsh, Vadātājs, Veja māte, Velis, Velu māte, Vilkacis, Zaltis, Zemes māte, Zilnieks

Litauer　立陶宛神話：Aitvaras, Apideme, Aushrine, Bangpūtỹs, Daūsos, Dievas, Dimistipatis, Gabijà, Gabjáuja, Gabjáujis, Giltine, Kaūkas, Láima, Laukasargai, Laumè, MedeĬ ne, Menùlis, Perkúnas, Pūkys, Rāgana, Rugiù bóba, Sáule, Slogùte, Teljawelik, VaĬ dilas, Velē, Vélnias, Vilkatas, Žaltỹs, Žemépatis, Žemýna, Žveríne

Luwier　小亞細亞盧維族神話：Tiwaz

Mandäer　曼德恩教派神話：Abātur, Adam kasia, Adam pagria, Anōsh, Hawa, Hibil, Jōshamin, Krūn, Mānā rurbē, Mandā d-Haijē, Ptahil, Rūhā, Shitil, Tibil, Ur, Uthrā

Manichäer　摩尼教神話：Aiónes, Amahrspand, Archóntes, Ashaqlūn, Az, Bōlos, Mani, Mihryazd, Namrael, Narisaf, Narisah, Padvāxtag, Rāmrātūkh, Xrōshtag

Maya　馬雅族神話：Bacabs, Cabracá, Camazotz, Came, Chac, Chilan, Ek Chuah, Hunabku, Hunahau, Hunapú, Huracán, Itzamná, Ixbalanqué, Ix Chebel Yax, Ixchel, Ixtab, Kinich Ahau, Kukulkan, Mitnal, Votan, Vucub-Caquix, Xaman Ek, Xibalbá, Yum Kaax, Zipacná, Zotz

Melanesier 美拉尼西亞神話：Adaro, ambat, Dogai, Ivo, Kamanggabi, Korware, Lilavatu, Marunogere, Namita, Ndengei, Nuga, Quat, Sido, Tindalo, Waiet

Mikronesier 麥克羅尼西亞神話：Aluluei, Anulap, Lowa, Luk, Motikitik, Nareau, Olifat, Pälülop, Puntan, Solang

Moabiter 摩押人神話：'Ashtart, Ba'al-Pegor, Kamosh

Mongolisch Völker 蒙古諸族神話：Chagan ebügen, Etügen, Manzashiri, Ongons, Tengri

Muslimen 穆斯林神話：Ādam, Allāh, Ashāb, al-Kahf, Barzakh, Burāk, al-Dadjdjāl, Dāwūd, Djabrā'il, Djahannam, Djanna, Djinn, Djirdjis, Fātima, Habib al-Nadjdjār, Hābil, Hadjar, Hām, Hārūn, Hārūt, Hawd, Hawwa', Hubal, Hūd, Hūr, al-Husain, Iblis, Ibrāhim, Idris, Imām, 'Isā, Ichāk, 'Isma, Ismā'il, Isrā', Isrāfil, 'Izrā'il, al-Khadir, Khalifa, al-Kiyāma, Lukmān, Lūt, al-Mahdi, Malā'ika, Maryam, Mikāl, Mi'rādj, Mu'djiza, Muhammad, Munkar, Mūsā, Nabi, Namrūd, Nūh, Rasūl, Sālih, Salsabil, Sām, Shafā'a, Shahid, Shaitān, Sha'yā, Shith, Shu'aib, Sulaimān, Ta'ziya, Wali, Yādjūdj, Yāfith, Yahyā, Yūnus, Yūsha', Yūsuf, Zākariyā'

Nabatäer 阿拉伯納巴泰族神話：Chaabu, Dūsharā, al-Kutba', 'Obodat, Yagūt

Niloten 尼羅河區民族神話：Deng-dit, Jok, Kuth nhial, N'gai, Wele

Nubier 努比亞神話：Arsnuphis, Dedun, Mandulis

Palmyrener 敘利亞帕密拉地區神話：Abgal, 'Aglibōl, Arsū, Ashar, Ba'alsamay, Bebellahamon, Bōl, Gad, Ma'an, Malakbēl, Manāf, Sa'ad, Yarhibōl

Philister 非利士人神話：Ba'al-Sebul, Dagān, Derketo

Phrygier 弗里吉亞神話：Agdistis, Attis, Kybéle, Marsýas, Men, Nana, Papas, Sabazios, Sangarios

Polynesier 波里尼西亞神話：Aitu, Atea, Aumakua, Haumea, Haumia, Hawaiki, Hina, Hine-nui-te-Po, Io, Io Wahine, Iwa, Kana, Kupua, Laka, Mahu-ike, Makemake, Mana, Maui, Miru, Ono, Oro, Papa, Pekoi, Pele, Po, Rangi, Rata, Roma-Tane, Rongo, Sisu Alaisa, Ta'aroa, Tane, Tangaros, Tangata Manu, Taringa-Nui, Tawhaki, Tawhiri, Te Io Ora, Tiki, Tinirau, Tu, Whiro

Preussen 古普魯士神話：Curche, Menins, Percunis, Picullus, Pilnitis, Potrimpus

Protohatter 原始赫地神話：Eshtan, Inara, Ishdushtaja, Kashku, Papaja, Taru, Telipinu, Wurunkatte, Wurunshemu

Pygmäen 俾格米族神話：Arebati, Kmvoum, Mugasa, Tore

Römer 羅馬神話：Acca Larentia, Aesculapius, Aius Locutius, Amor, Anna Perenna, Ascanius, Augustus, Aurora, Baccha, Bellona, Cacus, Caesar, Camena, Carmenta, Ceres, Concordia, Consus, Diana, Dis Pater, Egeria, Fama, Fames, Fatum, Fauna, Faunus, Februa, Feronia, Fides, Flora, Fortuna, Furia, Genius, Gratia, Hercules, Honor, Ianus, Iuno, Iupiter, Iustitia, Iuturna, Iuventas, Lar, Larva, Laverna, Lemur, Liber, Libera, Libertas, Libitina, Lua,

Lucifer, Lucína, Luna, Lupercus, Manes, Mars, Mater Matuta, Mephitis, Mens, Mercurius, Minerva, Mutunus Tutunus, Naenia, Neptunus, Numen, Ops, Orcus, Pales, Parca, Pax, Penates, Picus, Pietas, Pomona, Portunus, Proserpina, Pudicitia, Quirinus, Remus, Silvanus, Sol, Spes, Tellus, Terminus, Tiberis, Venus, Vertumnus, Vesta, Victoria, Virtus, Volcanus

Shintoisten 神道教神話：Ama-no-hohi-no-mikoto, Ama-no-iwato, Amano-minakanushi-no-kami, Ama-no-oshi-ho-mimi-no-mikoto, Ama-no-tokotachino-kami, Ama-no-uki-hashi, Ama-no-uzume, Amaterasu-o-mi-kami, Ama-tsu, Daikoku, Ebisu, Fujin, Fukurokuju, Futotama-no-mikoto, Futsu-nushi-no-kami, Hachiman, Hotei, Ika-zuchi-no-kami, Iki-gami, Inari, Izanagi-no-kami, Izanami-no-kami, Jimmu-tennō, Jūrōjin, Kagura, Kagutsuchi-no-kami, Kami, Kami-kaze, Kami-musubi-no-kami, Kappa, Konjin, Konohana-sakuya-hime, Koshi, Koto-amatsu-kami, Kushi-nada-hime, Ninigi-no-mikoto, O-kuni-nushi-no-mikoto, Oya-gami, O-yama-tsu-mi, Sengen-sama, Shichi-Fukjin, Susa-no-o, Takama-ga-hara, Taka-mi-musubi-no-kami, Taka-okami, Take-mikazuchi, Tama-yori-hime, Ten-gū, Tennō, Toyo-tama-hime, Tsuki-yomi-no-kami, Uji-kami, Ukeomochi-no-kami, Umashi-ashikabi-hikoji-no-mikoto, Umisachi-hiko, Wata-tsu-mi-no-kami, Yamasachi-hiko, Yomi-no-kuni

Sibirische Völker 西伯利亞諸民族神話：Aenen, Ai Tojon, A'lat, Anky-Kele, Bainača, Buga, Bugady musun, Doh, Doóto, Enduri, Erlik, Es, Hargi, Hinkon, Hosadam, Kaltesch, Koi, Kuju, Kutkhu, Kutkinnáku, Malu, Mayin, Mitgk, Naininen, Numon-pópil, Nuo, Nuo Nam, Num, Pargä, Pejul, Pičvu'čin, Pon, Qáigus, Savaki, Schamane, Tadebejos, Tangara, Tengere, Tomam, Ülgän, Vairgin, Ye'loje

Skythen 西西亞神話：Apia, Artimpaasa, Oetosyrus, Papeus, Tabiti

Slawische Völker 斯拉夫神話：Boginki, Chors, Dabog, Domovoj, Gumenik, Jarovit, Laskowiec, Mahr, Mokosh, Navi, Ovinnik, Perun, Polednice, Porenutius, Porevit, Radigast, Rod, Rugievit, Rusalka, Skrzat, Stribog, Svantevit, Svarog, Triglav, Vampir, Veles, Vila, Vodjanoj

Sudanneger-Völker 蘇丹諸民族神話：Aganyu, Ala, Amma, Asase Afua, Asase Yaa, Azele Yaba, Chuku, Edenkema, Exu, Faro, Gu, Ifa, Ikenga, Kalunga, Kamba, Ka Tyeleo, Kulo Tyelo, Legba, Lisa, Mangala, Mawu, Mawu-Lisa, Mawu Sodza, Mawu Sogbla, Musisi, Na-Wende, Nommo, Nyamenle, Nyongmo, Obatala, Odudua, Ogbora, Ogun, Oko, Olokun, Olorun, Onyame, Onyankopong, Orisha, Orungan, Oya, Pemba, Sakpata, Shakpana, Shango, So, Sogbla, Tamuno, Tenga, Wulbari, Wumbor, Wune, Yala, Yemanja, Yo

Sumerer 蘇美神話：Abgal, Abu, Abzu, Alad, An, Anunna, Asag, Asalluchi, Ashnan, Baba, Belili, Chendursanga, Chuwawa, Damalnunna, Damu, Dimme, Dingir, Dumuzi, Dumuziabzu, En, Enbilulu, Enki, Enkidu, Enkimdu, Enlil, Enmesharra, Ereshkigal, Etana, Galla, Gatumdug, Geshtinanna, Gibil, Gidim, Gilgamesh, Girtablulu, Guanna, Gula, Imdugud, Inanna, Ishchara, Ishkur, Isimu, Ki, Kiskil-lilla, Kululu, Kurnugia, Lachama, Lachar, Lama, Lugalbanda, Lugalgirra, Lulilla, Mama, Martu, Me, Meslamta'ea, Nammu, Namtar, Nanāja, Nanna, Nanshe, Nerigal, Nin, Nina, Ninazu, Ninchursanga, Ningal, Ningirsu, Ningizzida, Nin'insina, Ninkarrak, Ninlil, Ninmach, Ninmena, Ninshubur, Ninsuna, Nintinugga, Nintu, Ninurta, Nirach, Nisaba, Nunushda, Nuska, Oannes, Pabilsang, Sabitu, Sataran, Shakan, Shara, Shulpa'e, Suchur-mash, Udug, Urash, Zabara, Ziusudra

Tamilen 古印度塔米爾族神話：Aiyanār, Ammavaru, Ananku, Ankallammā, Cēyyōn, Cūr, Grāmadevatā, Māri, Mathamma, Maturaiviran, Māyōn, Minatciyamman, Murukan, Pattini, Pēy, Pēymakalir, Poleramma, Sudalaimadasamy, Ūrammā

Tibeter 西藏神話：Beg-te, 'Dre, bDud, Klu, Kun-tu-bzan-po, sK'yun ka'i mgo-chan, Lha, Lha-mo, dMu, Nang lha, gNyan, Pe-kar, Sa-bdag, Sangs-po bum-khri, gShen-lha, od-dkar, Sipe gyalmo, Sri, Thab-lha, bTsan, Yumchen-mo

Ugrische Völker 烏戈爾諸民族神話：Num-Torum, Numturem

Umbandisten 恩邦教派：Exú, Exú-Rei, Ifa, Nha-San, Obatala, Ogun, Olorun, Omulú, Orisha, Oxocé, Shango, Yemanja

Ungarn 匈牙利神話：Álmos, Árpád, Bába, Boldogasszony, Boszorkány, Csodafiuszarvas, Emesu, Enee, Fene, Garabonciás, Guta, Hadúr, Hunor, Isten, Íz, Kacsalábon forgo vár, Manó, Ménróth, Nemere, Ördög, Sárkány, Szél, Táltos, Tetejetlen nagy fa, Turul

Urartäer 烏拉圖族神話：Chaldi, Shelardi, Shiwini, Tesheba

Voduisten 巫毒教派神話：Agwe, Ayida-Weddo, Azak-Tonnere, Damballah, Erzulie, Guede, Legba, Loa, Loco, Ogun, Zaka

Westsemiten 閃族西部神話：Adonis, Adrammelek, 'Anath, Arsj, Ashetu, 'Ashtōret, Astarte, Atargatis, Atirat, 'Attar, Azizos, Ba'al, Ba'al-addir, Ba'alath, Ba'al-Berith, Ba'al-Biq'āh, Ba'al-Chammōn, Ba'al-Hadad, Ba'al-Hermon, Ba'al-Karmelos, Ba'al-Marqōd, Ba'al-Qarnaim, Ba'al-Sāpōn, Ba'al-Shamēm, Beruth, Bet-El, Dagān, Dolichenus, El, Elagabal, 'Elōn, Epiqeus, Eshmun, Gapn, Hadad, Horon, Jamm, Jarich, Kadesh, Kōtar, 'L, Liluri, Melqart, Mikal, Moloch, Monimos, Mōt, Nikkal, Omichle, Pidrai, Pothos, Reshef, Shadrapa, Shahar, Shalim, Shapash, Simios, Tinnit, Tlj, Ugar

Zigeuner 吉普賽人神話：Alako, Beng, Butyakengo, Chagrin, Charana, Chignomanush, Chachano, devel, Keshali, Locholicho, Mashurdalo, Mulo, Nivashi, Phuvush, Suyolak, Urmen

國家圖書館出版品預行編目資料

神話學辭典／葛哈德‧貝林格（Gerhard Bellinger）
作；林宏濤譯. --.初版.-- 台北市；商周出版：家
庭傳媒城邦分公司發行, 2006〔民 95〕
　　面　；　公分
譯自：Knaurs Lexikon der Mythologie
ISBN 986-124-679-7（精裝）

1. 神話－字典, 辭典等

280.4　　　　　　　　　　　　　95010246

神話學辭典

原 著 書 名／Knaurs Lexikon der Mythologie
作　　　者／葛哈德‧貝林格（Gerhard Bellinger）
譯　　　者／林宏濤
副 總 編 輯／楊如玉
責 任 編 輯／吳心惠

發 行 人／何飛鵬
法 律 顧 問／中天國際法律事務所　周奇杉律師
出　　 版／商周出版
　　　　　　城邦文化事業股份有限公司
　　　　　　台北市中山區民生東路二段 141 號 9 樓
　　　　　　電話：(02) 2500-7008　傳真：(02) 2500-7759
　　　　　　email：bwp.service@cite.com.tw
發　　 行／英屬蓋曼群島商家庭傳媒股份有限公司城邦分公司
聯 絡 地 址／台北市中山區民生東路二段 141 號 2 樓
　　　　　　書虫客服務專線：(02) 2500-7718‧(02) 2500-7719
　　　　　　24 小時傳真服務：(02) 2500-1990‧(02) 2500-1991
　　　　　　服務時間：週一至週五09:30-12:00‧13:30-17:00
　　　　　　郵撥帳號：19863813　戶名：書虫股份有限公司
　　　　　　讀者服務信箱 email：service@readingclub.com.tw
　　　　　　歡迎光臨城邦讀書花園　網址：www.cite.com.tw
香港發行所／城邦（香港）出版集團股份有限公司
　　　　　　香港灣仔軒尼詩道 235 號 3 樓
　　　　　　email：hkcite@biznetvigator.com
　　　　　　電話：(852) 25086231　傳真：(852) 25789337
馬新發行所／城邦（馬新）出版集團　Cite (M) Sdn. Bhd. (458372 U)
　　　　　　11, Jalan 30D/146, Desa Tasik, Sungai Besi,57000
　　　　　　Kuala Lumpur, Malaysia.
　　　　　　email：citecite@streamyx.com
　　　　　　電話：(603) 9056 3833　傳真：(603) 9056 2833

電 腦 排 版／浩瀚電腦排版股份有限公司
印　　 刷／韋懋印刷事業有限公司
總 經 銷／農學社
　　　　　　電話：(02) 2917-8002　傳真：(02) 2915-6275

■ 2006 年（民 95）6 月 13 日初版　　　　　　　　　Printed in Taiwan
■ 2012 年（民 101）8 月 23 日初版

Title of the original German edition:

Knaurs Lexikon der Mythologie
©1989 Droemersche Verlagsanstalt Th. Knaur Nachf. GmbH & Co. KG,
München.
Complex Chinese translation copyright © 2006 by Business Weekly
Publications,a division of Cite Publishing Ltd.
Complex Chinese language edition arranged through jia- xi books co.,Ltd.
All rights reserved.

售價／650元

廣　告　回　函
北區郵政管理登記證
台北廣字第000791號
郵資已付，免貼郵票

104 台北市民生東路二段 141 號 2 樓

英屬蓋曼群島商家庭傳媒股份有限公司　城邦分公司

請沿虛線對摺，謝謝！

書號：	BR0028C	書名：	神話學辭典

 商周出版 　　　**讀者回函卡**

謝謝您購買我們出版的書籍！請費心填寫此回函卡，我們將不定期寄上城邦集團最新的出版訊息。

姓名：＿＿＿＿＿＿＿＿＿＿＿＿＿＿＿＿　性別：□男　□女

生日：西元＿＿＿＿＿＿年＿＿＿＿＿＿月＿＿＿＿＿＿日

地址：＿＿＿＿＿＿＿＿＿＿＿＿＿＿＿＿＿＿＿＿＿＿＿

聯絡電話：＿＿＿＿＿＿＿＿＿＿傳真：＿＿＿＿＿＿＿＿＿

E-mail：＿＿＿＿＿＿＿＿＿＿＿＿＿＿＿＿＿＿＿＿＿＿

學歷：□1.小學　□2.國中　□3.高中　□4.大專　□5.研究所以上

職業：□1.學生　□2.軍公教　□3.服務　□4.金融　□5.製造　□6.資訊

　　　□7.傳播　□8.自由業　□9.農漁牧　□10.家管　□11.退休

　　　□12.其他＿＿＿＿＿＿＿＿＿＿＿＿＿＿＿＿＿＿＿

您從何種方式得知本書消息？

　　　□1.書店　□2.網路　□3.報紙　□4.雜誌　□5.廣播　□6.電視

　　　□7.親友推薦　□8.其他＿＿＿＿＿＿＿＿＿＿＿＿＿

您通常以何種方式購書？

　　　□1.書店　□2.網路　□3.傳真訂購　□4.郵局劃撥　□5.其他＿＿＿＿

您喜歡閱讀哪些類別的書籍？

　　　□1.財經商業　□2.自然科學　□3.歷史　□4.法律　□5.文學

　　　□6.休閒旅遊　□7.小說　□8.人物傳記　□9.生活、勵志　□10.其他

對我們的建議：＿＿＿＿＿＿＿＿＿＿＿＿＿＿＿＿＿＿＿

＿＿＿＿＿＿＿＿＿＿＿＿＿＿＿＿＿＿＿＿＿＿＿＿＿＿＿

＿＿＿＿＿＿＿＿＿＿＿＿＿＿＿＿＿＿＿＿＿＿＿＿＿＿＿

＿＿＿＿＿＿＿＿＿＿＿＿＿＿＿＿＿＿＿＿＿＿＿＿＿＿＿